OBRAS DE KAREN ARMSTRONG PUBLICADAS PELA COMPANHIA DAS LETRAS

Breve história do mito
Doze passos para uma vida de compaixão
Em defesa de Deus: O que a religião realmente significa
Em nome de Deus: O fundamentalismo no judaísmo, no cristianismo e no islamismo
A escada espiral: Memórias
A grande transformação: O mundo na época de Buda, Confúcio e Jeremias
Uma história de Deus: Quatro milênios de busca do judaísmo, cristianismo e islamismo
Jerusalém: Uma cidade, três religiões
Maomé: Uma biografia do Profeta

KAREN ARMSTRONG

Campos de sangue
Religião e a história da violência

Tradução
Rogério Galindo

Copyright © 2014 by Karen Armstrong

Todos os direitos reservados. Publicado nos Estados Unidos por Alfred A. Knopf, uma divisão da Random House LLC, Nova York, e no Canadá por Alfred A. Knopf Canada, uma divisão de Random House of Canada Limited, Toronto, empresas da Penguin Random House. Originalmente publicado na Grã-Bretanha por The Bodley Head, um selo de Random House Group Limited, Londres.

Grafia atualizada segundo o Acordo Ortográfico da Língua Portuguesa de 1990, que entrou em vigor no Brasil em 2009.

Título original
Fields of Blood: Religion and the History of Violence

Capa
Victor Burton

Foto de capa
Espada medieval: Peter Lorimer/ Shutterstock; Explosão nuclear: *The First Atomic Canon.* Photo courtesy of National Nuclear Security Administration/ Nevada Site Office; Soldados da Primeira Guerra: *Canadian First World War Official Exchange Collection.* Canadian Official photographer Castle, W I (Lieutenant); Recortes: Belterz/ iStock; Ilustração de Luthero: *Seven-Headed Luther.* Hans Brosamer; Museu de Auschwitz: Ppart/ iStock; Soldado americano: Bryan Myhr/ iStock

Lombada
Hal Bergman/ iStock

Quarta capa
Guerreira: *Germania.* Friedrich August von Kaulbach; Guerreiro de Terracota: antloft/ Shutterstock; Muro de Berlin: Ewais/ Shutterstock; Guerreiro montado a cavalo: *Mameluk En Habit De Guerre A Cheval.* Gravura a partir de Jacques Charles Bar; Latas de Zyklon B: Robert Hoetink/ Shutterstock

Preparação
Livia Lima

Índice remissivo
Luciano Marchiori

Revisão
Huendel Viana
Valquíria Della Pozza

Dados Internacionais de Catalogação na Publicação (CIP)
(Câmara Brasileira do Livro, SP, Brasil)

Armstrong, Karen
  Campos de sangue : religião e a história da violência / Karen Armstrong ; tradução Rogério Galindo. — 1ª ed. — São Paulo : Companhia das Letras, 2016.

  Título original: Fields of Blood : Religion and the History of Violence.
  ISBN 978-85-359-2705-4

  1. Violência – Aspectos religiosos I. Título.

16-01542   CDD-201.763

Índice para catálogo sistemático:
1. Violência : Aspectos religiosos   201.763

[2016]
Todos os direitos desta edição reservados à
EDITORA SCHWARCZ S.A.
Rua Bandeira Paulista, 702, cj. 32
04532-002 — São Paulo — SP
Telefone: (11) 3707-3500
Fax: (11) 3707-3501
www.companhiadasletras.com.br
www.blogdacompanhia.com.br
facebook.com/companhiadasletras
instagram.com/companhiadasletras
twitter.com/cialetras

Para Jane Garrett

Abel tornou-se pastor de ovelhas e Caim cultivava o solo. [...] E, como estavam no campo, Caim se lançou sobre seu irmão Abel e o matou.

Iahweh disse a Caim: "Onde está teu irmão Abel?". Ele respondeu: "Não sei. Acaso sou guarda de meu irmão?". Iahweh disse: "Que fizeste! Ouço o sangue de teu irmão, do solo, clamar para mim!".

Gênesis 4,2.8-10

Sumário

Introdução 11

PARTE I: PRINCÍPIOS

1. Fazendeiros e pastores...29
2. Índia: o nobre caminho..56
3. China: guerreiros e cavalheiros 88
4. O dilema hebraico 115

PARTE II: MANTENDO A PAZ

5. Jesus: de fora deste mundo? 143
6. Bizâncio: a tragédia do Império 168
7. O dilema muçulmano 192
8. Cruzada e jihad..217

PARTE III: MODERNIDADE

9. A chegada da "religião" 251
10. O triunfo do secular..282

11. A religião contra-ataca 323
12. Terror sagrado 361
13. Jihad global 391

Agradecimentos...421
Posfácio..423
Notas..433
Referências bibliográficas...497
Índice remissivo...531

Introdução

Todo ano no antigo Israel o sumo sacerdote levava dois bodes ao templo de Jerusalém no Dia das Expiações. Sacrificava um para expiar os pecados da comunidade e depois punha as mãos sobre a cabeça do outro, transferindo todas as más ações das pessoas para o animal, que era mandado, carregado de pecados, para fora da cidade, literalmente levando a culpa para longe. Assim, Moisés explicou: "o bode levará sobre si todas as faltas deles para uma região desolada".[1] Em seu clássico estudo sobre religião e violência, René Girard defendeu a ideia de que o ritual do bode expiatório eliminava rivalidades entre grupos dentro da comunidade.[2] De modo semelhante, acredito que a sociedade moderna tenha transformado a fé em um bode expiatório.

No Ocidente, a ideia atual de que a religião é inerentemente violenta é dada como certa e parece óbvia. Como alguém que fala sobre religião, ouço com frequência quanto ela tem sido cruel e agressiva, um ponto de vista que, de maneira assustadora, é expresso quase sempre do mesmo modo. "A religião foi a causa de todas as grandes guerras na história." Ouvi essa frase recitada como um mantra por comentaristas e psiquiatras norte-americanos, taxistas de Londres e acadêmicos de Oxford. É uma observação estranha. Sem dúvida as duas guerras mundiais não foram causadas pela religião. Quando se discutem as razões que levam as pessoas à guerra, historiadores militares reconhecem que muitos fatores sociais, materiais e ideológicos inter-relacionados estão envolvidos, sendo um dos principais a competição por recursos escassos. Especialistas em violência política ou terrorismo também insistem que as pessoas cometem atrocidades devido a uma gama de motivos complexa.[3] E, no entanto, a imagem agressiva da fé religiosa é tão indelével em nossa consciência secular que é comum depositarmos os pecados violentos do século XX nas costas da "religião" e a banirmos para o deserto da política.

Mesmo os que admitem que a religião não foi responsável por toda a violência e pelas guerras da raça humana ainda asseguram seu caráter essencialmente beligerante. Eles afirmam que o "monoteísmo" é especialmente intolerante: quando as pessoas acreditam que "Deus" está do seu lado, torna-se impossível transigir. Eles citam as Cruzadas, a Inquisição e as Guerras Religiosas dos séculos XVI e XVII. Também apontam a recente avalanche de ataques terroristas cometidos em nome da religião para provar que o islã é particularmente agressivo. Se menciono a não violência budista, eles respondem que o budismo é uma filosofia secular, não uma religião. Aqui chegamos ao cerne do problema. O budismo certamente não é uma *religião* da maneira como essa palavra tem sido compreendida no Ocidente desde os séculos XVII e XVIII. Mas a concepção ocidental moderna de "religião" é idiossincrática e excêntrica. Nenhuma outra tradição cultural tem nada comparável, e mesmo os cristãos europeus pré-modernos a teriam achado redutora e estranha. De fato, ela dificulta qualquer tentativa de pronunciamento sobre tendência à violência da religião.

Para complicar ainda mais as coisas, há cerca de cinquenta anos ficou claro na academia que não existe um modo universal de definir religião.[4] No Ocidente vemos "religião" como um sistema coerente de crenças, instituições e rituais obrigatórios, centrados em um Deus sobrenatural, cuja prática é sobretudo privada e hermeticamente separada de todas as atividades "seculares". Mas, em outras línguas, o que traduzimos como "religião" quase invariavelmente se refere a algo maior, mais vago e mais abrangente. O árabe *din* significa todo um modo de vida. O sânscrito *dharma* também é "um conceito 'total', intraduzível, que engloba a lei, a justiça, a moral e a vida social".[5] O *Dicionário clássico de Oxford* afirma enfaticamente: "Nenhuma palavra nem em grego nem em latim corresponde a 'religião' ou 'religioso' em inglês".[6] A ideia de religião como uma busca essencialmente pessoal e sistemática estava ausente por completo na Grécia antiga, no Japão, no Egito, na Mesopotâmia, no Irã, na China e na Índia.[7] A Bíblia hebraica também não tem nenhum conceito abstrato de religião; e os rabinos do Talmude teriam achado impossível expressar o que para eles era a fé em uma única palavra ou mesmo em uma fórmula, já que o Talmude era construído justamente para pôr toda a vida humana no âmbito do sagrado.[8]

As origens do latim *religio* são obscuras. Não era "algo grande objetivo", mas tinha conotações imprecisas de obrigação e de tabu; dizer que a prática de um culto, a preservação de uma propriedade familiar ou que manter um juramento era *religio* para você significava que era uma obrigação sua fazer aquilo. A palavra adquiriu um significado novo e solene entre os primeiros teólogos cristãos: uma atitude de reverência em relação a Deus e ao universo como um todo. Para Santo Agostinho (*c.* 354-430 d.C.), *religio* não era nem um sistema de rituais e doutrinas nem uma tradição histórica institucionalizada, mas um encontro pessoal com a transcendência que chamamos de Deus, assim como o vínculo que nos une ao divino e ao próximo. Na Europa medieval, *religio* passou a se referir à vida monástica e distinguia o monge do padre "secular", alguém que vivia e trabalhava no mundo (*saeculum*).[9]

A única tradição de fé que se encaixa na noção ocidental moderna de religião como algo codificado e privado é o protestantismo cristão o qual, como *religião* neste sentido da palavra, é também um produto do início do período moderno. Nessa época europeus e americanos tinham começado a separar religião e política porque presumiram, de maneira não muito precisa, que as disputas teológicas da Reforma tinham sido inteiramente responsáveis pela Guerra dos Trinta Anos. A convicção de que a religião deve ser rigorosamente excluída da vida política tem sido vista como o mito de origem do Estado-nação soberano.[10] Os filósofos e estadistas que criaram esse dogma acreditavam que voltariam a um estado de coisas mais satisfatório que tinha existido antes de os clérigos católicos ambiciosos terem misturado por completo dois domínios tão distintos. Mas, na verdade, a ideologia secular deles era uma inovação tão radical quanto a moderna economia de mercado que o Ocidente inventava simultaneamente. Para não ocidentais, que não tinham passado por esse processo de modernização, ambas as inovações pareceriam não naturais e até incompreensíveis. O hábito de separar religião e política é hoje tão comum no Ocidente que é difícil para nós apreciar quanto os dois estiveram completamente ligados no passado. Nunca foi apenas uma questão de o Estado "usar" a religião; os dois eram indivisíveis. Dissociá-los seria equivalente a extrair o gim de um coquetel.

No mundo pré-moderno, a religião permeava todos os aspectos da vida. Devemos entender que uma série de atividades hoje consideradas mundanas era vista como profundamente sagrada: limpar florestas, caçar, jogar futebol, jogar dados, estudar astronomia, trabalhar no campo, criar Estados, disputar cabos de guerra, planejar cidades, fazer comércio, ingerir bebidas fortes e, em especial, guerrear. Povos antigos teriam considerado impossível identificar onde acabava a "religião" e começava a "política". Não porque eles fossem burros demais para distingui-las, mas porque eles revestiam tudo o que faziam de um valor último. Somos criaturas que buscam sentido e, diferentemente de outros animais, se não conseguimos ver sentido em nossa vida, caímos em desespero com facilidade. Somos afligidos por desastres naturais e pela crueldade humana e estamos agudamente conscientes de nossa fragilidade física e psicológica. Consideramos espantoso o próprio fato de estarmos aqui e queremos saber o porquê. Também temos uma grande capacidade de nos maravilharmos. Filósofos antigos ficavam fascinados pela ordem do cosmos; eles se maravilhavam com as forças misteriosas que mantinham os corpos celestes em suas órbitas e os mares dentro dos limites e que garantiam que a terra renascesse regularmente depois da morte do inverno, e desejavam participar dessa existência mais rica e mais permanente.

Eles expressavam esse desejo dentro do que é conhecido como filosofia perene, assim chamada por estar presente, de alguma forma, na maior parte das culturas pré-modernas.[11] Toda pessoa, objeto ou experiência era visto como uma réplica, uma pálida sombra, de uma realidade mais forte e mais duradoura do que qualquer coisa na experiência ordinária, mas que eles só conseguiam vislumbrar em visões ou em sonhos. Ao imitar em rituais o que entendiam como gestos e ações de seus alter egos celestiais — fossem deuses, ancestrais ou heróis culturais — os indivíduos pré-modernos se sentiam levados à dimensão maior do ser. Nós humanos somos profundamente artificiais e tendemos a arquétipos e paradigmas.[12] Sempre lutamos para melhorar a natureza ou para aproximá-la de um ideal que transcenda o dia a dia. Mesmo o culto contemporâneo da celebridade pode ser compreendido como uma expressão dessa reverência por modelos de "sobre-humano" e de nosso desejo de emulá-los. Sentir que estamos conectados a essas realidades extraordinárias satisfaz um desejo essencial. Isso nos toca no íntimo, nos eleva por um momento acima de nós mesmos, de modo que parecemos habitar nossa humanidade com mais plenitude do que de costume e nos sentimos em contato com as correntes mais profundas da vida. Se não encontramos mais essa experiência em uma igreja ou em um templo, nós a procuramos na arte, em um concerto de música, no sexo, nas drogas — ou na guerra. O que esta última tem a ver com esses outros momentos de arrebatamento pode não ser óbvio, mas ela é um dos mais antigos gatilhos de experiências de êxtase. Para entender o porquê, é importante pensar no desenvolvimento da neuroanatomia.

Cada um de nós não tem apenas um, mas três cérebros, que coexistem de maneira tumultuada. Nas camadas mais profundas de nossa massa cinzenta temos um "velho cérebro" herdado dos répteis que lutaram para sair do lodo primordial há 500 milhões de anos. Visando à própria sobrevivência, sem impulso altruísta algum, essas criaturas eram motivadas unicamente por mecanismos que as levavam a se alimentar, a lutar, a fugir (quando necessário) e a se reproduzir. Os mais bem equipados para competir sem piedade pela comida, para repelir qualquer ameaça, para dominar o território e para buscar segurança naturalmente passaram seus genes adiante, o que significa que esses impulsos autocentrados só podiam se intensificar.[13] Mas, algum tempo depois de aparecerem os mamíferos, eles desenvolveram o que os neurocientistas chamam de sistema límbico, há cerca de 120 milhões de anos.[14] Formado sobre a base do cérebro central que derivava dos répteis, o sistema límbico motivou comportamentos inéditos, como a proteção e a criação dos mais novos, assim como a formação de alianças com outros indivíduos, inestimáveis na luta pela sobrevivência. E então, pela primeira vez, seres sensíveis tinham a capacidade de gostar de outras criaturas além deles próprios e de se importar com elas.[15]

Embora essas emoções límbicas nunca fossem tão fortes quanto os impulsos de "eu primeiro" emitidos por nosso cérebro reptiliano, nós humanos desenvolvemos uma considerável rede de conexões a partir da qual éramos capazes de sentir empatia por outras criaturas, em especial por outros seres humanos. Mais tarde, o filósofo chinês Mêncio (*c.* 371-288 a.C.) insistiria que ninguém era de todo destituído dessa empatia. Se um homem visse uma criança se balançando à beira de um poço, prestes a cair nele, ele sentiria o problema em seu próprio corpo e, por reflexo, sem pensar em si mesmo, daria um salto para salvá-la. Haveria algo radicalmente errado em qualquer pessoa que pudesse passar por uma cena dessas sem inquietação. Para a maior parte das pessoas, esses sentimentos eram essenciais, embora, pensava Mêncio, de certo modo fossem sujeitos à vontade individual. É possível inibir esses impulsos de benevolência, assim como é possível se aleijar ou se deformar fisicamente. Por outro lado, se eles fossem cultivados, ganhariam força e dinamismo próprios.[16]

Não se pode entender completamente o argumento de Mêncio sem pensar na terceira parte de nosso cérebro. Cerca de 20 mil anos atrás, durante a Era Paleolítica, os seres humanos desenvolveram um "novo cérebro", o neocórtex, lar do poder de raciocínio e da autoconsciência, que nos permite um afastamento das paixões instintivas, primitivas. Com isso, os seres humanos tornaram-se mais ou menos o que são hoje, sujeitos a impulsos conflitantes de seus três cérebros distintos. Os homens do Paleolítico eram assassinos eficientes. Antes da invenção da agricultura, eles dependiam da matança de animais e usavam seus grandes cérebros para desenvolver uma tecnologia que lhes permitia matar animais muito maiores e muito mais poderosos do que eles. Mas a empatia que eles eram capazes de sentir provavelmente os inquietava. Isso é o que podemos concluir a partir de modernas sociedades de caçadores. Antropólogos observam que homens tribais sentem grande ansiedade por ter de matar os animais considerados amigos e patronos e tentam amenizar essa angústia por meio de purificação ritual. No deserto do Kalahari, onde há pouca madeira, os colonos são forçados a confiar em armas leves que apenas arranham a pele. Assim eles embebem suas flechas em um veneno que mata o animal — mas de maneira muito lenta. Levado por uma solidariedade inefável, o caçador permanece com a vítima moribunda, chorando quando ela chora, e participando simbolicamente dos movimentos de sua morte. Outras tribos vestem fantasias de animais ou espalham seu sangue e excremento em paredes de cavernas, devolvendo de maneira cerimonial a criatura ao submundo de onde ela veio.[17]

Talvez os caçadores paleolíticos tenham pensado de modo semelhante.[18] As pinturas em cavernas no norte da Espanha e no sudoeste da França estão entre os primeiros documentos remanescentes de nossa espécie. É quase certo que essas cavernas decoradas tinham uma função litúrgica, e, sendo assim, desde o início arte e ritual eram inseparáveis. Nosso neocórtex nos deixa intensamente conscientes da tragédia e da perplexidade da existência, e na arte, como em algumas formas de expressão religiosa, encontramos meios de deixar isso para trás e de incentivar o predomínio das emoções mais suaves e límbicas. Os afrescos e as gravuras no labirinto de Lascaux na Dordonha, os mais antigos datados de 17 mil anos, ainda espantam alguns visitantes. Em sua representação sobrenatural dos animais, os artistas capturaram a ambivalência essencial dos caçadores. Determinados como eram a conseguir comida, sua ferocidade era temperada pela respeitosa empatia pelos animais que eram obrigados a matar, cujo sangue e cuja gordura misturavam a suas tintas. Os rituais e a arte ajudavam os caçadores a expressar sua empatia e reverência (*religio*) pelas outras criaturas — como Mêncio descreveria mais ou menos dezessete milênios mais tarde — e os ajudavam a conviver com a necessidade de matá-las.

Em Lascaux as renas que eram tão comuns na alimentação desses caçadores não foram representadas.[19] Mas não muito longe, em Monstatruc, encontrou-se uma pequena estátua, esculpida na presa de um mamute de aproximadamente 11 mil a.C., mais ou menos na mesma época em que as pinturas mais recentes foram feitas em Lascaux. Hoje abrigada no Museu Britânico, ela mostra duas renas nadando.[20] O artista deve ter observado suas presas atentamente enquanto elas nadavam cruzando lagos e rios em busca de novos pastos, o que as deixava especialmente vulneráveis aos caçadores. Ele também sentia uma ternura por suas vítimas, transmitindo a inequívoca pungência de suas expressões faciais sem nenhum sinal de sentimentalismo. Como Neil MacGregor, diretor do Museu Britânico, observou, a precisão anatômica dessa escultura mostra que ela "claramente foi feita não apenas com o conhecimento de um caçador, mas também com o discernimento de um açougueiro, alguém que não só observava seus animais como também os cortava". Rowan Williams, ex-arcebispo de Cantuária, também observou de maneira perspicaz a "grande e imaginativa generosidade" desses artistas paleolíticos: "Na arte desse período, os seres humanos tentam entrar de maneira completa no fluxo da vida, de modo que eles se tornam parte do processo como um todo da vida animal que está ocorrendo à sua volta [...] e esse na verdade é um impulso bastante religioso".[21] Desde o início, portanto, uma das principais preocupações tanto da religião quanto da arte (as duas sendo inseparáveis) era cultivar um senso de comunidade — com a natureza, com o mundo animal e com os outros seres humanos.

Nunca nos esqueceríamos completamente de nosso passado como caçadores-coletores, o período mais longo da história humana. Tudo o que consideramos mais humano — nosso cérebro, corpo, rosto, a fala, as emoções e os pensamentos — traz a marca dessa herança.[22] Alguns dos rituais e dos mitos criados por nossos ancestrais pré-históricos parecem ter sobrevivido em práticas de culturas posteriores, letradas. Desse modo, o sacrifício animal, o rito central de quase todas as sociedades antigas, preservou cerimônias de caça pré-históricas e as honras prestadas aos animais que davam sua vida pela comunidade.[23] Muito do que hoje chamamos de "religião" originalmente teve suas raízes no reconhecimento do fato trágico de que a vida dependia da destruição de outras criaturas; os rituais serviam para ajudar os seres humanos a encarar esse dilema insolúvel. Apesar de seu respeito verdadeiro, de sua reverência e até mesmo do afeto por sua presa, os antigos caçadores continuaram sendo dedicados assassinos. Milênios de luta contra animais grandes e agressivos faziam desses grupos de caçadores equipes intimamente ligadas, que seriam as sementes dos exércitos modernos, prontos a arriscar tudo pelo bem comum e a proteger seus companheiros em momentos de perigo.[24] E havia mais uma emoção conflitante a ser reconciliada: provavelmente eles adoravam a excitação e a intensidade da caça.

Aqui mais uma vez o sistema límbico entra em jogo. A perspectiva de matar pode despertar nossa empatia, mas, assim como os atos da caça, do ataque e da luta, esse centro das emoções era banhado em serotonina, o neurotransmissor responsável pela sensação de êxtase que associamos a algumas formas de experiência espiritual. Dessa forma, as perseguições violentas podem ser percebidas como atividades sagradas, independente do quanto isso possa parecer bizarro para compreensão da religião atual. As pessoas, especialmente os homens, vivenciavam um forte vínculo com os companheiros de combate, um sentimento inebriante de altruísmo por colocar sua vida em risco pelos outros e a sensação de estar mais completamente vivos. Essa resposta à violência continua em nossa natureza. O correspondente de guerra do *New York Times*, Chris Hedges, descreveu apropriadamente a guerra como "uma força que nos dá sentido":

> A guerra torna o mundo compreensível, um quadro preto e branco em que há eles e nós. Ela suspende os pensamentos, em especial o pensamento de autocríti-

ca. Todos se curvam diante do esforço supremo. Somos um. A maior parte de nós está disposta a aceitar a guerra desde que possamos fazê-la se encaixar em um sistema de crença que retrata o sofrimento resultante como algo necessário para o bem comum, porque os seres humanos não buscam apenas a felicidade mas buscam também sentido. E, tragicamente, a guerra às vezes é o modo mais poderoso de obter sentido na sociedade.[25]

Também pode ser que, à medida que liberam seus impulsos agressivos das regiões mais profundas de seus cérebros, os guerreiros sintam-se em sintonia com as dinâmicas mais elementares e inexoráveis da existência, as da vida e da morte. Ou seja, a guerra é um meio de se render à implacabilidade reptiliana, um dos mais fortes impulsos humanos, sem se importar com os cutucões autocríticos do neocórtex.

O guerreiro, portanto, vivencia na batalha a transcendência que outros encontram no ritual, às vezes com efeitos patológicos. Psiquiatras que tratam veteranos de guerra com transtorno de estresse pós-traumático (TEPT) perceberam que, na destruição de outras pessoas, os soldados podem experimentar uma autoafirmação quase erótica. Mais tarde, no entanto, quando lutam para libertar suas emoções de piedade e crueldade, as vítimas de TEPT podem ser incapazes de viver como seres humanos coerentes. Um veterano do Vietnã descreveu uma fotografia dele mesmo segurando duas cabeças decepadas pelo cabelo; a guerra, ele disse, era "o inferno", um lugar em que "a loucura era natural" e tudo ficava "fora de controle", mas ele concluiu:

> A pior coisa que posso dizer sobre mim é que enquanto eu estava lá eu me sentia muito vivo. Eu gostava daquilo do mesmo modo como você pode gostar de um pico de adrenalina, do mesmo modo como você ama seus amigos, seus parceiros mais próximos. Tão irreal e a coisa mais real que já aconteceu [...]. E talvez a pior coisa para mim hoje é viver em um tempo de paz sem a possibilidade daquele pico de novo. Odeio o que aquele pico de adrenalina significava, mas eu o adorava.[26]

"Apenas quando estamos em meio a um conflito o vazio e a monotonia da maior parte de nossa vida se tornam aparentes", Hedges explica. "As banalidades dominam nossa conversa e cada vez mais as ondas do ar. E a guerra é um elixir sedutor. Ela nos dá um propósito, uma causa. Ela nos permite ser nobres."[27] Um dos muitos motivos interconectados que levam os homens aos campos de batalha tem sido o tédio e a falta de objetivo na existência doméstica ordinária. O mesmo apetite por intensidade levaria outras pessoas a se tornarem monges e ascetas.

O guerreiro em batalha pode se sentir conectado com o cosmos, mas depois nem sempre ele consegue resolver essas contradições interiores. Está razoavelmente estabelecido que há um forte tabu contra matar seres da nossa própria espécie — um estratagema evolucionário que ajudou nossa espécie a sobreviver.[28] Mesmo assim, lutamos. Mas, para conseguir fazer isso, envolvemos o esforço em uma mitologia — frequentemente uma mitologia "religiosa" — que nos distancia do inimigo. Exageramos as diferenças dele, sejam elas raciais, religiosas ou ideológicas. Desenvolvemos narrativas para nos convencer de que ele não é realmente humano, mas monstruoso, a antítese da ordem e da bondade. Hoje podemos dizer a nós mesmos que estamos lutando por Deus e pelo país ou que uma guerra específica é "justa" ou "legal". Mas esse incentivo nem sempre se sustenta. Durante a Segunda Guerra Mundial, por exemplo, o brigadeiro general S. L. A. Marshall do Exército norte-americano e uma equipe de historiadores entrevistaram milhares de soldados de mais de quatrocentas companhias de infantaria que tinham combatido na Europa e no Pacífico. As descobertas deles foram surpreendentes: apenas de 15% a 20% dos homens de infantaria foram capazes de atirar diretamente no inimigo; o restante tentou evitar isso a ponto de desenvolver métodos complexos de errar o tiro ou de recarregar as armas de modo a não serem descobertos.[29]

É difícil superar a própria natureza. Para tornarem-se soldados eficientes, os recrutas precisam passar por uma iniciação exaustiva, não muito diferente daquela por que passam monges e iogues, para dominar suas emoções. A historiadora cultural Joanna Bourke explica o processo da seguinte forma:

> Os indivíduos precisavam ser desconstruídos para serem remontados como combatentes eficientes. Entre os princípios básicos estavam a despersonalização, os uniformes, a falta de privacidade, as relações sociais forçadas, cronogramas apertados, privação de sono, desorientação seguida de ritos de reorganização de acordo com códigos militares, regras arbitrárias e punição rigorosa. Os métodos de brutalização eram semelhantes àqueles usados por regimes em que os homens eram ensinados a torturar prisioneiros.[30]

Assim, podemos dizer, o soldado tornou-se tão "desumano" quanto o inimigo que criou em sua mente. Na verdade, vamos descobrir que em algumas culturas, até mesmo (ou especialmente) aquelas que glorificam a guerra, o guerreiro de alguma forma é maculado, poluído e objeto de medo — tanto uma figura heroica quanto um mal necessário, a ser temido, deixado à parte.

Nossa relação com a guerra, portanto, é complexa, possivelmente porque se trata de um desenvolvimento humano recente. Caçadores-coletores não podiam arcar com a violência organizada que chamamos de guerra, porque ela exige exércitos grandes, liderança continuada e recursos econômicos além de seu alcance.[31] Arqueólogos descobriram túmulos coletivos que sugerem algum tipo de massacre nesse período,[32] mas há poucos indícios de que os primeiros seres humanos lutavam regularmente uns contra os outros.[33] Entretanto, a vida humana mudou para sempre em torno de 9 mil a.C., quando fazendeiros pioneiros do Levante aprenderam a cultivar e a armazenar grãos selvagens. Eles produziram colheitas que eram capazes de sustentar populações maiores do que em qualquer outro momento e acabaram cultivando mais comida do que precisavam.[34] Como resultado, a população humana cresceu tão drasticamente que em algumas regiões o retorno à vida de caça e coleta tornou-se impossível. Entre cerca de 5 mil a.C. e o primeiro século da Era Comum — um período notavelmente curto dados os 4 milhões de anos de nossa história — em todo o mundo, de maneira bastante independente, a grande maioria dos homens fez a transição para a vida agrária. E com a agricultura veio a civilização; e com a civilização, a guerra.

Em nossas sociedades industrializadas, é comum vermos a era agrária com nostalgia, imaginando que naqueles tempos as pessoas viviam de maneira mais saudável, mais perto da terra e em harmonia com a natureza. Inicialmente, porém, a experiência com a agricultura foi traumática. Os primeiros assentamentos eram vulneráveis e as variações radicais na produtividade podiam aniquilar toda a população, de modo que a mitologia desse período descreve os primeiros fazendeiros numa batalha desesperada contra a terra estéril, contra a seca e a fome.[35] Pela primeira vez, o trabalho árduo se tornou um fato na vida humana. Os restos de esqueletos dos homens que se alimentavam de plantas eram uma cabeça menores em relação aos caçadores que se alimentavam de carne, além disso tinham tendência a anemia, a doenças infecciosas, dentes apodrecidos e problemas ósseos.[36] A terra era reverenciada como a Deusa Mãe e sua fecundidade era vivida como uma epifania; ela era chamada de Ishtar na Mesopotâmia, Demeter na Grécia, Ísis no Egito, e Anat na Síria. E, no entanto, ela não era uma presença reconfortante, mas extremamente violenta. A Terra Mãe com frequência destroçava casais e inimigos da mesma maneira — assim como o milho era reduzido a pó e as uvas eram esmagadas até virarem uma polpa irreconhecível. Implementos agrícolas eram retratados como armas que feriam a terra, e terrenos de cultivo viravam campos de sangue. Quando Anat assassinou Mot, o deus da esterilidade, ela o cortou em dois com uma foice ritual, passou-o por uma peneira, reduziu-o a pó em um moinho e espalhou seus restos de carne sangrando pelos campos. Depois, ela assassinou os inimigos de Baal, deus da chuva que proporciona vida, adornou-se com rouge e hena, fez um colar com as mãos e as cabeças de suas vítimas e atravessou um mar de sangue que lhe batia nos joelhos para ir ao banquete triunfal.[37]

Esses mitos violentos refletiam as realidades políticas da vida agrária. No começo do nono milênio a.C., o assentamento no oásis de Jericó no vale do Jordão tinha uma população de 3 mil pessoas, o que teria sido impossível antes do advento da agricultura. Jericó era uma cidadela fortificada protegida por um muro de grande porte, cuja construção deve ter consumido dezenas de milhares de horas de trabalho.[38] Nessa região árida, os amplos armazéns de comida da cidade teriam sido um ímã para nômades famintos. Agricultura intensificada, portanto, criava condições que poderiam pôr todos em risco nessa colônia rica e transformar sua terra arável em campos de sangue. Jericó era incomum, porém: um prodígio do futuro. A guerra não se tornaria endêmica na região por mais 5 mil anos, mas já era uma possibilidade, e desde o início, parece, a violência organizada em grande escala não estava ligada à religião, mas ao roubo organizado.[39]

A agricultura também tinha introduzido outro tipo de agressão: uma violência institucional ou estrutural em que a sociedade impele as pessoas a viver em tamanha miséria e sujeição que elas se tornam incapazes de melhorar a própria sorte. A opressão sistêmica tem sido descrita possivelmente como "a mais sutil forma de violência",[40] e, de acordo com o Conselho Mundial de Igrejas, está presente sempre que

> recursos e forças são desigualmente distribuídos, concentrados nas mãos de poucos, que não os usam para atingir a possível autorrealização de todos os mem-

bros, mas usam partes dela para autossatisfação ou para propósitos de domínio, opressão e controle de outras sociedades ou dos desprivilegiados na mesma sociedade.[41]

Pela primeira vez na história humana, a civilização agrária tornou essa violência endêmica uma realidade.

É provável que comunidades paleolíticas tenham sido igualitárias porque os caçadores-coletores não podiam sustentar uma classe privilegiada que não compartilhasse as dificuldades e o perigo da caçada.[42] Como essas pequenas comunidades viviam perto do nível de subsistência e não produziam excedente econômico, a desigualdade econômica era impossível. A tribo podia sobreviver apenas se todos compartilhassem a comida disponível. O governo por coerção não era viável porque todos os machos sãos tinham exatamente as mesmas armas e as mesmas capacidades de luta. Antropólogos perceberam que sociedades modernas de caçadores-coletores não têm classes, que a economia delas é "uma espécie de comunismo" e que as pessoas são estimadas por suas habilidades e qualidades, como generosidade, gentileza e tranquilidade, que beneficiam a comunidade como um todo.[43] Mas, em sociedades que produzem mais do que precisam, é possível que um pequeno grupo explore esse lucro para enriquecimento próprio, obtenha um monopólio da violência e domine o resto da população.

Como veremos na Parte I, essa violência sistêmica prevaleceria em todas as civilizações agrárias. Nos impérios do Oriente Médio, China, Índia e Europa, que dependiam economicamente da agricultura, uma pequena elite, de não mais que 2% da população, com a ajuda de um pequeno grupo de funcionários, sistematicamente roubava a produção cultivada pelas massas para sustentar seu estilo de vida aristocrático. No entanto, historiadores sociais argumentam que, sem esse arranjo iníquo, os seres humanos provavelmente nunca teriam passado do nível de subsistência, já que isso criou uma nobreza com tempo livre para desenvolver as artes e as ciências civilizadas que tornaram o progresso possível. Todas as civilizações pré-modernas adotaram esse sistema opressivo; parecia não haver alternativa. Isso tinha consequências inevitáveis para a religião, que permeava todas as atividades humanas, incluindo a construção do Estado e do governo. Na verdade, veremos que a política pré-moderna era inseparável da religião. E, se uma elite dominante adotasse uma ética tradicional, como o budismo, o cristianismo ou o islã, o clero aristocrático normalmente adaptava sua ideologia para sustentar a violência estrutural do Estado.[44]

Nas Partes I e II vamos explorar esse dilema. A guerra era fundamental para o Estado agrário, estabelecido pela força e mantido pela agressão militar. Quando a terra e os camponeses que a cultivavam eram as fontes principais de riqueza, a conquista territorial era a única maneira de um reino desse tipo aumentar suas receitas. A guerra era, portanto, indispensável para qualquer economia pré-moderna. A classe dominante precisava manter seu controle sobre as vilas de camponeses, defender sua terra arável contra agressores, conquistar mais terra e reprimir de maneira implacável qualquer insubordinação. Uma figura-chave nessa história foi o imperador indiano Ashoka (c. 268-232 a.C.). Estarrecido com o sofrimento que seu exército tinha imposto a uma cidade rebelde, ele promoveu uma ética de compaixão e tolerância de maneira incansável, mas no fim não pôde dispensar seu exército. Nenhum Estado pode viver sem seus soldados. E quando os Estados cresceram e a guerra tornou-se parte da vida, uma força ainda maior — o poderio militar do império — com frequência parecia a única maneira de manter a paz.

A força militar é tão necessária para o surgimento de Estados e de impérios que os historiadores veem o militarismo como uma marca da civilização. Sem exércitos disciplinados, obedientes e respeitadores da lei, a sociedade, diz-se, provavelmente teria permanecido em um nível primitivo ou teria degenerado em hordas que guerreariam sem cessar.[45] Mas, assim como nosso conflito interior entre impulsos violentos e compassivos, a incoerência entre fins pacíficos e meios cruéis permaneceria sem solução. O dilema de Ashoka é o dilema da própria civilização. E a religião também entraria nesse cabo de guerra. Como toda a ideologia do Estado pré-moderno era inseparável da religião, a guerra inevitavelmente adquiriu um elemento sacro. Na verdade, toda grande tradição religiosa seguiu os rastros da entidade política em que surgiu; nenhuma se tornou uma "religião mundial" sem o patrocínio de um poderoso império militar e, portanto, todas tiveram de desenvolver uma ideologia imperial.[46] Mas até que ponto a religião contribuiu para a violência dos Estados a que estava inextricavelmente associada? Quanta culpa pela história da violência humana podemos atribuir à religião em si? A resposta não é tão simples quanto grande parte do senso comum sugeriria.

* * *

Nosso mundo é perigosamente polarizado em uma época em que a humanidade está mais intimamente interconectada — política, econômica e eletronicamente — do que em qualquer outro período. Se queremos superar o desafio de nosso tempo e criar uma sociedade global em que todos os povos possam viver juntos em paz e com mútuo respeito, precisamos avaliar nossa situação de maneira precisa. Não podemos nos dar ao luxo de simplificar demais a natureza da religião ou seu papel no mundo. O que o acadêmico norte-americano William T. Cavanaugh chama de "o mito da violência religiosa"[47] aplicou-se às pessoas no Ocidente em um estágio inicial da modernização, mas em nossa aldeia global é necessária uma visão mais nuançada para compreender plenamente nosso problema.

Este livro se concentra principalmente nas tradições abraâmicas do judaísmo, do cristianismo e do islã porque os holofotes estão sobre elas neste momento. No entanto, como há uma convicção disseminada de que há no monoteísmo, a crença em um único Deus, uma tendência maior à violência e à intolerância, a primeira seção do livro vai examinar isso em uma perspectiva comparativa. Em tradições que precederam as fés abraâmicas, veremos não apenas como a força militar e uma ideologia imbuída no sagrado foram essenciais para o Estado, mas também como desde os tempos primeiros houve quem se angustiasse com o dilema da violência necessária e propusesse formas "religiosas" de se opor aos impulsos agressivos e de canalizá-los para fins mais compassivos.

Não haveria tempo, caso eu tentasse cobrir todos os exemplos de violência religiosamente articulada, mas exploraremos alguns dos mais importantes ao longo da história das três religiões abraâmicas, como as guerras sagradas de Josué, o chamado à jihad, as Cruzadas, a Inquisição e as Guerras Europeias Religiosas. Ficará claro que, quando os povos pré-modernos se engajavam em política, eles pensavam em termos religiosos e a fé permeava sua luta para dar sentido ao mundo de uma maneira que hoje nos parece estranha. Mas essa não é e história completa. Para parafrasear um comercial britânico: "O clima faz muitas coisas diferentes — e a religião também". Na história da religião, a luta pela paz foi tão importante quanto a guerra santa. Religiosos descobriram métodos engenhosos para lidar com o machismo agressivo do cérebro reptiliano, reduzir a violência e construir comunidades respeitosas, que valorizem a vida. Mas, assim como Ashoka, que se levantou contra a agressividade sistêmica do Estado, eles não tinham como mudar radicalmente suas sociedades; o máximo que podiam fazer era propor um caminho diferente para demonstrar modos mais gentis e mais empáticos para as pessoas viverem juntas.

Quando chegarmos ao período moderno, na Parte III, iremos, é claro, explorar a onda de violência que reivindica a justificação religiosa surgida nos anos 1980 e cujo ápice foi a atrocidade do Onze de Setembro. Mas também examinaremos a natureza do secularismo, que, apesar de seus benefícios, nem sempre ofereceu uma alternativa totalmente pacífica para uma ideologia de Estado religiosa. As tentativas de pacificar a Europa depois da Guerra dos Trinta Anos promovidas pelas primeiras filosofias modernas tinham, na verdade, um caráter implacável, em particular quando lidavam com problemas da secularidade moderna que consideravam alienadora, mais do que empoderadora ou libertadora. Isso porque o que o secularismo fez não foi tanto substituir a religião quanto renovar os entusiasmos religiosos. O desejo humano de encontrar um sentido último é tão arraigado que nossas instituições seculares, em especial o Estado-nação, adquiriram uma "aura" religiosa quase de imediato, embora tenham sido menos competentes do que as velhas mitologias em ajudar as pessoas a encarar as realidades assustadoras da existência humana para as quais não há respostas fáceis. No entanto, de modo algum o secularismo foi o fim da história. Em algumas sociedades que tentavam encontrar seu caminho para a modernidade, ele só conseguiu deteriorar a religião e ferir a psicologia de pessoas que não estavam preparadas para ser arrancadas de modos de vida e de pensamento que as tinham auxiliado até então. Lambendo suas feridas no deserto, o bode expiatório, com seu ressentimento cheio de pus, voltou para a cidade que o havia banido.

PARTE I
PRINCÍPIOS

1. Fazendeiros e pastores

Gilgamesh, cujo nome aparece nas listas de antigos reis como quinto governante de Uruk, era lembrado como "o mais forte dos homens — imenso, bonito, radiante, perfeito".[1] É muito provável que ele tenha existido, mas logo tornou-se uma lenda. Dizia-se que ele tinha visto tudo, viajado aos confins da terra, visitado o submundo e adquirido grande sabedoria. No início do terceiro milênio a.C., Uruk, hoje o sul do Iraque, era a maior cidade-Estado da federação da Suméria, a primeira civilização do mundo. O poeta Sin-leqi-unninni, autor de uma obra sobre a notável vida de Gilgamesh, de aproximadamente 1200 a.C., ainda se orgulhava muito dos templos, palácios, jardins e lojas da cidade. Ele começou e terminou seu épico com uma descrição exuberante do magnífico muro da cidade, com dez quilômetros de extensão, restaurado por Gilgamesh para o povo. "Ande pelo muro de Uruk!", ele incitava os leitores, empolgado. "Siga seu curso ao redor da cidade, inspecione suas fundações poderosas, examine os tijolos, a maestria com que foi construído!"[2] Essa esplêndida fortificação mostrava que a guerra tinha se tornado parte da vida. No entanto, esse desdobramento não fora inevitável. Por séculos, a Suméria não viu necessidade de proteger suas cidades contra ataques externos. Gilgamesh, porém, que provavelmente governou por volta de 2750 a.C., era um novo tipo de rei sumério, "um homem que era como um touro selvagem, líder insuperável, herói nas linhas de frente, amado por seus soldados — *fortaleza* eles o chamavam, *protetor dos povos, enchente furiosa que destrói todas as defesas*".³

Apesar de sua paixão por Uruk, Sin-leqi precisava admitir os problemas da civilização. Os poetas começaram a contar a história de Gilgamesh logo após sua morte porque ela é uma espécie de narrativa arquetípica, um dos primeiros relatos literários da jornada do herói.⁴ Mas ele também se defronta com a inescapável violência estrutural da vida civilizada. Oprimidas, empobrecidas e miseráveis, as pessoas de Uruk imploravam aos deuses para que lhes concedessem algum alívio contra a tirania de Gilgamesh:

> *A cidade é propriedade dele, ele pavoneia*
> *por ela, arrogante, a cabeça erguida alto,*
> *atropelando seus cidadãos como um touro selvagem.*
> *Ele é rei, ele faz o que quiser*
> *Os jovens de Uruk ele assalta sem justificativa,*
> *Gilgamesh não deixa que o filho volte livre a seu pai.*⁵

Talvez esses jovens tenham sido intimados a trabalhar na reconstrução do muro da cidade.⁶ Sem a exploração inescrupulosa da maioria da população, a vida urbana não seria possível. Gilgamesh e a aristocracia suméria viveram em um esplendor sem precedentes, mas a civilização só trouxe miséria e subjugação para a massa de camponeses.

Há indícios de que os sumérios foram o primeiro povo a controlar o excedente agrícola cultivado pela comunidade e a criar uma classe dominante privilegiada. O que certamente foi feito pela força. Os colonos chegaram à planície fértil entre o Tigre e o Eufrates em cerca de 5000 a.C.⁷ O lugar era seco demais para o plantio, portanto, eles projetaram um sistema de irrigação para controlar e distribuir a neve derretida das montanhas que inundava a planície todos os anos. Isso foi um avanço extraordinário. Canais e valas precisavam ser planejados, projetados e mantidos em um esforço cooperado e a água alocada de maneira justa entre comunidades que competiam entre si. Ao que tudo indica, o novo sistema começou em pequena escala, mas logo gerou um aumento radical do rendimento agrícola e, com isso, uma explosão demográfica.⁸ Em torno de 3500 a.C., a Suméria contava com meio milhão de almas, um número inédito até então. Uma liderança forte teria sido essencial, mas o que de fato transformou esses simples fazendeiros em citadinos é assunto de um debate sem-fim. Provavelmente devem-se a vários fatores interligados e que fortaleciam uns aos outros: o crescimento populacional, a produtividade agrícola sem precedentes e o trabalho intensivo exigido pela irrigação — para não falar da própria ambição humana — tudo contribuiu para um novo tipo de sociedade.[9]

Uma coisa é certa: em torno de 3000 a.C. havia doze cidades na planície da Mesopotâmia, cada uma sustentada pela produção de camponeses na zona rural vizinha. Eles viviam em nível de subsistência. Cada aldeia levava toda a sua colheita para a cidade a que servia; autoridades alocavam uma parte para os camponeses locais, e o resto era armazenado para a aristocracia nos templos da cidade. Desse modo, poucas famílias grandes, com a ajuda de uma classe de funcionários — burocratas, soldados, mercadores e serviçais domésticos —, apropriavam-se de algo entre metade e dois terços da receita.[10] Eles usavam esse excedente para viver uma vida totalmente diferente, livres para várias atividades que dependem de tempo, lazer e riqueza. Em troca, eles mantinham o sistema de irrigação e preservavam a lei e a ordem até certo grau. Todos os Estados pré-modernos temiam a anarquia: uma única safra fracassada por conta de uma seca ou de uma insatisfação social podia causar milhares de mortes, por isso a elite afirmava para si mesma que esse sistema beneficiava a população como um todo. Apesar de terem os frutos de seu trabalho roubados, os camponeses estavam um pouco melhor do que os escravos: arando, colhendo, cavando canais de irrigação, sendo levados à degradação e à penúria, o trabalho duro nos campos drenando sua vida. Se eles falhassem em satisfazer os supervisores, as patas de seus bois eram quebradas e as oliveiras, cortadas.[11] Eles deixaram registros fragmentados de sua desgraça: "O homem pobre está melhor morto do que vivo", lamentava um camponês. "Sou um corcel puro-sangue", reclamava outro, "mas estou atrelado a uma mula e preciso puxar um carro e carregar sementes e restolhos".[12]

A Suméria havia inventado o sistema de violência estrutural que prevaleceria em todos os Estados agrários até o período moderno, quando a agricultura deixou de ser a base econômica da civilização.[13] Sua hierarquia rígida era simbolizada pelos zigurates, as pirâmides gigantes com escadarias, marca da civilização da Mesopotâmia. A sociedade suméria também era um amontoado de camadas cada vez mais estreitas culminando num elevado pináculo aristocrático em que cada indivíduo estava inexoravelmente preso a seu lugar.[14] No entanto, afirmam os historiadores, sem esse arranjo cruel que violava a grande maioria da população, os homens não teriam desenvolvido as artes e as ciências que tornaram o progresso possível. A própria civilização precisava ser cultivada por uma classe ociosa, e assim nossas melhores realizações durante milhares de anos foram erguidas sobre as costas de camponeses explorados. Não por coincidência, quando os sumérios inventaram a escrita, foi com o objetivo de controle social.

Qual era o papel da religião nessa opressão nefasta? Todas as comunidades políticas desenvolvem ideologias que fundamentam suas instituições conforme a sua percepção da ordem natural.[15] Os sumérios sabiam quanto seu modelo urbano inovador era frágil. As construções de tijolo de argila precisavam de manutenção constante; o Tigre e o Eufrates com frequência rompiam as barragens e arruinavam as colheitas; chuvas torrenciais transformavam o solo em um mar de lama; e tempestades aterrorizantes danificavam a propriedade e matavam o gado. Mas os aristocratas tinham começado a estudar astronomia e descobriram padrões regulares nos movimentos dos corpos celestes. Eles se maravilhavam com o modo como diferentes elementos do mundo natural trabalhavam em conjunto para criar um universo estável e concluíram que o próprio cosmos era uma espécie de Estado em que tudo tinha sua função. Decidiram que se eles usassem essa ordem celestial como modelo para suas cidades, sua sociedade experimental estaria em sintonia com o modo como o mundo funcionava e portanto prosperaria e seria duradoura.[16]

Eles acreditavam que o Estado cósmico era gerido por deuses inseparáveis das forças naturais e em nada parecidos com o "Deus" adorado pelos judeus, cristãos e muçulmanos hoje. Essas deidades não podiam controlar os fenômenos e estavam sujeitas às mesmas leis que os homens, animais e plantas. Também não havia nenhuma grande lacuna ontológica entre humano e divino; Gilgamesh, por exemplo, era um terço humano, dois terços divino.[17] Os Anunnaki, os deuses supremos, eram os alter egos celestiais dos aristocratas, suas versões mais completas e eficientes, diferindo dos humanos apenas por serem imortais. Os sumérios imaginavam esses deuses preocupados com planejamento urbano, irrigação e administração pública, assim como eles próprios estavam. Anu, o Céu, governava esse Estado arquetípico de seu palácio nos céus, mas a presença dele também era sentida em todas as autoridades terrestres. Enlil, o Senhor Tempestade, se revelava não apenas nas chuvas cataclísmicas da Mesopotâmia, mas em todo tipo de força e violência humanas. Ele era o principal conselheiro de Anu no Conselho Divino (modelo para a Assembleia Suméria), e Enki, que havia transmitido as artes da civilização para os seres humanos, era seu ministro da agricultura.

Todo governo — mesmo nosso secular Estado-nação — se baseia em uma mitologia que define seu caráter especial e sua missão. A palavra "mito" perdeu a força nos tempos modernos e tende a significar algo que não é real, que nunca aconteceu. Mas, no mundo pré-moderno, a mitologia expressava uma realidade atemporal, não histórica, e fornecia um modelo para ação no presente.[18] Nesse ponto primevo da história, em que os registros arqueológicos e históricos são muito escassos, a mitologia que os sumérios preservaram na escrita é a única maneira de conhecermos seu modo de pensar. Para esses pioneiros da civilização, o mito do Estado cósmico era um exercício de ciência política. Os sumérios sabiam que sua sociedade estratificada era um rompimento chocante em relação à norma igualitária que prevalecera desde tempos imemoriais, mas estavam convencidos de que de algum modo ela estava inscrita na própria natureza das coisas e que mesmo os deuses estavam sujeitos a ela. Dizia-se que bem antes de os humanos existirem os deuses viviam nas cidades da Mesopotâmia, plantando seu próprio alimento e administrando o sistema de irrigação.[19] Depois da Grande Enchente, eles retiraram-se da terra para os céus e nomearam a aristocracia suméria para governar as cidades em seu lugar. Sujeita a seus mestres divinos, a classe dominante não tinha opção.

Seguindo a lógica da filosofia perene, a organização política dos sumérios imitava a dos deuses; isso, eles achavam, permitia que suas frágeis cidades integrassem o forte domínio divino. Cada cidade tinha uma deidade como patrono e era governada como patrimônio pessoal desse deus.[20] Representado por uma estátua em tamanho real, o deus governante vivia no templo principal com sua família, funcionários e servos divinos, os quais também eram retratados em efígie e habitavam um conjunto de quartos. Os deuses eram alimentados, vestidos e entretidos em rituais elaborados, e cada templo tinha grandes terrenos cultivados e gado em seu nome. Todos na cidade-Estado, independente do quão servil fosse sua tarefa, participavam do serviço divino — oficiando nos ritos das deidades, trabalhando em suas cervejarias, fábricas e oficinas, varrendo os templos, pastoreando e matando os animais, assando seu pão e vestindo suas estátuas. O Estado da Mesopotâmia não tinha nada de secular e a religião, nada de pessoal. Tratava-se de uma teocracia em que todos — do mais alto aristocrata ao mais baixo artesão — realizavam uma atividade sacra.

A religião da Mesopotâmia era essencialmente comunitária; homens e mulheres não bucavam o divino apenas na privacidade de seus corações, mas sobretudo em uma comunidade religiosa. A religião pré-moderna não contava com uma instituição independente; ela estava incorporada nos arranjos políticos, sociais e domésticos de uma sociedade, fornecendo um amplo sistema de significados. Seus objetivos, linguagem e rituais eram condicionados a essas considerações mundanas. Fornecendo o modelo para a sociedade, a prática da religião mesopotâmica parece ser o extremo oposto de nossa noção moderna de "religião" como uma experiência espiritual privada: ela era essencialmente uma busca política, e não há registros de qualquer devoção pessoal.[21] Os templos não eram apenas locais de adoração, eram centrais para a economia, porque o excedente agrícola era armazenado lá. Os sumérios não tinham palavra para *sacerdote*: aristocratas que também eram burocratas, poetas e astrônomos da cidade oficiavam no culto da cidade. Isso era adequado, já que para eles todas as atividades — e especialmente a política — eram sagradas.

Esse sistema elaborado não era só uma desculpa esfarrapada para a violência estrutural, era sobretudo uma tentativa de criar sentido para esse experimento humano audacioso e problemático. A cidade era o maior artefato da humanidade: artificial, vulnerável e dependente da coerção institucionalizada. A civilização exige sacrifício, e os sumérios precisavam se convencer de que o preço que estavam cobrando dos camponeses era necessário e que em última instância valia a pena. Ao afirmar que seu sistema desigual estava em sintonia com leis fundamentais do cosmos, os sumérios expressavam uma realidade política inexorável em termos míticos.

Essa parecia ser uma lei imutável pois nenhuma sociedade nunca encontrou uma alternativa. No fim do século XV a.C., civilizações agrárias estavam estabelecidas no Oriente Médio, no sul e no leste da Ásia, no norte da África e na Europa, e em todas elas — fosse na Índia, Rússia, Turquia, Mongólia, Levante, China, Grécia ou na Escandinávia — aristocratas exploravam seus camponeses como os sumérios faziam. Sem a coerção da classe dominante, seria impossível forçar os camponeses a produzir excedente econômico, porque o crescimento da população teria acompanhado o ritmo dos avanços na produtividade. Embora isso pareça repulsivo, ao forçar as massas a viver em nível de subsistência, a aristocracia manteve o crescimento populacional em xeque e tornou o progresso humano viável. Caso o excedente não tivesse sido tomado dos camponeses, não teria havido recursos econômicos para sustentar técnicos, cientistas, inventores, artistas e filósofos que, afinal, fizeram com que a civilização moderna viesse a ocorrer.[22] Como o monge trapista norte-americano Thomas Merton apontou, todos nós que nos beneficiamos dessa violência sistemática estamos envolvidos no sofrimento imposto ao longo de 5 mil anos à grande maioria dos homens e mulheres.[23] Ou como disse o filósofo Walter Benjamin: "Não há registro de civilização que não seja ao mesmo tempo registro de barbárie".[24]

Governantes agrários viam o Estado como sua propriedade privada e se sentiam livres para explorá-lo em nome do próprio enriquecimento. Não há registro histórico de que eles se sentiam minimamente responsáveis pelos camponeses.[25] Como o povo de Gilgamesh reclama na *Epopeia*: "A cidade é propriedade dele. [...] Ele é rei, ele faz o que quiser". Entretanto, a religião suméria não endossava totalmente essa iniquidade. Quando os deuses ouvem essas reclamações angustiadas, eles exclamam a Anu: "Gilgamesh, nobre como ele é, passou de todos os limites. O povo sofre com sua tirania [...]. É assim que você quer que seu rei governe/ Um pastor deveria atacar seu próprio rebanho?".[26] Anu balança a cabeça mas não consegue mudar o sistema.

O poema narrativo *Atrahasis* (*c.* 1700 a.C.) se passa no período mítico em que as deidades ainda viviam na Mesopotâmia e "deuses em vez de homens faziam o trabalho" do qual depende a civilização. O poeta explica que os Anunnaki, a aristocracia divina, forçaram os Igigi, os deuses inferiores, a carregar uma carga pesada demais: por 3 mil anos eles araram e colheram os campos e cavaram canais de irrigação — além disso, precisaram escavar os leitos dos rios Tigre e Eufrates: "Noite e dia, gemiam e punham a culpa uns nos outros", mas os Anunnaki não prestavam atenção.[27] Por fim, uma multidão furiosa se reúne do lado de fora do palácio de Enlil. "Cada um de nós deuses declarou guerra. Pusemos um ponto final na escavação!", eles clamam. "A carga é excessiva. Está nos matando!"[28] Enki, ministro da agricultura, concorda. O sistema é cruel e insustentável, e os Anunnaki estão errados em ignorar os problemas dos Igigi: "O trabalho deles era duro demais, os problemas eram grandes demais! Todos os dias a terra ressoava. O sinal de alerta era alto o suficiente!".[29] Mas se ninguém faz qualquer trabalho produtivo, a civilização entrará em colapso, por isso Enki determina que a Deusa Mãe crie seres humanos para assumir o lugar dos Igigi. Os deuses também se sentem responsáveis pela condição dos trabalhadores humanos. As massas de trabalhadores não têm permissão para avançar sobre a existência privilegiada dos deuses, portanto, quando os humanos se tornam numerosos a ponto de seu barulho manter os mestres divinos acordados, os deuses simplesmente decidem dizimar a população com uma praga. O poeta descreve graficamente o sofrimento:

> Os rostos cobertos de crostas, como malte,
> Os rostos parecendo pálidos,
> Eles saíram em público curvados,
> Os ombros bem-feitos caídos,
> A antiga postura ereta caída.[30]

Mais uma vez, no entanto, a crueldade é criticada. Enki, que o poeta diz ter "visão longa", desafia corajosamente os demais deuses, lembrando-os de que a vida deles depende de escravos humanos.[31] Os Anunnaki de má vontade concordam em poupá-los e em se retirar para a paz e a tranquilidade dos céus. Essa era uma expressão mítica de uma dura realidade social: o abismo que separava a nobreza dos camponeses tinha se tornado grande a ponto de eles efetivamente ocuparem mundos diferentes.

A *Atrahasis* provavelmente fora pensada para recitação pública, e a narrativa também parece ter sido preservada oralmente.[32] Fragmentos do texto foram encontrados ao longo de mil anos; isso leva a crer que esse conto era amplamente conhecido.[33] Assim, a escrita, inventada a princípio para servir à violência estrutural da Suméria, começou a registrar a inquietação de membros mais atenciosos da classe dominante, que não conseguiam encontrar solução para o dilema da civilização, mas que pelo menos tentavam olhar diretamente para o problema. Veremos que outras pessoas — profetas, sábios e místicos — ergueriam suas vozes em protesto e tentariam inventar uma maneira mais igualitária para os seres humanos viverem juntos.

* * *

A *Epopeia de Gilgamesh*, situada em meados do terceiro milênio, quando a Suméria estava se militarizando, apresenta a violência marcial como a marca da civilização.[34] Quando as pessoas imploram pela ajuda dos deuses, Anu tenta aliviar o sofrimento delas dando a Gilgamesh alguém de seu tamanho com quem lutar e drenar parte de sua cólera. Assim, a Deusa Mãe cria Enkidu, o homem primitivo. Ele é enorme, peludo e tem uma força prodigiosa, mas é uma alma gentil e bondosa, que vagueia feliz com os herbívoros e os protege de predadores. Mas para o plano de Anu dar certo, Enkidu precisa fazer a transição da barbárie pacífica à agressividade do homem civilizado. A sacerdotisa Shamhat recebe a tarefa de educá-lo e, sob a tutela dela, Enkidu aprende a raciocinar, a compreender a fala e a se alimentar de comida humana; o cabelo dele é cortado, a pele é untada com óleo aromático e finalmente "ele se transformou em um homem. Ele pôs roupas, tornou-se um guerreiro".[35] O homem civilizado era essencialmente um homem da guerra, cheio de testosterona. Quando Shamhat menciona as façanhas militares de Gilgamesh, Enkidu fica pálido de raiva. "Leve-me a Gilgamesh!", ele grita, batendo no peito. "Vou gritar diante dele: eu sou o mais poderoso! Eu sou o homem capaz de fazer o homem tremer! Eu sou superior!"[36] Assim que esses dois machos alfa põem os olhos um no outro, começam a lutar, tombando pelas ruas de Uruk, batendo nos membros entrelaçados em um abraço quase erótico, até que finalmente, saciados, eles "se beijaram e iniciaram uma amizade".[37]

Nessa época, a aristocracia mesopotâmica começara a complementar sua renda com a guerra, por isso no próximo capítulo Gilgamesh anuncia que está prestes a liderar uma expedição militar com cinquenta homens rumo à Floresta de Cedro, protegida pelo temível dragão Humbaba, para levar essa preciosa madeira à Suméria. Provavelmente fora por meio dessas pilhagens que as cidades da Mesopotâmia dominaram os planaltos do norte, onde havia muitos produtos luxuosos de que os aristocratas gostavam.[38] Fazia tempo mercadores eram despachados para o Afeganistão, para o Vale do Indo e para a Turquia com o intuito de trazer madeira, metais raros e comuns e pedras preciosas e semipreciosas.[39] Mas, para um aristocrata como Gilgamesh, o único modo nobre de adquirir esses recursos escassos era à força. Em todos os futuros Estados agrários, os aristocratas se distinguiriam do restante da população pela capacidade de viver sem trabalhar.[40] O historiador cultural Thorstein Veblen explicou que nessas sociedades, "o trabalho seria associado [...] à fraqueza e à sujeição". O trabalho, até mesmo o comércio, não só era "vergonhoso [...] mas *moralmente* impraticável para o homem nobre nascido livre". Como um aristocrata devia seu privilégio à expropriação forçada do excedente dos camponeses, "a obtenção de bens por quaisquer métodos que não fossem a apreensão seria considerada indigna".[41]

Para Gilgamesh, portanto, o roubo organizado que ocorria na guerra não apenas é nobre, mas também moral, realizado para seu enriquecimento pessoal, mas também para o bem da humanidade. "Agora devemos viajar para a Floresta do Cedro, onde vive o feroz monstro Humbaba", ele anuncia cheio de si. "Devemos matá-lo e tirar o mal do mundo."[42] Para o guerreiro, o inimigo é sempre monstruoso, a antítese de tudo o que é bom. Mas a recusa do poeta em atribuir a essa expedição qualquer aprovação religiosa ou ética é significativa. Os deuses se opõem fortemente a ela. Enlin havia designado de maneira específica Humbaba para proteger a floresta contra qualquer ataque predatório desse gênero; a mãe de Gilgamesh, a deusa Ninsun, fica horrorizada com o plano e de início culpa Shamash, o deus sol e patrono de Gilgamesh, por colocar essa ideia apavorante na cabeça do filho. Quando questionado, no entanto, Shamash parece não saber nada sobre isso.

Inicialmente, até mesmo Enkidu se opõe à guerra. Humbaba, diz ele, não é mau; ele está cumprindo uma tarefa ecologicamente correta para Enlil, e ser assustador é parte do que se exige de alguém em sua função. Mas Gilgamesh foi cegado pelo código aristocrático de honra.[43] "Por que, caro amigo, você fala como um covarde?", ele diz, provocando Enkidu. "Se eu morrer na floresta nessa grande aventura, você não vai ficar com vergonha quando as pessoas disserem: 'Gilgamesh teve uma morte de herói na batalha contra o monstro Humbaba. E onde estava Enkidu? Estava seguro em casa!'."[44] Não são os deuses, nem a simples ganância, mas o orgulho, uma obsessão com a glória marcial e o desejo de uma reputação póstuma de homem corajoso e ousado, que leva Gilgamesh à batalha. "Somos homens mortais", ele lembra a Enkidu:

> *Só os deuses vivem para sempre. Nossos dias*
> *São poucos em número, e tudo que conquistamos*
> *é uma lufada de vento. Por que temer então,*

já que cedo ou tarde a morte chegará?
[...]
Mas venha você junto ou não,
eu cortarei a árvore, matarei Humbaba,
vou fazer meu nome ser lembrado por muito tempo,
vou gravar minha fama na memória dos homens para sempre.[45]

A mãe de Gilgamesh culpa o "coração inquieto" dele por esse projeto imprudente.[46] Uma classe ociosa tem bastante tempo nas mãos; cobrar aluguéis e supervisionar o sistema de irrigação é um trabalho maçante para membros de uma espécie treinados para agir como intrépidos caçadores. O poema indica que homens jovens já se irritavam com a banalidade de uma vida civil que, como explicou Chris Hedges, levaria tantos deles a procurar um sentido no campo de batalha.[47]

O resultado foi trágico. Sempre há um momento na guerra em que a realidade aterradora supera o glamour. Humbaba afinal era um monstro bem razoável, que implora por sua vida e oferece a Gilgamesh e Enkidu toda a madeira que eles desejassem, mas mesmo assim eles acabam com ele. Depois uma chuva fina cai do céu, como se a própria natureza lamentasse essa morte sem sentido.[48] Os deuses mostram seu descontentamento com a expedição fazendo com que Enkidu tenha uma doença fatal, e Gilgamesh é forçado a pensar na própria mortalidade. Incapaz de assimilar as consequências da guerra, ele dá as costas para a civilização, vaga pela floresta com a barba por fazer, e inclusive desce ao submundo para encontrar um antídoto contra a morte. Por fim, cansado, mas resignado, é forçado a aceitar as limitações de sua humanidade e voltar a Uruk. Ao chegar aos subúrbios, ele chama a atenção de seu companheiro para a grande muralha que cerca a cidade. "Observe a terra que ela cerca, as palmeiras, os jardins, os pomares, os gloriosos palácios e templos, as lojas e os mercados, as casas, as praças públicas."[49] Ele próprio irá morrer, mas atingirá uma espécie de imortalidade ao cultivar as artes e os prazeres civilizados que permitem os homens explorar novas dimensões da existência.

Agora a famosa muralha de Gilgamesh era essencial para a sobrevivência de Uruk porque, apesar de séculos de cooperação pacífica, as cidades-Estado sumérias começavam a lutar umas contra as outras. O que motivou esse desdobramento trágico?

* * *

Nem todo mundo no Oriente Médio aspirava à civilização: pastores nômades preferiam vagar livremente nas montanhas com seu gado. Eles já tinham pertencido à comunidade agrícola, vivendo à margem das terras aradas para que suas ovelhas e vacas não danificassem as colheitas. Mas se afastaram aos poucos até abandonarem por completo as restrições da vida sedentária e pegaram a estrada.[50] Provavelmente em 6 mil a.C., os pastores do Oriente Médio já eram uma comunidade independente, embora continuassem a trocar couro e laticínios por grãos nas cidades.[51] Logo eles descobriram que a maneira mais fácil de substituir animais perdidos era roubar o gado de aldeias próximas e de tribos rivais. Lutar, portanto, se tornou essencial para a economia dos pastores. Depois de terem domesticado o cavalo e, adquirido veículos com rodas, eles se espalharam por todo o platô da Ásia Interior, e, no início do terceiro milênio, alguns tinham chegado à China.[52] Nessa época, havia guerreiros formidáveis, equipados com armamentos de bronze, carruagens de guerra e o mortal arco composto, capaz de atirar com precisão devastadora a longas distâncias.[53]

Os pastores que se estabeleceram nas estepes do Cáucaso no sul da Rússia perto de 4500 a.C. compartilhavam uma cultura. Eles se chamavam de Arya ("nobres", "honoráveis"), mas nós os conhecemos como indo-europeus porque sua língua se tornou a base de vários idiomas asiáticos e europeus.[54] Perto de 2500 a.C., alguns arianos deixaram as estepes e conquistaram grandes áreas da Ásia e da Europa, tornando-se ancestrais dos hititas, dos celtas, dos gregos, dos romanos, dos germânicos, dos escandinavos e dos anglo-saxões que encontraremos mais tarde em nossa história. Enquanto isso, as tribos que permaneciam no Cáucaso se separavam. Elas continuaram a viver lado a lado — nem sempre de maneira amigável — falando diferentes dialetos do idioma proto-indo europeu até cerca de 1500 a.C., quando eles também migraram para as estepes, com os falantes de avéstico, estabelecendo-se no que hoje é o Irã, e os falantes de sânscrito colonizando o subcontinente indiano.

Os arianos consideravam a vida do guerreiro infinitamente superior ao tédio e ao trabalho contínuo da existência agrária. O historiador romano Tácito (*c.* 55-120 d.C.) observaria mais tarde que as tribos germânicas que conheceu preferiam "desafiar o inimigo e receber a honra dos ferimentos" à labuta no arado e ao fastio de esperar as colheitas. "Ou melhor, eles realmente consideram maçante e estúpido conseguir pelo suor do trabalho o que podem conquistar com seu sangue."⁵⁵ Como os aristocratas urbanos, eles também desprezavam o trabalho, viam-no como marca de inferioridade, e incompatível com a vida "nobre".⁵⁶ Além disso, eles sabiam que a ordem cósmica (*rita*) só era possível porque o caos era posto em xeque pelos grandes deuses (*devas*)* — Mithra, Varuna e Mazda — que forçavam as estações a se revezar regularmente, mantinham os corpos celestes em seus devidos lugares e tornavam a terra habitável. Inclusive os seres humanos só podiam viver juntos de maneira ordenada e produtiva caso fossem forçados a sacrificar os próprios interesses em nome dos interesses do grupo.

A violência e a coerção, portanto, estão no cerne da existência social, e na maior parte das culturas antigas essa verdade era expressa por rituais sangrentos de sacrifício animal. Como os caçadores pré-históricos, os arianos acreditavam no fato trágico de que a vida depende da destruição de outros seres. Eles manifestavam essa convicção na história mítica de um rei que de maneira altruísta permite que seu irmão, um sacerdote, o mate e assim cria o mundo ordenado.⁵⁷ Um mito nunca é só um evento histórico recontado; ao contrário, ele expressa uma verdade atemporal subjacente ao cotidiano de um povo. Um mito é sempre sobre o *agora*. Os arianos reencenavam a narrativa do rei sacrificado todos os dias ao matar ritualmente um animal para se lembrarem do sacrifício exigido a cada guerreiro, que todos os dias põe sua vida em risco em nome do povo.

Já se afirmou que a sociedade ariana era originalmente pacífica e que não recorreu a incursões agressivas até o final do segundo milênio.⁵⁸ Mas outros acadêmicos observam que as armas e os guerreiros já figuram nos primeiros textos.⁵⁹ As histórias míticas dos deuses da guerra arianos — Indra na Índia, Verethragna na Pérsia, Hércules na Grécia e Thor na Escandinávia — seguem um padrão semelhante, portanto esse ideal bélico deve ter se desenvolvido nas estepes antes de as tribos seguirem caminhos diferentes. Ele se baseou no herói Trito, que conduz o primeiro ataque relacionado a gado contra a Serpente de três cabeças, habitante nativa de uma terra recentemente conquistada pelos arianos. A serpente cometeu a temeridade de roubar o gado dos

---

* Em avéstico, o sânscrito "devas" se tornou "daevas".

arianos. Trito não apenas a mata e recupera os animais, como esse ataque se torna uma batalha cósmica que, com a morte do rei sacrificado, restaura a ordem cósmica.[60]

A religião ariana, portanto, apoiava aquilo que era essencialmente violência e roubo organizados. Sempre que partiam para um ataque, os guerreiros bebiam uma poção ritual do líquido inebriante extraído da soma, uma planta sagrada que os deixava em um estado de êxtase frenético, assim como ocorreu com Trito na perseguição da Serpente; dessa forma, eles se sentiam ligados ao herói. O mito de Trito significava que todo o gado, a medida de riqueza na sociedade pastoril, pertencia aos arianos e que os outros povos não tinham direito a esses recursos. A história de Trito foi chamada de "mito imperialista por excelência" porque fornecia justificativa sagrada para as campanhas militares indo-europeias na Europa e na Ásia.[61] A figura da Serpente representava os povos nativos que ousavam resistir aos ataques dos arianos como inumanos, monstros deformados. Mas o gado e a riqueza não eram os únicos prêmios pelos quais valia a pena lutar: como Gilgamesh, os arianos sempre iriam atrás da honra, da glória, do prestígio e da fama póstuma na batalha.[62] As pessoas raramente vão à guerra por uma única razão, pelo contrário, são levadas à guerra por motivos que se entrecruzam — motivos materiais, sociais e ideológicos. Na *Ilíada* de Homero quando o guerreiro troiano Sarpedon incita seu amigo Glauco a fazer um ataque muito perigoso em campo grego, ele enumera naturalmente os privilégios de uma reputação heroica — sentar-se em lugares especiais, comer os melhores cortes de carne, conquistar o butim, e "uma grande área de terra" — como parte da nobreza de um guerreiro.[63] É significativo que as palavras "valentia" e "valor" tenham uma raiz indo-europeia comum, assim como "virtude" e "virilidade".

Embora a religião ariana glorificasse a guerra, ela também reconhecia que essa violência era problemática. Toda campanha militar envolve atividades que seriam repulsivas e antiéticas na vida civil.[64] Na mitologia ariana, portanto, o deus da guerra frequentemente é chamado de "pecador" porque um soldado é forçado a agir de um modo questionável. O guerreiro sempre carrega uma mácula.[65] Mesmo Aquiles, um dos maiores guerreiros arianos, não é exceção. Eis a descrição de Homero da *aristeia* ("violência triunfal") com que Aquiles freneticamente mata um soldado troiano após o outro:

> *Tal como quando nas fundas clareiras de uma sedenta montanha*
> *lavra um fogo assombroso, e toda a floresta profunda arde*
> *e em todas as direções o vento faz rodopiar as chamas —*
> *assim com a lança por toda a parte corria Aquiles como um deus,*
> *pressionando os que chacinava. E a terra corria negra de sangue.*[66]

Aquiles se tornou uma força inumana de poder puramente destrutivo. Homero o compara a cevada debulhada sobre o solo, mas, ao invés de produzir alimento nutritivo, ele pisa "tanto cadáveres como escudos" como se os dois fossem indistinguíveis, e "de sangue estavam borrifadas suas mãos invencíveis".[67] Os guerreiros nunca chegariam ao nível mais alto da sociedade indo-europeia.[68] Eles sempre teriam de lutar "para ser os melhores" (grego: *aristos*); mesmo assim eram relegados a uma posição abaixo dos sacerdotes, na segunda classe. Os pastores não conseguiriam sobreviver sem ataques; a violência deles era essencial para a economia pastoril, mas a agressão do herói frequentemente repelia as próprias pessoas que o reverenciavam.[69]

A *Ilíada* certamente não é um poema contra a guerra, mas nos lembra da tragédia da guerra uma vez que celebra os feitos de seus heróis. Como na *Epopeia de Gilgamesh*, a angústia da mortalidade às vezes irrompe em meio à empolgação e ao idealismo. A terceira pessoa a ser assassinada no poema é o troiano Siomeisios, um belo jovem que, diz Homero, deveria ter conhecido a ternura da vida familiar, mas é abatido pelo guerreiro grego Ájax:

> *No chão caiu como o álamo*
> *que cresceu nas terras baixas de uma grande pradaria,*
> *liso, mas com ramos viçosos na parte de cima —*
> *álamo que com o ferro fulgente o homem fazedor de carros*
> *cortou para com ele fabricar um lindíssimo carro,*
> *e que deixou a secar, jazente, na ribeira de um rio.*[70]

Na *Odisseia*, Homero vai ainda mais longe ao questionar o ideal aristocrático como um todo. Quando Ulisses visita o submundo, fica horrorizado com as multidões que pululam e falam sem sentido, cuja humanidade foi tão obscenamente degenerada. Indo até a sombra inconsolável de Aquiles, ele tenta confortá-lo: Ele não tinha sido honrado como um deus antes de morrer, e não governa agora os mortos? Mas Aquiles não se importa com isso: "Não me fale sobre a morte para me consolar", ele responde. "Preferiria estar sobre a terra ainda e trabalhando para algum pobre camponês a ser o senhor dos mortos."[71]

Não há indícios sólidos, mas provavelmente foram os pastores das regiões montanhosas em torno do Crescente Fértil que levaram a guerra à Suméria.[72] Os pastores teriam considerado a riqueza das cidades irresistível, e aperfeiçoaram a arte do ataque-surpresa, sua velocidade e mobilidade aterrorizando os habitantes das cidades, que não haviam dominado a arte da cavalgada até então. Depois de algumas incursões rápidas desse gênero, os sumérios tomaram medidas para proteger seu povo e seus armazéns. Mas esses ataques deram a eles a ideia de usar técnicas semelhantes para conquistar butins e terra arável de cidades sumérias vizinhas.[73] Em meados do terceiro milênio a.C. a planície suméria estava mobilizada para a guerra: arqueólogos descobriram um notável aumento nas muralhas e fortificações e nas armas de bronze nesse período. Isso não foi algo inevitável; não houve uma escalada de conflito armado como essa no Egito, que também tinha desenvolvido uma civilização sofisticada mas que era um Estado agrário muito mais pacífico.[74] O Nilo inundava os campos com uma regularidade que raramente falhava, e o Egito não estava exposto ao clima turbulento da Mesopotâmia; nem era cercado por montanhas cheias de pastores predadores.[75] Os reinos egípcios provavelmente tinham milícias *ad hoc* para repelir ataques nômades ocasionais vindos do deserto, mas as armas escavadas por arqueólogos são brutas e rudimentares. A maior parte da arte do antigo Egito celebra a alegria e a elegância da vida civil, e há pouca glorificação da guerra nos primeiros períodos de sua literatura.[76]

Só podemos reconstruir o avanço da militarização suméria juntando fragmentos de indícios arqueológicos. Entre 2340 e 2284 a.C., a lista de reis sumérios registra 34 guerras entre cidades.[77] Os primeiros reis da Suméria tinham sido sacerdotes especializados em astronomia e em rituais; agora cada vez mais eles eram guerreiros como Gilgamesh. Eles descobriram que a guerra era uma fonte inestimável de receita, butim e prisioneiros, que podiam ser postos para trabalhar nos campos. Em vez de esperar o próximo avanço na produtividade, a guerra rendia retornos mais rápidos e maiores. A Estela de Abutres (*c.* 2500 a.C.), hoje no Louvre, retrata Eannatum, rei de Lagash, liderando uma densa falange de soldados com armas pesadas em uma batalha contra a cidade de Umma; essa era claramente uma sociedade equipada e treinada para a guerra. A estela registra que, embora eles implorassem por piedade, 3 mil soldados de Umma foram assassinados naquele dia.[78] Depois da militarização da planície, cada rei teve de se preparar para defender e, se possível, para ampliar seu território, a fonte de sua riqueza. A maior parte dos conflitos sumérios era de campanhas revanchistas em busca de butim e território. Nenhuma investida parece ter sido decisiva, e há sinais de que algumas pessoas achavam que tudo isso era inútil. "Você vai e toma a terra do inimigo", diz uma inscrição; "o inimigo vem e toma a sua terra". No entanto, as disputas continuavam sendo resolvidas pela força mais do que pela diplomacia e nenhum Estado podia se dar ao luxo de não estar preparado militarmente. Com "o Estado fraco em armamentos", comentava outra inscrição, "o inimigo não será expulso de suas portas".[79]

Durante essas guerras intermináveis, os aristocratas sumérios e os funcionários eram feridos, mortos e escravizados, mas os camponeses sofriam muito mais. Por serem a base da riqueza da aristocracia, normalmente eles e seu rebanho eram massacrados pelo exército invasor, seus galpões e casas, demolidos, e os campos banhados de sangue. O campo e as aldeias de camponeses se tornavam terra arrasada, e a destruição das colheitas, do gado e do equipamento agrícola muitas vezes significava fome brutal.[80] A natureza inconclusiva dessas guerras significava que todos sofriam e que não havia ganho permanente para ninguém, já que o vencedor de hoje provavelmente era o perdedor de amanhã. Esse seria o problema recorrente da civilização, uma vez que aristocracias em iguais condições sempre competiriam de maneira agressiva por recursos escassos. Paradoxalmente, muitas vezes a guerra, que deveria enriquecer a aristocracia, prejudicava a produtividade. Nesse período primevo já era evidente que para impedir esse sofrimento autodestrutivo e sem sentido era decisivo pôr em xeque aristocracias oponentes. Uma autoridade superior precisava ter força militar para impor a paz.

Em 2330 a.C., um novo tipo de governante surgiu na Mesopotâmia quando Sargon, um soldado comum de origem semítica, organizou com sucesso um golpe na cidade de Kish, marchou para Uruk e depôs seu rei. Ele então repetiu o processo em várias cidades, até que, pela primeira vez, a Suméria foi governada por um único monarca. Sargon havia criado o primeiro império agrário do mundo.[81] Dizia-se que, com seu imenso exército permanente de 5400 homens, ele tinha conquistado território nos atuais Irã, Síria e Líbano. Ele construiu Acádia, uma capital por completo nova, que provavelmente estava situada perto da moderna Bagdá. Em suas inscrições, Sargon — cujo nome significava "Verdadeiro e Legítimo Rei" — afirmava ter governado "a totalidade das terras debaixo do céu" e gerações posteriores o reverenciariam como um modelo de herói, de modo semelhante a Carlos Magno ou ao rei Arthur. Por milênios, em sua memória, governantes da Mesopotâmia denominariam-se "senhor da Acádia". No entanto, pouco sabemos tanto sobre o homem quanto sobre seu império. A Acádia era lembrada como uma cidade exótica, cosmopolita e um importante centro comercial, mas sua localização nunca foi descoberta. O império deixou poucos traços arqueológicos, e o que sabemos sobre Sargon em grande medida é lenda.

Contudo, o seu império era uma bacia hidrográfica. Como primeiro governo suprarregional do mundo, ele se tornou modelo para o futuro imperialismo agrário, não apenas em função do prestígio de Sargon, mas também porque parecia não haver alternativa possível. A guerra e os impostos seriam essenciais para a economia dos futuros impérios agrários. O império acadiano foi obtido pela conquista de território estrangeiro: os povos dominados eram reduzidos a vassalos, e os reis e chefes tribais se tornaram governantes regionais, sendo sua tarefa extorquir impostos em espécie de sua população — prata, grãos, incenso, metais, madeira e animais — e enviar para a Acádia. As inscrições de Sargon afirmam que, durante seu reinado, ele lutou 34 guerras ao longo de 56 anos. Nos impérios agrários posteriores, a guerra não era incomum, mas se tornou a norma; não era simplesmente o "esporte dos reis", era uma necessidade econômica e social.[82] Além da pilhagem e do saque, o principal objetivo de qualquer campanha imperial era conquistar e taxar mais camponeses. Como o historiador britânico Perry Anderson explica, "a guerra era possivelmente o modo mais *racional* e *rápido* de expansão econômica, de obtenção de lucro, disponível para qualquer classe dominante".[83] Combater e obter riqueza eram coisas inseparáveis e interconectadas: livre da necessidade do trabalho produtivo, a nobreza tinha tempo de sobra para cultivar suas habilidades militares.[84] Com certeza eles lutavam por honra, glória e pelo puro prazer da batalha, mas a guerra era, "talvez acima de tudo, uma fonte de lucro, a principal atividade dos nobres".[85] Ela não precisava de justificativa, porque sua necessidade parecia autoevidente.

Sabemos tão pouco sobre Sargon que é difícil precisar o papel da religião nessas guerras imperiais. Em uma de suas inscrições ele alegava ter derrotado as cidades de Ur, Lagash e Umma, "o deus Enlin não deixava que ele tivesse rival, deu a ele os mares Superior e Inferior e os cidadãos de Acádia tinham [cargos no] governo". A religião sempre fora inseparável da política na Mesopotâmia. A cidade era viável porque alimentava os deuses e os servia; sem dúvida os oráculos desses deuses endossavam as campanhas de Sargon. Seu filho e sucessor Naram-Sin (*c.* 2260-2223 a.C.), que ampliou ainda mais o Império Acadiano, era conhecido como "deus de Acádia". Sendo uma cidade nova, Acádia não poderia ter sido fundada por um dos Anunnaki, portanto, Naram-Sin autodeclarou-se mediador entre a aristocracia divina e seus súditos. Como veremos, era comum que imperadores agrários se deificassem dessa forma, e isso dava a eles um instrumento de propaganda capaz de justificar grandes reformas administrativas e econômicas.[86] Como sempre, religião e polícia coexistiam, os deuses serviam não apenas como alter ego do monarca, como também santificavam a violência estrutural necessária para a sobrevivência da civilização.

O império agrário não representava as pessoas ou servia aos interesses delas. A classe dominante via a população camponesa praticamente como outra espécie. O governante tinha seu império como propriedade pessoal e o Exército como milícia particular. Enquanto os súditos produzissem e entregassem o excedente, a classe dominante os deixava em paz, por isso os camponeses vigiavam e governavam as próprias comunidades; e os acordos pré-modernos não permitiam que a classe dominante imperial impusesse religião ou cultura aos povos dominados. Supostamente um império bem-sucedido impediria a destrutiva guerra de olho por olho que atormentava a Suméria, no entanto, Sargon morreu sufocando uma revolta, e, além de sempre subjugar os que tentavam usurpar o trono, Naram-Sin precisava defender suas fronteiras contra pastores que tinham fundado os próprios Estados na Anatólia, na Síria e na Palestina.

Depois do declínio do Império Acadiano, houve outros experimentos imperiais na Mesopotâmia. De 2113 a 2029 a.C., Ur dominou toda a Suméria e Acádia desde o Golfo Pérsico até o sul de Jezirah, além de grandes partes do oeste do Irã. Então, no século XIX a.C., Samuabum, um chefe tribal semítico-amorita, fundou uma dinastia na pequena cidade de Babilônia. Aos poucos o Rei Hamurabi (*c.* 1792-1750 a.C.), sexto na linha de sucessão, obteve controle do sul da Mesopotâmia e das regiões ocidentais do Eufrates central. Em uma estela famosa, ele é visto de pé diante de Marduk, o deus sol, recebendo os mandamentos de seu reinado. Em seu código de leis, Hamurabi anunciou que tinha sido nomeado pelos deuses "para fazer com que a justiça prevaleça sobre a terra, para destruir os perversos e o mal, para que os fortes não possam oprimir os fracos".[87] Apesar da violência estrutural do Estado agrário, os governantes do Oriente Médio fariam sempre a mesma afirmação. Promulgar leis como essa não era mais do que um exercício político em que o rei afirmava ser poderoso o suficiente para ignorar os aristocratas de nível inferior e tornar-se uma corte suprema de apelo para as massas oprimidas.[88] Suas leis benevolentes, concluía seu código, eram "as leis da justiça, que Hamurabi, *o rei forte*, estabeleceu".[89] De modo significativo, ele publicou esse código no fim de sua carreira, depois de ter oprimido violentamente qualquer oposição e de ter estabelecido um sistema de tributação em todos os seus domínios que enriqueceu a capital na Babilônia.

Mas nenhuma civilização agrária podia ultrapassar determinado limite. Um império em expansão sempre exauria seus recursos, já que suas necessidades superavam o que a natureza, os camponeses e os animais podiam produzir. E, apesar do palavreado grandioso sobre justiça para os pobres, a prosperidade precisava ser privilégio de uma elite. Embora a modernidade tenha institucionalizado a mudança, era raro ocorrer uma inovação radical nos tempos pré-modernos: a civilização parecia tão frágil que se considerava mais importante preservar as conquistas do que arriscar algo totalmente novo. A originalidade não era incentivada, uma vez que nenhuma ideia nova muito dispendiosa seria implantada e essa frustração causaria agitação social. Assim, as novidades eram vistas com suspeita, não por timidez, mas por serem econômica e politicamente perigosas. O passado continuava sendo a autoridade suprema.[90]

A continuidade, portanto, era politicamente essencial. Assim, o festival Akitu, inaugurado pelos sumérios em meados do terceiro milênio, foi celebrado anualmente por todo governante mesopotâmico durante mais de 2 mil anos. O festival havia sido criado em Ur em homenagem a Enlin, quando a Suméria tornou-se militarizada; na Babilônia esses rituais eram oferecidos ao patrono da cidade, Marduk.[91] Como de costume na Mesopotâmia, esse ato de adoração tinha uma importante função política e era essencial para a legitimidade do regime. Veremos no capítulo 4 que um rei podia ser deposto por deixar de realizar essas cerimônias, que marcavam o começo do Ano-Novo, quando o ano que se encerrava estava morrendo e o poder do rei também estava minguando.[92] Ao reencenar em rituais batalhas cósmicas ordenadoras do universo no início dos tempos, a aristocracia dominante esperava manter essa poderosa onda de energia sagrada em seu Estado por mais doze meses.

No quinto dia do festival, o sacerdote responsável pelos rituais humilhava cerimonialmente o rei no templo de Marduk, evocando o terrível espectro da anarquia social ao confiscar os privilégios reais, dar um tapa no rosto do rei e jogá-lo no chão de modo rude.[93] O rei machucado e miserável argumentava com Marduk dizendo que ele não havia se comportado como um governante mau:

> Não destruí a Babilônia; não comandei sua derrota; não destruí o templo [...]. Não esqueci os ritos de Esagil; não despejei pancadas no rosto dos cidadãos protegidos; não os humilhei. Cuidei de Babilônia. Não destruí seus muros.[94]

Então o sacerdote estapeava o rei de novo, tão forte que lágrimas surgiam em seus olhos — um sinal de arrependimento que satisfazia Marduk. Reintegrado dessa maneira, o rei apertava as mãos da efígie de Marduk, os privilégios reais eram devolvidos e seu governo estava assegurado pelo próximo ano. As estátuas de todos os deuses e deusas padroeiros das cidades da Mesopotâmia eram levadas à Babilônia para o festival como uma expressão de lealdade ritual e política. Se eles não estivessem presentes, não era possível celebrar o Akitu e o reino estaria em perigo. A liturgia, portanto, era crucial para a segurança de uma cidade e de suas fortificações, e ela tinha lembrado as pessoas, no dia anterior, da fragilidade da cidade.

No quarto dia no festival, os sacerdotes e os integrantes do coro iam ao templo de Marduk para recitar o *Enuma Elish*, hino de criação que recontava a vitória de Marduk sobre o caos cósmico e político. Os primeiros deuses a surgir do lodo primordial (semelhante ao solo aluvial da Mesopotâmia) "não tinham nome, não tinham essência, não tinham futuro",[95] eram praticamente inseparáveis do mundo natural e considerados inimigos do progresso. Os próximos deuses a surgir do lodo tornaram-se progressivamente mais singulares até que a evolução divina culminou em Marduk, o mais esplêndido dos Anunnaki. Do mesmo modo, a cultura da Mesopotâmia tinha se desenvolvido a partir de comunidades rurais imersas nos ritmos naturais do campo, que hoje seriam vistas como lentas, estáticas e inertes. Mas os tempos antigos podiam voltar: esse hino exprimia o medo da civilização retornar ao nada absoluto. A deusa primitiva mais perigosa era Tiamat, cujo nome significa "Vazio"; ela era o mar salgado, que, no Oriente Médio, simbolizava não só o caos primordial, como também a anarquia social que poderia trazer a fome, a doença e a morte para toda a população. Ela representava uma ameaça constante que toda civilização, independentemente de quão poderosa fosse, devia estar sempre pronta a enfrentar.

O hino também sacramentava a violência estrutural da sociedade babilônia. Tiamat cria uma horda de monstros para combater os Anunnaki, uma "multidão que rosnava vociferante", sugerindo o perigo que as classes mais baixas representavam para o poder. As suas formas monstruosas representavam o desafio perverso de categorias normais e a confusão de identidade associada à desordem social e cósmica. O líder do grupo é o esposo de Tiamat, Kingu, um "operário desajeitado", um dos Igigi, cujo nome significa "Labor". A narrativa do hino é pontuada repetidas vezes com esse insistente refrão: "Ela criou o Verme, o Dragão, o Monstro Fêmea, o Grande Leão, o Cachorro Louco, o Escorpião Louco e a Tempestade Vociferante, o Homem-Peixe, o Centauro".[96] Mas Marduk derrota todos eles, colocando-os na prisão e criando um universo ordenado ao dividir em dois o corpo de Tiamar e separar o céu e a terra. Ele então ordena aos deuses que ergam a cidade de *bab-ilani*, "a porta dos deuses", que será sua casa na terra, e cria o primeiro homem ao misturar o sangue de Klingu com um punhado de poeira para desempenhar o trabalho de que a civilização depende. "Filhas do labor", as massas são condenadas ao trabalho tedioso por toda a vida e são mantidas sob jugo. Liberados do trabalho, os deuses cantam um hino de louvor e gratidão. O mito e os rituais que os acompanham lembravam à aristocracia suméria a realidade de que sua civilização e seus privilégios dependiam; eles precisavam estar sempre prontos para a guerra para reprimir camponeses rebeldes, aristocratas ambiciosos e inimigos estrangeiros que ameaçavam a sociedade civilizada. A religião, portanto, tinha profunda relação com essa violência imperial e não podia ser separada das realidades econômicas e políticas que mantinham os Estados agrários.

* * *

    A fragilidade da civilização se tornou evidente durante o século XVII a.C., quando hordas indo-europeias atacaram repetidas vezes as cidades da Mesopotâmia. No século XVI, até os egípcios se militarizaram, quando tribos de beduínos, que eles chamavam de Hyksos ("capitães de salteadores de outras terras"), conseguiram estabelecer uma dinastia própria na área do delta.[97] Os egípcios os expulsaram em 1567 a.C., e, depois disso, o faraó passou a ser retratado como um guerreiro à frente de um exército poderoso. O império parecia ser a melhor defesa, e assim o Egito assegurou sua fronteira ao subjugar a Núbia ao sul e a parte litorânea da Palestina ao norte. Mas, em meados do segundo milênio, o antigo Oriente Próximo era dominado por conquistadores estrangeiros; tribos cassitas do Cáucaso dominaram o Império Babilônico (*c.* 1600-1155 a.C.); uma aristocracia indo-europeia criou o Império Hitita na Anatólia (1420-1200 a.C.); e os Mittani, outra tribo ariana, controlavam a Grande Mesopotâmia desde cerca de 1500 a.C. até serem conquistados pelos hititas em meados do século XIV a.C. Ashur-uballit I, governante da cidade de Ashur na região oriental do Tigre, foi capaz de explorar o caos que sucedeu o colapso dos Mittanis e transformou a Assíria em uma nova potência no Oriente Médio.

    A Assíria não era um Estado agrário tradicional.[98] Situada em uma área de agricultura improdutiva, desde o século XIX a.C., Ashur dependia mais do que outras cidades do comércio, estabelecendo colônias mercantis na Capadócia e colocando representantes comerciais em várias cidades da Babilônia. Durante cerca de um século Ashur foi um centro comercial, importando estanho (crucial para a manufatura do bronze) do Afeganistão e exportando bronze e artigos têxteis da Mesopotâmia para a Anatólia e para o Mar Negro. Todavia, o registro histórico é tão ínfimo que não sabemos como isso afetou os fazendeiros de Ashur ou se o comércio mitigou a violência estrutural do Estado. Pouco sabemos também sobre as práticas religiosas em Ashur. Seus reis construíram templos impressionantes para os deuses, mas não há informações sobre a personalidade e as façanhas de Ashur, o deus padroeiro, cuja mitologia não sobreviveu.

    O domínio assírio na região teve início quando o rei Adadninari I (1307--1275 a.C.) conquistou os antigos territórios mittanis dos hititas e as terras ao sul da Babilônia. O incentivo econômico sempre foi relevante nas guerras da Assíria. As inscrições de Shalmaneser I (1274-1245 a.C.) ressaltaram suas proezas militares: ele era "um herói valente, capaz de combater os inimigos, cuja batalha agressiva reluz como uma chama e cujas armas atacam como uma arma mortal impiedosa".[99] Foi ele quem começou a prática assíria de deslocar à força pessoas de um ponto para outro do império, não apenas, como chegou a se pensar, para desmoralizar os povos conquistados, mas sobretudo para estimular a economia agrícola ao repovoar regiões com pouca densidade demográfica.[100]

O reinado de seu filho Tukulti-Ninurta I (1244-1208 a.C.), no qual a Assíria tornou-se a mais formidável força militar e econômica da época, é mais bem documentado. Ele transformou Ashur na capital ritual do império onde o festival Akitu foi instituído, com o deus Ashur no papel principal; parece que os assírios criaram uma batalha simulada reencenando a guerra de Ashur com Tiamat. Em suas inscrições, Tukulti-Ninurta era cuidadoso em creditar os deuses por suas vitórias: "Confiando em Ashur e nos grandes deuses, meu senhor, ataquei e os derrotei". Mas ele também deixa claro que a guerra nunca era simplesmente um ato de piedade:

> Fiz com que eles jurassem pelos grandes deuses do céu [e do] submundo, impus-lhes o jugo de meu senhorio, [e então] liberei-os para voltar a suas terras [...]. Pus cidades fortificadas a meus pés e impus a corveia. Anualmente recebo com cerimônia seus valiosos tributos em minha cidade Ashur.[101]

Os reis assírios também eram atormentados por disputas internas, intrigas e rebeliões, o que não impediu Tiglate-pileser I (c. 1115-1093 a.C.) de expandir o império, mantendo domínio sobre a região por meio de campanhas perpétuas e de deportações em grande escala, de modo que seu reinado foi de fato uma guerra contínua. Como era meticuloso em sua devoção aos deuses e construtor enérgico de templos, sua estratégia era sempre ditada por imperativos econômicos. A principal razão para sua expansão ao norte na direção do Irã, por exemplo, foi a aquisição de butim, metal e animais, que ele mandou para casa com intuito de aumentar a produtividade na Síria em uma época de fracasso crônico nas colheitas.[102]

A guerra se tornou parte da vida, central para a dinâmica política, social e econômica do império agrário, e, como toda outra atividade humana, sempre manteve uma dimensão religiosa. Esses Estados não teriam sobrevivido sem esforço militar constante, e os deuses, alter egos da classe dominante, representavam o desejo de uma força capaz de transcender a instabilidade humana. No entanto, os mesopotâmios não eram crentes fanáticos. A mitologia religiosa pode ter endossado a violência estrutural e militar, mas também a questionou. Havia uma forte veia crítica na literatura da Mesopotâmia. Um aristocrata reclama que ele sempre foi justo, seguiu com alegria as procissões dos deuses, ensinou todos em sua propriedade a adorar a Deusa Mãe e instruiu seus soldados a reverenciar o rei como sendo o representante sagrado. Mesmo assim ele foi afligido pela doença, pela insônia e pelo terror, e "nenhum deus veio em meu auxílio ou pegou minha mão".[103] Gilgamesh também não recebe ajuda dos deuses enquanto luta para aceitar a morte de Enkidu. Quando ele encontra Ishtar, a Deusa Mãe, ele a critica selvagemente por sua incapacidade de proteger os homens das duras realidades da vida: ela é como um odre que encharca aquele que o carrega, um sapato que aperta aquele que o calça e uma porta que não consegue manter o vento do lado de fora. No final, como vimos, Gilgamesh encontra a resignação, mas a *Epopeia* como um todo sugere que os mortais não têm escolha senão confiar em si mesmos e não nos deuses. A vida urbana estava começando a mudar o modo como as pessoas pensavam sobre o divino, mas um dos desdobramentos religiosos mais relevantes do período ocorreu mais ou menos na mesma época em que Sin-leqi escreveu sua versão da vida de Gilgamesh. No entanto, esse desdobramento não ocorreu em uma cidade sofisticada, pelo contrário, foi uma resposta à escalada da violência em uma comunidade pastoral ariana.

Nas primeiras horas de uma manhã em torno de 1200 a.C., um sacerdote cuja língua era o avéstico foi a um rio nas estepes do Cáucaso a fim de pegar água para o sacrifício matinal. Lá ele teve uma visão de Ahura Mazda, "Senhor Sabedoria", um dos maiores deuses do panteão ariano. Zoroastro ficara horrorizado pela crueldade dos ladrões de gado falantes de sânscrito, que vandalizavam uma comunidade avéstica após a outra. Enquanto meditava sobre essa situação, a lógica da filosofia perene o levou a concluir que as batalhas terrenas deviam ter uma contraparte celeste. Os mais importantes *daevas* — Varuna, Mithra e Mazda, dotados do título honrário de *ahura* ("Senhor") — eram guardiões da ordem cósmica e defendiam a verdade, a justiça e o respeito pela vida e pela propriedade. Mas o herói dos ladrões de gado era o deus da guerra Indra, um daeva de segunda linha. Talvez, Zoroastro refletiu, os ahuras amantes da paz estivessem sendo atacados no mundo celeste pelos daevas perversos. Em sua visão, Ahura Mazda lhe garantiu que ele estava correto e que devia mobilizar seu povo em uma guerra santa contra o terror. Homens e mulheres bons já não deviam se sacrificar a Indra e aos daevas inferiores, mas louvar o Senhor Sabedoria e seus ahuras; os daevas e os ladrões de gado, seus escudeiros terrenos, deviam ser destruídos.[104]

A experiência de um nível incomum de violência frequentemente chocava as vítimas e as levava a uma visão dualista do mundo, dividido em dois campos irreconciliáveis. Zoroastro concluiu que haveria uma deidade malévola, Angra Mainyu, o "Espírito Hostil", com poder igual ao do Senhor Sábio, mas que era seu polo oposto. Cada homem, mulher e criança, portanto, deve escolher entre o Bem absoluto e o Mal absoluto.[105] Os seguidores do Senhor Sabedoria devem viver de maneira paciente, disciplinada, defendendo corajosamente todas as boas criaturas contra o ataque dos malfeitores, cuidando dos pobres e dos fracos, e tocando seu gado gentilmente ao invés de tirá-los de seus pastos como os ladrões cruéis. Eles devem orar cinco vezes por dia e meditar sobre a ameaça do mal para enfraquecer seu poder.[106] A sociedade não deve ser dominada por esses combatentes (*nar-*), mas por homens (*viras*) gentis e dedicados à suprema virtude da verdade.[107]

Mas Zoroastro ficou tão traumatizado com a ferocidade dos roubos que até mesmo essa visão gentil, ética, era permeada por violência. Ele estava convencido de que o mundo todo rumava para um cataclismo final em que o Senhor Sabedoria aniquilaria os daevas pervertidos e incineraria o Espírito Hostil em um rio de fogo. Haveria um Grande Julgamento e os seguidores terrenos dos daevas seriam exterminados. A terra então retornaria à perfeição original. Não haveria mais morte e doença, e as montanhas e vales seriam aplainados para formar uma grande planície em que os deuses e os humanos pudessem viver juntos e em paz.[108]

O pensamento apocalíptico de Zoroastro era único e sem precedentes. Como vimos, há muito tempo a ideologia tradicional ariana tinha reconhecido a ambiguidade perturbadora da violência que está no coração da sociedade humana. Indra pode ter sido um "pecador", mas suas lutas contra as forças caóticas — independentemente do quanto fossem maculadas pelas mentiras e pelas práticas enganosas a que ele precisou recorrer — tinham contribuído tanto para a ordem cósmica quanto a obra dos grandes ahuras. No entanto, ao projetar toda a crueldade de seu tempo em Indra, Zoroastro demonizou a violência e tornou-a uma figura do mal absoluto.[109] Zoroastro teve poucos seguidores em vida: nenhuma comunidade podia sobreviver nas estepes sem os soldados que ele havia banido. A história do início do zoroastrismo permanece obscura, mas sabemos que, quando os arianos avésticos migraram para o Irã, levaram consigo sua fé. Devidamente adaptado às necessidades da aristocracia, o zoroastrismo se tornaria a ideologia da classe dominante persa, e os ideais do zoroastrismo se infiltrariam na religião dos judeus e dos cristãos sob o domínio persa. Mas isso ocorrerá em um futuro distante. Entre uma coisa e outra, os arianos falantes de sânscrito começaram a levar o culto de Indra ao subcontinente indiano.

2. Índia: o nobre caminho

Os arianos que migraram para o subcontinente indiano consideravam a primavera a estação da ioga. Depois de um inverno de "paz estável" (*ksema*) no assentamento, era hora de invocar que Indra os liderasse novamente rumo à guerra, e os sacerdotes reencenavam em uma cerimônia o nascimento miraculoso do deus.[1] Eles também cantavam um hino celebrando sua vitória cósmica sobre o dragão do caos Vritra, que havia represado as águas vivificantes na montanha primordial de modo que o mundo já não era habitável. Durante essa batalha heroica, Indra tinha sido fortalecido por hinos cantados pelos Maruts, os deuses da tempestade.[2] Agora os sacerdotes cantavam esses mesmos hinos para fortalecer os guerreiros arianos, que, como Indra antes das batalhas, bebiam uma poção de soma. Unidos desse modo a Indra, exaltados pela bebida inebriante, eles atrelavam seus cavalos às bigas de guerra no ritual formal do *yug* ("subjugação") e partiam para atacar aldeias vizinhas, convictos de que também estavam pondo o mundo em ordem. Os arianos se consideravam "nobres", e a ioga marcava o começo da estação de ataques, quando eles faziam jus à sua fama.

Quanto aos pastores do Oriente Próximo, o ritual indo-ariano e a mitologia glorificavam o roubo e a violência organizados. Os indo-arianos também consideravam que o roubo de gado não precisava de justificativa; como toda aristocracia, eles viam a tomada à força como o único meio nobre de obter bens, portanto o saque era em si uma atividade sagrada. Nas batalhas eles experimentavam um êxtase que dava sentido e intensidade à vida deles desempenhando assim uma função tanto "religiosa" quanto econômica e política. Mas a palavra "ioga", que tem conotações tão diferentes para nós hoje, nos alerta sobre uma dinâmica curiosa: na Índia, sacerdotes, padres e místicos arianos frequentemente usavam a mitologia e a retórica da guerra para subverter o espírito guerreiro. Nenhum mito jamais teve um significado único, definitivo; pelo contrário, eles sempre eram remodelados e seu significado mudava. As mesmas histórias, os mesmos rituais e conjuntos de símbolos que serviam para defender uma ética da guerra também podiam defender uma ética da paz. Ao meditar sobre a violenta mitologia e sobre os rituais que moldaram sua visão do mundo, os povos da Índia iriam trabalhar para criar um caminho nobre de não violência (*ahimsa*) com a mesma energia que seus ancestrais usaram para promover a santidade do caminho da guerra.

Mas essa inversão radical só começaria quase um milênio depois de os primeiros colonizadores arianos terem chegado ao Punjab no século XIX a.C. Não houve uma invasão dramática; eles chegaram em pequenos grupos e foram se infiltrando na região aos poucos durante um período muito longo.[3] Em suas viagens, eles veriam as ruínas de uma grande civilização no Vale do Indo, que no auge de seu poder (*c.* 2300-2000 a.C.) tinha sido maior do que o Egito ou a Suméria, mas eles não tentaram reconstruir essas cidades, já que, como todos os pastores, desprezavam a segurança da vida fixa. Os arianos eram um povo rude, bebiam muito e ganhavam a vida roubando rebanhos de tribos arianas rivais ou lutando contra povos nativos, os *dasas* ("bárbaros").[4] Como suas habilidades agrícolas eram rudimentares, o sustento provinha apenas do roubo de gado e da pilhagem. Eles não possuíam nenhum território, seus animais pastavam nas terras de outros povos. Rumando sem descanso para o oriente em busca de novos pastos, eles só abandonariam essa vida peripatética no século VI a.C. Continuamente em movimento, vivendo em assentamentos temporários, não deixaram registro arqueológico. Para conhecer esse período inicial, portanto, dependemos inteiramente de textos rituais transmitidos oralmente e que fazem alusão, de modo velado, críptico, à mitologia usada pelos arianos para moldar e dar sentido à vida deles.

Em torno de 1200 a.C. um grupo de famílias arianas instruídas deu início à tarefa monumental de coletar os hinos revelados para os grandes videntes (*rishis*) nos velhos tempos, acrescentando novos poemas compostos por eles próprios. Essa antologia de mais ou menos mil poemas, dividida em dez livros, se tornaria o Rig Veda, o mais sagrado dos quatro textos em sânscrito conhecidos coletivamente como Vedas ("conhecimento"). Alguns desses hinos eram cantados durante os sacrifícios rituais dos arianos acompanhados por pantomimas e gestos tradicionais. O som sempre teria significado sagrado na Índia, e, à medida que o canto e as palavras enigmáticas entravam em suas mentes, os arianos se sentiam em contato com a misteriosa potência que mantinha os elementos díspares do universo unidos em uma coerência cósmica. O Rig Veda era *rita*, ordenamento divino, traduzido em linguagem humana.[5] Mas para um leitor moderno, esses textos não parecem nem um pouco "religiosos". Ao invés de devoção pessoal, eles celebram a glória da batalha, a alegria de matar, a alegria de uma bebida forte e quanto era nobre roubar o gado de outros povos.

O sacrifício era essencial para qualquer economia antiga. Acreditava-se que a riqueza da sociedade dependia dos presentes concedidos pelos deuses padroeiros. Os humanos respondiam à sua generosidade divina dando graças, aumentando assim a honra dos deuses e garantindo benefícios futuros. O ritual védico, portanto, baseava-se no princípio da troca recíproca: *do ut des* — "Eu dou para que você dê". Os sacerdotes ofereciam as melhores porções do sacrifício animal para os deuses, que eram transferidos para o mundo celeste por Agni, o fogo sagrado, enquanto a carne que sobrava era a dádiva dos deuses para a comunidade. Depois de um saque bem-sucedido, os guerreiros distribuíam seu espólio no ritual da *vidatha*, que lembra o *potlatch* dos nativos da região nordeste da América do Norte.[6] Também aqui não se trata de um assunto que chamaríamos de espiritual. O chefe (*raja*), anfitrião do sacrifício, exibia orgulhosamente o gado, os cavalos, a soma e as colheitas que havia saqueado para os mais velhos de seu próprio clã e para rajás vizinhos. Alguns desses bens eram sacrificados aos deuses, outros eram ofertados aos chefes visitantes, e o resto era consumido em um banquete barulhento. Os participantes ou estavam bêbados ou agradavelmente alegres; havia sexo casual com escravas e corridas de bigas agressivamente competitivas, competições com armas e cabos de guerra; havia jogos de dados com apostas altas e batalhas simuladas. Contudo, essa não era apenas uma festa glorificada, era essencial para a economia ariana: um modo ritualizado de redistribuir recursos recém-adquiridos com razoável equidade e de impor a outros clãs a obrigação de agir de modo recíproco. Esses torneios sagrados também serviam como treinamento para homens jovens nas habilidades marciais e auxiliavam os rajás a identificar talentos, de forma que pudesse surgir uma elite de guerreiros.

Não era fácil treinar um guerreiro para que ele se pusesse em risco todos os dias. O ritual dava sentido a um esforço fundamentalmente penoso e arriscado. A soma entorpecia as inibições, e os hinos lembravam aos guerreiros que, lutando contra povos nativos, eles davam continuidade às poderosas batalhas que Indra travou em nome da ordem cósmica. Dizia-se que Vritra tinha sido "a pior das Vratras", as tribos nativas de guerreiros que espreitavam de modo ameaçador às margens da sociedade védica.[7] Os arianos da Índia compartilhavam da crença de Zoroastro de que uma imensa luta ocorria nos céus entre os deuses da guerra e os *asuras* amantes da paz.* Mas, diferentemente de Zoroastro, eles desprezavam os sedentários asuras e estavam firmemente ao lado dos nobres devas, "que conduziam suas bigas, enquanto os asuras ficavam em casa em seus salões".[8] Eles odiavam tanto o tédio e a banalidade da vida sedentária que só se sentiam plenamente vivos enquanto estavam pilhando. Eles eram, por assim dizer, espiritualmente programados: os gestos rituais constantemente repetidos imprimiam em seus corpos e mentes um conhecimento instintivo sobre como um macho alfa devia se comportar; e os hinos emotivos implantavam um senso profundamente enraizado de que eles tinham direitos, uma crença arraigada de que os arianos tinham nascido para dominar.[9] Tudo isso lhes dava coragem, tenacidade e energia para cruzar as vastas distâncias do nordeste da Índia, eliminando todos os obstáculos do caminho.[10]

Pouco sabemos sobre a vida ariana nesse período, contudo, como a mitologia não fala apenas da vida celestial, mas também da vida no aqui e agora, podemos vislumbrar nesses textos védicos uma comunidade lutando pela sobrevivência. As batalhas míticas — entre os devas e os asuras e Indra e seus dragões cósmicos — refletiam as guerras entre arianos e dasas.[11] Os arianos consideravam o Punjab um confinamento e os dasas eram para eles adversários perversos que os impediam de obter a riqueza e os espaços abertos de direito.[12]

---

* "Asura" é a versão em sânscrito para o avéstico "ahura" ("senhor").

Esse sentimento perpassava várias de suas histórias. Eles imaginavam Vritra como uma imensa cobra, enrolada em torno da montanha cósmica e apertando-a tão fortemente que as águas não podiam escapar.[13] Outra história falava do demônio Vala, que tinha encarcerado o sol junto a um rebanho bovino em uma caverna de modo que, sem luz, calor ou comida, o mundo se tornava inviável. Mas, depois de cantar um hino ao lado do fogo sagrado, Indra chocou-se contra a montanha, liberou as vacas e pôs o sol no topo do céu.[14] Ambos os nomes Vritra e Vala derivavam da raiz indo-europeia "*vr*", "obstruir, fechar, cercar", e um dos títulos de Indra era o de Vrtrahan ("vencer a resistência").[15] Os arianos deveriam lutar para conseguir abrir caminho vencendo os inimigos que os cercavam, como Indra havia feito. A liberação (*moksha*) seria outro símbolo que as gerações posteriores iriam reinterpretar; o seu oposto era *amhas* ("cativeiro"), cognato do inglês *anxiety* e do alemão *Angst*, evocando um desconforto claustrofóbico.[16] Sábios posteriores concluiriam que o caminho para a *moksha* estava na percepção de que menos é mais.

No século x, os arianos chegaram ao Doab, entre os rios Yamuna e Gânges. Eles estabeleceram dois pequenos reinados, um fundado pela confederação dos clãs Kuru e Panchala, o outro pelos Yadava. Todo ano quando esfriava, os Kuru-panchala despachavam guerreiros para conquistar um novo posto avançado mais a leste, onde subjugavam a população local, saqueavam fazendas e roubavam o gado.[17] Antes que se fixassem na região, as densas florestas tropicais tinham de ser derrubadas pelo fogo, e assim Agni se tornou o alter ego divino dos colonizadores em seu caminho para o leste e a inspiração da Agnicayana, a batalha ritualizada que consagrava a nova colônia. Primeiro, os guerreiros armados iam em procissão à margem do rio a fim de pegar argila para construir um altar de fogo com tijolos, uma afirmação provocativa de seu direito sobre o território, combatendo os habitantes locais que ficassem no caminho. A colônia só se tornava uma realidade quando Agni saltava adiante no novo altar.[18] Esses altares flamejantes distinguiam os assentamentos arianos da escuridão das aldeias bárbaras. Os colonos também usavam Agni para atrair o gado dos vizinhos, que seguia as chamas. "Ele devia levar um fogo ardente e brilhante para o assentamento de seu rival", diz um texto posterior. "Assim ele leva sua riqueza, sua propriedade."[19] Agni simbolizava a coragem do guerreiro e seu domínio, seu "caráter" (*atman*) mais fundamental e divino.[20]

No entanto, assim como Indra, seu outro alter ego, o guerreiro era maculado. Dizia-se que Indra havia cometido três pecados que o enfraqueceram fatalmente: matou um sacerdote brâmane, violou um pacto de amizade com Vritra e seduziu a mulher de outro homem ao se disfarçar de seu marido. Ele perdera assim, progressivamente, sua majestade espiritual (*tejas*), sua força física (*bala*) e sua beleza.[21] Essa desintegração mítica agora servia como paralelo para uma profunda mudança na sociedade ariana durante a qual Indra e Agni iriam se tornar expressões inadequadas da divindade para alguns dos rishis. Era o início de um longo processo de enfraqueciemento do vício ariano por violência.

Não se sabe exatamente como os arianos estabeleceram seus dois reinados no Doab, a "Terra de Arya", mas com certeza eles fizeram isso à força. É provável que os eventos se encaixem no que os historiadores sociais chamam de "teoria da conquista" do estabelecimento de um Estado.[22] Os camponeses tinham muito a perder com a guerra, que destruiria suas colheitas e mataria seu gado. Quando os arianos, que apesar de mais pobres eram militarmente superiores, os atacavam, era possível que, ao invés de sofrer a devastação, alguns camponeses mais pragmáticos decidissem se submeter aos saqueadores e oferecer a eles parte de seu excedente. Os saqueadores, por sua vez, aprenderam a não matar a galinha dos ovos de ouro, já que podiam obter uma receita estável ao retornar à aldeia para cobrar mais produtos. Ao longo do tempo, talvez esse roubo tenha se institucionalizado e se tornado um tributo regular. De fato, depois que os Yadava e os Kuru-panchala subjugaram aldeias suficientes no Doab desse modo, eles se tornaram uma aristocracia dominante de reinos agrários, embora ainda enviassem grupos anuais de saqueadores ao leste.

Essa transição para a vida agrária significava grandes mudanças sociais. Só podemos especular, é claro, mas parece que antes disso a sociedade ariana não era rigidamente estratificada: os homens menos importantes do clã lutavam ao lado dos chefes, e muitas vezes os sacerdotes também participavam do saque.[23] Com a agricultura, no entanto, veio a especialização. Os arianos entenderam a necessidade de integrar os dasas, os fazendeiros nativos que tinham conhecimento agrícola, em suas comunidades. Sem o trabalho e a experiência dos dasas, a economia agrária fracassava, de modo que os mitos de Vritras os demonizando foram se tornando obsoletos. As exigências da produção nos campos demandavam a força de trabalho dos próprios arianos, enquanto outros se tornavam carpinteiros, metalúrgicos, ceramistas, curtidores e tecelões. Agora muitos deles ficavam em casa, enquanto só os melhores guerreiros eram enviados para lutar no leste. Provavelmente havia disputas importantes entre os rajás, que tinham o poder, e os sacerdotes, que lhes legitimavam. Rompendo com séculos de tradição, todas essas inovações precisavam ser inseridas nos mitos védicos.

A riqueza e o ócio permitiam aos sacerdotes mais tempo para a contemplação, e eles começaram a refinar seu conceito da divindade. Para eles, os deuses sempre pertenceram a uma realidade mais sublime e maior, que era o próprio Ser, mas, por volta do século X, passaram a chamá-la de *Brâman* ("O Absoluto").[24] Brâman era a força que mantinha o cosmos unido e possibilitava seu crescimento e desenvolvimento. Isso não tinha nome, era indefinível e totalmente transcendente. Os devas eram apenas manifestações diferentes do Brâman. "Eles o chamam de Indra, Mitra, Naruna, Agni e ele é o nobre Garatman alado. Para quem é Uno, os sábios dão muitos títulos."[25] Com determinação quase forense, a nova categoria de rishis tentava decifrar o misterioso princípio unificador; os devas, demasiado humanos, não eram apenas uma distração, tornavam-se também um constrangimento: eles escondiam mais do que revelavam Brâman. Ninguém, insistia um rishi, nem mesmo o maior dos deuses, sabe como nosso mundo surgiu.[26] As velhas histórias de Indra matando um monstro para ordenar o cosmos agora pareciam infantis.[27] Aos poucos as personalidades dos deuses começaram a encolher.[28]

Um hino posterior sacramentava a nova estratificação da sociedade ariana.[29] Outro rishi meditou sobre o antigo mito do rei cuja morte em sacrifício deu origem ao cosmos e a quem os rishis chamavam de Purusha, a "Pessoa" primordial. Ele descrevia Purusha deitado na grama recém-cortada da arena ritual, permitindo que os deuses o matassem. Seu corpo era então desmembrado e as partes se tornavam componentes do universo: pássaros, animais, cavalos, gado, céu e terra, sol e lua, e até mesmo os grandes devas Agni e Indra, todos surgiram de diferentes partes de seu corpo. No entanto, apenas 25% do ser de Purusha formou o mundo finito; os outros 75% não foram afetados pelo tempo e pela mortalidade, eram transcendentes e ilimitáveis. Sempre haveria algo na experiência humana do mundo natural a escapar de nossa compreensão. Na autorrenúncia de Purusha, as velhas batalhas cósmicas e os torneios sagrados foram substituídos por um mito em que não havia combate: o próprio rei se entregou sem lutar.

As novas classes sociais do reino ariano também brotaram do corpo de Purusha:

> *Quando dividiram Purusha, quantas porções fizeram?*
> *Do que chamaram sua boca, seus braços?*
> *Do que chamam suas coxas e pés?*
> *O sacerdote [Brahmin] era sua boca; de ambos os braços foi feito*
> *o guerreiro [rajanya].*
> *Suas coxas se tornaram os plebeus [vaishyas], de seus pés foram produzidos*
> *os servos [shudras].*[30]

Assim essa sociedade recém-estratificada, dizia o hino, não provinha de um rompimento perigoso com o passado igualitário, pelo contrário, ela era tão antiga quanto o próprio universo. A sociedade ariana agora se dividia em quatro classes sociais — a semente do elaborado sistema de castas que se desenvolveria mais tarde. Cada classe (*varna*) tinha um "dever" sagrado (*dharma*). Ninguém podia desempenhar a tarefa designada para outra classe, assim como uma estrela não podia abandonar seu caminho e usurpar a órbita de um planeta.

O sacrifício ainda era fundamental; os membros de cada varna tinham de desistir das próprias preferências em nome do todo. Era o dharma dos brâmanes, que se tornaram a boca de Purusha, celebrar os rituais da sociedade.[31] Pela primeira vez na história dos arianos, os guerreiros constituíam uma classe distinta chamada de rajanya, um novo termo no Rig Veda; mais tarde eles seriam conhecidos como kshatriyas ("os empoderados"). Eles se tornaram os braços, o peito e o coração de Purusha, a fonte da força, da coragem e da energia, e seu dharma era pôr diariamente sua vida em risco. Isso era uma mudança significativa, já que limitava a violência na comunidade ariana. Antes disso, todos os homens sãos tinham sido guerreiros e a agressão era a *raison d'être* de toda a tribo. O hino reconhecia os rajanyas como indispensáveis, já que o reino não podia sobreviver sem o uso da força e da coerção. Mas dali em diante *apenas* os rajanyas podiam portar armas. Os membros das outras três classes — os brâmanes, os vaishyas e os shudras — agora tinham de renunciar à violência e não eram mais autorizados a participar dos saques nem a combater nas guerras do reino.

Nas duas classes inferiores vemos a violência sistêmica dessa nova sociedade. Elas se tornaram as pernas e os pés de Purusha, as partes mais baixas e maiores do corpo; o dharma deles era servir, realizar tarefas para a nobreza e carregar o peso de toda a estrutura social, desempenhando o trabalho produtivo de que o reino agrário dependia.[32] Proibidos de combater, o dharma dos vaishyas, membros comuns do clã, era a produção de alimentos; a aristocracia xátria passaria a confiscar o excedente. Com isso, os vaishyas eram associados à fertilidade e à produtividade mas também, tendo sido tirados de um local tão próximo aos genitais de Purusha, ao apetite carnal, que, de acordo com as duas classes superiores, os tornava pouco confiáveis. A mudança mais significativa, porém, foi a criação da shudra: os dasas na base do corpo social agora eram definidos como um "escravo", alguém que trabalha para os outros, realiza as tarefas mais servis e é estigmatizado como impuro. Na lei védica, os vaishyas podiam ser subjugados; mas os shudras podiam ser deslocados ou mortos à vontade.[33]

Dessa forma, o Hino a Purusha reconhecia a violência estrutural no cerne da nova civilização ariana. O novo sistema limitou combates e saques a uma das classes privilegiadas, de modo que a subjugação de vaishyas e shudras era parte de uma ordem sagrada do universo. O dharma dos brâmanes e kshatriyas, a nova aristocracia ariana, não era o trabalho produtivo, portanto eles dispunham de tempo livre para explorar as artes e as ciências. Embora se esperasse sacrifício de todos, o maior sacrifício era exigido das classes inferiores, condenadas a uma vida de servidão e estigmatizadas como inferiores, ignóbeis e impuras.[34]

A conversão dos arianos à agricultura continuou. Em 900 a.C., havia vários reinos rudimentares na Terra de Arya. Graças à troca do cultivo do trigo pelo do arroz, os reinos gozavam de um excedente maior. Pouco conhecemos sobre a vida nesses Estados emergentes, todavia a mitologia e o ritual podem mais uma vez jogar luz sobre essa organização política em desenvolvimento. Nesses reinos embrionários, o rajá, embora ainda eleito chefe tribal pelos seus pares xátrias, estava prestes a se tornar um poderoso governante rural e agora era investido de atributos divinos durante sua consagração real que durava um ano, a *rajasuya*. Nesta cerimônia, o rei era desafiado por outro xátria e precisava reconquistar seu reino em um jogo de dados ritualizado. Se o rei perdesse, era exilado mas retornaria com um exército para destronar seu rival. Se ganhasse, tomava uma poção de soma e comandava um saque aos territórios vizinhos, e, quando retornava com o butim, os brâmanes reconheciam seu reinado: "Vós, ó Rei, sois Brâman". O rajá agora era "O Absoluto", o eixo da roda que mantinha o reino unido e que permitia a prosperidade e a expansão.

O principal dever de um rei era conquistar novas terras aráveis, e isso se tornava sagrado a partir do sacrifício de um cavalo (*ashvameda*), no qual um garanhão branco era consagrado, libertado e autorizado a vagar sem interrupção por um ano, acompanhado pelo Exército do rei, que devia protegê-lo. Um cavalo domesticado, no entanto, sempre volta direto para casa, de modo que o Exército estava de fato levando o cavalo a um território que o rei pretendia conquistar.[35] Na Índia como em qualquer civilização agrária, a violência era parte da vida aristocrática.[36] Nada era mais nobre do que morrer em batalha. Morrer na cama era um pecado contra o dharma dos xátrias, e quem percebesse que estava perdendo a força devia buscar a morte em combate.[37] Mas como um plebeu não tinha direito de lutar, se ele morresse no campo de batalha, sua morte era vista como um afastamento monstruoso da norma — ou até mesmo como uma piada.[38]

Contudo, durante o século IX a.C., alguns brâmanes no reino Kuru iniciaram outra grande reinterpretação da antiga tradição ariana e embarcaram em uma reforma que não só extraiu toda a violência do ritual religioso como também convenceu os xátrias a mudar de costumes. Suas ideias foram registradas nos Brâmanas, escrituras que datam do século IX ao VII a.C. Não haveria mais *potlatches* lotados ou torneios turbulentos com pessoas bêbadas. Nesse ritual complexo e inteiramente novo, o patrono (que pagava pelo sacrifício), o único leigo presente, era conduzido por quatro sacerdotes. Saques ritualizados e batalhas simuladas foram substituídos por cantos anódinos e gestos simbólicos, mas alguns resquícios da violência antiga permaneceram, como um hino suave cujo título incongruente era "A Biga de Devas", e uma antífona imponente que os cantores arremessavam para a frente e para trás "em voz alta"[39] como a maça fatal de Indra. Por fim, no ritual reformado do Agnicayana, ao invés de lutar por novos territórios, o patrono simplesmente pegava o pote com fogo, dava três passos para o leste e o depositava novamente.[40]

Sabemos muito pouco sobre a motivação dessas reformas. De acordo com um erudito essas transformações foram motivadas pelo enigma insolúvel de que o sacrifício ritual planejado para dar vida, na verdade, envolvia morte e destruição. Os rishis não eram capazes de eliminar a violência militar da sociedade, mas podiam retirar sua legitimidade religiosa.[41] Também havia uma nova preocupação com a crueldade contra os animais. Em um dos poemas tardios do Rig Veda, um rishi gentilmente acalma o cavalo que está prestes a ser morto no ashvameda:

Não deixa que tua amada alma te queime enquanto vens, não deixa o machado
[*se demorar em teu corpo*
Não deixa um imolador ganancioso, desajeitado, errar as articulações, mutilar
[*teus membros sem necessidade.*
Não, aqui tu não morres, não és ferido: por caminhos suaves vais aos deuses.[42]

Os Brâmanas descrevem o sacrifício animal como cruel, recomendam que o animal seja poupado e ofertado ao sacerdote oficiando o ritual.[43] Se precisasse ser morto, o animal devia ser executado com o mínimo de dor possível. Nos velhos tempos, a decapitação da vítima fora o clímax do sacrifício; agora o animal era sufocado em um galpão distante.[44] Alguns acadêmicos, no entanto, afirmam que a reforma não foi causada por uma repulsa à violência em si; na verdade, a violência passava a ser considerada suja, e, a fim de evitar a profanação, os sacerdotes preferiam delegar a tarefa para assistentes que matavam a vítima fora do solo sagrado.[45] Independentemente da motivação, os reformadores começavam a criar um ambiente no qual a violência era vista de modo suspeito.

Eles também faziam com que a atenção do patrono se voltasse para seu mundo interior. Em vez de infligir a morte ao infeliz animal, ele agora era instruído a assimilar a morte, vivenciando-a internamente em um ato simbólico.[46] Durante a cerimônia, a morte dele era encenada em um ritual e isso permitia que ele acessasse temporariamente o mundo dos deuses imortais. O desejo de evitar a violência originava então uma espiritualidade mais introspectiva e mais próxima do que chamamos de "religião". Ao invés de neglicengiar os movimentos de rituais externos, pedia-se que os participantes percebessem os significados ocultos dos ritos, tornando-se eles próprios conscientes de que, na lógica da filosofia perene, ações, utensílios litúrgicos e mantras estavam ligados à realidade divina. Os deuses se assemelhavam aos homens, os homens aos animais e às plantas, o transcendente se assemelhava ao imanente, e o visível ao invisível.[47]

Isso não era apenas um faz de conta autoindulgente, mas parte do empreendimento humano infinito de dar sentido aos mínimos detalhes da vida. O ritual, diz-se, cria um ambiente controlado em que, durante um período, deixamos de lado as falhas inevitáveis de nossa existência mundana. Ao fazer isso, todavia, nos tornamos profundamente conscientes delas. Quando voltamos à vida cotidiana depois da cerimônia, relembramos como as coisas devem ser. O ritual é, portanto, a criação de seres humanos falíveis que nunca conseguem realizar completamente seus ideais.[48] Por isso, enquanto o dia a dia dos arianos era violento, cruel e injusto, nesses novos ritos os participantes tinham a chance de habitar — mesmo que temporariamente — um mundo sem agressão. Os xátrias não podiam abandonar a violência de seu dharma, pois a sociedade dependia disso. Mas, como veremos adiante, alguns se tornaram dolorosamente conscientes da mácula carregada pelo guerreiro na sociedade ariana, desde que Indra tinha sido chamado de "pecador". Eles usariam esses rituais para criar uma espiritualidade alternativa que enfraqueceria o espírito agressivo da guerra.

Mas na nova sociedade segmentada, os ritos védicos eram prerrogativa da aristocracia e pouquíssimas pessoas participavam deles. A maior parte dos arianos de classe baixa fazia oferendas simples a seus devas favoritos em sua própria casa e adorava vários deuses — alguns adotados da população nativa —, os quais formavam o variado panteão Hindu que surgiria finalmente no período Gupta (320-540 d.C.). Os rituais mais espetaculares, como as consagrações dos reis, impressionavam o público e falava-se deles por muito tempo. Eles também ajudavam a preservar o sistema de classes. O sacerdote que realizava os ritos afirmava sua superioridade sobre o rajá ou patrono xátria e, dessa forma, mantinha seu lugar na cabeça do corpo político. O rajá que pagava pelo sacrifício, por sua vez, podia invocar a autoridade divina para extrair uma parte maior do excedente dos vaishyas.

Para esses reinados nascentes se tornarem Estados maduros, a autoridade dos reis não podia mais depender de um sistema de sacrifícios baseado na troca. No Punjab, todo o butim e o gado capturado tinham sido ritualmente redistribuídos e consumidos, e assim o rajá foi incapaz de acumular riqueza de maneira independente. Um Estado mais desenvolvido, porém, exigia recursos próprios para financiar sua burocracia e suas instituições. Agora, graças ao aumento massivo da produtividade agrícola no Doab, os rajás estavam enriquecendo. Eles controlavam o excedente agrícola e não dependiam mais da distribuição cerimonial do butim entre a comunidade. Portanto, eles estavam se tornando econômica e politicamente independentes dos brâmanes, que em épocas anteriores haviam comandado e regulado a distribuição de recursos.

No século VI a.C., os arianos chegaram à bacia oriental do Gânges, uma região com maior incidência de chuvas e rendimento agrícola superior. Nesse local, eles podiam produzir arroz, frutas, cereais, gergelim, painço, grãos, cevada e com essa produção sustentar Estados mais desenvolvidos.[49] À medida que rajás mais poderosos conquistavam tribos menores, surgiram dezesseis grandes reinos, incluindo Magadha no nordeste da planície do Gânges e Koshala no sudoeste, todos competindo entre si por recursos escassos. Os sacerdotes insistiam que os rituais e sacrifícios ainda preservavam a ordem cósmica e social,[50] mas os textos religiosos reconheciam que, na prática, o sistema político dependia de coerção:

> O mundo inteiro é mantido em ordem por meio da punição [...]. Se o rei não punisse, incansavelmente, aqueles dignos de ser punidos, o mais forte assaria o mais fraco como peixe no espeto. O corvo comeria o bolo sacrificial e os cães lamberiam os alimentos sacrificiais, e ninguém conseguiria manter sua propriedade, e os mais baixos usurpariam o lugar dos mais altos [...]. Só a punição governa todos os seres, só a punição os protege, a punição cuida deles enquanto eles dormem [...]. A punição [...] é rainha.[51]

Não há indícios arqueológicos da organização desses reinados, mas aqui também precisamos confiar nos textos religiosos, especialmente nas escrituras budistas, compostas e preservadas oralmente e sem registros em papel até o século I d.C.

Uma política inteiramente diferente, no entanto, surgira no sopé do Himalaia e à beira da planície do Gânges: as *gana-sanghas* ou "repúblicas tribais", contrárias à monarquia e governadas por assembleias de chefes de clãs. É provável que elas tenham sido fundadas por aristocratas de espírito independente, descontentes com a autocracia dos reinados e que desejavam viver em uma comunidade mais igualitária. As repúblicas tribais rejeitavam a ortodoxia védica e não tinham interesse em custear rituais caros; em vez disso, investiam no comércio, na agricultura e na guerra, e o poder real era exercido por uma pequena classe dominante.[52] Como não havia a casta sacerdotal, só existiam duas classes: uma aristocracia xátria e os *dasa-karmakarus*, "escravos e trabalhadores", sem direito a recursos, embora mercadores empreendedores e artesãos provavelmente atingissem maior status. Com seus grandes exércitos permanentes, as repúblicas tribais eram um desafio considerável para os reinos arianos e provaram ser impressionantemente resilientes, sobrevivendo até meados do primeiro milênio d.C.[53] A independência e o igualitarismo pelo menos declarado dessas sociedades com certeza apontavam para algo fundamental na psicologia indiana.

Os reinados e as *sanghas* ainda dependiam sobretudo da agricultura, mas a região do Gânges passava por uma revolução comercial, que produziu uma classe mercantil e uma economia monetária. Cidades ligadas por novas estradas e por canais — Savatthi, Saketa, Kosambi, Varanasi, Rajagaha e Changa — estavam se tornando centros industriais e comerciais. Isso desafiava a violência estrutural do sistema de castas, já que a maior parte dos mercadores e banqueiros nouveau riche era de vaishyas, e alguns eram até mesmo shudras.[54] Uma nova classe de "intocáveis" (*chandalas*), homens expulsos de suas terras pelos arianos recém-chegados, ocupou o lugar desses trabalhadores ambiciosos na base da hierarquia social.[55] A vida na cidade era excitante. As ruas eram cheias de gente em carruagens de cores brilhantes e elefantes enormes carregando mercadorias de terras longínquas. Pessoas de todas as classes e etnias se misturavam livremente no mercado, e novas ideias desafiavam o tradicional sistema védico. Os brâmanes, portanto, cujas raízes estavam no campo, começaram a parecer irrelevantes.[56]

Como acontece muitas vezes no curso do tempo, uma nova espiritualidade surgiu, e ela tinha três temas inter-relacionados: *dukkha*, *moksha* e *karma*. Apesar da prosperidade e do progresso, surpreendentemente o pessimismo era profundo e difundido. As pessoas viam a vida como *dukkha* — "insatisfatória", "falha" e "torta". Do trauma do nascimento à agonia da morte, a existência humana parecia impregnada de sofrimento, e nem a morte trazia alívio pois tudo e todos estavam presos a um ciclo inexorável (*samsara*) de renascimento, portanto esse cenário angustiante precisava ser suportado a cada vez. A grande migração dos arianos para o leste fora impulsionada pela experiência de enclausuramento claustrofóbico no Punjab; agora eles se sentiam presos em suas cidades superpovoadas. Mas não era apenas um sentimento: a urbanização rápida normalmente leva a epidemias, em especial quando a população ultrapassa 300 mil pessoas, uma espécie de ponto de virada para o contágio.[57] Isso explica a obsessão dos arianos por doenças, sofrimento e morte e o desejo de encontrar um meio para escapar disso.

A rápida transformação das circunstâncias também tornou as pessoas mais conscientes sobre causa e efeito. Elas perceberam como as ações de uma geração afetavam a seguinte, e começaram a acreditar que suas ações (*karma*) determinariam sua próxima existência. Se fossem culpadas de um karma ruim nesta vida, iriam renascer como escravos ou animais, mas, com um karma bom, poderiam se tornar reis ou até mesmo deuses na outra encarnação. O mérito podia ser conquistado, acumulado e finalmente "percebido" como uma riqueza mercantil.[58] Mas, ainda que renascesse como um deus, ninguém escapava da *dukkha* da vida, pois os deuses também morriam e renasciam em um status inferior. Talvez para fortalecer o vulnerável sistema de castas, os brâmanes tentaram reconfigurar os conceitos de karma e de samsara: um bom renascimento só era garantido a quem cumprisse estritamente o dharma de sua classe.[59]

Essas ideias inspirariam outras contestações do sistema social. No Punjab, os arianos tentaram achar seu caminho para a "libertação" (*moksha*) por meio da luta; agora, partindo da espiritualidade internalizada dos Brâmanas, estavam em busca de uma liberdade espiritual e iriam investigar seu mundo interior com o mesmo vigor dos guerreiros arianos ao explorar florestas intocadas. A riqueza recente dava aos nobres tempo e ócio fundamentais para essa contemplação introspectiva. A nova espiritualidade restringia-se, portanto, à aristocracia; era uma das artes civilizadas que dependiam da violência estrutural do Estado. Nenhum shudra ou chandala teria permissão para passar horas nas meditações e discussões metafísicas que produziram os textos conhecidos como Upanishads entre os séculos VI e II a.C.

Os novos ensinamentos podem ter sido formulados originalmente por brâmanes das cidades que compreendiam os problemas da vida urbana.[60] Mas muitas dessas práticas foram atribuídas a guerreiros xátrias, e as discussões relatadas nos Upanishads com frequência ocorriam na corte do rajá. Elas se baseavam na espiritualidade mais interiorizada dos Brâmanas e a levavam um passo adiante. O Brhadaranyaka Upanishad, um dos primeiros textos, provavelmente foi composto no reino de Videha, um Estado fronteiriço no extremo oriente da expansão ariana.[61] Apesar de Videha ter sido desprezado pelos brâmanes conservadores do Doab, havia uma grande mistura de povos nesses territórios orientais, incluindo colonos indo-arianos de ondas migratórias anteriores e tribos do Irã, além de povos nativos da Índia. Alguns desses estrangeiros foram assimilados às classes varna, mas trouxeram consigo as próprias tradições — incluindo, talvez, um ceticismo sobre a ortodoxia védica. Esses encontros singulares eram intelectualmente estimulantes e os primeiros Upanishads refletem essa empolgação.

As mudanças sociais e políticas nesses Estados inspiraram classes de guerreiros a imaginar um mundo livre da influência dos sacerdotes. Assim, os Upanishads não admitiam a necessidade dos sacrifícios védicos e terminavam de desqualificar os devas ao assimilar os deuses à psicologia contemplativa: "'Sacrifício para esse deus. Sacrifício para aquele deus.' As pessoas realmente dizem essas coisas, mas na verdade cada um desses deuses é criação delas, porque ele próprio é todos os deuses".[62] Agora o adorador se voltava para dentro. O foco dos Upanishads era o atman, o "eu", que, como os devas, era uma manifestação do Brâman. Assim, se um sábio descobrisse o centro do próprio ser, ele automaticamente entraria na realidade última. Apenas por meio do conhecimento em êxtase do "eu", que o livraria do desejo por coisas efêmeras da terra, uma pessoa se libertaria do ciclo incessante de nascimentos e mortes. Essa foi uma descoberta fundamental. O insight de que a realidade última, a qual era "Tudo" o que existia, permanecia imanente em todos os seres humanos seria central nas maiores tradições religiosas. Portanto, não havia necessidade de realizar os rituais elaborados que tinham sustentado a violência estrutural do sistema varna, pois, assim que encontrassem a parte mais profunda de si mesmos, os crentes estariam unidos ao "Absoluto": "Se um homem sabe 'eu sou *brâman*' desse modo, ele se torna todo este mundo. Nem mesmo os deuses são capazes de impedir isso, porque ele se torna ele mesmo (*atman*)".[63] Era uma declaração de independência provocativa, uma revolução tanto política quanto espiritual. Os xátrias agora podiam prescindir do sacerdote que dominava a arena ritual. Enquanto os vaishyas e os shudras escalavam a pirâmide social, a aristocracia guerreira tentava ocupar o primeiro lugar na sociedade.

No entanto, os Upanishads também desafiavam o espírito militar dos kshatriyas. Originalmente o atman era Agni, o mais profundo, divino "eu" do guerreiro, conquistado por meio da guerra e do roubo. O caminho heroico dos arianos rumo ao leste motivara o desejo de coisas terrenas — gado, pilhagem, terras, honra e prestígio. Os sábios upanishads incitavam seus discípulos a renunciar a esse desejo. Quem permanecesse fixado na riqueza mundana não poderia ser liberado do ciclo de sofrimento e do renascimento, por sua vez "um homem que não deseja — que não tem desejos, que é livre de desejos, cujo único desejo é seu 'eu' (*atman*) — não perde suas funções vitais. *Brâman* ele é e para o *brâman* ele vai".[64] Novas técnicas meditativas induziam a um estado mental "calmo, sereno, tranquilo, paciente e controlado", em resumo, o oposto perfeito da antiga mentalidade agitada ariana.[65] De fato, um dos Upanishads descreve nada menos do que Indra vivendo pacificamente na floresta como um humilde estudante com seu professor, renunciando à violência para encontrar a perfeita tranquilidade.[66]

Os arianos sempre se consideraram superiores aos demais; os rituais geraram neles uma crença profunda de que tinham direito a saques e conquistas. Mas os Upanishads ensinavam que, como o atman, a essência de cada criatura era idêntica ao Brâman e todos os seres compartilhavam o mesmo núcleo sagrado. O Brâman era o cerne misterioso da semente de figueira a partir do qual uma grande árvore germina.[67] Era a seiva geradora de vida a todas as partes da árvore; e a realidade basilar de todo ser humano.[68] O Brâman era como uma pedra de sal dissolvida à noite em um copo de água; embora não pudesse ser visto no dia seguinte, ele ainda estava presente em cada gole.[69] Em vez de repudiar esse parentesco básico com todos os seres, como o guerreiro ao demonizar o inimigo, esses sábios deliberadamente cultivavam uma consciência desse fato. Todos gostavam de imaginar que eram únicos, mas na realidade as características especiais que distinguiam as pessoas não eram mais permanentes do que rios correndo para o mesmo mar. Depois que deixavam o leito do rio, eles se tornavam "simplesmente o oceano", e paravam de proclamar sua individualidade, gritando "eu sou aquele rio", "eu sou este rio". Essa estridente afirmação do ego era uma ilusão que só levaria à dor e à confusão. A libertação (*moksha*) desse sofrimento dependia do profundo reconhecimento de que no fundo todos eram Brâman, portanto deveriam ser tratados com absoluta reverência. Os Upanishads legaram à Índia um senso da unidade fundamental entre todos os seres, de modo que o suposto inimigo não era mais um outro hediondo, e sim alguém inseparável de você.[70]

A religião indiana sempre avalizou e moldou a violência estrutural e militar da sociedade. Mas no século VIII a.C. os "renunciantes" (*samnyasin*) empreenderam uma crítica disciplinada e devastadora dessa agressividade inerente, retirando-se da sociedade estabelecida para adotar um estilo de vida independente. A renúncia não era, como em geral se pensa no Ocidente, uma simples negação da vida. Ao longo da história indiana, o ascetismo quase sempre teve uma dimensão política e muitas vezes se inspirou em uma reavaliação radical da sociedade. Com certeza foi o que ocorreu na planície do Gânges.[71] O "coração inquieto" dos arianos fez com que Gilgamesh se cansasse da vida fixa, mas, ao invés de sair de casa para combater e roubar, os renunciantes evitavam a agressão, não possuíam propriedade e mendigavam comida.[72] Em torno de 500 a.C., eles tinham se tornado os principais agentes da mudança espiritual e uma afronta direta aos valores dos reinos agrários.[73] Parte desse movimento era uma ramificação da *brahmacharya*, a "vida sagrada" perseguida pelo estudante brâmane, que passava anos com seu guru, estudando os Vedas, mendigando humildemente seu pão e vivendo sozinho nas florestas tropicais por um determinado período. Em outros lugares do mundo, os arianos também viviam na natureza como etapa do treinamento militar, caçando o alimento e aprendendo as artes da autossuficiência e da sobrevivência. Mas como o dharma dos brâmanes não incluía a violência, os *brahmacharin* eram proibidos de caçar, de causar danos a animais ou de andar em bigas de guerra.[74]

Além disso, quando embarcavam em sua existência solitária, a maioria dos renunciantes era de brâmanes adultos, de modo que seu aprendizado tinha ficado para trás havia muito tempo.[75] Um renunciante fazia uma decisão deliberada. Repudiava os sacrifícios rituais que simbolizavam a comunidade política ariana e rejeitava a casa da família, esteio institucional da vida fixa. Na verdade, eles saíam da violência do sistema varna, mas também se retiravam do nexo econômico da sociedade e se tornavam "mendigos" (*bhiksu*).[76] Alguns renunciantes voltavam para casa, só para importunar a comunidade, enquanto outros permaneciam na floresta e desafiavam a cultura pelo lado de fora. Eles condenavam a preocupação aristocrática com status, honra e glória, desejavam receber insultos "como se fossem néctar" e buscavam o desprezo de propósito ao se comportarem como loucos ou animais.[77] Como tantos reformadores indianos, os renunciantes se basearam na mitologia antiga da guerra para criar um modelo diferente de nobreza. Eles evocavam os dias heroicos no Punjab, quando os homens haviam provado seu valor e virilidade ao desbravar a floresta intocada. Muitos viam o bhiksu como um novo tipo de pioneiro.[78] Quando um renunciante famoso chegava à cidade, pessoas de todas as classes se reuniam para ouvi-lo.

A ioga foi talvez o mais importante ritual militar revisado pelos renunciantes, tanto que se tornou a marca de sua espiritualidade. A princípio, como vimos, esse termo se referia ao atrelamento dos animais de tração às bigas de guerra antes de um ataque; a partir daí se tornou uma disciplina contemplativa que "punha o jugo" sobre os poderes mentais de um iogue em um ataque aos impulsos inconscientes (*vrittis*) da paixão, do egoísmo, do ódio e da ganância que animavam o espírito guerreiro, tão profundamente enraizados na psicologia que só poderiam ser extirpados por meio da força mental. É provável que a ioga tenha surgido nas tradições nativas da Índia, mas no século VI a.C. ela seria central para a paisagem espiritual ariana. Ela expurgava o "eu" da mente do iogue em um ataque sistemático ao ego, anulando a autoafirmação orgulhosa do guerreiro. "Eu sou o mais poderoso! Eu sou superior!" Os antigos guerreiros do Punjab tinham sido como os devas, sempre em movimento e constantemente engajados em atividades militares. Os novos homens da ioga agora se sentavam durante horas em um lugar, mantendo-se em uma imobilidade tão pouco natural para os homens que mais pareciam uma estátua ou uma planta. Se perseverasse, um iogue habilidoso recebia sinais de uma libertação (*moksha*) do confinamento do egoísmo incomparável à experiência comum.

Até mesmo para ter permissão de se sentar na posição de iogue, um aspirante tinha de completar um árduo programa ético, observando cinco "proibições" (*yamas*).[79] A primeira era a *ahimsa*, não violência: ele não só era proibido de matar ou ferir outra criatura, como também não podia falar de maneira descortês ou fazer gestos de irritação. Segunda, ele era proibido de roubar: em vez de pegar a propriedade de outras pessoas como os saqueadores, o iogue precisava cultivar uma indiferença em relação a posses materiais. Mentir também era proibido. Dizer a verdade sempre tinha sido central para o espírito do guerreiro ariano, mas as exigências da guerra ocasionalmente forçaram até mesmo Indra a enganar; o aspirante, contudo, não tinha permissão para faltar com a verdade, nem para salvar a própria vida. Ele também se abstinha de sexo e de substâncias inebriantes que debilitassem as energias mentais e físicas necessárias para a jornada espiritual. Por fim, ele precisava estudar o ensinamento (*dharma*) de seu guru e cultivar uma serenidade habitual, comportando-se de maneira gentil e respeitosa com todos, sem exceção. Era uma iniciação a um novo modo de ser humano, que evitava a ganância, a preocupação consigo mesmo e a violência do guerreiro. Por força da prática, essas disciplinas éticas se tornariam uma segunda natureza para o iogue, e, quando isso acontecesse, os textos explicavam, ele experimentaria uma "alegria indescritível".[80]

Alguns renunciantes romperam de maneira ainda mais radical com o sistema védico e foram denunciados como hereges pelos brâmanes. Dois em especial tiveram um impacto duradouro, e significativamente ambos vinham de *gana-sanghas*. Destinado a uma carreira militar, Vardhamana Jnatraputra (*c*. 599-527 a.C.) era o filho de um chefe tribal kshatriya do clã Jnatra de Kundagrama, ao norte da moderna Patna. Aos trinta anos, no entanto, ele abriu mão de seu destino e virou um renunciante. Depois de um longo e difícil aprendizado, alcançou a iluminação e se tornou um *jina* ("conquistador"); seus seguidores ficaram conhecidos como jains. Embora tenha ido mais longe do que qualquer outro em sua renúncia à violência, era natural que, como um ex-guerreiro, expressasse suas ideias com imagens militares. Seus discípulos o chamavam de Mahavira ("Grande Herói"), o título de um intrépido guerreiro no Rig Veda. Esse regime, porém, era inteiramente baseado em um tipo de não violência que previa o domínio de qualquer impulso em fazer mal aos demais. Para Mahavira, o único modo de conseguir a libertação (*moksha*) era cultivar uma atitude de amizade com tudo e com todos.[81] Aqui, como nos Upanishads, encontramos a exigência recorrente em muitas tradições mundiais de que não basta confinar nossa benevolência aos nossos ou àqueles que achamos convenientes; essa parcialidade deve ser substituída por uma empatia indiscriminada, que deve se manifestar na prática. Se isso fosse praticado de maneira consistente, todo tipo de violência — verbal, militar ou estrutural — se tornaria impossível.

Mahavira ensinou discípulos de ambos os sexos a desenvolver uma empatia sem limites, a perceber seu profundo parentesco com todos os seres. Toda criatura — mesmo as plantas, a água, o fogo, o ar e as pedras — tinha uma *jiva*, uma "alma" viva, e devia ser tratada com o respeito que nós mesmos desejamos receber.[82] A maior parte de seus seguidores era de kshatriyas em busca de uma alternativa para a guerra e para o sistema de castas. Como guerreiros, eles teriam se distanciado do inimigo, reprimindo cuidadosamente sua relutância inata de matar seres da própria espécie. Os jainistas, como os sábios dos Upanishads, ensinavam a reconhecer a ligação comunitária e a renunciar à preocupação com o "nós" e com o "eles". Isso tornava o combate e a violência estrutural impossível, já que um verdadeiro "conquistador" não fazia nenhum tipo de mal.

Mais tarde, os jainistas desenvolveriam uma mitologia e uma cosmologia complexas, mas no início a não violência era seu único ensinamento: "Nenhuma criatura que respira, existe, vive e sente deve ser morta ou tratada com violência, sofrer abuso, tormento ou ser banida. Essa é a lei pura, imutável, proclamada pelos iluminados que têm o saber".[83] Diferentemente de guerreiros, treinados para ser insensíveis à agonia que causavam, os jainistas deliberadamente entravam em harmonia com as dores do mundo. Eles aprendiam a se movimentar com perfeita cautela para que não esmagassem um inseto ou pisassem em uma folha de grama; não colhiam frutas do pé, esperavam que elas caíssem no chão. Como todos os renunciantes, eles tinham de comer o que lhes era dado, até mesmo carne, mas nunca deviam pedir que uma criatura fosse morta por eles.[84] A meditação jainista consistia simplesmente numa rigorosa supressão dos pensamentos hostis e num esforço consciente para ocupar a mente com afeto por todas as criaturas. O resultado era *samayika* ("equanimidade"), uma percepção profunda, capaz de mudar a vida, de que todos eram iguais. Duas vezes por dia os jainistas se arrependiam diante de seu guru de toda aflição que pudessem, mesmo sem intenção, ter causado. "Peço o perdão de todas as criaturas vivas. Que todos os seres possam me perdoar. Que eu possa ter a amizade de todos e a inimizade de nenhum deles."[85]

No final do século v a.C., um kshatriya da república tribal de Sakka no sopé do Himalaia raspou sua cabeça e vestiu o hábito amarelo dos renunciantes.[86] Depois de uma árdua busca espiritual durante a qual estudou com os principais gurus da época, Siddhatta Gotama, mais tarde conhecido como Buda ("o desperto"), atingiu a iluminação por meio de uma forma de ioga baseada na supressão dos sentimentos hostis e no cultivo cuidadoso de emoções benevolentes e positivas.[87] Como Mahavira, praticamente seu contemporâneo, o ensinamento do Buda se baseava na não violência. Ele chegou a um estado que chamou *nibbana*,* porque a ganância e a violência que limitavam sua humanidade tinham sido extintas como uma chama.[88] Mais tarde o Buda inventou uma meditação que ensinava os monges a dirigir sentimentos como a amizade e o afeto aos confins da terra, desejando que todas as criaturas ficassem livres de dor, e finalmente se libertassem de qualquer ligação pessoal e parcialidade por meio do amor com a "serenidade" da *upeksha* a todos os seres sensíveis. Nenhuma criatura devia ser excluída dessa preocupação.[89]

Isso pode ser resumido numa oração do primeiro período, atribuída ao Buda, recitada diariamente por monges e discípulos laicos.

> *Deixa todos os seres serem felizes! Fracos ou fortes, de alta, média ou baixa extração*
> *Pequenos ou grandes, visíveis ou invisíveis, próximos ou distantes,*
> *Vivos ou ainda por nascer — que todos possam ser perfeitamente felizes!*
> *Não deixe ninguém mentir ou desprezar qualquer ser em qualquer lugar.*
> *Que ninguém deseje mal a nenhuma criatura, por raiva ou ódio!*
> *Cuidemos de todas as criaturas como uma mãe cuida de seu único filho!*
> *Que nossos pensamentos amorosos preencham o mundo todo, acima, abaixo,*
>   *[em toda parte, —*
> *Sem limite; uma boa vontade infinita em relação ao mundo inteiro,*
> *Irrestrita, livre de ódio e inimizade!* [90]

A iluminação do Buda baseava-se no princípio de que viver moralmente era viver para os outros. Ao contrário de outros renunciantes, que se retiravam da sociedade, os monges budistas recebiam ordens de voltar ao mundo e ajudar

---

* "Nibbana" é o equivalente do sânscrito "nirvana" no dialeto Pali que pode ter sido falado pelo Buda. Seu significado literal é "sopro".

os outros a se libertar da dor. "Vão agora", ele disse aos primeiros discípulos, "e viajem em nome do bem-estar e da felicidade das pessoas, por compaixão pelo mundo, para benefício, bem-estar e felicidade de deuses e homens."[91] Ao invés de simplesmente evitar a violência, o budismo exigia um esforço positivo para amenizar o sofrimento e aumentar a felicidade do "mundo inteiro".

O Buda resumiu seus ensinamentos nas quatro "Nobres Verdades": a existência era dukkha; o egoísmo e a ganância eram a causa de nossa dor; o nirvana nos libertava desse sofrimento; e para chegar a esse estado era preciso seguir o programa de meditação, moralidade e determinação chamado por ele de "Nobre Caminho", e pensado para produzir uma aristocracia alternativa. O Buda era realista e não imaginou que eliminaria sozinho a opressão inerente ao sistema varna, mas insistia que mesmo um vaishya ou um shudra enobreceria caso ele ou ela se comportasse de maneira altruísta e compassiva e se "abstivesse de matar criaturas".[92] Pela mesma razão, um homem ou mulher se tornaria um "plebeu" (*pathujjana*) ao se comportar de maneira cruel, gananciosa e violenta.[93]

A *sangha*, ou ordem de monges e freiras, do Buda serviu de modelo para um tipo diferente de sociedade, uma alternativa à agressão da corte real. Como nas repúblicas tribais, não havia governo autocrático e as decisões eram tomadas em conjunto. O Rei Pasenedi de Koshala ficou muito impressionado com a conduta "sorridente e cortês" dos monges, "alertas, calmos e tranquilos, vivendo de esmolas, a mente tranquila como gamos selvagens". Na corte, ele disse ironicamente, todos competiam de forma amarga por riqueza e status, enquanto na *sangha* ele viu os monges "vivendo em harmonia juntos como leite e água, olhando uns para os outros com olhos bondosos".[94] A *sangha* não era perfeita — pois não era capaz de transcender totalmente as distinções de classe —, mas se tornou uma influência poderosa na Índia. Ao invés de sumir nas florestas como outros renunciantes, os budistas eram vistos com frequência. O Buda costumava viajar a pé com centenas de monges pelas rotas comerciais ao lado de mercadores, os hábitos amarelos e as cabeças raspadas indicavam a divergência com a vida comum. E atrás deles, em carroças e carruagens cheias de mantimentos, iam seus apoiadores laicos, muitos deles kshatriyas.

Os budistas e os jainistas causaram impacto na nova sociedade urbanizada do norte da Índia porque eram sensíveis às dificuldades da mudança social. Eles davam condições para que os indivíduos declarassem independência dos grandes reinos agrários, como as repúblicas tribais haviam feito. Assim como os ambiciosos vaishyas e shudras, os budistas e jainistas eram pessoas que dependiam exclusivemente dos próprios méritos, reconstruindo-se em um nível psicológico profundo para dar forma a uma humanidade mais empática. Todos eles também estavam em sintonia com o novo éthos comercial. Dada absoluta rejeição à violência, os jainistas não podiam trabalhar na agricultura, pois isso implicava matar criaturas, portanto eles se voltaram para o comércio e se destacaram nas novas comunidades de mercadores. O budismo não exigia metafísicas complexas ou rituais elaborados e misteriosos, pelo contrário, se baseava em princípios racionais, lógicos, e na experiência empírica da classe mercantil. Além disso, os budistas e jainistas eram pragmáticos e realistas: eles não esperavam que todos se tornassem monges, mas incentivavam discípulos laicos a seguir os ensinamentos até onde pudessem. Assim essas espiritualidades não apenas se infiltravam na vida convencional como também passavam a influenciar a classe dominante.

Durante a vida do Buda, já havia sinais da construção de um império na planície do Gânges. Em 493 a.C. Ajatashatru se tornou rei de Magadha; diz-se que, impaciente pelo trono, ele assassinara o pai, o rei Bimbisara, amigo do Buda. Ajatashatru deu continuidade à política paterna de conquistas militares e construiu um pequeno forte no Gânges, que Buda visitou pouco antes de morrer; mais tarde o local se transformaria na famosa metrópole de Pataliputra. Ajatashatru também anexou Koshala e Kashi e venceu uma aliança de repúblicas tribais, de modo que, quando ele morreu, em 461 a.C., o Reino de Magadha dominava a planície do Gânges. Ele foi sucedido por cinco reis insatisfatórios, todos parricidas, até que o usurpador Mahapadma Nanda, um shudra, fundou a primeira dinastia não kshatriya e estendeu ainda mais as fronteiras do reino. A riqueza dos Nandas, baseada em um sistema de taxação muito eficaz, virou provérbio e a ideia de Estado imperial começou a criar raízes. Quando o jovem aventureiro Chadragupta Maurya, outro shudra, usurpou o trono Nanda em 321 a.C., o Reino de Magadha passou a ser o Império Máuria.

No período pré-moderno, nenhum império era capaz de criar uma cultura unificada; os impérios existiam apenas para extrair recursos de povos dominados, que de tempos em tempos inevitavelmente se rebelavam. Por isso era normal um imperador estar sempre envolvido em guerras contra súditos rebeldes ou contra aristocratas que tentavam usurpar o poder. Chandragupta e seus sucessores governaram a partir de Pataliputra, conquistando pela força das armas regiões vizinhas com potencial estratégico e econômico. Essas áreas eram incorporadas ao estado Máuria e administradas por governadores que prestavam contas ao imperador. Nas margens do império, áreas periféricas ricas em madeira, elefantes e pedras semipreciosas serviam como zonas de amortecimento; o Estado imperial não governava essas áreas de forma direta, mas usava pessoas da região como agentes para drenar seus recursos; periodicamente esses "povos da floresta" resistiam ao domínio máuria. A principal tarefa da administração imperial era coletar impostos em espécie. Na Índia, a alíquota variava de uma região para outra, indo de um sexto até um quarto da produção agrícola. Os pastores eram taxados de acordo com o tamanho e a produtividade de seus rebanhos, e o comércio estava sujeito a impostos, pedágios e taxas alfandegárias. A coroa assumia a propriedade de todas as terras incultas, e depois que a área estivesse limpa, os shudras de regiões superpovoadas no Império Máuria eram transferidos para lá à força.[95]

O império, portanto, dependia inteiramente da extorsão e da violência. As campanhas militares ao conquistar mais terra arável não só aumentavam a riqueza do Estado, como o butim era uma receita suplementar importante, e os prisioneiros de guerra forneciam mão de obra valiosa. Com base nisso pode parecer estranho que os primeiros três imperadores máurios tenham sido patronos de seitas não violentas. Chandragupta abdicou em 297 a.C. para se tornar um asceta jainista; seu filho Bindusara flertou com a escola estritamente ascética dos ajivakas; e Ashoka, que em cerca de 268 a.C. lhe sucedeu no trono, depois de matar dois de seus irmãos, favoreceu os budistas. Como shudras, eles jamais teriam tido permissão para participar de rituais védicos e provavelmente os consideravam estranhos e opressivos. Por outro lado, o espírito independente e igualitário dessas seitas não ortodoxas teria sido muito oportuno. Mas Chandragupta percebeu que o jainismo era incompatível com o governo imperial e, antes de encerrar seu reinado, Ashoka não tinha se tornado nem ao menos um budista laico. No entanto, ao lado de Mahavira e do Buda, Ashoka era a figura política e cultural mais importante da Índia antiga.[96]

Em sua posse, ele assumiu o título de Devanampiya, "Amado dos Deuses", e continuou a expandir o império, que se estendia de Bengala ao Afeganistão. Nos primeiros anos de seu reinado, Ashoka viveu dissolutamente e construiu uma reputação de crueldade. Mas em torno de 260 a.C. ele acompanhou o Exército imperial para sufocar uma rebelião em Kalinga, na moderna Odisha, e seu comportamento mudou ao passar por uma extraordinária experiência de conversão. Durante a campanha, 100 mil soldados de Kalinga foram mortos, muitos pereceram em função dos ferimentos e de doenças e 150 mil foram deportados para territórios periféricos. Ashoka ficou profundamente chocado com o sofrimento que testemunhou. Ele teve o que podemos chamar de um "momento Gilgamesh", quando as realidades sensoriais da guerra rompem a carapaça de impiedade cultivada que torna a guerra possível. Ele registrou esse remorso em um édito inscrito em uma imensa superfície de rocha. Em vez de listar jubilosamente os números das baixas dos inimigos, como muitos reis, Ashoka confessou que "o massacre, a morte e a deportação são extremamente dolorosos para Devanampiya e pesam de modo terrível em sua mente".[97] Ele alertou outros reis de que a conquista militar, a glória da vitória e as pompas da realeza eram fugazes. Caso precisassem enviar um exército, eles deviam combater do modo mais humano possível e garantir a vitória "com paciência e punição leve".[98] A única conquista verdadeira era a submissão pessoal àquilo que Ashoka chamou de *dhamma*: um código moral de compaixão, piedade, honestidade e consideração por todas as criaturas vivas.

Ashoka inscreveu éditos semelhantes esboçando sua nova política de limitação militar e de reforma moral em superfícies de penhascos e em pilares cilíndricos colossais por todo o império.[99] Apesar desses éditos conterem mensagens muito pessoais, é provável que fossem uma tentativa de dar unidade ideológica ao vasto império; eles podem até ter sido lidos em voz alta para a multidão em ocasiões oficiais. Ashoka incitava o povo a reduzir sua ambição e extravagância, prometia que na medida do possível evitaria o uso de força militar, pregava gentileza com os animais e garantia que iria substituir o violento esporte da caça, passatempo tradicional dos reis, por peregrinações reais a templos budistas. Ele também anunciou que havia cavado poços, aberto hospitais e asilos e plantado figueiras "que darão sombra para os animais e para os homens".[100] Ele insistia na importância do respeito pelos professores, na obediência aos pais, na consideração pelos escravos e servos e na reverência às seitas — tanto pelos brâmanes ortodoxos quanto pelos budistas, jainistas e outras escolas "heréticas". "A concórdia deve ser elogiada", ele declarou, "para que os homens possam ouvir uns os princípios dos outros."[101]

É improvável que o dhamma de Ashoka fosse budista. Essa era uma ética mais abrangente, uma tentativa de encontrar um modelo benevolente de governo baseado no reconhecimento da dignidade humana, um sentimento compartilhado por muitas escolas indianas contemporâneas. Nas inscrições de Ashoka, ouvimos a voz perene daqueles que sentiam repulsa pelos assassinatos e pela crueldade e que tentaram, ao longo da história, resistir à violência. Mas embora pregasse "abstenção de assassinato contra seres vivos",[102] como imperador ele havia tacitamente reconhecido que, em nome da estabilidade da região, não poderia renunciar à força; nessa época também não seria possível abolir a pena de morte, legislar contra o assassinato ou proibir que se comessem animais (apesar de ele ter listado espécies que deveriam ser protegidas). Além disso, apesar da angústia em função da condição dos habitantes de Kalinga deportados após a batalha, não falava em repatriá-los pois eles eram essenciais para a economia imperial. Como chefe de Estado, certamente ele não podia abjurar a guerra ou dispensar o Exército. Ele percebeu que, mesmo se abdicasse e se tornasse um monge budista, outros lutariam para suceder-lhe e causar destruição, e como sempre os camponeses e os pobres sofreriam mais.

O dilema de Ashoka é o próprio dilema da civilização. À medida que a sociedade se desenvolvia e os armamentos se tornavam mais mortais, o império, fundado e mantido por meio da violência, paradoxalmente se tornaria o meio mais eficiente de manter a paz. Apesar da crueldade e exploração, as pessoas buscavam uma monarquia imperial absoluta com a mesma avidez com que hoje procuramos sinais de uma democracia próspera.

É provável que o dilema de Ashoka esteja por trás da história do *Mahabharata*, o grande épico da Índia. Essa obra imensa — oito vezes o tamanho da *Ilíada* e da *Odisseia* de Homero somadas — é uma antologia de diversas tradições orais datadas por volta de 300 a.C., mas que não tinham sido escritas antes da Era Cristã. No entanto, o *Mahabharata* é mais do que um poema narrativo. Ao retratar a saga nacional da Índia, ele é o mais popular de todos os textos sagrados, conhecido em todas as casas do país. Ele contém o *Bhagavad-Gita*, que já foi chamado de "evangelho nacional".[103] No século xx, durante as guerras de independência, o *Gita* desempenharia papel central nas discussões sobre a legitimidade de lutar contra a Grã-Bretanha.[104] A sua influência na posição quanto à violência e sua relação com a religião, portanto, não têm paralelo na Índia. Muito tempo depois de Ashoka ter sido esquecido, esse texto levava pessoas de todas as classes a enfrentar seu dilema, que desse modo se tornou central para a memória indiana coletiva.

Embora ao final o texto tenha sido redigido por brâmanes, em seu cerne o épico retrata o páthos dos kshatriyas, que não podiam atingir a iluminação porque o dharma de sua classe os obrigava a ser guerreiros. A história se passa na região dos Kuru-panchala antes do surgimento dos grandes reinos do século VI a.C. Yudishthira, o filho mais velho do rei Pandu, havia perdido o reino para os primos Kaurava, que fraudaram o jogo de dados ritual durante sua consagração. Por causa disso, ele, os quatro irmãos e Draupadi, a esposa comum deles, se exilaram. Doze anos mais tarde os Pandava reconquistam o trono em uma guerra catastrófica na qual quase todos morreram. A batalha final põe um fim à Era Heroica da história e leva àquilo que o épico chama de Kali Yuga — a nossa própria era cheia de falhas. Devia ter sido uma simples guerra do bem contra o mal. Os irmãos Pandava eram todos filhos de deuses: Yudishthira era filho de Dharma, guardião da ordem cósmica; Bhima era filho de Vayu, deus da força física; Arjuna era filho de Indra; e os gêmeos Nakula e Sahadeva eram filhos de Ashvins, patronos da fertilidade e da produtividade. Os Kaurava, porém, são encarnações dos asuras, de modo que eles repetiriam na terra a batalha entre os devas e os asuras no céu. Mas embora os Pandava, com a ajuda de seu primo Krishna, chefe do clã Yadava, finalmente derrotem os Kaurava, eles precisam recorrer a táticas duvidosas, e, quando eles contemplam o mundo devastado ao final da guerra, a vitória deles parece maculada. Os Kaurava, por outro lado, apesar de lutarem do "lado errado", muitas vezes agem de maneira exemplar. Quando seu líder, Duryodhana, é morto, os devas cantam loas e cobrem seu corpo com um mar de pétalas.

O *Mahabharata* não é um épico antibelicista: inúmeras passagens glorificam a guerra e descrevem batalhas com entusiasmo e detalhes sangrentos. Embora se passe em uma época anterior, provavelmente o épico reflete o período após a morte de Ashoka, em 232 a.C., quando o Império Máuria entrou em declínio e a Índia viveu uma era sombria de instabilidade política que durou até o surgimento da dinastia Gupta, em 320 d.C.[105] A partir disso, há uma presunção de que o império — ou, nos termos do poema, o "governo do mundo" — é essencial para a paz. E, embora o poema seja implacável a respeito da ferocidade imperial, ele reconhece de maneira pungente que a não violência em um mundo violento não é apenas impossível, como pode até mesmo causar *himsa* ("danos"). Conforme a lei dos brâmanes, o principal dever do rei era impedir o temido caos que se instauraria caso a autoridade monárquica fracassasse e, para isso, a coerção militar (*danda*) era indispensável.[106] No entanto, apesar de Yudishthira destinar-se divinamente a ser rei, ele odeia a guerra. Explica a Krishna que, embora saiba ser seu dever reconquistar o trono, a guerra só traz sofrimento. Verdade, os Kaurava usurparam seu reino, mas matar seus primos e amigos — muitos deles homens bons e nobres — seria "uma coisa terrível".[107] Ele sabe que todas as classes védicas têm seu dever específico — "Os shudras obedecem, os vaishyas vivem do comércio [...]. Os brâmanes preferem receber esmolas" —, mas os kshatriyas "vivem em outros lugares matando" e "qualquer outro modo de vida nos é vedado". Os kshatriyas, portanto, estão fadados ao sofrimento. Se derrotado, ele será ultrajado, mas se conquistar a vitória usando métodos implacáveis ele se expõe à mácula do guerreiro, é "privado da glória e colhe eterna infâmia". "Pois o heroísmo é uma doença poderosa que consome o coração, e a paz só é encontrada ao se desistir dele ou por meio da serenidade", Yudishthira diz a Krishna. "Por outro lado, se a tranquilidade final fosse alcançada pela total erradicação do inimigo, isso seria ainda mais cruel."[108]

Para vencer a guerra, os Pandava tinham de matar quatro líderes Kaurava que causavam muitas baixas em seu Exército. Um deles era o amado general Drona, por quem os Pandava têm um amor profundo por ter sido seu professor e quem os iniciou na arte da guerra. Em um conselho militar, Krishna diz que se os Pandava tencionavam salvar o mundo da destruição total estabelecendo seu governo, precisavam deixar a virtude de lado. Um guerreiro é obrigado a ser absolutamente confiável e manter sua palavra, mas Krishna diz a Yudishthira que ele só poderia matar Drona se mentisse para ele. Em meio à batalha, ele deve dizer que seu filho Ashwatthaman morreu para que, tomado pela dor, Drona deponha suas armas.[109] Imensamente relutante, Yudishthira concorda, e, quando ele dá a terrível notícia, Drona é incapaz de conceber que Yudishthira, o filho de Dharma, mentiria. Então Drona para de combater; sentado em sua biga na posição iogue, entra em transe e ascende pacificamente aos céus. Em um terrível contraponto, a biga de Yudishthira, que sempre flutuou alguns centímetros acima do solo, desaba no chão.

Krishna não é nenhum demônio tentando os Pandava para que pequem. Esse é o fim da Era Heroica, e seus estratagemas sombrios agora se tornaram essenciais porque, como ele diz aos desolados Pandava, os Kaurava "não podiam ser mortos por você no campo de batalha em um combate justo". Indra não mentiu e quebrou seu juramento a Vritra para salvar a ordem cósmica? "Nem mesmo os próprios deuses guardiães do mundo teriam como matar aqueles quatro nobres guerreiros por meios justos", Krishna explica. "Quando os inimigos se tornam numerosos e poderosos demais, eles devem ser mortos por meio de engodo e de estratagemas. Esse fora o caminho trilhado pelos devas para matar os asuras; e um caminho trilhado pelo virtuoso pode ser trilhado por todos."[110] Os Pandava se sentem seguros e reconhecem que sua vitória pelo menos trouxe paz ao mundo. Mas karma ruim só pode trazer maus resultados, e o plano de Krishna tem consequências apavorantes com ecos terríveis para nós hoje.

Enlouquecido de remorso, Ashwatthaman, o filho de Drona, jura vingar o pai e se oferece a Shiva, o antigo deus dos nativos da Índia, em autossacrifício. Entrando no acampamento dos Pandava à noite, ele mata mulheres e crianças dormindo, guerreiros "exaustos e desarmados" e destroça cavalos e elefantes. Em seu frenesi divino, "cada membro mergulhado em sangue parecia a própria Morte, posta à solta pelo destino [...] desumana e completamente aterradora".[111] Os Pandava escapam porque tinham sido alertados por Krishna para que dormissem fora do acampamento, mas a maior parte da família deles morre. Quando eles finalmente acham Ashwatthaman, ele estava sentado serenamente com um grupo de renunciantes ao lado do Gânges. Ele dispara uma arma mágica de destruição em massa e Arjuna retalia com sua própria arma. Caso dois dos renunciantes não estivessem posicionados entre as armas rivais "desejando o bem de todas as criaturas", o mundo teria sido destruído. Em vez disso, o alvo de Ashwatthaman é desviado para o ventre das mulheres Pandava, que não terão mais filhos.[112] Assim fica provado que Yudishthira tinha razão: um ciclo destrutivo de violência, traição e mentiras se voltou contra os perpetradores, causando destruição para ambos os lados.

Yudishthira reina por quinze anos, mas ele se expôs à velha mácula do guerreiro. A luz abandonou sua vida, e depois da guerra ele teria se tornado um renunciante caso seus irmãos e Krishna não se opusessem fortemente a isso. A mão de ferro do rei é essencial para o bem-estar do mundo, diz Arjuna.

Nenhum rei jamais conquistou a glória sem matar seus inimigos; na verdade, é impossível existir sem causar males a outras criaturas: "Não vejo ninguém vivendo no mundo com não violência. Mesmo os ascetas não conseguem permanecer vivos sem matar".[113] Como Ashoka, que também foi incapaz de acabar com a violência da guerra imperial, Yudishthira se concentra na gentileza com os animais, a única forma realista de ahimsa que ele é capaz de praticar. No fim da vida, ele se recusa a entrar no céu sem o cão fiel e sua compaixão é elogiada por seu pai, Dharma.[114] Por séculos, o épico nacional indiano levou o público a apreciar a ambiguidade moral e a tragédia da guerra; pois, independentemente do código heroico usado pelo guerreiro, essa atividade nunca era inteiramente gloriosa. No entanto, era essencial para a sobrevivência do Estado, da civilização e para o progresso, de modo que se tornara inevitável.

Até mesmo Arjuna, que frequentemente se irrita com o desejo do irmão por não violência, tem um "momento Ashoka". No *Bhagavad-Gita* ele e Krishna debatem esses problemas antes da batalha final com os Kaurava. De pé em sua biga ao lado de Krishna na linha de frente, de repente Arjuna fica horrorizado ao ver seus primos, amigos e professores amados do lado inimigo. "Não vejo nada de bom em matar meus parentes na batalha", ele diz a Krishna, "não quero matá-los, mesmo se eu for morto."[115] Krishna tenta animá-lo citando os argumentos usuais, mas Arjuna não se impressiona: "Não vou lutar!", ele grita.[116] Então Krishna lança uma ideia inteiramente nova: um guerreiro deve simplesmente se dissociar dos efeitos de suas ações e desempenhar sua tarefa sem nenhuma hostilidade pessoal ou interesse próprio. Como um iogue, ele deve tirar o "eu" de suas ações, para agir de modo impessoal — na verdade, *ele* não vai estar realmente agindo.[117] Ao invés disso, como um sábio, mesmo no frenesi da batalha, ele permanecerá destemido e sem desejo.

Não sabemos se isso chega a convencer Arjuna, porque ele subitamente é atingido por uma epifania aterrorizante. Na verdade, conforme Krishna revela, ele é uma encarnação do deus Vishnu, que sempre desce à terra quando a ordem cósmica está ameaçada. Como Senhor do Mundo, Vishnu está ipso facto envolvido na inevitável violência da vida humana, mas ele não sofre danos por isso, "porque eu permaneço separado de minhas ações, Arjuna, como se ficasse isolado delas".[118] Enquanto olha para Krishna, Arjuna vê que tudo — deuses, homens e a ordem natural — está de algum modo presente no corpo de Krishna, e, embora a batalha ainda não tenha começado, ele vê os guerreiros

Pandava e Kaurava se precipitando violentamente na boca ardente do deus. Krishna/Vishnu, portanto, já aniquilou ambos os exércitos, e não faz diferença se Arjuna combater ou não. "Mesmo sem você", Krishna diz a ele, "todos esses guerreiros [...] deixarão de existir."[119] Muitos políticos e generais disseram algo semelhante sobre serem apenas instrumentos do destino quando cometeram atrocidades — embora poucos tenham se livrado do egocentrismo e se tornado "livres de qualquer ligação, sem ser hostis a qualquer criatura".[120]

Provavelmente o *Bhagavad-Gita* foi mais influente do que qualquer outra escritura indiana. Porém, tanto o *Gita* quanto o *Mahabaratha* nos lembram de que não há respostas fáceis para problemas de guerra e paz. É verdade que a mitologia indiana e os rituais muitas vezes glorificavam a ganância e a guerra, mas também ajudavam os homens a confrontar a tragédia e até inventavam maneiras de extirpar a agressão da psique, descobrindo maneiras para as pessoas conviverem sem violência. Somos criaturas falhas com coração violento que desejam paz. Enquanto o *Gita* estava sendo composto, os povos da China chegavam a uma conclusão semelhante.

3. China: guerreiros e cavalheiros

Os chineses acreditavam que, no princípio dos tempos, os seres humanos eram indistinguíveis dos animais. Criaturas que se tornariam humanas tinham "corpos de cobras com rostos de homens ou cabeças de bois com narizes de tigres", enquanto futuros animais podiam falar e tinham habilidades humanas. Essas criaturas viviam juntas em cavernas, nuas ou vestidas de peles, comendo carne crua e plantas selvagens. Para eles, os homens se desenvolveram de maneira diferente não em função de sua constituição biológica, mas porque foram guiados por cinco grandes reis, que ensinaram homens e mulheres a viver em harmonia com o universo. Esses reis sábios expulsaram os outros animais e forçaram os humanos a viver separadamente. Desenvolveram ferramentas e tecnologia essenciais para uma sociedade organizada e instruíram seu povo em um código de valores alinhado às forças cósmicas. Assim, para os chineses, a humanidade não era algo dado ou que evoluiu naturalmente — ela foi moldada e trabalhada pelos governantes dos Estados. Aqueles que não viviam na sociedade chinesa, portanto, não eram realmente humanos; e, se os chineses sucumbissem à desordem social, também eles recairiam na selvageria bestial.[1]

No entanto, cerca de 2 mil anos depois da aurora de sua civilização, os chineses enfrentavam dilemas sociais e políticos profundos. Em busca de orientação, eles se voltaram para sua história — ou para o que julgavam ser sua história, pois as técnicas científicas e linguísticas empregadas hoje estavam ausentes. Os mitos sobre os reis sábios surgiram no período turbulento dos Estados Hostis (c. 485-221 a.C.), quando houve uma transformação traumática de um sistema de múltiplos Estados para um império unificado, mas também é possível que tenham se originado da mitologia dos xamãs caçadores-coletores. Essas lendas refletiam a visão que os chineses tiveram de si nos milênios anteriores.

Essa mitologia acreditava que a civilização não sobreviveria sem violência. O primeiro rei sábio, Shennong, o "Divino Agricultor", inventou a agricultura, atividade responsável pela cultura e pelo progresso. Ele era capaz de gerar chuva quando quisesse e de fazer descer grãos dos céus; ele criou o arado, ensinou seu povo a plantar e a preparar o solo e os libertou da necessidade de caçar e de matar outras criaturas. Como homem pacífico, recusou-se a punir a desobediência e proibiu a violência em seu reino. Ao invés de criar uma classe dominante, decretou que cada um deveria cultivar o próprio alimento e assim se tornou herói dos que repudiavam a exploração do Estado agrário. Mas nenhum Estado podia renunciar à violência. Como os sucessores do Divino Agricultor não tiveram treinamento militar, eles foram incapazes de lidar com a violência natural de seus súditos, que, sem controle, chegaram a proporções monstruosas próximas da animalidade.[2] Felizmente, no entanto, um segundo rei sábio apareceu. Ele era chamado de Huang Di, o "Imperador Amarelo", por ter reconhecido o potencial do solo ocre da China.

Para cultivar a terra com sucesso, as pessoas precisavam se organizar de acordo com as estações do ano; elas dependiam do sol, dos ventos e das tempestades do Paraíso (*Tian*),* o reino transcendente do céu. Então o Imperador Amarelo colocou a sociedade humana no "Caminho" (*Dao*) do Paraíso ao fazer procissões anuais ao redor do mundo, ao visitar cada um dos pontos cardeais sucessivamente — um ritual que regulava o ciclo das estações e seria imitado por todos os futuros reis chineses.[3] Associado à tempestade e à chuva, o Imperador Amarelo, como outros deuses da tempestade, era um grande guerreiro. Quando chegou ao poder, a terra arável estava desabitada, os rebeldes comba-

---

* Neste capítulo, usei o método Pinyin de romanizar a escrita chinesa; citei a versão Wade-Giles como alternativa, caso essa forma seja mais familiar para o público ocidental.

tiam entre si e havia seca e fome. Além disso, ele tinha dois inimigos externos: o guerreiro-animal Chi You, assediando seus súditos, e o Imperador Ardente, queimando a terra cultivada. O Imperador Amarelo usou então sua grande "potência" espiritual (*de*) e treinou um exército de animais — ursos, lobos e tigres — que derrotou o Imperador Ardente, mas não conseguiu combater a brutalidade de Chi You e seus oito irmãos: "Eles tinham corpos de animais, fala de homens, cabeças de bronze e testas de ferro. Eles causavam terror em toda parte sob o Paraíso e matavam barbaramente; eles não amavam e não criavam nada".[4]

O Imperador Amarelo tentou ajudar o povo sofredor, mas, como "ele praticava o amor e a potência virtuosa [*de*]", não podia derrotar Chi You à base da força. Assim, ele voltou os olhos para o Paraíso em um apelo silencioso, e uma mulher desceu dos céus com um texto sagrado revelando a arte secreta da guerra. O Imperador Amarelo podia então instruir seus soldados animais sobre o uso de armas e sobre a conduta militar; como resultado, eles derrotaram Chi You e conquistaram o mundo inteiro. Embora a violência selvagem de Chi You metamorfoseasse homens em animais, o Imperador Amarelo transformou seu exército de ursos, lobos e tigres em seres humanos ao ensiná-los a combater conforme os ritmos do Paraíso.[5] Uma civilização baseada tanto na agricultura quanto na violência organizada da guerra podia agora ter início.

Em torno do século XXIII a.C., outros dois reis sábios, Yao e Shun, foram responsáveis pela era dourada na Planície do Rio Amarelo, conhecida como "a Grande Paz". Mas, durante o reinado de Shun, a terra foi devastada por enchentes e o rei ordenou que o chefe de obras públicas, Yu, construísse canais, drenasse pântanos e conduzisse os rios em segurança para o mar. Em função dos trabalhos heroicos de Yu, era possível cultivar arroz e painço. Shun ficou tão grato que nomeou Yu seu sucessor, e ele se tornou o fundador da dinastia Xia.[6] A história chinesa registra três dinastias governantes sucessivas antes do estabelecimento do império em 221 a.C.: Xia, Shang e Zhou. Parece, contudo, que as três coexistiram ao longo da antiguidade e, embora o clã dominante do reino mudasse, as outras linhagens continuavam encarregadas dos próprios domínios.[7] Não temos provas documentais ou arqueológicas do período Xia (*c*. 2200-1600 a.C.), mas é provável que perto do final do terceiro milênio tenha havido um reino agrário na grande planície.[8]

Em torno de 1600 a.C. os Shang, um povo nômade de caçadores do norte do Irã, controlaram a grande planície desde o vale do Huai até a moderna Shantung.[9] As primeiras cidades Shang provavelmente foram fundadas pelos mestres das guildas, pioneiros na manufatura de armas de bronze, bigas de guerra e dos magníficos vasos usados em sacrifícios. Os Shang eram homens da guerra. Eles desenvolveram um sistema tipicamente agrário, mas a economia ainda dependia em grande medida da caça e do saque, e o Estado não era centralizado. O reino era composto de pequenas cidades, cada uma governada por um representante da família real e cercada por grandes muralhas de terra compactada, que protegiam contra enchentes e ataques. Cada cidade era planejada como uma réplica do cosmos, com seus quatro muros voltados para os pontos cardeais. O senhor local e a aristocracia guerreira viviam no palácio real, servidos por funcionários — artesãos, construtores de bigas e de arcos e flechas, ferreiros, metalúrgicos, ceramistas e escribas — que viviam na parte sul da cidade. Era uma sociedade rigorosamente segmentada. O rei estava no topo da pirâmide social; a seguir vinham os príncipes que governavam as cidades e os barões custeados por receitas de propriedades rurais; os *shi*, guerreiros comuns, eram os membros de mais baixo escalão da nobreza.

A religião impregnava a vida política Shang e avalizava seu sistema opressivo. Como não pertenciam a sua cultura, os aristocratas consideravam os camponeses de uma espécie inferior, praticamente não humana. Os reis sábios tinham criado a civilização ao tirar os animais das habitações dos homens; portanto, os camponeses nunca punham os pés nas cidades Shang e viviam isolados da nobreza em moradias subterrâneas na zona rural. Merecedores de igual ou menor consideração que a dispensada pelo Imperador Amarelo às hordas de Chi You, eles levavam uma vida brutalmente miserável. Na primavera os homens deixavam a aldeia e estabeleciam residência permanente em cabanas nos campos. Durante esse período de trabalho, eles não tinham contato com esposas e filhas, exceto quando elas traziam suas refeições. Depois da colheita, os homens voltavam para casa, onde se trancavam e permaneciam o inverno todo. Essa era a temporada de descanso deles, mas agora as mulheres começavam seu trabalho — tecendo, fiando e fazendo vinho. Os camponeses tinham seus próprios ritos e festivais, o que havia sido preservado no clássico confuciano *O livro dos cânticos*.[10] Eles podiam ser convocados para campanhas militares da aristocracia e há relatos de que gritavam tanto quando eram tirados de seus campos que chegavam a ser amordaçados durante a marcha. Eles não participavam do combate — isso era privilégio da aristocracia —, mas trabalhavam como criados, servos ou carregadores e cuidavam dos cavalos; mesmo assim, eram segregados da nobreza, marchando e acampando separadamente.[11]

Caso a aristocracia Shang não se apropriasse do excedente dos camponeses, seu interesse na agricultura seria apenas cerimonial. Para ter uma boa colheita, eles ofereciam sacrifícios para a terra e para os espíritos das montanhas, dos rios e dos ventos, e uma das tarefas do rei era promover rituais a fim de manter o ciclo agrícola de que a economia dependia.[12] Com exceção desses rituais litúrgicos, a aristocracia deixava a agricultura inteiramente a cargo dos *min*, as "pessoas comuns". Nessa época, porém, somente uma região limitada era usada para cultivo. A maior parte do Vale do Rio Amarelo ainda era coberta por densas florestas e pântanos. Elefantes, rinocerontes, búfalos, panteras e leopardos vagavam pelas florestas, junto com veados, tigres, touros selvagens, ursos, macacos etc. O Estado Shang continuou a depender do excedente produzido pelos camponeses, mas, como toda aristocracia agrária, a nobreza considerava o trabalho produtivo uma marca de inferioridade.

Apenas o rei Shang tinha permissão para se aproximar de Di Shang Di, o deus do céu, que de tão elevado não tinha contato com nenhum outro homem. Isso colocava o rei em uma posição semelhante à de Di, um estado de exceção ao qual o resto da nobreza se subordinava.[13] Esse privilégio era tão absoluto que ele não tinha rivais ou qualquer necessidade de competir com outros. Na sua presença, um nobre era tão vulnerável quanto um camponês; o rei estava acima de todas as facções ou conflitos de interesse, e assim era livre para se ocupar das preocupações do corpo social como um todo.[14] Só ele podia impor a paz ao oferecer sacrifício a Di, consultando-o sobre a conveniência de uma expedição militar ou da instituição de um novo assentamento. A aristocracia o apoiava por meio de três atividades sagradas que envolviam retirar vidas: sacrifício, guerra e caça.[15] Os *min* não participavam de nenhuma dessas atividades, de modo que a violência era a *raison d'être* e a característica distintiva da nobreza.

O modo como esses três deveres estavam interconectados mostra que a religião era inseparável de outras esferas da vida na sociedade agrária. O sacrifício aos ancestrais era considerado essencial para o reino, já que o destino da dinastia dependia da boa vontade de reis falecidos capazes de interceder por eles junto a Di. Por isso os Shang realizavam pródigas cerimônias de "hospedagem" (*bin*) em que muitos animais eram mortos — às vezes até cem em um único ritual — e os deuses e os ancestrais compartilhavam um banquete com os homens.[16] Comer carne era outro privilégio da nobreza. A carne do sacrifício era cozida em sofisticados vasos de bronze, os quais, assim como as armas de mesmo material que haviam subjugado os *min*, só podiam ser usados pela nobreza e simbolizavam sua posição elevada.[17] A carne para a cerimônia de bin era fornecida por expedições de caça que, como em outras culturas, eram praticamente iguais a campanhas militares.[18] Animais selvagens podiam pôr a colheita em risco, e os Shang os matavam com uma naturalidade implacável. Para eles, a caça não era apenas um esporte, era um ritual de imitação dos reis sábios, que tinham criado a primeira civilização ao expulsar os animais.

Uma parte considerável do ano era dedicada a campanhas militares. Os Shang não tinham grandes ambições territoriais, mas combatiam para garantir sua autoridade: extorquiam tributos dos camponeses, combatiam invasores das montanhas e puniam cidades rebeldes confiscando colheitas, gado, escravos e artesãos. Às vezes eles lutavam contra os "bárbaros", os povos do entorno dos assentamentos Shang que ainda não tinham assimilado a civilização chinesa.[19] Essas expedições imitavam as procissões anuais dos reis sábios para manter a ordem cósmica e política.

Os Shang atribuíam suas vitórias a Di, o deus da guerra. Isso, no entanto, deve ter sido grande fonte de angústia, pois era impossível confiar nele.[20] Como podemos ver nos oráculos remanescentes de ossos e cascos de tartaruga, em que os adivinhos reais inscreviam perguntas para Di, ele frequentemente mandava secas, enchentes e desastres e era um aliado militar traiçoeiro. Na verdade, assim como ele podia "dar assistência" aos Shang, podia apoiar seus inimigos. "Os Fang estão nos trazendo problemas ou nos atacando", lamentava um oráculo. "É Di quem dá ordem para que eles nos causem desastres."[21] Esses indícios dispersos sugerem um regime sempre pronto para o ataque, cuja sobrevivência dependia dessa vigilância incessante. Também há referências ao sacrifício humano: era comum executar prisioneiros de guerra e rebeldes e, embora a prova não seja conclusiva, eles podem ter sido oferecidos aos deuses.[22] Gerações posteriores associaram os Shang ao assassinato ritual. Com certeza o filósofo Mozi (*c.* 480-390 a.C.) estava indignado com o funeral pomposo de um aristocrata Shang ao afirmar: "Quanto aos homens que são sacrificados para segui-lo, se ele fosse um [rei], eles seriam contados às centenas ou dezenas. Se ele fosse uma grande autoridade ou um barão, seriam dezenas ou unidades".[23] Os rituais Shang eram cruéis porque a violência militar era essencial ao Estado. E, embora os reis implorassem pela ajuda de Di nas guerras, na realidade seu sucesso nessa área se devia a suas habilidades bélicas e às armas de bronze.

Em 1045 a.C. os Shang foram derrotados pelos Zhou, um clã menos sofisticado do vale do Wei na parte oeste da grande planície. Os Zhou estabeleceram um sistema feudal: o rei governava da sua capital no oeste, mas também mantinha uma base na nova cidade real no leste; as outras cidades foram divididas entre os príncipes Zhou e aliados em regime de vassalagem, cujos feudos passavam a seus descendentes; e os Shang mantiveram domínio sobre Song. A continuidade sempre fora importante na civilização pré-moderna, por isso, para dar sustentação a seu regime, os Zhou gostariam de seguir o culto ancestral dos Shang. Mas, como eles podiam fazer isso de maneira plausível, uma vez que haviam executado o último rei Shang? O Duque de Zhou, regente em nome do sobrinho, o jovem rei Cheng, encontrou e anunciou uma saída na consagração da nova capital no leste. Di, chamado pelos Zhou de "Paraíso" (*Tian*), fez dos Zhou instrumento para punir os Shang, cujos últimos reis foram cruéis e corruptos. Por misericórdia ao povo sofredor, o Paraíso revogou o mandato dos Shang e nomeou os Zhou para suceder-lhes, fazendo do rei Cheng o novo Filho do Paraíso. Isso também era um alerta para Cheng aprender a ser "reverentemente cuidadoso" com "as pequenas pessoas", já que o Paraíso destituiria qualquer governante que oprimisse seus súditos. O Paraíso escolhera os Zhou em função do comprometimento profundo com a justiça, por isso o rei Cheng não devia infligir punições pesadas aos *min*.[24] Embora na prática isso pouco adiantasse para diminuir a violência sistêmica do Estado chinês, o mandato do Paraíso era um avanço religioso e político fundamental porque, mesmo que só na teoria, fazia com que o governante fosse responsabilizado moralmente pelo povo e o instruía a se sentir responsável por eles. Isso permaneceria sendo um ideal importante na China.

Obviamente o Paraíso era uma deidade muito diferente do Di dos Shang, que não se interessava pelo comportamento humano. O Paraíso nunca enunciaria mandamentos ou interviria diretamente nos assuntos dos homens, porém, como não pertencia ao sobrenatural, era inseparável das forças na natureza e estava presente também na potência real (*de*) do rei e dos príncipes que governavam como seus filhos. O Paraíso não era onipotente, pois não existia sem a Terra, sua contraparte divina. Ao contrário dos Shang, os Zhou exploraram melhor o potencial agrícola da grande planície, e, como a influência do Paraíso na Terra só podia ocorrer por meio do trabalho de seres humanos, o cultivo do solo, a derrubada de florestas e a construção de estradas se tornaram tarefas sagradas e complementares à criação que o Paraíso havia iniciado. Sem dúvida os chineses estavam mais interessados em santificar o mundo em que viviam do que em descobrir uma santidade transcendente além dele.

O rei Zhou era apoiado por uma aristocracia de quatro classes de "cavalheiros" (*junzi*); cujos títulos foram traduzidos por acadêmicos ocidentais como "duques", "marqueses", "condes" e "barões". Os *shi*, filhos de caçulas com esposas de segunda classe, serviam como soldados, mas também como escribas e especialistas em rituais, formando um primeiro ramo "civil" do governo. A confederação Zhou, com mais de cem principados pequenos, sobreviveu até 771, quando sua capital oeste foi invadida pelos bárbaros Qong Rang. Os Zhou fugiram para o leste, mas nunca se recuperaram totalmente. No entanto, o período seguinte testemunhou não apenas o declínio de uma dinastia como também o do sistema feudal. Nominalmente os reis continuaram governando, todavia eram cada vez mais desafiados por "cavalheiros" agressivos dos principados, que abriam mão da deferência basilar ao feudalismo.[25] As fronteiras dos Estados chineses também estavam em transformação. Nessa época, os chineses tinham absorvido populações "bárbaras" com tradições culturais muito diferentes das suas e que desafiavam o velho espírito Zhou. As cidades longe dos tradicionais centros da civilização chinesa passavam a ter importância local, e no fim do século VIII, quando a história chinesa deixa de ter ares de lenda, elas seriam capitais de reinos: Jin ao norte, Qi ao nordeste e Chu ao sul. Esses Estados governavam milhares de súditos bárbaros, cuja compreensão dos costumes chineses na melhor das hipóteses era superficial. Os pequenos principados no centro de uma grande planície tinham agora se tornado extremamente vulneráveis, já que esses Estados periféricos desejavam se expandir. Durante o século VII, eles romperam com a tradição e convocaram camponeses como soldados de infantaria; Jin e Chu puseram até mesmo bárbaros no Exército, oferecendo terras em troca do serviço militar.

Alguns dos principados tradicionais, profundamente ameaçados por esses reinos violentos, também eram destroçados por conflitos internos. Com o declínio dos Zhou, houve um deterioramento da ordem pública e cada vez mais a força bruta era a norma. Não era incomum que príncipes matassem ministros da oposição; embaixadores podiam ser assassinados e governantes mortos em visitas a outro principado. Além disso, há indícios de que havia uma crise ambiental.[26] Séculos de caça e derrubadas agressivas de florestas destruíram o habitat dos animais; os caçadores voltavam para casa de mãos vazias e havia bem menos carne nos banquetes bin, de modo que a antiga extravagância despreocupada já não era possível. Nesse clima de incerteza, as pessoas queriam diretrizes claras, e por isso os especialistas em rituais *shi* do principado de Lu recodificaram as leis consuetudinárias chinesas para oferecer orientação.[27]

Os chineses tinham um código aristocrático, conhecido como *li* ("rituais"), que regulava o comportamento de indivíduos e do Estado e funcionava de modo semelhante ao nosso direito internacional. Os *ru* ("ritualistas") basearam a reforma desse código na conduta dos reis sábios Yao em Shun, considerados por eles modelos de temperança, altruísmo, paciência e gentileza.[28] Essa nova ideologia era claramente crítica aos regimes orientados por políticas violentas, arrogantes ou egoístas. Yao, dizia-se, tinha sido tão "reverente, inteligente, talentoso, sincero e brando" que a potência (*de*) dessas qualidades tinha se irradiado dele para todas as famílias chinesas e criado a Grande Paz.[29] Em um ato extraordinário de renúncia, Yao tinha legado o império a Shun, que não vinha de classes altas, em vez do próprio filho traiçoeiro e irascível. Mesmo quando seu pai tentou matá-lo, Shun se comportou com cortesia e respeito. Os *li* reformados foram pensados para ajudar os cavalheiros a cultivar essas qualidades. A conduta de um *junzi* devia ser "doce e calma".[30] Ao invés de se afirmar agressivamente, ele devia "se render" (*rang*) aos outros, e, longe de sufocá-lo, isso iria aperfeiçoar sua humanidade (*ren*). Os *li* reformados, portanto, eram expressamente pensados para diminuir a beligerância e o chauvinismo.[31] A vida política devia ser dominada pela temperança e pela submissão.[32] "Os *li* nos ensinam que dar livre expressão aos sentimentos e deixar que eles sigam suas inclinações são coisas de bárbaros", explicavam os ritualistas; "o cerimonial estabelece graus e limites."[33] Na família, o primogênito devia atender a todas as necessidades do pai, falando com ele em um tom de voz baixo e humilde, sem nunca expressar raiva ou ressentimento; em troca, um pai devia tratar todos os filhos de maneira justa, gentil e cortês. O sistema era pensado para que cada membro da família recebesse um grau de reverência.[34] Não sabemos exatamente como isso funcionou na prática; sem dúvida muitos chineses continuaram a lutar com violência pelo poder, mas parece que no final do século VII um número significativo dos que viviam em principados tradicionais começava a valorizar a moderação e o autocontrole e até os Estados periféricos de Qi, Jin, Chu e Qin haviam aceitado esses imperativos ritualizados.[35]

Os *li* tentaram controlar a violência da guerra transformando-a em um jogo cortês.[36] Matar grandes quantidades de inimigos era vulgar — "coisa de bárbaros". Quando um oficial se gabou de ter matado seis inimigos, seu príncipe teria respondido com seriedade: "Você irá trazer grande desonra para nosso país".[37] Não era adequado matar mais do que três fugitivos depois de uma batalha, e um verdadeiro *junzi* combateria com os olhos fechados para não acertar o inimigo. Durante uma batalha, se o condutor derrotado de uma biga de guerra pagasse um resgate no local, os oponentes sempre deixariam que ele escapasse. Não deveria haver triunfalismo indecoroso. Certa vez um príncipe vitorioso se recusou a construir um monumento em comemoração a uma vitória. "Eu fui o motivo de dois países terem exposto ao sol os ossos de seus guerreiros! Isso é cruel!", ele gritou. "Não há culpados aqui, apenas vassalos que foram leais até o fim."[38] Do mesmo modo, um comandante nunca devia levar vantagem indevida sobre a fraqueza dos inimigos. Em 638 o Duque de Song esperava ansiosamente pelo Exército do principado de Chu, que era muito maior do que o seu. Quando ouviu os soldados de Chu atravessando um rio próximo, seu comandante o incitou a atacar imediatamente: "Eles são muitos: nós somos poucos: deixe que ataquemos antes de eles atravessarem!". O duque ficou horrorizado e se recusou a seguir esse conselho. Quando os Chu tinham atravessado, mas ainda não estavam em formação de batalha, o comandante os incitou novamente a atacar. Mas o duque objetou de novo. Embora Song tenha sido completamente derrotada na batalha que se seguiu, o duque não se arrependeu: "Um *junzi* digno desse nome não busca derrotar o inimigo em seu infortúnio. Ele não bate seus tambores antes de as fileiras estarem formadas".[39]

A guerra só era legítima se restabelecesse o Caminho do Paraíso ao repelir a invasão bárbara ou uma revolta injusta. Essa "guerra punitiva" era um exercício penal para corrigir o comportamento. Uma campanha militar contra uma cidade chinesa rebelde, portanto, era altamente ritualizada, começava e terminava com sacrifícios no altar da Terra. No início da batalha, cada lado provocava o outro com atos de ultrajante gentileza para provar a superioridade de sua nobreza. Contando vantagem de suas proezas em voz alta, os guerreiros arremessavam odres de vinho sobre o muro do inimigo. Quando um arqueiro Chu usou a última flecha para acertar um cervo bloqueando o caminho de sua biga, o condutor imediatamente o deu de presente para o inimigo que estava caindo sobre eles. Eles admitiram a derrota imediatamente, exclamando: "Eis um arqueiro valoroso e guerreiro bem-falante: São verdadeiros cavalheiros!".[40] Mas não havia essas mesmas limitações em campanhas contra os bárbaros, que podiam ser perseguidos e mortos como animais selvagens.[41] Quando o Marquês de Jin e seu exército por acaso se viram no local em que os Rong cuidavam da vida em paz, ele ordenou aos soldados que massacrassem a tribo inteira.[42] Em uma guerra dos civilizados "nós" contra os bestiais "eles", toda forma de traição e engodo era permitida.[43]

Apesar de todos os esforços dos ritualistas, perto do fim do século VII a violência cresceu na planície chinesa. Tribos bárbaras vindo do norte atacavam, e o Estado de Chu ao sul ignorava cada vez mais as normas da guerra cortês e impunha uma ameaça real aos principados. Os reis Zhou eram muito fracos para oferecer uma liderança efetiva, por isso o Príncipe Huan de Qi, do Estado chinês mais poderoso na ocasião, formou uma liga de Estados que juravam não atacar uns aos outros. Mas essa tentativa iria fracassar, porque os nobres, viciados em prestígio, desejavam manter sua independência. Depois de Chu ter destruído a liga em 597, a região foi tragada por um novo tipo de guerra. Outros Estados periféricos importantes também começaram a deixar de lado as restrições tradicionais, determinados a se expandir e a conquistar mais território mesmo que isso significasse a aniquilação do inimigo. Em 593, por exemplo, depois de um longo cerco, o povo de Song foi levado a comer os próprios filhos. Pequenos principados foram forçados a entrar no conflito quando seus territórios se tornaram campos de batalha para exércitos rivais. Qi, por exemplo, invadia com tanta frequência o pequeno ducado de Lu que eles foram obrigados a apelar pela ajuda de Chu. Mas, no fim do século VI, Chu fora derrotado e Qi tinha se tornado tão soberado que o Duque de Lu, somente com a ajuda do Estado de Qin a oeste, conseguiu manter uma independência considerável. Além disso, havia guerras civis: Qin, Jin e Chu estavam fatalmente enfraquecidos pela luta interna permanente, e em Lu três famílias de barões criaram os próprios subestados e reduziram o legítimo duque a um mero fantoche.

Nessa época, arqueólogos notaram um desprezo crescente pela manutenção dos rituais: as pessoas depositavam objetos profanos nos túmulos de parentes ao invés dos vasos recomendados. O espírito de moderação também estava em declínio. Muitos chineses haviam desenvolvido um gosto pelo luxo que era insustentável para a economia, já que a demanda ultrapassava os recursos, e nobres de baixo escalão tentavam imitar o estilo de vida das famílias mais ricas. Como resultado, muitos dos *shi* na base da hierarquia aristocrática empobreceram e foram forçados a abandonar as cidades para tentar viver com os *min* como professores.

Um *shi*, um funcionário administrativo menor em Lu, ficou horrorizado com a ganância, o orgulho e a ostentação das famílias usurpadoras. Kong Qiu (*c.* 551-479 a.C.) estava convencido de que só os *li* seriam capazes de controlar essa violência destruidora. Os discípulos dele o chamariam de Kongfuzi ("nosso mestre Kong"), por isso no Ocidente o chamamos de Confúcio. Ele nunca teve a carreira política que desejava e morreu acreditando-se um fracasso, mas ele definiria a cultura chinesa até a Revolução de 1911. Com um pequeno grupo de seguidores, a maior parte guerreiros aristocratas, Confúcio viajava de um principado para outro, esperando encontrar um governante que implantasse suas ideias. No Ocidente frequentemente ele é visto mais como um filófoso secular do que como religioso, mas ele mesmo não compreenderia essa distinção: na China antiga, como nos lembrou o filósofo Herbert Fingarette, o secular era sagrado.[44]

Os ensinamentos de Confúcio foram compilados muito depois de sua morte, mas os acadêmicos acreditam que os *Analectos*, uma coletânea de aforismos esparsos, são uma fonte razoavelmente confiável.[45] A ideologia dele buscava recuperar as virtudes de Yao e Shun e era profundamente tradicional, mas seu ideal de igualdade baseava-se na percepção de que da violência sistêmica da China agrária para a vida em comunidade houve uma transformação radical. Como o Buda, Confúcio redefiniu o conceito de nobreza.[46] O herói dos *Analectos* é o *junzi*, não mais um guerreiro e sim um estudioso profundamente humano e pouco desenvolvido nas artes militares. Para Confúcio, a principal qualidade de um *junzi* era a *ren*, palavra que ele sempre se negou a definir porque seu sentido ultrapassava qualquer conceito da época, mais tarde, no entanto, os confucianos a descreveriam como "benevolência".[47] Exigia-se que o *junzi* sempre tratasse os demais com reverência e compaixão, um código de conduta resumido por Confúcio na chamada Regra de Ouro: "Não faça aos outros aquilo que você não quer que seja feito a você".[48] Esse era, segundo Confúcio, o fio condutor de seu ensinamento e devia ser praticado "o dia todo e todos os dias".[49] Um verdadeiro *junzi* tinha que examinar seu coração, descobrir o que lhe causava dor e se recusar em qualquer circunstância a causar dor a outra pessoa.

Isso não era apenas uma ética pessoal, era um ideal político. Se praticassem a *ren*, os governantes não invadiriam o território de outro príncipe, porque não gostariam que isso acontecesse com eles. Eles odiariam ser explorados, ultrajados e reduzidos à pobreza, portanto não deveriam oprimir os outros. O que você faria com um homem que pudesse "estender essa benevolência às pessoas comuns e ajudasse as multidões?", perguntou Zigong, discípulo de Confúcio.[50] Esse homem seria um sábio!, exclamou seu mestre:

> Yao e Shun teriam considerado essa tarefa intimidadora! Você próprio deseja reconhecimento e boa reputação; então ajude os outros a obter reconhecimento e boa reputação. Você quer que seus méritos sejam reconhecidos; então ajude os outros a ter seus méritos reconhecidos —, na verdade, a capacidade de se guiar pelos seus sentimentos — esse é o tipo de coisa que vai na direção da *ren*.[51]

Se um príncipe governasse apenas pela força, controlaria o comportamento externo dos súditos, mas não seu caráter.[52] Nenhum governo, insistia Confúcio, poderia realmente ser bem-sucedido sem se basear em uma concepção adequada de homem realizado. O confucianismo nunca foi uma busca individual; sempre teve uma orientação política e sobretudo buscou uma grande reforma da vida pública. Em outras palavras, seu objetivo era levar a paz ao mundo.[53]

Inúmeras vezes os *li* foram usados para aumentar o prestígio de um nobre, como no caso da cortesia radical da guerra ritualizada. Mas, se bem entendidos, Confúcio acreditava, os *li* ensinavam as pessoas "o dia todo e todos os dias" a se pôr no lugar dos outros e a ver a situação de outra perspectiva. Se isso fosse um hábito, um *junzi* transcenderia o egocentrismo, a ganância e o egoísmo que dilaceravam a China. Como posso atingir a *ren*?, perguntou seu amado discípulo Yan Hui. Era bem simples, Confúcio respondeu: "Diminua seu ego e se renda aos *li*".[54] Um *junzi* deve submeter cada aspecto de sua vida a rituais da consideração e respeito pelos outros: "Se você conseguisse se controlar e voltar aos ritos por um dia", Confúcio continuou, "você poderia levar todo o mundo à *ren*".[55] Mas para isso era preciso que um *junzi* trabalhasse sua humanidade, como um habilidoso escultor trabalhava uma pedra bruta para um vaso ritual sagrado.[56] Desse modo ele podia dissover a ganância, a violência e a vulgaridade de então e restabelecer a dignidade e a graça das relações humanas, transformando toda a China.[57] Embora o ideal da *ren* estivesse profundamente enraizado em nossa humanidade,[58] a prática da *ren* era difícil por exigir que o *junzi* se retirasse do centro de seu mundo.[59]

Confúcio enfatizava a importância da "submissão". Em vez de se afirmar de maneira beligerante e de lutar pelo poder, os filhos deviam se submeter aos pais, os guerreiros aos inimigos, os nobres aos governantes, e os governantes a seus funcionários. Ao contrário dos renunciantes da Índia que viam a vida familiar como um obstáculo para a iluminação, Confúcio a considerava uma escola da busca espiritual, já que dentro dela cada membro aprendia a viver para os outros.[60] Filósofos posteriores criticaram Confúcio pela concentração quase exclusiva na família, mas ele via cada um como núcleo de uma série crescente de círculos concêntricos com quem ele ou ela deve se relacionar, cultivando uma empatia superior à exigida por família, classe, Estado ou raça.[61] Cada um de nós começa a vida na família, portanto, o *li* familiar é o início da nossa educação para a autotranscendência, mas não o fim. Os horizontes de um *junzi* se expandiriam gradualmente. As lições aprendidas ao cuidar de seus pais, de seu cônjuge e dos irmãos o capacitariam a sentir empatia por um número cada vez maior de pessoas: primeiro por sua comunidade imediata, depois pelo estado em que vivia, e por fim pelo mundo inteiro.

Confúcio não era ingênuo de imaginar que os seres humanos pudessem abandonar a guerra; ele abominava o desperdício de vidas e de recursos[62] causados por ela, mas entendia que nenhum Estado sobreviveria sem seus exércitos.[63] Quando pediram para elencar as prioridades do governo, ele respondeu: "Simplesmente assegurar que haja alimentos e armamentos suficientes e garantir o apoio das pessoas comuns", embora tenha acrescentado que, se um desses itens precisasse ser abandonado, deveria ser o armamento.[64] No passado apenas o rei Zhou fora capaz de declarar guerra, mas seus vassalos tinham usurpado essa prerrogativa real e combatiam entre si. Se isso continuasse, Confúcio temia, a violência se proliferaria por toda a sociedade.[65] "Expedições punitivas" contra bárbaros, invasores e rebeldes eram fundamentais, já que a principal tarefa do governo era preservar a ordem social.[66] Para ele, era por isso que a sociedade precisava da violência estrutural. Embora Confúcio sempre falasse dos *min* com preocupação genuína e incitasse os governantes a apelar para seu senso de autorrespeito ao invés de buscar controlá-los à força e pelo medo, ele sabia que, se os *min* não fossem punidos quando transgredissem, a civilização entraria em colapso.[67]

Mêncio, filósofo confuciano do século IV, também via os *min* como pessoas nascidas para obedecer: "Há aqueles que usam a cabeça e há os que usam o músculo. Aqueles governam; estes são governados. Os que governam são sustentados pelos que são governados".[68] Os *min* nunca poderiam se unir à classe dominante porque não têm "instrução" (*jaio*), o que na China sempre implicava certo grau de força: o pictograma jaio mostra uma mão segurando uma vara para disciplinar uma criança.[69] A guerra também era um meio de instruir essencial para a civilização. "Empreender uma guerra punitiva", escreveu Mêncio, "é corrigir."[70] Na verdade, Mêncio havia se convencido de que as massas desejavam essa correção e de que os bárbaros competiam para serem conquistados pelos chineses.[71] Mas a luta entre iguais nunca era admissível: "Uma expedição punitiva é empreendida por uma autoridade contra seus subordinados. Pares não devem se punir por meio da guerra".[72] Portanto, as guerras entre governantes de mesmo status da época eram perversas, ilegais e tirânicas. A China precisava desesperadamente de governantes sábios como Yao e Shun, cujo carisma moral podia recuperar a Grande Paz. "O surgimento de um verdadeiro rei jamais demorou tanto quanto hoje", escreveu Mêncio; "e as pessoas nunca sofreram mais sob um governo tirânico do que agora." Se um Estado militarmente poderoso fosse governado de maneira benevolente, "as pessoas exultariam como se estivessem penduradas em uma corda pelos pés e fossem libertadas".[73]

Apesar de suas convicções sobre a igualdade, os confucianos eram aristocratas incapazes de transcender as premissas dessa classe dominante. No entanto, nos escritos de Mozi (c. 480-390 a.C.) ouvimos a voz dos plebeus. Mozi encabeçava uma irmandade de 180 homens que se vestiam como camponeses e artesãos e viajavam de um Estado para outro instruindo os governantes sobre novas tecnologias militares para defender uma cidade do cerco inimigo.[74] Provavelmente Mozi era um artesão e considerava os rituais elaborados da nobreza uma perda de tempo e de dinheiro. Mas ele também estava convencido de que a *ren* era a única esperança da China, e alertava, mais do que Confúcio, para o perigo de não se estender a empatia política para além do próprio reinado. "Devemos levar os outros em consideração tanto quanto nos levamos", ele insistia. Essa "preocupação" (*ai*) deve ser "universal e não excluir ninguém".[75] O único modo de evitar a destruição mútua dos chineses era convencê-los a praticar a *jian ai* ("preocupação com todos"). Em vez de simplesmente se preocupar com o próprio reinado, Mozi incitava os príncipes a "ver o Estado dos outros como se fosse o seu"; pois, se os governantes realmente tivessem um olhar solícito em relação aos demais, não guerreariam. Na verdade, a causa original de todas as "calamidades do mundo, de todas as privações, ressentimentos e ódios era a ausência da *jian ai*".[76]

Diferentemente dos confucianos, Mozi não tinha nada de positivo para dizer sobre a guerra. Do ponto de vista de um homem pobre, ela não fazia nenhum sentido. A guerra arruinava as colheitas, matava multidões de civis e causava desperdício de armas e cavalos. Os governantes afirmavam que a conquista de territórios enriquecia o Estado e o tornava mais seguro quando, na verdade, apenas uma ínfima parcela da população era beneficiada, e a captura de uma pequena cidade podia resultar em tantas baixas que não sobraria ninguém para trabalhar na terra.[77] Mozi acreditava que uma política só poderia ser chamada de virtuosa se enriquecesse os pobres, impedisse mortes desnecessárias e contribuísse para a ordem pública. Mas os homens eram egocêntricos: só adotariam a *jian ai* se convencidos por argumentos irrefutáveis de que o próprio bem-estar dependia da raça humana, ou seja, que a *jian ai* era fundamental para *sua* prosperidade, paz e segurança.[78] Assim, *O livro de Mozi* trazia os primeiros exercícios chineses de lógica, todos dedicados a provar que a guerra não era vantagem para os chefes de Estado. Em palavras que ainda soam verdadeiras, Mozi insistia que o ciclo destrutivo da guerra só seria interrompido caso os governantes "não se preocupassem apenas consigo mesmos".[79]

Na China antiga, Mozi era mais reverenciado do que Confúcio, porque falava diretamente aos problemas dessa época violenta. No século v, os principados menores estavam cercados por sete grandes Reinos Combatentes — Jin, que se dividira nos reinos de Han, Wei e Zhao; Qi, Qin e seu vizinho Shu a oeste; e Chu ao sul. Seus exércitos imensos, armamentos de ferro e arcos letais eram tão formidáveis que, se o oponente não se equiparasse nesses fatores, estava condenado.[80] Os engenheiros desses Estados construíram muralhas e fortalezas guarnecidas por soldados profissionais ao longo das fronteiras. Os exércitos eram sustentados por economias fortes e combatiam com uma eficiência letal baseada no comando unificado, na habilidade estratégica e em soldados bem treinados. Demasiado pragmáticos, eles não tinham tempo para a *ren* ou para rituais e não poupavam ninguém em batalha: "Todos os que tiverem ou mantiverem qualquer força são nossos inimigos, mesmo que forem homens velhos", sustentava um comandante.[81] No entanto, com base em argumentos de ordem prática, os novos especialistas militares os aconselhavam a não exagerar nos saques e na violência,[82] e nas suas campanhas eles eram cuidadosos para não pôr em risco a produção agrícola, principal recurso do Estado.[83] A guerra não era mais um jogo cortês orientado pelos *li* para que a agressão fosse reduzida; pelo contrário, tornara-se uma ciência, orientada pela lógica, pela razão e pelo cálculo frio.[84]

Para Mozi e seus contemporâneos, os chineses pareciam prestes a se destruir mutuamente, mas em retrospectiva podemos ver que na verdade eles enfrentavam as dificuldades da criação de um império centralizado que imporia certa paz. No período dos Reinos Combatentes, a guerra crônica revelou um dos dilemas onipresentes do Estado agrário. A não ser que fossem controlados, os aristocratas, criados para combater e dotados de uma noção de honra que os tornava irritadiços, iriam sempre competir agressivamente por terra, riqueza, prestígio e poder. No século v, os Reinos Combatentes aniquilavam os principados tradicionais e combatiam descontroladamente uns contra os outros até que em 221 a.C. só havia restado um. O governante vitorioso se tornaria o primeiro imperador da China.

Encontramos nesse período da história chinesa um fascinante padrão que mostra quanto é equivocado imaginar que determinado conjunto de crenças e práticas "religiosas" levará inexoravelmente à violência. Em vez disso, observamos pessoas bebendo do mesmo poço da mitologia, das disciplinas e ideias contemplativas, mas adotando caminhos e ações radicalmente diferentes. Embora os Reinos Combatentes rumassem para um éthos próximo ao secularismo moderno, seus estrategistas pragmáticos se consideravam sábios e viam a guerra como uma espécie de religião. Esses comandantes tinham o Imperador Amarelo como herói e estavam convencidos de que, assim como o livro dele sobre estratégia militar, seus próprios tratados eram revelações divinas.

Os reis sábios tinham descoberto um projeto ordenado no cosmos que lhes mostrava como organizar a sociedade: de modo semelhante, o comandante militar era capaz de discernir um padrão no caótico campo de batalha e, com isso, encontrava o meio mais eficiente de obter a vitória. "Aquele que tem muitos fatores estratégicos a seu favor vence, o que tem poucos, perde", explicava Sunzi, um contemporâneo de Mêncio. "Observando o assunto dessa maneira, posso ver quem irá vencer e quem irá perder."[85] Um bom comandante podia até mesmo derrotar o inimigo sem sequer combater. Se o cenário fosse desfavorável, a melhor tática era esperar até que o inimigo, acreditando que você estivesse fraco, se tornasse confiante demais e cometesse um erro fatal. O comandante devia ver os soldados como meras extensões de sua vontade e controlá-los do mesmo modo como a mente dirige o corpo. Embora nobre por nascimento, um comandante hábil viveria entre os soldados camponeses, enfrentando as mesmas dificuldades e se tornando um modelo para eles. Ele imporia a seus homens punições terríveis para fazer com que o temessem mais do que a morte no campo de batalha; na verdade, um bom estrategista deliberadamente exporia os soldados a uma situação de risco extrema na qual não haveria escolha, além de lutar para sair dela. Um soldado não podia ter opiniões próprias, deveria ser subserviente e passivo como uma mulher em relação ao comandante. A guerra tinha sido "feminilizada". Na verdade, a fraqueza feminina podia ser mais eficiente do que a beligerância masculina: talvez os melhores exércitos parecessem fracos como a água, mas a água pode ser extremamente destrutiva.[86]

"A ação militar é um Modo [*dao*] de Iludir", disse Sunzi. O nome do jogo era enganar o inimigo:

Assim quando for capaz, manifeste incapacidade. Quando ativo, manifeste
[inatividade.
Quando próximo, manifeste-se como se estivesse distante. Quando distante,
[manifeste-se como se estivesse próximo.

> *Quando ele buscar vantagem, atraia-o.*
> *Quando ele estiver em meio ao caos, pegue-o.*
> *Quando ele estiver firme, prepare-se contra ele.*
> *Quando ele estiver forte, evite-o.*
> *Ataque quando ele estiver despreparado. Surja quando ele não espera.*[87]

Sunzi sabia que civis olhariam com desconfiança para essa ética da guerra, mas seu Estado não sobreviveria sem soldados.[88] Portanto, já que o *modus operandi* do Exército era o "extraordinário" (*qi*), ele devia ser mantido isolado do restante da sociedade e ter as próprias leis, contraintuitivo, era preciso fazer exatamente o que *não* seria a opção natural. Isso seria desastroso em qualquer outro ramo do Estado,[89] mas, se um comandante aprendesse a explorar o *qi*, ele seria capaz de se alinhar de maneira sábia ao Modo do Paraíso.

> Assim aquele que tem habilidade para fazer surgir o extraordinário é tão ilimitado quanto o Paraíso e a Terra, tão inexaurível quanto o Rio Amarelo e o oceano.
> Acaba e começa de novo, como o sol e a lua. Morre e depois nasce, como as quatro estações.[90]

Até o mais benigno dos Estados era atingido pelo dilema de precisar manter em seu seio uma instituição traiçoeira e violenta.

O culto do "extraordinário" provavelmente datava do período Neolítico e já estava difundido entre a população, especialmente nas classes mais baixas. Ele tinha grande ligação com a escola mística chamada Daoismo (ou Taoismo) no Ocidente, a qual era mais popular entre as massas do que na elite.[91] Os daoistas se opunham a toda forma de governo e estavam convencidos de que quando os governantes interferiam na vida dos súditos, invariavelmente pioravam as coisas — uma atitude semelhante à preferência dos estrategistas por "não fazer nada" para evitar ações precipitadas. Forçar a obediência a leis criadas por humanos e a realização de rituais não naturais era simplesmente perverso, dizia o enérgico eremita Zhuangzi (*c.* 369-286 a.C.). Era preferível "não fazer nada", praticar a "ação pela inação [*wu wei*]". O Modo (*dao*), como as coisas realmente eram, só seria encontrado no interior de si mesmo, em um nível muito mais profundo do que a capacidade de raciocínio.[92]

No Ocidente, o tratado de meados do século III conhecido como *Daode-*

jing* (*O livro do caminho e da virtude*) normalmente é lido como um texto para espiritualidade pessoal, mas na verdade era um guia para construção de um Estado, escrito para o príncipe cujo território estava ameaçado.[93] O autor anônimo escreveu sob o pseudônimo de Laozi, ou Lao Tsé — "Velho Mestre". Para ele os governantes deviam imitar o Paraíso, que não interferia no Modo dos homens; portanto, se abandonassem as medidas intervencionistas, a "potência" política (*de*) emergiria espontaneamente: "Se eu deixar de desejar e permanecer parado, o império estará em paz por sua própria vontade".[94] O rei daoista deveria praticar técnicas de meditação para livrar a mente de teorizações e ser capaz de ficar "vazio" e "parado". Dessa forma o Dao do Paraíso poderia agir por intermédio dele, e "até o fim dos dias essa pessoa não encontrará perigos".[95] Laozi oferecia uma estratégia de sobrevivência para os principados sitiados. Em geral os homens de Estado preferiam a atividade ininterrupta e demonstração de força, quando deveriam fazer o extremo oposto. Ao invés de ter uma postura agressiva, deveriam se apresentar como fracos e pequenos. Como os estrategistas militares, Laozi usava a analogia da água, que parecia "submissa e fraca", mas que podia ser bem mais poderosa do que "aquele que é duro e forte".[96] O governante daoista deveria abandonar a autoafirmação masculina e adotar a suavidade da "fêmea misteriosa".[97] Tudo o que sobe deve descer, portanto uma suposta submissão poderia fortalecer o inimigo quando, na verdade, seu declínio estava próximo. Laozi, assim como os estrategistas, acreditava que a ação militar devia ser sempre o último recurso: as armas eram "instrumentos de mau agouro", ele afirmava que um rei sábio só usaria "quando não pudesse agir de outro modo".[98]

> *O bom líder não é beligerante*
> *O bom combatente não é impetuoso*
> *Quem melhor conquista o inimigo é aquele que nunca inicia a ofensiva.*[99]

O líder sábio não deveria nem mesmo retaliar uma atrocidade simplesmente porque isso provocaria um contra-ataque. Ao praticar a *wu wei*, por

---

* *Tao Te Ching* no sistema Wade-Giles.

outro lado, ele adquiriria a potência do próprio Paraíso: "Como ele não combate, não há ninguém no mundo que possa combatê-lo".[100]

Isso, infelizmente, não se mostrou verdadeiro. A vitória na luta prolongada dos Reinos Combatentes não coube a um sábio rei daoista, mas ao governante de Qin, o qual obteve sucesso simplesmente porque possuía maior território, mais homens e recursos. Em vez de confiar em rituais, como os Estados chineses anteriores, Qin havia desenvolvido uma ideologia materialista baseada apenas nas realidades econômicas da guerra e da agricultura, moldada por uma nova filosofia conhecida como Fajia ("Escola das Leis") ou Legalismo.[101] *Fa* não significava "lei" no sentido moderno; parecido mais com um "padrão" ou molde de um carpinteiro que produzia matérias-primas conforme um modelo fixo.[102] As reformas Legalistas de lorde Shang (*c.* 390-338 a.C.) colocaram Qin à frente dos rivais.[103] Shang acreditava que o povo devia ser forçado por meio de punições rigorosas a ocupar um papel submisso em um Estado projetado unicamente para aumentar o poder do governante.[104] Ele eliminou a aristocracia e a substituiu por uma administração escolhida a dedo, totalmente dependente do rei. O país agora estava dividido em 31 distritos, cada um governado por um magistrado que se reportava diretamente à capital e recrutava soldados para o Exército. Os camponeses eram incentivados a comprar terra para aumentar a produtividade e a livre concorrência. A nobreza dos *junzi* era irrelevante: a honra só era obtida por meio de desempenho excepcional no campo de batalha. Quem comandasse uma unidade vitoriosa recebia terras, casas e escravos.

É possível que Qin tenha desenvolvido a primeira ideologia secular de Estado, mas Shang separou a religião da política não por causa da violência inerente, mas porque a religião era impraticavelmente humana. O sentimento religioso tornaria o governante benigno demais, e isso ia contra os interesses do Estado: "Um Estado que use boas pessoas para governar as más será atormentado pela desordem e será destruído", insistia Shang. "Um Estado que use más pessoas para governar as boas sempre gozará de paz e se tornará forte."[105] Em vez de praticar a Regra de Ouro, um comandante deveria impor ao inimigo exatamente o que ele *não* desejaria para os próprios soldados.[106] Não surpreende que o sucesso de Qin tenha perturbado profundamente os confucianos. Xunzi (*c.* 310-219 a.C.), por exemplo, acreditava que se um administrador governasse com *ren* seria uma força insuperável na direção do bem e sua compaixão transformaria o mundo. Ele só pegaria em armas "para pôr fim à violência, e para acabar com o mal, não para disputar um butim. Portanto, quando os soldados do homem benevolente vão para o acampamento, eles merecem um respeito divino; e por onde passam, eles transformam pessoas".[107] Mas seu pupilo Li Si ria dele: Qin era o Estado mais poderoso da China porque tinha o Exército e a economia mais fortes; devia seu sucesso não à *ren*, mas ao oportunismo.[108] Durante a visita de Xunzi a Qin, o Rei Zhao lhe disse sem meias palavras: "Os confucianos [*ru*] não são úteis para a administração de um Estado".[109] Pouco depois de Qin ter conquistado o Estado natal de Xunzi, Zhao, e independente de o rei de Zhao ter se rendido, os soldados de Qin queimaram 400 mil soldados vivos. Como era possível a um *junzi* controlar um regime desse tipo? Li Si, pupilo de Xunzi, emigrou para Qin, tornou-se primeiro-ministro e idealizou a campanha relâmpago que resultou na vitória de Qin e no estabelecimento do Império Chinês em 221 a.C.

Paradoxalmente, os Legalistas baseavam-se na mesma filosofia e falavam a mesma linguagem dos daoistas. Eles também acreditavam que o rei "não devia fazer nada" (*wu wei*) para interferir no Dao da Lei, que devia trabalhar como uma máquina bem azeitada. As pessoas sofreriam se as leis mudassem constantemente, dizia o Legalista Han Feizi (*c.* 280-233 a.C.), por isso um governante realmente esclarecido "espera parado e vazio" e "deixa as coisas se resolverem por si mesmas".[110] Ele não precisava de moralidade ou de conhecimento, pois era apenas o Motor Primário, que imóvel punha em movimento ministros e súditos:

> *Tendo coragem, ele não a usa para irar-se*
> *Ele retira toda a beligerância de seus ministros*
> *Por isso ao agir sem conhecimento ele tem uma visão clara*
> *Ao agir sem valor ele obtém resultados*
> *Ao agir sem coragem ele obtém força.*[111]

Mas sem dúvida havia um mundo de diferenças entre os dois: os daoistas deploravam governantes que forçavam os súditos a se conformar a uma *fa* não natural; seus reis sábios meditavam para chegar a um estado de altruísmo, não para "obter resultados".[112] Mas as mesmas ideias e imagens moldavam o pensamento de cientistas políticos, estrategistas militares e místicos. Era possível se basear nas mesmas crenças e, no entanto, agir de maneira bem diferente. Estrategistas militares acreditavam que seus escritos demasiado pragmáticos chegavam a eles por meio de revelação divina, enquanto os contemplativos aconselhavam os reis. Até mesmo os confucianos passaram a se valer dessas noções: Xunzi acreditava que o Modo só podia ser compreendido por uma mente "vazia, unificada e quieta".[113]

Muitas pessoas devem ter ficado aliviadas quando a vitória de Qin pôs um fim à luta incessante e devem ter tido esperanças de que o império manteria a paz. Mas o primeiro contato com o governo imperial foi chocante. Aconselhado pelo primeiro-ministro Li Si, o Primeiro Imperador se tornou um governante absoluto. A aristocracia Zhou — 120 mil famílias — foi removida à força da capital e suas armas foram confiscadas. O imperador dividiu o vasto território em 36 regiões, cada uma governada por um administrador civil, um comandante militar e um supervisor; cada região, por sua vez, tinha comarcas administradas por magistrados, e todas as autoridades respondiam diretamente ao governo central.[114] Os velhos rituais que apresentavam o rei de Zhou como o chefe de família dos senhores feudais foi substituído por um rito concentrado no imperador.[115] Quando o historiador da corte criticou essa inovação, Li Si disse ao imperador que ele não podia mais tolerar ideologias divergentes: toda escola que se opusesse ao programa Legalista devia ser abolida e seus escritos queimados publicamente.[116] Houve uma enorme queima de livros, e 460 professores foram executados. Uma das primeiras inquisições da história fora ordenada, portanto, por um Estado protossecular.

Xunzi fora convencido de que Qin nunca governaria a China porque seus métodos draconianos afastariam as pessoas. E ele estava certo: com a morte do Primeiro Imperador, em 210 a.C. houve uma rebelião. Após três anos de anarquia, Liu Bang, um dos magistrados locais, fundou a dinastia Han. Seu principal estrategista militar, Zhang Liang, estudioso do ritual confuciano na juventude, era a encarnação dos ideais Han. Dizia-se que um texto militar fora revelado a ele logo depois de ter se comportado com respeito exemplar em relação a um homem mais velho, e, embora não tivesse experiência militar, ele levou Bang à vitória. Zhang não era um homem agressivo, e sim um guerreiro daoísta: "não beligerante", fraco como a água, frequentemente doente e incapaz de comandar batalhas. Ele tratava as pessoas com humildade, praticava meditação daoista e técnicas de respiração, não comia grãos e chegou a cogitar sair da política para levar uma vida de contemplação.[117]

Os Han tinham aprendido com os erros de Qin. Mas Bang queria preservar o Estado centralizado e sabia que o império precisava do realismo Legalista pois nenhum Estado funcionaria sem a coerção e a ameaça da violência. "As armas são o meio pelo qual o sábio faz obedientes poderosos e selvagens, e traz estabilidade em tempos de caos", escreveu o historiador Han Sima Qian. "A instrução e o castigo físico não podem ser abandonados em uma casa, punições que mutilam não podem deixar de existir debaixo do Paraíso. No uso delas, simplesmente alguns são habilidosos e outros são desajeitados, ao praticá-las alguns estão de acordo [com o Paraíso] e outros estão contra ele."[118] Mas Bang sabia que o Estado também precisava de uma ideologia mais inspiradora. A solução dele era uma síntese do Legalismo e do Daoismo.[119] Ainda se recuperando da inquisição Qin, as pessoas desejavam um governo "vazio", de espírito aberto. Os imperadores Han manteriam controle absoluto das regiões, mas evitariam intervenções arbitrárias; haveria um código penal rigoroso, mas sem punições draconianas.

O patrono do novo regime era o Imperador Amarelo. Todos os impérios precisam de teatro e pompa, e os rituais Han renovaram a antiga combinação Shang de sacrifício, caça e guerra.[120] No outono, a estação das campanhas militares, o imperador realizava uma caça cerimonial nos parques reais, repletos de todo tipo de animais, para prover carne ao sacrifício do templo. Poucas semanas depois havia revistas militares na capital para exibir as habilidades das tropas de elite e ajudar a manter as capacidades dos *min*, que forneciam o material humano ao Exército imperial. No fim do inverno havia concursos de caça nos parques. Todos esses rituais, pensados para impressionar dignitários em visita ao país, lembravam o Imperador Amarelo e seus soldados bestiais. Homens e animais combatiam como iguais, assim como no início dos tempos, antes de os reis sábios os separarem. Havia jogos de futebol em que os jogadores chutavam a bola de um lado para o outro do campo, a fim de reproduzir a alternância do *yin* e *yang* no ciclo das estações. "O jogo de bola lida com o poder do acaso nas ações militares. É um meio de treinar guerreiros e de reconhecer quem tem talento", explicava o historiador Liu Xiang (77-6 a.C.). "Diz-se que ele foi criado pelo Imperador Amarelo."[121] Assim como o Imperador

Amarelo, os governantes Han usariam rituais religiosos numa tentativa de extrair a selvageria animal da guerra e torná-la totalmente humana.

No começo de seu reinado, Liu Bang encomendara um cerimonial da corte aos ritualistas confucianos (*ru*), e quando ele foi realizado pela primeira vez, o imperador exclamou: "Agora percebo a nobreza de ser um Filho do Paraíso!".[122] Aos poucos os *ru* ganharam espaço na corte e, à medida que a memória do trauma Qin foi desaparecendo, havia um desejo crescente por uma moralidade mais sólida.[123] Em 136 a.C., o estudioso da corte Dong Zhongshu (179-104 a.C.) apontou ao Imperador Wu (r. 140-87 a.C.) as muitas escolas rivais e recomendou que os seis textos clássicos confucianos se tornassem o ensinamento oficial do Estado. O imperador concordou: o confucianismo sustentava a família; sua ênfase na história da cultura forjaria uma identidade cultural; e a educação do Estado criaria uma elite para fazer um contraponto ao apelo duradouro da velha aristocracia. Mas Wu não cometeu o erro do Primeiro Imperador. No Império Chinês não haveria intolerância sectária: os chineses continuariam a ver méritos em todas as escolas complementares. Assim, independente do quanto as duas escolas pudessem ser diametralmente opostas, elas formariam uma coalizão Legalista-Confuciana: o Estado ainda precisava do pragmatismo Legalista, mas os *ru* iriam moderar o despotismo da Fajia.

Em 124 a.C., Wu fundou a Academia Imperial e, por mais de 2 mil anos, todas as autoridades do Estado chinês seriam treinadas segundo uma ideologia predominantemente confuciana, na qual os governantes eram Filhos do Paraíso e atuavam por meio do carisma moral. Isso avalizava espiritualmente o regime e se tornou o éthos da administração civil. Assim como os governantes agrários, no entanto, os Han controlavam o império por meio de violência estrutural e militar, explorando os camponeses, matando rebeldes e dominando novos territórios. Os imperadores dependiam do Exército (*wu*) e, nos territórios recém-conquistados, os magistrados expropriavam sumariamente a terra, depunham os proprietários e confiscavam de 50% a 100% do excedente dos camponeses. Como todo governante pré-moderno, o imperador precisava se manter em um estado de exceção: o "único homem" a quem as regras comuns não se aplicavam. Assim, ele podia ordenar uma execução de uma hora para outra e ninguém ousaria objetar. Esses atos irracionais e espontâneos de violência eram componentes essenciais da mística que mantinha os súditos em estado de servidão.[124]

Assim, embora o governante e os militares vivessem de acordo com o "extraordinário", os confucianos promoviam a ortodoxia previsível e rotineira do *wen*: a ordem civil baseada na benevolência (*ren*), na cultura e no convencimento racional. Eles realizavam a tarefa inestimável de convencer o povo de que o imperador realmente pensava nos interesses deles. Eles não eram meros lacaios — muitos dos *ru* foram executados por lembrar o imperador de seu dever moral de maneira muito enérgica —, mas seu poder era limitado. Quando Dong Zhongshu contestou que a apropriação imperial de territórios causava imensa miséria, o Imperador Wu pareceu concordar, mas no final Dong precisou transigir, aceitando uma limitação na posse de terras.[125] O fato é que, embora administradores e burocratas defendessem o confucianismo, os próprios governantes preferiam os Legalistas, que desprezavam os confucianos como idealistas nada práticos; do ponto de vista deles, o Rei Zhao de Qin tinha dito tudo: "Os *ru* não são úteis na administração de um Estado".

Em 81 a.C., em uma série de debates sobre o monopólio do sal e do ferro, os Legalistas afirmaram que a "livre concorrência" privada e sem controle defendida pelos *ru* era totalmente impraticável.[126] Os confucianos não passavam de um bando de pobres fracassados:

> Veja, eles nos dão nada e dizem ser matéria, nos dão o "vazio" e dizem ser muito! Em suas vestes grosseiras e sandálias baratas eles andam por aí com ar grave, mergulhados em meditação como se tivessem perdido algo. Esses não são homens que possam realizar grandes feitos e conquistar fama. Não se elevam acima da massa vulgar.[127]

Os *ru*, portanto, só podiam testemunhar uma sociedade alternativa. A palavra "ru" está etimologicamente ligada a "ruo" ("suave"), mas alguns acadêmicos modernos dizem que significava "pessoa fraca" e que foi usada pela primeira vez no século VI para descrever a vida modesta dos *shi* empobrecidos dando aulas.[128] Na China imperial, os confucianos eram "simplórios" políticos, econômica e institucionalmente fracos.[129] Eles podiam manter a benevolente alternativa confuciana viva e presente no coração do governo, mas nunca teriam poder de forçar o rei a adotar suas práticas.

Esse era o dilema confuciano — semelhante ao impasse que Ashoka encontrara no subcontinente indiano. O Império dependia da força e da intimidação, já que os aristocratas e as massas precisavam ser controlados. Mesmo que quisesse, o Imperador Wu não podia arcar com as consequências de governar orientado apenas pela *ren*. O Império chinês fora conquistado por meio da guerra, de massacres em grande escala e da aniquilação em série de vários Estados; manteve seu poder com a expansão militar e a opressão interna e desenvolveu mitologias e rituais religiosos para sacralizar esse sistema. Havia uma alternativa realista? O período dos Reinos Combatentes mostrara o que acontecia quando governantes ambiciosos com novos armamentos e grandes exércitos competiam impiedosamente entre si, devastando campos e aterrorizando a população no processo. Contemplando essa guerra crônica, Mêncio desejara um rei que governasse "tudo sob o Paraíso" e que trouxesse paz à grande planície da China. O governante suficientemente poderoso para fazer isso tinha sido o Primeiro Imperador.

4. O dilema hebraico

Quando Adão e Eva foram expulsos do Jardim do Éden, provavelmente não recaíram em pecado original, como Santo Agostinho acreditava, e sim em uma economia agrária.[1] O homem (*adam*) tinha sido criado a partir da terra (*adamah*), regada por uma única fonte no Jardim do Éden. Adão e sua esposa eram seres livres, gozavam de liberdade idílica e cultivavam o jardim tranquilamente, desfrutando da companhia de seu deus, Iahweh. Mas, em função de um único ato de desobediência, Iahweh condenou ambos a uma sentença perpétua de trabalho pesado na agricultura:

> *maldito é o solo por causa de ti!*
> *Com sofrimento dele te nutrirás*
> *todos os dias de tua vida.*
> *Ele produzirá para ti espinhos e cardos,*
> *e comerás a erva dos campos.*
> *Com o suor de teu rosto*
> *comerás o teu pão*
> *até que retornes ao solo,*
> *pois dele foste tirado.*

*Pois tu és pó
e ao pó tornarás.*[2]

    Ao invés de cultivar o solo como seu mestre, Adão tinha se tornado seu escravo. Desde as primeiras linhas, a Bíblia hebraica tem um tom diferente da maior parte dos textos que vimos até aqui. Os heróis não pertenciam a uma elite aristocrática; Adão e Eva foram relegados a mera mão de obra no campo, extraindo uma existência miserável de uma terra seca.

    Adão teve dois filhos: Caim, o agricultor, e Abel, o pastor — o tradicional inimigo do Estado agrário. Ambos levaram oferendas obedientemente a Iahweh, que de modo perverso rejeitou o sacrifício de Caim, mas aceitou o de Abel. Perplexo e furioso, Caim atraiu o irmão para um terreno da família e o assassinou, e assim sua terra arável transformou-se num campo de sangue que clamava a Iahweh por vingança. "Agora, és maldito e expulso do solo fértil que abriu a boca para receber de tua mão o sangue de teu irmão",[3] clamou Iahweh. Depois disso, Caim vagaria pela terra de Nod como proscrito e fugitivo. Desde o começo, a Bíblia hebraica condena a violência no seio do Estado agrário. É Caim, o primeiro assassino, que constrói a primeira cidade do mundo, e um de seus descendentes é Tubalcaim (*Kayin*), "o pai de todos os laminadores em cobre e ferro", que confecciona suas armas.[4] Imediatamente após o assassinato, quando Iahweh pergunta a Caim: "Onde está teu irmão Abel?", ele responde: "Não sei. Acaso sou guarda de meu irmão?".[5] A civilização urbana negava o parentesco com e a responsabilidade por todos os outros seres humanos imbuídos na natureza humana.

    O Pentateuco, composto dos primeiros cinco livros da Bíblia, só chegou a sua forma final no século IV a.C. Ele se tornou a narrativa ordenadora da visão de mundo de historiadores, poetas, profetas, sacerdotes e advogados de Israel. Ao longo dos séculos, eles mudariam essa história e a enfeitariam, acrescentando ou reinterpretando eventos para responder a desafios específicos da própria época. Essa história começa em torno de 1750 a.C., quando Iahweh condenou Abraão, ancestral de Israel, a dar as costas para a sociedade e a cultura agrária da Mesopotâmia e a se estabelecer em Canaã, onde ele, seu filho Isaac e o neto Jacó viveriam como simples pastores. Iahweh prometeu que um dia os descendentes deles seriam donos da terra e se tornariam uma nação numerosa como os grãos de areia na praia.[6] Mas Jacó e seus doze filhos (fundadores das tribos de Israel) foram forçados pela fome a deixar Canaã e a migrar para o Egito. De início prosperaram, mas depois os egípcios os escravizaram, e eles definharam na servidão até perto de 1250 a.C., quando, sob a liderança de Moisés, Iahweh os tirou do Egito. Durante quarenta anos os israelitas vagaram pelo deserto do Sinai até chegar à fronteira canaanita, onde Moisés morreu, mas seu lugar-tenente, Josué, levou os israelitas à vitória na Terra Prometida, destruindo todas as cidades canaanitas e matando os habitantes.

O registro arqueológico, no entanto, não confirma essa história. Não há indícios da destruição em massa descrita no livro de Josué e nenhuma indicação de uma invasão estrangeira poderosa.[7] Essa narrativa, porém, não foi escrita para satisfazer um historiador moderno; trata-se de um épico nacional que ajudou Israel a criar uma identidade cultural distinta da de seus vizinhos. Quando ouvimos falar pela primeira vez de Israel em uma fonte não bíblica, a parte costeira de Canaã ainda era uma província do Império Egípcio. Uma estela datada de *c.* 1201 menciona "Israel" como um dos povos rebeldes derrotados pelo Exército do faraó Merneptah no planalto canaanita, onde uma rede de aldeias simples ia da parte baixa da Galileia ao norte até Beersheba, ao sul. Muitos estudiosos acreditam que os habitantes dessa região foram os primeiros israelitas.[8]

Durante o século XII a.C., uma crise que ameaçava o Mediterrâneo havia tempos se precipitou, talvez ocasionada pela súbita mudança climática. Os impérios foram varridos da região e as economias locais arruinadas e não há registros do que ocasionou esse desastre. Mas em 1130 a.C. tudo acabara: a capital hitita em Mittani estava em ruínas, os portos canaanitas de Ugarit, Megiddo e Hazor tinham sido destruídos e povos desesperados e privados de tudo vagavam pela região. O Egito precisou de mais de um século para renunciar ao domínio sobre as províncias estrangeiras. O fato de que o próprio faraó Merneptah fora forçado a combater nos planaltos na virada do século sugere que, já nesse período, os governantes egípcios das cidades-Estado canaanitas não eram capazes de controlar a zona rural e precisavam de reforços vindos de casa. Durante esse processo longo e turbulento, as cidades-Estado entraram em colapso uma após a outra.[9] E não há indício arqueológico que sugira a destruição dessas cidades por um único conquistador. Depois da saída dos egípcios, pode ter havido conflitos entre as elites das cidades e as aldeias ou rivalidades entre a nobreza urbana. Mas foi durante esse declínio que assentamentos no planalto começaram a aparecer, talvez tendo como colonizadores os refugiados provenientes de cidades em desintegração. Um dos poucos meios de um camponês melhorar sua sorte era simplesmente levantar acampamento quando as circunstâncias se tornavam insuportáveis, deixar sua terra e tornar-se fugitivo fiscal.[10] Em uma época de tamanho caos político, os camponeses israelitas tiveram uma oportunidade rara de fazer deixar essas cidades problemáticas e de estabelecer uma sociedade independente, sem receio de retaliação aristocrática. Só recentemente avanços na tecnologia tornaram possível estabelecer-se nesse terreno difícil, mas parece que já no início do século XII as aldeias das terras altas abrigavam perto de 80 mil pessoas.

Se de fato esses colonos forem os primeiros israelenses, provavelmente alguns eram nativos de Canaã, embora possam ter se juntado a migrantes do sul devotos de Iahweh, um deus da região do Sinai. Outros — em especial a tribo de José — talvez tenham vindo até mesmo do Egito. Mas os canaanitas sob governo egípcio nas cidades-Estado litorâneas da Palestina também teriam sentido de forma genuína que haviam "saído do Egito". Segundo a Bíblia, Israel era formado por diversos povos unidos por uma aliança,[11] e sua história épica sugere que os primeiros israelitas tinham como princípio a decisão de abandonar o opressivo Estado agrário. Suas casas em aldeias do planalto eram modestas e idênticas, não havia palácios ou edifícios públicos, de modo que essa parece ter sido uma sociedade igualitária em que a organização tribal fora uma alternativa ao Estado convencionalmente estratificado.[12]

A redação final do Pentateuco ocorreu depois que Nabucodonosor destruiu o reino israelita em 587 a.C. e seus habitantes foram deportados para a Babilônia. O épico bíblico não só é um documento religioso, mas também um ensaio sobre filosofia política: como uma pequena nação manteria a liberdade e a integridade em um mundo dominado por poderes imperiais impiedosos?[13] Quando partiram das cidades-Estado canaanitas, os israelitas já tinham desenvolvido uma ideologia que servia de contraponto direto à violência sistêmica da sociedade agrária. Israel não deve ser "como outras nações". A hostilidade aos "canaanitas", portanto, era tanto política quanto religiosa.[14] Há indícios de que os colonos inventaram leis para garantir propriedade familiar da terra, impedindo-a de ser apropriada pela aristocracia; obrigaram que fossem concedidos empréstimos sem juros a israelitas em dificuldades e que os salários fossem pagos pontualmente; limitaram a servidão por contrato; e além disso tinham uma provisão especial para os socialmente vulneráveis — órfãos, viúvas e estrangeiros.[15]

Mais tarde, judeus, cristãos e muçulmanos tornariam o deus bíblico um símbolo de transcendência absoluta, semelhante ao Brâman ou ao Nirvana.[16] No Pentateuco, porém, Iahweh é um deus da guerra, similar a Indra ou a Marduk, mas com uma diferença significativa. Como Indra, Iahweh combatera dragões para pôr ordem no universo, com destaque para um monstro marinho chamado Leviatã;[17] no Pentateuco, todavia, ele luta contra impérios terrenos para estabelecer um povo, mais do que um cosmos. Além disso, Iahweh é o inimigo intransigente da civilização agrária. A história da torre de Babel é uma crítica levemente velada à Babilônia.[18] Iludidos por fantasias de conquistar o mundo, seus governantes desejavam que a humanidade inteira vivesse em um único Estado com uma língua comum; e acreditavam que o zigurate de sua torre alcançava o céu. Furioso com essa húbris imperial, Iahweh reduziu todo o edifício político à "confusão" (*babel*).[19] Imediatamente depois do incidente, ele ordenou a Abraão que deixasse Ur, nessa época uma das mais importantes cidades-Estado da Mesopotâmia.[20] Iahweh insistia que os três patriarcas — Abraão, Isaac e Jacó — trocassem a tirania estratificada da vida urbana pela liberdade e igualdade da vida pastoril. Mas o plano tinha problemas: muitas vezes a terra escolhida por Iahweh para os patriarcas era incapaz de sustentá-los.[21]

Esse era o dilema hebraico: Iahweh insistia para seu povo abandonar o Estado agrário, mas sempre que tentavam eles descobriam que não conseguiam viver sem ele.[22] Para fugir da fome, Abraão precisou procurar refúgio temporário no Egito.[23] Seu filho Isaac abandonou a vida pastoril e passou a cultivar a terra em um período de escassez, mas foi tão bem-sucedido que reis predadores da região o atacaram.[24] Finalmente, quando "a fome prevaleceu em todas as terras", Jacó foi forçado a mandar dez de seus filhos ao Egito para comprar grãos. Para seu espanto, eles encontraram o irmão perdido havia muito tempo, José, na corte do faraó.[25]

Quando menino, José — o filho preferido de Jacó — tinha sonhos com a tirania agrária e descrevia em detalhes para os irmãos: "Pareceu-me que estávamos atando feixes nos campos, e eis que meu feixe se levantou e ficou de pé, e vossos feixes o rodearam e se prostraram diante de meu feixe".[26] Os irmãos ficaram tão enraivecidos com isso que gaguejaram de fúria: "Queres acaso governar-nos como rei ou dominar-nos como senhor?".[27] Essas fantasias de monarquia violavam tudo o que a família defendia, e Jacó repreendeu o menino: "Iríamos nós então, eu, tua mãe e teus irmãos, prostrar-nos por terra diante de ti?".[28] Mas ele continuou a favorecer José, até que, não tolerando mais a situação, seus irmãos o venderam como escravo para o Egito, dizendo ao pai que ele tinha sido assassinado por um animal selvagem. Mesmo depois desse início traumático, José, cuja inclinação natural era a agricultura, abandonou com alegria o éthos pastoril e assimilou a vida aristocrática com sucesso espetacular. Ele conseguiu um emprego na corte do faraó, casou com uma egípcia e chamou seu primeiro filho de Manassés — "Aquele-que-me-faz-esquecer", significando: "Deus me fez esquecer [...] toda a família de meu pai".[29] Como vizir do Egito, José salvou o país da fome: alertado por um sonho de uma iminente escassez agrícola, confiscou as colheitas por sete anos, enviando provisões fixas para as cidades e estocando o excedente, de modo que, quando a fome chegou, o Egito tinha grãos acumulados.[30] Mas José também tinha transformado o Egito em uma casa de servidão, já que todos os egípcios em apuros foram forçados a vender suas propriedades para o faraó em troca de grãos e passaram a trabalhar em regime de servidão.[31] José salvou a vida de seus familiares quando a fome os forçou a buscar refúgio no Egito, mas eles também perderiam a liberdade pois o faraó os proibiria de ir embora.[32]

A ética dos patriarcas frequentemente confunde os leitores do Pentateuco. Nenhum deles tem caráter particularmente admirável: para salvar a própria pele, Abraão vendeu a mulher ao faraó; José era arrogante e egocêntrico; e a indiferença de Jacó diante do estupro de sua filha Diná é chocante. Porém, essas não eram fábulas morais. Se lidas como filosofia política, as coisas se tornam mais claras. Fadado à marginalidade, Israel sempre seria vulnerável aos Estados mais poderosos. Tendo recebido ordens de abandonar a civilização, mas sem ter como viver sem ela, os patriarcas estavam em uma posição impossível. Mas, apesar de suas falhas, Abraão ainda sai ganhando na comparação com os governantes dessa história, que se apropriam das esposas dos súditos, roubam seus poços e estupram as filhas deles impunemente.[33] Embora os reis costumassem confiscar os bens dos demais, Abraão sempre respeitava os direitos de propriedade. Ele nem sequer ficaria com o butim de um ataque realizado apenas para resgatar seu sobrinho Lot, que havia sido raptado por quatro reis saqueadores.³⁴ A bondade e a hospitalidade com que tratou três forasteiros contrastam fortemente com a violência que estes experimentaram na civilizada Sodoma.³⁵ Quando Iahweh disse a Abraão que planejava destruir Sodoma, Abraão implorou que ele poupasse a cidade, pois, ao contrário de outros governantes pouco respeitosos à vida humana, ele tinha horror a derramar sangue inocente.³⁶

Quando os autores bíblicos nos falam de Jacó em seu leito de morte abençoando os doze filhos e profetizando sobre o futuro deles, na verdade eles perguntam que tipo de líder é necessário para criar uma sociedade igualitária viável em um mundo impiedoso como este. Jacó rejeitou Simão e Levi, cuja implacável violência indicava que nunca deveriam controlar território, população e exércitos.³⁷ Ele predisse que Judá seria um governante ideal porque era capaz de admitir e de corrigir seus erros.³⁸ Mas nenhum Estado podia sobreviver sem a sagacidade política de José, por isso, quando os israelitas finalmente saíram do Egito, levaram com eles os ossos de José para a Terra Prometida. E houve ocasiões em que uma nação precisou do radicalismo de Levi, pois, sem a determinação agressiva do levita Moisés, Israel nunca teria deixado o Egito.

O livro do Êxodo retrata o imperialismo egípcio como exemplo extremo de opressão sistêmica. Os faraós tornavam a vida dos israelitas insuportável, obrigando-os a duros trabalhos: "preparação da argila, a fabricação de tijolos, vários trabalhos no campo e toda espécie de trabalhos aos quais os obrigavam".³⁹ Para enfrentar a taxa de natalidade crescente dos israelitas, o Faraó chegou até mesmo a mandar que as parteiras matassem os bebês do sexo masculino, mas o bebê Moisés foi resgatado pela filha do Faraó e criado como um aristocrata egípcio. Certo dia, sentindo um desprezo instintivo pela tirania do Estado, Moisés, um verdadeiro filho de Levi, matou um egípcio que batia em um escravo hebreu.⁴⁰ Ele teve de fugir do país, e Iahweh, que ainda não tinha se revelado para o Moisés aristocrata egípcio, falou-lhe pela primeira vez quando ele trabalhava como pastor em Midiã.⁴¹ Durante o Êxodo, a única forma de Iahweh liberar Israel era usando as mesmas táticas brutais de qualquer poder imperial: aterrorizando a população, matando seus filhos e afogando todo o Exército egípcio. Táticas pacíficas não eram úteis contra o poder militar do Exército. Iahweh repartiu o mar Vermelho em dois para que os israelitas pudessem atravessá-lo sem molhar os pés com a mesma facilidade com que Marduk dividiu ao meio Tiamar, o oceano primitivo, para criar o céu e a terra; mas, em vez de um universo ordenado, ele criou uma nova nação que forneceria uma alternativa para a agressividade do governo imperial.

Iahweh selou seu pacto com Israel no Monte Sinai. As fontes mais antigas, do século VIII a.C., não mencionam que Moisés recebera os Dez Mandamentos nessa ocasião. No lugar disso, retratam Moisés e os anciãos de Israel vivendo uma teofania no topo do Sinai durante a qual "viram Deus" e compartilharam uma refeição sagrada.[42] As tábuas de pedra que Moisés recebeu, "escritas pelo dedo de Deus",[43] provavelmente foram gravadas com instruções de Iahweh para a construção e enfeite do tabernáculo em que ele habitaria com Israel no deserto.[44] Os Dez Mandamentos seriam incluídos na história mais tarde por reformadores do século VII a.C., que, como veremos, também foram responsáveis por algumas das passagens mais violentas da Bíblia hebraica.

Após a morte de Moisés, coube a Josué conquistar a Terra Prometida. O livro bíblico de Josué ainda contém material antigo, mas foi radicalmente revisado pelos mesmos reformadores, que o interpretaram à luz de sua teologia peculiarmente xenofóbica. Eles dão a impressão de que, agindo por ordem de Iahweh, Josué massacrou toda a população de Canaã e destruiu suas cidades. No entanto, não apenas não há provas arqueológicas dessa destruição em massa, como o próprio texto bíblico admite que os israelitas coexistiram com canaanitas por séculos, casaram entre si e que grandes extensões de terra continuaram nas mãos dos canaanitas.[45] Com base no trabalho dos reformadores, com frequência afirma-se que o monoteísmo, a crença em um único deus, levou os israelitas à violência. Presume-se que a negação de outros deuses revela uma intolerância fanática inexistente na generosa pluralidade pagã.[46] Mas os israelitas ainda não eram monoteístas e não o seriam até o século VI a.C. Na verdade, tanto a Bíblia quanto os indícios arqueológicos sugerem que as crenças e as práticas da maior parte dos primeiros israelitas pouco diferiam das de seus vizinhos canaanitas.[47] De fato, há poucas afirmações inequivocamente monoteístas na Bíblia hebraica.[48] Inclusive a primeira versão dos Dez Mandamentos apresentada pelos reformadores toma como certa a existência de deidades rivais e simplesmente proíbe Israel de os adorar: "Não terás outros deuses diante de mim".[49]

Na primeira versão das narrativas de conquista, a violência de Josué era associada ao antigo costume canaanita da "condenação" (*herem*).⁵⁰ Antes de uma batalha, o líder militar fazia um acordo com seu deus: se essa deidade concedesse a ele a cidade, o comandante se comprometia a "dedicar" (*HRM*) todo o butim valioso a seu templo e a oferecer-lhe o povo conquistado em sacrifício.⁵¹ Josué fez esse pacto com Iahweh antes de atacar Jericó, e Iahweh respondeu entregando a cidade a Israel em um milagre espetacular, fazendo ruir sua muralha famosa quando os sacerdotes tocaram as trombetas. Antes de permitir que seus soldados tomassem a cidade, Josué explicou a eles os termos da destruição e estipulou que ninguém devia ser poupado, já tudo ali presente tinha sido "dedicado" a Iahweh. Agindo segundo essas instruções, os israelitas "consagraram como anátema tudo que havia na cidade: homens e mulheres, crianças e velhos, assim como os bois, ovelhas e jumentos, passando-os ao fio da espada".⁵² Mas a destruição foi violada quando um dos soldados afanou parte do butim, e em consequência disso os israelitas não conseguiram tomar a cidade de Hai no dia seguinte. Depois de descobrirem e executarem o culpado, os israelitas atacaram Hai de novo, dessa vez com sucesso. Atearam tanto fogo à cidade que ela se tornou uma pira sacrificial, e mataram todos os que tentavam escapar: "A totalidade dos que morreram naquele dia, tanto homens como mulheres, foi de 12 mil, todos habitantes de Hai".⁵³ Por fim, Josué enforcou o rei em uma árvore, construiu um monumento sobre o corpo e reduziu a cidade à "ruína para sempre, um lugar desolado até hoje".⁵⁴

Inscrições do século IX descobertas na Jordânia e ao sul da Arábia registram conquistas semelhantes a essa. Elas recontam o incêndio da cidade, o massacre dos cidadãos, o enforcamento do rei e a construção de um memorial de culto representativo da ruína perpétua do inimigo e da cidade.⁵⁵ Portanto, a destruição não era invenção do Israel "monoteísta", mas uma prática pagã. Uma dessas inscrições explica que o rei Mesa de Moab recebeu ordens do deus Kemosh para tirar Nebo das mãos do rei Amri de Israel (r. 885-874 a.C.). "Tomei a cidade e matei todos (nela)", Mesa proclamou, "7 mil homens estrangeiros, mulheres nativas, mulheres estrangeiras, concubinas — porque eu dediquei a cidade [*HMR*] à destruição para Ashtur Kemosh".⁵⁶ Israel tinha "desaparecido completamente para sempre".⁵⁷ No entanto, isso era apenas o desejo do rei, pois o Reino de Israel sobreviveria por mais 150 anos. No mesmo sentido, os autores bíblicos registram o decreto de Iahweh de que Jericó permanecesse em ruínas para sempre, mas ela se tornaria uma cidade israelita pujante. Novas nações no

Oriente Médio parecem ter cultivado a ficção de uma conquista que tornara a terra tabula rasa para eles.[58] A narrativa da "condenação", portanto, era um tropo literário e não podia ser lido literalmente. Conquistadores seculares, assim como os religiosos, desenvolveriam ficções similares ao afirmar que o território ocupado por eles era "abandonado" e "vazio" até tomarem posse.

De início, os israelitas permaneceram fiéis à ordem de criar uma sociedade alternativa e relutaram em estabelecer um Estado regular "como as outras nações", por isso provavelmente viveram em tribos independentes sem um governo central. Se eles eram atacados por vizinhos, um líder ou "juiz" mobilizava toda a população contra o ataque. Esse é o sistema relatado no livro dos Juízes, o qual também sofreu muitas revisões pelos reformadores do século VII. Mas ao longo do tempo, sem um governo forte, os israelitas sucumbiram à depravação moral. Uma frase reaparece várias vezes ao longo do livro: "Naqueles dias não havia rei em Israel, e cada um fazia o que lhe parecia correto".[59] Lemos sobre um juiz que oferecia a própria filha em sacrifício humano,[60] sobre uma tribo que exterminou um povo inocente em vez do inimigo atribuído a eles por Iahweh,[61] sobre um grupo de israelitas que estuprou uma mulher e a matou[62] e sobre uma guerra civil em que a tribo de Benjamin quase foi exterminada.[63] Essas histórias não foram contadas para nossa instrução; na verdade, elas exploram um dilema moral e religioso. É possível controlar nossa tendência à violência em uma comunidade sem algum grau de coerção? Parece que os israelitas tinham conquistado a liberdade, mas perdido suas almas, e a monarquia parecia o único modo de restabelecer a ordem. Além disso, os filisteus tinham se tornado uma ameaça militar considerável às tribos após estabelecerem um reino no litoral sul de Canaã. Por fim, os anciãos de Israel abordaram o juiz Samuel com um pedido chocante: "Constitui sobre nós um rei, que exerça a justiça entre nós, como acontece em todas as nações".[64]

Samuel respondeu com uma crítica notável à opressão agrária, na qual enumerava a exploração regular ocorrida em todas as civilizações pré-modernas:

> Este será o direito do rei que reinará sobre vós: Ele convocará os vossos filhos e os encarregará dos seus carros de guerra e de sua cavalaria e os fará correr à frente do seu carro; e os nomeará chefes de mil e chefes de cinquenta, e os fará lavrar

a terra dele e ceifar a sua seara, fabricar as suas armas de guerra e as peças de seus carros. Ele tomará as vossas filhas para perfumistas, cozinheiras e padeiras. Tomará os vossos campos, as vossas vinhas, os vossos melhores olivais, e os dará aos seus servos. Das vossas sementes e das vossas vinhas ele cobrará o dízimo, que destinará aos seus eunucos e aos seus servos. Os melhores dentre vossos servos e vossas servas, e de vossos adolescentes, bem como vossos jumentos, ele os tomará para o seu serviço. Exigirá o dízimo dos vossos rebanhos, e vós mesmos vos tornareis seus servos. Então, naquele dia, clamareis contra o rei que vós mesmos tiverdes escolhido, mas Iahweh não vos responderá, naquele dia.[65]

Ao contrário da maior parte das tradições religiosas que endossaram esse sistema, mesmo que de modo relutante, Israel havia rejeitado totalmente a violência estrutural, mas fracassou em estabelecer uma alternativa viável. Apesar dos sonhos de liberdade e igualdade, os israelitas se deram conta, repetidas vezes, de que não sobreviveriam sem um Estado forte.

Saul, primeiro rei de Israel, ainda governou como juiz e chefe tribal. Mas Davi, que o depôs, seria lembrado como o rei ideal, embora estivesse longe da perfeição. Apesar de os autores bíblicos não se expressarem de forma tão franca quanto lorde Shang, eles compreendiam que santos provavelmente não seriam bons governantes. Davi expandiu o território israelita na margem oriental do Jordão, uniu as regiões de Israel no norte e Judá no sul, e conquistou a cidade-Estado de Jerusalém dos hititas-jebuseus, transformando-a na capital de seu reino unido. Todavia, ele não cogitou "destruir" os jebuseus: adotou o governo instalado, assumiu seu Exército permanente — talvez um pragmatismo mais frequente em Israel do que o suposto fanatismo de Josué. Além disso, não estabeleceu um sistema tributário regular, ele taxava apenas as populações conquistadas e complementava sua receita com butim.[66]

Nesse reino jovem e cheio de esperança encontramos um éthos heroico que nada tinha de "religioso".[67] Vemos isso no relato famoso do duelo entre o jovem Davi e o gigante filisteu Golias. O combate individual era um dos marcos da guerra entre "cavalheiros".[68] Ele dava ao guerreiro a oportunidade de exibir suas habilidades marciais, e os exércitos de ambos podiam apreciar o embate dos heróis. Aliás, no código de nobreza de Israel, os guerreiros formavam uma casta de heróis, respeitados por seu valor e conhecimento mesmo que combatessem do lado inimigo.[69] Toda manhã, Golias aparecia diante do Exército israelita, desafiando um homem para o combate, e, quando ninguém se apresentava, zombava da covardia deles. Um dia o jovem pastor Davi, armado apenas com uma funda, pagou para ver o blefe de Golias, derrubou-o com uma pedra e o decapitou. Mas o grande herói também podia ser completamente impiedoso na batalha. Quando o exército de Davi chegou ao lado de fora das muralhas de Jerusalém, os jebuseus zombaram dele: "Não entrarás aqui, a não ser que afastes os cegos e os aleijados".[70] Então Davi ordenou, para que eles ouvissem, que seus homens matassem *apenas* "os cegos e os aleijados", uma crueldade pensada para aterrorizar o inimigo. No entanto, o texto bíblico é fragmentário e obscuro, talvez tenha sido editado por um redator desconfortável com essa história. Uma tradição posterior chegou a afirmar que Iahweh proibiu Davi de construir um templo em Jerusalém, "pois derramaste muito sangue sobre a terra, diante de mim". A honra seria reservada ao filho e sucessor de Davi, Salomão, cujo nome dizia-se derivado do hebreu *shalom*, "paz".[71] Mas a mãe de Salomão, Betsabá, era jebuseia, e o nome dele também pode ser proveniente de Shalem, a antiga deidade de Jerusalém.[72]

 O templo de Salomão foi construído de acordo com o modelo regional e sua mobília mostrava quanto o culto de Iahweh havia se adaptado completamente à paisagem pagã no Oriente Próximo. Na entrada, havia dois menires canaanitas (*matzevoth*) e uma grande bacia de bronze, representando Yam, o monstro marinho combatido por Baal, apoiada em doze bois de bronze, símbolos comuns da divindade e da fertilidade.[73] Os rituais do templo também pareciam influenciados pelo culto a Baal na vizinha Ugarit.[74] O edifício supostamente simbolizava a aprovação de Iahweh ao governo de Salomão.[75] Esse império de vida curta não é mencionado em outras fontes, mas segundo a Bíblia ele se estendia do Eufrates ao Mediterrâneo, fora conquistado e era mantido por meio das armas. Salomão substituíra a infantaria de Davi por um exército em bigas, envolvera-se em negócios lucrativos, obtendo armamentos com os reis vizinhos, e restabelecera as antigas fortalezas de Hazor, Megiddo e Arad.[76] Em termos puramente materiais, tudo parecia perfeito: "Judá e Israel viveram em segurança, cada qual debaixo de sua vinha e de sua figueira".[77] No entanto, esse tipo de Estado mantido pela guerra e por impostos era exatamente o que Iahweh sempre abominou. Diferentemente de Davi, Salomão taxou até os súditos israelitas, e suas construções exigiam uma força de trabalho gigantesca.[78] Além de cultivar os próprios terrenos e produzir o excedente para sustentar o Estado, os camponeses serviam no Exército ou pagavam a corveia a cada três meses.[79]

Alguns redatores bíblicos tentaram argumentar que o império de Salomão fracassou porque construiu templos para os deuses pagãos de suas esposas estrangeiras.[80] Mas é evidente que o verdadeiro problema era a violência estrutural do Estado, que ofendia princípios israelitas profundamente enraizados. Após a morte de Salomão, uma delegação implorou a seu filho Roboão para não imitar a "dura servidão" do pai.[81] Quando Roboão desprezou esse pedido, uma multidão atacou o supervisor da corveia, e dez das doze tribos romperam com o império para formar o independente Reino de Israel.[82]

A partir de então, cada reino seguiu o seu caminho. Situado perto de rotas comerciais importantes, o Reino de Israel ao norte prosperou, com templos reais em Bethel e Dan e uma capital elegante na Samaria. Sabemos pouco sobre sua ideologia, já que os redatores da Bíblia deram preferência ao menor e mais isolado Reino de Judá. Mas provavelmente ambos se adaptaram às tradições locais. Como a maior parte dos reis do Oriente Médio, durante o ritual da coroação, o rei de Judá era elevado a um "estado de exceção" semidivino, quando se tornava o filho adotivo de Iahweh e membro da Assembleia Divina dos deuses.[83] Como Baal, Iahweh era celebrado como um deus guerreiro que defendia o povo dos inimigos: "O Senhor está à tua direita,/ ele esmaga os reis no dia da sua ira./ Ele julga as nações, amontoa cadáveres,/ esmaga cabeças pela imensidão da terra".[84] A principal responsabilidade do rei era defender e estender seu território, a fonte das receitas do reino, portanto, estava em um estado de conflito constante com monarcas vizinhos, que tinham os mesmos objetivos. Israel e Judá foram assim fatalmente lançados na rede local de comércio, diplomacia e guerra.

Os dois reinos surgiram quando os poderes imperiais da região estavam em declínio, mas, durante o início do século VIII, a Assíria ganhava poder militar de novo e obrigava os reis mais fracos a tornarem-se vassalos. No entanto, alguns dos reinos conquistados prosperaram. O rei Jeroboão II (786-746 a.C.) se tornou um confiável vassalo assírio, e o Reino de Israel viveu um período de expansão econômica. Mas como os ricos tornavam-se ainda mais ricos e os pobres, mais pobres, o rei foi censurado pelo profeta Amós.[85] Os profetas de

Israel mantinham vivos os velhos ideais igualitários. Amós reprovava a aristocracia por esmagar as cabeças das pessoas comuns, empurrando os pobres para longe de seu caminho[86] e abarrotando seus palácios com a extorsão.[87] O apoio de Iahweh, ele alertava, não estava mais incondicionalmente do lado de Israel e usaria a Assíria como instrumento de punição.[88] Os assírios invadiriam o reino, saqueariam e destruiriam seus palácios e templos.[89] Amós imaginou Iahweh rugindo furiosamente em seu santuário em razão dos crimes de guerra cometidos pelos reinos locais, incluindo Israel.[90] Em Judá também o profeta Isaías invectivava contra a exploração dos pobres e a expropriação de terras dos camponeses. "Cessai de praticar o mal,/ aprendei a fazer o bem!/ Buscai o direito, corrigi o opressor!/ Fazei justiça ao órfão, defendei a causa da viúva!"[91] Eis o dilema: a insensibilidade era fundamental para a economia agrária, e se os reis de Israel e de Judá tivessem implementado totalmente essas políticas compassivas, teriam sido presa fácil para a Assíria.[92]

Em 745 a.C., Tiglate-Pileser III aboliu o sistema de vassalagem e incorporou todos os povos conquistados ao Estado assírio. Ao menor indício de dissidência, a classe dominante seria deportada e substituída por pessoas de outras partes do império. O Exército deixou um rastro de desolação atrás de si e o campo estava deserto pois os camponeses se refugiavam nas cidades. Quando o rei Oseias se recusou a pagar tributo em 722 a.C., Shalmeneser III simplesmente varreu o Reino de Israel do mapa e deportou sua aristocracia. Em função da posição isolada, Judá sobreviveu até a virada do século, até que o Exército de Sennacherib cercou Jerusalém. Por fim, o Exército assírio foi forçado a se retirar, possivelmente porque estava infectado por doenças, mas Lachish, a segunda cidade de Judá, foi arrasada, e o campo, devastado.[93] O rei Manassés (r. 687-642 a.C.) estava determinado a satisfazer os assírios, e assim Judá teve paz e prosperidade durante seu longo reinado.[94] Manassés reconstruiu os templos rurais de Baal e instalou uma efígie de Asherah, a deusa-mãe canaanita, no templo de Iahweh; ele também construiu estátuas dos cavalos divinos do sol no templo, talvez emblemas de Ashur.[95] Poucos súditos de Manassés objetaram já que, conforme os arqueólogos descobriram, muitos deles tinham efígies semelhantes nas próprias casas.[96]

Durante o reinado do neto de Manassés, Josias (640-609 a.C.), no entanto, um grupo de profetas, sacerdotes e escribas tentou implantar uma reforma abrangente. Nessa época, a Assíria decaía: o faraó Psamético forçara o Exército assírio a se retirar do Levante, e Josias tecnicamente se tornou seu vassalo. Mas o Egito estava ocupado com outras regiões, e Josias desfrutou de um período curto de verdadeira independência. Em 622 a.C., Josias iniciou reformas significativas no templo de Salomão, o emblema da era dourada de Judá, talvez para reafirmar o orgulho nacional. Mas os habitantes de Judá não se esqueciam do destino do Reino de Israel. Como Judá poderia ter esperanças de sobreviver, se era cercada por impérios predatórios imensos, com a Babilônia, que se tornava a potência da Mesopotâmia? O medo da aniquilação e a experiência da violência de Estado frequentemente radicalizam uma tradição religiosa. Zoroastro fora vítima de agressividade excessiva, e isso introduziu uma ferocidade apocalíptica em sua inicialmente pacífica alternativa ao culto beligerante de Indra. Então, na Judá do século VII, reformadores que sonhavam com a independência, mas que temiam a agressão de grandes forças imperiais, levaram ao culto de Iahweh a um sectarismo inédito.[97]

Durante a construção do templo, o sumo sacerdote, um dos principais reformadores, fez uma descoberta importante: "Achei o livro da lei [*sefer torah*] na casa do Senhor", ele anunciou.[98] Nesse momento, não havia a tradição de um texto escrito dado no Monte Sinai; na verdade, até o século VIII ler e escrever tinham papéis secundários na vida religiosa de Israel. Nas tradições bíblicas antigas, Moisés transmitia os ensinamentos de Iahweh oralmente.[99] No entanto, os reformadores afirmavam que o rolo descoberto fora ditado a Moisés pelo próprio Iahweh.[100] Tragicamente, esse precioso documento se perdeu, mas, uma vez recuperada essa "segunda lei" (grego: *deuteronomion*) que complementava os ensinamentos verbais de Iahweh no Monte Sinai, o povo de Judá podia recomeçar e talvez salvar sua nação da destruição total. Como o passado era uma autoridade no Estado agrário, quem defendia uma ideia inovadora normalmente a atribuía a uma figura icônica da história. Os reformadores acreditavam que, nessa época de graves perigos, falavam por Moisés e difundiam os ensinamentos do discurso que levaram Moisés a fazer, pouco antes de sua morte, no livro do Deuteronômio.

Esses reformadores insistiam pela primeira vez que Iahweh exigia devoção exclusiva. "Ouve, ó Israel", Moisés diz a seu povo, "Iahweh nosso Deus é o único Iahweh."[101] Ele não só proibira enfaticamente aos israelitas a adoração a qualquer outro deus, mas também ordenara que retirassem os povos nativos da Terra Prometida:

> tu as derrotarás [essas nações] e as sacrificarás como anátema. Não farás aliança com elas e não as tratarás com piedade. Não contrairás matrimônio com elas [...] pois deste modo o teu filho se afastaria de mim para servir a outros deuses, e a cólera de Iahweh se inflamaria contra vós, exterminando-te rapidamente. Eis como deveis tratá-los: demolir seus altares, despedaçar suas estelas, cortar seus postes sagrados e queimar seus ídolos.[102]

Como perderam essa "segunda lei" registrada por Moisés, os israelitas ignoraram suas ordens; toleraram o culto de outros deuses, casaram e negociaram com canaanitas. Não surpreende que a fúria de Iahweh tivesse "se acendido" contra o reino ao norte. Moisés, insistiam os reformadores, tinha alertado os israelitas de que isso ocorreria: "E Iahweh te dispersará por todos os povos, de um extremo da terra ao outro [...]. Pela manhã dirás: 'Quem dera fosse tarde...', e pela tarde dirás: 'Quem dera fosse manhã...', por causa do pavor que se apoderará do teu coração e pelo espetáculo que os teus olhos irão ver".[103] Quando o rolo foi lido em voz alta para Josias, seus ensinamentos foram tão chocantes que o rei irrompeu em lágrimas, gritando: "Grande deve ser a ira de Iahweh, que se inflamou contra nós".[104]

Atualmente é difícil perceber quanto essa insistência na exclusividade de culto era incomum no século VII a.C. Nossa leitura da Bíblia hebraica é influenciada por dois milênios e meio de ensinamento monoteísta. Mas Josias, é claro, nunca tinha ouvido falar do Primeiro Mandamento — "Não terás outros deuses diante de mim" — que os reformadores colocaram no topo do Decálogo. Sem dúvida ele condenava o fato de Manassés ter posto efígies de "outros deuses" no templo em que a "presença" (*schechinah*) de Iahweh era exaltada no Santo dos Santos. Mas desde a época de Salomão ícones pagãos eram perfeitamente aceitáveis ali. Apesar de campanhas de profetas como Elias, que incitara o povo a adorar apenas Iahweh, a maior parte da população dos dois reinos nunca duvidara da eficácia de deuses como Baal, Anat ou Asherah. Os oráculos do profeta Oseias mostravam como o culto popular de Baal ocorrera no reino do norte durante o século VIII, e os próprios reformadores sabiam que os israelitas "ofereciam sacrifícios a Baal, ao sol, à lua, às constelações e a todo o exército do céu".¹⁰⁵ Havia grande resistência ao monoteísmo. Trinta anos após a morte de Josias, os israelitas ainda eram devotos da deusa mesopotâmica Ishtar, e o tempo de Iahweh estava novamente repleto de "ídolos imundos da casa de Israel".¹⁰⁶ Para muitos, ignorar um recurso divino desse tipo parecia pouco natural e perverso. Os reformadores tinham consciência de que pediam aos judeus para abrir mão de santidades amadas e familiares e romper com a consciência mítica e cultural do Oriente Médio de forma solitária e dolorosa.

Josias foi completamente convencido pela Sêfer Torá e imediatamente deu início a uma destruição caótica, erradicando a parafernália ritual introduzida por Manassés, queimando as efígies de Baal e de Asherah, abolindo os templos rurais, pondo fim à casa de prostitutos sagrados e aos cavalos assírios. Nos velhos territórios do Reino de Israel, ele foi ainda mais implacável: não apenas demoliu os templos antigos de Iahweh em Bethel e na Samaria, mas também assassinou os sacerdotes dos templos rurais, contaminando seus altares.¹⁰⁷ Essa agressividade fanática era um fato novo e trágico, que execrava símbolos sagrados centrais tanto para o culto no templo quanto para a devoção individual dos israelitas.¹⁰⁸ É comum que uma tradição desenvolva uma corrente violenta em relação simbiótica com o imperialismo agressivo; temendo a aniquilação por um inimigo externo, as pessoas atacam os "inimigos internos". Os reformadores agora viam os cultos canaanitas, de que os israelitas participaram por muito tempo, como "imundos" e "abomináveis"; e quem os frequentasse seria caçado impiedosamente.¹⁰⁹ "Não lhe darás consentimento, não o ouvirás, e que teu olho não tenha piedade dele", Moisés tinha ordenado; "não uses de misericórdia e não escondas o seu erro. Pelo contrário: deverás matá--lo!".¹¹⁰ Uma cidade israelita culpada dessa idolatria devia ser "condenada", queimada completamente, e seus habitantes assassinados.¹¹¹

Tudo isso era tão novo que, para justificar essas inovações, os deuteronomistas precisaram literalmente reescrever a história. Eles iniciaram uma grande revisão dos textos nos arquivos reais, os quais um dia seriam a Bíblia hebraica, mudando o fraseado, importando trechos de códigos legais anteriores e inserindo novas legislações para avaliar seus propósitos. Eles recontaram a história de Israel, acrescentando material novo às velhas narrativas do Pentateuco e dando um destaque a Moisés como ele provavelmente não teve em tradições anteriores. O clímax da história do Êxodo deixou de ser a teofania e passou a ser a entrega dos Dez Mandamentos e da Sêfer Torá. Baseando-se em sagas anteriores, hoje perdidas, os reformadores criaram uma história dos dois reinos de Israel e de Judá, hoje os livros de Josué, Juízes, Samuel e Reis, que "provava" ter sido a iniquidade idólatra do reino do norte a causa de sua destruição. Quando descreveram as conquistas de Josué, retrataram-no massacrando a população local da Terra Prometida e devastando cidades como um general assírio. Eles transformaram o antigo mito da destruição em uma expressão da justiça de Deus e uma narrativa literal, em vez de ficcional, da tentativa de genocídio. A história deles culminava no reinado de Josias, o novo Moisés que mais uma vez libertaria Israel do faraó, um rei maior que Davi.[112] Essa teologia estridente influenciou por muito tempo a Bíblia hebraica; muitos dos escritos frequentemente citados para provar a agressão e a intolerância irradicáveis do "monoteísmo" foram ou redigidos ou revisados por esses reformadores.

A reforma dos deuteronomistas, porém, nunca foi implantada. A proposta de independência feita por Josias se encerrou em 609 a.C., quando ele morreu em uma escaramuça com o faraó Neco. O novo império babilônio substituiu a Assíria e competia com o Egito pelo controle do Oriente Médio. Durante alguns anos, Judá se esquivou dessas duas grandes potências até que, em uma insurreição de 597 a.C., o rei da Babilônia, Nabucodonosor, deportou 8 mil aristocratas, soldados e hábeis artesãos judeus.[113] Dez anos depois ele destruiu o templo, devastou Jerusalém e deportou mais 5 mil judeus, deixando apenas as classes mais baixas na terra devastada. Na Babilônia, os judeus exilados foram razoavelmente bem tratados. Alguns viviam na capital; outros foram abrigados em áreas subdesenvolvidas, perto dos novos canais, e podiam, até certo ponto, cuidar da vida.[114] O exílio, todavia, é tanto um deslocamento espiritual quanto físico. Os deportados eram elite em Judá; agora não tinham direitos políticos e alguns precisavam até mesmo trabalhar na corveia.[115] Mas parecia que Iahweh estava prestes a libertar novamente esse povo. Dessa vez, o êxodo não seria liderado por um profeta, mas instigado por uma potência imperial emergente.

Em 559 a.C. Ciro, um membro menor da família Aquemêmida, da Pérsia, tornou-se rei de Anshan no sul do Irã.[116] Vinte anos depois, tendo acumulado uma série de vitórias espetaculares em Média, na Anatólia e na Ásia Menor, ele invadiu o império babilônico e surpreendentemente, sem lutar uma única batalha, foi saudado pela população como um salvador. Com isso, Ciro tornava-se mestre do maior império que o mundo já tinha visto. Em seu auge, ele controlaria toda a parte oriental do Mediterrâneo, das atuais Líbia e Turquia no oeste até o Afeganistão no leste. Nos séculos seguintes, todo governante que desejasse governar o mundo tentaria imitar a conquista de Ciro.[117] Mas ele não só era uma figura central na política da região, como também criou uma forma de império mais benigna.

Segundo se dizia, a proclamação de vitória de Ciro ocorreu quando ele chegou à Babilônia e "todos os povos [...] da Suméria e da Acádia, nobres e governantes, se curvaram diante dele e beijaram seus pés, rejubilando-se com sua dignidade real, e seus rostos resplandeceram".[118] Por que um invasor estrangeiro despertava tanto entusiasmo? Dez anos antes, logo após Ciro ter conquistado a Média, o autor babilônio do poema "O Sonho de Nabonido" tinha lhe designado um papel divino.[119] A Média fora uma ameaça à Babilônia, e Mardus, dizia o poeta, aparecera em sonhos para Nabonido (r. 556-539 a.C.), o último rei da Babilônia, para garantir ao rei que ele ainda estava no controle dos eventos e que escolhera Ciro para resolver o problema da Média. Mas dez anos depois o Império Babilônico estava em declínio. Nabonido, envolvido em conquistas no exterior, ausentara-se da Babilônia por vários anos e causara ira aos sacerdotes por suspender o ritual Akitu. Durante essa cerimônia os reis da Babilônia juravam não "fazer chover golpes sobre os cidadãos protegidos", mas Nabonido impusera o trabalho forçado aos homens livres do império. Sacerdotes descontentes anunciaram que os deuses tinham revogado seu governo e abandonado a cidade. Quando Ciro marchou sobre a Babilônia, esses sacerdotes provavelmente o ajudaram a escrever o discurso da vitória, o qual explicava que, quando o povo de Babilônia gritou angustiado a Marduk, o deus escolheu Ciro como seu defensor:

> Ele tomou a mão de Ciro, rei da cidade de Anshan, e o chamou pelo nome, proclamando-o em voz alta sua realeza sobre tudo o que há [...] ele ordenou que Ciro devia ir a Babilônia. Fez com que ele tomasse o caminho para [Babilônia], e como amigo e companheiro, andou a seu lado [...]. Ele o fez entrar, sem combate ou batalha, direto em Shuanna; salvou a cidade de Babilônia das dificuldades. Entregou a ele Nabonido, o rei que não o temeu."[120]

As cerimônias rituais e a mitologia eram cruciais para a realeza, mas nem sempre avalizam a tirania estatal. Em função de sua excessiva violência e opressão, Nabonido foi de fato deposto pela classe dos sacerdotes.

O vasto e multilíngue império de Ciro precisava de um novo modelo de governo, que respeitasse os direitos tradicionais dos povos conquistados, bem como suas tradições religiosas e culturais. Em vez de humilhar e deportar os novos súditos, de destruir seus templos e profanar as efígies de seus deuses como os assírios e babilônios fizeram, Ciro anunciou uma política original, preservada no Cilindro de Ciro, hoje no Museu Britânico. Ciro, diz-se, tinha chegado à Babilônia como o mensageiro da paz, não da guerra; ele aboliu a corveia, repatriou todos os povos deportados por Nabucodonosor e prometeu reconstruir seus templos nacionais. Assim, um judeu anônimo exilado na Babilônia saudou Ciro como o *messhiah*, o homem "ungido" por Iahweh para encerrar o exílio de Israel.[121] O profeta, é claro, estava convencido de que foi Iahweh e não Marduk que pegou Ciro pela mão e despedaçou os portões de bronze de Babilônia. "Foi por causa do meu servo Jacó, por causa de Israel, meu escolhido,/ que eu te chamei pelo teu nome,/ e te dou um nome ilustre, embora não me conhecesses", disse Iahweh a Ciro.[122] Uma nova era em que a terra seria reconduzida à perfeição primitiva se aproximava. "Seja entulhado todo vale,/ todo monte e toda colina sejam nivelados", clamou o profeta, claramente influenciado pelas tradições zoroastristas de seu messias persa, "transformem-se os lugares escarpados em planície,/ e as elevações em largos vales".[123]

A maioria dos exilados judeus decidiu permanecer na Babilônia, e muitos se adaptaram bem à cultura.[124] Entretanto, de acordo com a Bíblia, mais de 40 mil deles escolheram voltar à Judeia com os utensílios litúrgicos confiscados por Nabucodonosor, determinados a reconstruir o templo de Iahweh na Jerusalém devastada. A decisão dos persas de permitir que os deportados voltassem para casa e reconstruíssem seus templos foi esclarecida e sensível: eles acreditavam que isso fortaleceria seu império, pois os deuses deviam ser adorados em seus próprios países, e conquistaria a gratidão dos povos dominados. Como resultado dessa política benigna, o Oriente Médio gozou de relativa estabilidade por cerca de duzentos anos.

Mas a Pax Pérsica ainda dependia de força militar e de impostos extorquidos das raças subjugadas. Enquanto marchava com Marduk para a Babilônia, Ciro fez questão de mencionar o poder incomparável de seu Exército: "seus vastos exércitos, como que a água nos rios, não podiam ser contados, marchavam completamente armados a seu lado".[125] Com a proclamação da vitória, Ciro também aplicou um sistema tributário: por elevadas ordens de Marduk, "todos os reis que se sentam em tronos, de todos os quadrantes, desde o Mar Superior até o Mar Inferior, aqueles que habitam remotos distritos e os reis da terra de Amurru que vive em tendas, todos eles trouxeram seu significativo tributo a Shuanna e beijaram meus pés".[126] Até o império mais pacífico dependia de violência militar contínua e da apropriação massiva de recursos das populações conquistadas. Se as autoridades e os soldados imperiais tivessem quaisquer escrúpulos em relação a isso, a energia do império seria drenada; mas, se convencidos de que no fim essas políticas beneficiavam a todos, eles as achariam mais palatáveis.[127]

Dario I assumiu o trono persa depois da morte do filho de Ciro, Cambises, em 522 a.C.. Em suas inscrições, encontramos uma combinação de três temas que seriam recorrentes na ideologia de todos os impérios bem-sucedidos: uma visão de mundo dualista, que opõe o bem do império contra o mal de seus adversários; uma doutrina da escolha, na qual o governante é considerado um agente divino; e a missão de salvar o mundo.[128] A filosofia política de Dario era muito influenciada pelo zoroastrismo, habilmente adaptado para o projeto imperial.[129] O mito de criação zoroastrista é mencionado em várias inscrições do império persa que sobreviveram.[130] Elas descrevem Ahura Mazda, o Sábio Senhor que aparecera a Zoroastro, ordenando o cosmos em quatro etapas, criando sucessivamente a terra, o céu, a humanidade e finalmente a "felicidade" (*shiyati*), que consistia em paz, segurança, verdade e alimento abundante.[131] No princípio, havia apenas um governante, um povo e uma língua.[132] Mas, depois do ataque do Espírito Hostil ("a Mentira"), a humanidade se dividiu em grupos rivais, governados por pessoas autointituladas reis. Houve guerra, derramamento de sangue e desordem por séculos. Então, em 29 de setembro de 522, Dario subiu ao trono, e o Sábio Senhor inaugurou a quinta e última fase da criação. Dario uniria o mundo e restabeleceria a felicidade original da humanidade criando um império mundial.[133]

A dificuldade de adaptar uma tradição predominantemente pacífica à realidade do governo imperial é evidente aqui. Dario compartilhava do horror de Zoroastro pela violência desordenada. Depois da morte de Cambises, teve que reprimir rebeliões em todo o império. Como qualquer imperador, precisava eliminar aristocratas ambiciosos que pretendiam destroná-lo. Em suas inscrições, Dario associava esses rebeldes aos reis ilegítimos que trouxeram a guerra e o sofrimento ao mundo depois do ataque da Mentira. Mas, para restabelecer a paz e a felicidade, os "homens combativos" que Zoroastro desejava excluir da sociedade eram indispensáveis. A restauração apocalíptica do mundo no fim dos tempos prevista por Zoroastro tinha sido transposta para o presente, e seu dualismo, aplicado para dividir o mundo político em campos rivais. A violência estrutural e militar do império tornara-se o bem final, absoluto, enquanto tudo além das fronteiras era bárbaro, caótico e imoral.[134] A missão de Dario era subjugar e roubar o resto do mundo para tornar os outros povos "bons". Quando todas as terras fossem subjugadas, haveria paz universal e uma era de *frasha*, "maravilhas".[135]

As inscrições de Dario nos lembram que uma tradição religiosa nunca é uma essência única e imutável que leva as pessoas a agir de um modo uniforme. Ela é um modelo que pode ser alterado radicalmente para servir a vários fins. Para Dario, a *frasha* não era mais uma harmonia espiritual, e sim riqueza material; ele descreveu seu palácio em Susa como *frasha*, uma amostra antecipada do mundo redimido e reunido.[136] As inscrições listavam ouro, prata, madeiras raras, marfim e mármore, tributos provenientes de cada região do império, e explicavam que, depois do ataque da Mentira, essas riquezas foram espalhadas por todo o mundo, mas que agora estavam reunidas em um único lugar, como o Sábio Senhor Sabedoria pretendia originalmente. O magnífico relevo de Apadama em Persépolis retratava uma procissão de enviados de terras distantes conquistadas levando, como era seu dever, os tributos a Susa. A visão ética de Zoroastro, vítima de violência e de roubo nas estepes do Cáucaso, originalmente se inspirava na agressão chocante dos invasores sânscritos; mas agora ela era usada para consagrar a violência militar organizada e a extorsão imperial.

Os judeus que voltaram de Babilônia em 539 a.C. encontraram sua terra natal devastada e precisaram enfrentar a hostilidade dos estrangeiros levados ao país pelos babilônios. Além disso, por terem nascido em uma cultura inteiramente diferente, eles também enfrentaram o ressentimento dos judeus que não tinham sido deportados e que os consideravam estranhos. Quando finalmente reconstruíram seu templo, em torno dele, os judeus persas se tornaram um povo governado por uma aristocracia sacerdotal judaica em nome da Pérsia. Os escritos desses sacerdotes aristocratas, que reescreveram a história estridente dos deuteronomistas e tentaram adaptar as antigas tradições israelitas às novas circunstâncias, foram preservados em partes do Pentateuco e nos dois livros das Crônicas.[137] Essas escrituras refletem a preocupação dos exilados de que tudo permanecesse em seu lugar. Na Babilônia os judeus preservaram sua identidade nacional vivendo isolados dos habitantes locais; agora os sacerdotes insistiam que ser "separado; outro" era ser "sagrado" (*qaddosh*).

No entanto, ao contrário das escrituras deuteronomistas que demonizavam o estrangeiro e desejavam eliminá-lo, esses textos sacerdotais, baseados nas mesmas histórias e lendas, desenvolveram uma visão inclusiva notória. Novamente é impossível descrever qualquer tradição religiosa como uma essência única imutável que sempre inspirará violência. Os sacerdotes insistiam que a "alteridade" de toda criatura era sagrada e devia ser respeitada e honrada. Na Lei da Liberdade sacerdotal, portanto, nada podia ser escravizado ou possuído, nem mesmo a terra.[138] Ao invés de procurar exterminar o *ger*, o "habitante estrangeiro", como os deuteronomistas insistiram, o verdadeiro israelita devia aprender a amá-lo: "Se um estrangeiro habita convosco na vossa terra, não o molestareis. O estrangeiro que habita convosco será para vós como um compatriota, e tu o amarás como a ti mesmo, pois fostes estrangeiros na terra do Egito".[139] Esses sacerdotes tinham chegado à Regra de Ouro: a experiência de viver como uma minoria no Egito e na Babilônia devia ensinar aos israelitas avaliar a dor que estrangeiros desenraizados sentiriam em Judá. A ordem de "amar" não tinha a ver com sentimentos: *hesed* significava "lealdade" e era usada nos acordos do Oriente Médio, quando inimigos antigos concordavam em ser úteis e confiáveis e apoiar-se mutuamente.[140] Isso não era um ideal utópico irrealista, mas uma ética ao alcance de todos.

Para amenizar a visão dura dos deuteronomistas, os historiadores sacerdotais incluíram histórias de reconciliações comoventes. Os irmãos Jacó e Esaú, que não se davam bem, finalmente veem a "face de Deus" um no outro.[141] Os cronistas mostram Moisés evitando retaliar, quando o rei de Edom se recusou a conceder aos israelitas passagem segura por seu território, durante a jornada deles rumo à Terra Prometida.[142] O mais famoso desses escritos sacerdotais é a história da criação na abertura da Bíblia hebraica. Os redatores bíblicos colocaram-na antes da versão antiga do século XVIII, que falava de Iahweh criando um jardim para Adão e Eva e da queda deles, quando perderam a Graça. A versão sacerdotal retirou toda a violência da tradicional cosmogonia do Oriente Médio. Em vez de lutar uma batalha e matar um monstro, quando ordenou o cosmos o deus de Israel simplesmente pronunciou palavras de comando. No último dia da criação, "Deus viu tudo o que tinha feito: e era muito bom".[143] Esse deus não tinha inimigos: ele abençoava todas as criaturas, até mesmo o velho adversário Leviatã.

Esse princípio de benevolência é ainda mais notável quando consideramos que a comunidade de exilados era constantemente atacada por grupos hostis na Judeia. Enquanto Neemias, enviado da corte persa para supervisionar a reconstrução de Jerusalém, coordenava a restauração da muralha da cidade, "com uma das mãos cada qual fazia seu trabalho, e com a outra segurava uma arma".[144] Os escritores sacerdotais não podiam ser antibelicistas, mas pareciam incomodados com a violência militar. Eles apagaram boa parte dos episódios mais sangrentos da história deuteronomista e retocaram as conquistas de Josué. Contaram os capítulos da guerra cavalheiresca de Davi, mas omitiram sua ordem cruel para matar os cegos e coxos em Jerusalém, e foi o cronista quem explicou que, por ter derramado sangue demais, Davi foi proibido de construir o templo. Eles também registraram uma história sobre uma campanha militar contra os Midianitas, que tinham levado os israelitas à idolatria.[145] Não havia dúvida de que essa era uma causa justa, e os exércitos israelitas se comportaram de acordo com a lei dos deuteronomistas: os sacerdotes lideraram os soldados na batalha, e os soldados mataram os reis midianitas, puseram fogo em sua cidade e condenaram à morte tanto as mulheres casadas que haviam tentado israelitas quanto os garotos que se tornariam guerreiros. Mas embora tivessem "purificado" Israel, eles estavam manchados por esse sangue justo. "Quanto a vós, acampai durante sete dias fora do acampamento", Moisés disse aos guerreiros que retornavam: "Purificai-vos, vós e vossos prisioneiros, no terceiro e no sétimo dias".[146]

Em uma história notável, o cronista condenou a selvageria do Reino de Israel em guerra contra um rei idólatra de Judá, embora o próprio Iahweh tenha avalizado a campanha. Os soldados israelitas mataram 120 mil soldados de Judá e fizeram com que 200 mil prisioneiros marchassem de volta para a Samaria em triunfo. No entanto, o profeta Obede saudou esses heróis conquistadores com uma reprimenda:

mas vós os massacrastes com um furor tal que chegou até o céu. E agora pensais em reduzir os filhos de Judá e de Jerusalém a servos e servas vossos! Mas vós próprios não sois também culpados diante de Iahweh, vosso Deus? Ouvi-me agora: restituí a vossos irmãos os prisioneiros que fizestes, porque o ardor da ira de Iahweh vos ameaça.[147]

Os soldados soltaram os cativos imediatamente e abriram mão do butim; oficiais indicados para a tarefa "puseram-se a reconfortar os prisioneiros. Utilizando o material dos despojos, vestiram todos os que estavam nus; deram-lhes roupa, calçado, alimento, bebida e abrigo. Depois conduziram-nos, colocando sobre animais os estropiados, a seus irmãos em Jericó".[148] Esses sacerdotes provavelmente eram monoteístas; na Babilônia, o paganismo não tinha mais apelo para os exilados. O profeta que saudara Ciro como o messias também fez a primeira declaração totalmente monoteísta da Bíblia: "Eu sou Deus, e não há outro!".[149] O monoteísmo desses sacerdotes, contudo, não os tornou intolerantes, sangrentos ou cruéis; na verdade, ocorreu o inverso.

Outros profetas da fase posterior ao exílio foram mais agressivos. Inspirados pela ideologia de Dario, eles esperavam uma "era de maravilhas" quando Iahweh governaria o mundo todo e não haveria misericórdia para as nações que resistissem: "ele fará apodrecer a sua carne, enquanto estão ainda de pé, os seus olhos apodrecerão em suas órbitas, e a sua língua apodrecerá em sua boca".[150] Eles imaginavam os antigos inimigos de Israel resignados em procissões anuais a Jerusalém, a nova Susa, carregando preciosos presentes e tributos.[151] Outros fantasiavam sobre os israelitas deportados pelos assírios sendo carregados ternamente para casa,[152] enquanto seus antigos opressores se prostravam diante deles e beijavam seus pés.[153] Um profeta teve uma visão da glória de Iahweh brilhando sobre Jerusalém, o centro de um mundo redimido e um refúgio pacífico — embora essa paz só fosse conquistada pela repressão brutal.

Esses profetas parecem inspirados pelo monoteísmo nascente. É comum uma monarquia forte gerar o culto de uma deidade suprema, criadora da ordem política e natural. Um século ou mais vivenciando o governo absoluto de monarcas como Nabucodonosor e Dario pode ter levado ao desejo de que Iahweh fosse tão poderoso quanto eles. É um bom exemplo do "entrecruzamento" de religião e política: não só a religião afeta a política, como a política pode moldar a teologia. Contudo, sem dúvida esses profetas também eram motivados pelo desejo demasiadamente humano de ver os inimigos sofrer como eles tinham sofrido — um impulso que a Regra de Ouro fora pensada para modificar. Eles não seriam os últimos a adaptar a ideologia agressiva do poder dominante a suas tradições e, ao fazer isso, distorcê-la. Nesse caso, Iahweh, originalmente feroz oponente da violência e da crueldade imperial, foi transformado em um arqui-imperialista.

PARTE II
MANTENDO A PAZ

5. Jesus: de fora deste mundo?

Jesus de Nazaré nasceu durante o reinado do imperador romano César Augusto (r. 30 a.C.-14 d.C.), quando o mundo inteiro estava em paz.[1] Sob domínio romano, um grande grupo de nações, inclusive antigas potências imperiais, foi capaz de coexistir por um período significativo, sem lutar entre si por recursos e territórios — uma conquista impressionante.[2] Os romanos faziam as três alegações características de toda ideologia imperial bem-sucedida: eles tinham sido escolhidos pelos deuses; em sua visão dualista, os outros povos eram "bárbaros" com quem não podiam lidar de igual para igual; e a missão deles era levar os benefícios da civilização e da paz ao resto do mundo. Mas a Pax Romana era garantida de maneira impiedosa.[3] O Exército profissionalizado de Roma se tornou a máquina de matar mais eficiente que o mundo já tinha visto.[4] Qualquer resistência justificava um massacre de grandes proporções. Segundo o historiador grego Políbio, quando tomavam uma cidade, a política era "matar todos que encontrassem e não poupar ninguém" — nem mesmo os animais.[5] Depois da conquista romana da Bretanha, o líder escocês Cálgaco informou que a ilha estava devastada: "As partes mais distantes da Bretanha estão nuas; não há mais tribos por vir; nada além de mar e penhascos e mais romanos mortíferos [...]. Saquear, matar e devastar — a essas coisas eles falsamente chamam de império".[6]

O propósito dessa selvageria, conforme o entendimento de Políbio, era "causar terror" nas nações dominadas.[7] Normalmente funcionava, mas para dominar os judeus da Palestina os romanos precisariam de quase dois séculos; eles já tinham expulsado uma potência imperial antes e acreditavam que podiam fazê-lo novamente. Depois que Alexandre, o Grande, derrotou o império persa em 333 a.C., seus "sucessores", os impérios ptolomaico e selêucida (*diadochoi*), absorveram a Judeia. A maior parte desses governantes não interferia na vida pessoal de seus súditos. Mas em 175 a.C. o imperador selêucida Antíoco IV tentou implantar uma reforma drástica no culto do templo e banir os hábitos alimentares judaicos, a circuncisão e o respeito ao Sabbath. A família de sacerdotes dos Asmoneus, cujo líder era Judas Macabeu, liderara uma rebelião e conseguira não só tirar a Judeia e Jerusalém do controle dos Selêucidas, como também estabelecer um pequeno império ao conquistar a Idumeia, a Samaria e a Galileia.[8]

Esses fatos inspiraram uma espiritualidade apocalíptica, sem a qual é impossível entender o início do movimento cristão. A filosofia perene era crucial para essa mentalidade: os eventos sobre a terra eram um *apokalupsis*, um "desvendar", uma revelação do que acontecia simultaneamente no mundo celestial. À medida que lutavam para dar sentido aos eventos de sua época, os autores das novas escrituras acreditavam que, enquanto os Macabeus lutavam contra os Selêucidas, Miguel e seus Anjos combatiam as forças demoníacas que sustentavam Antíoco.[9] O livro de Daniel, uma novela histórica composta ao longo das guerras dos Macabeus, se passava durante o exílio dos judeus na Babilônia. O centro da narrativa era a visão do profeta Daniel, de Judá, de quatro bestas aterrorizantes, que representavam os impérios da Assíria, Babilônia, Pérsia e, por fim, o Império Selêucida de Antíoco, o mais destrutivo de todos. Mas então, "vindo sobre as nuvens do céu", Daniel viu "um como Filho de Homem" representando os macabeus. Ao contrário dos quatro impérios bestiais, o governo deles seria justo e humano, e Deus lhes daria "um império eterno/ que jamais passará,/ e seu reino jamais será destruído".[10]

Infelizmente, quando os Asmoneus conquistaram um governo, sua misericórdia imperial foi incapaz de sustentar a dura realidade da política, e eles se tornaram tão cruéis e tirânicos quanto os Selêucidas. No final do século II a.C., novas seitas buscavam uma alternativa mais autenticamente judaica; tempos depois, a cristandade compartilharia alguns de seus arrebatamentos. Para iniciar os discípulos, todas essas seitas contavam com sistemas de instrução, o mais próximo de uma instituição de ensino na sociedade judaica. Tanto a seita Qumran quanto os Essênios — dois grupos distintos que muitas vezes são erroneamente considerados o mesmo — foram atraídos por uma ética da vida comunitária: as refeições eram feitas em grupo, a pureza e a limpeza rituais eram ressaltadas, e os bens eram de propriedade comum. Os dois movimentos criticavam o culto do templo de Jerusalém porque acreditam que ele tinha sido corrompido pelos Asmoneus. Na verdade, a comunidade Qumran ao lado do mar Morto acreditava num templo alternativo: no plano cósmico, os filhos da luz logo derrotariam os da escuridão, e Deus construiria outro templo e inauguraria uma nova ordem mundial. Nesse contexto, os fariseus também estavam comprometidos com uma observância exata e meticulosa da lei bíblica. Embora fossem se tornar o mais influente desses grupos, pouco sabemos sobre eles até hoje. Alguns fariseus lideraram revoltas armadas contra os Asmoneus, mas por fim concluíram que o povo estaria melhor sob domínio estrangeiro. Em 64 a.C., portanto, à medida que os excessos dos Asmoneus se tornavam insuportáveis, os fariseus mandaram uma delegação a Roma pedindo ao império que depusesse o regime.

No ano seguinte, o comandante militar romano Pompeu invadiu Jerusalém, matando 12 mil judeus e escravizando outros milhares. Não surpreende que a maior parte dos judeus odiasse o domínio romano, mas nenhum império sobreviveria sem cooptar pelo menos parte da população local. Os romanos governaram a Palestina por meio da aristocracia sacerdotal em Jerusalém, mas também nomearam um rei marionete, Herodes, um príncipe da Idumeia recém-convertido ao judaísmo. No interior do país, Herodes construiu fortificações, palácios e teatros maravilhosos em estilo helenístico e, no litoral, erigiu Cesareia, uma cidade inteiramente nova, em honra a Augusto. Sua obra-prima, porém, foi um templo magnífico para Iahweh em Jerusalém, ladeado de modo significativo pela fortaleza Antônia, ocupada por soldados romanos. Herodes era um governante extremamente impopular porque, além de cruel, tinha um Exército próprio e uma polícia secreta. Os judeus da Palestina, portanto, eram governados por duas aristocracias: os herodianos e os saduceus, a nobreza sacerdotal judaica. Ambas coletavam impostos, de modo que os judeus enfrentavam uma dupla carga tributária.[11]

Como toda classe dominante agrária, as duas aristocracias tinham um corpo de funcionários que, por estender a influência dos senhores entre as pessoas comuns, gozavam de maior status social e ficavam com parte do excedente.[12] Entre eles estavam os publicanos, ou coletores de impostos, que no Império Romano eram obrigados a repassar um valor fixo ao governo colonial, mas podiam ficar com o que conseguissem extorquir dos camponeses além disso. Assim, eles obtiveram certa independência, mas, como é evidente nos evangelhos, eram odiados pelas pessoas comuns.[13] Os "escribas e fariseus" dos evangelhos eram outro grupo de funcionários que interpretavam a Torá, a lei consuetudinária judaica, de modo a sustentar o regime.[14] No entanto, nem todos os fariseus assumiam esse papel. A maioria se concentrava na estrita observância da Torá e no desenvolvimento do que se tornaria a exegese rabínica, e não tinha relação com a nobreza. Se fossem mais próximos dela, não teriam mantido sua popularidade. Na verdade, os fariseus eram tidos em tão alta conta que qualquer judeu que aspirasse a uma carreira política precisava estudar direito civil com eles. Josefo, o historiador judeu do século I d.C., por exemplo, para ter educação legal que o qualificasse para a vida pública, provavelmente se tornou um discípulo dos fariseus, embora possa nunca ter aderido à seita.[15]

Depois de colonizado, é comum um povo depender ardorosamente de suas práticas religiosas, sobre as quais ainda tem algum controle, e que servem de lembrança da época em que tinham dignidade e liberdade. No caso judeu, a hostilidade em relação aos governantes tendia a atingir novos picos nos importantes festivais no templo, que tocavam de maneira explosiva na subjugação política dos judeus. A Páscoa comemorava a libertação de Israel do controle imperial egípcio; Pentecostes celebrava a revelação da Torá, uma lei divina que suplantava todos os éditos imperiais; e o festival do Shavuot lembrava que a terra e seu produto pertenciam a Iahweh e não aos romanos. Esse descontentamento fervilhante irrompeu em 4 a.C., quando Herodes estava no leito de morte. Recentemente ele instalara no templo uma grande águia dourada, símbolo da Roma imperial, e Judas e Matias, dois dos mais respeitados professores da Torá, censuraram isso como um questionamento ofensivo à realeza de Iahweh.[16] Em um protesto bem planejado, quarenta de seus estudantes subiram ao telhado do templo, despedaçaram a águia e esperaram corajosamente pelo ataque dos soldados de Herodes.[17] Galvanizado pela fúria, Herodes saiu da cama e sentenciou estudantes e professores à morte, antes de ele próprio morrer agonizando dois dias depois.[18]

É importante notar que a maioria dos protestos contra o governo imperial na Palestina Romana não era violenta; longe de ser levados por sua fé ao fanatismo da agressão suicida, como Josefo sugeriria mais tarde, os judeus faziam demonstrações de princípios e só recorriam à força armada se extremamente pressionados. Quando multidões furiosas protestaram contra a morte cruel de seus professores amados, Arquelau, o primogênito de Herodes, perguntou o que podia fazer por eles. A resposta revela que a hostilidade a Roma não se baseava apenas em intransigência religiosa: "Alguns clamavam por uma redução na tributação direta, outros pela abolição do imposto sobre as compras, outros ainda pela libertação de prisioneiros".[19] Embora Jerusalém ainda estivesse afundada em lamentações, não houve violência contra autoridades até que Arquelau entrou em pânico e enviou soldados ao templo. Mesmo assim as multidões apenas jogaram pedras neles antes de voltar ao culto. A situação podia ter sido contida se Arquelau não tivesse enviado o Exército, que matou 3 mil devotos.[20] Os protestos então se espalharam pelo campo, onde líderes populares, aclamados como "reis", fizeram guerrilha contra soldados romanos e herodianos. Novamente, a tributação era o motivo, mais do que a religião. Multidões atacaram as propriedades da nobreza e invadiram fortalezas locais, armazéns e comboios de carga romanos para "recuperar os bens que tinham sido tomados às pessoas".[21] P. Quintílio Varo, governador da vizinha Síria, levou três anos para restabelecer a Pax Romana, durante os quais queimou a cidade galileia de Séforis, saqueou as aldeias da região e crucificou 2 mil rebeldes fora de Jerusalém.[22]

Roma decidiu que o reino de Herodes seria dividido entre seus três filhos: Arquelau recebeu a Idumeia, a Judeia e a Samaria; Antipas, a Galileia e a Pereia; e Filipe, a Transjordânia. Mas o governo de Arquelau foi tão cruel que Roma logo o depôs, e pela primeira vez a Judeia foi governada por um prefeito romano, a partir de sua residência em Cesareia, com o apoio da aristocracia sacerdotal judaica. Quando Copônio, o primeiro governador, preparou um censo como prelúdio para a cobrança de impostos, um galileu chamado Judas incitou o povo a resistir. Seu compromisso religioso era inseparável de sua insatisfação política:[23] pagar impostos romanos, Judas insistia, "era equivalente à escravidão, pura e simples", já que Deus era "o único líder e senhor" do povo judeu. Se permanecessem firmes em sua oposição e não retrocedessem "diante do massacre que podia recair sobre eles", Deus intercederia em seu auxílio.[24]

Normalmente camponeses não recorriam à violência. Sua principal arma era a não cooperação: trabalhar lentamente ou até mesmo fazer greve, apresentando seus argumentos aos poucos e de modo calculado. A maioria dos governadores romanos evitava ofender os judeus, mas em 26 d.C. Pôncio Pilatos ordenou que os soldados da fortaleza Antônia exibissem estandartes com a efígie do imperador ao lado do templo. De imediato uma multidão de camponeses e citadinos marchou para Cesareia, e, uma vez que Pilatos se recusou a retirar os estandartes, eles simplesmente ficaram imóveis do lado de fora de suas casas por cinco dias. Quando Pilatos os convocou para o estádio, eles se viram cercados por soldados com espadas em punho e novamente ficaram no chão, gritando que preferiam morrer a infrigir suas leis. Eles podem ter confiado em uma intervenção divina, mas também sabiam que, caso os matasse, Pilatos se exporia a represálias sem fim. E estavam certos: o governante romano teve de admitir a derrota e retirar os estandartes.[25] Mas as chances de um resultado semelhante ocorrer sem derramamento de sangue eram bem menores quando, catorze anos depois, o imperador Caio Calígula ordenou que sua estátua fosse erigida no templo de Jerusalém. Mais uma vez os camponeses foram para a estrada, "como se tivessem recebido um sinal de comando [...] deixando suas casas e aldeias vazias".[26] Quando o encarregado Petrônio chegou ao porto de Ptolemais com a estátua ofensiva, encontrou "dezenas de milhares de judeus" com esposas e filhos aglomerados na planície em frente à cidade. Novamente, esse não era um protesto violento. "Em hipótese alguma combateríamos", disseram a Petrônio, mas estavam preparados para ficar em Ptolemais até o final da estação de plantio.[27] Tratava-se de uma greve de camponeses inteligente do ponto de vista político: Petrônio tinha de explicar ao imperador "que como a terra não estava semeada, haveria uma colheita de crimes, pois as exigências de tributação não seriam satisfeitas".[28] No entanto, Calígula raramente se deixava levar por considerações racionais, e o episódio poderia ter terminado de maneira trágica se ele não tivesse sido assassinado no ano seguinte.

Essas comunidades camponesas podem ter expressado sua oposição ao governo de Roma conforme suas tradições judaicas igualitárias, mas não eram fervorosos enlouquecidos, nem violentos ou suicidas. Movimentos populares posteriores fracassaram em função de líderes menos astutos. Durante os anos 50 d.C. um profeta chamado Teudas levaria quatrocentas pessoas ao deserto da Judeia em um novo êxodo, convencido de que, se tomassem a iniciativa, Deus os libertaria.[29] Outro líder rebelde marchou pelo deserto com uma multidão de 30 mil até o Monte das Oliveiras, "pronto para forçar sua entrada em Jerusalém, esmagar a guarnição romana e obter controle supremo".[30] Esses movimentos não tinham sustentação política e foram implacavelmente sufocados. Mas se inspiravam na crença apocalíptica e perene de que a atividade sobre a terra influenciaria eventos no plano cósmico. Esse era o contexto político da missão de Jesus nas aldeias da Galileia.

Jesus nasceu em uma sociedade traumatizada pela violência e viveu cercado por revoltas. As insurreições depois da morte de Herodes ocorreram no ano de seu nascimento, e ele foi criado na aldeia de Nazaré, a poucos quilômetros de Séforis, que Varus havia devastado; a greve dos camponeses contra Calígula ocorreu apenas dez anos após sua morte. Ao longo de sua vida, a Galileia foi governada por Herodes Antipas, que financiou um programa de construções caro por meio da imposição de tributos elevados aos súditos na Galileia. Quem deixava de pagar era punido com confisco de bens e de terras, e essa receita aumentava as imensas propriedades dos aristocratas herodianos.[31] Quando perdiam suas terras, alguns camponeses eram forçados a viver do banditismo, enquanto outros — talvez o pai de Jesus, o carpinteiro José, fosse um deles — se voltavam para o trabalho braçal: os artesãos normalmente eram camponeses fracassados.[32] As multidões que se aglomeravam em torno de Jesus na Galileia estavam famintas, aflitas e doentes. Nas parábolas vemos uma sociedade dividida entre muito ricos e muito pobres: pessoas desesperadas por empréstimos, camponeses profundamente endividados e os despossuídos obrigados a trabalhar como diaristas.[33]

Embora os evangelhos tenham sido escritos em um ambiente urbano décadas depois dos eventos que descrevem, eles ainda refletem a agressividade política e a crueldade da Palestina Romana. Depois do nascimento de Jesus, o rei Herodes assassinou todos os bebês do sexo masculino de Belém, lembrando o arquétipo faraônico do imperialista mau.[34] João Batista, primo de Jesus, foi executado por Herodes Antipas.[35] Jesus previu que seus discípulos seriam perseguidos, açoitados e mortos por autoridades judaicas,[36] e ele próprio foi preso pela cúpula da aristocracia sacerdotal, torturado e crucificado por Pôncio Pilatos. Desde o princípio, os evangelhos apresentam Jesus como uma alternativa para a violência estrutural do governo imperialista. Moedas romanas, inscrições e templos exaltavam Augusto como "Filho de Deus", "senhor" e "salvador" por levar a paz ao mundo depois de um século de guerras brutais, e anunciavam as "boas-novas" (*euaggelia*) de seu nascimento. Da mesma forma, quando o anjo anunciou o nascimento de Jesus para os pastores, ele proclamou: "Eis que vos anuncio uma grande alegria, que será para todo o povo: Nasceu-vos hoje um Salvador". No entanto, esse "filho de Deus" nasceu sem-teto e logo seria um refugiado.[37]

Um sinal de que a população estava muito aflita era o grande número de pessoas com problemas neurológicos e psicológicos atribuídos a demônios que procuravam Jesus em busca de cura. Dizem que ele e seus discípulos tinham a habilidade de "exorcizar" essas doenças.[38] Quando expulsavam demônios, Jesus explicou, replicavam a vitória de Deus sobre Satã na esfera cósmica. "Eu via Satanás cair do céu como um relâmpago",[39] ele disse a seus discípulos ao retornar de uma expedição de cura bem-sucedida. A chamada possessão frequentemente é associada à opressão econômica, sexual ou colonial, quando as pessoas se sentem dominadas por uma força exterior que não conseguem controlar.[40] Em um incidente revelador, quando Jesus expulsa uma horda de demônios de um homem possuído, essas forças satânicas dizem que seu nome é "legião", identificando-se com os soldados romanos, o símbolo mais patente da ocupação. Jesus fez o que muitas pessoas colonizadas gostariam de fazer: mandou os espíritos da "legião" entrarem em uma manada de porcos, os mais sujos dos animais, que se precipitaram no mar.[41] Provavelmente a classe dominante considerava os exorcismos de Jesus uma provocação política: de fato foram a razão de Antipas ter decidido agir contra ele.[42]

Na missão de Jesus, portanto, política e religião eram inextricáveis. O evento que pode ter levado à sua morte foi a entrada provocativa em Jerusalém na Páscoa, quando Jesus foi saudado pelas multidões como "Filho de Davi" e "rei de Israel".[43] Ele então organizou uma manifestação no próprio templo, virando as mesas dos cambistas e declarando que a casa de Deus era um "covil de ladrões".[44] Não se tratava, como às vezes se presume, de um apelo por uma devoção mais espiritualizada. A Judeia fora um Estado orientado pelo templo desde o período persa, por isso havia tempos ele era instrumento de controle imperial e os tributos ficavam entesourados lá — embora a colaboração recente dos sumos sacerdotes com Roma tivesse causado um desprestígio tão grande à instituição, a ponto de os camponeses se recusarem a pagar dízimos.[45] Mas a preocupação de Jesus com o mau governo imperial não significava que ele "confundia" religião com política. Enquanto virava as mesas, ele citou profetas que haviam censurado duramente quem ignorava a situação terrível dos pobres, ao mesmo tempo que observavam meticulosamente a religião. A opressão, a injustiça e a exploração sempre foram questões com grande carga religiosa em Israel. A ideia de que a fé não deveria se envolver em questões políticas como essa teria sido tão estranha a Jesus quanto fora para Confúcio.

Não é fácil avaliar a atitude de Jesus em relação à violência, mas não há indícios de que ele planejasse uma insurreição militar. Ele proibiu seus discípulos de machucar os demais e de retaliar de maneira agressiva.[46] Não resistiu à prisão e repreendeu um discípulo por cortar a orelha do funcionário do sumo sacerdote.[47] Mas sabia ser verbalmente ofensivo: criticava duramente os ricos,[48] ridicularizava os "escribas e fariseus" trabalhando como funcionários[49] e invocava a vingança de Deus contra as aldeias que rejeitavam seus discípulos.[50] Como vimos, os judeus camponeses da Palestina tinham uma tradição de oposição não violenta ao governo imperial, e Jesus sabia que qualquer confronto com a classe dominante, fosse judaica ou romana — ele fazia distinção entre elas —, seria perigoso. Qualquer discípulo, ele alertava, devia estar pronto para tomar "sua cruz a cada dia".[51] Parece que, como Judas da Galileia, Jesus confiara na intervenção de Deus. Grávida dele, sua mãe previra que Deus já tinha começado a criar uma ordem mundial mais justa:

Agiu com a força de seu braço,
dispersou os homens de coração orgulhoso.
Depôs poderosos de seus tronos,
e a humildes exaltou.
Cumulou de bens a famintos
e despediu ricos de mãos vazias.
Socorreu Israel, seu servo[52]

Como Judas o Galileu, Jesus talvez acreditasse que seus discípulos não retrocederiam "diante de um massacre que poderia recair sobre eles", e caso ele desse o primeiro passo, Deus destronaria ricos e poderosos.

Um dia os funcionários fariseus e herodianos fizeram uma pergunta capciosa a Jesus: "É lícito pagar imposto a César, ou não? Pagamos ou não pagamos?". A tributação era sempre uma questão incendiária na Palestina Romana, e, se Jesus dissesse que não, se arriscaria a ser preso. Apontando o nome e a imagem de César em um denário, a moeda do tributo, Jesus respondeu: "O que é de César, dai [*apodote*] a César: o que é de Deus, a Deus".[53] Em um contexto puramente imperial, o que César reivindicava era legítimo: o verbo grego significava a capitulação de uma exigência justa.[54] Mas como todos os judeus sabiam que Deus era seu rei e que tudo pertencia a Ele, havia pouco para "dar" a César. No evangelho de Marcos, logo após esse incidente Jesus fez um alerta para os funcionários que ajudavam na implantação do governo romano e maltratavam pobres e vulneráveis: "Guardai-vos dos escribas que gostam de circular de toga, de ser saudados nas praças públicas, e de ocupar os primeiros lugares nas sinagogas e os lugares de honra nos banquetes; mas devoram as casas das viúvas e simulam fazer longas preces".[55] Quando Deus finalmente estabelecesse seu reino, a condenação deles seria severa.

Esse Reino de Deus estava no centro dos ensinamentos de Jesus.[56] A criação de uma alternativa à violência e à opressão do governo imperial poderia apressar o momento em que o poder de Deus finalmente transformaria a condição humana. Por isso seus seguidores deviam se comportar *como se* o reino já tivesse chegado.[57] Jesus não podia expulsar os romanos do país, mas o "reino" que ele proclamava, baseado na justiça e na equidade, estava aberto a todos — especialmente aos excluídos do atual regime. Ao dar uma festa, o anfitrião não devia apenas chamar os amigos e vizinhos ricos, ele disse àquele que o convidara: era preciso ir "pelas praças e ruas da cidade", e trazer "os pobres, estropiados, coxos e cegos". Era preciso fazer convites "pelos caminhos e trilhas".[58] "Felizes vós, os pobres [*ptochos*]", exclamava Jesus, "porque vosso é o Reino de Deus".[59] Os pobres eram as únicas pessoas que podiam ser "abençoadas", pois qualquer um que de alguma forma se beneficiasse da violência sistêmica do governo imperial tinha relação com a má condição deles.[60] "Ai de vós, ricos, porque já tendes a vossa consolação!", Jesus continuou. "Ai de vós, que agora estais saciados, porque tereis fome!"[61] No Reino de Deus, os últimos serão primeiros e os primeiros, últimos.[62] A Oração do Senhor é para pessoas aterrorizadas com a ideia de se endividar e que só podem esperar a simples subsistência, um dia após o outro: "O pão nosso de cada dia/ dá-nos hoje./ E perdoa-nos as nossas dívidas/ como também nós perdoamos aos nossos devedores./ E não nos submetas à tentação,/ mas livra-nos do Maligno".[63] Jesus e seus companheiros mais próximos aceitaram camponeses mais pobres em seu grupo; eles levavam vida dura, itinerantes, não tinham onde descansar a cabeça, e dependiam do apoio dos discípulos mais ricos de Jesus, como Lázaro e suas irmãs Marta e Maria.[64]

No entanto, o reino não era uma utopia para uma data distante. Já no início de sua missão, Jesus havia anunciado: "Cumpriu-se o tempo e o Reino de Deus está próximo".[65] A presença ativa de Deus era evidente nos milagres de Jesus. Para onde ele olhava, via pessoas levadas ao limite, vítimas de abuso, oprimidas e desesperadas: "ao ver a multidão teve compaixão dela, porque estava cansada [*eskulmenoi*] e abatida [*errimmenoi*] como *ovelhas sem pastor*".[66] Os verbos gregos tinham a conotação política de ser "abatido" pelo império predador.[67] As causas do sofrimento dessas pessoas eram as que normalmente aflingiam as massas na sociedade agrária: trabalho duro, más condições sanitárias, superpopulação, dívidas e ansiedade.[68] O reino de Jesus desafiava a crueldade da Judeia Romana e da Galileia Herodiana e se aproximava de modo mais fiel da vontade de Deus — "na terra, como no céu".[69] Quem temia o endividamento devia perdoar as dívidas dos outros; era preciso "amar" até mesmo os inimigos, dando-lhes apoio prático e moral. Em vez de empreender represálias violentas, como os romanos, as pessoas no Reino de Deus viveriam conforme a Regra de Ouro: "A quem te ferir numa face, oferece a outra; a quem te arrebatar o manto, não recuses a túnica. Dá a quem te pedir e não reclames de quem tomar o que é teu. Como quereis que os outros vos façam, fazei também a eles".[70] Os seguidores de Jesus devem viver de maneira tão compassiva quanto o próprio Deus, dando a todos generosamente e evitando julgar e condenar.[71]

Depois da crucificação, os discípulos de Jesus tiveram visões em que ele era elevado à mão direita de Deus e em breve retornaria para inaugurar definitivamente seu reino.[72] Jesus trabalhou na Palestina Romana rural e normalmente evitava cidades.[73] Mas Paulo, um judeu da Diáspora de Tarso, na Cilícia, que não havia conhecido Jesus, acreditava ter sido designado por Deus para levar a "boa-nova" do evangelho para o mundo gentio, e portanto pregava nas cidades greco-romanas ao longo das principais rotas de comércio na Ásia Menor, na Grécia e na Macedônia. Esse era um ambiente muito diferente: os convertidos de Paulo não podiam mendigar seu pão e tinham de trabalhar para sobreviver, como ele fazia, além disso, parece que grande parte era de homens e mulheres com recursos. Escrevendo na década de 50 d.C., Paulo é de longe o primeiro autor cristão, e seus ensinamentos influenciaram os relatos da vida de Jesus nos evangelhos de Marcos, Mateus e Lucas (conhecidos como sinópticos), escritos nas décadas de 70 e 80. E, embora os sinópticos se baseiem em tradições anteriores da Palestina sobre Jesus, eles foram escritos em um ambiente urbano permeado pela religião greco-romana.

Nem os gregos nem os romanos jamais separaram a religião da vida secular. Eles não entenderiam nossa compreensão moderna de "religião". Eles não tinham escrituras com caráter de autoridade, nenhuma crença compulsória, clero privilegiado ou regra ética obrigatória. Não havia nenhuma lacuna ontológica separando os deuses de homens e mulheres; cada ser humano tinha um *numen* ou *genius* divino, e os deuses regularmente assumiam forma humana. Os deuses pertenciam ao corpo de cidadãos, de modo que essencialmente a cidade greco-romana era uma comunidade religiosa. Em cada cidade as noções de padroeiro e orgulho cívico, de interesses financeiros e piedade estavam tão inter-relacionadas que pareceria estranho em nosso mundo secularizado. A participação nos festivais religiosos em honra dos deuses locais era essencial para a vida da cidade: como não havia feriados públicos ou fins de semana, os Lupercalla em Roma e a Panathenaea em Atenas eram raras oportunidades de relaxamento e celebração. Esses rituais definiam o que significava ser romano ou ateniense, exibiam a cidade, revestiam a vida cívica de significado transcendente, apresentavam a comunidade em sua melhor forma e davam aos cidadãos o senso de pertencimento a uma família cívica. Participar desses rituais era tão importante quanto qualquer devoção pessoal aos deuses. Pertencer a uma cidade, portanto, era adorar seus deuses, embora fosse perfeitamente aceitável cultuar também outras deidades.[74]

Isso era um problema em potencial para os judeus convertidos e gentios de Paulo em Antióquia, Corinto, Filipos e Éfeso, que, como monoteístas, consideravam a religião romana idólatra. O judaísmo era respeitado como uma tradição muito antiga, e o fato de os judeus evitarem culto público era aceito no Império Romano. A essa altura, o judaísmo e a cristandade ainda não configuravam tradições distintas.[75] Os gentios convertidos de Paulo viam a si mesmos como parte de um novo Israel.[76] Mas nas abarrotadas cidades greco-romanas os cristãos frequentemente entravam em conflito com a sinagoga local e, quando orgulhosamente afirmavam pertencer a um "novo Israel", pareciam se comportar de maneira ímpia em relação à fé que era mãe da sua — uma atitude que os romanos deploravam.[77] As cartas de Paulo o mostram preocupado com a possibilidade de que seus convertidos estivessem se tornando conhecidos em uma sociedade onde a diferença e a novidade costumavam ser perigosas. Ele os incitava a respeitar os códigos de vestimenta comuns,[78] a se comportar com o decoro e o autocontrole esperados de cidadãos romanos e a evitar demonstrações excessivamente entusiasmadas de piedade.[79] Ao invés de desafiar as autoridades romanas, Paulo pregava a obediência e o respeito: "Cada um se submeta às autoridades constituídas, pois não há autoridade que não venha de Deus, e as que existem foram estabelecidas por Deus. De modo que aquele que se revolta contra a autoridade, opõe-se à ordem estabelecida por Deus. E os que se opõem atrairão sobre si a condenação".[80] Roma não era um império mau, era o garantidor da ordem e da estabilidade, por isso os cristãos deviam pagar seus impostos, "pois os que governam são servidores de Deus, que se desincumbem com zelo do seu ofício".[81] Mas Paulo sabia que esse era apenas um estado temporário das coisas, já que durante sua vida o Reino de Jesus seria criado na terra: "Pois passa a figura deste mundo".[82]

Enquanto esperavam pelo retorno triunfante de Jesus, os membros de sua comunidade (*ekklesia*) deviam viver como Jesus havia ensinado — sendo gentis e generosos, apoiando uns aos outros. Eles criariam uma alternativa à violência estrutural do império e às políticas autointeressadas da aristocracia. Quando celebravam a Última Ceia, a refeição comunitária em memória de Jesus, os ricos e os pobres deviam se sentar à mesma mesa e compartilhar o mesmo alimento. No início, o cristianismo não era uma questão pessoal entre o indivíduo e Deus: os fiéis extraíam sua fé em Jesus da experiência de viver juntos em uma comunidade minoritária, de pessoas muito próximas entre si que desafiavam a distribuição desigual de riqueza e de poder na sociedade estratificada de Roma. Não há dúvida de que o autor dos Atos dos Apóstolos faz um retrato idealizado da *ekklesia* neste período inicial em Jerusalém, mas isso refletia um ideal cristão:

A multidão dos que haviam acreditado era um só coração e uma só alma. Ninguém considerava exclusivamente seu o que possuía, mas tudo entre eles era comum.

Com grande poder os apóstolos davam o testemunho da ressurreição do Senhor, e todos tinham grande aceitação.

Não havia entre eles necessitado algum. De fato, os que possuíam terrenos ou casas, vendendo-os, traziam os valores das vendas e os depunham aos pés dos apóstolos. Distribuía-se então, a cada um, segundo sua necessidade.[83]

Viver desse modo, em uma humanidade simbolizada pelo homem Jesus, cuja autorrenúncia o tinha elevado à mão direita de Deus, deu aos cristãos sugestões de novas possibilidades. Todas as divisões sociais anteriores, Paulo insistia, eram agora irrelevantes: "Pois fomos todos batizados num só Espírito para ser um só corpo, judeus e gregos, escravos e livres, e todos bebemos de um só Espírito". Essa comunidade consagrada de quem não tinha nada em comum antes constituía o corpo do Cristo ressuscitado.[84] Em uma história memorável, Lucas, o evangelista mais próximo a Paulo, mostrou que os cristãos seriam conhecidos por abrir seu coração a estranhos, lendo juntos suas escrituras, e comendo à mesma mesa.[85]

Apesar de todos os esforços de Paulo, porém, os primeiros cristãos nunca se encaixariam com facilidade na sociedade greco-romana. Eles se mantinham afastados das celebrações públicas e dos sacrifícios cívicos que uniam os cidadãos e reverenciavam um homem executado por um governador romano. Eles chamavam Jesus de "senhor" (*kyrios*), o que nada tinha em comum com a aristocracia convencional, que se apegava ao status e via os pobres com desdém.[86] Paulo citava um hino do início do cristianismo para a *ekklesia* de Filipos, para lembrá-los de que Deus tinha outorgado a Jesus o título de *kyrios* porque ele "se despojou [*heauton ekenosen*],/ tomando a forma de escravo [...] abaixou-se,/ tornando-se obediente até à morte,/ à morte sobre uma cruz".[87] O ideal de *kenosis*, "esvaziamento", se tornaria crucial para a espiritualidade cristã. "Tende em vós o mesmo sentimento de Cristo Jesus", Paulo disse aos filipenses. "Nada fazendo por competição e vanglória, mas com humildade, julgando cada um os outros superiores a si mesmo, nem cuidando cada um só do que é seu, mas também do que é dos outros."[88] Como os seguidores de Confúcio ou os do Buda, os cristãos cultivavam ideais de reverência e de altruísmo contrários à agressiva autoafirmação da aristocracia guerreira.

Porém, uma comunidade unida e isolada pode desenvolver uma exclusividade que coloca os demais em ostracismo. Na Ásia Menor, várias comunidades judaico-cristãs, ligadas em sua origem a João, apóstolo de Jesus, desenvolveram uma visão diferente de Jesus. Paulo e os sinópticos nunca viram Jesus como Deus; a própria ideia horrorizaria Paulo, que, antes de sua conversão, fora um fariseu excepcionalmente meticuloso. Todos usavam o termo "Filho de Deus" no sentido judaico convencional: Jesus era um ser humano comum designado por Deus para uma tarefa especial. Mesmo em estado exaltado, para Paulo havia sempre uma distinção clara entre Jesus *kyrios Christos* e Deus, seu Pai. O autor do Quarto Evangelho, no entanto, retratava Jesus como um ser cósmico, "Verbo" (*logos*) eterno de Deus, que existira com Ele antes do princípio dos tempos.[89] Essa alta Cristologia parece ter separado o grupo de outras comunidades judaico-cristãs. Seus escritos com um simbolismo privado se destinavam aos "internos" e eram incompreensíveis para os que não pertenciam ao grupo. No Quarto Evangelho, Jesus frequentemente desconcerta a audiência com observações enigmáticas. Para os chamados cristãos joaninos, ter a visão correta sobre Jesus parecia mais importante do que trabalhar pela vinda do reino. Eles também tinham uma ética do amor, mas era reservada apenas aos membros do grupo; eles davam as costas para "o mundo",[90] condenando os desertores como "anticristos" e "filhos do Diabo".[91] Desprezados e incompreendidos, eles desenvolveram uma visão dualista de um mundo polarizado entre luz e trevas, bem e mal, vida e morte. Sua escritura mais extrema era o livro do Apocalipse, provavelmente escrito enquanto os judeus da Palestina lutavam desesperadamente contra o Império Romano.[92] O autor, João de Patmos, tinha certeza de que os dias da Besta, o império mau, estavam contados. Logo Jesus retornaria para entrar em combate, matar a Besta, jogá-la em um poço de fogo e estabelecer seu reinado por mil anos. Paulo ensinara a seus convertidos que Jesus, a vítima da violência imperial, conseguira uma vitória cósmica sobre o pecado e a morte. João, porém, retratava Jesus, que havia ensinado seus seguidores a não retaliar de maneira violenta, como um guerreiro implacável que derrotaria Roma com assassinato em massa e derramamento de sangue. Depois de muitos impedimentos, o Apocalipse foi admitido no cânone cristão, mas seria avidamente esquadrinhado em épocas de inquietação social, em que as pessoas desejavam um mundo mais justo e igualitário.

A revolta dos judeus eclodiu em Jerusalém em 66, depois que o governador romano confiscou o tesouro do templo. Nem todos apoiaram a revolta. Os fariseus, em especial, temiam que isso causasse problemas para os judeus da diáspora, mas o novo partido dos zelotes (*kanaim*) acreditava no sucesso da investida, pois o império enfrentava cisões internas. Eles conseguiram expulsar a guarnição e estabeleceram um governo provisório, mas o imperador Nero respondeu enviando para a Judeia um grande exército comandado por Vespasiano, seu general mais talentoso. As hostilidades foram suspensas durante os tumultos que se seguiram à morte de Nero em 68, mas quando Vespasiano se tornou imperador, seu filho Tito assumiu o cerco de Jerusalém, forçou os zelotes a capitular e, em 28 de agosto de 70, queimou a cidade e o templo, destruindo-os.

No Oriente Médio, um templo tinha um peso simbólico tão grande que uma tradição étnica mal podia suportar sua perda.[93] O judaísmo sobreviveu porque um grupo de estudiosos encabeçado por Yohanan ben Zakkai, líder dos fariseus, transformou a fé baseada na adoração no templo em uma religião do livro.[94] Na cidade litorânea de Yavne, eles começaram a compilar três novas escrituras: a Mishná, completada em torno de 200, e os Talmudes de Jerusalém e os da Babilônia, que chegaram à forma final nos séculos v e vi, respectivamente. De início, provavelmente a maior parte dos rabinos presumiu que o templo seria reconstruído, mas essa esperança acabou quando o imperador Adriano visitou a Judeia em 130 e anunciou a construção de uma nova cidade chamada Aelia Capitolina sobre as ruínas de Jerusalém. No ano seguinte, como parte da política de união cultural do império, ele tornou ilegais a circuncisão, a ordenação de rabinos, o ensinamento da Torá e as reuniões públicas de judeus. Inevitavelmente, talvez, houve outra revolta, e o valente soldado judeu Simon bar Koseba organizou tão bem a guerrilha que conseguiu manter Roma à distância por três anos. O rabino Akiva, um dos principais estudiosos de Yavne, saudou-o como o messias, chamando-o de Bar Kokhba ("Filho da Estrela").[95] Mas Roma reconquistou o controle, destruindo sistematicamente quase mil aldeias judias e matando 580 mil rebeldes judeus, ao mesmo tempo que incontáveis civis morreram ou queimados ou de fome e de doença.[96] Depois da guerra, os judeus foram expulsos da Judeia e por mais de quinhentos anos não teriam permissão para voltar.

A violência desse ataque imperial afetou muito o judaísmo rabínico. Ao invés de incentivar suas tradições mais agressivas, os judeus deliberadamente as marginalizaram, determinados a impedir outras aventuras militares catastróficas.[97] A partir de então, em suas novas academias na Babilônia e na Galileia, desenvolveram um método de exegese despojado de qualquer elogio excessivo ao chauvinismo e à beligerância. Eles não eram homens especialmente pacíficos — combatiam ferozmente em batalhas acadêmicas —, mas eram pragmáticos.[98] Aprenderam que a tradição judaica só sobreviveria se os judeus confiassem mais na força espiritual do que na física.[99] Não podiam mais pagar o preço de ter novos messias heroicos.[100] Eles se lembraram do conselho do rabino Yohanan: "Se você tiver uma muda em mãos e for informado de que 'O Rei Messias chegou', primeiro plante a muda e depois vá saudá-lo".[101] Outros rabinos foram ainda mais longe: "Deixe que ele venha, mas não deixe que eu o veja!".[102] Roma era uma realidade, e os judeus precisavam fazer as pazes com isso.[103] Os rabinos vasculharam as tradições bíblicas e orais para mostrar que Deus havia decretado o poder imperial de Roma.[104] Elogiavam a tecnologia romana e instruíam os judeus a abençoar um rei gentio sempre que o vissem.[105] Criaram novas regras proibindo os judeus de portar armas no Sabbath e de levar armas para a Casa de Estudos, já que a violência era incompatível com o estudo da Torá.

Os rabinos deixaram claro que, em vez de ser uma força incendiária, a atividade religiosa podia ser usada para reprimir a violência. Para isso, ou ignoravam as passagens belicosas da Bíblia hebraica, ou as interpretavam de forma radicalmente nova. Chamavam seu método de exegese de *midrash* — uma palavra derivada de *darash*: "investigar; ir à procura de algo". Portanto, o significado da escritura não era autoevidente; precisava ser desentocado por meio de estudo diligente e, como a palavra de Deus era infinita, não podia se restringir a uma única interpretação. Na verdade, sempre que um judeu confrontava um texto sagrado, ele devia ter um significado diferente.[106] Os rabinos se sentiam livres para discutir com Deus, desafiá-lo, e até mesmo mudar palavras da escritura para criar uma leitura mais compassiva.[107] Sim, Deus frequentemente era descrito como um guerreiro divino na Bíblia, mas os judeus precisavam imitar apenas seu comportamento misericordioso.[108] O verdadeiro herói não era mais um guerreiro, e sim um homem de paz. "Quem é o herói dos heróis?", perguntavam os rabinos. "Aquele que transforma um inimigo em amigo."[109] Um homem poderoso não prova seu valor no campo de batalha, mas é alguém "que domina suas paixões".[110] Quando o profeta Isaías parecia elogiar um soldado "que empurra o inimigo de volta para o portão", na verdade ele falava "daqueles que empurram uma esquiva em direção à Torá".[111] Os rabinos descreveram Josué e Davi como pios estudiosos da Torá e chegaram a dizer que Davi não tinha nenhum interesse na guerra.[112] Quando o Exército egípcio se afogou no mar Vermelho, alguns dos anjos quiseram cantar louvores a Iahweh, mas ele os repreendeu: "Meus filhos jazem afogados no mar, e vocês desejam cantar?".[113]

Os rabinos reconheceram algumas guerras das escrituras como ordens divinas. Apesar de concluírem que as campanhas contra os canaanitas foram "obrigatórias", os rabinos babilônicos determinaram que, como esses povos não existiam mais, a guerra não podia ser compulsória.[114] Porém, os rabinos palestinos, cuja posição na Palestina Romana era inferior, afirmavam que os judeus ainda eram obrigados a lutar em algumas situações — mas apenas em autodefesa.[115] Embora as guerras territoriais de Davi tenham sido "arbitrárias", os rabinos mostravam que até mesmo reis precisavam pedir permissão para o Sinédrio, o corpo de governo dos judeus, antes de sair a campo. No entanto, na ausência de monarquia e Sinédrio, as guerras discricionárias já não eram legítimas. Eles também interpretaram um versículo do Cântico dos Cânticos de modo a desencorajar rebeliões em massa contra os gentios: "Filhas de Jerusalém,/ pelas cervas e gazelas do campo,/ eu vos conjuro:/ não desperteis, não acordeis o amor,/ até que ele o queira!".[116] Os israelitas não deviam agir de maneira provocativa ("despertar o amor"); não deveriam migrar em massa para a Terra de Israel nem se rebelar contra o gentio até que Deus emitisse uma diretriz ("até que queira"). Se continuassem quietos, Deus não permitiria perseguições, mas, se desobedecessem, iriam, como as "cervas do campo", ser presa fácil da violência dos gentios.[117] Esse fragmento obscuro de exegese efetivamente paralisou a atividade política dos judeus por mais de um milênio.[118]

Em meados do século III d.C., o Império Romano estava em crise. A nova dinastia Sassânida na Pérsia havia conquistado território romano na Cilícia, na

Síria e na Capadócia; as tribos góticas na bacia do Danúbio atacavam a fronteira sem parar; e bandos de guerreiros germânicos assediavam guarnições romanas no vale do Reno. Em um intervalo curto de dezesseis anos (268-84), oito imperadores foram assassinados pelas próprias tropas. A economia estava em ruínas e as aristocracias locais lutavam pelo poder nas cidades.[119] Por fim, Roma foi salva por uma revolução militar, liderada por soldados profissionais da região de fronteira, que transformaram o Exército romano.[120] Os aristocratas deixaram de ocupar as posições mais altas, o Exército dobrou de tamanho e as legiões foram divididas em destacamentos menores e mais flexíveis. Uma força móvel de cavalaria, o *comitatus* apoiava as guarnições nas fronteiras, e pela primeira vez cidadãos romanos pagavam tributos para financiar o Exército. No fim do século III, os bárbaros nos Bálcãs e no norte da Itália tinham sido repelidos, o avanço persa, contido, e Roma, recuperado seu território. Os novos imperadores romanos não eram mais nobres de nascimento. Diocleciano (r. 284-305) era filho de um escravo alforriado da Dalmácia, Galério (r. 305-11), um ex-pastor dos Cárpatos, e Constâncio Cloro (r. 305-6), um cavalheiro comum da zona rural de Nis. Eles centralizaram o império, assumindo o controle direto sobre a tributação, em vez de deixá-la para a nobreza local, e Diocleciano ainda compartilhou o poder com três coimperadores, criando a *tetrarquia* ("governo dos quatro"): Maximiano e Constâncio Cloro governaram as províncias ocidentais, enquanto Dicocleciano assumiu o oriente com Galério.[121]

A crise do século III fez com que as autoridades prestassem atenção no cristianismo. Os cristãos nunca tinham sido populares; ao se recusar a participar do culto cívico, pareciam suspeitos, e em épocas de tensão social facilmente se tornavam bodes expiatórios. De acordo com Tácito, Nero culpou os cristãos pelo grande incêndio de Roma e matou vários deles — talvez sejam esses os mártires sentados perto do trono de Deus no livro do Apocalipse.[122] O teólogo do norte da África, Tertuliano (*c.* 160-220), reclamou: "Se o Tibre sobe até as paredes, se o Nilo deixa de subir e enche os campos, se o céu contém sua chuva, se há um terremoto ou fome ou praga, imediatamente surge o grito: 'Aos leões com os cristãos!'".[123] Mas não era comum uma classe dominante agrária interferir na vida religiosa de seus súditos, e o império não tinha uma política de perseguição. Em 112, quando Plínio, governador da Bitínia, perguntou ao imperador Trajano como deveria tratar os cristãos levados a ele, Trajano respondeu que não havia um procedimento oficial. Os cristãos não deviam ser caçados ativamente, ele aconselhou, mas se por algum motivo aparecessem diante dos tribunais e recusassem o sacrifício aos deuses romanos, deviam ser executados por desafiar o governo imperial. Os cristãos que realmente morreram desse modo eram venerados em suas comunidades, e o Livro dos Mártires, com as histórias de suas mortes em detalhes terríveis, era lido em voz alta na liturgia.

No entanto, contrariando todas as expectativas, no século III o cristianismo se tornou uma força que era preciso levar em conta. Ainda não se sabe exatamente como isso ocorreu.[124] Uma hipótese é que o surgimento de outros novos movimentos religiosos no império tenha tornado o cristianismo menos bizarro. As pessoas agora procuravam o divino em um ser humano "amigo de Deus" e não em um lugar sagrado; sociedades secretas, não diferentes da Igreja, surgiam rapidamente em todo o império. Assim como o cristianismo, muitas dessas sociedades eram provenientes das províncias orientais, exigiam uma iniciação especial, ofereciam uma nova revelação e exigiam uma conversão de vida.[125] Além disso, o cristianismo começava a atrair mercadores e artesãos como Paulo, que haviam abandonado suas cidades de origem e se aproveitado da Pax Romana para viajar e se estabelecer em outros lugares; muitos tinham perdido contato com suas raízes e estavam abertos a novas ideias. A ética igualitária do cristianismo o tornou popular entre as classes mais baixas e os escravos. Mulheres achavam que a Igreja era atraente porque as escrituras cristãs instruíam os maridos a tratar suas esposas com consideração. Como o estoicismo e o epicurismo, o cristianismo prometia paz interior, mas esse modo de vida podia ser seguido tanto por pobres e iletrados quanto por membros da aristocracia. A Igreja também começava a atrair alguns homens muito inteligentes, como o plantonista alexandrino Orígenes (185-254), que interpretavam a fé de um modo que interessava ao público instruído. Como resultado de tudo isso, a Igreja tinha se tornado uma organização significativa. Ainda não era *religio licita*, uma das tradições aprovadas pelo império, e portanto não podia ter propriedades, mas ela tinha eliminado os aspectos mais primitivos e, como o próprio império, alegava ter uma única regra de fé: ela era multirracial, internacional e administrada por burocratas eficientes.[126]

O trabalho de caridade, que fez da Igreja uma presença forte nas cidades, é um dos motivos mais convincentes de seu sucesso. Em 250, a Igreja em Roma alimentava 1500 pobres e viúvas diariamente, e durante uma praga ou uma rebelião muitas vezes o clero era o único grupo capaz de fornecer suprimento alimentício e de enterrar os mortos. Em uma época em que os imperadores pareciam se preocupar com a defesa da fronteira e ter se esquecido das cidades, a Igreja se estabeleceu firmemente ali.[127] Mas em um período de tensão social, esse destaque era uma ameaça às autoridades, que passaram a perseguir e executar cristãos sistematicamente.

É importante explorar o ideal de martírio, que surgiu de modo alarmante em nossa própria época e agora é associado à violência e ao extremismo. Os mártires cristãos, no entanto, eram vítimas de perseguição imperial e não matavam outras pessoas. A memória dessa perseguição se agigantaria tremendamente na consciência da Igreja em seus primeiros tempos e moldaria a visão do mundo cristão. No entanto, até a crise do século III, nenhuma perseguição oficial tinha abrangido todo o império, os episódios de hostilidade eram locais; mesmo no século III, as autoridades romanas só perseguiram cristãos de maneira intensiva por cerca de dez anos.[128] Em um império agrário a aristocracia dominante esperava que sua religião fosse diferente da de seus súditos, mas desde Augusto a adoração dos deuses de Roma era considerada essencial para a sobrevivência do império. Pensava-se que a Pax Romana dependia da Pax Deorum, a paz imposta pelos deuses, que em troca de sacrifício regular garantiriam a segurança e a prosperidade imperial.

Por isso quando a fronteira norte de Roma foi ameaçada pelas tribos bárbaras em 250, o imperador Décio ordenou que todos os súditos sacrificassem seus gênios para obter a ajuda dos deuses nas dores da morte. Esse decreto não era especificamente contra os cristãos; além disso, como sua implantação era difícil, é pouco provável que as autoridades tenham caçado quem deixou de comparecer ao sacrifício oficial.[129] Quando Décio foi morto em combate no ano seguinte, o édito foi revogado. Em 258, no entanto, Valeriano foi o primeiro imperador a ter a Igreja como alvo, ordenando a execução do clero e o confisco das propriedades de cristãos de alta patente. Mais uma vez, parece que poucos morreram. Dois anos depois, os persas prenderam Valeriano e ele morreu no cativeiro. Seu sucessor, Galiano, revogou a legislação, e os cristãos tiveram quarenta anos de paz.

Com certeza Valeriano se incomodou mais com a força de organização da Igreja do que com suas crenças e rituais. A Igreja era um fenômeno inédito. Os cristãos se apropriaram dos meios de comunicação aprimorados pelo império para criar uma instituição com estrutura unificada, algo que nenhuma das tradições discutidas até aqui tentou. Cada igreja local era encabeçada por um bispo, o "supervisor" cuja autoridade, segundo se dizia, derivava dos apóstolos de Jesus, auxiliado por presbíteros e diáconos. Essa rede de comunidades quase idênticas era praticamente um império dentro do império. Ireneu, bispo de Lyon (c. 130-200), ansioso para criar uma ortodoxia que excluísse sectários agressivos, afirmara que a Grande Igreja tinha uma única Regra de Fé, já que os ensinamentos dos bispos eram herança direta dos apóstolos. Isso não só era uma ideia nova, como também uma fantasia completa. As cartas de Paulo mostram que houve uma tensão considerável entre ele e os discípulos de Jesus, pois havia pouca relação entre os ensinamentos de ambos. Cada um dos sinópticos tinha uma interpretação própria de Jesus, e os joaninos também eram diferentes; além disso, havia uma série de outros evangelhos circulando. Quando os cristãos finalmente estabeleceram um cânone das escrituras — entre os séculos IV e VI —, várias visões foram incluídas lado a lado.

Mas infelizmente o cristianismo desenvolveria um desejo peculiar de conformidade intelectual que não só seria insustentável como iria afastá-lo das demais religiões. Os rabinos jamais tentariam criar uma autoridade central única; se nem mesmo Deus podia dizer a outro judeu o que pensar, quem dirá outro rabino.[130] O Buda rejeitara terminantemente a ideia da autoridade religiosa; a noção de uma só regra de fé e de uma hierarquia estruturada era inteiramente estranha às várias tradições da Índia; e os chineses eram incentivados a ver mérito em todos os grandes professores, apesar de suas discordâncias.

Nos quarenta anos de paz que se seguiram à morte de Valeriano, líderes cristãos transformariam a Igreja em algo ainda mais ameaçador para as autoridades. Quando Diocleciano estabeleceu seu palácio em Nicomédia em 287, havia uma basílica cristã totalmente à vista na colina oposta, parecendo confrontar o palácio imperial de igual para igual. Ele não tomou medida alguma contra a Igreja durante dezesseis anos, mas, como um crente convicto na Pax Deorum em uma época cujo destino do império era incerto, Diocleciano veria como algo cada vez mais intolerável a recusa persistente dos cristãos a honrar os deuses.[131] Em 23 de fevereiro de 303, ele exigiu que a presunçosa basílica fosse demolida; no dia seguinte tornou ilegais os encontros dos cristãos e ordenou a destruição de igrejas e o confisco das escrituras cristãs. Todos os homens, mulheres e crianças deviam, sob pena de morte, reunir-se em praça pública para fazer sacrifício aos deuses de Roma. No entanto, a legislação só foi implantada em algumas regiões no Ocidente, onde havia poucas ou nenhuma comunidade cristã. É difícil saber quantas pessoas morreram por causa disso. Se deixassem de comparecer aos sacrifícios, os cristãos raramente eram perseguidos; muitos arriscaram, e outros encontraram brechas na lei.[132] A maioria dos que foram mortos tinha desafiado as autoridades como mártires voluntários, uma prática condenada pelos bispos.[133] Esses éditos expiraram quando Diocleciano abdicou em 305, embora tenham sido renovados por dois anos (311-3) pelo imperador Maximino Daia.

O culto dos mártires, contudo, se tornou central para a misericórdia cristã porque eles provavam que Jesus não era único: dentro da própria Igreja havia "amigos de Deus" com poderes divinos. Os mártires eram "outros Cristos", e a imitação de Cristo, inclusive na morte, o trazia para o presente.[134] Para o Livro dos Mártires essas mortes heroicas eram milagres que manifestavam a presença de Deus, porque os mártires pareciam insensíveis à dor. "Não deixem que passe um dia sem que vivamos nessas histórias", incitava a sua congregação Vitrício, o bispo do século v em Ruão. "Esse mártir não recuou sob tortura; esse mártir apressou o lento trabalho da execução; esse avidamente engoliu as chamas; esse foi esquartejado mas permaneceu de pé".[135] "Eles sofreram mais do que seres humanos podem suportar, e não aguentaram isso com suas próprias forças, mas pela graça de Deus, explicou o papa Gelásio (r. 492-6).[136] Quando a menina escrava Blandina foi executada em Lyon em 177, seus companheiros "viram com seus olhos, através de sua irmã, Aquele que foi crucificado por eles".[137]

Quando a jovem esposa e mãe Víbia Perpétua foi presa em Cartago em 203, ela teve uma série de sonhos notáveis que provaram, inclusive para os perseguidores, sua relação especial com o divino. O próprio gestor da prisão percebeu "que havia um poder raro em nós", recordou o biógrafo dela.[138] Por meio desses "amigos de Deus", os cristãos podiam exigir respeito e até mesmo se dizer superiores às comunidades pagãs. No entanto, sempre haveria mais do que uma insinuação de agressividade no "testemunho" que os mártires davam de Cristo. Na noite anterior à execução, Perpétua sonhou que tinha se transformado em um homem e lutado contra um egípcio no estádio, um homem enorme e "imundo", mas com uma injeção de força divina ela foi capaz de derrubá-lo no chão.

Quando acordou, sabia que não lutaria contra animais selvagens naquele dia, mas contra o próprio "Inimigo", e "a vitória seria minha".[139]

Apesar de o martírio ser o protesto de uma minoria, a morte violenta dos mártires se transformou em uma demonstração da violência estrutural e da crueldade do Estado. O martírio era e sempre seria uma escolha política, além de religiosa. Os cristãos, vistos como inimigos do império e em uma relação de forças visivelmente assimétrica com as autoridades, encontravam na morte uma forma provocativa de afirmar outro tipo de fidelidade. Os mártires já tinham conquistado uma reputação essencialmente superior à de Roma, e, ao depositar suas mortes na porta do opressor, eles de fato os demonizavam. Mas esses cristãos começavam a desenvolver uma história de ressentimento que dotava sua fé de um novo caráter agressivo. Eles tinham certeza de que, como Jesus no livro do Apocalipse, participavam de uma batalha escatológica ainda em curso; e quando lutavam, como gladiadores, contra animais selvagens na arena, combatiam forças demoníacas (personificadas nas autoridades imperiais), o que apressaria o retorno triunfal de Jesus.[140] Mais tarde aqueles que se apresentavam voluntariamente às autoridades seriam chamados de "revolucionários suicidas". Ao forçar os governantes a executá-los, tornavam evidente a violência da chamada Pax Romana, e o sofrimento deles, acreditavam firmemente, preciptaria o fim dessa situação.

Outros cristãos, porém, não consideravam o império satânico; em vez disso, passaram por uma conversão impressionante a Roma.[141] De novo isso mostra que é impossível apontar um cristianismo "essencial", que leve a caminhos idênticos. Orígenes, por exemplo, acreditava que o cristianismo era o ápice da cultura clássica da antiguidade; assim como as escrituras dos hebreus, a filosofia grega também tinha sido uma expressão do Logos, a Palavra de Deus. A Pax Romana fora providencial. "Caso houvesse muitos reinos", acreditava Orígenes, "isso teria dificultado que a palavra de Jesus se espalhasse pelo mundo inteiro."[142] A diplomacia e as decisões sábias dos bispos das cidades mediterrâneas deram a eles a reputação de serem "amigos de Deus".[143] Cipriano, bispo de Cartago (200-58), afirmava presidir uma sociedade com uma majestade tão poderosa quanto a de Roma.[144]

Em 306, Valério Aurélio Constantino, destacado soldado de Diocleciano, sucedeu ao pai, Constantino Cloro, como um dos dois governantes das províncias ocidentais do império. Determinado a tornar-se único soberano, fez campanha contra seu coimperador Magêncio. Em 312, na noite anterior à batalha final na ponte Mílvia, perto de Roma, Constantino teve uma visão de uma cruz flamejante no céu, enfeitada com o lema "Nesta conquista!". Sonhador e visionário, Constantino também se via como um "amigo de Deus", e passou a atribuir suas vitórias a presságios miraculosos. Naquele ano ele declarou o cristianismo uma *religio licita*.

Constantino empregou o filósofo Lúcio Célio Lactâncio (*c.* 260-325) como tutor de seu filho Crispo. Lactâncio convertera-se ao cristianismo pela coragem dos mártires que tinham sofrido sob Maximino Daia. Para ele, o Estado era inerentemente agressivo e predatório. Os romanos podiam falar com toda a pompa sobre virtude e respeito pela humanidade, mas não praticavam o que pregavam. Os objetivos do poder político, incluindo Roma, eram sempre "estender as fronteiras tomadas de outros violentamente, ampliar o poder do Estado, aumentar as receitas", e isso só podia ser obtido por meio de *latrocinium*, "violência e roubo".[145] Nada poderia ser chamado de "guerra justa", porque era inadmissível tirar vidas humanas.[146] Se os romanos de fato quisessem ser virtuosos, concluía Lactâncio, deviam "restabelecer os domínios alheios" e abandonar a riqueza e o poder.[147] Pode ser que Jesus fizesse isso, mas era pouco provável na Roma Cristã.

6. Bizâncio: a tragédia do Império

Em 323, Constantino derrotou Licínio, o imperador das províncias orientais, e se tornou o único governante do Império Romano. Sua ambição maior, no entanto, era comandar o mundo civilizado a partir das praias do Mediterrâneo e chegar ao planalto iraniano, como Ciro fizera.[1] O primeiro passo foi transferir a capital de Roma para a cidade de Bizâncio do Bósforo, fronteira entre Europa e Ásia, que ele rebatizou de Constantinopla. Ali ele foi saudado por Eusébio (c. 264-340), bispo de Cesareia: "Que o amigo do Deus que Tudo Governa seja proclamado como nosso único soberano [...] que se moldou conforme a forma arquetípica do Supremo Soberano, cujos pensamentos espelham os raios virtuosos pelos quais ele foi tornado perfeitamente sábio, bom, justo, pio, corajoso e passou a amar a Deus".[2] Isso estava muito longe da crítica de Jesus às autoridades mundanas, mas na Antiguidade a retórica da realeza sempre foi praticamente intercambiável com a linguagem da divindade.[3] Eusébio entendia a monarquia, o governo de "um" (*monos*), como uma consequência natural do monoteísmo.[4] Agora havia um Deus, um império e um imperador.[5] Por meio das vitórias militares, Constantino finalmente estabelecera o Reino de Jesus, que logo se espalharia para o mundo inteiro. Eusébio compreendia perfeitamente as ambições iranianas de Constantino e defendia a ideia de que o imperador não apenas era o César dos cristãos romanos como também o legítimo soberano dos cristãos da Pérsia.[6] Ao criar e articular um cristianismo imperial e batizar o latrocínio de Roma, Eusébio subverteu completamente a mensagem original de Jesus.

A conversão de Constantino era claramente um golpe. O cristianismo não era ainda a religião oficial do Império, mas pelo menos fora reconhecido pela lei romana. Agora a Igreja tinha autorização para ter propriedades, construir basílicas e igrejas e contribuir para a vida pública. No entanto, os cristãos que tão alegremente aceitaram a proteção imperial não notaram algumas incongruências flagrantes. Jesus disse a seus seguidores para dar o que tinham aos pobres, mas o imperador cristão era extremamente rico. No Reino de Deus, os ricos e os pobres deviam se sentar à mesma mesa, mas Constantino vivia em um estado superior, de exceção, e o cristianismo inevitavelmente seria maculado pela conexão com o opressivo Estado agrário. Eusébio acreditava que as conquistas de Constantino eram o ápice da história sagrada.[7] Jesus dera a seus discípulos todo o poder no céu e na terra, e o imperador cristão fizera disso uma realidade política.[8] Eusébio preferiu ignorar que as conquistas foram obtidas por meio das legiões romanas condenadas por Jesus como demoníacas. A relação estreita da Igreja com o império, iniciada em 312, indicava que a guerra inevitavelmente adquiriu um caráter sacro — embora os bizantinos sempre relutassem em chamá-la de "sagrada".[9] Nem Jesus nem os primeiros cristãos teriam imaginado oximoro tão grande quanto um imperador cristão.

No entanto, mais uma vez, a mesma tradição capaz de desafiar a agressão estatal sustentou essa postura ética ao se tornar identificada com o governo aristocrático. Inevitavelmente o Império Cristão seria contaminado pelo "roubo e violência" (*latrocinium*), que, segundo Lactâncio, caracterizava todo imperialismo. Como no zoroastrismo imperial de Dario, o cumprimento de uma escatologia sem dúvida se projetava em um sistema político falho. Eusébio sustentava que Constantino estabelecera o reino que Cristo inauguraria em sua Segunda Vinda. Ele ensinou os cristãos de Bizâncio a acreditar que o militarismo implacável e a injustiça sistêmica do Império Romano seriam transformados pelo ideal cristão. Mas Constantino era um soldado e pouco sabia sobre sua nova fé. Era mais provável que o cristianismo fosse convertido à violência imperial.

Talvez Constantino tenha percebido a ambiguidade de sua posição, já que postergou seu batismo até o leito de morte.[10] No último ano de sua vida, planejava uma expedição contra a Pérsia, mas, quando adoeceu, relata Eusébio, "percebeu que chegara a hora de se purificar das ofensas que havia cometido em outros momentos, confiando que podia lavar de sua alma quaisquer pecados que tivessem lhe cabido cometer, como acontece a qualquer mortal".[11] Ele disse aos bispos: "Devo agora viver conforme as regras de Deus", admitindo tacitamente, talvez, que nos últimos 25 anos fora incapaz de fazer isso.[12]

O imperador enfrentou essas contradições antes de ir ao Oriente, quando precisou lidar com um caso de heresia cristã no norte da África.[13] Constantino acreditava ter autoridade suficiente para intervir em questões desse gênero porque, como disse em uma frase famosa: "Fui designado por Deus como supervisor dos assuntos externos da Igreja".[14] A heresia (*airesis*) não era só uma questão dogmática, mas também política: a palavra significava "escolher outro caminho". Como em Roma religião e política eram inseparáveis, a falta de consenso na Igreja ameaçava a Pax Romana. Em assuntos de Estado, nenhum imperador romano podia permitir que os súditos "escolhessem seu próprio caminho". Depois de ter se tornado o único imperador das províncias ocidentais, Constantino fora bombardeado com apelos dos separatistas donatistas e estava preocupado que "essas disputas e altercações [...] colocassem a mais alta deidade não apenas contra a raça humana, mas também contra mim, a cujo cuidado Ele [...] confiou a regulação das coisas terrenas".[15] Um número significativo de cristãos do norte da África se recusou a aceitar a consagração episcopal de Ceciliano, o novo bispo de Cartago, e estabeleceu a própria Igreja, tendo Donato como bispo.[16] Uma vez que as igrejas africanas consideravam válidas as ordens de Ceciliano, os donatistas destruíam o consenso da Igreja. Constantino então decidiu agir.

Como todo imperador romano, seu primeiro instinto foi mandar o Exército esmagar os dissidentes, mas, em vez disso, decidiu confiscar as propriedades dos donatistas. Tragicamente, porém, quando as tropas imperiais marcharam até uma basílica donatista para levar o édito, a congregação desarmada resistiu, e seguiu-se um massacre. De imediato, os donatistas reclamaram que o imperador cristão perseguia seus irmãos no cristianismo e que, apesar da conversão de Constantino, nada havia mudado desde a época de Diocleciano.[17] Constantino foi obrigado a revogar o édito, deixar os donatistas em paz e a instruir os bispos ortodoxos para dar a outra face.[18] Ele tinha certeza de que os donatistas haviam escapado à punição. Depois disso ele e seus sucessores seriam mais cautelosos em relação a qualquer discurso teológico ou eclesiástico que ameaçasse a Pax Christiana, da qual a segurança do império tinha passado a depender.[19]

Constantino relutava em levar seu cristianismo ao pouco cristianizado Ocidente, mas, ao chegar ao Oriente, vivenciou sua conversão política à fé. Até então tornar o cristianismo a religião oficial do império era impensável e os pagãos continuavam em cargos públicos, mas Constantino fechou alguns templos pagãos e desaprovou a adoração que envolvia sacrifícios.[20] As reivindicações universais do cristianismo pareciam se encaixar perfeitamente na ambição de Constantino de governar o mundo, e ele acreditava que sua ética de paz e perdão servia perfeitamente à Pax Romana. Mas, para horror de Constantino, as Igrejas orientais, longe de estarem unidas em amor fraterno, estavam amargamente divididas em função de uma disputa teológica obscura — e incompreensível para ele.

Em 318, Ário, presbítero de Alexandria, lançara a ideia de que Jesus, a Palavra de Deus, não fora divino por natureza. Citando uma gama de textos bíblicos impressionante, afirmava que Deus só tinha conferido divindade ao homem Jesus como recompensa por sua perfeita obediência e humildade. A essa altura não havia uma posição ortodoxa sobre a natureza de Cristo, e muitos dos bispos simpatizaram com a teologia de Ário. Como os vizinhos pagãos, eles não viam o divino como uma realidade distante e impossível; no mundo greco-romano, era dado como certo que homens e mulheres regularmente se tornavam deuses de pleno direito.[21] Eusébio, o principal intelectual cristão de seu período, ensinava à sua congregação que Deus já tinha se revelado em forma humana antes, primeiro para Abraão, que ao conversar com três estranhos em Mamre descobrira que Iahweh participava da conversa; mais tarde Moisés e Josué tiveram teofanias semelhantes.[22] Para Eusébio, a Palavra de Deus, ou Logos — o elemento divino em um ser humano[23] —, tinha simplesmente voltado à terra mais uma vez, agora na pessoa de Jesus de Nazaré.[24]

Ário, no entanto, se opunha veementemente a Atanásio, seu jovem e combativo assistente. Para Atanásio, a vinda de Deus à terra não era uma repetição de epifanias anteriores, e sim um ato de amor único, sem precedentes e que não se repetiria. Isso ecoava nos círculos em que a percepção do divino mudara; muitos cristãos não acreditavam mais que ascenderiam a Deus por esforços próprios como, segundo Ário, Jesus tinha feito. Era como se houvesse uma lacuna intransponível entre o Deus que era a vida em si e o mundo material, que parecia cronicamente frágil e moribundo. Dependentes de Deus em cada respiração, os seres humanos eram incapazes de salvar a si mesmos. Mas paradoxalmente, ao contemplar o homem Jesus, os cristãos ainda enxergavam um novo potencial divino na humanidade, o que os levava a ver a si mesmos e aos vizinhos de maneira diferente. Além disso, havia uma valorização inédita do corpo humano. A espiritualidade cristã foi muito influenciada pelo platonismo, que buscava liberar a alma do corpo, mas alguns círculos no início do século IV começavam a ter esperanças de que os corpos até então desprezados podiam levar homens e mulheres ao divino — ou, pelo menos, de que o divino não fosse uma realidade separada da existência física, como sustentavam os platonistas.[25]

A doutrina da encarnação de Atanásio falava diretamente a esse novo estado de espírito. Ele afirmava que, na pessoa de Jesus, Deus havia se inclinado sobre o abismo entre o humano e o divino e, em um ato espantoso de *kenosis* ("autoesvaziamento"), assumiu a carne mortal, compartilhando de nossa fraqueza e se transformando completamente em nossa natureza humana frágil e perecível. "O Logos se fez humano para que nós nos tornássemos divinos", insistia Atanásio. "Ele se revelou por meio de um corpo para que possamos receber uma ideia do Pai invisível."[26] A novidade do evangelho era a chegada da nova vida, humana porque divina.[27] Ninguém era obrigado a "acreditar" nessa doutrina; as pessoas a adotavam porque refletia sua experiência pessoal. A doutrina de Atanásio da "deificação" (*theosis*) da humanidade fazia todo o sentido para os cristãos convencidos de que misteriosamente já tinham sido transformados e de que a humanidade deles adquiria uma nova dimensão divina. A *theosis*, no entanto, parecia absurda para quem não tinha passado por essa experiência.

Em resposta a uma mudança no ambiente intelectual, surgiram dois tipos de "cristianismos", e ambos afirmavam ter base em escrituras e sábios do passado. Por meio de reflexão silenciosa e contínua, essa disputa teria sido resolvida de maneira fácil e pacífica. Em vez disso, ela alcançou a política imperial. Constantino obviamente não compreendia essas questões teológicas, mas desejava reparar a violação do consenso eclesiástico mesmo assim. Em maio de 325 convocou os bispos para um concílio em Niceia a fim de resolver a questão de uma vez por todas. Nessa ocasião, Atanásio conseguiu influenciar o imperador e fez valer sua posição. A maioria dos bispos, temendo desagradar a Constantino, assinou o credo de Atanásio, mas continuou a pregar como antes. O concílio não resolveu nada, e a controvérsia ariana se arrastou por mais sessenta anos. Do alto de seu conhecimento teológico, depois Constantino passaria a defender o outro lado e adotaria a posição ariana apoiada pelos bispos mais cultos e aristocráticos.[28] Longe de ser aristocrata, Atanásio era insultado pelos inimigos como um arrivista "vindo das mais baixas camadas sociais", que "não era diferente de um simples artesão". Durante toda a discussão sobre *kenosis*, Atanásio nunca perdeu o ímpeto nem a sua convicção teológica, em boa medida inspirada no novo movimento monástico dos desertos ao redor de Alexandria.

Em 270, ano do nascimento de Constantino, um jovem camponês egípcio caminhou até a igreja absorto em pensamentos. Antônio acabara de herdar uma porção de terra considerável dos pais, mas achava que essa sorte era um fardo insuportável. Ele tinha apenas dezoito anos, mas a partir de então teria de encaminhar sua irmã, casar-se, ter filhos e trabalhar na fazenda pelo resto da vida para sustentar a todos. No Egito a fome se alastrava quando o Nilo não inundava as terras, e a escassez de alimentos era sempre uma ameaça real, por isso a maioria das pessoas aceitava essa luta incessante como algo inevitável.[29] Mas Jesus tinha dito: "Por isso vos digo: não vos preocupeis com a vossa vida quanto ao que haveis de comer, nem com o vosso corpo quanto ao que haveis de vestir".[30] Antônio também se lembrava de que os primeiros cristãos venderam tudo o que tinham e deram aos pobres.[31] Ainda refletindo sobre esses textos, ele entrou na igreja e ouviu o padre lendo as palavras de Jesus para um jovem rico: "Se queres ser perfeito, vai, vende o que possuis e dá aos pobres, e terás um tesouro nos céus".[32] Imediatamente Antônio vendeu sua propriedade e embarcou em uma jornada em busca de liberdade e espiritualidade que se tornaria uma contracultura, contestando tanto o Estado romano cristianizado quanto o novo cristianismo mundano e imperial. Como outras comunidades monásticas que vimos, os seguidores de Antônio tentavam criar uma maneira mais igualitária e compassiva de as pessoas viverem juntas.

Nos primeiros quinze anos, como outros "renunciantes" (*apotaktikoi*), Antônio viveu perto dos limites de sua aldeia; depois se mudou para os túmulos à beira do deserto e por fim se aventurou mais do que qualquer monge deserto adentro, vivendo por anos em uma fortaleza abandonada ao lado do mar Vermelho, até que, em 301, começou a atrair discípulos.[33] Na imensidão do deserto, Antônio descobriu uma tranquilidade (*hesychia*) que punha em perspectiva as preocupações mundanas.[34] São Paulo tinha insistido que os cristãos deviam se sustentar,[35] por isso os monges egípcios ou trabalhavam como diaristas ou vendiam sua produção. Antônio cultivava vegetais para oferecer a viajantes de passagem, pois aprender a tratar os outros com gentileza e a compartilhar sua riqueza era essencial para o programa monástico.[36]

Por algum tempo, camponeses egípcios aderiram a esse tipo de vida desprendida (*anchoresis*) para escapar da crise econômica ou social. Durante o século III, as aldeias enfrentavam sérios problemas de convivência. Apesar de prósperos, os fazendeiros eram amargos e nada amistosos, mas a carga tributária da aldeia e a necessidade de cooperação para controlar as inundações do Nilo os obrigavam a viver perto de vizinhos desagradáveis.[37] O sucesso normalmente era alvo de ressentimento. "Embora eu tenha uma boa quantidade de terras e esteja ocupado com seu cultivo", um fazendeiro explicava, "não me envolvo com ninguém na aldeia e vivo isolado."[38] Dessa forma, quando as relações entre vizinhos se tornavam insustentáveis, as pessoas às vezes se mudavam para os limites do assentamento.[39] Mas, depois que o cristianismo chegou à área rural do Egito, no final do século III, a *anchoresis* deixou de ser o isolamento dos descontentes e passou a ser uma escolha deliberada de viver conforme o evangelho, uma alternativa bem-vinda para desafiar a amargura e o tédio da vida no povoado. Os monges (*monachos*) viviam sozinhos (*monos*), buscando ficar "livres de preocupações" (*amerimmia*) como Jesus tinha prescrito.[40]

Como renunciantes anteriores, ao abandonar sua função na economia agrária e rejeitar a violência inerente dessa sociedade, os monges criaram uma contracultura. A luta de um monge começava assim que ele deixava a aldeia.[41] De início, explicava um dos maiores anacoretas, ele foi atormentado por pensamentos aterradores "de uma velhice imensa, da incapacidade de realizar trabalhos manuais, medo da fome que virá, da doença que se segue à desnutrição, e da vergonha profunda de precisar depender da esmola dos outros".[42] Sua maior tarefa, no entanto, era domar os impulsos violentos escondidos nas profundezas da psicologia humana. Os monges frequentemente descreviam suas lutas como uma batalha contra os demônios, o que nós modernos entendemos como tentações sexuais. Mas eles estavam menos preocupados com sexo do que nós: em geral os monges egípcios evitavam as mulheres porque elas simbolizavam o fardo econômico de que queriam fugir.[43] O "demônio" da raiva era bem mais ameaçador do que o sexo para esses camponeses egípcios de língua afiada.[44] Independentemente do quão provocadoras fossem as circunstâncias do ataque, os monges nunca deviam responder de forma agressiva. Um abade determinou que não havia desculpas para falar de maneira violenta, mesmo que teu irmão "arranque teu olho direito e ampute tua mão direita".[45] Um monge nem sequer deve parecer raivoso ou fazer um gesto impaciente.[46] Esses monges meditavam sobre a ordem de Jesus de "amar seus inimigos" porque a maior parte deles de fato *tinha* inimigos na comunidade.[47] Evágrio do Ponto (d. 399), um dos mais influentes professores monásticos, se baseou na doutrina da *kenosis* de Paulo e instruiu os monges a esvaziar suas mentes de raiva, avareza, orgulho e presunção, que dilaceravam a alma e os levavam a fechar seu coração para os outros. Ao seguir esses preceitos, alguns superaram a beligerância inata e atingiram uma paz interior percebida como retorno ao Jardim do Éden, quando os seres humanos viveram em harmonia uns com os outros e com Deus.

O movimento monástico se espalhou rápido, demonstrando um desejo geral de alternativas a um cristianismo cada vez mais maculado por associações com o império. No fim do século v, dezenas de milhares de monges viviam ao longo do Nilo e nos desertos da Síria, Egito, Mesopotâmia e Armênia.[48] Segundo Anastácio, eles criaram uma cidade espiritual no deserto completamente oposta à cidade mundana, sustentada por tributação, opressão e agressão militar.[49] Ao invés de instituir uma aristocracia dependente do trabalho de terceiros, os monges eram autossuficientes, viviam em nível de subsistência e qualquer excedente produzido ia para os pobres. Ao invés da Pax Romana garantida por violência marcial, cultivavam a *hesychia* e sistematicamente libertavam a mente de raiva, violência e ódio. Como Constantino, Antônio era venerado por muitos como *epigeios theos*, um "deus na terra", porém ele governava mais com gentileza do que com coerção.[50] Os monges eram os novos "amigos de Deus", cujo poder fora conquistado por meio de um estilo de vida de "autoesvaziamento" que não trazia lucros terrenos.[51]

Depois do Concílio de Niceia, alguns cristãos começaram a odiar seus imperadores. Eles esperavam que a Roma Cristã se tornasse uma utopia de algum modo livre da crueldade e da violência do Estado imperial, mas, em vez disso, descobriram que a beligerância de Roma tinha se infiltrado na Igreja. Constantino, seu filho Constantino II (r. 337-61) e seus sucessores continuaram a lutar pelo consenso, usando a força quando necessário, e suas vítimas os chamavam de "perseguidores". Primeiro foram os "Nicenos" de Atanásio que sofreram, mas depois do Concílio de Constantinopla (de 381), que tornou o credo de Atanásio a fé oficial do império, foi a vez dos arianos. Embora não houvesse execuções formais, quando os soldados invadiram uma igreja para dispersar uma reunião herética ocorreu um massacre, e cada vez os dois lados reclamavam mais da violência do que da teologia dos oponentes. Nos primeiros anos, enquanto Atanásio ainda gozava da benevolência de Constantino, os arianos reclamavam de sua "ganância, agressão e ambição sem limites"[52] e o acusavam de "uso de força", "assassinato" e da "morte de bispos".[53] Por sua vez, os nicenos descreviam vividamente os ruídos das armas e os lampejos das espadas dos soldados imperiais, que açoitavam os diáconos e pisoteavam os devotos.[54] Os dois lados falavam obsessivamente sobre o tratamento terrível que os inimigos davam às virgens consagradas,[55] e ambos reverenciavam seus mortos como "mártires". Assim, os cristãos desenvolviam uma história de ressentimento que se intensificou durante o breve, mas dramático, reinado do imperador Juliano (361-3), conhecido como "o Apóstata".

Apesar de criado como cristão, Juliano passara a detestar a nova fé, convencido de que ela arruinaria o império. Muitos de seus súditos concordavam com ele. Os que ainda amavam os ritos antigos temiam que essa violação da Pax Deorum resultasse em catástrofe política. Ao longo dos domínios imperiais, Juliano nomeou sacerdotes pagãos para fazer sacrifícios ao Único Deus adorado sob muitos nomes — como Zeus, Júpiter, Hélio ou, na Bíblia hebraica, como "Deus Altíssimo".[56] Ele depôs cristãos de cargos públicos, deu privilégios a cidades que nunca tinham adotado o cristianismo e anunciou a reconstrução do templo judaico em Jerusalém. Juliano evitou perseguições públicas, mas impulsionou o sacrifício pagão ao reformar seus templos e dissimuladamente incentivou a violência contra os cristãos.[57] Com o passar do tempo uma quantidade significativa de ressentimento reprimido tinha se acumulado contra a Igreja, e, quando os éditos de Juliano foram publicados, em algumas cidades os pagãos se rebelaram contra os cristãos, que descobriam quanto eram vulneráveis.

Mais uma vez, alguns cristãos responderam ao Estado, que subitamente estava contra eles, com o gesto desafiador do martírio. A maioria dos mártires falecidos durante esses dois anos ou foi morta por multidões de pagãos ou executada por autoridades locais em função dos ataques provocadores à religião pagã.[58] À medida que os judeus começavam a trabalhar em seu novo templo e que os pagãos reformavam os seus com alegria, o conflito em todo o império se concentrou em edifícios icônicos. Desde Constantino, os cristãos se acostumaram a ver o declínio do judaísmo como essencialmente concomitante ao triunfo da Igreja. Mas, ao observar o trabalho obstinado dos operários judeus na construção do templo de Jerusalém, era como se o tecido de sua própria fé estivesse sendo esgarçado. Em Amorion, na Frígia, houve um fato ainda mais sinistro. Enquanto o templo pagão local era reformado e as estátuas dos deuses, polidas, três cristãos, "incapazes de suportar a indignidade à sua religião e impelidos por um zelo fervoroso pela virtude, entraram no templo à noite e fizeram as imagens em pedaços". Era praticamente um ataque suicida no edifício que sintetizava a nova humilhação. Embora o governador tenha os incitado a se arrepender, eles se recusaram, "afirmando sua disposição de passar por quaisquer sofrimentos em vez de se poluírem praticando sacrifício". Consequentemente, foram torturados e assados até a morte em uma grelha.[59] Isso gerou uma nova leva de histórias de martírio ainda mais sensacionalista do que a *Acta* original.

Nessa forma agressiva de martírio, os mártires não eram mais vítimas inocentes da violência imperial: agora suas batalhas assumiam a forma de um ataque simbólico — e às vezes suicida — aos inimigos da fé. Como alguns religiosos extremistas modernos, os cristãos acreditavam ter sofrido uma súbita perda de poder e de prestígio — que no caso deles era ainda mais aguda porque a memória dos dias como minoria desprezada era muito recente.[60] Os cristãos flertavam com o martírio ao quebrar efígies de deuses pagãos, interromper rituais, desfigurar templos que simbolizavam sua degradação e ao louvar em voz alta quem desafiava a "tirania" de Juliano. Quando Juliano foi assassinado em uma expedição militar contra a Pérsia e Joviano, um cristão, foi proclamado imperador em seu lugar, parecia uma salvação divina. Mas o reinado de Juliano tinha destruído radicalmente a segurança e os direitos recém-conquistados pelos cristãos, incitado a polarização religiosa e, pelo menos entre as classes mais baixas, exacerbado a hostilidade entre cristãos e pagãos. "Nunca mais!" seria a palavra de ordem dos cristãos ao planejar novos ataques ao establishment pagão nos anos seguintes.[61] A repressão estatal cria uma história de ressentimento que muitas vezes radicaliza uma tradição religiosa e é capaz de transformar uma visão originalmente pacífica em uma campanha de violência.

Cristãos e aristocratas pagãos, no entanto, ainda compartilhavam uma cultura comum importante para mitigar a agressão entre as classes superiores. Ao longo do império, jovens nobres e indivíduos talentosos de origem humilde passavam por uma "formação" (*paedeia*) vinda de tempos antigos.[62] Não era apenas um programa acadêmico, embora fosse intelectualmente rigoroso, mas sobretudo uma iniciação para moldar o comportamento e as atitudes da classe dominante. Como resultado, sempre que viajavam pelo império, eles podiam se relacionar com seus pares. A *paedeia* era um importante antídoto à violência da sociedade romana tardia, na qual o fato de pessoas socialmente inferiores serem castigadas era perfeitamente aceitável; escravos eram regularmente espancados até a morte e conselheiros açoitados publicamente por atrasarem seus impostos. Um romano realmente culto era sempre cortês e controlado, já que raiva, injúrias e gestos irascíveis não caíam bem em cavalheiros, de quem se esperava uma graciosidade superior e um comportamento moderado, calmo e digno.

Por causa da *paedeia*, a antiga religião permaneceu na cultura romana tardia e seu espírito também foi absorvido pela vida da Igreja, onde jovens levavam essas atitudes para a pia batismal; alguns chegavam a ver a *paedeia* como uma preparação indispensável para o cristianismo.[63] "Medindo as palavras, aprendo a domar a raiva", disse à sua congregação o bispo da Capadócia, Gregório de Nazianzo (329-90).[64] Seu amigo Basílio, bispo de Cesareia (*c.* 330-79), e Gregório, bispo de Nissa (331-95), irmão mais novo de Basílio, só foram batizados depois de completarem esse treinamento tradicional.[65] O desapego da *paedeia* também ajudou a conformar a doutrina da Trindade, que esses três homens, frequentemente conhecidos como os Padres da Capadócia, desenvolveram perto do fim da crise ariana. Eles se afligiram com essas disputas, estridentes de ambos os lados, pois cada um deles tinha certeza absoluta desses assuntos inefáveis. Os capadócios praticavam a oração silenciosa e reservada de Evágrio do Ponto, em parte para libertar a mente desse dogmatismo raivoso. Eles sabiam que era impossível falar de Deus como falamos de nossos assuntos cotidianos, e que a Trindade fora projetada sobretudo para os cristãos perceberem que aquilo que chamamos de Deus transcende as palavras e os conceitos. Eles também apresentariam aos cristãos uma meditação sobre a Trindade a partir da qual desenvolveriam atitudes de moderação em sua própria vida e poderiam reagir à intolerância e à agressividade militar.

O Credo de Niceia confundia muitos cristãos. Se só havia um Deus, como Jesus podia ser divino? Isso significava que havia dois deuses? E havia um terceiro: o que era o "Espírito Santo", de que o credo de Atanásio tratava tão superficialmente? No Novo Testamento esse termo judaico se referia à experiência humana de poder e presença do sagrado, que nunca corresponderia à própria realidade divina. A Trindade era uma tentativa de traduzir esse insight judaico em um idioma helenístico. Deus, explicavam os capadócios, tinha uma essência (*ousia*) divina e inacessível, totalmente fora do alcance da mente humana, mas que nos fora dada a conhecer por suas três manifestações (*hypostases*): o Pai (a fonte do ser), o Logos (no homem Jesus) e o Espírito que encontramos dentro de nós mesmos. Cada "pessoa" (do latim *persona*, significando "máscara") da Trindade era um mero vislumbre parcial da *ousia* divina que nunca compreenderemos. Os capadócios apresentaram a Trindade aos convertidos em uma meditação, na qual se lembravam de nunca limitar o divino a uma fórmula dogmática. Essa meditação se tornou um hábito e ensinou aos cristãos que havia uma *kenosis* no coração da Trindade, já que o pai incessantemente esvaziava a si mesmo, transmitindo tudo ao Logos. Depois que a Palavra era pronunciada, o Pai não possuía mais um "eu", e permanecia em silêncio eterno e incognoscível. Do mesmo modo, o Logos também não tinha um "eu" próprio e era simplesmente o "tu" do Pai, enquanto o Espírito era o "Nós" do Pai e do Filho.[66] A Trindade expressava os valores da *paedeia* de moderação, deferência e renúncia, com os quais os bispos mais aristocráticos respondiam à estridência do cristianismo vigente. Outros bispos, infelizmente, estavam prontos a adotá-la.

Constantino concedera aos bispos autoridade para exercer o poder imperial, e alguns deles, especialmente os de origem humilde, competiam para chegar ao episcopado com a mesma beligerância com que os políticos competem hoje por cadeiras no Parlamento.[67] Alguns até organizavam golpes, tomando uma igreja à noite e organizando barricadas nas portas durante a consagração ilegal.[68] "Hoje temos homens que afirmam ser bispos — uma raça humilde que se rebaixou ao adquirir dinheiro, participar de operações militares e disputar posições de prestígio", reclamou o historiador Paládio.[69] Eles ficaram conhecidos como "bispos tiranos". Na Grécia antiga, um *tyrannos* era um homem forte que tomava o poder por meio de violência ilegítima; na fase tardia do Império Romano, em geral a palavra significava mau governo, crueldade e raiva descontrolada.[70] Quando Atanásio se tornou bispo, seus oponentes o chamavam de tirano com frequência porque, afirmavam, ele não era motivado pelo desejo de defender a fé, mas por ambição pessoal. Quando condenou os arianos à prisão, castigando-os e torturando-os, ele foi descrito como "furioso como um tirano"; além disso, descobriram que sua comitiva incluía "militares e oficiais do governo imperial".[71] Com certeza era mais fácil imperializar a fé do que cristianizar o império.

No final do século IV, as rebeliões se tornaram corriqueiras na vida urbana. Tribos bárbaras atacavam incessantemente as fronteiras, a depredação era comum e os refugiados chegavam às cidades aos montes.[72] Superpopulação, doença, desemprego e tributos altíssimos criaram uma tensão que frequentemente explodia em violência, mas, como o Exército se ocupava da defesa de fronteiras, os governadores não contavam com forças militares para reprimir essas revoltas e repassaram a responsabilidade do controle de multidões para os bispos.[73] "É dever de um bispo como você abreviar e limitar quaisquer movimentos fora de controle da multidão", escreveu o patriarca de Antióquia para um colega.[74] Os bispos da Síria já confiavam em monges locais para tocar suas cozinhas públicas e carregar macas, trabalhar como porteiros de hospitais e como coveiros. Eles eram imensamente amados pela população, em especial pelos pobres da cidade, que admiravam sua censura feroz aos ricos. Agora eles começavam a controlar rebeliões e, com isso, adquiriram habilidades marciais.

Diferentemente dos monges egípcios de Antônio, os da Síria não desejavam combater o demônio da raiva. Chamados de *Boskoi*, "comedores de pasto", não tinham residência fixa e vagavam livremente pelas montanhas, alimentando-se de plantas selvagens.[75] Um dos *Boskoi* mais famosos foi Alexandre, o Insone, que abandonou uma comunidade regular de monges por desaprovar o fato de possuírem uma propriedade. Totalmente imbuído do éthos da era pós-Juliano do "Nunca mais", seu primeiro ato, ao retornar de sete anos solitários no deserto, foi queimar o maior templo de uma aldeia pagã. Devia haver tolerância zero com os ícones da antiga religião, ameaças permanentes à segurança da Igreja. Alexandre perdeu a palma do martírio, mas pregou de maneira tão eloquente para a multidão que veio matá-lo que os converteu ali mesmo ao cristianismo. Ele fundou uma ordem dedicada à "liberdade de preocupação", na qual, ao invés de trabalhar para sobreviver, como Antônio, os monges viviam de esmolas, recusando-se a participar de trabalho produtivo. E, no lugar de tentar controlar a raiva, eles vivenciavam esse sentimento livremente.[76] Na década de 380, quatrocentos deles formaram um grupo imenso dedicado à oração e iniciaram uma viagem de vinte anos ao redor da fronteira persa, alternando-se para cantar 24 horas por dia em obediência às instruções de Paulo de "orar incessantemente".[77] Os infelizes habitantes das aldeias de ambos os lados da fronteira ficavam aterrorizados ao ver os monges cantando as censuras terríveis à idolatria feitas pelo salmista. Devido à mendicância insistente, eram um fardo insuportável para essas comunidades rurais que mal conseguiam sustentar a si mesmas. Quando chegavam a uma cidade, sentavam-se em um espaço público, atraindo multidões de pobres urbanos que se aglomeravam para ouvir a feroz condenação que faziam dos ricos.

Quem não se aborrecia com os monges os respeitava por expressar os valores do cristianismo de forma absoluta. Para eles, a intolerância virulenta de Alexandre em relação ao paganismo demonstrava sua crença de que o cristianismo era a única fé verdadeira. Depois de Juliano, alguns cristãos passaram a se definir cada vez mais como uma comunidade sitiada. Eles se reuniam em torno de túmulos de mártires locais, ouviam avidamente as histórias de seu sofrimento e preservavam piamente a memória da perseguição de Juliano, mantendo vivo o sentimento de injustiça. Muitos não tinham tempo para a tolerância cortês dos bispos mais aristocráticos.[78] Os templos que haviam simbolizado o breve renascimento pagão agora pareciam uma ameaça permanente, cada vez mais intolerável. Para pôr ainda mais lenha na fogueira, os imperadores estavam dispostos a explorar a popularidade dos monges e a deixar esses zelotes à solta no mundo pagão. Eles garantiriam a Pax Christiana da mesma maneira agressiva como haviam imposto a Pax Romana antes.

Teodósio I (r. 346-95) era um homem de origem espanhola humilde, recém-convertido. Soldado brilhante, pacificara a região do Danúbio e chegou a Constantinopla em 380 determinado a implantar o cristianismo beligerante no Oriente. Foi ele quem convocou o Concílio de Constantinopla, em 381, que fez da ortodoxia de Niceia a religião oficial do império. Quando lhe convinha, protegia a aristocracia romana, mas a verdadeira simpatia dele era direcionada ao homem simples das ruas, de modo que criou uma base de poder centrada em seus monges amados para cortejar os habitantes descontentes das cidades. Ele entendia o objetivo da destruição dos templos pagãos: sua imperatriz, Élia Flacila, já tinha se destacado em Roma por liderar uma multidão de mulheres nobres no ataque a templos pagãos. Em 388 Teodósio deu sinal verde aos monges, que se abateram sobre os templos das aldeias da Síria como uma praga; com a conivência do bispo local, também destruíram uma sinagoga em Callinicum, no Eufrates. O orador pagão Libânio pediu ao imperador que processasse essa "tribo de batinas negras" culpada de *latrocinium* ("roubou e violência"), descrevendo a "total desolação" que se seguia a seus ataques perniciosos aos templos "com bastões e pedras e barras de ferro, e, em alguns casos, desdenhando desses instrumentos, com mãos e pés". Os sacerdotes pagãos não tinham opção além de "ficar quietos ou morrer".[79] Os monges se tornaram a vanguarda simbólica da cristianização violenta. O mero som de seu canto foi suficiente para que o governador da Antióquia interrompesse o trabalho e fugisse da cidade. Embora não houvesse *Boskoi* em Minorca, em 418 o líder da comunidade judaica de lá sonhou que sua sinagoga estava em ruínas e que o lugar era ocupado por monges cantando salmos. Poucas semanas depois a sinagoga foi de fato destruída — porém não por monges, mas por cristãos fanáticos locais.[80]

Alguns bispos se opunham a esse vandalismo, mas não de maneira consistente. Como a lei romana protegia a propriedade dos judeus, Teodósio ordenou que o bispo responsável por instigar o incêndio da sinagoga de Callinicum pagasse pelos reparos. Mas Ambrósio (339-97), bispo de Milão, forçou-o a revogar esse decreto, já que reconstruir a sinagoga seria humilhar a verdadeira fé, como a tentativa de Juliano de restabelecer o templo judaico.[81] Cada vez mais a cristianização do império era equiparada à destruição desses edifícios icônicos. Em 391, depois de Teodósio ter permitido a Teófilo, bispo de Alexandria, ocupar o templo de Dionísio, o bispo pilhou todos os templos na cidade e organizou uma parada para exibir, de maneira ofensiva, o tesouro saqueado.[82]

Como resposta, os pagãos de Alexandria fizeram uma barricada para isolá-los dentro do magnífico templo de Serápis com reféns cristãos, que foram forçados a reencenar o trauma da perseguição de Diocleciano:

> A esses, forçaram que oferecessem sacrifício nos altares onde ardia fogo; quem se recusou foi morto com novas e refinadas torturas, levando alguns à força e quebrando as pernas de outros e jogando-os em cavernas que uma antiguidade preocupada construíra para receber o sangue dos sacrifícios e as demais impurezas do templo.[83]

O líder pagão soube que estava condenado quando pensou ter ouvido os monges cantar distante do templo. Na verdade, os devotos de Serápis foram destruídos por soldados imperiais agindo sob ordens do bispo, mas os monges carregando relíquias de João Batista, que vieram depois e se sentaram sobre as ruínas, se tornaram os símbolos desse triunfo cristão.[84] Relata-se que muitos pagãos ficaram tão chocados com esses eventos que se converteram imediatamente.

O sucesso desses ataques convenceu Teodósio de que o melhor meio de obter consenso ideológico no império era banindo a adoração sacrificial e fechando todos os templos antigos. Seu filho e sucessor, Arcádio (r. 395-408), expressou essa política de modo sucinto: "Quando [os templos] forem destruídos e eliminados, as fundações materiais de toda superstição estarão suprimidas".[85] Ele incitou as aristocracias locais de todo o império a deixar seus zelotes à solta nos templos para provar que os deuses pagãos não conseguiam defender nem as próprias casas. Como observa um historiador moderno: "Silenciar, queimar e destruir eram formas de demonstração teológica; e, quando se encerrava a lição, os monges e bispos, os generais e imperadores haviam expulsado o inimigo do campo".[86]

Aurélio Agostinho, bispo de Hipona no norte da África, foi a maior autoridade a abençoar essa violência estatal cristã. Ele havia descoberto por experiência própria que a militância trazia novos convertidos.[87] Escrevendo em 399, 25 anos depois de agentes do imperador ocidental Honório terem demolido templos e santuários idólatras de Cartago, ele perguntou: "Quem não vê quanto aumentou a adoração do nome de Cristo?".[88] Na década de 390, quando monges donatistas agiram com fúria na zona rural da África, destruindo templos e atacando propriedades da nobreza, inicialmente Agostinho proibiu o uso da força contra eles, mas logo percebeu que os éditos imperiais rigorosos aterrorizavam os donatistas e os faziam voltar à Igreja. Não é coincidência, portanto, que tenha sido Agostinho quem desenvolveu a teoria da "guerra justa" que se tornou a base de todo o pensamento cristão sobre o tema.[89] Agostinho afirmava que quando Jesus disse aos discípulos para dar a outra face ao serem atacados, ele não pediu para que ficassem passivos diante de malfeitos.[90] A maldade da violência não estava no ato de matar, mas nas paixões da ganância, do ódio e na ambição que levavam a isso.[91] Contudo, a violência era legítima, se inspirada pela caridade — por uma preocupação sincera com o bem-estar do inimigo —, e devia ser administrada do mesmo modo como um mestre-escola bate em seus discípulos para seu próprio bem.[92] Mas a força deve ser sempre autorizada pela autoridade certa.[93] Um indivíduo, mesmo que em autodefesa, inevitavelmente sentiria um desejo (*libido*) desmesurado de infligir dor àquele que lhe ataca, enquanto um soldado profissional, treinado para simplesmente obedecer ordens, pode agir sem paixões. Ao colocar a violência além do alcance do indivíduo, Agostinho deu ao Estado poderes quase ilimitados.

Quando Agostinho morreu, em 430, os vândalos cercavam Hipona. Nos últimos anos de sua vida, as províncias ocidentais caíam sob domínio bárbaro uma após a outra, e essas tribos estabeleciam os próprios reinos na Germânia e na Gália. E em 410 Alarico e seus cavaleiros góticos saquearam a própria cidade de Roma. Como resposta, Teodósio II (r. 401-50) construiu uma imensa muralha fortificada em torno de Constantinopla, mas, como os bizantinos estavam voltados para o Oriente havia tempos, ainda sonhando em replicar o império de Ciro, sobreviveram à perda da velha Roma sem grandes lamentações.[94] Na falta de supervisão imperial, a Europa Ocidental se tornou um ambiente primitivo e atrasado, perdeu sua civilização e, durante algum tempo, o próprio cristianismo dava mostras de que sucumbiria ali. Mas os bispos ocidentais tomaram o lugar das autoridades romanas desertoras, mantendo uma aparência de ordem em algumas regiões, e o papa, bispo de Roma, herdou a aura imperial. Os papas enviaram missionários para os novos reinos bárbaros e converteram os anglo-saxões na Grã-Bretanha e os francos na antiga província da Gália. Nos séculos seguintes, os bizantinos olhariam com um desdém cada vez maior para esses cristãos "bárbaros". Além disso, eles nunca aceitariam a reivindicação de que os papas, como sucessores de são Pedro, eram os verdadeiros líderes do mundo cristão.

Em Bizâncio os debates sobre a natureza de Cristo foram retomados de maneira ainda mais agressiva. Pode parecer que esse conflito, expressado sempre de forma violenta, tenha sido causado inteiramente por zelo religioso em relação ao dogma correto. Os bispos ainda buscavam um modo de demonstrar sua visão de que a humanidade, vulnerável e moribunda, de alguma maneira era sagrada e divina. Mas a política interna do império impulsionava as discussões em igual medida. Os principais protagonistas eram "bispos tiranos", homens com ambições mundanas e egos enormes, e os imperadores continuavam a turvar as águas. Teodósio II protegeu os monges ilegítimos mais assiduamente do que seu avô. Um de seus protegidos foi Nestório, patriarca de Constantinopla, para quem Cristo tinha duas naturezas, uma humana e uma divina.[95] Mas, ao contrário do Credo Niceno, no qual humanidade e divindade eram completamente compatíveis, Nestório insistia que elas não podiam coexistir. O argumento dele era profundo e nuançado e, se o debate fosse conduzido de maneira pacífica e franca, talvez a questão teria sido resolvida. No entanto, ansioso para derrubar a estrela em ascensão de Nestório, Cirilo, patriarca de Alexandria, acusou-o veementemente de heresia absoluta, afirmando que, quando Deus se abaixou para nos salvar, Ele não o fez até a metade do caminho, como Nestório parecia sugerir, mas adotou toda a nossa humanidade, com seu aspecto físico e sua mortalidade. O Concílio de Éfeso se reuniu em 431 para decidir a questão, cada lado acusava o outro de "tirania". Nestório afirmava que Cirilo enviara uma horda de "monges fanáticos" para atacá-lo e que ele fora obrigado a cercar sua casa com uma guarda armada.[96] Os historiadores da época não respeitavam nenhum dos lados, desdenhando de Nestório por ser um "fanático" e de Cirilo por ser "sedento de poder".[97] Não havia um conflito doutrinário sério, afirmava Paládio; esses homens "dividiam a Igreja" apenas "para satisfazer seu desejo de ocupar a sede episcopal ou até mesmo pela primazia do episcopado".[98]

Em 449, Eutiques, um reverenciado líder monástico em Constantinopla, sustentou que Jesus tinha apenas uma natureza (*mono physis*), pois sua humanidade fora tão completamente deificada que ele já não era como nós. Ele acusava seus oponentes — de maneira bastante imprecisa — de "nestorianismo". Flaviano, seu bispo, tentou resolver a questão pacificamente, mas Eutiques era um favorito do imperador e insistia em transformá-la em assunto jurídico.[99] O resultado foi quase uma guerra civil sobre a doutrina, em que o imperador e os monges fizeram uma aliança profana contra os bispos mais moderados. Em 449, convocou-se um segundo concílio em Éfeso, liderado pelo "bispo tirano" Dióscoro, patriarca de Alexandria, para resolver o problema "monofisista". Dióscoro estava determinado a usar o concílio para se estabelecer como primaz da Igreja oriental. Para piorar a situação, Teodósio levou o monge Barsauma e seu grupo para Éfeso, alegando representarem "todos os monges e pessoas pias do Oriente", mas na verdade para serem seu pelotão de choque.[100] Vinte anos antes, Barsauma e seus monges violentos tinham reencenado em ritual a campanha de Josué na Palestina e na Transjordânia, destruindo sistematicamente sinagogas e templos em todos os lugares sagrados ao longo do caminho, e, em 438, mataram peregrinos judeus no Monte do Templo, em Jerusalém. "Ele mandou milhares de monges contra nós", suas vítimas reclamaram depois; "ele devastou toda a Síria; é um homicida e um assassino de bispos".[101]

Quando os enviados chegaram a Éfeso, depararam com hordas de monges empunhando tacos e atacando os oponentes de Eutiques:

> Eles sequestravam homens, alguns deles dos navios, outros das ruas e outros ainda das casas e de igrejas onde oravam, perseguindo os fugitivos; e com todo zelo procuravam e descobriam até os escondidos em cavernas e em buracos na terra.[102]

Hilário de Poitiers, o enviado do papa, se considerou afortunado por sair vivo, e o bispo Flaviano apanhou tanto que morreu logo depois. Dióscoro se recusou a ouvir qualquer voz dissidente, adulterou as minutas e chamou os soldados imperiais na hora da votação.

No ano seguinte, no entanto, Teodósio morreu e os monges perderam o apoio imperial. Em 451, um novo concílio se reuniu em Calcedônia para reverter o Segundo Concílio de Éfeso e criar uma teologia neutra e intermediária.[103] O "Tomo" do papa Leão, segundo o qual Jesus era tão integralmente Deus quanto homem, se tornou a pedra de toque da ortodoxia.[104] Dióscoro foi deposto, e os errantes *Boskoi* da Síria assumiram o poder. A partir de então, exigia-se que todos os monges permanecessem em seus monastérios, proibidos de participar dos assuntos mundanos e também dos eclesiásticos; além disso, eles passariam a depender financeiramente do bispo local, que os controlava. Mas Calcedônia, saudada como triunfo da lei e da ordem, foi na verdade um golpe imperial. No começo do século IV, os cristãos haviam denunciado como sacrílega a presença de tropas imperiais em suas igrejas; mas, depois do horror do Segundo Concílio de Éfeso, os bispos moderados imploraram ao imperador que assumisse o controle. Em consequência disso, um comitê com dezenove das mais altas autoridades militares e civis do império presidiu Calcedônia, estabeleceu a agenda, silenciou as vozes dissidentes e garantiu que procedimentos corretos fossem adotados. A partir de então, no mundo falante de siríaco, a Igreja da Calcedônia ficaria conhecida como Melquita — "a Igreja do imperador". Em todos os impérios anteriores a religião da classe dominante sempre foi diferente da fé das massas subjugadas, de modo que a tentativa dos imperadores cristãos de impor sua teologia aos súditos foi uma ruptura radical com o que se conhecia, portanto, ultrajante. Adversários do cristianismo imperializado adotaram o monofisismo de Eutiques como protesto. Na verdade, entre o monofisismo e Niceia havia uma diferença teológica mínima, mas os monofisistas podiam apontar para outras tradições cristãs — a postura de Jesus contra Roma era uma das mais importantes — para afirmar a aliança pecaminosa dos melquistas com o poder terreno.

Os debates sobre a natureza de Cristo foram uma tentativa de construir uma visão holística da realidade, na qual não houvesse uma divisão insuperável entre os domínios espiritual e físico ou entre o divino e o humano. O imperador Justiniano (r. 527-65) acreditava que na sociedade devia haver uma *symphonia* entre Igreja e Estado, uma harmonia e concórdia baseadas na encarnação do Logos no homem Jesus.[105] Assim como as duas naturezas — humana e divina — se encontravam em uma única pessoa, não podia haver separação de Igreja e império; juntos eles formavam o Reino de Deus, que logo se espalharia por todo o mundo. Mas sem dúvida havia uma grande diferença entre o Reino de Jesus e o Estado bizantino.

À medida que os bárbaros se aproximavam dos muros de Constantinopla, Justiniano se tornou ainda mais dedicado a restaurar a unidade divina, reforçando vigorosamente a supremacia da "Igreja do imperador". Suas tentativas de suprimir o partido monofisista alienaram para sempre a população da Palestina, da Síria e do Egito. Ele retirou do judaísmo a condição de *religio licita*:

os judeus foram excluídos dos cargos públicos, e o uso do hebraico foi proibido na sinagoga. Em 528, Justiniano deu aos pagãos três meses para se batizarem, e no ano seguinte fechou a Academia em Atenas fundada por Platão. Em todas as províncias do Marrocos ao Eufrates, ele encomendou igrejas, construídas no estilo de Constantinopla, para simbolizar a unidade do império. Em vez de oferecer uma alternativa à coerção agressiva de Roma, a tradição em parte iniciada como protesto a isso havia se tornado uma de suas ferramentas.

Em 540, Cosroes I da Pérsia começou a transformar seu reino fraco em uma potência econômica da região por meio de uma reforma baseada em uma definição clássica do Estado agrário:

> A monarquia depende do Exército, o Exército, de dinheiro; o dinheiro vem dos tributos sobre a terra; os tributos sobre a terra vêm da agricultura. A agricultura depende da justiça; a justiça, da integridade das autoridades; e a integridade e a confiabilidade dependem de o rei estar permanentemente vigilante.[106]

Cosroes inventou um método mais eficiente de cobrar tributos e investiu pesadamente na irrigação da Mesopotâmia, negligenciada por reis da Pérsia anteriores. Com os rendimentos, conseguiu criar um Exército profissional para substituir a convocação de aristocratas. A guerra contra a Roma Cristã era inevitável, já que ambas as potências aspiravam dominar a região. Cosroes usava tribos árabes para proteger a fronteira ao sul, e os bizantinos reagiram contratando os gassânidas, apesar de convertidos ao cristianismo monofisista, para patrulhar a fronteira a partir de seu acampamento de inverno próximo a Damasco.

Apesar da tolerância zero contra rebeliões, na Pérsia de Cosroes não havia discriminação religiosa: na véspera de uma revolta, o rei avisou que "mataria todos que persistissem em se rebelar contra mim — seja um bom zoroastrista, judeu ou cristão".[107] Como a maior parte dos governantes agrários tradicionais, os reis persas não tinham interesse em impor sua fé aos súditos. Mesmo a versão imperial do zoroastrismo de Dario restringiu-se à aristocracia. Os súditos praticavam a adoração de sua preferência, vivendo em comunidades de cristãos, judeus e pagãos, administradas conforme as próprias leis e costumes, e governadas por autoridades religiosas que eram agentes do Estado — esse sistema determinou a organização da sociedade do Oriente Médio por mais de um milênio. Depois da morte de Cosroes, houve uma guerra civil na Pérsia, e o imperador bizantino Maurício interveio para levar ao trono o jovem Cosroes II (r. 591-628). Alheio à nobreza persa, Cosroes II se cercou de cristãos, mas o esplendor de sua corte serviu de referência para a monarquia do Oriente Médio por séculos. Ele deu continuidade às reformas do pai, transformando a Mesopotâmia em uma região vibrante, rica e criativa. A comunidade judaica em Ctesifonte (perto da moderna Bagdá) se tornou a capital intelectual e espiritual do mundo judaico, e Nusaybin, dedicada ao estudo das escrituras cristãs, outro grande centro intelectual.[108] Enquanto os horizontes bizantinos se encolhiam, os persas ampliavam sua perspectiva.

Quando seu aliado Maurício foi assassinado em um golpe, em 610, Cosroes aproveitou a oportunidade para conduzir ataques em grande escala, capturar escravos e conquistar butim em Bizâncio. E, na ocasião em que Heráclio, governador romano do norte da África, conquistou o trono imperial com um novo golpe, Cosroes deu início a uma grande ofensiva, conquistando a Antióquia (613), grandes áreas da Síria e da Palestina (614) e o Egito (619); em 626 o Exército persa chegou inclusive a cercar Constantinopla. Mas, em uma resposta extraordinária, Heráclio e seu Exército pequeno e disciplinado derrotaram as forças persas na Ásia Menor e invadiram o planalto iraniano, atacando propriedades desprotegidas da nobreza zoroastrista e destruindo seus templos, até que Cosroes precisou recuar. Profundamente desacreditado, Cosroes foi assassinado por seus ministros em 628. A campanha de Heráclio tinha sido a guerra mais abertamente religiosa da Roma Cristã até então. Na verdade, a essa altura a Igreja e o império estavam tão interligados que o próprio cristianismo parecia sob ataque no cerco de Constantinopla. Quando a cidade foi salva, a vitória foi atribuída a Maria, mãe de Deus, cujo ícone fora exibido nas muralhas da cidade para intimidar o inimigo.

Durante as guerras persas, um monge finalmente pôs fim às disputas cristológicas. Máximo (580-662) insistia que essas questões não podiam ser resolvidas apenas por meio de uma formulação teológica: a "deificação" tinha raízes na experiência da Eucaristia, na contemplação e na prática da caridade. Esses ritos e princípios comunitários ensinavam aos cristãos que era impossível pensar em "Deus" sem pensar em "homem". Se os seres humanos esvaziassem suas mentes da inveja e da animosidade, que arruínam suas relações com os outros, poderiam, ainda nesta vida, se tornar divinos: "O ser humano como um todo poderia se tornar Deus, deificado pela graça de Deus tornado homem — inteiramente homem, corpo e alma, por natureza, e se tornando inteiramente Deus, alma e corpo por graça".[109] Toda pessoa, portanto, tinha caráter sagrado. Nosso amor a Deus era inseparável do amor de uns pelos outros.[110] Na verdade, Jesus havia ensinado que o teste de fogo de nosso amor por Deus era amarmos nossos inimigos:

> Por que ele ordenou isso? Para livrar-te do ódio, da raiva e do ressentimento, e para tornar-te digno do dom supremo do amor perfeito. E não podes conquistar esse amor se não imitares a Deus e amares igualmente a todos os homens. Porque Deus ama todos os homens da mesma forma e deseja que sejam salvos e conheçam a verdade.[111]

Ao contrário dos bispos tiranos que competiam pelo apoio do imperador, Máximo foi uma vítima, não um perpetrador, da violência imperial. Refugiado no norte da África durante as guerras persas, foi levado à força para Constantinopla em 661, onde foi preso, condenado como herege e mutilado; morreu pouco depois no exílio. Embora não tenha sido absolvido pelo Terceiro Concílio de Constantinopla em 680, ficaria conhecido como o pai da teologia bizantina.

A doutrina da deificação celebra a transfiguração de todo o ser humano aqui e agora, não só em um estado futuro, e de fato essa tem sido a experiência de vida dos cristãos individualmente. Mas esse triunfo espiritual dificilmente lembra o "cumprimento de uma escatologia" por imperadores e por bispos tiranos. Depois da conversão de Constantino, eles se convenceram de que o império era o Reino de Deus e uma segunda manifestação de Cristo. Nem mesmo a catástrofe do Segundo Concílio de Éfeso ou a vulnerabilidade militar de seu império foram capazes de abalar a crença de que Roma se tornaria intrinsecamente cristã e conquistaria o mundo para Cristo. Em outras tradições os povos propuseram uma alternativa que desafiasse a violência sistêmica do Estado, mas até a tomada de Constantinopla pelos turcos, em 1453, os bizantinos continuavam a crer que a Pax Romana era compatível com a Pax Christiana. Eles saudavam a proteção imperial com entusiasmo, e nunca criticavam o papel e a natureza do Estado, ou sua inevitável violência e opressão.[112]

No início do século VII, tanto Pérsia quanto Bizâncio foram arruinadas pelas guerras imperiais. A Síria, já enfraquecida por uma praga devastadora, era uma região empobrecida, e a Pérsia tinha sucumbido à anarquia, e suas fronteiras estavam fatalmente comprometidas. Porém, enquanto persas e bizantinos olhavam nervosos uns para os outros, o verdadeiro perigo surgia em outro lugar. Os dois impérios, esquecidos de seus clientes árabes, não notaram que a Península Arábica passara por uma revolução comercial. Os árabes observaram bem de perto as guerras entre as duas grandes potências e sabiam que ambas estavam em ruínas; ao passo que eles estavam prestes a experimentar um impressionante despertar espiritual e político.

7. O dilema muçulmano

Em 610, o ano que viu irromper a guerra perso-bizantina, no mês sagrado do Ramadã, um mercador de Meca viveu uma revelação dramática no Hejaz árabe. Durante alguns anos, Muhammad ibn Abdullah, que ficou conhecido como Maomé, participou de um retiro anual no Monte Hira, perto da cidade.[1] Lá ele jejuava, fazia exercícios espirituais, dava esmolas aos pobres e meditava profundamente sobre os problemas de sua gente, a tribo de Quraysh. Seus ancestrais de poucas gerações anteriores tinham vivido dificuldades extremas nos desertos indóceis do norte da Arábia. Agora eles eram mais ricos do que jamais haviam sonhado. Mas como cultivar aquela terra era praticamente impossível, a riqueza deles vinha inteiramente do comércio. Por séculos os nômades locais (*badawin*) obtiveram meios escassos de subsistência pastoreando ovelhas ou criando cavalos e camelos, mas no século VI eles inventaram uma sela que permitia aos camelos levantar pesos maiores. Como resultado, mercadores da Índia, África Oriental, Iêmen e Bahrein começaram a conduzir suas caravanas pelas estepes árabes para Bizâncio e para a Síria, usando os beduínos como guias de um poço a outro. Meca tinha se tornado uma estação para essas caravanas e os Quraysh começaram a organizar as próprias missões comerciais para a Síria e para o Iêmen, enquanto os beduínos trocavam bens em um circuito anual de *suqs* ("mercados") ao redor da Arábia.[2]

A prosperidade de Meca também dependia de seu status de centro de peregrinação. No fim da estação de *suq*, durante o mês do hajj, vinham árabes de todos os cantos para Meca a fim de realizar os antigos rituais em torno da Caaba, o velho santuário em forma de cubo no coração da cidade. O culto e o comércio eram inseparáveis: o clímax do hajj era o *tawaf*, as sete circum-ambulações em torno da Caaba representando o circuito *suq*, que imprimia uma dimensão espiritual às atividades mercantis dos árabes. No entanto, apesar de seu extraordinário sucesso, Meca estava à beira de uma crise social e moral. O velho espírito tribal sucumbira ao éthos de uma economia de mercado incipiente e as famílias passaram a competir entre si por riqueza e prestígio; ao invés de compartilhar seus bens, como fora essencial para a sobrevivência no deserto, as famílias construíam fortunas privadas, e essa aristocracia comercial emergente ignorava a má situação dos pobres coraixitas e se apropriava da herança de órfãos e viúvas. Os ricos estavam satisfeitos com a nova segurança, mas os que ficaram para trás se sentiam perdidos e desorientados.

Poetas exaltavam a vida dos beduínos, mas na realidade ela era uma luta dura e incansável na qual muitas pessoas competiam por recursos superescassos. Perpetuamente à beira da fome, as tribos travavam batalhas infindáveis por pastagens, água e terras. O *ghazu*, ou "aquisição por pilhagem", era essencial para a economia dos beduínos. Em épocas de escassez, homens das tribos invadiam territórios vizinhos e levavam camelos, gado, comida ou escravos, evitando matar pessoas, pois isso ocasionaria uma vingança. Como muitos pastores, eles não viam essas incursões como algo repreensível. O *ghazu* era uma espécie de esporte nacional do qual os beduínos gostavam sem restrições, conduzido com habilidade e orgulho de acordo com regras claramente definidas. Era um modo brutal mas simples de redistribuir riqueza em uma região onde simplesmente não havia o suficiente para todos.

Embora os integrantes da tribo tivessem pouco interesse pelo sobrenatural, davam sentido a sua vida por meio de um código de virtude e de honra. Eles chamavam esse código de *muruwah*, um termo difícil de traduzir: engloba coragem, paciência e persistência. O *muruwah* tinha um núcleo violento. Os membros da tribo precisavam vingar todo mal feito ao grupo, proteger os membros mais fracos e desafiar os inimigos. Se a honra da tribo estivesse em jogo, cada membro precisava estar pronto para correr em defesa de parentes. Mas, acima de tudo, era fundamental compartilhar seus recursos. A vida tribal nas estepes seria impossível se os indivíduos acumulassem riqueza enquanto outros passavam fome; quem foi avaro nos bons tempos não receberia nenhuma ajuda em um período difícil. Mas lá pelo século VI, à medida que os beduínos se viram presos em uma espiral de guerras intertribais, as limitações do *muruwah* ficaram tragicamente aparentes. Eles começaram a considerar os de fora do grupo familiar como inúteis e dispensáveis, e não sentiam nenhuma angústia moral em matar em defesa da tribo, estivessem certos ou errados.[3] Agora, até mesmo o ideal de coragem deles era essencialmente combativo, pois não se baseava mais na autodefesa, e sim no ataque preventivo. Os muçulmanos tradicionalmente chamam o período pré-islâmico de *jahiliyyah*, o que em geral é traduzido como "a época da ignorância". Mas o primeiro sentido da raiz *JHL* é "irascibilidade — uma aguda sensibilidade da honra e do prestígio, arrogância excessiva e, acima de tudo, uma tendência crônica à violência e à retaliação".[4]

Maomé teve total consciência da opressão e da injustiça em Meca e do perigo marcial da *jahiliyyah*. Meca precisava ser um lugar onde mercadores de todas as tribos pudessem se reunir livremente para fazer negócios, sem medo de ser atacados, e foi justamente em nome do interesse do comércio que os coraixitas renunciaram à guerra, mantendo uma posição de neutralidade desinteressada. Com grande habilidade e diplomacia, estabeleceram o "santuário" (*haram*) a 33 quilômetros de Caaba, onde qualquer violência ficava proibida.[5] Mas seria preciso mais do que isso para subjugar o espírito jahili. Os poderosos de Meca continuavam chauvinistas, irascíveis e dados a explosões de fúria incontroláveis. Em 612, quando Maomé, o mercador pio, começou a pregar para seus conterrâneos de Meca, ele conhecia muito bem a precariedade dessa sociedade instável. Sua mensagem, que reuniu uma pequena comunidade de seguidores, muitos dos clãs mais fracos e desfavorecidos, se baseava no Alcorão ("recitação"), uma revelação para os povos da Arábia. As ideias de povos civilizados do mundo antigo viajaram pelas rotas comerciais e foram avidamente discutidas entre os árabes. Os eruditos locais se consideravam descendentes de Ismael, o filho mais velho de Abraão,[6] e muitos acreditavam que seu elevado deus Alá, cujo nome significava simplesmente "Deus", era idêntico ao deus dos judeus e dos cristãos. Mas os árabes não tinham um conceito de revelação exclusiva ou de que eram especialmente escolhidos. O Alcorão para eles era apenas a mais recente das várias revelações que Alá fazia aos descendentes de Abraão, um "lembrete" daquilo que todos já sabiam.[7] Na verdade, em uma notável passagem do que se tornaria o Alcorão escrito, Alá deixava claro que não fazia distinção entre as revelações dos profetas.[8]

A mensagem fundamental do Alcorão não era a de uma doutrina abstrusa qualquer, como as que dividiram Bizâncio, mas um simples "lembrete" sobre o que constituía uma sociedade justa, portanto, uma provocação à violência estrutural iniciada em Meca: era errado construir uma fortuna privada, o certo era compartilhar a riqueza com pobres e vulneráveis, que deviam ser tratados com equidade e respeito. Os muçulmanos formavam uma *ummah*, "comunidade", uma alternativa à ganância e à injustiça sistêmica do capitalismo de Meca. Mais tarde a religião dos seguidores de Maomé seria chamada de *islam* por exigir que todos os indivíduos se "submetessem" a Alá; um *muçulmano* era simplesmente um homem ou uma mulher que tinha aceitado essa submissão. De início, porém, a nova fé foi chamada de *tazakka*, o que grosseiramente pode ser traduzido por "purificação".[9] Em vez de acumular riqueza e ignorar a má condição dos pobres, os muçulmanos eram incitados a assumir responsabilidade uns pelos outros e a alimentar os despossuídos, inclusive quando eles mesmos estivessem famintos.[10] Eles trocaram a irascibilidade da *jahiliyyah* pela tradicional virtude árabe do *hilm* — tolerância, paciência e misericórdia.[11] Ao cuidar dos vulneráveis, libertar os escravos e realizar pequenos gestos de bondade todos os dias, ou até a cada hora, achavam que gradualmente se tornariam mais responsáveis e compassivos e se livrariam do egoísmo. Ao contrário dos homens das tribos, que à menor provocação retaliavam violentamente, os muçulmanos não deviam revidar, Alá se encarregaria da vingança,[12] tratando todos os outros sempre com gentileza e cortesia.[13] Socialmente, a submissão do islã seria realizada pela aprendizagem da vida em comunidade: os crentes descobririam sua profunda ligação com outros seres humanos, e se empenhariam para que os demais fossem tratados como eles gostariam de ser. "Nenhum de vós pode ser um crente", conta-se que Maomé teria dito, "se não desejar a seu vizinho o mesmo que deseja para si."

De início o establishment de Meca mal percebeu a *ummah*, mas, quando Maomé começou a enfatizar o monoteísmo em sua mensagem, eles se alarmaram por razões comerciais mais do que teológicas. Uma rejeição completa das deidades locais seria ruim para os negócios e indisporia as tribos que mantinham totens em torno da Caaba, as quais eles vinham especificamente visitar durante o hajj. A partir disso houve um sério racha: os muçulmanos foram atacados; a *ummah*, ainda um pequeno segmento dos coraixitas, foi econômica e socialmente banida; e a vida de Maomé estava em risco. Quando os árabes de Yathrib, uma colônia agrária a cerca de quatrocentos quilômetros ao norte, convidaram a *ummah* para se estabelecer lá, essa parecia a única solução. Portanto, em 622, cerca de setenta famílias muçulmanas deixaram suas casas para ir ao oásis que ficaria conhecido como Al-Madinat, ou Medina, a Cidade do Profeta.

Essa hégira ("migração") de Meca foi um passo extraordinário. Na Arábia, a tribo tinha o valor mais sagrado, por isso abandonar os parentes e aceitar a proteção permanente de estranhos equivalia a uma blasfêmia. A própria palavra "hégira" sugere uma mutilação dolorosa: *HJR* tem sido traduzido como "ele se isolou de comunicação amistosa ou amável... ele deixou... de se associar a eles".[14] Daí em diante os muçulmanos de Meca seriam chamados de *Muhajirun* ("emigrantes"), e esse deslocamento traumático foi central para sua identidade. Ao aceitar esses estrangeiros, com quem não tinham relação de sangue, os árabes de Medina convertidos ao islã, os *Ansar* ("auxiliadores") também embarcaram em um experimento ousado. A cidade de Medina não era uma cidade unificada, mas uma série de aldeias fortificadas, cada uma com um grupo tribal diferente. Havia duas grandes tribos árabes — os Aws e os Khasraj —, trinta tribos judaicas, e todos lutavam entre si constantemente.[15] Maomé, como um estrangeiro neutro, se tornou um árbitro e realizou uma aliança para unir auxiliadores e emigrantes em uma supertribo — "uma comunidade para exclusão de todos os homens" — que lutaria junta contra qualquer inimigo.[16] Dessa forma, Medina se tornou um "Estado" primitivo e descobriu, quase imediatamente, que, apesar da ideologia do *hilm*, não tinha outra opção além de se engajar na guerra.

Os emigrantes drenavam os recursos da comunidade. Eles eram mercadores e banqueiros, mas havia pouca oportunidade para negócios em Medina; além disso, não sabiam cultivar o solo, e em todo caso não havia terras disponíveis. Era fundamental encontrar uma fonte de renda independente, e o *ghazu*, o meio legitimado de fazer as contas fecharem em épocas de escassez, era a solução óbvia. Em 624, portanto, Maomé começou a enviar grupos para atacar caravanas de Meca, uma decisão que só era controversa porque os muçulmanos atacavam a própria tribo. Mas, como os coraixitas tinham renunciado à guerra muito tempo antes, os emigrantes não tinham experiência no *ghazu* e as primeiras incursões fracassaram. Quando finalmente pegaram o jeito, quebraram duas regras árabes capitais ao matar acidentalmente um mercador de Meca e ao combater durante um dos Meses Sagrados, quando a violência ficava proibida em toda a península.[17] Os muçulmanos podiam então esperar retaliações de Meca. Três meses depois, o próprio Maomé liderou uma incursão para atacar a mais importante caravana de Meca do ano. Quando ouviram falar disso, os coraixitas imediatamente enviaram o Exército para defender a caravana, mas os muçulmanos obtiveram uma vitória impressionante em uma batalha campal nos poços de Badr. Os coraixitas responderam no ano seguinte atacando Medina e vencendo os muçulmanos na batalha de Uhud. Mas em 627, quando os coraixitas investiram contra Medina de novo, os muçulmanos os derrotaram duramente na Batalha da Trincheira, assim chamada porque Maomé cavou um fosso defensivo em torno do assentamento.

A *ummah* também tinha problemas internos. Três das tribos judaicas de Medina — os Qaynuqa, os Nadir e os Qurayzah — queriam destruir Maomé porque ele prejudicou a ascendência política delas na região do oásis. Eles contavam com exércitos consideráveis e alianças preexistentes com Meca, portanto, eram um risco para a segurança. Quando os Qaynuga e os Nadir organizaram revoltas e ameaçaram assassiná-lo, Maomé os expulsou de Medina. Mas os Nadir tinham se unido ao assentamento judaico de Khaybar, nas proximidades, e conseguiram apoio para Meca entre os beduínos locais. Assim, depois da Batalha da Trincheira, quando os Qurayzah puseram todo o assentamento em risco ao conspirar com Meca durante o cerco, Maomé não mostrou compaixão. De acordo com o costume árabe, os setecentos homens da tribo foram assassinados e as mulheres e as crianças, vendidas como escravas. As outras dezessete tribos judaicas permaneceram em Medina, e o Alcorão continuou a instruir os muçulmanos a se comportar de maneira respeitosa com "as pessoas do livro" (*ahl al-kitab*) e a realçar o que todos tinham em comum.[18] Embora os muçulmanos tenham condenado os homens da tribo de Qurayzah por motivos mais políticos do que religiosos, essa atrocidade marcou o ponto mais baixo na carreira do Profeta. Depois disso, ele intensificou os esforços diplomáticos para estabelecer relações com os beduínos, que ficaram impressionados com seu sucesso militar, e estabeleceu uma confederação poderosa. Aliados beduínos não precisavam se converter ao islã, apenas juravam combater os inimigos da *ummah*: Maomé deve ter sido um dos poucos líderes da história a construir um império em grande medida por meio de negociação.[19]

Em março de 628, durante o mês do hajj, Maomé anunciou, para espanto de todos, que pretendia peregrinar a Meca, o que significava entrar desarmado em território inimigo, pois os peregrinos eram proibidos de carregar armas.[20] Cerca de mil muçulmanos se voluntariaram para acompanhá-lo. Apesar de os coraixitas terem enviado a cavalaria para atacá-los, seus aliados beduínos os guiaram por uma rota alternativa até o santuário de Meca, onde toda violência era proibida. Maomé determinou então que os peregrinos se sentassem perto do Poço de Hudaybiyyah e esperassem pelos coraixitas para negociar. Ele sabia que os colocava em uma situação extremamente difícil: se os guardiões da Caaba matassem peregrinos em solo sagrado, perderiam toda a credibilidade na região. Mas, quando o enviado dos coraixitas chegou, Maomé concordou com condições que pareciam abrir mão de toda a vantagem conquistada pela *ummah* na guerra. Seus colegas de peregrinação ficaram tão horrorizados que praticamente entraram em motim, mas o Alcorão elogiaria a trégua de Hudaybiyyah como uma "vitória evidente". Embora os habitantes de Meca tivessem se comportado com a típica beligerância jahili ao tentar matar os peregrinos desarmados, Deus enviara o "espírito da paz" (*sakina*) sobre os muçulmanos.[21] O primeiro biógrafo de Maomé declarou que essa vitória não violenta foi o ponto de virada para o jovem movimento: nos dois anos seguintes "o dobro ou mais do que o dobro do que em qualquer outra época entraram no islã",[22] e em 630 Meca abriu voluntariamente seus portões para o Exército muçulmano.

A principal fonte da vida de Maomé é o Alcorão, a coletânea de revelações que o Profeta recebeu ao longo dos 23 anos de missão. O texto oficial foi padronizado sob Otman, o terceiro califa, cerca de vinte anos depois da morte de Maomé. Mas no início foi transmitido oralmente, recitado em voz alta e decorado; por isso, durante a vida do Profeta, e depois dela, o texto permaneceu fluido, e as pessoas se recordavam e se alongavam sobre partes diferentes que tinham ouvido. O Alcorão não é uma revelação única: ele chegou a Maomé em fragmentos em resposta a eventos específicos, e, como em qualquer outra escritura, havia inconsistências — inclusive sobre a guerra. A jihad ("luta") não é um dos principais temas do Alcorão: na verdade, a palavra e suas derivações aparecem apenas 41 vezes, e somente em dez se refere de maneira inequívoca à guerra. A "submissão" do islã exige uma constante jihad contra nosso egoísmo inerente; isso às vezes envolve combate (*qital*), mas enfrentar julgamentos com coragem ou doar aos pobres em épocas de dificuldades pessoais também era considerado jihad.[23]

Não há um ensinamento unívoco ou sistemático no Alcorão sobre violência militar.[24] Às vezes Deus exige paciência e moderação ao invés de combate;[25] às vezes dá permissão para a guerra de defesa e condena agressões; mas também solicita um ataque ofensivo dentro de certos limites;[26] e ocasionalmente essas restrições são suspensas.[27] Em algumas passagens, os muçulmanos recebem instruções para viver em paz com as pessoas do livro;[28] em outras, exige-se que os subjuguem.[29] Essas instruções contraditórias ocorrem em todo o Alcorão, e os muçulmanos desenvolveram duas estratégias de exegese para racionalizá-las. A primeira ligava cada versículo a um evento histórico da vida de Maomé e usava esse contexto para estabelecer um princípio geral. No entanto, como o texto a que temos acesso não apresenta as revelações cronologicamente, os primeiros estudiosos consideraram difícil determinar essas *asbab al-nuzal* ("ocasiões de revelação"). A segunda estratégia era anular versículos: estudiosos afirmavam que, enquanto a *ummah* ainda lutava pela sobrevivência, Deus só podia dar aos muçulmanos soluções temporárias para suas dificuldades, mas, depois de o islã sair vitorioso, ele pôde dar ordens permanentes. Assim, as revelações posteriores — algumas das quais pedem guerras irrestritas — eram as palavras definitivas de Deus e revogavam as orientações anteriores, mais tolerantes.[30]

Os eruditos a favor da estratégia de anulação afirmavam que, quando os muçulmanos ainda eram uma minoria vulnerável em Meca, Deus disse a eles para evitar o combate e o confronto.[31] No entanto, depois da hégira, quando obtiveram certo poder, Deus permitiu que combatessem — mas apenas em autodefesa.[32] À medida que ficavam mais fortes, algumas dessas restrições foram suspensas,[33] e finalmente, quando o Profeta voltou triunfante para Meca, os muçulmanos foram instruídos a guerrear contra os não muçulmanos sempre e em qualquer lugar possível.[34] Deus, portanto, preparava gradualmente os muçulmanos para suas conquistas globais, moldando suas instruções conforme as circunstâncias. Pesquisadores modernos perceberam, porém, que os primeiros exegetas nem sempre concordavam sobre que revelação devia ser ligada a cada "ocasião" específica ou sobre qual versículo anulava qual. O estudioso norte-americano Reuven Firestone sugeriu que os versículos contraditórios, na verdade, expressavam visões de grupos diferentes dentro da *ummah* durante a vida do Profeta e depois dela.[35]

A existência de desacordos e facções no início da *ummah* não era surpreendente. Assim como os cristãos, os muçulmanos interpretariam a revelação de modos radicalmente divergentes e, como em qualquer outra fé, o islã se desenvolveu em resposta a circunstâncias em constante mutação. O Alcorão parece saber que alguns muçulmanos não ficariam felizes de ouvir que Deus incentivava o combate: "Está-vos prescrita a luta (pela causa de Deus), embora o repudieis".[36] Quando a *ummah* passou a guerrear, há indícios de que um grupo, forte o suficiente para oferecer uma rejeição importante, se recusava consistentemente a tomar parte:

> Ó fiéis, que sucedeu quando vos foi dito para partirdes para o combate pela causa de Deus, e vós ficastes apegados à terra? Acaso, preferíeis a vida terrena à outra? Que ínfimos são os gozos deste mundo, comparados com os do outro! Se não marchardes (para o combate), Ele vos castigará dolorosamente, suplantar-vos-á por outro povo.[37]

O Alcorão chama essas pessoas de "omissos" e de "mentirosos", e Maomé foi repreendido porque os dispensou "da luta" durante as campanhas.[38] Eles são acusados de apatia e de covardia e são comparados aos *kufar*, os inimigos do islã.[39] No entanto, esse grupo era capaz de apontar muitos versículos no Alcorão instruindo muçulmanos a não retaliar e a "perdoar e tolerar", respondendo à agressão com misericórdia, paciência e cortesia.[40] Em outras passagens, o Alcorão parece confiante em uma reconciliação final: "Ele perdoa a quem Lhe apraz e castiga quem quer. Só a Deus pertence o reino dos céus e da terra e tudo quanto há entre ambos, e para Ele será o retorno".[41] A consistência impressionante desse tema pacífico ao longo do Alcorão, acredita Firestone, deve refletir uma tendência forte que sobreviveu na *ummah* durante algum tempo — talvez até o século IX.[42]

No final, entretanto, os grupos mais combativos prevaleceram, possivelmente porque no século IX, muito depois da morte do Profeta, os versículos mais agressivos refletiam a realidade, pois nessa época os muçulmanos estabeleceram um império que só seria mantido por meio da força militar. O texto favorito dos envolvidos em guerras de conquista era o "Versículo da Espada", que acreditavam ser a palavra final de Deus sobre o tema — embora nele o aval à guerra total seja imediatamente substituído por uma exigência de paz e de tolerância:

> Mas, quando os meses sagrados houverem transcorrido, matai os idólatras, onde quer que os acheis; capturai-os, acossai-os e espreitai-os; porém, caso se arrependam, observem a oração e paguem o *zakat*, abri-lhes o caminho. Sabei que Deus é Indulgente, Misericordiosíssimo.[43]

Portanto, há uma constante justaposição de crueldade e misericórdia no Alcorão: muitas vezes os crentes são instruídos a combater "até terminar a perseguição e prevalecer a religião de Deus", mas, assim que o inimigo apelar por paz, não deve mais haver hostilidades.[44]

A confederação de Maomé se fragmentou depois de sua morte, em 632, e seu "sucessor" (*califa*), Abu Bakr, combateu as tribos desertoras para impedir que a Arábia voltasse à guerra crônica. Como vimos anteriormente, um poder hegemônico era a única maneira de interromper as lutas internas e garantir a paz. Dentro de dois anos, Abu Bakr conseguiu restabelecer a Pax Islamica, e após sua morte, em 634, Omar ibn al-Khattab (r. 634-44), o segundo califa, acreditou que preservaria a paz apenas com ofensivas externas. Essas campanhas não eram inspiradas pela religião: não há nada no Alcorão sugerindo que os muçulmanos devem combater para conquistar o mundo. A economia precária da Arábia era a principal motivação das campanhas de Omar. Não era possível estabelecer um império agrário convencional na Arábia, pois havia poucas terras próprias ao cultivo. A modesta economia de mercado dos coraixitas claramente não dava conta de sustentar a península inteira, e o Alcorão proibia que membros da confederação islâmica lutassem entre si. Como, então, uma tribo se alimentava em tempos de escassez? O *ghazu*, incursões de pilhagem contra as tribos vizinhas, fora o único modo de distribuir os recursos escassos da Arábia, mas estava fora de questão agora. A solução de Omar foi atacar as terras ricas cultivadas fora da Península Arábica que, como bem sabiam os árabes, estavam desordenadas depois das guerras entre persas e bizantinos.

Sob a liderança de Omar, os árabes saíram da península, inicialmente em incursões pequenas e locais, depois em expedições maiores. Como esperavam, houve pouca resistência. Os Exércitos das duas grandes potências tinham sido dizimados e o povo subjugado vivia descontente. De um lado, os judeus e os cristãos monofisistas estavam cansados do assédio de Constantinopla, e, de outro, os persas ainda se recuperavam da agitação posterior ao assassinato de Cosroes II. Em um período impressionantemente curto, os árabes forçaram o Exército romano a se retirar da Síria (636) e destruíram o Exército persa (637). Em 641 conquistaram o Egito e, apesar de terem lutado por cerca de quinze anos para pacificar todo o Irã, saíram finalmente vitoriosos em 652. Apenas Bizâncio, agora um resquício do que havia sido, sem as províncias ao sul, ainda se sustentava. Assim, vinte anos depois da Batalha de Badr, os muçulmanos se viram senhores da Mesopotâmia, Síria, Palestina e Egito. Quando finalmente subjugaram o Irã, realizaram o sonho impossível de persas e bizantinos: recriaram o império de Ciro.[45]

É difícil explicar o sucesso deles. Embora talentosos no ataque, os árabes eram pouco experientes em guerras prolongadas e não possuíam armas ou tecnologia superiores.[46] Na verdade, como o Profeta, nos primeiros anos do período de conquista, conquistaram territórios mais por meio da diplomacia do que lutando. Tanto Damasco quanto Alexandria se renderam porque lhes foram oferecidos termos generosos.[47] E como não sabiam construir Estados, os árabes simplesmente adotaram os sistemas persa e bizantino de propriedade de terra, tributação e governo. Não houve tentativa de impor o islã aos povos subjugados. Os povos do livro — judeus, cristãos e zoroastristas — se tornaram *dhimmis* ("súditos protegidos"). Críticos do islã frequentemente censuram esse arranjo como um indício da intolerância islâmica, mas Omar só adaptou o sistema persa de Cosroes I: o islã seria a religião dos árabes conquistadores — assim como o zoroastrismo fora a fé exclusiva da aristocracia persa — e os *dhimmis* cuidariam dos próprios negócios como fizeram no Irã e pagariam a *jizya*, um imposto individual, em troca de proteção militar. Depois de séculos de tentativas violentas do Império Romano Cristão de impor um consenso religioso, o sistema agrário tradicional se reafirmou, e muitos dos *dhimmis* consideraram essa política muçulmana um alívio.

Quando Omar conquistou Jerusalém dos bizantinos, em 638, ele imediatamente assinou uma lei para preservar os templos cristãos e limpou o local do templo judaico, em ruínas desde a destruição em 70 e usado como depósito de lixo da cidade. A partir de então esse lugar seria chamado de Haram al-Sharif, o "Mais Nobre Santuário", e se tornaria o terceiro mais sagrado no mundo muçulmano, depois de Meca e Medina. Omar também convidou os judeus, proibidos de estabelecer residência permanente na Judeia desde a revolta de Bar Kokhba, para voltar à Cidade do Profeta Daud (Davi).[48] No século XI, um rabino de Jerusalém ainda se lembrava com gratidão da misericórdia que Deus havia demonstrado com seu povo quando permitiu que o "Reino de Ismael" conquistasse a Palestina.[49] "Eles não perguntavam sobre profissão de fé", escreveu o historiador do século XII Miguel, o Sírio, "nem perseguiam ninguém em função de sua profissão, como faziam os gregos, uma nação herética e perversa."[50]

No início, os conquistadores muçulmanos tentaram resistir à opressão e à violência sistêmicas do império. Omar não permitia que suas autoridades deslocassem os povos nativos nem que estabelecessem propriedade na rica terra da Mesopotâmia. Em vez disso, os soldados muçulmanos viviam nas novas "cidades-guarnição" (*amsar*, no plural, ou *misr*, no singular), construídas em localizações estratégicas: Cufa no Iraque, Basra na Síria, Qom no Irã e Fustat no Egito; Damasco foi a única cidade antiga a se tornar uma *misr*. Omar acreditava que a *ummah*, ainda nascente, só manteria sua integridade se vivesse isolada das culturas mais sofisticadas. A capacidade dos muçulmanos de criar e manter um império estável, centralizado, era ainda mais surpreendente do que o seu sucesso militar. Tanto persas quanto bizantinos imaginaram que depois de vitórias iniciais os árabes simplesmente pediriam para se estabelecer nos impérios conquistados. Afinal, foi isso que os bárbaros fizeram nas províncias ocidentais e, na ocasião, já governavam de acordo com a lei romana e falavam dialetos do latim.[51] No entanto, quando as guerras de expansão finalmente terminaram, em 750, os muçulmanos governavam um império que ia do Himalaia aos Pireneus, o maior que o mundo já tinha visto, e a maioria dos povos conquistados se converteria ao islã e falaria árabe.[52] Essa conquista extraordinária parecia endossar a mensagem do Alcorão, segundo a qual uma sociedade fundada nos princípios corânicos de justiça sempre prosperaria.

Apesar de gerações posteriores idealizarem a Era da Conquista, esses foram tempos difíceis. O fracasso em derrotar Constantinopla foi um golpe duro. Na época em que Otman, o genro do Profeta, se tornou o terceiro califa (r. 644-56), os soldados muçulmanos se amotinaram e estavam descontentes. As distâncias eram tão grandes que as campanhas se tornavam exaustivas, e eles ficavam com butins menores. Longe de casa, vivendo perpetuamente em ambientes estranhos, os soldados não tinham uma vida familiar estável.[53] Essa inquietação se refletia na literatura *hadith* (plural: *ahadith*), na qual a doutrina clássica da jihad começou a tomar forma.[54] Os *ahadith* ("relatórios") registravam ditados e histórias do Profeta não incluídos no Alcorão. Após a morte de Maomé, todos queriam saber como ele se comportava e o que achava de temas como a guerra. Essas tradições foram coletadas e reunidas em antologias durante os séculos VIII e IX e se tornaram tão numerosas que foram necessários critérios para distinguir os relatórios autênticos dos obviamente espúrios. Poucos *ahadith* são contemporâneos ao Profeta, mas mesmo os mais duvidosos jogam luz sobre atitudes da *ummah* nos primeiros tempos, quando os muçulmanos refletiam sobre seu sucesso impressionante.

Para muitos *ahadith*, as guerras eram o modo de Deus espalhar a fé. "Fui enviado para a raça humana como um todo", diz o Profeta; "Fui instruído a combater os povos até que eles deem testemunho: 'Alá é o único deus'".[55] A construção de um império é mais fácil quando os soldados acreditam beneficiar a humanidade, por isso a convicção de que tinham uma missão divina alegraria espíritos cansados. Esses soldados provavelmente se ressentiam dos muçulmanos beneficiados pelas conquistas, que não partilhavam da vida dura e desprezavam os "retardatários" que "ficaram em casa". Assim, em alguns *ahadith*, Maomé aparece condenando a vida tranquila: "Fui enviado como bênção e como combatente, não como mercador e fazendeiro; as piores pessoas dessa *ummah* são os mercadores e os fazendeiros, que não levam a religião [*din*] a sério".[56] Outros relatos enfatizam as dificuldades do guerreiro que convive com a morte diariamente e que "construiu uma casa, mas não morou nela, casou com uma mulher e não a conheceu".[57] Esses guerreiros passaram a rejeitar outras formas de jihad, como cuidar dos pobres, e se viam como os únicos verdadeiros jihadis. Alguns *ahadith* afirmam que combater era o Sexto Pilar ou "prática essencial" do islã, junto com a profissão de fé (*shehadah*), dar esmolas, orar, jejuar no Ramadã e o hajj. Outros diziam que combater era muito mais precioso do que orar a noite inteira ao lado da Caaba ou jejuar por vários dias.[58] Os *ahadith* davam uma dimensão espiritual ao combate inédita no Alcorão. Há muita ênfase nas intenções do soldado: ele lutava por Deus ou simplesmente por fama e glória?[59] De acordo com o Profeta: "O monasticismo do islã é a jihad".[60] A dureza da vida militar segregava os soldados dos civis, assim como os monges cristãos eram separados dos leigos, e as cidades-guarnição, onde os combatentes muçulmanos viviam longe de suas esposas e faziam jejuns e orações assiduamente, eram seus monastérios.

Como os soldados constantemente enfrentavam a possibilidade de uma morte precoce, especulou-se muito sobre a vida após a morte. No Alcorão não havia descrição detalhada do fim dos tempos e o Paraíso era descrito apenas em termos vagamente poéticos. Mas alguns *ahadith* afirmavam que as guerras de conquista anunciavam os Últimos Dias[61] e imaginavam Maomé falando como um profeta apocalíptico: "Cuidado: Deus me enviou com uma espada, pouco antes da Hora".[62] Os guerreiros muçulmanos são retratados como uma vanguarda de elite combatendo as batalhas do fim dos tempos.[63] Quando o fim chegasse, todos os muçulmanos teriam de abandonar a vida tranquila e se juntar ao Exército, que não só derrotaria Bizâncio como completaria a conquista da Ásia Central, Índia e Etiópia. Alguns soldados sonhavam com o martírio, e os *ahadith* complementaram as breves observações do Alcorão com a imagética cristã sobre o destino dos que morrem em batalha.[64] Como o grego *martus*, o árabe *shahid* significava "o que dá testemunho" do islã ao fazer a submissão definitiva. Os *ahadith* listam as recompensas celestiais: ele não precisaria esperar na tumba pelo Juízo Final como todos os demais, mas ascenderia imediatamente a um lugar especial no Paraíso.

> Aos olhos de Deus o mártir tem seis qualidades [únicas]. Ele [Deus] o perdoa à primeira oportunidade, e mostra a ele seu lugar no Paraíso; ele é salvo da tormenta do túmulo, é poupado do grande medo [do Juízo Final], uma coroa de honra é posta em sua cabeça — um rubi feito do que é melhor que este mundo e de tudo o que há nele —, ele se casa com 72 *houris* [mulheres do Paraíso], e ganha o direito de interceder [com Deus] por setenta de seus parentes.[65]

Como recompensa por sua vida difícil no Exército, o mártir beberá vinho, vestirá roupas de seda e gozará dos prazeres sexuais de que tinha aberto mão em nome da jihad. Mas outros muçulmanos, que não abraçavam da mesma maneira o novo ideal militar, insistiriam que qualquer morte precoce era um martírio: afogamento, doença, fogo ou acidente também "davam testemunho" da finitude humana e mostravam que só havia segurança no Deus ilimitável, e não nas instituições humanas em que as pessoas confiavam.[66]

À medida que os muçulmanos faziam uma transição impressionante da vida de penúria ao domínio do mundo, desacordos sobre a liderança, a alocação de recursos e a moralidade do império eram praticamente inevitáveis.[67] Em 656, Otman foi assassinado durante um motim de soldados apoiados por recitadores do Alcorão, os guardiões da tradição islâmica contrários ao aumento da centralização do poder na *ummah*. Com o apoio desses descontentes, Ali, o primo e genro do Profeta, tornou-se o quarto califa. Homem devoto, ele lutava contra a lógica da política, mas seu governo não foi aceito na Síria, e a oposição foi liderada por Muwaya, parente de Otman e governador de Damasco. Muwaya era filho de um dos mais obstinados inimigos do Profeta e contava com o apoio das famílias ricas de Meca e da população da Síria, que admiravam sua sabedoria e sua capacidade de governar. O espetáculo dos parentes e companheiros do Profeta prontos a atacar uns aos outros era profundamente perturbador, e, para impedir um conflito armado, os dois lados solicitaram a mediação de muçulmanos neutros, que decidiram a favor de Muwaya. Mas um grupo extremista se recusou a aceitar isso e se chocou com a submissão inicial de Ali. Eles acreditavam que a *ummah* devia ser liderada pelo muçulmano mais dedicado (nesse caso, Ali) e não por alguém sedento de poder, como Muwaya. Para esses dissidentes, ambos os governantes agora eram apóstatas, de modo que abandonaram a *ummah* e estabeleceram um assentamento próprio com um comandante independente. Eles ficariam conhecidos como *kharaji*, "aqueles que saem". Depois do fracasso de uma segunda mediação, Ali foi assassinado por um kharajita em 661.

O trauma dessa guerra civil marcou para sempre a vida islâmica. A partir de então, os grupos rivais se baseariam nesses eventos trágicos para tentar dar sentido à sua vocação islâmica. De tempos em tempos, os muçulmanos que objetavam o comportamento do governante se retiravam da *ummah*, como os kharajitas, e convocavam todos os "verdadeiros muçulmanos" para se juntar a eles na luta (jihad) por padrões islâmicos mais elevados.[68] O destino de Ali se tornou um símbolo da injustiça estrutural da vida política dominante por um período, e esses muçulmanos, autointitulados *shiah-i Ali* ("os partidários de Ali"), desenvolveram uma fé fundamentada no protesto, reverenciando os descendentes do sexo masculino de Ali como os verdadeiros líderes da *ummah*. Mas a maioria dos muçulmados, chocada com as divisões homicidas que tinham dilacerado a *ummah*, decidiu que a unidade devia ser o objetivo número um, mesmo que isso significasse pertimitir certo grau de opressão e de injustiça. Em vez de reverenciar os descendentes do sexo masculino de Ali, eles seguiriam a *sunnah* ("o caminho trilhado") do Profeta. Como no cristianismo e no judaísmo, o surgimento de interpretações radicalmente diferentes da revelação original tornaria impossível falar de um "islã" puro, essencialista.

O Alcorão dera aos muçulmanos uma missão histórica: criar uma comunidade justa em que todos os membros, inclusive os mais fracos e vulneráveis, fossem tratados com respeito absoluto. Isso exigiria uma luta (jihad) constante contra o egoísmo e o interesse próprio que nos mantêm isolados do divino. Assim, a política não era algo fora da espiritualidade, e sim o que os cristãos chamariam de sacramento, a arena em que os muçulmanos vivenciavam Deus e que permitia ao divino funcionar de maneira efetiva em nosso mundo. Dessa forma, se as instituições estatais não estivessem à altura do ideal corânico, se seus líderes fossem cruéis ou exploradores e a comunidade humilhada por inimigos estrangeiros, um muçulmano sentiria que sua fé no objetivo final da vida estava ameaçada. Para os muçulmanos, o sofrimento, a opressão e a exploração originados pela violência sistêmica do Estado eram questões morais de importância sagrada e não podiam ser relegadas ao domínio do profano.

Quando Ali morreu, Muwaya mudou sua capital de Medina para Damasco e fundou uma dinastia hereditária. Os omíadas criaram um império agrário comum, com uma aristocracia privilegiada e uma distribuição desigual da riqueza. Eis o dilema muçulmano. Havia um novo consenso de que uma monarquia absoluta era muito mais satisfatória do que uma oligarquia militar, em que os comandantes inevitavelmente competiam de maneira agressiva pelo poder — como Ali e Muwaya fizeram. Os súditos judeus, cristãos e zoroastristas dos omíadas concordavam com isso. Eles estavam cansados do caos imposto pelas guerras entre romanos e persas e desejavam a paz que só um império autocrático parecia capaz de oferecer. Os omíadas permitiram que parte da antiga informalidade árabe continuasse tendo lugar, mas compreenderam a importância do estado de exceção do monarca. Dessa forma, modelaram o cerimonial de sua corte com base nos costumes persas, protegeram o califa dos olhos do público na mesquita e obtiveram o monopólio da violência estatal por meio de um decreto em que o califa era o único autorizado a convocar os muçulmanos para a guerra.[69]

Mas a adoção da violência sistêmica condenada pelo Alcorão perturbava muito os muçulmanos devotos, e quase todas as instituições, hoje consideradas decisivas para o islã, surgiram de discussões aflitivas posteriores à guerra civil. Uma delas foi a divisão entre sunitas e xiitas. Outra foi a disciplina da jurisprudência (*fiqh*): os juristas queriam estabelecer normas legais precisas que tornariam a sociedade justa determinada pelo Alcorão uma possibilidade real, e não apenas um sonho religioso. Esses debates também produziram a historiografia islâmica: a fim de encontrar soluções no presente, os muçulmanos olhavam para trás e analisavam a época do Profeta e dos primeiros quatro califas (*rashidun*). Além disso, o ascetismo muçulmano se desenvolveu como uma reação contra a crescente luxúria e o mundanismo da aristocracia. Os ascetas frequentemente usavam as vestimentas de lã grosseiras (*tasawwuf*) comuns entre os pobres, como o Profeta tinha feito, e seriam conhecidos como sufis. Enquanto o califa e seu governo enfrentavam os problemas com que todo império agrário depara e tentavam desenvolver uma monarquia poderosa, esses pios muçulmanos se opunham inflexivelmente a qualquer coisa comprometida com essa desigualdade e essa opressão estrutural.

Um evento em especial se tornou símbolo do trágico conflito entre a violência inerente do Estado e os ideais muçulmanos. Depois da morte de Ali, os xiitas depositaram suas esperanças nos descendentes dele. Hasan, o primogênito de Ali, entrou em um acordo com Muwaya e abandonou a política. Mas em 680, quando Muwaya morreu, ele passou o califado para seu filho Yazid. Pela primeira vez, um governante muçulmano não era eleito por seus pares, e houve protestos xiitas em Cufa a favor de Hussein, o caçula de Ali. Esse levante foi esmagado de maneira inclemente, mas Hussein já tinha partido de Medina para Cufa, acompanhado de um pequeno grupo de seguidores com suas esposas e filhos, convencido de que o espetáculo da família do Profeta marchando para pôr fim à injustiça imperial lembraria a *ummah* das prioridades islâmicas. Mas o Exército de Yazid os massacrou na planície de Karbala, perto de Cufa; Hussein foi o último a morrer, segurando o filho pequeno nos braços. Todos os muçulmanos lamentam o assassinato do neto do Profeta, mas, para os xiitas, Karbala é o epítome do dilema muçulmano. Como a justiça islâmica pode ser implantada de maneira realista em um Estado imperial beligerante?

Sob a liderança do califa omíada Abd al-Malik (r. 685-705), as guerras de expansão tiveram novo impulso e o Oriente Médio começou a ganhar um rosto islâmico. A Cúpula da Rocha, construída por Abd al-Malik em Jerusalém em 691, era tão grandiosa quanto qualquer obra de Justiniano. Mas a economia omíada tinha problemas: ela dependia demais de saques e o investimento em edifícios públicos não era sustentável. Omar II (r. 717-20) tentou consertar isso reduzindo os gastos do Estado, desmobilizando unidades militares excedentes e reduzindo o pagamento dos comandantes. Ele sabia que os *dhimmis* se ressentiam do imposto *jizya*, tributado exclusivamente deles, e que muitos muçulmanos viam nisso uma violação do igualitarismo corânico. Assim, Omar II se tornou o primeiro califa a incentivar a conversão dos *dhimmis* ao islã, embora isso significasse uma drástica redução de receita. Todavia, ele não viveu o suficiente para ver sua reforma concluída. Hisham I (724-43), seu sucessor, lançou novas ofensivas militares na Ásia Central e no norte da África, mas, quando tentou reanimar a economia impondo novamente a *jizya*, os convertidos berberes no norte da África organizaram uma revolta de grandes proporções.

Uma nova dinastia, afirmando descender de Abbas, tio de Maomé, desafiou o domínio dos omíadas com o apoio dos convertidos persas descontentes, em grande medida usando a retórica do xiismo. Em agosto de 749, ocuparam Cufa e, no ano seguinte, derrotaram o califa omíada. Mas, assim que chegaram ao poder, os abássidas deixaram de lado a piedade xiita e instalaram uma monarquia absoluta ao modo persa, adotando a violência imperial. Embora se afastasse totalmente dos princípios islâmicos, o novo governo foi bem recebido pelos súditos. A primeira providência deles foi massacrar todos os omíadas e, poucos anos depois, o califa Abu Jafar Al-Mansur (754-75) assassinou também líderes xiitas e mudou sua capital para a nova cidade de Bagdá, a apenas sessenta quilômetros ao sul de Ctesifonte. Com isso, os abássidas se voltaram totalmente para o Oriente.[70] No Ocidente, a vitória do rei franco Carlos Martel sobre um grupo de invasores muçulmanos em Poitiers, em 732, frequentemente é considerada o evento decisivo que salvou a Europa do domínio islâmico; na verdade, a cristandade foi salva pela total indiferença dos abássidas em relação ao Ocidente. Percebendo os limites da expansão imperial, eles utilizaram uma elaborada diplomacia persa para negociar com outros países, e logo a figura do soldado se tornou uma anomalia na corte.

Com o reinado de Harun al-Rashid (786-809), a transformação do império islâmico de uma monarquia árabe para uma monarquia persa estava completa. O califa era saudado como a "Sombra de Deus" na terra, e seus súditos muçulmanos — que anteriormente só faziam reverência a Deus — se prostravam diante dele. A presença constante do carrasco lembrava ao povo que o governante tinha poder de vida e de morte. Como as tarefas rotineiras do governo estavam a cargo do vizir, o papel do califa era ser juiz de apelação em última instância, ficando além do alcance de facções e da politicagem. Além disso, ele tinha duas tarefas importantes: liderar as orações de sexta-feira e o Exército na batalha. Esta última tarefa era outro desvio, pois os omíadas nunca tinham ido pessoalmente a campo com o Exército, então Harun foi o primeiro califa autocrático a praticar o *ghazu*.[71]

Apesar dos abássidas terem desistido de conquistar Constantinopla, todos os anos Harun fazia uma incursão em território bizantino para demonstrar seu comprometimento com a defesa do islã: o imperador bizantino retaliava com uma invasão simbólica do território islâmico. Poetas da corte louvavam Harun por seu zelo em "esforçar-se além do esforço (jihad) daquele que teme a Deus". Ressaltavam ainda que Harun era um voluntário se arriscando em uma tarefa além do exigido: "Vós poderíeis, se quisésseis, refugiardes em algum lugar agradável, enquanto outros suportassem as dificuldades em vosso lugar".[72] Harun evocava deliberadamente a era de ouro, quando se esperava que todo homem capaz fosse à batalha ao lado do Profeta. Apesar da fachada gloriosa, porém, o império apresentava problemas econômicos e militares.[73] O Exército profissional dos abássidas era caro e a mão de obra, difícil de encontrar. A fronteira, no entanto, precisava ser defendida contra os bizantinos, de modo que Harun apelou para civis engajados que, como ele próprio, estivessem dispostos a se voluntariar.

Cada vez mais, os muçulmanos que viviam perto dos limites do império viam "a fronteira" como um símbolo da integridade islâmica que precisava ser defendida do mundo hostil. Alguns dos ulemás ("estudiosos sábios") objetaram o monopólio dos omíadas à jihad porque ia de encontro aos versículos do Alcorão e às tradições do *hadith* segundo as quais a jihad era dever de todos.[74] Por isso, quando os omíadas cercaram Constantinopla (717-8), ulemás, estudiosos de *hadith*, ascetas e recitadores do Alcorão tinham se reunido na fronteira para apoiar o Exército com suas orações. A motivação era religiosa, mas talvez estivessem atraídos também pela intensidade e agitação da batalha. Sob a liderança de Harun, eles se reuniram novamente em número ainda maior, não só na fronteira sírio-bizantina como também na da Ásia Central, do norte da África e da Espanha. Alguns desses estudiosos e ascetas participaram de batalhas e trabalharam nas guarnições, mas a maioria ajudou com orações, jejum e estudo. O "voluntariado" (*tatawwa*) criaria raízes profundas no islã e ressurgiria com força em nossa época.

Durante o século VIII, alguns desses "intelectuais combativos" começaram a desenvolver uma espiritualidade jihadi. Abu Ishaq al-Farazi (m. *c*. 802) acreditava imitar o Profeta em sua vida de estudo e guerra; Ibrahim ibn Adham (m. 778), que fez jejuns extremos e noites heroicas de vigília na fronteira, defendia a tese de que não haveria forma mais perfeita do islã; e Abdulah ibn Mubarak (m. 797) concordava que a dedicação dos primeiros guerreiros muçulmanos foi a cola que manteve a *ummah* unida. Os jihadis não precisavam da permissão do Estado e podiam se voluntariar independentemente da aprovação de autoridades e soldados profissionais. No entanto, esses voluntários religiosos não resolviam o problema de mão de obra do império, e então o califa Al--Mutasim (r. 833-42) criou um Exército pessoal com escravos turcos das estepes, colocando as formidáveis habilidades de luta dos pastores a serviço do islã. Todo *mamluk* ("escravo") era convertido ao islã, mas, como o Alcorão proibia que se escravizassem muçulmanos, os filhos deles nasciam livres. Essa política estava cheia de contradições, mas os *mamluks* se tornaram uma casta privilegiada, e, num futuro não muito distante, esses turcos governariam o império.

Os voluntários criaram outra variante do islã e podiam afirmar que sua vida parecia mais com a do Profeta, que passou anos defendendo a *ummah* dos inimigos. Mas a jihad combativa nunca teve apelo para a *ummah* como um todo. Em Meca e Medina, onde a fronteira era uma realidade distante, dar esmolas e ser solícito com os pobres ainda eram formas mais importantes de jihad. Alguns ulemás se opunham vigorosamente às crenças dos "intelectuais combativos", afirmando que se um homem dedicasse a vida ao estudo e orasse todo dia na mesquita era tão bom quanto ser um guerreiro muçulmano.[75] Um novo *hadith* relatava que no caminho para casa depois da Batalha de Badr Maomé dissera aos companheiros: "Estamos voltando da Jihad Menor [a batalha] para a Jihad Maior" — o esforço mais exigente e mais importante de combater as paixões mais baixas e de reformar a sociedade em que se vive.[76]

Durante a Era da Conquista, os ulemás começaram a criar um corpo de estudiosos da lei muçulmana nas cidades-guarnição. A *ummah* era minoria na época; mas, no século x, 50% da população do império era muçulmana e o código das guarnições não era mais apropriado.[77] A aristocracia abássida usava o código persa conhecido como *adab* ("cultura"), que se baseava no domínio da literatura e nas maneiras corteses esperadas da nobreza e obviamente incompatíveis com as massas.[78] Os califas, portanto, pediram aos ulemás que desenvolvessem um sistema padronizado de leis muçulmanas que se tornaria a Charia. Quatro escolas de direito (*maddhab*) surgiram, todas igualmente autorizadas. Eles tinham perspectivas diferentes, mas se baseavam na prática (*sunnah*) do Profeta e dos primeiros tempos da *ummah*. Como o Talmude, que muito influenciou esse processo, a nova jurisprudência (*fiqh*) tentava enquadrar a totalidade da vida sob o guarda-chuva do sagrado. Dessa forma, não houve tentativa alguma de impor uma única "regra de fé". Os indivíduos podiam escolher a própria *maddhab* e, assim como no judaísmo, seguir as regras do estudioso de sua preferência.

A lei da Charia ofereceu ao domínio aristocrático da sociedade agrária uma alternativa baseada em princípios, uma vez que se recusava a aceitar um sistema de classes hereditário. Sendo assim, apresentava potencial revolucionário; na verdade, dois dos fundadores da *maddhab* — Malik ibn Anas (m. 795) e Muhammad Idris al-Shafii (m. 820) — tinham participado dos levantes xiitas contra os primeiros abássidas. Para a Charia todo muçulmano respondia diretamente a Deus; eles não precisavam de califas ou sacerdotes para mediar a lei divina, e todos — não só a classe dominante — eram responsáveis pelo bem-estar da *ummah*. Enquanto o aristocrático *adab* tinha uma visão pragmática do que era politicamente viável, a Charia era um desafio idealista de contracultura, que tacitamente condenava a violência estrutural do Estado imperial e era corajoso o suficiente para insistir que nenhuma instituição — nem mesmo o califado — tinha o direito de interferir nas decisões individuais. Embora os califas sempre tenham reconhecido a Charia como a lei de Deus, não podiam governar de acordo com ela pois era impossível gerir um Estado agrário seguindo essas regras. Por consequência, a lei da Charia nunca imperou na sociedade, e a corte do califa, onde a justiça era sumária, absoluta e arbitrária, continuou sendo a suprema corte; na teoria, todo muçulmano, mesmo que das camadas mais inferiores da sociedade, podia apelar para o califa pedindo justiça contra membros da baixa aristocracia.[79] Contudo, a Charia sempre foi testemunha do ideal islâmico de igualdade, que de tão enraizado em nossa consciência, apesar da aparente impossibilidade de incorporá-lo à vida política, continua teimosamente nos convencendo de que é o modo natural de os seres humanos viverem juntos.

Apesar da aversão da Charia à autocracia, Al-Shafii formulou a doutrina que seria clássica da jihad com base na ideologia imperial padrão: ela tinha uma visão dualista do mundo, afirmava que a missão da *ummah* era divina e que o domínio islâmico seria benéfico para a humanidade. Deus havia decretado a guerra porque isso era essencial para a sobrevivência da *ummah*, afirmava Al-Shafii. A raça humana se dividia entre *dar al-Islam* ("A terra do islã") e *dar al-harb* ("A terra da guerra"), o mundo não muçulmano. A paz definitiva entre os dois era impraticável, embora fosse possível uma trégua temporária. Mas, uma vez que todas as crenças éticas vinham de Deus, a *ummah* era apenas uma dentre as várias comunidades orientadas pelo divino, e o objetivo da jihad não era converter a população derrotada. Todavia, o que tornava o islã diferente de outras revelações era o fato de ter um mandado divino para estender seu domínio ao restante da humanidade. Sua missão era estabelecer a justiça social e a igualdade prescritas por Deus no Alcorão, de modo que todos os homens e mulheres pudessem ser libertados da tirania de um Estado governado por princípios mundanos.[80] Na realidade, porém, o califado abássida era uma autocracia dependente da sujeição forçada da maioria da população; e como todo Estado agrário constitucionalmente não podia implantar todas as normas do Alcorão. No entanto, sem esse idealismo, que nos lembra da imperfeição de nossas instituições, sua violência e injustiça inerentes não seriam sequer criticadas. Talvez o papel da visão religiosa seja nos dar uma divina inquietação para não aceitarmos integralmente o inaceitável.

Além disso, Al-Shafii condenou a convicção dos "intelectuais combativos" de que todo muçulmano devia participar da jihad ofensiva. Pela lei da Charia, todo muçulmano, sem exceção, devia fazer as orações diárias, isso, portanto, era *fard ayn*, uma obrigação de cada indivíduo. Mas embora todo muçulmano fosse responsável pelo bem-estar da *ummah*, algumas tarefas, como a limpeza da mesquita, podiam ser deixadas para a autoridade encarregada, e eram *fard kifaya*, um dever delegado a um indivíduo pela comunidade. Se esse trabalho fosse negligenciado, concernia aos demais tomar a iniciativa e assumi-lo.[81] Al-Shafii decretou que a jihad contra o mundo não muçulmano era *fard kifaya* e que a responsabilidade última cabia ao califa. Portanto, enquanto houvesse soldados suficientes para defender a fronteira, os civis estavam liberados do serviço militar. No caso de uma invasão inimiga, porém, os muçulmanos da região fronteiriça podiam ser obrigados a ajudar. Na época em que Al-Shafii escrevia, os abássidas tinham renunciado à expansão territorial, por isso não legislavam sobre a jihad ofensiva, exceto em guerras de defesa. Atualmente os muçulmanos ainda debatem a legitimidade da jihad nesses termos.

Enquanto muçulmanos sunitas aceitaram as imperfeições do sistema agrário para manter a paz,[82] os xiitas ainda condenavam sua violência sistêmica, mas encontraram um modo prático de lidar com o regime abássida. Jafar al-Sadiq (n. 765), o sexto na linha de Imãs ("líderes") descendentes de Ali, abandonou formalmente a luta armada porque as rebeliões eram sempre abafadas de maneira violenta e resultavam apenas em uma perda de vidas inaceitável. A partir de então os xiitas se manteriam afastados do poder. Sua falta de envolvimento era uma censura silenciosa à tirania abássida e um testemunho dos verdadeiros valores islâmicos. Como descendente do Profeta, Jafar capitalizou seu carisma e permaneceu como líder legítimo da *ummah*, mas passaria a ser apenas um guia espiritual. Jafar, na verdade, separou religião e política. E esse secularismo sagrado permaneceria como ideal dominante do xiismo até o final do século XX.

Os Imãs, contudo, continuaram sendo um aborrecimento insuportável para os califas. Ao ser um elo vivo com o Profeta, reverenciado pelos fiéis, silenciosamente dedicado à contemplação da escritura e a obras de caridade, o Imã oferecia um contraste imenso com o califa, cujo carrasco sempre visível era uma lembrança amarga da violência do império. Qual era o verdadeiro líder muçulmano? Os Imãs incorporavam uma presença sagrada cuja existência segura ou aberta em um mundo dominado pela crueldade e pela injustiça era insustentável, uma vez que quase todos eles foram assassinados por califas. Quando, perto do fim do século IX, o 12º Imã misteriosamente sumiu da prisão, surgiu o boato de que Deus o tirara de lá miraculosamente e que um dia ele voltaria para inaugurar uma era de justiça. De seu esconderijo, ele continuou sendo o verdadeiro líder da *ummah*, de modo que todo governo terreno era ilegítimo. Paradoxalmente, libertado dos limites do tempo e do espaço, o Imã Oculto se tornou uma presença mais vívida na vida dos xiitas. O mito refletia a trágica impossibilidade de implantar uma política verdadeiramente igualitária em um mundo falho e violento. No dia dez (*ashura*) do mês de Muharram, aniversário da morte do Imã Oculto, os xiitas lamentam publicamente seu assassinato, fazendo procissões pelas ruas, chorando e batendo no peito para mostrar sua eterna oposição à vida muçulmana corrupta convencional. Mas nem todos os xiitas subscreveram o secularismo sagrado de Jafar. Os Ismaelita acreditavam que a descendência de Ali se encerrara com Ismael, o Sétimo Imã, e continuaram convictos de que uma jihad militarizada deve respaldar a piedade na busca de uma sociedade justa. No século X, com o declínio avançado do regime abássida, um líder Ismaelita estabeleceu um califado rival no norte da África, a dinastia Fatímida, que mais tarde se espalhou para o Egito, a Síria e a Palestina.[83]

No século X, portanto, o império muçulmano começava a se fragmentar. Aproveitando-se da fraqueza dos fatímidas, os bizantinos conquistaram Antióquia e áreas importantes da Cilícia, enquanto dentro do *dar-al-Islam* generais turcos estabeleceram Estados praticamente independentes, embora ainda reconhecessem o califa como líder supremo. Em 945, a dinastia turca Buída chegou a ocupar Bagdá e, apesar de o califa ter mantido sua corte, a região se tornou uma província do reino Buída. Mas o islã estava longe de ser uma força desprezível. Sempre houve tensão entre o Alcorão e a monarquia autocrática, e o novo arranjo de governantes independentes simbolicamente ligados pela lealdade ao califa era mais adequado do ponto de vista religioso, embora politicamente mais ineficiente. Depois disso, o pensamento religioso muçulmano foi menos afetado por eventos contemporâneos e só voltaria a ter orientação política novamente no período moderno, quando a *ummah* enfrentou uma nova ameaça imperial.

A maior expressão dessa nova ordem foi os turcos Seljúcida da Ásia Central. Eles reconheciam a soberania do califa, mas sob seu brilhante vizir Nizam al-Mulk (r. 1063-92) criaram um império do sul do Iêmen ao Rio Oxus no Oriente e até a Síria no Ocidente. A popularidade dos Seljúcida não era universal. Alguns dos Ismaelita mais radicais se retiraram para fortificações nas montanhas onde hoje é o Líbano, com intuito de se preparar para uma jihad que substituiria os Seljúcida por um regime xiita. Ocasionalmente eles realizavam missões suicidas para assassinar membros importantes do establishment seljúcida. Os inimigos os chamavam de *hashashin* porque se dizia que usavam haxixe para induzir êxtases místicos, e isso gerou a palavra "assassin" em inglês.[84] Mas a maioria dos muçulmanos se acomodou facilmente ao domínio Seljúcida. Eles não tinham um império centralizado; os emires que comandavam os distritos eram quase autônomos e trabalhavam em estreita colaboração com os ulemás, o que dava a esses regimes militares diferentes uma unidade ideológica. Para elevar os padrões educacionais, eles criaram as primeiras madrassas, e Nizam al-Mulk estabeleceu essas escolas em todo o império, dando aos ulemás uma base de poder e reunindo as províncias fragmentadas. Apesar de os emires transitarem, os tribunais da Charia eram uma autoridade estável em cada região. Além disso, místicos sufistas e os ulemás mais carismáticos viajavam por todo o Império Seljúcida, dando aos muçulmanos comuns um forte senso de pertencimento a uma comunidade internacional.

No fim do século XI, contudo, o Império Seljúcida também entrou em declínio. Os emires passaram a disputar território, de modo que eles sucumbiram ao típico problema de uma oligarquia militar. Extremamente ocupados com essas disputas internas, negligenciaram a fronteira e foram incapazes de deter o fluxo de pastores das estepes que traziam seus rebanhos às terras férteis de assentamentos, agora governadas por esses próprios povos. Grupos grandes de pastores turcos foram continuamente para oeste, tomando as melhores pastagens e expulsando a população local. Por fim, chegaram à fronteira bizantina nos planaltos da Armênia. Em 1071, o chefe Seljúcida Alp Arslan derrotou o Exército bizantino em Manzikert, na Armênia, e, à medida que os bizantinos recuavam, os turcos nômades passaram pela fronteira desguarnecida e começaram a se infiltrar na Anatólia bizantina. O imperador bizantino sitiado implorou ajuda aos cristãos do Ocidente.

8. Cruzada e jihad

O papa Gregório VII (r. 1073-85) ficou profundamente perturbado ao ouvir que hordas turcas tinham invadido o território bizantino e, em 1074, enviou uma série de cartas convocando os fiéis para se unirem a ele na "libertação" de seus irmãos na Anatólia. Ele se propôs a liderar pessoalmente um exército no Oriente, que libertaria cristãos gregos da ameaça turca e a seguir libertaria a cidade sagrada de Jerusalém dos infiéis.[1] No século XI, as palavras do momento da Europa eram "Libertas" e "liberatio"; seus cavaleiros haviam "libertado" recentemente áreas ocupadas por muçulmanos na Calábria, Sardenha, Tunísia, Sicília e Apúlia e começaram a Reconquista da Espanha.[2] No futuro, muitas vezes a agressão imperial ocidental usaria a retórica da liberdade. Mas *libertas* tinha conotações diferentes na Europa medieval. Quando o poder de Roma entrou em colapso nas províncias ocidentais, os bispos tomaram o lugar da aristocracia senatorial romana, ocupando o vazio deixado pela partida das autoridades do império.[3] O clero romano adotou assim o antigo ideal aristocrático da *libertas*, que pouco tinha a ver com liberdade; em vez disso, ele se referia à manutenção da posição privilegiada da classe dominante, para evitar que a sociedade caísse na barbárie.[4] Como sucessor de São Pedro, Gregório acreditava ter um mandado divino para governar o mundo cristão.

Sua "cruzada" foi planejada para reafirmar a *libertas* do papa no Império Oriental, onde não se aceitava a supremacia do bispo de Roma.

Ao longo de seu pontificado, Gregório tentou reafirmar a *libertas*, a supremacia e a integridade da Igreja contra o poder emergente dos governantes laicos, mas fracassou. E assim a Cruzada proposta por ele não resultou em nada, e foi ignominiosamente derrotado por Henrique IV, Sacro Imperador Romano do Ocidente, em seu esforço para libertar o clero do controle laico. Durante oito anos o pontífice e o imperador estiveram presos a uma disputa de poder, um tentando depor o outro. Em 1084, quando Gregório ameaçou-o com a excomunhão mais uma vez, Henrique simplesmente invadiu a Itália e instalou um antipapa no Palácio de Latrão. Mas os papas só podiam culpar a si mesmos, pois o Império Ocidental era criação deles. Por séculos, os bizantinos mantiveram um posto avançado em Ravena, na Itália, para proteger a Igreja de Roma dos bárbaros. No século VIII, no entanto, os lombardos se tornaram tão agressivos no norte da Itália que o papa precisou de um protetor laico mais forte. Por isso, em 753, o papa Estêvão II atravessou corajosamente os Alpes durante o inverno até a antiga província romana da Gália a fim de tentar uma aliança com Pepino, filho do rei franco Carlos Martel, oferecendo em troca a legitimidade papal à dinastia carolíngia. Imediatamente Pepino começou os preparativos para uma expedição militar à Itália, enquanto seu filho de dez anos, Carlos — posteriormente conhecido como Carlos Magno —, acompanhava o papa exausto e desmazelado a seus aposentos.

As tribos germânicas que estabeleceram reinos nas antigas províncias romanas adotaram o cristianismo e reverenciavam os reis guerreiros da Bíblia hebraica, mas seu éthos militar ainda era permeado por ideais arianos antigos de heroísmo e de aspiração a fama, glória e butim. Todos esses elementos se emaranhavam no modo como eles conduziam a guerra. Apresentadas como sagradas, as guerras carolíngias eram avalizadas por Deus, e a dinastia se autodenominava Novo Israel.[5] Sem dúvida as campanhas militares tinham uma dimensão religiosa, mas o lucro material era igualmente importante. Em 732 Carlos Martel (m. 741) venceu um Exército muçulmano a caminho de pilhar Tours, mas, imediatamente depois da vitória, Carlos saqueou as comunidades cristãs na parte sul do reino dos francos da mesma maneira como os muçulmanos teriam feito, tirando tudo das vítimas.[6] Durante as guerras italianas para defender o papa, seu filho Pepino forçou os lombardos a abrir mão de um terço do tesouro deles; essa riqueza imensa permitiu que o clero construísse um enclave verdadeiramente católico e romano ao norte dos Alpes.

Carlos Magno (r. 772-814) mostrou o que um rei era capaz de fazer quando possuía recursos consideráveis.[7] Em 785, ele conquistou o norte da Itália e toda a Gália; em 792, passou para a Europa Central e atacou os ávaros da Hungria ocidental, levando para casa carroças cheias de butim. Apesar de essas campanhas constarem como guerras sagradas contra "pagãos", os francos se lembravam delas por razões mais mundanas. "Toda a nobreza ávara morreu na guerra, toda a glória deles foi embora. Toda a riqueza e o tesouro acumulados por tantos anos se dispersaram", recordou complacentemente Einhard, biógrafo de Carlos Magno. "A memória dos homens não é capaz de lembrar outra guerra dos francos pela qual eles tenham se enriquecido e aumentado tanto as suas posses."[8] Essas guerras de expansão, longe de serem inspiradas unicamente pelo zelo religioso, também eram moldadas pelo imperativo econômico de obter mais terra arável. As sedes episcopais nos territórios ocupados se tornaram instrumento de controle colonial,[9] e os batismos em massa dos povos conquistados representavam mais uma declaração política do que um realinhamento espiritual.[10]

Mas o elemento religioso ainda se destacava. No dia de Natal de 800, o papa Leão III coroou Carlos Magno "Sacro Imperador Romano" na Basílica de São Pedro. A congregação o aclamou como Augusto, e Leão se prostrou aos pés de Carlos Magno. Há muito tempo os papas e bispos da Itália acreditavam que a *raison d'être* do Império Romano era proteger a *libertas* da Igreja católica.[11] Com a queda do império, eles sabiam que a Igreja não sobreviveria sem o rei e seus guerreiros. Entre 750 e 1050, portanto, o rei era uma figura sagrada no ápice da pirâmide social. "Nosso Senhor Jesus Cristo vos colocou como governante dos povos cristãos, com poder que excede ao do papa e ao do imperador de Constantinopla", escreveu Alcuíno, monge britânico e conselheiro da corte de Carlos Magno. "De vós unicamente depende toda a segurança das igrejas de Cristo".[12] Em uma carta a Leão, Carlos Magno declarou que sua missão como imperador era "defender em toda parte a Igreja de Cristo".[13]

Depois do colapso do Império Romano, a instabilidade da vida na Europa criou um desejo de contato tangível com a estabilidade eterna do Paraíso. Por isso as relíquias dos santos eram tão populares, pois ofereciam uma ligação física com um mártir que já estava com Deus. Mesmo o poderoso Carlos Magno se sentia vulnerável nesse mundo violento e incerto: as cavidades de seu trono em Aachen eram cheias de relíquias, assim como os grandes monastérios de Fulda, São Galo e Reicheneau; situados nas fronteiras do império como usinas de oração e santidade, tinham grande orgulho de suas coleções de relíquias.[14] Os monges da Europa eram muito diferentes dos do Egito e da Síria. Eles não eram camponeses, e sim membros da nobreza; não viviam em cavernas no deserto, mas em propriedades cultivadas por servos, que também eram posse do monastério.[15] A maior parte seguia a Regra de São Bento, escrita no século VI, quando os laços da sociedade civil pareciam à beira do colapso. Bento pretendia criar comunidades de obediência, constância e *religio* ("reverência" e "vínculo") em um mundo de violência e incerteza. A regra oferecia uma *disciplina* semelhante à militar do soldado romano: prescrevia uma série de rituais físicos cuidadosamente planejados para reestruturar a emoção e o desejo e criar uma atitude de humildade muito diferente da autoafirmação agressiva do cavaleiro.[16] A disciplina monástica não foi criada para derrotar um inimigo físico, e sim a psique indisciplinada e os poderes invisíveis do mal. Mas os carolíngios sabiam que seu sucesso nas batalhas se devia aos soldados altamente disciplinados. Por isso gostavam das comunidades beneditinas, e durante os séculos IX e X o apoio à regra se tornou uma característica central do governo na Europa.[17]

Os monges formavam uma ordem social (*ordo*), separada do mundo caótico exterior ao monastério. Renunciando a sexo, dinheiro, guerra e mutabilidade, os aspectos mais corruptos da vida secular, eles adotavam a castidade, a pobreza, a não violência e a constância. Diferentemente dos inquietos *Boskoi*, os monges beneditinos faziam voto de permanecer na mesma comunidade por toda a vida.[18] Um monastério, no entanto, não era planejado para servir a buscas individuais, e sim para desempenhar a função social de dar ocupação aos filhos mais novos da nobreza, que não tinham esperanças de possuir terras e que podiam se tornar uma influência destrutiva na sociedade. A essa altura, a cristandade ocidental não distinguia público de privado, natural de sobrenatural. Assim, ao combater os poderes demoníacos com orações, os monges eram essenciais para a segurança do reino. Havia duas maneiras de um aristocrata servir a Deus: combatendo ou orando.[19] Os monges eram o equivalente espiritual dos soldados seculares, e suas batalhas eram igualmente reais e muito mais importantes:

O abade carrega armas espirituais e é apoiado por uma tropa de monges ungidos com o orvalho das graças celestiais. Eles combatem juntos na força de Cristo com a espada do espírito contra os ardis etéreos dos demônios. Eles defendem o rei e o clero do reino dos ataques de seus inimigos invisíveis.[20]

A aristocracia carolíngia estava convencida de que seu sucesso nas batalhas terrenas dependia da guerra disciplinada dos monges, embora combatessem apenas com "vigílias, hinos, orações, salmos, esmolas e celebração diária de missas".[21]

Originalmente havia três ordens sociais na cristandade ocidental: monges, clérigos e leigos. Mas, durante o período carolíngio, surgiram duas ordens aristocráticas: a nobreza guerreira (*bellatores*) e os homens de religião (*oratores*). Clérigos e bispos, que trabalhavam no mundo (*saeculum*) e que anteriormente formavam uma ordem à parte, agora estavam misturados aos monges e cada vez mais eram pressionados a viver como eles, renunciando ao casamento e à luta. Nas sociedades franca e anglo-saxã, ainda influenciadas pelos antigos valores arianos, quem derramasse sangue no campo de batalha carregava uma mancha que o desqualificava para trabalhar com coisas sagradas e para celebrar a missa. No entanto, a violência militar estava prestes a receber o batismo cristão.

Durante os séculos IX e X, hordas de invasores nórdicos e magiares devastaram a Europa e destruíram o Império Carolíngio. Embora viessem a ser lembrados como perversos e monstruosos, na verdade um líder viking não era diferente de Carlos Martel ou de Pepino: era simplesmente um "rei da guerra [*vik*]" lutando por tributos, butim e prestígio.[22] Em 962, o rei saxão Otto conseguiu expulsar os magiares e recriar o Sacro Império Romano em boa parte da Germânia. No entanto, o poder dos reis francos declinou tanto que eles já não conseguiam controlar a pequena aristocracia: ela não só lutava entre si como começava a saquear propriedades da Igreja e a aterrorizar aldeias de camponeses, matando gado e queimando casas quando a produção agrícola era insuficiente.[23] Um membro da baixa aristocracia — chamado de *cniht* ("soldado") ou *chevalier* ("cavaleiro") — não tinha escrúpulos em relação a esses ataques, que eram essenciais para seu estilo de vida. Os cavaleiros franceses se envolveram em guerras quase incessantes por décadas e agora dependiam economicamente de saques e pilhagens. Como explicou o historiador francês Marc

Bloch, a guerra, além de trazer glória e heroísmo a um cavaleiro, era "talvez acima de tudo uma fonte de lucro, o principal negócio da nobreza", de modo que para os menos ricos a volta da paz podia significar "uma crise econômica e uma perda desastrosa de prestígio".[24] Sem guerra, um cavaleiro era incapaz de pagar por armas e cavalos, ferramentas de sua profissão, e seria forçado a fazer trabalhos braçais. E, como vimos, a conquista violenta de propriedade era considerada o único meio honrado para que um aristocrata obtivesse recursos, tanto que nos primeiros tempos da Europa medieval não havia "linha de demarcação" entre "atividade guerreira" e "pilhagem".[25] Durante o século X, portanto, ao roubar e atormentar camponeses, os cavaleiros empobrecidos simplesmente faziam o que julgavam natural para eles.

O aumento da violência coincidiu com o desenvolvimento dos feudos, as grandes propriedades de terra, e com um sistema agrário considerado de pleno direito na Europa, que dependia da apropriação forçada do excedente agrícola.[26] A chegada da violência estrutural, com a qual esse sistema se mantinha, foi anunciada no fim do século X pelo surgimento de uma nova classe: o *imbelle vulgus*, ou "plebeu desarmado", cuja vocação era *laborare*, "trabalhar".[27] O sistema feudal aboliu a antiga distinção entre camponeses livres, que podiam portar armas, e escravos, que não podiam. Agora ambos estavam proibidos de lutar, portanto eram incapazes de se defender do ataque de cavaleiros e obrigados a viver em um nível de subsistência. A sociedade ocidental, então, estava dividida em dois estamentos: os "homens de poder" (*potentes*) e os "pobres" (*pauperes*). A aristocracia precisava da ajuda dos soldados comuns para subjugar os pobres, por isso os cavaleiros se tornaram funcionários e membros da nobreza, livres da servidão e dos impostos.

Naturalmente, os sacerdotes aristocráticos não só apoiavam esse sistema opressivo como eram os principais responsáveis por sua elaboração. O abandono flagrante do igualitarismo do evangelho enfurecia muitos pobres. A Igreja censurava como "hereges" quem verbalizasse esse descontentamento, mas a discordância deles não se ocupava de questões teológicas, na verdade era um protesto religiosamente articulado contra o novo sistema social e político. No início do século XI, por exemplo, Roberto D'Arbrissel vagou descalço pela Bretanha e por Anjou à frente de um séquito maltrapilho de *pauperes Christi*, exigindo uma volta aos valores do evangelho, e atraiu amplo apoio.[28] No sul da França, Henrique de Lausanne também mobilizou multidões ao atacar a ganância e a imoralidade do clero. E, em Flandres, Tanchelm da Antuérpia pregou de maneira tão eficiente que as pessoas pararam de ir à missa e se recusaram a pagar o dízimo. Roberto acabou se submetendo à Igreja, fundou um monastério beneditino e se tornou santo canonizado, mas Henrique continuou ativo em sua "heresia" por trinta anos, e Tanchelm criou sua própria igreja.

Os monges da abadia beneditina de Cluny na Borgonha responderam à dupla crise de violência interna e de protesto social com uma reforma para limitar a agressão desordenada dos cavaleiros. Eles tentaram levar aos homens e mulheres leigos os valores da *religio* monástica, na visão deles a única forma autêntica de cristianismo, promovendo a prática da peregrinação a lugares sagrados. Como um monge, o peregrino dava as costas para o mundo (*saeculum*) e rumava para centros de santidade; além disso, fazia votos em uma igreja local antes de partir e vestia um uniforme especial. Todo peregrino precisava ser casto durante a peregrinação, e os cavaleiros ficavam proibidos de portar armas, sendo forçados assim a conter sua agressividade instintiva por um período significativo. Durante a longa, difícil e muitas vezes perigosa jornada, os peregrinos leigos formavam uma comunidade, os ricos compartilhando as privações e a vulnerabilidade dos pobres, os pobres aprendendo que sua pobreza era sagrada, e ambos vivenciando as inevitáveis dificuldades da vida na estrada como uma forma de ascetismo.

Ao mesmo tempo, os reformadores tentaram dar um caráter espiritual ao combate e tornar a guerra dos cavaleiros uma vocação cristã. Decidiram que um guerreiro podia servir a Deus protegendo os pobres desarmados contra os ataques da baixa aristocracia e perseguindo os inimigos da Igreja. O santo herói da *Vida de S. Geraldo de Aurillac*, escrita aproximadamente em 930 por Odo, abade de Cluny, não era nem rei nem monge ou bispo, mas um cavaleiro comum que, ao se tornar soldado de Cristo e defender os pobres, chegou à santidade. Para levar mais longe seu culto da "guerra santa", os reformadores inventaram rituais de bênção dos estandartes militares e das espadas e incentivaram a devoção de santos militares como Miguel, Jorge e Mercúrio (que acreditavam ter assassinado Juliano, o Apóstata).[29]

Em um movimento relacionado, os bispos inauguraram a Paz de Deus para limitar a violência dos cavaleiros e proteger a propriedade da Igreja.[30] No centro e no sul da França, onde a monarquia já não era funcional e a sociedade degenerava para um caos violento, grandes assembleias de membros da Igreja, cavaleiros e senhores feudais de campos próximos às cidades passaram a se reunir. Nessas reuniões, os cavaleiros eram forçados a jurar, sob pena de excomunhão, que não atormentariam mais os pobres:

> Não levarei boi nem vaca nem qualquer animal de carga; não capturarei camponês nem mercador; não tomarei seu dinheiro, nem os obrigarei a pagar resgate; não os espancarei para conseguir seu sustento. Não confiscarei cavalo, égua ou potro de sua pastagem; não destruirei nem queimarei suas casas.[31]

Nessas assembleias de paz, os bispos insistiam que quem mata seu irmão em Cristo "derrama o sangue de Cristo".[32] Eles também criaram a Trégua de Deus, proibindo combates entre a noite de quarta-feira e a manhã de domingo de todas as semanas em memória aos dias da paixão, morte e ressurreição de Cristo. Embora a paz tenha se tornado realidade por um período específico, ela não podia ser mantida sem coerção. Os bispos só garantiam a Paz e a Trégua por meio de "milícias de paz". Aquele que violasse a Trégua, explicava o cronista Raoul Glaber (*c.* 985-1047), "devia pagar com a vida ou ser expulso de seu país e da companhia de seus irmãos em Cristo".[33] Essas forças de manutenção da paz ajudaram a tornar a violência dos cavaleiros um "serviço" (*militia*) genuíno de Deus, equivalente à vocação sacerdotal ou monástica.[34] O movimento de Paz se espalhou pela França e, no fim do século XI, há indícios de que um número significativo de cavaleiros realmente se converteu a um estilo de vida mais "religioso" e enxergava seus deveres militares como uma forma de monasticismo leigo.[35]

Mas para o papa Gregório VII, um dos principais reformadores da época, a condição de cavaleiro só seria uma vocação sagrada se lutasse para preservar a *libertas* da Igreja. Dessa forma, ele tentou recrutar reis e aristocratas para combater os inimigos da Igreja em sua Milícia de São Pedro — com a qual ele pretendia fazer a "cruzada". Em cartas ele atrelava os ideais de amor fraternal para com os cristãos sitiados no Oriente e a libertação da Igreja à agressão militar. Mas poucos leigos entraram para sua milícia.[36] E por que fariam isso, uma vez que era claramente projetada para reforçar o poder da Igreja à custa dos *bellatores*? Os papas abençoaram a violência predatória dos carolíngios porque ela permitiu que a Igreja sobrevivesse. Mas, como Gregório aprendeu em sua luta contra o Henrique IV, os guerreiros não estavam mais dispostos a simplesmente proteger os privilégios da Igreja.

Essa luta política entre papas e imperadores por poder moldaria a violência de inspiração religiosa do período das Cruzadas; ambos os lados competiam por supremacia política na Europa, o que significava obter o monopólio da violência. Em 1074, ninguém aderiu à Cruzada de Gregório; mas vinte anos depois a resposta dos leigos seria bem diferente.

Em 27 de novembro de 1095, o papa Urbano II, outro monge de Cluny, convocou a Primeira Cruzada durante um Concílio de Paz em Clermont, no sul da França, apelando diretamente aos francos, herdeiros de Carlos Magno. Como não há registros de seu discurso, só podemos inferir o que Urbano disse a partir de suas cartas.[37] Condizente com as reformas da época, Urbano incitou os cavaleiros da França a parar de atacar seus irmãos cristãos e, em vez disso, lutar contra os inimigos de Deus. Como Gregório VII, Urbano incitou os francos a "libertar" seus irmãos, os cristãos do Oriente, da "tirania e da opressão dos muçulmanos".[38] Eles deviam então ir à Terra Santa para libertar Jerusalém. Desse modo, a Paz de Deus seria aplicada na cristandade e a guerra de Deus, combatida no Oriente. Urbano tinha certeza de que a Cruzada seria um ato de amor no qual os cruzados nobremente dariam a vida pelos irmãos do Oriente e, ao deixar suas casas, assegurariam as mesmas recompensas celestiais dos monges que renunciaram ao mundo pela clausura.[39] No entanto, apesar do discurso religioso, a Cruzada também era essencial para as manobras políticas de Urbano que garantiriam a *libertas* da Igreja. No ano anterior ele expulsara o antipapa de Henrique IV do Palácio de Latrão, e excomungou em Clermont o rei Felipe I da França por um casamento adúltero. Além disso, Urbano enviou uma grande expedição militar para o Oriente sem consultar nenhum monarca, usurpando a prerrogativa real de defesa militar da cristandade.[40]

Mas enquanto o papa dizia uma coisa, uma audiência menos educada, no entanto, podia ouvir algo completamente diferente. Com base nas ideias de Cluny, Urbano sempre chamaria a Cruzada de peregrinação — mas esses peregrinos seriam cavaleiros fortemente armados, e seu "ato de amor" resultaria na morte de milhares de inocentes. É provável que Urbano tenha citado palavras de Jesus, dizendo a seus discípulos para carregar sua cruz, além disso pedira que costurassem cruzes nas costas de suas roupas antes de viajar para a terra em que Jesus havia vivido e morrido. A moda da peregrinação já tinha aumentado a popularidade de Jerusalém na Europa. Em 1033, o milênio da morte de Jesus, Raoul Graber relatou que, convencida de que o fim dos tempos estava próximo, uma "multidão incontável" marchou para Jerusalém a fim de combater o "miserável Anticristo".[41] Trinta anos depois, 7 mil peregrinos saíram da Europa em direção à Terra Santa com o objetivo de desmascarar o Anticristo para que Deus pudesse estabelecer um mundo melhor. Em 1095 muitos dos cavaleiros viam a Cruzada desse modo populista e apocalíptico. Eles também entendiam o chamado de Urbano para ajudar os cristãos do Oriente como uma vingança a seus parentes, e se sentiriam tão obrigados a lutar pelo patrimônio de Cristo na Terra Santa quanto se sentiriam a recuperar as terras do senhor feudal. Um dos primeiros historiadores medievais das Cruzadas faz um sacerdote perguntar à sua audiência: "Se um forasteiro atacasse um parente, vocês não vingariam o sangue da família? Mais importante ainda é vingar seu Deus, seu pai, seu irmão, que vocês veem difamado, banido de suas propriedades, crucificado, que vocês ouvem pedir ajuda".[42] Ideias religiosas certamente se somaram a objetivos mais terrenos. Muitos carregariam sua cruz com o intuito de conquistar no estrangeiro riquezas e terras para seus descendentes, além de fama e prestígio.

Logo os eventos saíram do controle de Urbano — um lembrete das limitações da autoridade religiosa. Urbano tinha imaginado uma expedição militar disciplinada e pediu aos cruzados que esperassem o fim da colheita. No entanto, cinco grandes exércitos ignoraram esse conselho sensato e começaram sua jornada pela Europa na primavera. Milhares ou morreram de fome ou foram repelidos pelos húngaros, que ficaram aterrorizados com essa invasão inesperada. Nunca ocorreu a Urbano que os cruzados atacariam comunidades judaicas na Europa, mas em 1096 um exército de cruzados germânicos matou entre 4 mil e 8 mil judeus em Speyer, Worms e Mainz. Seu líder, Emicho de Leningen, se apresentou como o imperador da lenda popular que apareceria no Ocidente nos Últimos Dias e combateria o Anticristo em Jerusalém. Jesus não podia voltar, acreditava Emicho, até todos os judeus terem se convertido ao cristianismo, e por isso enquanto suas tropas se aproximavam das cidades da Renânia com grandes comunidades judaicas, Emicho determinou que os judeus fossem batizados à força sob pena de morte. Alguns cruzados pareciam genuinamente confusos. Por que combateriam muçulmanos a milhares de quilômetros quando o povo que matou Jesus — como os cruzados acreditavam equivocadamente — estava vivo e bem ao lado deles? "Vê agora", um cronista judeu ouviu cruzados dizendo entre si, "buscaremos a revanche contra os Ismaelita por nosso Messias, quando aqui estão os judeus que o mataram e crucificaram. Vamos primeiro nos vingar deles."[43] Mais tarde alguns cruzados franceses também ficariam perplexos: "Precisamos viajar a terras distantes no Oriente para atacar os inimigos de Deus, quando há judeus, a raça dos maiores opositores, bem diante de nossos olhos? Estamos fazendo tudo errado!".[44]

As Cruzadas tornaram a violência antissemita uma doença crônica na Europa: sempre que uma Cruzada era convocada, primeiro os cristãos atacavam os judeus em casa. Sem dúvida essa perseguição era inspirada por convicção religiosa, mas elementos sociais, políticos e econômicos também estavam em jogo. As cidades da Renânia desenvolviam uma economia de mercado que substituiria mais tarde a civilização agrária; estavam, portanto, nos primeiros estágios da modernização, uma transição que sempre tensiona as relações sociais. Depois da queda do Império Romano, a vida urbana entrou em declínio, de modo que praticamente não havia comércio nem classe mercante.[45] Perto do fim do século XI, no entanto, uma maior produtividade deu à aristocracia gosto pelo luxo. Para satisfazer essas demandas, surgiu entre os camponeses uma classe de especialistas — pedreiros, artesãos e mercadores —, e as subsequentes trocas monetárias e de bens levou ao renascimento das cidades.[46] O ressentimento da nobreza com os *vilain* ("novos-ricos") vindos de classes mais baixas, que se apropriavam de recursos que os nobres viam como seus por direito, também pode ter impulsionado a violência dos cruzados germânicos, já que os judeus eram particularmente associados a essa perturbadora mudança social.[47] Nas cidades da Renânia administradas episcopalmente, os habitantes urbanos tentavam havia décadas abolir as obrigações feudais que impediam o comércio, mas os bispos governantes eram ainda mais conservadores quando se tratava de negócios.[48] Também havia uma tensão entre mercadores ricos e artesãos mais pobres, e, quando os bispos tentaram proteger os judeus, parece que estes últimos se uniram aos cruzados na matança.

Os cruzados sempre seriam motivados por fatores sociais e econômicos assim como pelo zelo religioso. Participar das Cruzadas era especialmente atraente para os *Juventus*, a "juventude" dos cavaleiros, que completavam seu treinamento militar vagando livremente pelo campo em busca de aventuras. Embriagados pela ação violenta, esses cavaleiros errantes estavam livres das restrições de uma existência tranquila e seu desregramento pode ter causado algumas das atrocidades nas Cruzadas.[49] Muitos dos primeiros cruzados vinham de regiões devastadas por anos de enchentes, pragas e fome do nordeste da França e do oeste da Germânia, e podem apenas ter desejado abandonar uma vida insuportável.[50] Nas hordas de cruzados, inevitavelmente havia também aventureiros, ladrões, monges desertores e salteadores, muitos sem dúvida levados por sonhos de riqueza e fortuna, assim como por um "coração inquieto".[51]

Os líderes da Primeira Cruzada, que deixaram a Europa no outono de 1096, também tinham vários motivos para participar da expedição. Boemundo, conde de Taranto no sul da Itália, possuía um feudo minúsculo e não escondia suas ambições mundanas: ele abandonou a Cruzada na primeira oportunidade para se tornar Príncipe de Antióquia. Seu sobrinho Tancredo, no entanto, encontrou na Cruzada a resposta para um dilema espiritual. Ele havia "queimado de ansiedade" por não conseguir reconciliar a profissão de combatente com o evangelho e tinha até pensado na vida monástica. Mas, assim que ouviu a convocação do papa Urbano, "seus olhos se abriram, sua coragem nasceu".[52] Godofredo de Bulhão, por sua vez, foi inspirado pelo ideal de Cluny, segundo o qual o combate aos inimigos da Igreja era uma vocação espiritual, mas seu irmão Balduíno simplesmente desejava fama, fortuna e uma propriedade no Oriente.

Mas a terrível experiência de participar da Cruzada logo mudaria suas visões e expectativas.[53] Muitos dos cruzados nunca tinham saído de suas aldeias; agora estavam a milhares de quilômetros de casa, longe de tudo o que conheciam e cercados por inimigos temíveis em terreno perigoso. Quando chegaram ao maciço de Antitauro, muitos ficaram paralisados de terror, olhando para as montanhas íngremes "em estado de grande tristeza, apertando as mãos de tão apavorados e miseráveis".[54] Os turcos praticavam a tática de terra arrasada, portanto não havia comida. Cronistas relatam que durante o cerco de Antióquia:

> As pessoas famintas devoravam os talos de feijão ainda crescendo nos campos, muitos tipos de ervas que ainda não estavam maduras com sal e até cardos que pela falta de lenha não eram bem cozidos e por isso irritavam a língua dos que

comiam. Eles também comeram cavalos, camelos, cães e até ratos. As pessoas mais pobres comiam até o couro dos animais e os grãos encontrados no estrume.[55]

Logo os cruzados perceberam a ineficácia de sua liderança e a inadequação das provisões. Além disso, sabiam que estavam em número bem menor do que o inimigo. "Onde temos um conde, o inimigo tem 46; onde temos um regimento, o inimigo tem uma legião", escreveram os bispos que acompanhavam a expedição na carta conjunta enviada para casa; "onde temos um castelo, eles têm um reino".[56]

Mesmo assim, não poderiam chegar em momento mais oportuno. Não só o Império Seljúcida estava desmoronando como o sultão acabara de morrer, e os emires lutavam entre si pela sucessão. Se os turcos tivessem mantido uma frente unida, a Cruzada não teria como obter sucesso. O pouco que cruzados sabiam sobre a política local era quase inteiramente derivado da visão religiosa e de preconceitos. Observadores descreveram os exércitos de cruzados como um monastério em marcha. Sempre que surgia uma crise, havia procissões, orações e uma liturgia especial. Embora estivessem famintos, jejuavam antes de lutar e ouviam com a mesma atenção sermões e instruções de batalha. Homens famintos tinham visões de Jesus, dos santos e de cruzados mortos, agora mártires gloriosos no Paraíso. Viam anjos combatendo a seu lado, e em um dos momentos mais difíceis no cerco de Antióquia descobriram uma relíquia sagrada — a lança que perfurou o flanco de Cristo —, isso entusiasmou tanto os homens desesperados que eles saíram da cidade e puseram os turcos responsáveis pelo cerco para correr. Quando finalmente tiveram êxito na conquista de Jerusalém, em 15 de julho de 1099, só poderiam concluir que Deus estivera ao seu lado. "Quem não iria se maravilhar do modo como nós, um povo tão pequeno entre os reinos de nossos inimigos, não só fomos capazes de resistir a eles como também de sobreviver?", escreveu o capelão, Fulquério de Chartres.[57]

A guerra foi bem descrita como "uma psicose causada pela incapacidade de ver relacionamentos".[58] A Primeira Cruzada foi especialmente psicótica. Em todas as avaliações, os cruzados pareciam semienlouquecidos. Como eles não tiveram relações normais com o mundo à sua volta por três anos, o estado mental deles, diante do terror prolongado e da desnutrição, era suscetível a anormalidades. Lutavam contra um inimigo cultural e etnicamente diferente

— um fator que, como descobrimos em nossa própria época, tende a anular as inibições costumeiras —, e, quando caíram sobre os habitantes de Jerusalém, assassinaram cerca de 30 mil pessoas em apenas três dias.[59] "Eles mataram todos os sarracenos e os turcos que encontraram", relatou com aprovação o autor da *Gesta Francorum*. "Eles mataram todos, homens ou mulheres."[60] Escorria sangue pelas ruas. Os judeus foram postos ao redor da sinagoga e mortos à espada, e os 10 mil muçulmanos que buscaram refúgio no Haram al-Sharif foram brutalmente massacrados. "Pilhas de cabeças, mãos e pés eram vistas", escreveu o cronista provençal Raimundo de Aguilers: "Homens andavam com sangue pelos joelhos e até as rédeas dos cavalos. Na verdade, o julgamento de Deus de que este lugar deveria se encher com o sangue de infiéis foi justo e esplêndido".[61] Havia tantos mortos que os cruzados não conseguiram se livrar dos corpos. Cinco meses mais tarde, quando Fulquério de Chartres chegou para celebrar o Natal em Jerusalém, ficou horrorizado com o cheiro dos corpos apodrecendo sem sepultura nos campos e valas no entorno da cidade".[62]

Quando não podiam mais matar, os cruzados seguiram para a Igreja da Ressurreição, cantando hinos com lágrimas de alegria nas faces. Ao lado do Túmulo de Cristo, cantaram a liturgia pascal: "Este dia, eu digo, será célebre em todas as eras futuras, pois transformou nossos trabalhos e tristezas em alegria e júbilo", exultou Raimundo. "Este dia, eu digo, justifica todo o cristianismo, a humilhação do paganismo, a renovação da fé."[63] Aqui temos indícios de outra desconexão psicótica: os cruzados estavam ao lado do túmulo de uma vítima da crueldade humana, no entanto, foram incapazes de questionar seu próprio comportamento violento. O êxtase da batalha, aumentado por anos de terror, fome e isolamento, se fundiu com a mitologia religiosa para criar uma ilusão de virtude completa. Mas como os vitoriosos nunca são culpados de seus crimes, logo os cronistas descreveriam a conquista em Jerusalém como um ponto de virada na história. Roberto de Rheims fez a afirmação surpreendente de que a importância do evento só era menor do que a da criação do mundo e a da crucificação de Jesus.[64] Em consequência disso, os muçulmanos passaram a ser vistos no Ocidente como uma "raça vil e abominável", "desprezível, degenerada e escravizada por demônios", "absolutamente estranha a Deus" e "que serve apenas para o extermínio".[65]

Essa guerra sagrada e a ideologia que a inspirou representavam uma negação completa do impulso pacifista do cristianismo. Além disso, foi o primeiro empreendimento imperial do Ocidente cristão num momento em que, após séculos de estagnação, a região tentava entrar no cenário internacional novamente. Com as Cruzadas, foram estabelecidos cinco Estados: em Jerusalém, Antióquia, Galileia, Edessa e Trípoli. Esses Estados precisavam de um Exército permanente e, ao dar espadas para os monges, a Igreja terminou a canonização da guerra. Dessa forma, a ordem dos Cavaleiros Hospitalários de São João cuidava originalmente dos peregrinos pobres e doentes, e a Ordem dos Templários, com sede na Mesquita de Al-Aqsa no Haram, do policiamento de estradas. Eles faziam votos de pobreza, castidade e obediência aos comandantes militares, e, por serem muito mais disciplinados do que os cavaleiros comuns, se tornaram a principal força profissional de combate no Ocidente desde as legiões romanas.[66] São Bernardo, sacerdote da nova abadia Cistercense de Claraval, não aceitava cavaleiros regulares porque com suas roupas finas, bridas ornamentadas com joias e mãos delicadas eles eram motivados apenas pela "raiva irracional, sede de glória vã ou desejo de posses terrenas".[67] Os Templários, porém, combinavam a mansidão dos monges com a força militar, e sua única motivação era matar os inimigos de Cristo. Um cristão, dizia Bernardo, devia exultar ao ver esses "pagãos" "destroçados", "mutilados" e "dispersados".[68] A religião permeava completamente a ideologia dessas primeiras colônias ocidentais, e, embora o imperialismo ocidental posterior tenha se inspirado em uma ideologia mais secular, ele compartilharia a mesma justiça impiedosa e agressiva das Cruzadas.

Os muçulmanos ficaram chocados com a violência dos cruzados. Na época em que chegaram a Jerusalém, os Franj ("francos") já tinham uma reputação assustadora; dizia-se que haviam matado mais de 100 mil pessoas em Antióquia, e que vagaram pelos campos durante o cerco com um apetite selvagem, jurando abertamente comer a carne de qualquer sarraceno que cruzasse seu caminho.[69] Mas o massacre de Jerusalém era diferente de tudo o que os muçulmanos conheciam. Por mais de trezentos anos eles lutaram contra grandes potências regionais, mas essas guerras sempre foram conduzidas dentro de limites acordados.[70] Fontes muçulmanas relatam horrorizadas que os francos não poupavam velhos, mulheres ou doentes; matavam até mesmo os devotos ulemás, "que tinham deixado sua terra natal para viver em retiro piedoso na terra sagrada".[71]

Apesar desse início apavorante, os muçulmanos não organizaram nenhuma grande ofensiva muçulmana contra os francos por cerca de cinquenta anos, e ainda aceitaram os cruzados como parte do corpo político da região. Os Estados Cruzados se encaixavam no padrão Seljúcida de Estados pequenos, independentes, tributários, e, quando os emires lutavam entre si, frequentemente faziam alianças com governantes francos.[72] Para os comandantes turcos, os ideais da jihad clássica estavam mortos, e quando os cruzados chegaram não houve "voluntários" correndo para defender as fronteiras. Sem condições de resistir à invasão estrangeira, os emires relaxaram na defesa das fronteiras; além disso, não se preocupavam com a presença de "infiéis" pois estavam concentrados demais em suas campanhas uns contra os outros. Embora o ideal das Cruzadas tivesse relação com os *ahadith*, segundo os quais a jihad era uma forma de monasticismo, em seus registros sobre essas expedições os primeiros cronistas muçulmanos fracassaram completamente em não reconhecer a paixão religiosa dos francos e presumir que eram motivados apenas pela ganância material. Todos eles perceberam que o sucesso dos francos se devia ao fracasso dos próprios muçulmanos de se articular em uma única frente. Mas depois da Cruzada também não houve tentativas sérias de união. De sua parte, os francos que permaneceram na Terra Sagrada entenderam que sua sobrevivência dependia da capacidade de coexistir com vizinhos muçulmanos e de deixar logo para trás o preconceito violento. Eles assimilaram a cultura da região, aprenderam a tomar banhos, a se vestir no estilo turco, a falar as línguas locais e até se casavam com mulheres muçulmanas.

Mas se os emires tinham esquecido a jihad, um punhado de "ulemás combativos" não tinha. Abu Said al-Harawi, qadi de Damasco, liderou uma delegação de refugiados muçulmanos imediatamente após a conquista de Jerusalém, saindo de lá até a mesquita do califa em Bagdá e implorou ao líder para convocar uma jihad contra os invasores. As histórias terríveis deles levaram a congregação às lágrimas, mas o califa estava fraco demais para iniciar qualquer ação militar.[73] Em 1105 o jurista sírio Al-Sulami escreveu um tratado afirmando que a jihad contra os francos era *fard ayn*, uma "obrigação individual" dos emires locais que, diante da incapacidade do califa, deviam assumir a função e expulsar os invasores do Dar al-Islam. Ele insistia que uma ação militar só obteria êxito se fosse precedida pela "Jihad Maior", uma reforma dos corações e das mentes em que os muçulmanos combateriam seus medos e sua apatia.[74]

Mesmo assim houve pouca reação. Longe de estarem ansiosos para combater uma guerra sagrada em nome de sua religião, os muçulmanos tinham pouco apetite pela jihad e se concentravam em novas formas de espiritualidade. Alguns dos místicos sufis, em particular, desenvolveram uma simpatia impressionante por outras tradições religiosas. O conhecido e muito influente Muid ad-Din ibn al-Arabi (1165-1240) afirmou que um homem de Deus estava igualmente em casa em uma sinagoga, mesquita, templo ou em uma igreja, já que todos esses lugares ofereciam uma interpretação válida de Deus:

> *Meu coração é capaz de todas as formas.*
> *Uma clausura para o monge, um templo para os ídolos,*
> *Um pasto para as gazelas, a Caaba dos devotos,*
> *As tábuas da Torá, o Alcorão.*
> *O amor é a fé que eu professo. Não importa onde*
> *seus camelos virem, a verdadeira fé é minha.*[75]

No período das Cruzadas, durante os séculos XII e XIII, o sufismo deixou de ser um movimento periférico e se tornou o dominante em muitas partes do mundo muçulmano. Poucos conseguiam atingir os estados místicos superiores, mas as disciplinas sufis da concentração, que incluíam a música e a dança, ajudaram as pessoas a abandonar noções simplistas e restritas de Deus e atitudes chauvinistas em relação a outras tradições.

Apenas alguns ulemás e ascetas consideraram a presença dos francos intolerável. Em 1111, Ibn al-Khashab, qadi de Alepo, à frente de uma delegação de sufistas, Imãs e mercadores a Bagdá, invadiu a mesquita do califa e quebrou seu púlpito em uma tentativa fracassada de tirá-lo da inércia.[76] Em 1119 os soldados de Mardin e de Damasco ficaram tão inspirados com a pregação do qadi que "choraram de emoção e de admiração" e, ao derrotar o conde Roger da Antióquia, conseguiram a primeira vitória muçulmana contra os francos.[77] Mas nenhuma ação contínua contra os cruzados foi mantida até 1144, quando Zangi, emir de Mosul, quase por acidente conquistou o principado cristão de Edessa durante sua campanha na Síria. Para sua surpresa, Zangi, cujo interesse pelos francos era limitado, se tornou um herói do dia para a noite. O califa o saudou como "o pilar da região" e "a pedra angular do islã", embora fosse difícil ver Zangi como um muçulmano devoto.[78] Os cronistas turcos condenavam sua "grosseria, agressividade e insolência, que causavam a morte de inimigos e de civis", e em 1146 ele foi assassinado por um escravo enquanto estava bêbado.[79]

O espetáculo dos exércitos imensos chegando da Europa para recuperar Edessa na Segunda Cruzada (1148) finalmente galvanizou alguns dos emires. Embora essa Cruzada tenha sido um fiasco constrangedor para os cristãos, as pessoas da região começavam a ver os francos como um perigo real. A resposta muçulmana foi liderada por Nur ad-Din, filho de Zangi (r. 1146-74), que aceitou o conselho dos "intelectuais combativos" e se dedicou primeiro à Jihad Maior. Ele voltou ao espírito da *ummah* do Profeta, vivendo frugalmente, realizando frequentes vigílias e estabelecendo "casas de justiça" onde qualquer um, independente de fé ou status, podia encontrar reparação. Ele fortificou as cidades da região, construiu madrassas e conventos sufis e cultivou os ulemás.[80] Porém o espírito da jihad estava tão desvanecido entre a população que revivê-lo foi um trabalho árduo. Nur ad-Din divulgou antologias de *ahadith* elogiando Jerusalém e encomendou um belo púlpito a ser instalado na Mesquita Al-Aqsa quando os muçulmanos recuperassem sua cidade sagrada. Mas em nenhum momento de seu reinado de 28 anos ele atacou os francos diretamente.

Sua principal conquista militar foi a do Egito fatímida, e foi o governador curdo de lá, Yusuf ibn Ayyub, normalmente conhecido pelo título de Salah ad-Din ("Honra da Fé"), que reconquistou Jerusalém. Mas Saladino precisou passar os dez primeiros anos de seu reinado combatendo outros emires para manter o império de Nur ad-Din unido, e durante essa luta fez muitos acordos com os francos. Saladino também se concentrou antes na Jihad Maior e conquistou o povo por sua compaixão, humildade e carisma, mas sua verdadeira paixão era a jihad militar, como um biógrafo explicou:

> A Jihad e o sofrimento envolvido nela pesavam muito em seu coração e em todo o ser dele em todos os membros; ele não falava de outra coisa, só pensava no equipamento para o combate, só se interessava por aqueles que tivessem pegado em armas [...]. Pelo amor da Jihad no Caminho de Deus, ele deixou a família e os filhos, a terra natal, a casa e todas as suas propriedades, e de todos os lugares do mundo escolheu morar à sombra de sua tenda.[81]

Assim como Nur ad-Din, Saladino sempre viajava com uma comitiva de ulemás, sufis, qadis e Imãs, que recitavam o Alcorão e os *ahadith* para os soldados enquanto eles marchavam. A jihad, há pouco quase morta, se tornava uma força viva na região; tinha sido ressuscitada não pela natureza inerentemente violenta do islã mas por um ataque contínuo do Ocidente. No futuro, toda intervenção ocidental no Oriente Médio, independentemente das motivações seculares, evocaria a memória da violência fanática da Primeira Cruzada.

Como os cruzados, Saladino descobriu que seu inimigo podia ser seu melhor aliado. O sucesso militar dele, em última instância, se deveu às crônicas lutas internas dos francos e às políticas bélicas dos recém-chegados do Ocidente, que não compreendiam a política regional. Como resultado, em julho de 1187 ele foi capaz de destruir o exército cristão nos Cornos de Hattin na Galileia. Após a batalha, libertou o rei de Jerusalém mas fez com que os Templários e os Hospitalários fossem assassinados em sua presença, porque julgava, com toda a razão, que eles representavam o maior perigo à reconquista muçulmana. Quando tomou posse de Jerusalém, o primeiro impulso dele foi vingar o massacre dos cruzados de 1099, mas um enviado franco o convenceu a assumir a cidade sem violência.[82] Nenhum cristão foi assassinado, os habitantes francos de Jerusalém foram resgatados mediante uma soma moderada, e muitos foram escoltados até Tiro, onde os cristãos mantinham uma fortaleza. Os cristãos no Ocidente reconheciam com desconforto que Saladino tinha se comportado de maneira mais humana que os cruzados e gerado lendas que o tornavam um cristão honorário. Alguns muçulmanos, porém, eram mais críticos: Ibn al-Athir afirmou que a clemência dele era um grave erro militar e político, pois os francos conseguiram manter um Estado litorâneo estreito, de Tiro a Beirute, que continuou ameaçando a Jerusalém muçulmana até o final do século XIII.[83]

Ironicamente, ao mesmo tempo que a jihad militar foi incorporada à espiritualidade da Jihad Maior, as Cruzadas cada vez mais eram orientadas por interesses materiais e políticos e marginalizavam o lado espiritual.[84] Ao convocar a Primeira Cruzada, o papa Urbano usurpou a prerrogativa dos reis em sua tentativa de estabelecer a supremacia papal. A Terceira Cruzada (1189-92), liderada e convocada pelo Sacro Imperador Romano Frederico Barba Ruiva, Felipe II da França e Ricardo I da Inglaterra, reafirmou o monopólio dos governantes seculares sobre a violência. Enquanto Saladino inspirava seus soldados com a leitura dos *hadith*, Ricardo oferecia dinheiro a seus homens para cada pedra derrubada do muro da cidade de Acre. Poucos anos depois, mercadores de Veneza, os novos homens da Europa, desvirtuaram a Quarta Cruzada puramente por interesse comercial: eles que convenceram os cruzados a atacar seus irmãos cristãos no porto de Zara e a saquear Constantinopla em 1204. Os imperadores ocidentais governaram Bizâncio até 1261, quando os gregos finalmente conseguiram expulsá-los, mas a incompetência deles no momento da intervenção pode ter enfraquecido de maneira fatal esse Estado sofisticado, mais educado do que qualquer reino ocidental do período.[85] Em 1213, Inocente III reivindicou a *libertas* papal ao convocar a Quinta Cruzada, cujo objetivo era estabelecer uma base ocidental no Egito, mas a esquadra dos cruzados foi impedida por uma epidemia e o Exército terrestre, dizimado pela inundação do Nilo durante a marcha para o Cairo.

A Sexta Cruzada (1228-9) subverteu completamente o princípio original das cruzadas porque foi liderada pelo Sacro Imperador Romano Frederico II, recém-excomungado pelo papa Gregório IX. Criado em uma Sicília cosmopolita, Frederico não compartilhava da islamofobia do restante da Europa e negociou uma trégua com seu amigo Sultão Al-Kamil, que não se interessava pela jihad. Dessa forma, Frederico recuperou Jerusalém, Belém e Nazaré sem lutar uma única batalha.[86] Mas os dois governantes tinham se enganado ao julgar o ânimo da população: os muçulmanos estavam convencidos de que o Ocidente era seu inimigo implacável, e os cristãos pareciam pensar que combater os muçulmanos era mais importante do que reconquistar Jerusalém. Como nenhum sacerdote celebraria uma cerimônia para um excomungado, em março de 1229 Frederico desafiadoramente coroou a si mesmo rei de Jerusalém na Igreja do Santo Sepulcro. Os Cavaleiros Teutônicos do Sacro Império Romano orgulhosamente declararam que essa liturgia o transformou no vigário de Deus na terra, e que o imperador, e não o papa, era quem ficava "entre Deus e a humanidade e que era escolhido para governar o mundo todo".[87] A essa altura, o impacto político que uma Cruzada causava em casa parecia mais relevante do que os fatos no Oriente Médio.

Em 1244, os cristãos perderam Jerusalém de novo quando os saqueadores turcos corásmios fugindo dos exércitos mongóis entraram violentamente na cidade sagrada, um prodígio de ameaça aterrorizante tanto para a cristandade quanto para o islã. Entre 1190 e 1258, as hordas mongóis de Gêngis Khan invadiram o norte da China, Coreia, Tibete, Ásia Central, Anatólia, Rússia e Europa Oriental. Qualquer governante que não se submetesse imediatamente via suas cidades serem devastadas e seus súditos, massacrados. Em 1257, Hulugu, filho de Gêngis Khan, cruzou o Tigre, tomou Bagdá e estrangulou o último califa abássida; a seguir, destruiu Alepo e ocupou Damasco, que se rendeu para evitar a destruição. De início o rei Luís IX da França e o papa Inocêncio IV tinham esperanças de converter os mongóis ao cristianismo e deixar que destruíssem o islã. Em vez disso, os muçulmanos salvaram o Estado litorâneo dos cruzados e, possivelmente, a cristandade ocidental dos mongóis. Por fim, os governantes mongóis que estabeleceram Estados no Oriente Médio se converteram ao islã.

Em 1250, um grupo de mamelucos insatisfeitos tomou o império aiúbida de Saladino com um golpe militar. Dez anos mais tarde, o incrível comandante mameluco Baibars derrotou o Exército mongol na Batalha de Ain Jalut na Galileia. Mas os mongóis conquistaram vastas porções de território muçulmano na Mesopotâmia, as montanhas iranianas, a bacia do Syr Daria e a região do Volga, onde criaram quatro grandes Estados. A violência mongol não foi causada por intolerância religiosa: eles reconheciam a validade de todas as religiões e, depois de subjugar uma região, normalmente se apoiavam nas tradições locais; assim, no início do século XIV, os governantes mongóis dos quatro Estados tinham se convertido ao islã. A aristocracia mongol, porém, continuava a seguir o Yasa, o código militar de Gêngis Khan. Muitos de seus súditos muçulmanos se deslumbravam com as cortes brilhantes e seus novos governantes. Mas uma quantidade tão grande de conhecimento e cultura muçulmanos se perdeu na devastação, e alguns juristas decretaram fechados os "portões da *ijtihad* [pensamento independente]". Essa era a interpretação radical da tendência conservadora da civilização agrária, que não tinha recursos para implantar inovações em larga escala, valorizava mais a ordem social do que a originalidade e achava que a cultura se conquistava a duras penas, portanto, era fundamental conservar o que já tinha sido construído. No entanto, essa redução de horizontes não foi inspirada por uma dinâmica inerente ao islã, era uma reação ao chocante ataque mongol. Outros muçulmanos responderiam às conquistas mongóis de maneira bastante diferente.

Os muçulmanos sempre estiveram dispostos a aprender com outras culturas, e foi o que fizeram no final do século XV com os herdeiros de Gêngis Khan. O Império Otomano na Ásia Menor, no Oriente Médio e no norte da África, o Império Safávida no Irã e o Império Mogol na Índia seriam criados com base no Estado militar mongol e se tornariam os Estados mais avançados do mundo à época. Mas sem querer os mongóis também inspiraram um renascimento espiritual. Jalal ad-Din Rumi (1207-73) fugiu com sua família do Exército mongol, migrando do Irã para a Anatólia, onde fundou uma nova ordem mística sufi. A filosofia de Rumi, um dos muçulmanos mais lidos no Ocidente hoje, evoca a situação de desamparo dos refugiados e seu senso de separação, mas ele também se encantou com a vastidão do Império Mongol e incentivou os sufis a explorar horizontes ilimitados no plano espiritual e a abrir seu coração e sua mente para outras fés.

Mas duas pessoas nunca responderão de maneira idêntica ao mesmo trauma. Outro pensador do período que obteve grande influência em nossa época foi o "intelectual combativo" Ahmed ibn Taymiyyah (1263-1382), também refugiado que, diferentemente de Rumi, odiava os mongóis. Ele via os mongóis convertidos, agora irmãos de fé muçulmana, como *kufar* ("infiéis").[88] Além disso, ele não concordava com a suspensão da *ijtihad*: nesses tempos assustadores os juristas precisavam pensar de maneira criativa e adaptar a Charia ao fato de que a *ummah* se enfraquecera por conta de dois inimigos impiedosos: os cruzados e os mongóis. É verdade que os cruzados pareciam uma força já exaurida, mas os mongóis ainda podiam tentar a conquista do Levante. Durante a preparação de uma jihad militar para defender suas terras, Ibn Taymiyyah estimulou os muçulmanos a participar da Jihad Maior e a voltar ao islã puro da época do Profeta, livrando-se de práticas inautênticas como a filosofia (*falsafah*), o misticismo sufi, o xiismo e a veneração de santos e de seus túmulos. Os muçulmanos que persistissem com essas devoções falsas não eram melhores do que os infiéis. Quando Ghazan Khan, o primeiro dos chefes mongóis a se converter ao islã, invadiu a Síria, em 1299, Ibn Taymiyyah emitiu uma *fatwa* ("decisão legal") declarando que apesar da conversão ao islã, os mongóis eram infiéis, porque obedeciam à yasa, e não à Charia, e os súditos muçulmanos deles não precisavam obedecer-lhes. Os muçulmanos tradicionalmente eram cautelosos em condenar irmãos muçulmanos como apóstatas, por acreditarem que somente Deus era capaz de ler o coração de alguém. A prática da *takfir*, a denúncia de que um muçulmano cometeu apostasia, ganharia vida nova em nosso tempo, quando os muçulmanos se sentiram novamente ameaçados por potências estrangeiras.

Durante o período das Cruzadas, a Europa adotou uma perspectiva limitada e se tornou o que um historiador chamou de "uma sociedade perseguidora". Até o início do século XI, os judeus estiveram plenamente integrados na Europa.[89] Eles gozaram da proteção imperial de Carlos Magno e assumiram cargos públicos importantes. Tornaram-se proprietários de terras e profissionais em todas as áreas; médicos judeus eram muito procurados. Os judeus falavam os mesmos idiomas dos cristãos — o iídiche só se desenvolveu no século XIII — e davam nomes latinos aos filhos. Não havia "guetos": judeus e cristãos viviam lado a lado e compravam casas uns dos outros, em Londres, até meados do século XII.[90] No entanto, durante o século XI, houve rumores de que os judeus convenceram o califa fatímida Al-Hakim a destruir a Igreja da Ressurreição em Jerusalém em 1009, embora o califa, confirmadamente louco, tenha perseguido tanto judeus e seus irmãos muçulmanos quanto cristãos.[91] Como consequência, os judeus foram atacados em Limoges, Orleans, Ruão e Mainz. Ligados ao islã na imaginação dos cristãos, a posição deles se tornou mais precária a cada Cruzada. Depois que Ricardo I pegou a Cruz em Londres em 1198, houve perseguições na Ânglia Oriental e em Lincoln. Em 1193, judeus que se recusavam a ser batizados em York cometeram suicídio em massa. Os chamados libelos de sangue, pelos quais a culpa da morte de crianças era colocada na comunidade judaica, surgiram pela primeira vez quando uma criança foi assassinada em Norwich na década de 1140; houve casos similares em Gloucester (1168), Bury St. Edmunds e Winchester (1192).[92]

Essa onda de perseguição certamente foi inspirada por uma mitologia cristã distorcida, mas também era produto de fatores sociais. Durante a lenta transição de uma economia puramente agrária para uma comercial, as cidades começaram a dominar a cristandade ocidental e, no final do século XII, se tornaram importantes centros de prosperidade, poder e criatividade. No entanto, havia grandes disparidades de riqueza. Banqueiros e financistas de classe baixa enriqueciam à custa da aristocracia, enquanto alguns habitantes das cidades não só eram reduzidos à miséria como também perdiam as estruturas tradicionais de apoio à vida camponesa.[93] O dinheiro, usado comumente desde o final do século XI, tornou-se símbolo de mudanças perturbadoras causadas pelo rápido crescimento econômico que minava as estruturas da sociedade tradicional; ele era visto como "a raiz de todos os males", e na iconografia popular o pecado capital da avareza inspirava ódio visceral e horror.[94] No início os cristãos eram os agiotas mais bem-sucedidos, mas no século XII os judeus tiveram suas terras confiscadas e muitos foram forçados a se tornar oficiais de justiça, agentes financeiros da aristocracia ou agiotas, e ficaram assim maculados por sua associação com o dinheiro.[95] No *Diálogo* (1125) de Pedro Abelardo, um judeu explica que, como a posse de terras é insegura para o seu povo, "o principal meio de obter receita que nos restou para sustentar nossa vida miserável aqui é emprestar dinheiro a juros para estranhos. Mas isso só nos torna mais odiados por aqueles que pensam serem oprimidos por isso".[96] Os judeus, é claro, não eram os únicos bodes expiatórios da ansiedade cristã. Desde as Cruzadas, os muçulmanos, que anteriormente chegaram a ser vistos com vaga indiferença na Europa, agora eram julgados unicamente como merecedores do extermínio. Em meados do século XII, o abade de Cluny, Pedro, o Venerável, retratou o islã como uma religião sangrenta propagada apenas pela espada — uma fantasia que pode ter refletido uma culpa oculta sobre o comportamento cristão na Primeira Cruzada.[97]

A inquietação com o capitalismo embrionário e com a violência crescente na sociedade ocidental, ambos obviamente em desacordo com os ensinamentos radicais de Jesus, também veio à tona nas "heresias" que a Igreja começou a perseguir de forma ativa no final do século XII. De novo, o desafio era mais político do que doutrinário. As condições dos camponeses tinham chegado aos níveis mais baixos, e a pobreza era um problema prioritário.[98] Apesar de alguns terem se tornado ricos nas cidades, o crescimento populacional fragmentou as heranças e multiplicou o número de aldeões sem terra vagando pelo campo desesperadamente em busca de emprego. A violência estrutural do sistema de "três estados" motivou uma reflexão profunda entre os cristãos. Tanto nos círculos ortodoxos quanto nos heréticos, os ricos chegavam à conclusão de que só salvariam sua alma se doassem suas posses, que agora consideravam pecaminosas. Depois de uma doença grave, Francisco de Assis (1181--1226), filho de um rico mercador, renunciou a seu patrimônio, viveu como um eremita e fundou uma nova ordem de freis dedicados a servir aos pobres e a compartilhar de sua pobreza, que cresceu rapidamente em número de membros. A organização de Francisco foi aprovada pelo papa Inocêncio III, na esperança de com isso manter algum controle sobre o movimento mendicante que ameaçava o ordenamento social como um todo.

Outros grupos não eram partidários tão leais da Igreja. Os seguidores de Valdês, um rico negociante de Lyons, que doou tudo o que tinha para os pobres, mesmo depois de excomungados em 1181, continuaram a atrair muito apoio enquanto viajavam pelas cidades da Europa em duplas, como os apóstolos, descalços, vestidos com roupas simples e compartilhando todas as coisas. Ainda mais preocupantes eram os cátaros, os "puros", que também vagavam pelo campo, mendigando pão, e se dedicavam à pobreza, à castidade e à não violência. Eles fundaram igrejas nas cidades mais importantes da Itália central, gozavam de proteção de leigos influentes e eram especialmente poderosos em Languedoc, Provença, Toscana e Lombardia. Além disso, incorporavam os valores do evangelho de maneira muito mais clara e autêntica do que o establishment católico, que, talvez por se sentir culpado em algum nível pela dependência a um sistema que evidentemente contradizia os ensinamentos de Jesus, respondeu de maneira perversa. Em 1207, o papa Inocêncio III (r. 1198--1216) ordenou que Felipe II da França liderasse uma Cruzada contra os cátaros em Languedoc, que, conforme escreveu, eram piores do que os muçulmanos. A Igreja Cátara "dá nascimento continuamente a uma ninhada monstruosa que faz com que sua corrupção seja vigorosamente renovada depois que essa geração passa a outros a chaga de sua própria loucura e surge uma detestável sucessão de criminosos".[99]

Felipe obedeceu com satisfação, já que isso aumentaria seu domínio sobre o sul da França, mas os condes Raimundo VI, de Toulouse, e Raimundo Roger, de Béziers e Carcassone, se recusaram a participar da Cruzada. Quando um dos barões de Raimundo esfaqueou o legado papal, Inocêncio se convenceu de que os cátaros estavam determinados "a nos aniquilar" e a eliminar o catolicismo ortodoxo de Languedoc.[100] Em 1209, Armand-Amalric, abade de Citeux, liderou um grande exército na região, fazendo um cerco à cidade de Béziers. Conta-se que quando seus soldados perguntaram ao abade como distinguir os católicos dos hereges na cidade, ele respondeu: "Matem todos; Deus reconhecerá os seus". Uma matança indiscriminada se seguiu. Na verdade, parece que quando os católicos de Béziers receberam ordens de sair da cidade, eles se recusaram a abandonar os vizinhos cátaros e escolheram morrer com eles.[101] Essa Cruzada teve tanto a ver com solidariedade regional contra a interferência externa quanto com afiliação religiosa.

A extremidade da inclemência retórica, bem como militar, da Cruzada Cátara é sintomática de uma profunda negação. Papas e abades se dedicavam à imitação do Cristo, mas, assim como Ashoka, se deparavam com o dilema da civilização, que não pode existir sem a violência estrutural e militar contra a qual os cátaros protestavam. Inocêncio III foi o papa mais poderoso da história: ele assegurou a *libertas* da Igreja e, ao contrário de seus antecessores, era capaz de comandar reis e imperadores em seus papéis de monarcas. Além disso, depois do colapso do Império Romano, ele gerenciou uma sociedade à beira da barbárie e agora estava em vias de criar a primeira economia predominante comercial do mundo. Todas as três fés abrâmicas começaram com uma rejeição desafiadora à desigualdade e à violência sistêmica, o que reflete a convicção persistente dos seres humanos, voltando talvez ao período de caça-coleta, de que os recursos devem ser distribuídos equitativamente. No entanto, isso ia contra o caminho que a sociedade ocidental trilhava. Os cátaros, os valdenses e os franciscanos todos se sentiam divididos por esse impasse, percebendo porventura que, como Jesus demonstrou, quem se beneficia da violência inerente ao Estado é cúmplice de sua crueldade.

É pouco provável que Inocêncio tenha se afligido demais com esse dilema, embora sua retórica anticátara, neuroticamente exagerada, possa ter expressado algum desconforto com a situação. A postura de Domingos de Gusmão (*c.* 1170-1221), fundador da Ordem dos Pregadores, era bem mais pungente; como os franciscanos, seus frades adotaram uma pobreza tão extrema que não podiam ter posses e mendigavam para viver. Os mendicantes dominicanos viajavam em duplas pelo Languedoc tentando resgatar de forma pacífica alguns "hereges" para a ortodoxia, lembrando-os da insistência de São Paulo para que os cristãos obedecessem às autoridades políticas. Mas inevitavelmente eles ficaram manchados por sua associação com a Cruzada anticátara, especialmente depois que Domingos participou do Concílio de Latrão, de 1215, a fim de conseguir o aval de Inocêncio para sua ordem.

Esses cristãos que permaneciam leais à Igreja, mas que não conseguiam enxergar como a violência intrínseca da cristandade violava o ensinamento evangélico, estavam inevitavelmente em situação de conflito interno. Incapazes de admitir que os "hereges" tinham alguma razão, mas furiosos porque apontavam seu dilema, eles projetavam esses sentimentos de formas monstruosas e inumanas. Havia fantasias paranoicas de uma Igreja Cátara altamente organizada e clandestina determinada a destruir a raça humana e a restaurar o reino de Satã.[102] Medos conspiratórios semelhantes reapareceriam mais tarde em outras sociedades que enfrentavam um processo traumático de modernização e também resultariam em violência. O Concílio de Reims (1157) descreveu os cátaros "se escondendo entre os pobres e sob o véu da religião [...] indo de um lugar para o outro e minando a fé das pessoas simples".[103] Logo se diria que os judeus pertenciam a uma conspiração internacional semelhante.[104] Mesmo um homem justo como Pedro, o Venerável, abade de Cluny, que afirmava tentar se comunicar com o mundo muçulmano usando mais de amor do que de força, descreveu o islã como uma "heresia e uma seita diabólica" viciada em "crueldade bestial".[105] No início da Segunda Cruzada, escreveu ao rei Luís VII da França dizendo esperar que ele matasse tantos muçulmanos quanto Moisés e Josué tinham matado amoritas e canaanitas.[106] Nesse período a figura de Satã, normalmente retratado como um ser humano monstruoso com chifres e rabo, tornou-se bem mais ameaçadora no cristianismo ocidental do que no judaísmo ou no islã. Enquanto passavam por uma transição estressante de estagnação política para uma grande potência mundial, os europeus temiam um "inimigo comum" invisível, uma junção do que não podiam aceitar em si mesmos com o mal absoluto.[107]

Inocêncio III conquistou o equivalente a uma monarquia papal na Europa, mas nenhum outro papa teria poder comparável. Governantes seculares, como Luís VII da França (1137-80), Henrique II da Inglaterra (r. 1154-89) e Frederico II, desafiaram essa supremacia papal. Mais do que em qualquer período anterior, eles construíram reinos poderosos com instituições governamentais capazes de controlar a vida das pessoas comuns, por isso eram fanáticos perseguidores de "hereges" que ameaçassem a ordem social.[108] Eles não eram "secularistas" no sentido atual do termo. Ainda consideravam o poder real sagrado e a guerra santa, mas tinham desenvolvido uma teologia cristã da guerra bem diferente daquela defendida pela Igreja oficial. De novo, descobrimos ser impossível apontar uma única atitude essencialmente "cristã" em relação à guerra, ao combate e à violência. O modelo cristão pode ser usado com efeitos bem diferentes por grupos distintos.

Bispos e papas usaram tanto a Paz de Deus quanto as Cruzadas para controlar a aristocracia guerreira, mas durante o século XIII os cavaleiros responderam com o desenvolvimento de um código próprio, declarando independência em relação à monarquia papal. Eles rejeitavam a reforma cluníaca, não tinham intenção de se converter ao ideal monástico e eram indiferentes às duras críticas de Bernardo aos cavaleiros. O cristianismo deles estava vinculado ao código indo-europeu dos guerreiros de tribos germânicas, à sua ética de honra, lealdade e valentia.[109] Embora os papas reformistas tivessem proibido os cavaleiros de matar irmãos cristãos, exortando-os em vez disso a assassinar muçulmanos, esses rebeldes lutavam felizes contra qualquer cristão que ameaçasse seu senhor e os súditos dele.

Nas *chansons de geste*, ou "canções de gesta", compostas no início do século XII, a guerra é uma atividade natural, violenta e sagrada. Esses cavaleiros claramente gostavam da agitação e da intensidade do campo de batalha e vivenciavam isso com fervor religioso. "Estamos em guerra novamente, todo louvor a Cristo!", exclama um dos cavaleiros do Rei Arthur.[110] *A canção de Rolando*, composta no final do século XI, descreve um incidente ocorrido na Espanha muçulmana no final da campanha de Carlos Magno: o arcebispo Turpin mata muçulmanos com naturalidade e alegria, e Rolando não tem dúvida de que as almas de seus companheiros mortos foram direto para o Paraíso.[111] A espada dele, Durendal, com relíquias incrustadas no cabo, é um objeto sagrado, e a lealdade dele a Carlos Magno é inseparável de sua devoção a Deus.[112] Longe de ter aspirações monásticas, esses cavaleiros veem os monges com desdém. Como o arcebispo Turpin diz veementemente: se um cavaleiro não é "impetuoso e feroz na batalha", pode muito bem "virar monge na paz do mosteiro e por seus pecados rezar diariamente de joelhos".[113]

A demanda do Santo Graal (*c.* 1225), uma fábula em prosa, nos leva ao cerne da espiritualidade dos cavaleiros.[114] A história tem claras influências do ideal cisterciano, que abriu caminho para uma espiritualidade mais introspectiva no monasticismo. No entanto, essa busca interna é substituída pelo heroísmo no campo de batalha e o mundo religioso dos cavaleiros é separado do establishment religioso. Na verdade, só os cavaleiros podem participar da demanda pelo Graal, o cálice que Jesus usou na Última Ceia. A liturgia deles ocorre em um castelo feudal, não em uma igreja ou em um monastério, e o clero não é composto de abades e bispos, mas de eremitas, muitos deles ex--cavaleiros. A lealdade dos cavaleiros a seu senhor terreno é um dever sagrado e nenhum outro compromisso pode superá-la: "Pois o coração do cavaleiro deve ser tão duro e implacável com o inimigo de seu suserano e nada no mundo pode diminuir isso. E se ceder ao medo, ele não pertence à fraternidade dos cavaleiros, uma real fraternidade, que prefere encontrar a morte na batalha a falhar em dar sustentação a seu senhor em suas disputas".[115] Matar os inimigos do rei, mesmo se eles forem cristãos, é tão sagrado quanto matar os inimigos muçulmanos de Cristo.

O establishment eclesiástico descobriu que era impossível controlar o cristianismo dissidente dos cavaleiros. Conscientes de que estavam em uma posição inexpugnável, eles simplesmente se recusavam a cumprir com as exigências da Igreja.[116] "Todos devem honrá-los", escreveu um clérigo do início do século XIII, "[…] pois eles defendem a Santa Igreja, e nos fazem justiça contra aqueles que nos fariam mal […]. Nossos cálices seriam roubados diante de nós à mesa de Deus e nada impediria isso […]. Os bons jamais seriam capazes de persistir se os maus não temessem os cavaleiros."[117] Por que os cavaleiros deveriam obedecer à Igreja? As vitórias deles, por si só, provavam que tinham uma relação especial com o Senhor dos Exércitos.[118] Na verdade, afirmava um poeta, o esforço físico, habilidade, determinação e coragem que a guerra exigia tornavam esse trabalho "muito mais nobre" do que qualquer outra ocupação e punham o cavaleiro em uma classe superior inigualável. A cavalaria, afirmava outro cavaleiro, era "algo tão difícil, duro e custoso de aprender que nenhum covarde se aventura a tomar parte dela".[119] Os cavaleiros viam o combate como uma prática ascética muito mais desafiadora do que os jejuns ou as vigílias dos monges. Um cavaleiro conhecia o sofrimento real: todos os dias ele pegava sua cruz e seguia Jesus no campo de batalha.[120]

Henrique de Lancaster (1310-61), herói da primeira fase da Guerra dos Cem Anos, entre Inglaterra e França, rezou para que os ferimentos, dor, cansaço e perigo do campo de batalha o capacitassem a suportar por Cristo "essas aflições, trabalhos, dores, como escolhestes, e não apenas para obter um prêmio nem para pagar meus pecados, mas puramente por amor a ti, como tu Senhor fizeste por amor a mim".[121] Para Geoffroi de Charny, que lutava do outro lado, o esforço físico da guerra dava sentido à vida. A valentia era a maior conquista humana porque exigia em grau extremo "dor, trabalho, medo e tristeza". No entanto, também proporcionava "grande alegria".[122] Para os monges era fácil; os assim chamados sofrimentos deles eram "nada em comparação" ao que um soldado suportava todos os dias de sua vida, "assaltado por grandes medos" e sabendo que a qualquer momento podia ser "derrotado, morto, capturado ou ferido". Lutar apenas por honra mundana era inútil, mas, caso os cavaleiros se esforçassem no caminho de Deus, suas "nobres almas iriam ao Paraíso por toda a eternidade e seriam para sempre honradas".[123]

Os reis também seguiam o código dos cavaleiros e acreditavam possuir uma ligação direta com Deus, independente da Igreja. Dessa forma, no final do século XIII alguns deles se acharam fortes o suficiente para desafiar a supremacia papal.[124] O estopim desse conflito foi uma disputa sobre tributação em 1296. O Quarto Concílio de Latrão (1215) "liberou" o clero da jurisdição direta dos príncipes seculares, mas os reis Felipe IV da França e Eduardo I da Inglaterra afirmavam ter direito de taxá-los em seus domínios. Embora o papa Bonifácio VIII tenha objetado, eles conseguiram o que queriam — Eduardo proscrevendo o clero inglês e Felipe retendo recursos essenciais para o papado. Em 1301, Felipe iniciou outra ofensiva ao ordenar que um bispo francês fosse a julgamento por traição e heresia. Quando Bonifácio emitiu a bula *Unam Sanctam*, insistindo que todo poder temporário estava sujeito ao papa, Felipe simplesmente mandou que Guilherme de Nogaret e um bando de mercenários trouxessem Bonifácio a Paris para enfrentar a acusação de usurpação do poder real. Nogaret prendeu o papa em Anagni e o manteve prisioneiro por vários dias antes de sua fuga. Mas o choque foi grande demais para Bonifácio, e ele morreu logo em seguida.

Nessa época nenhum rei sobrevivia sem o apoio do papa. Mas o ultraje de Anagni convenceu Clemente V (r. 1305-14), sucessor de Bonifácio, a tornar o papado mais obsequioso, e ele foi o primeiro de uma série de papas franceses a morar em Avignon. Clemente docilmente restabeleceu a legitimidade de Felipe, ao revogar todas as bulas emitidas por Bonifácio contra ele, e, por ordem de Felipe, desmantelou os templários e confiscou sua imensa riqueza. Sujeitos ao papa, sem dever nenhuma obediência ao rei, os templários eram inimigos do domínio real; o epítome do ideal cruzado da monarquia papal, portanto era preciso acabar com eles. Os monges foram torturados até admitir sodomia, canibalismo e adoração ao diabo; muitos repudiaram essas confissões na fogueira.[125] Diante da inclemência de Felipe, o poder real não parecia mais pacífico do que a monarquia do papa Inocêncio III.

Ao contrário do que alguns estudiosos têm afirmado, Felipe não criou o primeiro reino secular moderno; pois ainda não existiam Estados soberanos.[126] Felipe ressacralizou a realeza; esses reis ambiciosos sabiam que em determinado momento o rei foi o principal representante do divino na Europa e afirmavam que o papa tinha usurpado suas prerrogativas reais.[127] Felipe era um governante teocrático, chamado pelos súditos de "semidivino" (*quasi semi-deus*) e de "rei e sacerdote" (*rex et sacerdos*). Sua terra era "santa" e os franceses eram o novo povo escolhido.[128] Na Inglaterra a santidade também havia "migrado da Cruzada para a nação e suas guerras".[129] Segundo o chanceler, ao abrir o Parlamento de 1376-7, a Inglaterra era o novo Israel; suas vitórias militares provavam ser a escolha de Deus.[130] Sob essa realeza sacra, a defesa do reino se tornaria santificada.[131] Os soldados que morriam lutando por um reino territorial seriam reverenciados como mártires, assim como os cruzados.[132] As pessoas ainda sonhavam em ir às Cruzadas e em libertar Jerusalém, mas de forma significativa, a guerra santa começava a se fundir com o patriotismo da guerra nacional.

PARTE III
MODERNIDADE

9. A chegada da "religião"

Em 2 de janeiro de 1492, os reis católicos Fernando de Aragão e Isabela de Castela celebraram sua vitória contra o reino muçulmano de Granada, no sul da Espanha. Multidões viram com profunda emoção os estandartes cristãos hasteados nos muros da cidade, e sinos soavam em triunfo por toda a Europa. No entanto, apesar da conquista daquele dia, os europeus ainda se sentiam ameaçados pelo islã. Em 1453, os turcos otomanos eliminaram o Império Bizantino, que por séculos protegeu a Europa da invasão muçulmana. Em 1480, um ano depois do consentimento dos monarcas, os otomanos iniciaram uma ofensiva naval no Mediterrâneo, e Abu al-Hassan, sultão de Granada, realizou um ataque-surpresa ao porto de Zahara em Castela. A Espanha, portanto, estava na linha de frente da guerra contra o mundo muçulmano e muitos acreditavam que Fernando era o imperador mítico esperado para unir a cristandade, derrotar os otomanos e dar início à Era do Espírito Santo, na qual o cristianismo se espalharia até os confins da terra.[1] De fato, a Europa Ocidental em breve conquistaria um domínio global, mas em 1492 ainda estava bem atrás do islã.

O Império Otomano era o mais forte e mais poderoso Estado no mundo, governando a Anatólia, o Oriente Médio, o norte da África e a Arábia. Mas os safávidas no Irã e os mogóis na Índia também estabeleceram monarquias absolutas em que quase todos os aspectos da vida pública eram governados com precisão sistemática e burocrática. Havia uma forte ideologia islâmica permeando todos os aspectos da administração de cada uma dessas potências: os otomanos eram firmemente sunitas; os safávidas, xiitas; e os mogóis se inclinavam para a falsafah e o sufismo. Muito mais eficientes e poderosos do que qualquer reino europeu da época, eles marcaram o auge do Estado agrário, e eram a mais magnífica expressão do "espírito conservador", característico da sociedade pré-moderna.[2] Como vimos, um dia todas as sociedades agrárias esgotavam seus recursos intrinsecamente limitados, e isso interrompia a inovação. Apenas sociedades de fato industrializadas eram capazes de arcar com a constante multiplicação da infraestrutura que o progresso infindável exigia. A educação pré-moderna não podia incentivar a originalidade, pois não tinha recursos para implantar muitas ideias novas. Se as pessoas fossem incentivadas a pensar de maneira inovadora, mas nunca produzissem nada a partir daquilo, a consequente frustração podia levar a uma inquietação social. Em uma sociedade conservadora, a estabilidade e a ordem eram bem mais importantes do que a liberdade de expressão.

Em qualquer império tradicional, o objetivo do governo não era orientar as pessoas ou fornecer serviços para a população, mas taxá-las. Interferir em costumes sociais ou crenças religiosas dos súditos não era comum. Em vez disso, um governo se organizava para tomar tudo o que pudesse dos camponeses e impedir que outros aristocratas se apropriassem do seu excedente, e por isso a guerra — para conquista, expansão ou manutenção da base de tributação — era essencial para esses Estados. Na verdade, entre 1450 e 1700, em apenas oito anos os otomanos não estiveram envolvidos em guerras.[3] Um tratado otomano expressava sucintamente a dependência que o Estado agrário tinha em relação à violência organizada:

> O mundo é antes de mais nada um jardim verdejante cujo invólucro é o Estado. O Estado é um governo cuja cabeça é o príncipe; o príncipe é um pastor que é assistido pelo Exército; o Exército é um corpo de guardas que é mantido por dinheiro; e o dinheiro é o recurso indispensável fornecido pelos súditos.[4]

Mas durante séculos os europeus vinham inventando uma economia comercial que resultaria na criação de um tipo bem diferente de Estado. Frequentemente se diz que o mundo moderno começou em 1492; na verdade, os europeus precisaram de cerca de quatrocentos anos para criar o Estado moderno. A sua economia não se basearia mais em excedente agrícola — isso afetaria sobretudo a vida pessoal dos súditos — e o Estado seria gerido com a expectativa de inovação constante, com a religião separada da política.

Cristóvão Colombo, o protegido dos monarcas, estava presente na cerimônia em Granada; mais tarde naquele ano ele saiu do porto de Palos, na Espanha, para encontrar uma nova rota comercial marítima para as Índias, mas, em vez disso, descobriu as Américas. Ao patrocinar essa viagem, Fernando e Isabela involuntariamente davam um passo importante rumo à criação de um mundo globalizado dominado pelo Ocidente.[5] Para alguns, a modernidade Ocidental daria poder às pessoas, seria libertadora e fascinante; outros a veriam como coercitiva, invasiva e destrutiva. Os espanhóis e os portugueses, pioneiros na descoberta do Novo Mundo, imaginaram que o território simplesmente estava à espera para ser dividido, saqueado e explorado em seu benefício. O papa Alexandre VI concordava com eles e, como se fosse o monarca incontestes do globo, dividiu o Novo Mundo entre Espanha e Portugal de norte a sul e deu a Fernando e Isabela um mandado para empreender uma "guerra justa" contra quaisquer povos nativos que resistissem aos colonialistas europeus.[6]

Mas Alexandre não era Inocêncio III. O poder papal diminuiu violentamente durante o século XIV e o equilíbrio de forças cabia aos reis. Sete papas sucessivos moraram em Avignon (1309-77), sob o controle firme dos monarcas da França. Em 1378, uma eleição papal contestada dividiu a Igreja entre os apoiadores de Urbano VI em Roma e de Clemente VII em Avignon, e os reis da Europa tomaram partido de acordo com as próprias rivalidades. O cisma só terminou com a eleição de Martinho V no Concílio de Constança de 1417, mas os papas, em segurança de volta a Roma, nunca recuperaram o prestígio de antes. Houve relatos de corrupção e de imoralidade e, em 1492, Rodrigo Borgia, pai de César e Lucrécia Borgia e de dois filhos ilegítimos, conquistou o papado por meio de flagrante pagamento de propinas, assumindo o nome de Alexandre VI. Seu principal objetivo como pontífice era acabar com o poder dos príncipes italianos e assegurar que a riqueza deles fosse para sua própria família. Seu mandado para Fernando e Isabela, portanto, tinha valor espiritual duvidoso.

Os primeiros colonos invadiram o Novo Mundo de maneira violenta como se conduzissem uma enorme incursão de conquista, a ganância e a intenção pia se misturavam completamente. Os portugueses estabeleceram plantações de açúcar nas ilhas de Cabo Verde, e entre 3 milhões e 5 milhões de africanos foram arrancados de seus lares e escravizados lá. Nenhuma colônia americana seria tão gravemente afetada pela escravidão. Quando os portugueses finalmente contornaram o Cabo e bombardearam o oceano Índico, seus canhões de bronze venceram facilmente os frágeis navios e barcos rivais. Em 1524, eles tinham conquistado os melhores portos da África Oriental, da Índia Ocidental, o Golfo Pérsico e o estreito de Málaca e, em 1560, possuíam uma cadeia de colônias que cobria todo o oceano a partir de Goa.[7] Esse era um império puramente comercial: os portugueses nem sequer tentaram conquistar territórios longe do litoral. Enquanto isso, os espanhóis invadiram as Américas, assassinaram populações indígenas e conquistaram terra, butim e escravos. Talvez tenham declarado lutar em nome do cristianismo, mas Hernán Cortés foi brutalmente franco sobre sua real motivação: ele simplesmente queria "ficar rico, não trabalhar como um camponês".[8] Em cada cidade do Império Asteca de Montezuma, no México central, Cortés convidava os chefes locais para a praça central e, quando eles chegavam com seus funcionários, o pequeno Exército espanhol os matava, saqueava a cidade e ia para a próxima.[9] Quando Cortés chegou à capital asteca, em 1525, Montezuma já estava morto, e seu império destruído passou para as mãos espanholas. Os sobreviventes foram dizimados por doenças europeias contra as quais não tinham imunidade. Cerca de dez anos depois, Francisco Pizarro, usando táticas militares semelhantes, levou a varíola para o Império Inca no Peru. Para os europeus, o colonialismo trouxe uma riqueza inimaginável; para os povos nativos, trouxe morte em uma escala sem precedentes. De acordo com uma estimativa, entre 1519 e 1595 a população do México central caiu de 16,9 milhões para 1 milhão, e entre 1572 e 1620 a população inca baixou pela metade.[10]

Cortés e Pizarro foram os heróis dos *conquistadores*, homens de classe social baixa que iam para o Novo Mundo a fim de se tornar grandes na Espanha. Suas conquistas eram obtidas com selvageria militar e mantidas por meio de exploração sistemática. Quando chegavam a uma nova região, liam uma declaração formal em espanhol, informando aos habitantes, que não compreendiam nada, que o papa concedera as terras deles para a Espanha e que, portanto, eles deviam se submeter à Igreja e aos monarcas católicos: "Nós devemos tomar vocês e suas esposas e seus filhos e escravizá-los e devemos levar os seus bens e fazer todas as injúrias e causar todos os males que pudermos a vocês".[11] Os espanhóis não precisavam importar escravos africanos; eles simplesmente escravizavam os povos locais para cultivar lavouras comerciais, trabalhar em minas e fornecer trabalho doméstico. No fim do século XVI, enviavam por navio uma média de 300 milhões de gramas de prata e 1,9 milhão de gramas de ouro a cada ano. Com esses recursos sem precedentes, a Espanha estabeleceu o primeiro império global, que ia das Américas às Filipinas, e dominou grandes porções da Europa.[12]

Os colonizadores espanhóis não tinham escrúpulos em relação ao tratamento dado aos povos indígenas — para eles, os "selvagens" praticamente não eram homens, e ao descobrir que os astecas praticavam sacrifícios humanos e canibalismo ficaram horrorizados.[13] Em casa, porém, os dominicanos foram mais fiéis aos princípios cristãos e falaram em nome dos povos conquistados. Em 1506, Durandus de San Poinciana declarou que a Igreja não tinha jurisdição sobre esses "reis" americanos; eles não deviam ser atacados a não ser que realmente causassem danos aos europeus. Os papas precisavam enviar missionários para as novas terras, afirmou o cardeal Thomas Cajetan, mas não "com o objetivo de conquistar essas terras ou de reduzi-las à sujeição temporária".[14] Francisco de Vitoria defendeu a tese de que os conquistadores não tinham o direito de "expulsar o inimigo de seus domínios e de despojá-los de sua propriedade".[15]

Os humanistas da Renascença, no entanto, foram bem mais simpáticos ao projeto colonial. Na *Utopia* (1516), de Thomas More, uma ficção sobre a sociedade ideal, os utopianos iam à guerra somente "para expulsar exércitos invasores dos territórios de seus amigos, ou para libertar povos oprimidos em nome da humanidade, da tirania e da servidão". Apesar de ser tudo muito admirável, havia limites para essa política benevolente: caso a população se tornasse grande demais para que sua ilha os sustentasse, os utopianos se sentiam no direito de enviar pessoas para criar uma colônia no continente, assim os nativos sempre teriam "bastante terra desocupada ou inculta". Eles trabalhariam esse solo negligenciado, que "anteriormente parecia estéril e pobre demais até mesmo para sustentar seus nativos", e fariam-no render em abundância. Nativos amistosos podiam ser absorvidos na colônia, mas os utopianos não tinham escrúpulos em combater quem resistisse a eles: "Os utopianos dizem que é perfeitamente justificável empreender guerra contra povos que deixam sua terra ociosa ou a desperdiçam e que, no entanto, proíbam o uso e a posse a outros que, pela lei da natureza, deviam ser sustentados por ela".[16]

No pensamento do início da modernidade havia algo de inclemente e cruel.[17] Os assim chamados humanistas inovavam com uma ideia de direitos naturais bastante conveniente para contrabalançar a brutalidade e a intolerância que eles associavam à religião convencional. De início, porém, a filosofia dos direitos humanos, até hoje crucial para o discurso político moderno, não se aplicou a todos os seres humanos. Como a Europa era frequentemente afligida pela fome e parecia incapaz de sustentar sua população cada vez maior, humanistas como Thomas More se escandalizavam com a ideia de terra arável sendo desperdiçada. Eles voltavam seu olhar para Tácito, um apologista do imperialismo romano, que se convencera de que os exilados tinham todo o direito de assegurar um lugar para viver, já que "o que não é de ninguém pertence a todos". Comentando essa passagem, Alberico Gentili (1552-1608), professor de direito civil em Oxford, concluiu que como "Deus não criou o mundo para estar vazio", a "conquista de lugares ermos" deve ser "vista como uma lei da natureza":

> E embora essas terras pertençam aos soberanos do território [...] no entanto em função daquela lei da natureza que abomina o vácuo, elas caberão a quem tomá--las, embora o soberano mantenha jurisdição sobre elas.[18]

Gentili também citou a opinião de Aristóteles, segundo a qual alguns homens eram escravos naturais e era tão necessário empreender guerra contra povos primitivos, "que, embora a natureza tenha destinado a serem governados, não se submetem", quanto caçar animais selvagens.[19] Gentili afirmava que os mesoamericanos claramente se incluíam nessa categoria em função de sua lascívia abominável e do canibalismo. O que os clérigos frequentemente condenavam na violenta subjugação do Novo Mundo, os humanistas da Renascença, que tentavam criar uma alternativa às crueldades cometidas pelas pessoas de fé, endossaram.

No entanto a Espanha tinha embarcado em uma política que se tornaria o epítome da violência fanática na religião. Em 1480, no auge da ameaça otomana, Fernando e Isabela estabeleceram a Inquisição Espanhola. Embora continuassem servos obedientes do papa, os monarcas católicos insistiram para sua inquisição permanecer separada da papal. Com isso, talvez Fernando esperasse mitigar a crueldade da própria instituição, a qual provavelmente não pretendia que fosse permanente.[20] Os cristãos hereges não eram o alvo da Inquisição Espanhola, mas os judeus convertidos ao cristianismo e supostamente não praticantes. Na Espanha muçulmana, os judeus nunca tinham estado sujeitos à perseguição que agora era habitual no resto da Europa,[21] mas, à medida que os exércitos cruzados da Reconquista avançavam pela península no final do século XIV, judeus de Aragão e de Castela foram arrastados à pia batismal; outros tentaram se salvar por conversão voluntária, e alguns desses *conversos* ("convertidos") foram extremamente bem-sucedidos na sociedade cristã e inspiraram um considerável ressentimento. A propriedade dos convertidos foi confiscada em algumas rebeliões, e a causa da violência era tanto a inveja financeira e social quanto a fidelidade religiosa.[22] Pessoalmente os monarcas não eram antissemitas, mas queriam pacificar seu reino, convulsionado pela guerra civil e agora ameaçado pelos otomanos. Mas a inquisição era um meio profundamente falho de obter essa estabilidade. Como muitas vezes acontece quando uma nação é ameaçada por uma potência externa, houve medos paranoicos de inimigos internos, nesse caso de uma "quinta-coluna" de convertidos não praticantes que estaria trabalhando secretamente para minar a segurança do reino. A Inquisição Espanhola se tornou um exemplo proverbial de intolerância "religiosa" excessiva, mas a violência causada vinha menos de considerações teológicas do que políticas.

Essa interferência na prática religiosa dos súditos era inteiramente nova na Espanha, onde a uniformidade confessional nunca tinha sido uma possibilidade. Depois de séculos de "convivência" (*convivencia*) entre cristãos, judeus e muçulmanos, a iniciativa dos monarcas enfrentou forte oposição. No entanto, embora a comunidade não tenha desejado atacar judeus praticantes, havia uma considerável ansiedade em relação aos "judeus secretos" não praticantes, conhecidos como cristãos-novos. Quando os inquisidores chegavam a um distrito, os "apóstatas" recebiam a promessa de perdão mediante confissão voluntária, e os "cristãos-velhos" recebiam ordens de delatar vizinhos que se recusassem a comer carne de porco ou a trabalhar no sábado, a ênfase se dava sempre na prática e nos costumes sociais, e não na "crença". Muitos convertidos que eram católicos leais acharam prudente aproveitar a oportunidade da anistia enquanto a situação era boa, e essa maré de "confissões" convenceu tanto os inquisidores quanto o público de que a sociedade clandestina de "judaizantes" realmente existia.[23] Em tempos de crise nacional, essa forma de procurar dissidentes não seria incomum em Estados modernos, tanto nos seculares quanto nos religiosos.

Com a conquista de 1492, os monarcas herdaram a grande comunidade judaica de Granada. O patriotismo ardoroso e desencadeado pelo triunfo cristão levou a mais temores conspiratórios e histéricos.[24] Alguns se lembravam de lendas antigas sobre judeus ajudando exércitos muçulmanos quando eles chegaram à Espanha oito séculos antes e pressionaram os monarcas para deportar todos os judeus praticantes do país. Depois de uma hesitação inicial, em 31 de março de 1492, os monarcas assinaram o édito de expulsão, segundo o qual cabia aos judeus a escolha entre batismo e deportação. A maioria escolheu o batismo e agora, como convertidos, eram assediados pela Inquisição, mas cerca de 80 mil cruzaram a fronteira com Portugal, e 50 mil se refugiaram no Império Otomano.[25] Sob pressão papal, Fernando e Isabela voltaram sua atenção para os muçulmanos da Espanha. Em 1499, Granada foi dividida em zonas cristãs e muçulmanas, estas últimas precisaram se converter e, em 1501, Granada já era oficialmente um reino de "cristãos-novos". Mas os convertidos muçulmanos (*moriscos*) não receberam nenhuma instrução sobre a nova fé, e todo mundo sabia que continuavam a viver, rezar e jejuar de acordo com as leis do islã. Na verdade, um mufti de Orã no norte da África emitiu uma *fatwa* permitindo que os muçulmanos espanhóis se adaptassem exteriormente ao cristianismo, e a maioria dos espanhóis fez vistas grossas ao exercício do islamismo. Uma convivência prática tinha sido restabelecida.

Sem dúvida os primeiros vinte anos da Inquisição Espanhola foram os mais violentos de sua longa história. Não existe documentação confiável sobre o verdadeiro número de pessoas mortas. Os historiadores chegaram a afirmar que cerca de 30 mil convertidos foram queimados nesse período inicial.[26] No entanto, estimativas mais recentes sugerem que a maioria dos que se apresentaram nunca foi a julgamento; e que a pena de morte foi pronunciada indiscriminadamente, inclusive para convertidos que tinham fugido, aos que foram simbolicamente queimados em efígie; e que entre 1480 e 1530 apenas 1,5 mil ou 2 mil pessoas foram realmente executadas.[27] Apesar disso, foi um acontecimento trágico e chocante que acabou com séculos de coexistência pacífica. Essa experiência foi devastadora para os convertidos e se mostrou lamentavelmente contraprodutiva. Muitos convertidos eram católicos fiéis quando foram presos e ficaram tão enojados com o tratamento que receberam que voltaram ao judaísmo, tornando-se os "judeus secretos" que a Inquisição tentara eliminar.[28]

Apesar de a Espanha não ser um Estado moderno centralizado, no final do século XV era o reino mais poderoso do mundo. Além das colônias nas Américas, tinha propriedades nos Países Baixos, e os monarcas casaram seus filhos com os herdeiros de Portugal, Inglaterra e da dinastia Habsburgo, da Áustria. Em resposta às ambições da arquirrival França, Fernando fez campanha na Itália contra a França e contra Veneza, e conquistou o controle de Alta Navarra e de Nápoles. A Espanha, portanto, era temida e odiada, e lendas exageradas da Inquisição se espalharam pelo resto da Europa, que passava pelos espasmos violentos de uma grande transformação.

No século XVI aos poucos um tipo diferente de civilização surgia na Europa, baseada em novas tecnologias e no constante reinvestimento de capital. Eventualmente isso libertaria o continente de muitas das restrições da sociedade agrária. Em vez de se concentrar na preservação de conquistas passadas, os povos ocidentais ganhavam confiança para olhar o futuro. Enquanto culturas mais antigas exigiram que a população permanecesse cuidadosamente dentro de limites definidos, pioneiros como Colombo incentivavam as pessoas a se aventurar além do mundo conhecido, onde descobriram que não apenas eram capazes de sobreviver mas de prosperar. As invenções ocorriam ao mesmo tempo em muitos campos diferentes; nenhuma delas parecia especialmente importante na época, mas o efeito cumulativo foi decisivo.[29] Especialistas em uma disciplina descobriam que se beneficiavam de descobertas de outras. Em 1600, as inovações ocorriam em uma escala tão grande e em tantas áreas ao mesmo tempo que o progresso tinha se tornado irreversível. Ou a religião se adaptava a esses desdobramentos ou se tornaria irrelevante.

No início do século XVII, os holandeses criaram os elementos básicos do capitalismo ocidental.[30] Na empresa de capital aberto, os membros reuniam suas contribuições financeiras permanentemente sob uma administração comum, o que dava a um empreendimento comercial no estrangeiro recursos e segurança muito maiores do que uma pessoa podia dar. O primeiro banco municipal em Amsterdam oferecia acesso eficiente, barato e seguro a depósitos, transferências financeiras e a serviços de pagamento tanto em casa quanto no crescente mercado internacional. Por fim, a bolsa de ações era um centro onde os mercadores podiam negociar todo tipo de mercadoria. Essas instituições, sobre as quais a Igreja não tinha nenhum controle, adquiriram uma dinâmica própria e, à medida que a economia de mercado se desenvolveu, as velhas estruturas agrárias minaram cada vez mais e isso permitiu que as classes comerciais desenvolvessem sua própria base de poder. Mercadores, artesãos e produtores bem-sucedidos se tornariam poderosos o suficiente para participar da política, que antes era privilégio da aristocracia, a ponto de jogar uma facção da nobreza contra a outra. Em geral eles apoiavam os reis que tentavam construir monarquias fortes e centralizadas, pois isso facilitava o comércio. Com o surgimento da monarquia absoluta e do Estado soberano na Inglaterra e na França, as classes comerciais, ou a burguesia, passaram a ser cada vez mais influentes conforme as forças de mercado gradualmente tornaram o Estado independente das restrições de uma economia inteiramente agrária.[31] Mas esse Estado seria menos estrutural ou militarmente violento do que o Estado agrário?

Na Alemanha não havia monarquias fortes, centralizadoras, apenas uma confusão de 41 principados pequenos que o Sacro Imperador Romano era incapaz de controlar. Mas em 1506 Carlos v, neto de Fernando e Isabela e do Sacro Imperador Romano Maximiliano, herdou as terras dos Habsburgo na Áustria, e com a morte de Fernando, em 1516, também se tornou rei de Aragão e de Castela; e, em 1519, foi eleito Sacro Imperador Romano. Os Habsburgo, por meio de alianças por casamentos, diplomacia habilidosa e guerras, anexaram mais territórios ao seu governo do que qualquer outro monarca europeu. A ambição de Carlos era criar um império pan-europeu semelhante ao Império Otomano, mas ele não conseguia controlar os príncipes alemães que queriam transformar os próprios principados em monarquias fortes nos moldes da França e da Inglaterra. Além disso, as cidades das regiões central e sul da Alemanha tinham se tornado os centros comerciais mais importantes do norte da Europa.[32] As mudanças econômicas ocorridas ali levaram a conflito de classes e, como de costume, os descontentes se concentraram nos "usurários" judeus e em padres católicos corruptos, vistos como sanguessugas dos pobres.

Em 1517, Martinho Lutero (1483-1546), um frade agostiniano, pregou suas famosas 95 teses na porta da igreja do castelo de Wittenberg e começou o processo conhecido como Reforma. O ataque dele à venda de indulgências por parte da Igreja encontrou eco nos habitantes descontentes das cidades, que estavam cansados de os clérigos extorquirem dinheiro de fiéis com pretextos duvidosos.[33] Apesar de o establishment eclesiástico ter tratado o protesto de Lutero com um desdém soberbo, jovens sacerdotes levaram as propostas dele às pessoas nas cidades e iniciaram reformas locais que de fato libertaram suas congregações do controle de Roma. Os sacerdotes mais vigorosos intelectualmente divulgaram as ideias de Lutero em seus livros, que graças à nova tecnologia da impressão circularam com uma velocidade sem precedentes, lançando um dos primeiros movimentos de massa modernos. Como hereges do passado, Lutero tinha criado uma anti-Igreja.

A sociedade para a qual Lutero e os outros grandes reformadores — Ulrich Zwingli (1484-1531) e João Calvino (1509-64) — falavam passava por mudanças fundamentais e de grande alcance. A modernização sempre seria assustadora: vivendo *in media res* o povo é incapaz de ver para onde sua sociedade está indo e considera aflitiva a lenta, mas radical, transformação por que ela passa. Não se sentindo mais em casa em um mundo em metamorfose, eles acham que sua fé também mudou. O próprio Lutero era vítima de depressões angustiantes e escreveu eloquentemente sobre sua incapacidade de responder aos velhos rituais, planejados para outro modo de vida.[34] Tanto Zwingli quanto Calvino sentiram uma impotência paralisante antes de experimentar uma profunda convicção do poder absoluto de Deus; só isso, eles estavam convencidos, podia salvá-los. Ao deixar a Igreja Romana, os reformadores faziam uma das primeiras declarações de independência da modernidade Ocidental, e, tendo devido a sua postura agressiva em relação ao establishment católico, ficaram conhecidos como "protestantes". Eles exigiam a liberdade de ler e interpretar a Bíblia como quisessem — embora cada um dos três pudesse ser intolerante em relação a visões opostas aos *próprios* ensinamentos. O cristão reformado estava sozinho com sua Bíblia diante de Deus: os protestantes assim canonizaram o crescente individualismo do espírito moderno.

Além disso, Lutero foi o primeiro cristão europeu a defender a separação entre Igreja e Estado, embora sua visão "secularista" fosse pouco pacifista. Deus, ele acreditava, estava tão retirado do mundo material que este já não tinha mais caráter divino. Como outros rigoristas antes dele, Lutero desejava pureza espiritual e concluiu que Igreja e Estado deviam operar de maneira independente, cada um respeitando a esfera do outro.[35] Nos escritos políticos de Lutero vemos a chegada da "religião" como uma atividade distinta, totalmente separada do mundo, que antes ela tinha permeado. Os verdadeiros cristãos, justificados por um ato pessoal de fé no poder salvador de Deus, pertenciam ao Reino de Deus, e, como o Espírito Santo os tornava incapazes de injustiça e de ódio, estavam essencialmente livres da coerção estatal. Mas Lutero via poucos cristãos assim. A maioria ainda era escrava do pecado e, junto com os não cristãos, pertencia ao Reino do Mundo; portanto, era fundamental que esses pecadores fossem limitados pelo Estado "do mesmo modo como uma besta selvagem é acorrentada e amarrada com cordas para que não morda e dilacere como normalmente faria". Lutero entendia que, sem um Estado forte, "o mundo seria reduzido ao caos", e nenhum governo podia administrar de maneira realista conforme os princípios evangélicos do amor, do perdão e da tolerância. Tentar isso seria como "soltar as cordas e as cadeias dos animais selvagens e deixá-los morder e destroçar por toda parte".[36] O Reino do Mundo, um domínio de egoísmo e violência governado pelo diabo, só podia impor a paz, a continuidade e a ordem, que tornavam a sociedade humana viável por meio da espada.

Mas, como o Estado não tinha jurisdição sobre a consciência do indivíduo, não podia combater a heresia ou liderar uma guerra santa. Embora não pudesse ter nada a ver com o domínio espiritual, o Estado *devia* ter autoridade ilimitada e absoluta em assuntos seculares. Mesmo que o Estado fosse cruel, tirânico e proibisse o ensino da palavra de Deus, os cristãos não tinham que resistir a seu poder.[37] De sua parte, a verdadeira Igreja, o Reino de Deus, precisa se manter afastada das políticas inerentemente corruptas e depravadas do Reino do Mundo, lidando apenas com assuntos espirituais. Os protestantes acreditavam que a Igreja Romana tinha falhado em sua verdadeira missão ao flertar com o pecaminoso Reino do Mundo.

Enquanto a fé pré-moderna enfatizava a comunidade como sagrada — a sangha, a *ummah*, e o Corpo de Cristo —, para Lutero "religião" era um assunto totalmente pessoal e privado. Sábios, profetas e reformadores do passado se sentiram impelidos a tomar partido contra a violência sistêmica do Estado, mas o cristão de Lutero devia se retirar para seu mundo interior de virtude e deixar que a sociedade, de forma bastante literal, fosse para o inferno. E, ao enfatizar a natureza restrita e inferior da política terrena, Lutero autorizou algo potencialmente perigoso: o poder ilimitado do Estado.[38] A resposta de Lutero à Guerra dos Camponeses na Alemanha mostrou que uma teoria política secular não necessariamente reduz a violência estatal. Entre março e maio de 1525, comunidades de camponeses no sul e na região central da Alemanha resistiram às políticas centralizadoras dos príncipes que os privaram de seus direitos tradicionais, e muitas aldeias conseguiram arrancar concessões por meio de barganhas insistentes, sem recorrer à violência. Mas na Turíngia, na Alemanha central, bandos de camponeses violentos vagavam pelo campo, saqueando e queimando conventos, igrejas e monastérios.[39]

Em seu primeiro panfleto sobre a Guerra dos Camponeses, Lutero tentou ser imparcial e condenou a "mentira" e o "roubo" da aristocracia. Mas, em seu ponto de vista, os camponeses tinham cometido o pecado imperdoável de misturar religião e política. Sofrer, segundo ele, era o destino deles; deviam obedecer ao evangelho, dar a outra face, aceitar a própria morte e a perda de propriedades. Eles afirmaram temerariamente que Cristo libertara todos os homens — uma opinião claramente em harmonia com os ensinamentos do Novo Testamento, mas que não mudava em nada a perspectiva de Lutero. Ele insistia que "não pode haver um reino terreno sem que exista desigualdade de pessoas, algumas sendo livres, algumas aprisionadas, uns sendo senhores, outros súditos".[40] Lutero incentivou os príncipes a usar todos os meios possíveis para reprimir os camponeses agitadores:

> Que todos os que puderem batam, matem e esfaqueiem, secreta ou abertamente, lembrando que nada pode ser mais venenoso, danoso ou diabólico do que um rebelde. É exatamente igual a matar um cachorro louco: se não atacá-lo, ele vai atacá-lo e toda uma terra com você.[41]

Os rebeldes, concluía, eram escravos do demônio, e matá-los era um ato de piedade, porque isso os libertaria do vínculo satânico.

Como essa rebelião ameaçava a sociedade como um todo, o Estado a reprimiu de maneira selvagem: podem ter sido mortos até 100 mil camponeses. A crise foi um sinal aziago da instabilidade dos primeiros Estados modernos na época, em que ideias tradicionais eram amplamente questionadas. Os reformadores pediram que todos confiassem apenas nas escrituras, mas descobririam que a própria Bíblia era uma arma poderosa em mãos erradas. Depois que começaram a ler suas Bíblias por conta própria, as pessoas logo viram discrepâncias gritantes entre os ensinamentos de Jesus e a prática política eclesiástica corrente. Os anabatistas ("rebatizadores") eram particularmente perturbadores, pois sua leitura literal do evangelho os levava a condenar instituições como o Sacro Império Romano, as câmaras municipais e as guildas profissionais.[42] Quando alguns anabatistas holandeses conseguiram conquistar o controle de Münster no noroeste da Alemanha, em 1534, instituindo a poligamia e banindo a propriedade privada, católicos e protestantes — dessa vez em comum acordo — viram isso como uma ameaça política facilmente copiável por outras cidades.[43] No ano seguinte, os anabatistas de Münster foram massacrados por forças conjuntas de católicos e protestantes.[44]

A catástrofe de Münster e a Guerra dos Camponeses afetaram o modo como outros governantes lidavam com dissidências religiosas. Na Europa Ocidental, a "heresia" sempre foi uma questão política, mais do que puramente teológica, e era reprimida com violência por ameaçar a ordem pública. Pouquíssimos integrantes da elite, portanto, consideravam errado processar e executar "hereges", que eram mortos não tanto pelo que acreditavam quanto pelo que faziam ou deixavam de fazer. Com a Reforma, porém, a "crença" obteve um destaque inédito. Até então a palavra do inglês medieval "beleven" (como o grego "pistis" e o latim "credo") designava um "compromisso" ou uma "lealdade" expressas na prática; a partir daí significaria cada vez mais uma aceitação espiritual de um conjunto de doutrinas.[45] À medida que a Reforma progredia, tornava-se importante explicar as diferenças entre a nova e a velha religião, assim como entre as diferentes denominações protestantes — por isso as listas de "crenças" obrigatórias nos Trinta e Nove Artigos, os Artigos de Lambeth, e a Confissão de Westminster.[46] Os católicos fariam o mesmo com a própria reforma, formulada pelo Concílio de Trento (1545-63), que criou um catecismo de opiniões afirmativas e padronizadas.

As divisões doutrinárias criadas pela Reforma se tornaram especialmente importantes em Estados que aspiravam a um governo forte e centralizado. Até então, o tradicional Estado agrário normalmente não tinha nem meios nem inclinação para supervisionar a vida religiosa das classes mais baixas. No entanto, os monarcas que lutavam pelo governo absoluto desenvolveram uma máquina estatal que lhes permitia supervisionar a vida dos súditos mais de perto, e a obediência confessional se tornaria cada vez mais o critério de lealdade política. Tanto Henrique VIII (r. 1509-47) quanto Elizabeth I (r. 1558-1603) da Inglaterra perseguiram católicos não como apóstatas religiosos, mas como traidores do Estado. Enquanto foi chanceler de Henrique VIII, Thomas More emitiu sentenças duras contra hereges politicamente poderosos, mas depois ele mesmo foi executado por se recusar a fazer o Juramento da Supremacia que tornava Henrique o chefe da Igreja na Inglaterra.[47] Na França o Édito de Paris (1543) descrevia os "hereges" protestantes como "os sediciosos perturbadores da paz e da tranquilidade de nossos súditos e secretos conspiradores contra a prosperidade de nosso Estado, que depende principalmente da preservação da fé católica em nosso reino".[48]

Embora a Reforma tenha produzido formas frutíferas de cristianismo, foi uma tragédia em vários sentidos. Estima-se que até 8 mil homens e mulheres tenham sido judicialmente executados como hereges na Europa durante os séculos XVI e XVII.[49] As políticas variavam de uma região para a outra. Na França, os procedimentos jurídicos deram vez à guerra aberta, ao massacre e à violência popular na década de 1550. Os inquisidores católicos alemães nunca foram muito atentos à perseguição dos protestantes, mas o Sacro Imperador Romano Carlos V e seu filho Felipe II da Espanha (r. 1555-98) viam o protestantismo na Holanda como uma ameaça tanto política quanto religiosa, e assim estavam convictos da necessidade de reprimi-lo. Henrique VIII, que defendia seu catolicismo, era inabalavelmente hostil aos luteranos, mas via a fidelidade ao papa como uma ofensa capital porque isso ameaçava sua supremacia política. Sob o reinado de seu filho Eduardo VI (r. 1547-53), o pêndulo balançou em favor do calvinismo, e voltou para o outro lado durante o governo de Mary Tudor (r. 1553-8), que queimou cerca de trezentos protestantes. Com Elizabeth I, mais uma vez a Inglaterra se tornou oficialmente protestante, e as principais vítimas foram os padres-missionários católicos, treinados em seminários fora do país, que viviam clandestinamente na Inglaterra celebrando a missa e administrando os sacramentos a católicos inconformados com a nova regra.

Não podemos esperar que esses primeiros Estados modernos compartilhassem a perspectiva do Iluminismo. A civilização sempre tinha dependido da coerção, por isso a violência estatal era vista como imprescindível para a ordem pública. Pequenos furtos, assassinato, falsificação, incêndio criminoso e rapto de mulheres eram ofensas capitais, logo a pena de morte para a heresia não era nem incomum nem extrema.[50] Normalmente as execuções ocorriam em público como uma espécie de ritual para desestimular aquele comportamento e reforçar o poder do Estado e das autoridades locais.[51] Sem uma polícia profissional ou métodos de vigilância modernos, a ordem pública dependia desses espetáculos. Embora hoje isso pareça profundamente repugnante para nós, matar dissidentes era visto como essencial ao exercício do poder, especialmente quando o Estado ainda era frágil.[52]

Mas suprimir a heterodoxia não era totalmente pragmático; uma ideologia central para a integridade do indivíduo também desempenhava um papel. Thomas More, anteriormente um implacável perseguidor, teria feito o juramento se suas motivações fossem apenas políticas; e Mary Tudor podia ter fortalecido seu regime se tivesse sido menos aplicada em exterminar os protestantes. Mas a heresia era diferente de outros crimes capitais, pois se abjurasse o acusado era perdoado e sua vida, poupada. Estudiosos modernos mostraram que em alguns casos as autoridades realmente queriam trazer o rebelde de volta ao rebanho e consideravam a morte do herege uma derrota.[53] Durante a década de 1550, o zeloso inquisidor Pieter Titlemaus presidiu pelo menos 1120 julgamentos de heresia em Flandres, mas apenas 127 terminaram em execuções. Em 1560, inquisidores, autoridades cívicas e padres tentaram salvar o anabatista Soetken van den Houte e suas três companheiras doze vezes. Por ordem de Mary Tudor, Edmund Bonner, bispo católico de Londres, tentou resgatar quinze vezes o protestante John Philpot, seis vezes Richar Woodman e nove vezes Elizabeth Young.[54]

Católicos, luteranos e calvinistas, todos eram capazes de encontrar textos bíblicos justificando a execução de hereges.[55] Alguns citavam ensinamentos das escrituras que pregavam piedade e tolerância, mas esses conselhos amáveis eram rejeitados pela maioria. Embora milhares tenham sido decapitados, queimados, enforcados, afogados ou esquartejados, não houve uma corrida precipitada rumo ao martírio. A maior parte das pessoas se contentava em manter para si suas convicções e em se adaptar exteriormente aos decretos estatais. Calvino vituperava contra essa covardia, comparando os calvinistas não assumidos a Nicodemo, o fariseu que mantinha em segredo sua fé em Jesus. Mas os "nicodemitas" na França e na Itália respondiam que vivendo em segurança em Genebra era fácil para Calvino adotar esse estilo heroico.[56] Durante o reinado de Elizabeth I, houve um forte culto do martírio entre jesuítas e seminaristas que se preparavam para a missão inglesa e acreditavam que seu sacrifício salvaria o país.[57] Mas os recrutas também eram alertados contra um entusiasmo excessivo. Durante a década de 1580, um manual do English College em Roma afirmava que nem todos eram chamados ao martírio e que ninguém devia se pôr em risco desnecessariamente.[58]

Católicos e protestantes só concordavam em uma coisa: em seu ódio pela Inquisição Espanhola. Mas, apesar da reputação macabra, os crimes da Inquisição foram aumentados. Mesmo os *autos de fé*, com suas procissões solenes, roupas sinistras e a queima de hereges, que para estrangeiros pareciam o símbolo do fanatismo espanhol, não eram tudo o que se dizia. O auto de fé não tinha raízes profundas na cultura espanhola. Originalmente um simples serviço de reconciliação, assumiu essa forma espetacular apenas em meados do século XVI, e depois do breve apogeu (1559-70) raramente era executado. Além disso, o ritual não se concentrava na queima dos recalcitrantes: em geral os acusados eram mortos sem cerimônias fora da cidade, e dezenas de autos foram realizados sem nenhuma execução. Depois dos primeiros vinte anos da Inquisição, menos de 2% dos acusados foram condenados, e mesmo assim a maior parte desses foi queimada em efígie. Entre 1559 e 1566, no auge da popularidade do auto, cerca de cem pessoas morreram, enquanto trezentos protestantes foram assassinados sob Mary Tudor; o dobro foi executado durante o reinado de Henrique III na França (r. 1547-59), e dez vezes essa quantidade na Holanda.[59]

A Inquisição Espanhola matou pouquíssimos protestantes; a maioria de suas vítimas era de "cristãos-novos". Na década de 1580, quando a Espanha estava em guerra com outros Estados europeus, a coroa novamente se voltou contra o "inimigo interno", dessa vez os mouriscos, que, como os judeus antes deles, eram alvo de ressentimento menos por suas crenças do que pela diferença cultural e pelo sucesso financeiro. "Eles se casam entre eles e não se misturam com cristãos-velhos", um tribunal de Toledo reclamou para Felipe II em 1589; "nenhum deles participa da religião, nem entra para o Exército, nem participa do serviço doméstico [...] eles fazem negócios e são ricos."[60] No entanto, mais uma vez a perseguição se mostrou contraprodutiva porque transformou os sitiados mouriscos de inimigos imaginários em inimigos reais, cortejados pelos huguenotes e por Henrique IV da França, ou procurando o sultão do Marrocos em busca de ajuda. Como resultado, em 1609 os mouriscos foram expulsos da Espanha, eliminando a última colônia significativa de muçulmanos da Europa.

A Espanha esteve profundamente envolvida nas Guerras de Religião que culminaram com o horror da Guerra dos Trinta Anos (1618-48). Esses conflitos originaram o chamado "mito de criação" do Ocidente moderno, pois explicam como nosso modo caracteristicamente secular de governo veio a existir.[61] As disputas teológicas da Reforma, diz-se, inflamaram tanto os católicos e protestantes que eles mataram uns aos outros em guerras sem sentido, até que a violência foi finalmente contida pela criação de um Estado liberal separando a religião da política. A Europa aprendeu da pior maneira que, quando um conflito se torna "santo", a violência não tem limites, e se é impossível fazer acordos porque todos os combatentes têm certeza de que Deus está do lado deles. Consequentemente, a religião nunca mais devia ter permissão para influenciar a vida política.

Mas nada nunca é tão simples. Depois da Reforma, o nordeste da Alemanha e a Escandinávia eram, grosso modo, luteranos; na Inglaterra, Escócia, norte da Holanda, Renânia e sul da França os calvinistas predominavam; e o restante do continente permanecia majoritariamente católico. Sem dúvida isso afetava as relações internacionais, mas os governantes europeus tinham outras preocupações. Muitos, em especial quem pretendia criar Estados absolutistas, ficavam alarmados com o extraordinário sucesso dos Habsburgo, que governavam territórios alemães, a Espanha e o sul da Holanda. A aspiração de Carlos V de uma hegemonia transeuropeia nos moldes do Império Otomano sofria a oposição da frente mais pluralista da Europa, inclinada ao Estado-nação soberano.[62] Os príncipes alemães naturalmente lutavam para resistir às ambições de Carlos e para manter o poder local e os privilégios tradicionais.

Na cabeça de seus participantes, porém, essas guerras certamente eram vistas como uma luta de vida ou morte entre protestantes e católicos. Os sentimentos religiosos ajudaram soldados e generais a se distanciar do inimigo, a eliminar toda ideia de humanidade compartilhada e a infundir na luta cruel um ardor moral que a tornava não só palatável como nobre: as guerras aumentavam a estima dos participantes pela própria virtude. Essas guerras não eram simples e quintessencialmente "religiosas" no sentido moderno. Se tivessem sido, não esperaríamos encontrar protestantes e católicos lutando do mesmo lado, por exemplo. Na verdade, isso aconteceu com frequência, portanto os fiéis lutaram contra seus correligionários.[63] A Igreja católica só condenou Lutero na Dieta de Worms (1521) apenas dois anos depois de Carlos se tornar Sacro Imperador Romano. Na primeira década de seu reinado, Carlos, um católico, prestou pouca atenção nos luteranos na Alemanha e, em vez disso, se concentrou em combater o papa e os reis católicos da França na Itália. Como os governantes católicos eram particularmente hostis aos decretos do Concílio de Treno que tentavam limitar seus poderes, esse foi mais um episódio na longa luta dos monarcas europeus para controlar a Igreja em seus domínios.[64] Mesmo em 1556, o papa Paulo IV foi à guerra contra o filho de Carlos, Felipe II, o devoto governante católico da Espanha.[65] Os reis católicos da França ficaram tão alarmados com os Habsburgo que estavam preparados até mesmo para fazer alianças com os turcos otomanos contra eles.[66] Em mais de trinta anos (1521-52) os Habsburgo participaram de cinco campanhas militares contra o imperador católico, que era apoiado nesses conflitos por muitos dos príncipes protestantes alemães; Carlos recompensou estes últimos com grandes poderes sobre as igrejas de seus domínios.[67]

Os príncipes alemães, tanto católicos quanto luteranos, também estavam alarmados com as ambições centralizadoras de Carlos. Em 1531, alguns dos protestantes se uniram aos habitantes das cidades para formar a Liga de Esmalcalda contra o imperador. Mas, durante a Primeira Guerra de Esmalcalda, outros destacados príncipes luteranos lutaram ao lado de Carlos, enquanto o rei católico Henrique II, da França, se uniu à Liga Luterana contra as forças do imperador, e os príncipes católicos alemães ficaram neutros.[68] Além disso, muitos soldados no Exército imperial de Carlos eram mercenários combatendo por dinheiro e não por fé, e outros eram protestantes.[69] Claramente essas guerras não eram movidas apenas por ardor sectário. Por fim, Carlos teve de admitir a derrota e assinar a Paz de Augsburgo em 1555. Os príncipes protestantes tiveram permissão para manter as propriedades eclesiásticas que tinham conquistado, e a partir de então o credo do governante local na Europa determinava a fé dos súditos — um princípio mais tarde consagrado na máxima *cuius regio, eius religio*.⁷⁰ Carlos abdicou e se retirou para um monastério e o império foi dividido entre seu irmão Fernando, que governou os territórios alemães, e seu filho Felipe II, responsável pela Espanha e pela Holanda.

Essa foi uma vitória política de um grupo de construtores de Estados contra outro.⁷¹ Os príncipes católicos e luteranos da Alemanha se uniram a Carlos imaginando, com razão, que o seu objetivo não era apenas esmagar hereges mas também aumentar o próprio poder à custa deles. Os camponeses e as classes mais baixas mostravam pouca convicção teológica, passavam do catolicismo para o luteranismo e voltavam ao catolicismo conforme seus senhores e mestres exigiam.⁷² Ao fim da luta, a Paz de Augsburgo aumentou imensamente o poder político dos príncipes, tanto católicos quanto protestantes. Eles agora podiam fazer uso da Reforma em benefício próprio, taxando o clero, apropriando-se dos bens de igrejas, controlando a educação e inclusive estendendo sua autoridade, por meio de párocos, para todos os súditos.⁷³

As Guerras Francesas de Religião (1562-98) tinham uma complexidade semelhante. Também não eram simplesmente uma luta entre os huguenotes calvinistas e a maioria católica, mas uma disputa política entre facções da aristocracia.⁷⁴ Os Guise eram católicos e os Bourbon do sul eram huguenotes; os Montmorency estavam divididos, com a geração mais velha inclinada ao catolicismo e a mais nova aos huguenotes. Esses aristocratas defendiam seus direitos tradicionais contra a ambição do rei de criar um Estado centralizado com *une roi, une foi, une loi* ("um rei, uma fé, uma lei"). Os elementos sociais e políticos dessas lutas eram tão evidentes que, até a década de 1970, a maioria dos estudiosos acreditava que a fé era apenas uma fachada para as ambições puramente seculares de reis e nobres.⁷⁵ Mas em um artigo de 1973 que se tornou um divisor de águas, Natalie Zemon Davis examinou os rituais populares de católicos e protestantes tirados da Bíblia, da liturgia e de tradições populares para desumanizar os inimigos e concluiu que as guerras civis da França eram "essencialmente religiosas".⁷⁶ Desde então, os acadêmicos sempre enfatizam o papel da religião, ressaltando, porém, que ainda é anacrônico separar o "político" do "religioso" nesse período.⁷⁷

Em 25 de outubro de 1534, os calvinistas colaram cartazes mordazes e satíricos atacando a missa católica em lugares públicos de Paris, Blois, Orléans e Tours. Um deles apareceu até mesmo no quarto de dormir de Francisco I. Quando os católicos foram à missa da manhã, depararam com um título impresso em letras maiúsculas: "ARTIGOS VERDADEIROS SOBRE O HORRÍVEL, REVOLTANTE E INSUPORTÁVEL ABUSO DA MISSA PAPAL". O panfletário francês Antoine Marcourt elencou quatro argumentos contra a Eucaristia, "pela qual o mundo todo [...] será completamente arruinado, humilhado, perdido e desolado": era blasfemo que a missa afirmasse repetir o perfeito sacrifício de Cristo no Calvário; o corpo de Jesus estava com Deus no Paraíso, e portanto não podia estar presente no pão e no vinho; não havia justificativa para a transubstanciação nas escrituras; e a comunhão era simplesmente um ato de memória. A diatribe concluía com um feroz ataque ao clero:

> Por meio disso [a missa] eles conquistaram, destruíram e engoliram tudo o que se possa imaginar, morto ou vivo. Em função dela, eles vivem sem nenhuma obrigação e sem responsabilidade em relação a qualquer pessoa ou a qualquer coisa, até mesmo à necessidade de estudo [...]. Eles matam, queimam, destroem e assassinam como bandidos todos os que os contradizem, porque agora tudo o que resta a eles é a força.[78]

A polêmica foi tão extrema que até Theodore Beza, futuro representante de Calvino em Veneza, condenou-a em sua história da Igreja protestante francesa. No entanto, foi esse ataque vergonhoso que originou as Guerras Francesas de Religião.

Assim que o rei viu os cartazes, iniciou uma perseguição nacional dos huguenotes que forçou muitos, inclusive o próprio Calvino, a fugir do país. O rei Francisco não era um intolerante religioso; ele estava aberto a novas ideias e tinha recebido Erasmo e outros humanistas em sua corte. Mas percebeu com razão que os cartazes, além de uma censura teológica, eram um ataque a todo o sistema político. A Eucaristia era a suprema expressão do vínculo social, vista não com uma comunhão privada com Cristo, mas sobretudo como um rito que unia a comunidade,[79] um ritual de "saudação, compartilhamento, doação, recebimento e de fazer as pazes".[80] Antes de receber o sacramento, os católicos precisavam pedir perdão ao próximo por ofensas pendentes; rei, padres, aristocratas e as pessoas comuns, todos comiam o mesmo pão consagrado e assim eram um só com o Corpo de Cristo. Além disso, tanto católicos quanto protestantes entenderam os cartazes também como uma crítica implícita à monarquia. Os reis da França sempre tinham sido reverenciados como semidivinos; a negação dos calvinistas da presença real de Cristo contestava tacitamente a fusão do físico e do sagrado, princípio crucial para o cristianismo medieval personificado pelo rei.[81] Colar o cartaz indecente na porta do rei foi ao mesmo tempo um ato religioso e político; e, para Francisco, os dois eram inseparáveis.

No entanto, nas guerras seguintes seria impossível dividir com precisão a população francesa entre protestantes e católicos.[82] Também nessas ocasiões as pessoas cruzavam as fronteiras confessionais e inclusive mudavam de credo religioso.[83] Em 1574, Henrique de Montmorency, governante católico de Languedoc, apoiou os vizinhos huguenotes em uma constituição contra a monarquia.[84] Em 1579, havia um número significativo de huguenotes preparado para combater o rei sob o estandarte do ultracatólico Duque de Guise, um aspirante ao trono.[85] Até mesmo os reis católicos fizeram alianças com protestantes na luta contra os Habsburgo, que a Paz de Augsburgo conteve, mas não neutralizou. Carlos IX (r. 1560-74) combateu com os huguenotes contra os Habsburgo espanhóis na Holanda, e, em 1580, Henrique III (r. 1575-89) estava pronto para apoiar os calvinistas holandeses em oposição à Espanha católica.

Em sua luta contra a aristocracia as classes mais baixas também transcendiam lealdades sectárias. Em 1562, centenas de camponeses católicos participaram de uma revolta contra um nobre também católico que proibiu os camponeses huguenotes de realizar cultos protestantes.[86] Camponeses católicos e protestantes uniram forças novamente, em 1578, para se opor à excessiva carga tributária imposta por Henrique III, causando tumultos no campo por quase um ano, até que foram massacrados por soldados do rei. Em outro protesto contra a taxação, na década de 1590, 24 aldeias protestantes e católicas no Alto Biterrois estabeleceram um sistema alternativo de autogoverno,[87] e no sudoeste protestantes e católicos se uniram em dezenas de rebeliões contra a nobreza, algumas das quais contavam com até 40 mil pessoas. Na Revolta dos Croquants, a mais famosa dessas insurreições, ignorar diferenças religiosas era requisito para participar.[88]

Com o assassinato de Henrique III, em 1589, o líder huguenote Henrique de Navarra sucedeu-lhe no trono como Henrique IV e pôs fim às Guerras Francesas de Religião se convertendo ao catolicismo e adotando uma política de estrita neutralidade. No Édito de Nantes (1598), ele concedeu liberdades religiosas e civis aos huguenotes, e quando o *parlement* expulsou os jesuítas da

França, ele os reintegrou. Porém, isso não marca o nascimento do Estado secular tolerante, uma vez que Henrique não abandonou o ideal de *une foi*; o Édito de Nantes foi apenas um acordo temporário, uma tentativa de ganhar tempo para conquistar os huguenotes. A coroa francesa ainda era fraca demais para obter a uniformidade religiosa que, os reis acreditavam, ajudaria a centralizar o Estado e unir a nação.[89]

Apesar da política de tolerância de Henrique, a Europa caminhava inexoravelmente em direção ao horror da Guerra dos Trinta Anos, que mataria cerca de 35% da população europeia central. Aqui, mais uma vez, embora as solidariedades religiosas com certeza fossem um fator nessa série de conflitos, nunca foram a única motivação.[90] Isso já estava claro em 1609, nove anos antes de a guerra começar, quando o calvinista Frederico V, eleitor palatino, tentou criar uma União Pan-Europeia de Principados Protestantes contra os Habsburgo. Pouquíssimos príncipes protestantes aderiram, mas a união contou com o apoio do católico Henrique IV e de Carlos Emanuel de Saboia. A guerra começou para valer com um levante na católica Boêmia contra Fernando II, o imperador Habsburgo católico: em 1618 os rebeldes desafiadoramente ofereceram a coroa da Boêmia ao calvinista Frederico V, mas os outros membros da União Protestante se recusaram a apoiá-lo, e dois anos depois a união se desmantelou.[91] Os Habsburgo precisaram de mais dois anos para aplacar a revolta e catolizar a Boêmia novamente, enquanto isso os holandeses iniciavam uma nova rodada de hostilidades contra eles.

Os príncipes da Europa resistiam ao imperialismo dos Habsburgo, mas raramente houve uma reação realmente sólida "católica" ou "protestante". A França católica quase sempre apoiava os príncipes protestantes da Alemanha contra o império. A guerra era travada por mercenários disponíveis para quem pagasse mais, de modo que protestantes da Escócia e da Inglaterra, por exemplo, serviam nos exércitos da França católica.[92] No início da guerra na Boêmia, o general católico Ernst von Mansfeld liderou o Exército imperial contra os rebeldes católicos, mas em 1621 mudou de lado e comandou as tropas do calvinista Frederico V.[93] Albrecht von Wallenstein, o líder mercenário boêmio que se tornou o comandante supremo do Exército imperial católico, era luterano, e muitos de seus soldados de infantaria, protestantes fugidos da perseguição católica em seus próprios países. Wallenstein parecia mais interessado em empreendedorismo militar do que em religião.[94] Ele transformou suas propriedades imensas em um arsenal vasto para seu exército privado de meio milhão de homens. Indiferente à posição social ou às convicções religiosas dos aliados, ele exigia apenas obediência e eficiência dos soldados, que tinham permissão para viver do que conseguissem no campo e para aterrorizar a população rural.

Em 1629, o imperador Fernando parecia ter reconquistado o controle do império. Mas a maré mudou um ano depois, quando o cardeal Richelieu, primeiro-ministro da França, convenceu o rei-guerreiro protestante Gustavo Adolfo da Suécia a invadir o império Habsburgo. Adolfo é muitas vezes apresentado como campeão da causa protestante, mas ele não mencionou religião em sua declaração de intenções em junho de 1630 e, de início, teve dificuldade em atrair aliados.[95] Os príncipes protestantes alemães mais poderosos viam a invasão sueca como uma ameaça e formaram um terceiro grupo, afastados tanto dos suecos quanto dos Habsburgo. Quando os camponeses luteranos alemães tentaram expulsar os suecos luteranos de seu país, em novembro de 1632, foram simplesmente massacrados.[96] Por fim, no entanto, depois da primeira vitória de Adolfo sobre a Liga Católica de príncipes alemães em Magdeburgo, em 1631, muitos territórios que tentaram permanecer neutros se uniram à ofensiva sueca. Métodos inadequados de financiamento, abastecimento e controle das tropas levaram os soldados suecos a saquear no campo, matando grande número de civis.[97] Em parte, as imensas baixas da Guerra dos Trinta Anos podem ser atribuídas ao uso de exércitos mercenários que precisavam se sustentar sozinhos e só tinham como fazer isso saqueando brutalmente populações civis, abusando de mulheres e de crianças e matando seus prisioneiros.

A França católica auxiliara os protestantes suecos em janeiro de 1631, prometendo abastecê-los durante a campanha, e depois enviaram soldados para combater as forças imperiais no inverno de 1634-5. Eles receberam o apoio do papa Urbano VIII, que pretendia enfraquecer o controle dos Habsburgo sobre os Estados Pontifícios na Itália. Para enfrentar a aliança do papa com suecos e franceses, os principados protestantes de Brandemburgo e da Saxônia se reconciliaram com o imperador católico na Paz de Praga (1635), e em poucos meses a maior parte dos Estados luteranos também fez as pazes com Fernando. Os exércitos protestantes foram absorvidos às forças imperiais, e os alemães católicos e protestantes combateram juntos contra os suecos. Com isso, o restante da Guerra dos Trinta Anos seria em grande medida uma luta entre a França católica e os católicos Habsburgo. Nenhum dos dois lados era capaz de conseguir uma vitória decisiva, e, depois de uma luta longa e enervante, tratados foram assinados, conhecidos coletivamente como a Paz de Westfália (1648), que deixou os Habsburgo da Áustria no controle de suas terras hereditárias e os suecos com a posse da Pomerânia, de Bremen e da região do Báltico. A Prússia surgiu como o principal Estado protestante alemão, e a França ganhou grande parte da Alsácia. Dessa forma o calvinismo se tornou uma religião lícita no Sacro Império Romano.[98] Ao final da Guerra dos Trinta Anos, os europeus haviam repelido o perigo do governo imperial. A Europa nunca seria um grande império unificado como a Pérsia, Roma ou os otomanos; em vez disso, seria dividida em Estados menores, cada um reivindicando poder soberano sobre o próprio território, apoiado por um Exército permanente e profissional e governado por um príncipe com aspirações ao governo absoluto — uma receita, talvez, para a guerra crônica entre Estados.

Sem dúvida havia sentimentos "religiosos" na mente dos que combateram nessas guerras, mas imaginar que a "religião" já fosse distinta das questões sociais, econômicas e políticas é essencialmente anacrônico. Como o historiador John Bossy nos lembrou, antes de 1700 o conceito de "religião" não representava algo separado da sociedade ou da política. Como veremos adiante, essa distinção só aconteceria com a separação formal de Igreja e Estado pelos primeiros filósofos e estadistas modernos, e mesmo o Estado liberal chegou lentamente. Antes disso, "simplesmente não havia uma maneira coerente de separar as causas religiosas das causas sociais; a separação é uma invenção moderna".[99] As pessoas lutavam devido a visões diferentes da sociedade, mas ainda não tinham como separar os fatores religiosos dos circunstanciais.

Isso também se aplicava à Guerra Civil Inglesa (1642-8), que provocou a execução de Carlos I e a criação na Inglaterra de uma república puritana efêmera sob Oliver Cromwell (1599-1658). É mais difícil listar exemplos de participantes dessa guerra cruzando fronteiras de denominação, já que o Exército puritano de Cromwell e as tropas reais eram todos membros da Igreja anglicana. Contudo, eles tinham visões diferentes sobre sua fé. Os "puritanos" estavam descontentes com o progresso lento e limitado da Reforma no país e queriam "expurgar" o establishment anglicano de práticas "papais". Em vez de adorar em igrejas sofisticadas com bispos autoritários, formavam congregações pequenas e exclusivas onde passavam por uma conversão que os fazia "nascer de novo". Certamente as tentativas desastradas de William Laud, Arcebispo de

Cantuária (1573-1645), para extirpar o calvinismo das igrejas da Inglaterra e da Escócia, suspender os pastores puritanos, e o fato de apoiar o absolutismo real foram fatores perturbadores e decisivos. Cromwell tinha certeza de que Deus controlava os eventos na terra e que os ingleses eram os novos escolhidos.[100] A vitória de seu Exército Novo contra os realistas na Batalha de Naseby, em 1645, parecia provar as "providências impressionantes e aparições do Senhor", e ele justificava a brutal subjugação da Irlanda como um "julgamento justo de Deus".[101]

No entanto, a Guerra Civil não é mais vista como a última erupção de intolerância religiosa superada pela monarquia constitucional de Carlos II em 1660.[102] Ela foi parte de uma luta maior contra a centralização estatal na Europa. Havia tempos Carlos I desejava conquistar uma monarquia absoluta semelhante àquela estabelecida no continente depois da Guerra dos Trinta Anos, e a Guerra Civil foi uma tentativa de resistir a essa centralização e proteger os interesses, liberdades e privilégios locais. Novamente, transcendendo divisões sectárias, presbiterianos escoceses e católicos irlandeses combateram por algum tempo ao lado dos puritanos para enfraquecer a monarquia. Embora Carlos pretendesse impor um governo episcopal aos escoceses, em sua Proclamação de 1639 eles deixaram claro que lutavam não só por religião mas também "para se livrar de todo governo monárquico". Na Grande Advertência, apresentada a Carlos em 1641, os puritanos atestavam que religião e política eram inseparáveis: "A raiz de todo esse engano acreditamos ser um plano maligno e pernicioso de subverter as leis e os princípios fundamentais do governo sobre os quais a religião e a justiça desse reino estão firmemente estabelecidas".[103]

Como William Cavanaugh explica em *The Myth of Religious Violence*, essas guerras não foram "só sobre religião" nem "só sobre política". No entanto, essas guerras de fato ajudaram a criar a ideia da "religião" como uma atividade privada e pessoal, separada dos assuntos mundanos.[104] O chanceler Axel Oxenstierna, o cérebro por trás da participação da Suécia na Guerra dos Trinta Anos, disse ao Conselho Sueco que o conflito não era "tanto uma questão de religião, mas principalmente de servir ao *status publicus* em que a religião está inserida".[105] Ele podia falar desse modo porque a Igreja luterana já tinha sido absorvida ou "compreendida" pelo Estado sueco. Novas configurações de poder político começavam a forçar a Igreja a ser um domínio subordinado, um processo que envolvia uma realocação fundamental de autoridade e recursos.

Quando a palavra "secularização" foi cunhada na França no final do século XVI, originalmente se referia à "transferência de bens da propriedade da Igreja para a propriedade do 'mundo' (*saeculum*)".[106] Os poderes legislativo e judiciário, antiga atribuição da Igreja, estavam sendo transferidos gradualmente para o novo Estado soberano.

Como a maioria dos Estados, os primeiros reinos modernos foram conquistados por meio de força: todos lutavam para anexar a maior quantidade de terra possível e tinham batalhas internas com cidades, clero, associações locais e aristocracias apegadas a privilégios tradicionais e imunidades que os Estados soberanos não podiam permitir.[107] O Estado moderno surgiu ao derrotar militarmente instituições políticas rivais: o império, a cidade-Estado e o feudalismo.[108] A Igreja, que fora parte integrante do governo medieval, também precisou ser subjugada. Assim as guerras dos séculos XVI e XVII foram "o caldeirão em que algumas das forças em disputa desde o período anterior foram consumidas no fogo e outras se misturaram e se transmutaram em novos compostos [...] a matriz de tudo o que veio a seguir".[109]

Esses acontecimentos políticos e sociais exigiam uma nova compreensão da palavra "religião".[110] E o pensamento da era moderna nascente tendia a assumir contrastes binários. Em uma tentativa de definir os fenômenos de maneira exata, categorias da experiência que anteriormente coexistiam agora eram postas uma contra a outra: fé e razão, intelecto e emoção, e Igreja e Estado. Até esse ponto, os mundos "interno" e "externo" tinham sido complementares, mas a partir de então a "religião" se tornava um compromisso privado, internalizado, separado de atividades "externas" como a política. Os protestantes, cujas reinterpretações do cristianismo em si eram produto do princípio da modernidade, definiriam *religião* e estabeleceriam uma agenda à qual se esperava que outras tradições religiosas se adaptassem. Essa nova definição espelhava os programas dos novos Estados soberanos, que relegavam a "religião" à esfera privada.

Uma figura crucial nessa evolução foi Edward, Lord Herbert de Cherbury (1583-1648), que além de filósofo foi também um estadista comprometido com o controle estatal dos assuntos eclesiásticos. Sua obra mais importante, *De veritate*, influência para filósofos destacados como Hugo Grócio (1583-1645),

René Descartes (1596-1650) e John Locke (1632-1704), defendia a ideia de que o cristianismo não era nem uma instituição nem um modo de vida, mas um conjunto de cinco verdades inerentes à mente humana: (1) existia uma deidade suprema, (2) que devia ser adorada (3) e servida por meio de uma vida ética e de uma piedade natural; (4) exigia-se, assim, que os seres humanos rejeitassem o pecado e (5) os homens seriam recompensados ou punidos por Deus depois da morte. Como essas noções eram instintivas, autoevidentes e acessíveis mesmo para a inteligência mais modesta, os rituais e a orientação de uma Igreja eram totalmente desnecessários.[111] Essas "verdades", porém, realmente pareceriam estranhas para budistas, hindus, confucianos ou taoistas, e para muitos judeus, cristãos e muçulmanos que também as considerariam frias e pouco representativas de sua fé. Herbert estava convencido de que "todos os homens unanimemente estarão ávidos por essa adoração austera de Deus", e, como todos concordariam sobre "esses símbolos naturais da fé", isso era a chave para a paz; "espíritos insolentes" que se recusassem a aceitar isso deviam ser punidos pela magistratura secular.[112] A ênfase no caráter "natural", "normal" e "inerente" dessas ideias centrais significava que o sujeito que não as descobrissem em sua mente de algum modo não era natural e normal: surgia uma corrente sombria no início do pensamento moderno. Essa privatização extrema da fé, portanto, poderia se tornar tão divisiva, coercitiva e intolerante quanto as chamadas paixões *religiosas* que ela pretendia abolir.

Thomas Hobbes (1588-1679) também entendia o controle estatal da Igreja como essencial para a paz e queria que um monarca forte assumisse a Igreja e garantisse a unidade religiosa. Como monarquista fiel, escreveu seu clássico *Leviatã* (1651) no exílio em Paris depois da Guerra Civil Inglesa. Para Hobbes, as forças desagregadoras da religião precisam ser contidas da maneira eficiente como Deus subjugara Leviatã, o monstro do caos bíblico, para criar um universo ordenado. Hobbes era inflexível quanto à ideia de que disputas sem sentido sobre dogmas irracionais tinham sido totalmente responsáveis pelas guerras religiosas. Mas nem todos compartilhavam dessa visão. Em *Commonwealth of Oceana* (1656), o teórico político inglês James Harrington discutiu as questões econômicas e legais que contribuíram para esses conflitos, Hobbes, no entanto, não aceitava nada disso. Os pregadores, insistia, foram as "únicas causas de todo o engano recente" ao desencaminhar as pessoas com "doutrinas vergonhosas". Ele acreditava que os religiosos presbiterianos foram especialmente culpados ao instigar paixões difíceis de dominar antes da Guerra Civil Inglesa, portanto, eram "culpados por todos os que tombaram".[113] Hobbes propunha a criação de um Estado absoluto que esmagaria a tendência dos seres humanos de se agarrar obstinadamente às próprias crenças, com a qual estavam fadados a permanecer em guerra. Em vez disso, as pessoas precisavam reconhecer quanto nossa compreensão da verdade era frágil, entrar em acordo umas com as outras, eleger um monarca absoluto e aceitar as ideias dele como se fossem as suas.[114] Esse governante controlaria o clero de modo a impedir até mesmo a possibilidade de conflito sectário.[115] Infelizmente, a história mostrou que a solução de Hobbes era simplista demais; os Estados da Europa continuariam lutando uns contra os outros de forma selvagem, com ou sem disputas sectárias.

Para John Locke, a solução era a liberdade religiosa, já que, na visão dele, as Guerras de Religião foram causadas por uma incapacidade completa de conviver com outros pontos de vista. "A religião", ele afirmava, era uma "busca privada", por isso não podia ser policiada pelo governo; nessa busca pessoal, cada um deve confiar nos "próprios esforços" mais do que em autoridades externas. Misturar "religião" e política era um erro grave, doloroso e existencial:

> a Igreja está totalmente apartada e diversificada da comunidade e dos negócios civis. Os limites de parte a parte são fixos e imutáveis. Quem mistura o céu e a terra, coisas tão remotas e opostas, confunde essas duas sociedades, as quais em sua origem, objetivo e substancialmente são por completo diversas.[116]

Locke presumia que a separação entre política e religião estava inscrita na própria natureza das coisas. Mas isso, é claro, era uma inovação radical que a maior parte de seus contemporâneos acharia extraordinária e inaceitável. Ela tornaria a "religião" moderna algo totalmente inédito. No entanto, em função das violentas paixões que ela supostamente desencadeava, Locke insistia que a separação da "religião" do governo era "necessária sobretudo" para a criação de uma sociedade pacífica.[117] Em Locke nós vemos o nascimento do "mito da violência religiosa" que se impregnaria no éthos ocidental.

No início da era moderna o cristianismo ocidental de fato se tornou mais internalizado. Isso fica evidente na concepção de Lutero da fé como uma apropriação interior do poder salvador de Cristo, no misticismo de Teresa de Ávila (1515-82) e nos *Exercícios espirituais* de Inácio de Loyola (1491-1556). No passado, a exploração do mundo interior compelira monges budistas a trabalhar "pelo bem-estar e pela felicidade das pessoas" e confucianos a se esforçar politicamente para reformar a sociedade. Depois da luta solitária contra Satã no deserto, Jesus embarcou em um ministério de cura nas aldeias problemáticas da Galileia, que levaram à sua execução pelas autoridades romanas. Maomé tinha saído de sua caverna no Monte Hira para uma luta política contra a violência estrutural de Meca. No início do período moderno, os *Exercícios espirituais* também levaram os jesuítas de Ignácio ao mundo todo — Japão, Índia, China e Américas. Mas a "religião" moderna tentaria subverter essa dinâmica natural pedindo que as pessoas fizessem buscas mais introspectivas e, inevitavelmente, muitos se rebelariam contra essa privatização não natural da fé.

Incapazes de estender os recém-criados direitos humanos aos povos indígenas do Novo Mundo, os humanistas do Renascimento revelaram o lado traiçoeiro das ideias modernas iniciais que até hoje moldam nossa vida política. Locke, um dos primeiros a formular o éthos liberal da política moderna, também revelou o aspecto mais sombrio do secularismo que propôs. Como pioneiro da tolerância, ele era inflexível quanto à ideia de que o Estado soberano não podia acomodar nem o catolicismo nem o islã;[118] ele legitimava o poder "absoluto, arbitrário e despótico" de um senhor sobre seu escravo, o que inclui "o poder de matá-lo a qualquer momento". O próprio Locke tinha se envolvido diretamente na colonização das Carolinas e afirmava que os "reis" nativos da América não tinham jurisdição legal ou direito de propriedade sobre suas terras. Como o polido Thomas More, ele achava inaceitável que as "florestas virgens e o desperdício inculto da América fossem deixados para a natureza, sem melhoramento algum, lavoura ou criação", quando podiam ser usados para sustentar a Europa "carente e miserável".[119] Um novo sistema de opressão violenta estava surgindo e privilegiaria o Ocidente liberal e secular à custa dos povos indígenas das colônias.

A maioria dos primeiros pensadores modernos concordava com Locke a respeito da colonização. Grócio dizia que qualquer ação militar contra os nativos era justa porque eles não tinham direito legal ao território.[120] Hobbes acreditava que os nativos americanos — "poucos, selvagens, de vida breve, pobres e maus" — deviam abrir mão de suas terras porque os europeus tinham desenvolvido uma economia agrária.[121] Em 1622, ao proferir um sermão em

Londres para a Virginia Company, que tinha recebido permissão real para colonizar todo o território entre o que hoje são Nova York e Carolina do Sul, John Donne, deão da Catedral de São Paulo, afirmou que: "Na Lei da Natureza e das Nações, uma terra nunca habitada por ninguém ou completamente abandonada e esquecida pelos antigos habitantes pertence àqueles que a tomarem".[122] Os colonizadores levariam essa crença com eles para a América do Norte — mas, ao contrário desses pensadores, não tinham nenhuma intenção de separar Igreja e Estado.

10. O triunfo do secular

Quando chegaram à Baía de Massachussetts, em 1630, os Pais Peregrinos ficariam horrorizados se ouvissem que estavam prestes a fundar a primeira república secular do mundo. Eles saíram da Inglaterra por acreditar que o arcebispo Laud corrompera a Igreja deles com práticas papais; sua migração representava um novo Êxodo, e a América, a "Canaã Inglesa", era a "Terra Prometida".[1] Antes de aportar, John Winthrop, o primeiro governador da colônia da Baía de Massachussetts, lembrou que o objetivo deles era construir uma comunidade verdadeiramente protestante na desabitada América, e ela seria um farol para outras nações e inspiraria a Velha Inglaterra a reviver a Reforma.[2] "Devemos considerar que seremos como uma cidade sobre uma colina. Os olhos de todos os povos estão sobre nós, e por isso se formos falsos com nosso Deus nessa obra que empreendemos, e o levarmos a retirar a ajuda que nos dá atualmente, nossa história será motivo de riso em todo o mundo".[3] Uma das missões mais importantes deles era salvar os nativos americanos dos ardis dos colonos católicos franceses na América do Norte, tornando a Nova Inglaterra um "baluarte contra o reino do Anticristo, que os jesuítas trabalham para erigir aqui".[4] Winthrop teria achado inconcebível a noção de um Estado secular. Antes de pisar em solo americano, ele lembrou vigorosamente aos migrantes de que Deus tinha "assim disposto a condição da humanidade, de tal modo que em todas as épocas alguns devem ser ricos, outros pobres, alguns grandes e eminentes em poder e dignidade, outros pequenos e submissos".[5]

Os puritanos estavam convencidos de que Deus lhes dera a terra como uma dádiva especial, mas a fé nesse pacto se misturava perfeitamente com a doutrina secular dos direitos humanos naturais. Na véspera da partida de Southhampton, em 1630, o pastor John Cotton listou todos os precedentes bíblicos para a migração. Depois de mostrar que Deus dera aos filhos de Adão e de Noé, ambos colonizadores de mundo "vazio", a "liberdade" de habitar um "lugar ermo" sem nem comprá-lo de seus habitantes originais nem pedir permissão a eles, o pastor prosseguiu com naturalidade para o seguinte argumento: "É um princípio da natureza que quem tomou posse de um solo ermo, o cultivou e o civilizou, está em seu direito".[6] Segundo o administrador da Bay Company, Robert Cushman, a Inglaterra estava superpovoada enquanto a América era "um vasto caos vazio" porque os índios "não eram industriosos, não tendo arte, ciência, habilidade ou faculdade nem para usar a terra nem as mercadorias, mas tudo se estraga, apodrece e se desfigura por falta de adubo, de colheita, de ordenamento etc.". Portanto, era "lícito" que os colonos "tomassem uma terra que ninguém usava".[7] Essa doutrina liberal moldaria os negócios com os nativos americanos tanto quanto os ensinamentos bíblicos.

A centralidade do Pecado Original na teologia desse colonos protestantes convictos os predispunha a uma solução política absolutista no que diz respeito à natureza decaída do homem. Se Adão não tivesse pecado, o governo seria desnecessário; mas homens e mulheres não redimidos tinham uma propensão natural à mentira, ao roubo e ao assassinato, e esses impulsos malignos só podiam ser contidos por um governo forte e imponente. Aqueles que tinham "nascido de novo" gozavam da liberdade dos filhos de Deus mas só podiam fazer o que Deus mandava. Com a conversão, eles abriam mão de seguir as próprias inclinações e deviam se submeter às autoridades que Deus tinha colocado acima deles.[8]

A colônia da Baía de Massachussetts, é claro, não foi a primeira colônia inglesa na América do Norte. Os fundadores de Jamestown na Virgínia tinham chegado em 1607. Em vez de ardorosos dissidentes puritanos, eram mercantilistas que pretendiam transformar a colônia num empreendimento comercial lucrativo. No entanto, ao desembarcar, a primeira coisa que fizeram foi construir uma igreja improvisada, com uma vela servindo de teto e toras como bancos. A colônia era quase tão rigorosa quanto Massachussetts.[9] Os serviços da Igreja eram obrigatórios, e havia multas por embriaguez, jogos, adultério, ociosidade e vestimentas ostentatórias. Se um infrator não mudasse de comportamento, era excomungado e tinha sua propriedade confiscada.[10] Esse era um empreendimento tanto cristão quanto comercial, saudado em Londres como decisivo para a história da salvação. De acordo com a permissão real, a conversão dos povos nativos era o objetivo número um da Virginia Company, e não o sucesso comercial.[11] Como bons protestantes do início da moderidade, os habitantes de Virgínia aderiram aos princípios do Tratado de Augsburgo: *cuius regio, eius religio* ("aquele que controla a região controla a religião"). Enquanto a maioria dos governantes agrários poucas vezes tentava controlar a vida espiritual dos súditos, os colonos de inclinação comercial tinham certeza de que em uma sociedade adequadamente regulada todos os cidadãos deviam ter a mesma fé, e era obrigação de qualquer governo garantir a prática religiosa.

Como John Locke ainda não tinha nascido, nas colônias americanas religião, política e economia continuavam inseparáveis. Na verdade, os habitantes de Virgínia eram incapazes de pensar no comércio como uma atividade puramente secular.[12] Samuel Purchas, o propagandista da companhia, ofereceu a expressão mais completa da ideologia deles.[13] Se Adão não tivesse pecado, o mundo inteiro manteria a perfeição original e sua exploração seria fácil. Com o advento do pecado, porém, os homens se tornaram tão depravados que teriam assassinado uns aos outros se Deus não os tivesse espalhado pela terra depois da destruição da Torre de Babel e os mantido ignorantes uns dos outros. No entanto, Ele também decretara que o comércio os uniria novamente. No Éden, Adão desfrutou de todos os bens essenciais, mas depois da Queda eles se dispersaram. Agora, graças a tecnologias marítimas modernas, um país em uma região era capaz de suprir o que faltava em outro, e Deus usaria o mercado global para redimir o mundo não cristão. Na América os colonos da Virgínia podiam fornecer itens de primeira necessidade para a Inglaterra, onde havia o risco de fome, e ao mesmo tempo levar o evangelho para os indígenas. Um panfleto da companhia explicava que Deus não operava mais por meio de profetas e de milagres; o único meio de evangelizar o mundo nessa época era "misturando as descobertas e o comércio de mercadorias". Ao viver na terra dos índios e negociar com eles, os colonos "venderiam a eles as pérolas do paraíso" por meio de "conversas diárias".[14] Assim a busca de mercadorias, insistia Purchas, não era um fim em si, e a companhia teria fracassado se buscasse unicamente o lucro.

De início Purchas acreditava que a terra não devia ser tomada à força dos índios porque Deus lhes dera.[15] A ideologia protestante dele podia ser paternalista, mas de certa forma também era respeitosa com os povos indígenas. No entanto, durante os dois primeiros invernos tenebrosos, enquanto os colonos morriam de fome, alguns dos trabalhadores recrutados por eles fugiram para a terra dos Powhattan, e quando o governante inglês pediu ao chefe dos índios que devolvesse os fugitivos, ele recusou com desdém. Imediatamente a milícia inglesa atacou o acampamento, matou quinze nativos americanos, queimou suas casas, derrubou o milho e raptou a rainha, matando os filhos dela. Era o fim da pacífica "conversa diária". Os índios ficaram aturdidos: "Por que destruir quem abastece vocês de alimentos?", perguntou o chefe Powhattan: "Por que vocês têm inveja de nós? Estamos desarmados e dispostos a dar o que vocês pedem, se vierem de maneira amistosa".[16]

Em 1622, os índios estavam bastante alarmados com o rápido crescimento da colônia; os ingleses tinham tomado uma área significativa do terreno de caça deles, privando-os de recursos essenciais.[17] Em um ataque-surpresa a Jamestown, os Powhattan mataram cerca de um terço da população inglesa. Os colonos retaliaram com uma guerra de desgaste implacável: eles permitiam que as tribos locais se estabelecessem e plantassem milho e, então, pouco antes da colheita, atacavam, matando o maior número possível de nativos. Em três anos vingaram o massacre de Jamestown várias vezes. Em vez de basear sua colônia nos princípios de compaixão do evangelho, inauguraram uma política de eliminação imposta por meio de uma inclemente força militar. Até Purchas foi forçado a abandonar a Bíblia e a confiar na doutrina agressiva dos humanistas de direitos humanos quando finalmente concordou que os índios mereciam seu destino porque, ao resistir aos colonos ingleses, tinham violado a lei da natureza.[18] Considerações mais pragmáticas começavam a tomar o lugar da antiga piedade. A companhia não tinha sido capaz de produzir os itens de que a Inglaterra precisava, e os investidores não obtiveram o retorno adequado. O funcionamento da colônia dependia exclusivamente do cultivo de tabaco e da venda do produto por cinco shillings a libra. Originalmente um empreendimento sagrado, a Virgínia aos poucos iria se secularizar, não em função da ideologia liberal de Locke, mas por força dos acontecimentos.

Os puritanos de Massachussetts não tinham pudores em matar índios. Eles saíram da Inglaterra durante a Guerra dos Trinta Anos com o espírito guerreiro daqueles tempos assustadores e justificavam sua violência por meio de uma leitura da Bíblia altamente seletiva. Ignorando os ensinamentos pacifistas de Jesus, baseavam-se no belicismo de algumas escrituras hebraicas. "Deus é um excelente guerreiro", pregou Alexander Leighton, e a Bíblia "o melhor manual de guerra". O reverenciado pastor John Cotton instruíra que atacassem os nativos "sem provocação" — um procedimento normalmente ilícito — não só porque eles tinham um direito natural ao território deles, como também porque tomar aquelas terras era uma "missão especial dada por Deus".[19] Já havia indícios do pensamento de exceção que caracterizaria a política americana futura. Em 1636, William Bradford descreveu uma invasão na aldeia Pequot de Port Mystic no litoral de Connecticut para vingar o assassinato de um comerciante inglês, observando a carnificina assustadora com soberba complacência:

> Aqueles que escaparam do fogo foram transpassados pela espada; alguns foram retalhados, outros perfurados com floretes, e assim eles foram rapidamente despachados, e pouquíssimos escaparam. Imagina-se que destruíram cerca de quatrocentos dessa vez. Foi uma visão terrível vê-los fritando no fogo, e as correntes de sangue extinguindo o mesmo, e o odor daquilo era horrível, mas a vitória parecia um doce sacrifício, e eles agradeceram em orações porque Deus tinha trabalhado por eles de maneira tão maravilhosa.[20]

Quando os puritanos negociaram o Tratado de Hertford (1638) com os sobreviventes, insistiram na destruição de todas as aldeias Pequot e venderam as mulheres e as crianças como escravos. "Será que cristãos não deviam ter agido de maneira mais compassiva?", perguntou o capitão John Underhill, um veterano da Guerra dos Trinta Anos. Ele respondeu a essa pergunta retórica com uma resoluta negativa: Deus apoiava os ingleses, "portanto tínhamos luz suficiente para nossos atos".[21]

Trinta anos depois, com os europeus ainda sob o impacto da violência da Guerra dos Trinta Anos, alguns puritanos começaram a questionar a validade dessas campanhas contra os indígenas.[22] Depois do assassinato de um índio convertido ao cristianismo em 1675, as autoridades de Plymouth, com evidências frágeis, culparam Metacom, chefe dos Wampanoag, chamado de "rei Felipe" pelos ingleses. Quando eles executaram três de seus auxiliares, Metacom e aliados indígenas imediatamente devastaram cinquenta das noventa cidades inglesas em Plymouth e Rhode Island; na primavera de 1676 os exércitos indígenas estavam a quinze quilômetros de Boston. No outono, a guerra virou a favor dos colonos. No entanto, eles enfrentavam um inverno difícil e os Narragansett de Rhode Island tinham comida e suprimentos. Acusando-os de ajudar Metacom — novamente com provas duvidosas —, a milícia inglesa atacou e saqueou a aldeia, massacrou os habitantes, inclusive a maioria dos refugiados que não eram combatentes, e queimou o acampamento. A guerra continuou com atrocidades de ambos os lados — guerreiros indígenas escalpelavam os prisioneiros vivos; os ingleses estripavam e esquartejavam os seus —, mas no verão de 1676, os dois lados abandonaram a luta. Depois da guerra quase metade da população indígena tinha sido eliminada: 1250 foram mortos em batalha, 625 em decorrência de ferimentos e 3 mil por doenças no cativeiro. As colônias, no entanto, sofreram apenas cerca de oitocentas baixas, 1,6% do total de 50 mil da população inglesa.

O establishment puritano acreditava que Deus usara os índios para punir os colonos pelo abandono de sua devoção e pela diminuição do número de pessoas que participavam dos cultos, e não se preocupavam com a quantidade de baixas entre os índios. Mas muitos dos colonos passaram a questionar a moralidade da guerra como um todo. Dessa vez uma minoria se pronunciou contra a guerra. Os quacres, que chegaram a Boston em 1656 e tinham sofrido na pele a intolerância puritana, condenaram veementemente as atrocidades. John Easton, governador de Rhode Island, acusou os puritanos de Plymouth de arrogância e de excesso de confiança ao expandir de maneira provocadora os assentamentos e ao mentir para jogar as tribos umas contra as outras. John Eliots, um missionário enviado aos índios, afirmou que essa não fora uma guerra de autodefesa; os verdadeiros agressores eram as autoridades de Plymouth, que tinham falsificado provas e tratado os índios com uma justiça brutal. Assim como na Virgínia, os sinais de piedade significavam que aos poucos argumentos mais racionais e naturalistas substituiriam os teológicos na política dos colonos.[23]

Como frequentemente acontece, um declínio generalizado tende a inspirar um renascimento do ardor religioso em alguns elementos descontentes da sociedade. No início do século XVIII, a adoração se tornara mais formal nas colônias, de modo que igrejas elegantes eram recorrentes em Nova York e Boston. Mas, para o horror dessas congregações polidas, uma religiosidade frenética eclodia nas áreas rurais. O Grande Despertar irrompeu em Northampton, Connecticut, em 1734, quando a morte de dois jovens e a pregação poderosa de seu pastor Jonathan Edwards (1703-58) levaram a cidade a uma febre devocional que se espalhou por Massachussetts e Long Island. Durante os sermões de Edwards, a congregação gritava, berrava, se contorcia nos corredores e se aglomerava ao redor do púlpito, implorando para que ele parasse. Mas Edwards inexoravelmente continuava, sem nunca olhar para as massas histéricas ou confortá-las, fixado sempre na corda do sino. Trezentas pessoas passaram por uma conversão dolorosa, não conseguiam se separar de suas Bíblias e se esqueciam de comer. No entanto, Edwards lembra que elas também experimentaram uma alegre percepção da beleza, algo diferente de qualquer sensação natural, "de modo que não conseguiam evitar gritar em altos brados, expressando sua grande admiração".[24] Outros, dominados pelo temor a Deus, afundavam em um abismo de desespero para depois se elevar em um júbilo igualmente extremo, na súbita convicção de que estavam livres do pecado.

O Grande Despertar mostrou que a religião, ao invés de ser um obstáculo para o progresso e para a democracia, podia ser positiva para a modernização. Estranhamente, essa histeria com aparência primitiva ajudou os puritanos a adotar um igualitarismo que chocaria Winthrop, mas que se aproxima de nossas normas atuais. O Despertar consternou o corpo docente de Harvard, e Yale, a universidade de Edwards, renegou-o, mas ele estava convicto de que uma ordem diferente — nada menos do que o Reino de Deus — nascia de maneira dolorosa no Novo Mundo. Na verdade, Edwards comandava uma revolução. O Despertar floresceu nas colônias mais pobres, onde se tinha pouca esperança de satisfação material. Enquanto as classes educadas se voltavam para os consolos racionais do Iluminismo europeu, Edwards levou o ideal iluminista da busca de felicidade para suas congregações iletradas de uma forma palatável e os preparou para as agitações revolucionárias de 1775.[25]

Nessa época, a maioria dos colonos ainda acreditava que a democracia era a pior forma de governo e que alguma forma de estratificação social era a vontade de Deus. Os horizontes cristãos deles estavam presos à violência sistêmica essencial para o Estado agrário. Nas congregações da Nova Inglaterra, a comunhão era exclusividade dos "santos", que tinham passado por uma conversão e renascido. Embora representassem apenas um quinto da população inglesa, só eles tinham participação no Pacto de Deus com o Novo Israel. Mas até mesmo os santos eram proibidos de falar na igreja e precisavam esperar o pastor em silêncio, e os não regenerados, que estavam em maioria, tinham igualdade diante da lei, mas não podiam participar do governo.[26] O avô de Edwards, Solomon Stoddard de Northampton, rejeitara bruscamente as massas alegando serem incapazes de pensamentos sérios: "Deixe o governo ficar nas mãos deles e as coisas serão conduzidas por um clamor tumultuoso [...] rapidamente as coisas ficariam de cabeça para baixo".[27] No entanto, Stoddard exortara toda a sua congregação, incluindo os não convertidos, a participar da comunhão e ordenara que eles, em assembleias altamente emotivas, ficassem de pé e reafirmassem publicamente o pacto.

Jonathan Edwards compreendeu que, apesar das visões autocráticas, seu avô tinha de fato dado voz às massas. Por sua vez, ele exigia que os membros de sua congregação falassem na igreja caso não quisessem se perder para sempre. Edwards pertencia à aristocracia da Nova Inglaterra; não tinha interesse em uma revolução política, mas percebeu que um pregador não podia esperar que o público ouvisse de maneira submissa verdades eternas que não falassem de maneira convincente sobre a situação deles. Isso podia ter funcionado na Inglaterra do século XVII, mas um tipo diferente de sociedade se formava na América, um tipo que não dependia de uma aristocracia estabelecida. Em 1748, no funeral de seu tio, o coronel John Stoddard, Edwards proferiu uma eulogia impressionante elencando as qualidades de um grande líder. Neste Novo Mundo, um líder devia descer ao nível do povo.[28] Ele devia ter um "grande conhecimento da natureza humana" e se familiarizar com "o estado e as circunstâncias" da nação, adaptando suas ideias às realidades e à vida pessoal e pública. Um líder deve conhecer seu povo, estar atento aos fatos do presente e prever crises.

Apenas perto do fim Edwards disse que um líder devia pertencer a uma "boa família", mas apenas porque a educação era "útil" e o tornava mais eficaz. Um grande homem não podia ter nada a ver com pessoas egoístas, de "espírito pequeno, privado". Diante de mercadores, negociantes e especuladores de terra de Northampton, Edwards pronunciou uma condenação a homens que "vergonhosamente conspurcam suas mãos para ganhar umas poucas libras; e [...] trituram os pobres e gritam com seus vizinhos, e se aproveitam de sua autoridade para encher os bolsos".[29] O ataque revolucionário à violência estrutural da sociedade colonial se espalhou para outras cidades, e, dois anos depois, Edwards foi retirado de seu púlpito e forçado a se refugiar temporariamente na fronteira com outros desajustados, atuando como capelão dos índios de Stockbridge. Edwards era versado no pensamento moderno e lera Locke e Newton, mas foi com o cristianismo que levou pessoas comuns ao ideal igualitário moderno.

O Grande Despertar foi o primeiro movimento de massas dos Estados Unidos; com ele, o povo experimentou pela primeira vez participar de um evento nacional decisivo para o curso da história.[30] Deixou em muitos americanos um brilho do êxtase, que não tinha relação exata com as inclinações seculares dos líderes revolucionários, era a memória de um estado de felicidade que eles chamavam de "liberdade". Além disso, o renascimento julgava sua fé emocional superior à piedade cerebral das classes respeitáveis. Quem se lembrava do desdém de clérigos aristocráticos por seu entusiasmo desconfiou da autoridade institucionalizada que mais tarde os preparou para dar o passo drástico de rejeitar o rei da Inglaterra.

Em 1775, quando o governo britânico exigiu tributos dos colonos para financiar as guerras coloniais contra a França, a fúria logo se transformou em rebelião. Os líderes viram a Revolução Americana como um evento secular, uma luta sóbria, programática, contra uma potência imperial. Eram homens do Iluminismo, inspirados por Locke e Newton, e também eram deístas que, ao contrário de cristãos ortodoxos, rejeitavam as doutrinas da revelação e da divindade do Cristo. A Declaração de Independência, esboçada por Thomas Jefferson, John Adams e Benjamin Franklin, e ratificada pelo Congresso Colonial em 4 de julho de 1776, era um documento iluminista, baseado na teoria de Locke de direitos humanos autoevidentes — vida, liberdade e propriedade[31] — e nos ideais iluministas de liberdade e igualdade. Suas ideias sobre redistribuição de riqueza ou a abolição do sistema de classes não eram utópicas. Para eles, essa era simplesmente uma guerra de independência útil e importante, mas sustentável.

Os Pais Fundadores, porém, pertenciam à pequena nobreza, e suas ideias estavam longe de ser comuns; a maioria dos americanos era calvinista e não conseguia se conectar a esse éthos do racionalismo. De início, alguns colonos relutaram em romper com a Grã-Bretanha e nem todos aderiram à luta, mas os que o fizeram foram motivados tanto pelos mitos milenares do cristianismo quanto pelos ideais dos Fundadores. Durante a revolução, a ideologia secularista se misturou de maneira criativa com as aspirações religiosas gerais, e isso permitiu a americanos com crenças bastante divergentes unir forças contra a poderosa Inglaterra. Quando os pastores discursavam sobre a importância da virtude e a responsabilidade no governo, ajudavam as pessoas a compreender as denúncias ferozes feitas por Sam Adams contra a tirania britânica.[32] Quando os Fundadores falavam em "liberdade", usavam uma palavra carregada de significado religioso.[33] Timothy Dwight, neto de Jonathan Edwards e presidente da Universidade Yale, previu que a revolução formaria uma "terra de Emanuel";[34] o pregador de Connecticut, Ebenezer Baldwin, afirmou que a liberdade, a religião e o saber tinham sido expulsos da Europa e se mudado para a América, onde Jesus estabeleceria seu reino; e o reitor William Smith, da Filadélfia, atestou que as colônias eram o lugar escolhido por Deus "para a liberdade, as artes e o conhecimento divino". John Adams via os assentamentos ingleses na América como parte do plano de Deus para o esclarecimento do mundo,[35] e Thomas Paine tinha certeza de que "está ao nosso alcance começar o mundo de novo. Uma situação como a atual nunca aconteceu desde os tempos de Noé".[36]

Essa exaltação, porém, caminhava junto com o ódio aos inimigos do reino de Deus. Depois da aprovação da Lei do Selo (1765), canções patrióticas retratavam seus perpetradores — os lordes Bute, Grenville e North — como escravos de Satã, e os retratos deles eram carregados ao lado de efígies do diabo durante protestos políticos. Quando George III concedeu liberdade religiosa aos católicos franceses no território canadense, os colonos americanos o censuraram como aliado do Anticristo; e mesmo os presidentes de Harvard e Yale viam a Guerra de Independência como parte do plano de Deus para a derrubada do catolicismo.[37] Essa hostilidade sectária e virulenta permitiu que os colonos se separassem definitivamente do Velho Mundo, pelo qual muitos ainda nutriam afeto. O ódio à "tirania" católica continuaria sendo por muito tempo um elemento crucial na identidade nacional americana. Talvez os Fundadores fossem seguidores de Locke, mas a "religião" ainda não tinha sido banida das colônias; se isso tivesse ocorrido, a revolução provavelmente não teria sido bem-sucedida.

Assim que a independência foi declarada, em julho de 1776, as colônias começaram a escrever suas novas constituições. Na Virgínia, Thomas Jefferson (1743-1826) propôs uma fórmula que não sobreviveria ao processo de ratificação: "Todas as pessoas devem ter plena liberdade de opinião religiosa; e ninguém deve ser obrigado a frequentar ou a sustentar qualquer instituição religiosa".[38] Isso garantia a liberdade *da* religião e a liberdade *em relação à* religião. Mas é preciso ter em mente que a concepção de "religião" de Jefferson se baseava em duas inovações modernas que a maior parte de seus conterrâneos não subscrevia. Em primeiro lugar, reduzia a religião a uma "crença" e a "opinião". Como apóstolo do empirismo iluminista, Jefferson rejeitava a ideia de que o conhecimento religioso fosse adquirido por meio de revelação, ritual ou experiência comunitária; ele era apenas um conjunto de crenças compartilhado por algumas pessoas. Assim como os filósofos do Iluminismo, Jefferson e James Madison (1751-1836), os pioneiros da liberdade religiosa na América, acreditavam que nenhuma ideia devia estar imune à investigação ou mesmo à pura rejeição. No entanto, também insistiam no direito à consciência: a convicção pessoal de um homem pertencia a ele, não estava sujeita à coerção do governo. Uma crença obrigatória, portanto, violava um direito humano fundamental. "O vínculo religioso acorrenta e debilita o cérebro e não é adequado para todos os empreendimentos nobres, para todas as perspectivas esperadas", objetou Madison.[39] Os últimos 1500 anos, ele afirmava de maneira ampla, tinham resultado "mais ou menos em todos os lugares" em "orgulho e indolência do clero, ignorância e servilismo nos leigos; em ambos, superstição, intolerância e perseguição".[40] O "mito da violência religiosa" sem dúvida criara raízes nas mentes dos Fundadores. Na nova era das luzes, Jefferson declarou em seu *Estatuto da Virgínia para liberdade religiosa*: "nossos direitos civis não dependem mais de nossas opiniões religiosas do que nossas opiniões dependem da física ou da geometria".[41]

A crítica de Jefferson e Madison foi uma correção saudável da tendência idólatra de dar caráter divino a ideias criadas pelo homem. A liberdade de pensamento se tornaria um valor sagrado no Ocidente secular moderno, um direito humano inviolável e inegociável. Isso traria avanços para o progresso científico e tecnológico e permitiria que as artes florescessem. Mas a liberdade intelectual proclamada pelos filósofos do Iluminismo era um luxo da modernização. No Estado agrário pré-moderno, nunca teria sido possível permitir que toda a população deixasse a tradição de lado e criticasse livremente a ordem estabelecida. A maioria dos Fundadores aristocráticos, além disso, não pretendia estender esse privilégio para as pessoas comuns. Eles ainda tinham certeza de que era tarefa deles, como estadistas esclarecidos, liderar a partir do topo.[42] Como grande parte da elite, John Adams, segundo presidente dos Estados Unidos (r. 1796-1800), suspeitava de qualquer política que eventualmente conduzisse a um "governo das massas" ou ao empobrecimento da pequena nobreza, embora os seguidores mais radicais de Jefferson protestassem contra essa "tirania" e, como Edwards, exigissem que as vozes do povo fossem ouvidas.[43] Mesmo assim, os ideais consagrados pelos Pais Fundadores só puderam se aplicar de maneira ampla à sociedade depois que a Revolução Industrial sacudiu a ordem social.

Conforme a segunda premissa de Jefferson e de Madison, a "religião" era uma atividade humana autônoma, privada, essencialmente separada da política e misturar as duas coisas tinha sido uma grande aberração. Isso podia ser uma ideia autoevidente para Locke, mas ainda seria uma noção muito estranha para a maioria dos americanos. O Fundadores conheciam seus conterrâneos: uma Constituição federal nunca teria apoio de todos os estados a não ser que evitasse instituir como religião oficial uma denominação protestante, assim como muitas constituições estaduais fizeram. Precisamente porque a maioria dos americanos ainda aprovava a religião como parte de seus governos, para unir os vários estados era preciso neutralidade religiosa em nível federal.[44] Por isso a primeira cláusula lapidar da Primeira Emenda da Constituição na Declaração dos Direitos dos Estados Unidos (1791) decretava que o "Congresso não deve aprovar leis a respeito do estabelecimento da religião, ou proibindo o livre exercício dela".[45] No entanto, até mesmo para isso havia consequências políticas. Durante a eleição presidencial ferozmente contestada de 1800, Jefferson, o deísta, foi acusado de ser ateu e até muçulmano. Ele respondeu que, embora não fosse hostil à religião, se opunha inflexivelmente a que o governo interferisse em questões religiosas. Quando solicitado por grupo de seus apoiadores batistas em Danbury, em Connecticut, a designar um dia de jejum para unir a nação, Jefferson respondeu que isso estava fora da competência do presidente:

Acreditando como vocês que a religião é um assunto que fica somente entre o homem e seu Deus, que ele não deve nada a ninguém em função de sua fé e de sua adoração, que os poderes legislativos do governo somente se referem a ações, e não a opiniões, vejo com solene reverência esse ato do povo americano como um todo que declarou que a legislatura não deve "aprovar leis a respeito do estabelecimento da religião, ou proibindo o livre exercício dela", erguendo assim um muro que separa a Igreja e o Estado.

Embora essa separação talvez fosse benéfica tanto para a Igreja quanto para o Estado, ela não estava, como Jefferson presumia, inscrita na própria natureza das coisas e era uma inovação moderna. Os Estados Unidos inovavam completamente.

Jefferson tinha emprestado a imagem do "muro da separação" de Roger Williams (1604-83), fundador de Providence, em Rhode Island, que fora expulso da Nova Inglaterra por sua oposição às políticas intolerantes do governo puritano.[46] Mas Williams se preocupava menos com o bem-estar do Estado do que com o de sua religião, que ele achava que seria contaminada por qualquer envolvimento com o governo.[47] Ele pretendia que Rhode Island fosse uma comunidade cristã alternativa, próxima do espírito dos evangelhos. A atenção de Jefferson, por outro lado, se voltava para proteger o Estado da "detestável combinação de Igreja e Estado", que reduziu os seres humanos a "marionetes e burros de carga".[48] Ele parecia presumir — de forma bastante equivocada — que alguns Estados do passado *não* foram culpados por essa "detestável combinação". No futuro os Estados Unidos secularizados seriam menos violentos e coercitivos do que seus antecessores mais religiosos.

Independente do que quisessem os Fundadores, para a maioria dos americanos os Estados Unidos se baseariam em princípios cristãos. Em 1790, cerca de 40% da nova nação vivia nas fronteiras e se ressentia cada vez mais com o governo republicano que não compartilhava de suas dificuldades e os taxava tanto quanto os britânicos. Uma nova onda de renovações, conhecida como Segundo Grande Despertar, representou uma campanha popular por um país mais democrático e fundamentado na Bíblia.[49] Os novos renovadores não eram intelectuais como Edwards, mas homens do povo que usavam gestos amplos, humor vulgar e gírias, e mencionavam sonhos, visões e sinais celestiais. Em seus comícios gigantescos, eles erguiam tendas imensas fora da cidade, e as canções evangélicas levavam as multidões ao êxtase. No entanto, esses profetas não representavam um retrocesso pré-Iluminista. Lorenzo Dow talvez lembrasse de João Batista, mas citava Jefferson e Paine e, como qualquer filósofo do Iluminismo, estimulava as pessoas a pensar por conta própria. Na comunidade cristã os primeiros deviam ser os últimos e os últimos, os primeiros. Deus tinha enviado seu discernimento para pobres e iletrados, assim como Jesus e seus discípulos não tinham diploma universitário.

James Kelly e Barton Stone atacavam o clero aristocrático, que empurrava a fé erudita de Harvard para o povo. Os filósofos do Iluminismo insistiam para que todos tivessem coragem de se livrar da dependência em relação à autoridade, usar sua razão natural para descobrir a verdade e exercer o livre pensamento. Agora os renovadores destacavam que os cristãos americanos podiam ler a Bíblia sem orientação de estudiosos da classe alta. Ao fundar a própria denominação, Stone a chamou de "declaração de independência": os renovadores levavam os modernos ideais de democracia, igualdade, liberdade de expressão e independência para o povo em um idioma de que pessoas sem educação formal podiam se apropriar. Esse Segundo Despertar pode ter parecido retrógrado para a elite, mas na verdade era uma versão protestante do Iluminismo. Exigindo um grau de igualdade que a classe dominante americana ainda não estava disposta a conceder, os renovadores representavam um descontentamento popular que não podia ser ignorado com segurança.

De início, esse cristianismo rústico, democrático, se limitou aos americanos mais pobres, mas na década de 1840 Charles Finney (1792-1875) levou-o às classes médias, criando um cristianismo "evangélico" baseado em uma leitura literal dos evangelhos. O objetivo dos evangélicos era converter a república secular para Cristo, e em meados do século XIX se tornaram a religião dominante dos Estados Unidos.[50] A partir de 1810, sem esperar orientação do governo, começaram a trabalhar em igrejas e escolas e a fundar associações de reforma que cresceram rapidamente nos estados do norte. Alguns faziam campanha contra a escravidão, outros contra a bebida; alguns trabalhavam para acabar com a opressão das mulheres e de minorias, outros pediam reformas penais e educacionais. Como o Segundo Grande Despertar, esses movimentos modernizadores ajudaram os americanos comuns a aderir ao ideal dos direitos humanos inalienáveis em embalagem protestante. Seus membros aprendiam a planejar, organizar e a perseguir metas claramente definidas de uma maneira racional e isso lhes dava poder contra o establishment. No Ocidente é comum avaliarmos outras tradições culturais em comparação com o Iluminismo: o Grande Despertar nos Estados Unidos mostra que as pessoas podem atingir esses ideais por outro caminho, especificamente religioso.

Na verdade, os evangélicos americanos se apropriaram tanto de certos ideais iluministas que chegaram a criar um híbrido curioso, chamado por alguns historiadores de "Iluminismo protestante".[51] Esse paradoxo foi percebido por Alexis de Tocqueville quando ele visitou os Estados Unidos na década de 1830, observando que o caráter do país combinava "dois elementos perfeitamente distintos que em outros lugares tinham muitas vezes guerreado um contra o outro, mas que na América [...] eles tiveram êxito ao incorporar algo de um no outro e em combiná-los maravilhosamente: falo do *espírito de religião* e do *espírito de liberdade*".[52] Os Pais Fundadores tinham se inspirado nos chamados iluministas moderados como Isaac Newton e John Locke. Os evangélicos, no entanto, repudiavam o Iluminismo "cético" de Voltaire e David Hume, assim como o "revolucionário" de Rousseau, mas aderiram à filosofia de "bom senso" de pensadores escoceses como Francis Hutcheson (1694-1746), Thomas Reid (1710-96), Adam Smith (1723-90) e Dugald Stewart (1753-1828).[53] Eles aprenderam com isso que os seres humanos tinham uma capacidade inerente e infalível de fazer conexões claras entre causas morais e seus efeitos na vida pública. Compreender as coisas era simples, uma questão de bom senso. Até uma criança podia entender a essência do evangelho e descobrir sozinha o que era certo. Os filósofos do Iluminismo tinham dito às pessoas para deixar de lado o hábito de serem tuteladas e para descobrir a verdade por conta própria, sem depender de instituições autoritárias e de eruditos. Os evangélicos americanos, portanto, acreditavam que, com empenho, podiam criar uma sociedade no Novo Mundo totalmente fundada em valores cristãos.[54] A Constituição estabelecera um Estado secular, mas não fez nada para incentivar o desenvolvimento de uma cultura nacional; os Fundadores presumiram que isso seria uma resposta natural à ação do governo.[55] No entanto, graças às associações evangélicas de assistência social e reforma, o "Iluminismo protestante", de modo um pouco irônico, se tornou o éthos nacional do estado secular.[56] É possível tirar a religião do Estado, mas não a religião da nação. Por força de seu trabalho missionário ativo, das organizações de reforma e de suas publicações, os evangélicos unificaram a nação em torno de uma cultura baseada na Bíblia.

* * *

Os americanos mostraram que era factível organizar a sociedade de maneira mais justa e racional. Na França os líderes da burguesia e as classes médias ascendentes prestaram muita atenção nesses eventos que desenvolviam as ideologias da liberdade individual.[57] Para eles, porém, a tarefa foi mais difícil, pois precisaram depor uma classe dominante estabelecida havia muito tempo com um Exército profissional, uma burocracia profissionalizada e uma monarquia absoluta.[58] No final do século XVIII, a situação da sociedade agrária tradicional na Europa se tensionava cada vez mais: muitas pessoas se mudavam para as cidades para trabalhar em profissões não agrícolas, a alfabetização se espalhava e havia uma mobilidade social sem precedentes.

Na primavera de 1789, a monarquia absolutista de Luís XVI enfrentava problemas. Mordomias perdulárias tinham levado a economia francesa a uma crise, além disso, o clero e a nobreza (o rimeiro e o Segundo Estados) se opunham ao novo regime de taxação de imposto pela coroa. Para resolver o impasse, o rei convocou os Estados Gerais em Versalhes no dia 2 de maio.[59] O rei queria que os Estados — clero, nobreza e plebeus — deliberassem e votassem em separado, mas o Terceiro Estado se recusou a permitir que a aristocracia determinasse os procedimentos e convidou o clero e a nobreza a se juntar a eles em uma nova Assembleia Nacional. Os primeiros a seguir o Terceiro Estado foram os 150 do baixo clero, que tinham o mesmo histórico dos plebeus, estavam cansados do orgulho desdenhoso dos bispos e queriam uma Igreja mais igualitária.[60] Também houve defecções no Segundo Estado: a pequena nobreza rural, desdenhada pela aristocracia parisiense, e os burgueses ricos impacientes com o conservadorismo da aristocracia. Em 17 de junho os membros da nova Assembleia Nacional juraram que não se dispersariam até conseguirem uma nova constituição.

A Assembleia pretendia realizar um debate racional e esclarecido sobre o modelo americano, mas não levara em conta o povo. Depois de uma colheita ruim, os estoques de alimentos estavam perigosamente baixos, o preço do pão explodiu nas cidades e houve um amplo desemprego. Em abril, 5 mil artesãos se rebelaram em Paris, e formaram-se comitês revolucionários e milícias de cidadãos em todo o país para conter a inquietação. Durante os debates da Assembleia, os encarregados foram vaiados e interrompidos pelas galerias do público, e multidões enlouquecidas tomaram as ruas, atacando qualquer representante do Antigo Regime que cruzasse seu caminho. Em um evento decisivo, alguns dos soldados enviados para debelar esses motins, em vez de fazer isso, se uniram aos rebeldes. Em 14 de junho a multidão atacou a Bastilha no leste de Paris, soltou os prisioneiros e trucidou o diretor da cadeia. Outras autoridades tiveram o mesmo destino. No campo, o "Grande Medo" se alastrou entre camponeses famintos, convencidos de que a escassez de grãos era uma estratégia do regime para obrigá-los a se submeter por causa da fome. Essa suspeita foi agravada pela chegada de trabalhadores pobres em busca de trabalho, que foram vistos como tropas avançadas da nobreza.[61] Os aldeões tomaram os castelos, atacaram agiotas judeus e se recusaram a pagar dízimos e impostos.

À medida que o campo saía de controle, a Assembleia se radicalizava. Ela produziu a Declaração dos Direitos do Homem e do Cidadão, que investia o povo de soberania e não o monarca, e que proclamava que todo homem tinha direitos naturais à liberdade de consciência, à propriedade e a oportunidades iguais. Então a Assembleia decidiu desmantelar a Igreja católica na França. Como vimos, o "mito da violência religiosa" fundava-se na crença de que a separação da Igreja e do Estado libertaria a sociedade da beligerância inerente à "religião". Mas quase todas as reformas secularizadoras na Europa e em outras partes do mundo começariam com um ataque agressivo às instituições religiosas, o que inspirava ressentimento, anomia, aflição e, em alguns casos, respostas violentas. Em 2 de novembro de 1789, a Assembleia aprovou com 568 contra 346 votos o pagamento da dívida nacional por meio do confisco da riqueza da Igreja. O bispo de Autun, Charles Maurice de Talleyrand, lembrou que a Igreja não possuía propriedades no sentido comum; suas terras e imóveis tinham sido doados para que ela pudesse fazer boas ações.[62] Agora o próprio Estado poderia pagar salário ao clero e financiar essas atividades. Em 3 de fevereiro de 1790, decidiram pela abolição de todas as ordens religiosas, com exceção das que serviam ao ensino ou a hospitais. Essas medidas trouxeram graves problemas para as pessoas comuns e muitos clérigos protestaram veementemente, mas outros viam nisso oportunidade para uma reforma que devolveria a Igreja à sua pureza primitiva e até mesmo inauguraria uma nova "religião nacional".

Portanto, o regime secular começou com uma política de coerção, de retirada de poderes e de posses. Em 29 de maio de 1790, a Assembleia promulgou a Constituição Civil do Clero, que relegou a Igreja a um departamento do Estado. Cinquenta dioceses foram abolidas, 4 mil paróquias eliminadas, os salários dos bispos reduzidos e o povo passaria a nomeá-los. Além disso, na Bretanha, muitas paróquias ficaram sem bispo. Em 26 de novembro, estabeleceu-se um prazo de oito dias para que o clero jurasse lealdade à nação, à lei e ao rei. Quarenta e quatro membros do clero na Assembleia se recusaram a fazer o juramento e houve motins em protesto contra essa ordem humilhante na Alsácia, em Anjou, Artois, na Bretanha, em Flandres, no Languedoc e na Normandia.[63] O catolicismo estava tão profundamente arraigado em quase todos os detalhes da vida cotidiana que, horrorizados, muitos membros do Terceiro Estado se voltaram contra o regime. No oeste da França, os paroquianos pressionaram os padres para se recusar ao juramento e não queriam ter relação alguma com os clérigos constitucionais enviados para substituí-los.

Logo a agressão do Estado secular passou à violência pura e simples. Monarquias vizinhas começaram a se mobilizar contra a revolução. Como acontece frequentemente, uma ameaça externa levou ao temor generalizado do "inimigo interno". No verão de 1792, quando os soldados franceses foram localizados pelos austríacos, circulavam rumores ferozes sobre uma "quinta-coluna" de padres contrarrevolucionários apoiando o inimigo. Quando o Exército prussiano rompeu a fronteira e ameaçou Verdun, a última linha de defesa antes de Paris, membros do clero recalcitrantes foram presos. Em setembro, em meio a temores de que clérigos leais ao rei planejavam levantes simultâneos, multidões violentas atacaram prisões e mataram entre 2 mil e 3 mil prisioneiros, muitos dos quais padres. Duas semanas depois a França foi declarada uma República.

A França e os Estados Unidos tinham adotado políticas diametralmente opostas em relação à religião: por fim, todos os estados americanos retiraram a Igreja do aparato estatal, mas como o clero não estava relacionado a um regime aristocrático estabelecido havia muito tempo, não houve hostilidade contra as denominações tradicionais. Na França, contudo, uma Igreja tão profundamente envolvida no governo aristocrático só podia ser desmantelada por meio de um ataque direto.[64] A essa altura estava evidente que o potencial para a violência de regime religioso ou não religioso era equivalente. Depois dos Massacres de Setembro, houve mais atrocidades. Em 12 de março de 1793, um levante teve início em Vendée, no oeste da França, em protesto pela convocação para o Exército, a taxação injusta e, acima de tudo, contra as políticas anticatólicas da revolução.⁶⁵ Os rebeldes ficaram especialmente furiosos com a chegada a Vendée do clero constitucional, que não tinha raízes na região, para substituir os padres que eram conhecidos e amados. Eles formaram o Exército Católico e Real, carregaram estandartes da Virgem e cantaram hinos enquanto marchavam. Não era um levante aristocrático, e sim um exército popular determinado a manter seu catolicismo: mais de 60% eram fazendeiros, e os demais, artesãos e comerciantes. Três exércitos enviados de Paris para debelar o motim foram desviados para a Revolta Federalista, em que burgueses provincianos moderados e republicanos somaram forças com os monarquistas em Bordeaux, Lyons, Marselha, Toulouse e Toulon para protestar contra as medidas adotadas em Paris.

Depois que os federalistas foram vencidos com represálias horrendas, no início de 1794, quatro exércitos revolucionários chegaram a Vendée com instruções do Comitê de Segurança Pública semelhantes à retórica da Cruzada Cátara: "Furem com suas baionetas todos os habitantes que encontrarem pelo caminho. Sei que pode haver alguns poucos patriotas nessa região — não importa, devemos sacrificar todos".⁶⁶ "Todos os bandoleiros encontrados com armas ou que se suspeite que as tenham carregado serão furados a baioneta", foi a instrução do general Turreau a seus soldados. "Vamos agir do mesmo modo com mulheres e crianças [...]. Inclusive os suspeitos não serão poupados."⁶⁷ "Vendée não existe mais", relatou François-Joseph Westermann a seus superiores no fim da campanha. "Seguindo as ordens que recebi, esmaguei crianças sob as patas de nossos cavalos, e massacrei mulheres [...]. As estradas estão cheias de corpos".⁶⁸ A revolução que prometera liberdade e fraternidade provavelmente assassinou 250 mil pessoas em uma das piores atrocidades do início do período moderno.

Para dar sentido e propósito a sua vida, os seres humanos sempre buscaram intensidade e momentos de êxtase. Se um símbolo, ícone, mito, ritual ou doutrina já não carrega um valor transcendente, eles tendem a substituí-lo por outra coisa. Segundo historiadores da religião, absolutamente qualquer coisa pode se tornar um símbolo do divino, e essas epifanias ocorrem "em todas as áreas da vida psicológica, econômica, espiritual e social".⁶⁹ Em pouco tempo isso se tornou evidente na França. Assim que a revolução se livrou de uma religião, inventou outra, tornando a nação a corporificação do sagrado. Os líderes revolucionários foram audaciosos e geniais ao reconhecer que emoções poderosas tradicionalmente ligadas à Igreja poderiam ser redirecionadas para um novo símbolo. Em 10 de agosto de 1793, enquanto a nação se dividia em uma guerra sangrenta, um festival coreografado pelo artista Jacques-Louis David celebrou a unidade e a indivisibilidade da República em Paris. Ele começou com o nascer do sol no local da Bastilha, onde uma imponente estátua da Natureza jorrava água dos seios em um copo que o presidente da Convenção Nacional segurava; ele então passou o copo para os 86 anciãos que representavam os *départements* da França em uma sagrada comunhão. Na Place de la Révolution o presidente acendeu uma grande fogueira de símbolos heráldicos, cetros e tronos diante de uma estátua da Liberdade, e nos Invalides o público viu uma efígie gigante do povo francês como Hércules. Esses festivais se tornaram tão frequentes que as pessoas escreviam sobre uma "festomania".[70] Como explicou o historiador do século XIX Jules Michelet, os festivais estatais celebravam a chegada de "uma estranha *vita nuova*, eminentemente espiritual".[71]

A missa católica tinha sido uma característica central dos primeiros festivais, mas em 1793 os padres foram eliminados dos ritos nacionais. Nesse ano, Jacques Herbert entronou a Deusa da Razão no altar principal da Catedral de Notre-Dame, transformando-a em um templo de filosofia. A política revolucionária em si estava transformando-se em objeto de adoração. Ao descrever os eventos políticos, os líderes usavam muitas palavras como "credo", "fanático", "sacramento "e "sermão".[72] Honoré Mirabeau escreveu que "a Declaração dos Direitos do Homem se tornou um evangelho político e que a Constituição Francesa se tornou uma religião pela qual as pessoas estão dispostas a morrer". O poeta Marie-Joseph Chénier disse à Convenção Nacional: "Vocês saberão como encontrar nas ruínas da superstição destronada a única religião universal pregada exclusivamente por nossos legisladores, com os magistrados como pontífices, e na qual a família humana queima um incenso apenas no altar da Pátria, mãe de todos e divindade".[73] Como a revolução "parecia lutar pela regeneração da raça humana até mais do que pela reforma da França", Tocqueville observaria: "um novo tipo de religião, uma religião incompleta, é verdade, sem Deus, sem ritual, e sem vida após a morte, mas que apesar disso, como o islã, inundou a terra com seus soldados, apóstolos e mártires".[74] É interessante que ele tenha comparado essa religiosidade desafiadoramente secular com a violência fanática há muito tempo atribuída pelos europeus ao islã.

A "religião civil" descrita pela primeira vez por Jean-Jacques Rousseau

(1712-78) se baseava na crença em Deus e na vida após a morte, no contrato social e na proibição da intolerância. Seus festivais, escreveu Rousseau, criariam um vínculo sagrado entre os participantes: "Que os espectadores se tornem um entretenimento para eles mesmos; que eles próprios sejam atores; que cada um se veja e ame a si mesmo nos outros de modo que todos estarão mais unidos".[75] Mas o amor de Rousseau pela tolerância não se estendia àquele que desobedecesse aos preceitos da religião civil, e um rigor semelhante foi adotado pela revolução.[76] Um mês depois do festival celebrando a unidade e a indivisibilidade da República, teve início o terror, quando Maximilien de Robespierre designou um tribunal para perseguir traidores e dissidentes com a dedicação de um papa combativo. Não só o rei e a rainha, membros da família real e a aristocracia foram executados, como vários grupos de patriotas aparentemente leais seguiram um após o outro para a guilhotina. Decapitaram inclusive o notável químico Antoine Lavoisier, que trabalhou a vida toda para melhorar as condições em prisões e hospitais franceses, e Gilbert Romme, criador da agenda revolucionária. Quando o expurgo terminou, em julho de 1794, cerca de 17 mil homens, mulheres e crianças tinham sido guilhotinados, e duas vezes esse número morreram nas prisões infestadas de doença ou foram assassinados por justiceiros locais.[77]

Enquanto isso, os líderes revolucionários empreendiam uma guerra santa contra os regimes não revolucionários da Europa.[78] Depois da Paz de Westfália, o continente teve quase dois séculos de relativa paz. Um equilíbrio de forças mantinha os Estados soberanos em harmonia. A brutalidade no campo de batalha já não era mais aceitável; a moderação e a contenção eram as novas palavras de ordem.[79] Com o abastecimento adequado do Exército, os soldados já não precisavam aterrorizar a população camponesa para obter alimentos.[80] Enfatizavam-se mais treinamento, disciplina e métodos corretos de proceder. Por isso, entre 1700 e 1850 não houve avanços significativos na tecnologia militar.[81] Mas essa paz foi destruída quando os exércitos revolucionários e depois Napoleão deixaram essas limitações de lado.

Depois de eliminar a Igreja do governo, o Estado francês certamente não tinha se tornado mais pacífico. Em 16 de agosto de 1793, a Convenção Nacional emitiu a *levée en masse*: pela primeira vez na história uma sociedade inteira se mobilizava para a guerra.

Todos os franceses estão permanentemente requisitados para servir no Exército. Homens jovens seguirão para a batalha; homens casados fabricarão armas e transportarão munições; as mulheres confeccionarão tendas e roupas e trabalharão nos hospitais; as crianças produzirão algodão a partir de roupas velhas; e os homens velhos serão levados à praça pública para elevar a coragem dos soldados, pregando a unidade da República e o ódio aos reis.[82]

O Exército francês recebeu cerca de 300 mil voluntários, com idades entre dezoito e 25 anos, e alcançou o recorde de 1 milhão de pessoas. Até então, camponeses e artesãos se alistaram por meio de engodo ou à força, mas nesse "Exército Livre" os soldados eram bem pagos, e no primeiro ano os oficiais foram escolhidos por mérito dentre as tropas. Em 1789, mais de 90% dos oficiais franceses eram aristocratas e, em 1794, apenas 3%. Embora mais de 1 milhão de homens jovens tenham morrido nas guerras revolucionárias e napoleônicas, havia mais gente disposta a se voluntariar. Esses soldados não combatiam com decoro profissional mas com a violência bruta aprendida nas batalhas de rua da revolução, e eles provavelmente gostavam do êxtase da guerra.[83] Como precisavam alimentar a si mesmos, cometiam as mesmas atrocidades que os mercenários na Guerra dos Trinta Anos.[84] Por cerca de vinte anos, as tropas francesas pareceram imbatíveis, invadindo a Bélgica, a Holanda e a Alemanha e vencendo sem esforço os Exércitos da Áustria e da Prússia que tentaram impedir esse avanço triunfante.

Mas a França revolucionária não levou liberdade aos povos da Europa; em vez disso, Napoleão, o herdeiro da revolução, criou um império tributário tradicional que ameaçava as ambições imperiais da Grã-Bretanha. Em 1798, para estabelecer uma base em Suez, que interromperia as rotas marítimas britânicas até a Índia, Napoleão invadiu o Egito e, na Batalha das Pirâmides, infligiu uma derrota avassaladora ao Exército mameluco; apenas dez soldados franceses morreram, e o outro lado perdeu mais de 2 mil homens.[85] Com perfeito cinismo, Napoleão se apresentou como o libertador do povo egípcio. Cuidadosamente instruído pelo Institute d'Égypte francês ele falou com os xeiques da madrassa de Azhar em árabe, expressando seu profundo respeito pelo Profeta e prometendo libertar o Egito da opressão dos otomanos e de seus agentes mamelucos. Acompanhando o Exército francês havia um corpo de estudiosos, uma biblioteca de literatura europeia moderna, um laboratório e uma prensa com tipos árabes. Os ulemás não se impressionaram: "Tudo isso é só enganação e trapaça", disseram, "para nos seduzir".[86] E estavam certos. A invasão de Napoleão, explorando o conhecimento do Iluminismo e a ciência para subjugar a região, marcou o começo da dominação do Oriente Médio.

Para muitos, a Revolução Francesa tinha fracassado. A violência sistêmica do império de Napoleão traiu os princípios revolucionários, e Napoleão também restaurou a Igreja católica. Durante décadas as esperanças de 1789 foram esmagadas por uma sequência de eventos decepcionantes. Os dias de glória da tomada da Bastilha foram seguidos pelos Massacres de Setembro, pelo Reino do Terror, pelo genocídio de Vendée e por uma ditadura militar. Com a derrubada de Napoleão do poder, em 1814, Luís XVIII (irmão de Luís XVI) voltou ao trono. Mas o sonho republicano se recusou a morrer. A república foi revivida em dois breves períodos, durante os Cem Dias antes da derrota final de Napoleão em Waterloo, em 1815, e por um breve período entre 1848 e 1852. Em 1870, ela foi restabelecida mais uma vez e durou até a invasão nazista, em 1940. Em vez de ver a Revolução Francesa como um fracasso, portanto, devíamos compreendê-la como o início explosivo de um longo processo. Uma mudança social e política tão grande, derrubando milênios de autocracia, não pode ser feita do dia para a noite. As revoluções demoram. Mas, ao contrário de vários outros países europeus, onde os regimes aristocráticos profundamente enraizados sobreviveram, embora de forma limitada, a França alcançou sua república secular. Devemos ter em mente esse longo e doloroso processo antes de considerar fracassadas revoluções que aconteceram em nossa época no Irã, no Egito e na Tunísia, por exemplo.

A Revolução Francesa pode ter mudado a política da Europa, mas não afetou a economia agrária. A modernidade amadureceu na Revolução Industrial britânica, iniciada no final do século XVIII, apesar de seus efeitos sociais não serem realmente sentidos até o começo do século XIX.[87] Ela começou com a invenção do motor a vapor, que forneceu mais energia do que toda a força de trabalho do país somada, e assim a economia cresceu a índices nunca vistos. Não demorou para que Alemanha, França, Japão e Estados Unidos seguissem a Grã-Bretanha, e todos esses países industrializados se transformaram para sempre. Para operar as novas máquinas, a população precisou ser redirecionada da agricultura para a indústria; a autossuficiência econômica se tornou coisa do passado. O governo também começou a controlar a vida de pessoas comuns, o que era inimaginável na sociedade agrária.[88] Em *Tempos difíceis* (1864), Charles Dickens retratou a cidade industrial como um inferno: os trabalhadores — desdenhosamente chamados de "as Mãos" — viviam na miséria e só serviam como ferramentas. A opressão do Estado agrário tinha sido substituída pela violência estrutural da industrialização. Ideologias de Estado mais benignas seriam desenvolvidas, e mais pessoas gozariam dos confortos anteriormente exclusivos da nobreza, mas, apesar dos esforços de alguns políticos, um abismo que parecia impossível de se transpor sempre separaria os ricos dos pobres.

Os ideais do Iluminismo de tolerância, independência, democracia e liberdade intelectual já não eram simplesmente aspirações nobres, mas necessidades práticas. A produção em massa exigia um mercado de massa, de modo que o povo precisava ser capaz de pagar por bens manufaturados e não podia mais viver em nível de subsistência. Cada vez mais pessoas foram levadas ao processo produtivo — como trabalhadores de fábricas, impressores ou em funções administrativas — e precisavam de uma educação mínima. Inevitavelmente, começariam a exigir representação no governo, e com as comunicações modernas seria mais fácil para os trabalhadores se organizar politicamente. Como nenhum grupo isolado tinha condições de dominar ou até mesmo de se opor ao governo, diferentes partidos precisavam competir pelo poder.[89] A liberdade intelectual agora era essencial para a economia, à medida que as pessoas só podiam alcançar a inovação, crucial para o progresso, pensando livremente sem limitações de classe, guilda ou Igreja. Os governos precisavam explorar todos os recursos humanos, por isso excluídos, como os judeus na Europa e os católicos na Inglaterra e nos Estados Unidos, foram aceitos na economia.

Países industrializados logo precisaram buscar mais mercados e recursos no estrangeiro, e, dessa forma, como havia previsto o filósofo alemão Georg Wilhelm Hegel (1770-1831), chegaram ao colonialismo.[90] Nesses novos impérios, a relação econômica entre o poder imperial e os povos súditos se tornou tão unilateral quanto nos impérios agrários. O poder colonial não promoveu a industrialização, simplesmente se apropriou de um país "subdesenvolvido" para extrair matérias-primas que alimentariam o processo industrial europeu.[91] Em troca, a colônia recebia produtos manufaturados baratos do Ocidente que arruinavam as empresas locais. Não surpreende que o colonialismo tenha sido visto como intrusivo e coercitivo. Os colonizadores construíram meios de transportes e sistemas de comunicação modernos sobretudo para a própria conveniência.[92] No final do século XVIII, os comerciantes britânicos saquearam o patrimônio de Bengala, na Índia, de maneira tão implacável que em geral esse período é descrito como o "saque de Bengala". A região se tornou cronicamente dependente, e, em vez de plantar alimentos para consumo próprio, os aldeões eram forçados a cultivar juta e índigo para o mercado mundial. Os britânicos realmente ajudaram a manter a fome e doenças à distância, mas o consequente aumento populacional levou à pobreza e à superpopulação.[93]

Essa combinação de tecnologia industrializada e império criava uma forma global de violência sistêmica, cujo motor não era a religião, e sim os valores totalmente seculares do mercado. O Ocidente estava tão adiantado que era praticamente impossível para os povos dominados alcançá-lo. Cada vez mais o mundo seria dividido entre Ocidente e o resto, e essa desigualdade política e econômica seria sustentada por força militar. Em meados do século XIX, a Grã-Bretanha controlava a maior parte do subcontinente indiano. Depois da Revolta dos Cipaios (1857), em que atrocidades foram cometidas de ambos os lados e cerca de 70 mil indianos morreram em um desesperado protesto final contra a metrópole, a Grã-Bretanha formalmente depôs o último imperador mogol.[94] Mas para a colônia se adaptar ao mercado global era necessário alguma modernização: policiamento, Exército e economia local precisaram ser completamente reorganizados, e alguns "nativos" foram apresentados a ideias modernas. Raramente os impérios agrários tentaram mudar a fé do povo, mas na Índia britânica as inovações afetaram drasticamente a vida religiosa e política.

Os povos da Índia foram subjugados com facilidade e isso era muito perturbador, pois indicava algo radicalmente errado em seus sistemas sociais.[95] As tradicionais aristocracias indianas agora precisavam lidar não só com uma classe estrangeira dominante, mas com uma ordem socioeconômica totalmente diferente. Além disso, os britânicos instituíram novos quadros de funcionários e burocratas nativos, que frequentemente ganhavam mais do que as antigas elites. Esses indianos ocidentalizados constituíam uma nova casta, separada por um oceano de incompreensão da maioria que não havia sido modernizada. A democratização crescente dos governantes britânicos era estranha para os arranjos sociais da Índia, que sempre contou com uma hierarquia forte e incentivou a sinergia entre grupos díspares, em vez da unidade organizada. Além disso, ao deparar com a desconcertante variedade social do subcontinente, os britânicos se ativeram a grupos que erroneamente pensavam compreender e dividiram a população em comunidades "hindus", "muçulmanas", "sikhs" e "cristãs".

A maioria "hindu", no entanto, era composta de variadas castas, cultos e grupos que não se viam formando uma religião organizada, da forma como os povos ocidentais entendiam essa expressão. Eles não tinham uma hierarquia comum nem um conjunto padrão de rituais, práticas e crenças. Adoravam vários deuses sem relação uns com os outros e participavam de devoções desprovidas de conexão lógica entre si. No entanto, foram todos agrupados no que os britânicos chamaram de "hinduísmo".[96] A palavra "hindu" foi usada pela primeira vez pelos conquistadores muçulmanos para descrever os povos nativos; ela não tinha nenhuma conotação especificamente religiosa e significava apenas "nativo" ou "local", e os próprios nativos, incluindo budistas, jainistas e sikhs, passaram a usar a designação. Sob o domínio britânico, porém, os "hindus" precisaram se tornar um grupo unido e cultivar uma identidade comunitária ampla e sem castas estranha às suas antigas tradições.

Ironicamente, os mesmos britânicos que baniram a "religião" da esfera pública em casa classificaram o subcontinente em termos estritamente religiosos. Eles dividiram o sistema eleitoral indiano conforme as diferentes crenças e, em 1871, realizaram um censo que divulgou os números e as áreas de força de cada comunidade em relação às demais. Ao trazer à tona desse modo a religião, os britânicos inadvertidamente legaram uma história de conflitos entre grupos no sul da Ásia. No Império Mogol, certamente houve tensões entre a classe dominante muçulmana e os súditos hindus, mas nem sempre isso teve relação com a fé. Durante sua Reforma, enquanto os cristãos ocidentais se tornaram mais sectários, a Índia caminhara na direção oposta. No século XIII, a *bhakti*, uma "devoção" a uma deidade pessoal que se recusava a reconhecer diferenças de casta ou de credo, começou a transformar a ortodoxia védica. A principal inspiração da *bhakti* era o sufismo, que tinha se tornado dominante no islã no subcontinente e havia muito tempo insistia que, como o Deus onisciente e onipresente não podia ser limitado a um único credo, a defesa beligerante ortodoxa era uma forma de idolatria (*shirk*).

O sikhismo nasceu nesse clima de tolerância compassiva. A palavra "sikh" vinha do sânscrito *shishya* ("discípulo"), porque os sikhs seguiam os ensinamentos do Guru Nanak (1469-1539), fundador de sua tradição, e de seus nove sucessores inspirados. Nascido em uma aldeia perto de Lahore no Punjab, Nanak defendia a ideia de que a compreensão interior de Deus era muito mais importante do que uma adesão estrita a doutrinas e costumes que separavam as pessoas — embora ele escrupulosamente evitasse zombar da religião dos outros. Assim como os sufis, ele acreditava que os seres humanos deviam ser afastados do fanatismo que os fazia atacar as crenças dos demais. "A religião não vive em palavras vazias", ele disse certa vez. "Aquele que vê todos os homens como iguais é religioso."[97] Uma de suas primeiras máximas afirmava categoricamente: "Não há hindu; não há muçulmanos; quem devo seguir? Devo seguir o caminho de Deus".[98]

Outro grande proponente da abertura a outras religiões foi Akbar, o terceiro imperador mogol (r. 1556-1605). Por respeito à sensibilidade hindu, ele abriu mão da caça, proibiu o sacrifício de animais no seu aniversário e se tornou vegetariano. Em 1575, fundou uma Casa de Adoração, onde estudiosos de todas as tradições religiosas se encontravam livremente para discutir assuntos espirituais, e uma ordem sufi, dedicada ao "monoteísmo divino" (*tawhid-e-ilahi*) baseada na convicção de que o Deus único podia se revelar em qualquer religião desde que dirigida de maneira correta. Mas, como nem todos os muçulmanos compartilhavam dessa visão, essa política só se sustentou enquanto os mogóis estavam em posição de força. Quando entraram em declínio, vários grupos se revoltaram contra o governo imperial e os conflitos religiosos se intensificaram. O filho de Akbar, Jahangir (r. 1605-27), debelou uma série de rebeliões, e Aurangzeb (r.1658-1707) provavelmente acreditava que impor uma disciplina maior à classe dominante muçulmana era o único meio de restaurar a unidade política. Por isso ele proibiu os muçulmanos de beber vinho e cooperar com súditos hindus, e ainda organizou uma ampla destruição dos templos deles. Essas políticas violentas, resultado de insegurança política e zelo religioso, apesar de revogadas imediatamente depois da morte de Aurangzeb, nunca foram esquecidas.

Os sikhs sofreram com a violência imperial, mas mesmo assim tinham evitado qualquer símbolo exterior, no entanto, a essa altura, desenvolveram alguns. O quinto guru, Arjan Dev, transformou o Templo Dourado em Amritsar no Punjab em um local de peregrinação e consagrou as escrituras sikh ali em 1604. O sikhismo sempre se absteve da violência. O Guru Nanak disse: "Pegue em armas que não machuquem ninguém; use uma cota de malha visível; converta seus inimigos em amigos".[99] Os quatro primeiros gurus não precisaram pegar em armas. Mas Jahangir torturou o quinto guru até a morte em 1606, e Aurangzeb decapitou Tegh Bahadu, o nono guru em 1675. Portanto seu sucessor, Gobind Singh, enfrentou um mundo totalmente diferente. O décimo guru declarou que daí em diante não haveria mais líderes humanos: no futuro o único guru dos sikhs seriam suas escrituras. Em 1699, ele instituiu a Ordem Sikh de Khalsa (os "purificados" ou "escolhidos"). Como guerreiros xátria, seus membros se chamariam Singh ("Leão"), portariam espadas e se distinguiriam da população por usar fardas de soldados e por não cortarem os cabelos. Mais uma vez, a violência imperial radicalizara uma tradição originalmente pacífica e introduzira uma diferenciação totalmente estranha à visão sikh. Acredita-se que Gobin escreveu a Aurangzeb dizendo que quando tudo mais falhasse devia-se tomar a espada e lutar. O combate podia ser necessário para defender a comunidade — mas apenas como um último recurso.[100]

As comunidades hindus, sikhs e muçulmanas agora competiam para agradar aos britânicos, em busca de recursos e influência política. Seus líderes descobriram que os britânicos eram mais receptivos às suas ideias se achassem que representavam um grupo maior, e perceberam que para prosperar na ordem colonial precisariam se adaptar à compreensão ocidental de religião. Por isso os movimentos de reforma emergentes tendiam a adotar normas protestantes contemporâneas de modo distorcido. Lutero pretendia voltar à prática da Igreja primitiva, e assim a Arya Samaj ("Sociedade dos Arianos"), que foi fundada no Punjab, em 1875, por Swami Dayananda, propôs um retorno à ortodoxia védica. Além disso, ele também tentou criar um cânone de escrituras oficiais, o que era inédito na Índia. A Arya, portanto, era uma forma extremamente redutora do "hinduísmo", pois a tradição védica era a religião de uma pequena elite havia muito tempo; como pouquíssimas pessoas entendiam o sânscrito antigo, em geral ela atraía apenas as classes educadas. Mas em 1947, quando o domínio britânico terminou, a Arya tinha 1,5 milhão de membros. Em outras partes do mundo também, sempre que a modernidade secular se impunha, haveria tentativas semelhantes de retornar aos "fundamentos". A Arya ilustrava a agressão inerente a esse fundamentalismo. Em seu livro *Satyart Prakash* [A luz da verdade], Dayananda rejeitava os budistas e os jainistas como meras derivações do "hinduísmo", zombava da teologia cristã, afirmava que o sikhismo era meramente uma seita hindu, desprezava o Guru Nanak como um ignorante bem-intencionado que não compreendia as tradições védicas, e era cáustico em seu ataque ao Profeta Maomé. Em 1943, o livro suscitou protestos violentos dos muçulmanos em Sind e se tornou um argumento político dos hindus que faziam campanha para que a Índia se libertasse tanto dos britânicos quanto do islã.[101]

Depois da morte de Dayananda, a Arya se tornou cada vez mais ofensiva e desrespeitosa em suas acusações aos gurus sikhs e, talvez inevitavelmente, inspirou uma afirmação agressiva da identidade sikh. Quando panfletos da Arya atestaram que *Sikh Hindu hain* ("Os sikhs são hindus"), o destacado estudioso sikh Kahim Singh, retaliou com seu altamente influente folheto *Ham Hindu nahin* ("Não somos hindus").[102] Ironicamente, até a chegada dos britânicos, ninguém se via como "hindu" dessa maneira sectária. A tendência britânica de ver as diferentes comunidades religiosas de maneira estereotipada também ajudou a radicalizar a tradição sikh; eles promoveram a ideia de que os sikhs eram um povo essencialmente guerreiro e heroico.[103] Como reconhecimento pelo apoio sikh no motim de 1857, os britânicos superaram sua relutância inicial em admitir membros da Khalsa no Exército; além disso, depois de recrutados, eles tinham permissão para vestir seus uniformes tradicionais. Com esse tratamento especial, a ideia de que os sikhs eram uma raça à parte e distinta gradualmente ganhava terreno.

Até esse ponto os sikhs e os hindus tinham convivido pacificamente no Punjab, compartilhando as mesmas tradições culturais. Como não existia autoridade central sikh, floresceram variantes do sikhismo. Essa sempre tinha sido a norma na Índia, onde as identidades religiosas foram múltiplas e definidas regionalmente.[104] Mas na década de 1870, os sikhs começaram a desenvolver o seu movimento de reforma em uma tentativa de se adaptar à nova realidade. No fim do século XIX, havia cerca de cem grupos de Sikh Sabha em todo o Punjab, dedicados à afirmação da singularidade deles, construindo escolas e faculdades sikh e produzindo uma enxurrada de literatura polêmica.[105] Na superfície esses grupos pareciam afinados com a tradição sikh, mas essa separação subvertia completamente a visão original de Nanak. Esperava-se então que os sikhs adotassem uma identidade única. Ao longo dos anos surgiria um fundamentalismo sikh, o qual interpretava a tradição de maneira seletiva, reivindicando uma volta aos ensinamentos militares do décimo guru, mas ignorando o éthos pacífico dos primeiros mestres. Esse novo sikhismo era o oposto passional do secularismo: os sikhs precisavam de poder político para garantir essa identidade. Uma tradição anteriormente aberta a todos tinha sido invadida pelo medo do "outro", representado por uma multidão de inimigos — hindus, hereges, modernizadores, laicos e toda forma de domínio político.[106]

Houve uma distorção semelhante na tradição muçulmana. A abolição do Império Mogol pelos britânicos fora um divisor de águas dramático, pois rebaixou sumariamente um povo que até então parecia senhor do globo. Pela primeira vez, eles eram governados por infiéis hostis de uma das principais culturas do mundo civilizado. Dada a importância simbólica do bem-estar da *ummah*, isso não era simplesmente uma ansiedade política mas uma afronta espiritual. Alguns muçulmanos, portanto, cultivariam um histórico de mágoas. Vimos anteriormente que a experiência da humilhação pode causar danos a uma cultura e se tornar um catalisador da violência. Segmentos da população hindu, sujeitos ao domínio muçulmano por setecentos anos, tinham o próprio ressentimento latente contra o imperialismo mogol, por isso os muçulmanos de uma hora para a outra se sentiram extremamente vulneráveis, especialmente depois que os britânicos os culparam pela rebelião de 1857.[107]

Muitos temeram que o islã desaparecesse do subcontinente e que os muçulmanos perdessem totalmente a sua identidade. O primeiro impulso deles foi fugir do presente e se agarrar às glórias do passado distante. Em 1867 em Deoband, perto de Deli, um grupo de ulemás começou a emitir *fatwas* com determinações detalhadas sobre todos os aspectos da vida para ajudar os muçulmanos a manter a autenticidade sob o domínio estrangeiro. Com o tempo os deobandis estabeleceram uma rede de madrassas ao longo do subcontinente que promovia uma forma de islã, por motivos diferentes, tão redutora quanto a Arya Samaj. Eles também pretendiam retornar aos "fundamentos" — o islã primitivo do Profeta e do *rashidun* — e lamentavam veementemente desdobramentos posteriores como o xiismo. Por séculos o islã tinha mostrado uma capacidade impressionante de assimilar outras tradições culturais, mas as humilhações coloniais levaram os deobandis a recuar em relação ao Ocidente mais ou menos como Ibn Taymiyyah rechaçou a civilização mogol. O islã deobandi se recusava a aprovar a *ijtihad* ("pensamento independente") e defendia uma interpretação excessivamente estrita e literal da Charia. Os deobandis por um lado eram socialmente progressistas em sua rejeição ao sistema de castas e em sua determinação de educar os muçulmanos mais pobres, mas por outro, violentamente contrários a qualquer inovação — inflexíveis, por exemplo, na condenação da educação compulsória para as mulheres. Nos primeiros tempos, os deobandis não eram violentos, mas posteriormente se tornariam cada vez mais combativos. Eles teriam um efeito arrasador no islã subcontinental, que tradicionalmente se inclinara para espiritualidades mais inclusivas do sufismo e da *falsafah*, ambas agora vigorosamente condenadas pelos deobandis. No século XX, eles conquistariam influência considerável no mundo muçulmano e cresceriam em importância com a prestigiada madrassa al-Azha no Cairo. A subjugação da Índia pelos britânicos tinha levado alguns hindus, sikhs e muçulmanos a uma postura defensiva que facilmente acabaria em violência.

Com as manufaturas surgiu um advento tecnológico especialmente prodigioso: o armamento moderno. As novas armas e munições desenvolvidas por William Armstrong, Claude Minié e Henry Shrapnel tornaram fácil para os europeus manter os súditos coloniais na linha. De início não estavam dispostos a usar esses aparatos contra outros europeus, mas em 1851 os fuzis de Minié foram enviados pelos britânicos para fora do país. Quando foram usados no ano seguinte contra tribos Bantu, os melhores atiradores descobriram que podiam acertar um alvo a uma distância de 1300 metros, sem precisar ver as consequências devastadoras de suas ações. Essa distância levou a um embotamento da relutância inata em matar de perto. No início da década de 1890, durante um encontro entre a Companhia Alemã da África Oriental com as tribos Hehe, um oficial e um soldado mataram cerca de mil nativos com duas metralhadoras.[108] Em 1898, na Batalha de Orduman no Sudão, apenas seis metralhadoras Maxim, disparando seiscentas balas por minuto, exterminaram milhares de seguidores de Mahdi. "Não era uma batalha, era uma execução", relatou um observador. "Os corpos não estavam amontoados [...] estavam espalhados por vários acres."[109]

O novo éthos secular se adaptou rapidamente a essa violência horrenda. Sem dúvida ele não compartilhava da perspectiva universalista promovida por algumas tradições religiosas nas quais as pessoas cultivavam uma reverência pela santidade de todos os seres humanos. Em uma conferência em Haia que debateu a legalidade dessas armas no ano seguinte, Sir John Armagh explicou que "o homem civilizado é muito mais suscetível a ferimentos do que os selvagens [...]. O selvagem, como o tigre, não é tão impressionável, e continua lutando mesmo quando está terrivelmente ferido".[110] Mesmo em 1927, o capitão do Exército norte-americano, Elbridge Colby, argumentou que "a real essência da questão é que a devastação e a aniquilação são o principal método de guerra que as tribos selvagens conhecem". Era um erro permitir que "ideias excessivamente humanitárias" inibissem o uso de armas de fogo superiores. Um comandante que cede a essa compaixão fora de hora "está simplesmente sendo pouco cortês com o próprio povo". Se alguns "não combatentes" fossem mortos, "a perda da vida é provavelmente bem menor do que seria em operações contínuas prolongadas de um tipo mais polido. Assim, o ato *inumano* se torna *na verdade humano*".[111] A visão difundida de que a diferença étnica tornava outros grupos não exatamente humanos resultou na aceitação do eventual assassinato em massa viabilizado por armas mecanizadas. Uma era de violência inimaginável estava começando.

O Estado-nação também nasceu com a industrialização.[112] Os impérios agrários não tiveram tecnologia para impor uma cultura uniforme; as fronteiras e o alcance territorial dos reinos pré-modernos foram definidos de maneira imprecisa e a autoridade do monarca só era garantida por meio de uma série de lealdades sobrepostas.[113] Mas, no século XIX, a Europa foi reconfigurada em Estados claramente definidos administrados por um governo central.[114] A sociedade industrializada exigia uma alfabetização padronizada, uma linguagem compartilhada e um controle unificado dos recursos humanos. Mesmo que falassem línguas diferentes do governante, os súditos agora pertenciam a uma "nação" integrada, uma "comunidade imaginária" de pessoas incentivadas a sentir uma conexão profunda com outras sobre as quais não sabiam quase nada.[115]

Sociedades agrárias religiosamente organizadas perseguiram "hereges" com frequência; no Estado-nação secularizado, as "minorias" precisavam ou ser assimiladas ou desaparecer. Em 1807, Jefferson disse a seu ministro da Guerra que os nativos americanos eram "povos atrasados" que deviam ser "exterminados" ou "tirados do nosso caminho", sendo levados ao outro lado do

Mississippi "com os animais da floresta".[116] Em 1806, Napoleão concedeu cidadania integral aos judeus da França, mas dois anos depois emitiu os "Decretos Infames" ordenando que eles adotassem nomes franceses, tratassem sua religião como algo privado e garantissem que pelo menos um em cada três casamentos de cada família ocorresse com um gentio.[117] Essa integração forçada foi vista como um progresso. Certamente, afirmou o filósofo britânico John Stuart Mill (1806-73), é melhor para um bretão aceitar a cidadania francesa "do que ficar remoendo suas idiossincrasias, os resquícios semiselvagens de épocas passadas, revolvendo em torno de sua pequena órbita mental, sem participar ou ter interesse pelo movimento geral do mundo".[118] Mas o historiador inglês Lord Acton (1834-1902) deplorou a ideia da nacionalidade, temendo que ela promovesse uma vontade geral "fictícia" e esmagasse "todos os direitos naturais e todas as liberdades estabelecidas para se justificar".[119] Ele via que o desejo de preservar a nação podia se tornar um valor absoluto para justificar as políticas mais desumanas. Pior ainda,

> ao tornar o Estado e a nação comensuráveis com todas as outras teorias, [a nacionalidade] reduz praticamente a uma condição subalterna todas as outras nacionalidades que possam estar dentro das fronteiras [...]. De acordo, portanto, com o grau de humanidade e de civilização daquele corpo dominante que reivindica todos os direitos da comunidade, as raças inferiores são exterminadas, reduzidas à servidão ou colocadas em condição de dependência.[120]

As reservas dele em relação ao nacionalismo se mostrariam muito bem fundadas.

O novo Estado-nação iria operar sob uma contradição fundamental: o *Estado* (o aparato governamental) devia ser secular, mas a *nação* ("as pessoas") provocava emoções quase religiosas.[121] Em 1807-8, enquanto Napoleão conquistava a Prússia, o filósofo alemão Johann Gottlieb Fichte fez uma série de palestras em Berlim, esperançoso de que os 41 principados independentes da Alemanha se tornassem um Estado-nação. A Terra Mãe, ele dizia, era uma manifestação do divino, o repositório da essência espiritual do *Volk* e portanto eterna. Os alemães deviam estar dispostos a morrer pela nação, a única que dava aos seres humanos a imortalidade que tanto desejavam, já que ela existia desde o princípio dos tempos e permaneceria depois da morte deles.[122] Alguns dos primeiros filósofos da modernidade, como Hobbes, desejaram um Estado forte capaz de limitar a violência na Europa, que, segundo ele, tinha sido inspirada unicamente pela "religião". No entanto, na França, invocaram a nação a fim de mobilizar todos os cidadãos para a guerra, da mesma forma que Fichte incentivava os alemães a lutar contra o imperialismo francês em nome da Terra-Mãe. Enquanto o *Estado* surgira para conter a violência, a *nação* agora estava sendo usada para liberá-la.

Se a definição de sagrado for algo pelo qual se está disposto a morrer, sem dúvida a nação tinha se tornado uma encarnação do divino, um valor supremo. Por isso a mitologia nacional incentivaria sentimentos de coesão, solidariedade e lealdade dentro dos limites da nação. Mas faltava ainda o ideal da "preocupação por todos", tão importante nas tradições espirituais associadas à religião. Os mitos nacionais não incentivariam os cidadãos a estender sua simpatia até os confins da terra, a amar estranhos entre eles, a ser leais até com os inimigos, a desejar felicidade para todos os seres e a se conscientizar da dor do mundo. É verdade que essa empatia universal raramente influenciou a violência da aristocracia guerreira, mas pelo menos oferecia uma alternativa e um desafio permanente. Como a religião se tornava uma questão privada, não havia um éthos "internacional" para se opor à violência estrutural e militar crescente a que as nações mais fracas estavam cada vez mais sujeitas. O nacionalismo laico parecia ver o estrangeiro como alguém que podia ser explorado e assassinado, especialmente se pertencesse a um grupo étnico diferente.

Nas colônias dos Estados Unidos, e depois nos estados, faltava mão de obra para manter a produtividade, por isso em 1800 entre 10 milhões e 15 milhões de escravos africanos foram transportados à força para a América do Norte.[123] Os escravos eram brutalmente subjugados: sempre lembrados de sua inferioridade racial, separados das famílias e sujeitados a trabalho pesado, insultos e mutilações. Nada disso parecia incomodar os Fundadores, que afirmavam com tanto orgulho que "todos os homens são criados iguais" e "dotados por seu Criador de alguns direitos inalienáveis". Quem se opunha a isso não recorria a princípios iluministas, e sim à moral cristã. Nos estados do norte, os abolicionistas cristãos condenaram a escravidão como uma mácula para a nação, e em 1860 o presidente eleito Abraham Lincoln (1809-64) anunciou que proibiria a escravidão em qualquer novo território conquistado. Quase imediatamente a Carolina do Sul se separou da União, e outros estados do sul certamente fariam o mesmo.

A questão política — a preservação ou a dissolução da União — não estava ameaçada, mas, para desalento deles, tanto os habitantes do norte quanto os do sul descobriram que o clero, em quem confiavam para orientação ideológica, não concordava entre si. Os defensores da escravidão tinham vários textos bíblicos à sua disposição,[124] mas, na falta de qualquer condenação bíblica explícita da posse de escravos, os abolicionistas só podiam apelar para o espírito das escrituras. O pregador sulista James Henry Thornhill afirmava que a escravidão era um modo "bom e misericordioso" de organização do trabalho,[125] enquanto em Nova York Henry Ward Beecher sustentava que era "a mais alarmante e fértil causa do pecado nacional".[126] Mas a divergência teológica não coincidia exatamente com a divisão Norte-Sul. No Brooklyn, Henry van Dyke afirmava que a abolição era má porque equivalia a uma "completa rejeição das escrituras",[127] mas Taylor Lewis, professor de grego e de estudos orientais na Universidade de Nova York, respondeu que Van Dyke não levava em conta "a situação tremendamente diferente do mundo": era uma "falsidade maligna" sugerir que instituições antigas fossem transplantadas na íntegra para o mundo moderno.[128]

A abordagem nuançada das escrituras feita por Lewis se baseava em uma compreensão acadêmica da escravidão antiga que fora anátema para os evangélicos no norte, líderes do movimento abolicionista desde sua fundação na década de 1830.[129] Eles continuavam a abordar as escrituras com a convicção iluminista de que os seres humanos podiam descobrir a verdade por conta própria sem a orientação de autoridades ou especialistas, mas agora, para desalento deles, descobriram que a Bíblia que unira a nação depois da Guerra de Independência estava dividindo-a.[130] Os evangélicos fracassaram em orientar a nação nesse momento de crise. Quando, porém, a unidade política dos estados naufragou com a eleição de Abraham Lincoln e a secessão da Confederação, o problema da escravidão foi resolvido pelas batalhas da Guerra Civil (1861-5), e não pela Bíblia.

Isso não quer dizer que a guerra eclipsou o sentimento religioso. Pelo contrário: embora o Estado americano considerasse seu esforço como uma defesa de princípios da Constituição, para a nação americana a guerra era um conflito com uma carga de convicção religiosa. Os exércitos da Guerra Civil foram descritos como os mais religiosamente motivados da história americana.[131] Tanto os habitantes do norte quanto os do sul acreditavam que Deus estava do lado deles e que sabiam exatamente o que estavam fazendo.[132] E quando tudo acabou, os sulistas veriam sua derrota como um castigo divino, enquanto os pregadores do norte celebrariam a vitória como um aval de Deus aos arranjos políticos locais. "As instituições republicanas foram defendidas nessa experiência como nunca", exultou Beecher; "Deus, acredito, falou, pela voz desse evento a todas as nações do mundo: 'A liberdade republicana, baseada no verdadeiro cristianismo, é firme como a fundação do globo'."[133] "A União não será mais vista como um mero conglemarado humano", exclamou Howard Bushnell na cerimônia de abertura do ano letivo de Yale em 1865. "O senso de nacionalidade se torna até mesmo uma espécie de religião."[134]

Na verdade, porém, o resultado não fora decidido por Deus, mas pelos armamentos modernos. Ambos os lados possuíam rifles Minié, de modo que era impossível adotar o ataque de carga — o modo tradicional de luta — sem que ficassem vulneráveis ao alcance das armas e sofressem baixas terríveis.[135] Apesar da espantosa perda de vidas — era possível que 2 mil homens morressem em uma única carga —, os generais continuavam a ordenar que seus homens atacassem.[136] Como resultado, em oito das doze primeiras batalhas da guerra, a Confederação do Sul perdeu 97 mil homens, e o general do norte, Ulysses Grant, perdeu 64 mil homens, em 1864, nos seis primeiros meses de sua campanha contra Robert E. Lee na floresta.[137] Os homens da infantaria perceberam esse problema antes dos líderes políticos ou militares. Como era preciso estar em pé para atirar com o Minié, os soldados de ambos os lados começaram a cavar trincheiras que se tornariam características das primeiras guerras industrializadas prolongadas.[138] Com ambos os lados "enterrados", incapazes de fazer um avanço decisivo, as guerras modernas se arrastariam batalha após batalha.

Depois da guerra, os líderes mais reflexivos — como Oliver Wendell Holmes Jr., Andrew Dixon White e John Dewey — rejeitaram as certezas do Iluminismo protestante.[139] A confiança europeia no Iluminismo também tinha sido minada. Na Alemanha durante o final do século XVIII e o início do XIX, estudiosos aplicaram a moderna metodologia histórico-crítica que usavam para estudar os textos clássicos às escrituras. Esse "Criticismo Maior" revelou que não havia uma mensagem unívoca nas escrituras; que o autor do Pentateuco não era Moisés, e sim pelo menos quatro fontes diferentes; que as histórias de milagres eram pouco mais do que uma retórica literária; e que o rei Davi não era o autor dos Salmos. Pouco depois, Charles Lyell (1797-1875) afirmou que a crosta da terra não fora moldada por Deus, mas por efeitos cumulativos do vento e da água; Charles Darwin (1809-82) apresentou a hipótese de que o *Homo sapiens* evoluiu do mesmo protossímio que o chimpanzé; e estudos revelaram que o aclamado filósofo Immanuel Kant na verdade tinha erodido todo o projeto do Iluminismo ao afirmar que nosso modo de pensar não tem relação com a realidade objetiva.

Na Europa a maré crescente de descrença nasceu não só do ceticismo, mas também de uma avidez por mudanças sociopolíticas profundas. Os alemães se encantaram com a Revolução Francesa, mas a situação social e política do país não permitia nada semelhante; parecia melhor tentar mudar o modo como as pessoas pensavam do que recorrer à violência. Na década de 1830, surgiu um grupo radical de intelectuais com conhecimento teológico, especialmente indignados com os privilégios do clero e com o conservadorismo da Igreja luterana. Como parte do Antigo Regime corrupto, afirmavam, as igrejas precisavam ser fechadas, junto com o Deus que apoiava o sistema. A declaração ateísta de Ludwig Feuerbach, *A essência do cristianismo* (1841), foi lida avidamente como um panfleto tanto revolucionário quanto teológico.[140]

Nos Estados Unidos, porém, a elite urbana ficou assustada com a violência da Revolução Francesa e usou o cristianismo para promover a reforma social que manteria essa turbulência longe. As revelações de Lyell causaram um pânico momentâneo, mas a maioria dos americanos continuou convencida do concepção newtoniana de universo, que provava a existência de um Criador inteligente e benigno. Esses cristãos mais liberais estavam abertos ao Criticismo Maior e dispostos a "cristianizar" o darwinismo, em grande medida porque ainda não compreendiam totalmente suas implicações. A teoria da evolução não era o espantalho que se tornou na década de 1920. A essa altura a elite liberal acreditava que Deus trabalhava no processo de seleção natural e que a humanidade evoluía gradualmente para uma maior perfeição espiritual.[141]

Depois da Guerra Civil, desmoralizados por seu fracasso em resolver a questão da escravidão, muitos evangélicos se retiraram da vida pública, percebendo que tinham se marginalizado politicamente.[142] Com isso, a religião deles se tornou uma questão privada, separada da política — como os Fundadores desejavam. Em vez de dar uma voz cristã às grandes questões da época, eles se voltaram para dentro, e talvez porque a Bíblia tenha parecido fracassar no momento mais difícil da nação, eles passaram a se preocupar com minúcias de ortodoxia bíblica. Esse recuo foi positivo em alguns sentidos. Os evangélicos eram profundamente anticatólicos e a saída deles de cena fez com que os imigrantes católicos tivessem mais aceitação nos Estados Unidos, mas ao mesmo tempo isso privou a nação de uma crítica salutar. Antes da guerra, os pregadores se concentraram na legitimidade da escravidão como instituição, mas negligenciaram a questão da raça. Tragicamente, eles continuariam incapazes de fazer com que o evangelho tratasse desse grande problema americano. Depois da abolição da escravatura, os afro-americanos do sul sofreriam mais cem anos de segregação, discriminação e terrorismo rotineiro nas mãos de supremacistas brancos, que as autoridades locais pouco faziam para reprimir.[143]

Chacoalhados pela catástrofe da Guerra Civil, os americanos desmobilizaram seu Exército. Enquanto isso, os europeus acreditavam ter descoberto um modo de guerrear mais civilizado e sustentável.[144] O modelo dessa guerra supostamente eficiente era o chanceler prussiano Otto von Bismarck (1815-98), que tinha investido em ferrovias e em sistemas de telégrafo e munido seu Exército com novos rifles e canhões de aço. Em três guerras relativamente curtas, sem derramamento de sangue, mas espetacularmente bem-sucedidas contra Estados desprovidos dessa tecnologia avançada — a Guerra Dinamarquesa (1864), a Guerra Áustro-Prussiana (1866) e a Guerra Franco-Prussiana (1870) — Bismarck conquistou uma Alemanha unificada. Inspirados por seus mitos nacionais, os Estados-nação da Europa embarcaram em uma corrida armamentista, cada um convencido de que podia abrir caminho à força até um destino único e glorioso. O escritor britânico I. F. Clarke mostrou que, entre 1871 e 1914, não se passou um único ano sem que um futuro conflito catastrófico em um país europeu aparecesse em um romance ou em um conto.[145] A "Próxima Grande Guerra" invariavelmente era imaginada como uma provação terrível porém inevitável para que as nações tivessem uma vida melhor. Mas não seria tão fácil quanto imaginavam. Ninguém foi capaz de reconhecer que, como todas as potências tinham as mesmas armas, e nenhuma vantagem sobre as demais, seria impossível repetir as vitórias de Bismarck.

Como Lord Acton previra, esse nacionalismo agressivo tornou a vida ainda mais problemática para as minorias. No Estado-nação, os judeus cada vez mais pareciam cronicamente desenraizados e cosmopolitas. Os pogroms na Rússia eram tolerados e até mesmo orquestrados pelo governo;[146] na Alemanha partidos antissemitas começaram a surgir na década de 1880; e em 1893 o capitão Alfred Dreyfus, o único oficial judeu no Estado-Maior francês, foi condenado com base em provas falsas por transmitir segredos para a Alemanha. Muitos tinham certeza de que Dreyfus pertencia a uma conspiração judaica internacional contra a França. O novo antissemitismo se baseava em séculos de preconceito cristão mas acrescentava uma argumentação racional.[147] Os antissemitas afirmavam que os judeus não se encaixavam no perfil biológico e genético do *Volk*, e alguns afirmavam que deviam ser eliminados, do mesmo modo como a medicina moderna extirpava o câncer.

Talvez fosse inevitável que, antecipando corretamente o desastre antissemita, alguns judeus desenvolvessem a própria mitologia nacional. Ligeiramente baseado na Bíblia, o sionismo pleiteava um porto seguro para os judeus em sua terra ancestral, mas também se inspirava em várias correntes de pensamento moderno — o marxismo, o secularismo, o capitalismo e o colonialismo. Alguns queriam construir uma utopia socialista na Terra de Israel. Os primeiros e mais ferozes sionistas eram ateus convencidos de que o judaísmo religioso tornara os judeus passivos diante da perseguição: eles horrorizavam os ortodoxos, certos de que apenas o Messias poderia levar os judeus de volta à Terra Prometida. Mas como a maior parte das formas de nacionalismo, o sionismo tinha uma religiosidade própria. Os sionistas que se assentaram em colônias agrícolas na Palestina eram chamados de *chalutzim*, um termo com conotações bíblicas de salvação, libertação e resgate; eles descreviam o trabalho agrícola como *avodah*, que na Bíblia se referia à adoração no templo; e a migração para a Palestina como *aliyah*, uma "ascensão" espiritual. Porém, o slogan deles era: "Uma terra sem povo para um povo sem terra".[148] Como outros colonizadores europeus, acreditavam que um povo em situação de risco tinha o direito natural de se estabelecer em uma terra "vazia". Mas a terra não estava vazia. Quando os sionistas finalmente convenceram a comunidade internacional a criar o Estado de Israel, em 1948, os palestinos, que também tinham seus sonhos de independência nacional, se tornaram um povo desenraizado, ameaçado e desprovido da própria terra, em um mundo que se definia pela nacionalidade.

A Primeira Guerra Mundial (1914-8) destruiu uma geração de homens jovens, mas o entusiasmo com que muitos europeus inicialmente aderiram a ela mostra como é difícil resistir às emoções ativadas há muito tempo pela religião e depois pelo nacionalismo, o novo credo da era secular. Em agosto de 1914, as cidades da Europa foram invadidas por uma alegria festiva que, como os rituais da Revolução Francesa, tornou a "comunidade imaginária" da nação uma realidade encarnada. Pessoas que não se conheciam se olhavam em êxtase; amigos que estavam afastados se abraçavam, inspirados por um sentimento de união que desafiava explicações racionais. A euforia não foi levada a sério, trataram com se fosse apenas uma explosão de loucura coletiva, mas quem a testemunhou garantiu que foi o evento "mais profundamente vivido" de sua vida. Isso também já foi chamado de uma "fuga da modernidade", já que motivou um enorme descontentamento com a sociedade industrializada, na qual as pessoas eram definidas e classificadas conforme sua função, e tudo era subordinado a um fim meramente material.[149] A declaração de guerra parecia um chamamento à nobreza, ao altruísmo e ao autossacrifício, que davam sentido à vida.

"Todas as diferenças de classe, de posição e de linguagem foram superadas no momento pelo sentimento urgente de fraternidade", lembrou o escritor austríaco Stefan Zweig. Cada indivíduo "tinha sido incorporado à massa, era parte de um povo, e a sua pessoa, até aqui despercebida, ganhou significado [...]. Cada um era chamado a colocar sua pessoa infinitesimal na massa radiante e a ser purificado de todo o egoísmo".[150] Havia uma ânsia em deixar de lado uma identidade que parecia muito solitária, estreita e confinada e de escapar da privacidade imposta pela modernidade.[151] Um indivíduo "não era mais a pessoa isolada de tempos passados", disse Zweig.[152] "Já não somos mais o que fomos por tanto tempo: solitários", declarou Marianne Weber.[153] Uma nova era parecia começar. "As pessoas perceberam que *eram* iguais", lembrou Rudolf Binding. "Ninguém queria valer mais do que o outro [...]. Era como um renascimento."[154] Aquilo "elevou o corpo tanto quanto a alma para uma sensação de transe, de amor imensamente aumentado pela vida e pela existência", declarou Carl Zuckmayer, "uma alegria de participação, de viver junto, um sentimento, até, de graça".[155] A trivialidade da "vida de ócio mesquinha e sem objetivo acabou", exultou Franz Schauwecker.[156] Pela primeira vez, disse Konrad Haenisch, crítico constante do capitalismo alemão, ele podia se unir "de pleno coração, com a consciência tranquila, e sem se sentir um traidor à avassaladora e arrebatadora canção: *Deutschland, Deutschland über alles*".[157]

Nas trincheiras, porém, os voluntários descobriram que, longe de escapar da industrialização, foram inteiramente dominados por ela. Como uma sinistra revelação religiosa, a guerra desnudou a realidade material, tecnológica e mecânica que a civilização do século xx concebeu.[158] "Tudo se tornou semelhante à máquina", escreveu um soldado; "quase dá para dizer que a guerra é uma indústria do massacre profissionalizado de humanos."[159] O fato de que muitos desses soldados nunca se esqueceram do profundo senso de comunidade vivido nas trincheiras é um indício revelador da solidão e da segmentação da sociedade. "Lá nos envolveu, para nunca mais ser perdida, a súbita camaradagem das fileiras", T. E. Lawrence lembraria.[160] Um dos professores de Simone de Beauvoir "descobriu os prazeres da camaradagem que superam todas as barreiras sociais" e se decidiu a nunca mais se submeter à "segregação na qual a vida civil divide jovens de classe média de trabalhadores [...] algo que ele viu como uma mutilação pessoal".[161] Muitos descobriram que não conseguiam sequer odiar o inimigo invisível e ficaram chocados quando finalmente viram as pessoas que vinham bombardeando havia meses. "Eles estavam se mostrando para nós como realmente eram, homens e soldados como nós, em uniformes como nós", explicou um soldado italiano.[162]

Essa guerra secular em nome da nação propiciou a alguns dos participantes experiências associadas com as tradições religiosas: um *ekstasis*, um senso de liberação, de liberdade, de equanimidade, de comunidade, e uma profunda relação com outros seres humanos, até mesmo com o inimigo. No entanto, a Primeira Guerra Mundial anunciou um século de assassinatos e genocídios sem precedentes que se inspiraram não na religião como as pessoas aprenderam a conhecê-la, mas em uma noção igualmente dominante do sagrado: os homens lutavam por poder, glória, recursos escassos e, acima de tudo, por sua nação.

11. A religião contra-ataca

Durante o século XX, houve muitas tentativas de resistir ao banimento da religião para a esfera privada imposto pelo Estado moderno. Para secularistas convictos, esses esforços religiosos se pareciam com tantos outros feitos para voltar no tempo, no entanto, eram movimentos modernos que só podiam ter florescido em nossa época. Na verdade, alguns comentaristas os viram como pós-modernos, já que representavam um descontentamento difundido em muitos dos cânones da modernidade. Independente do que os filósofos, sábios e políticos dissessem, as pessoas de todo o mundo desejavam ver a religião desempenhando um papel mais central na vida pública. Esse tipo de religiosidade é frequentemente chamado de "fundamentalismo" — um termo pouco satisfatório por não se traduzir facilmente em outras línguas e por sugerir um fenômeno monolítico. Embora esses movimentos efetivamente soem familiares, cada um tem o próprio objetivo e motivação. Em quase todas as regiões em que se estabeleceu um governo secular, também se desenvolveu um protesto religioso contracultural, semelhante aos movimentos de reforma muçulmanos e hindus da Índia controlada pelos britânicos. A tentativa de limitar a religião à consciência individual se originou no Ocidente como parte da modernização, mas para outros povos isso não fazia sentido. Aliás, muitos considerariam essa expectativa antinatural, redutora e até mesmo prejudicial.

Como escrevi detalhadamente em outro lugar, o fundamentalismo, seja judeu, cristão ou muçulmano, não é em si um fenômeno violento.[1] Apenas uma minúscula parcela dos fundamentalistas comete atos de terror; a maioria simplesmente tenta viver uma vida de devoção em um mundo que parece cada vez mais hostil à fé, e quase todos começam quando se sentem atacados pelo establishment secular e liberal. Esses movimentos tendem a seguir um padrão simples: primeiro se retiram da sociedade convencional para criar um enclave de fé autêntica, como os deobandis fizeram no subcontinente; em um estágio posterior, alguns — mas não todos — se envolvem em uma contraofensiva para "converter" a sociedade em geral. Todos os movimentos que estudei têm suas raízes no medo — na convicção de que a sociedade moderna quer destruir não só a religião deles como também eles próprios e o seu modo de vida. Isso não é apenas, nem sobretudo, paranoia. A primeira vez que o fundamentalismo se tornou uma força na vida judaica, por exemplo, foi depois do Holocausto, a tentativa de Hitler de exterminar os judeus da Europa. Além disso, vimos que no passado, quando as pessoas temem a aniquilação, seus horizontes tendem a se reduzir, e elas podem reagir de maneira violenta — embora a maior parte dos "fundamentalistas" tenha limitado seu antagonismo à retórica ou à atividade política não violenta. Nossa preocupação será pensar nas razões pelas quais esses casos excepcionais vêm a ser o que são.

Podemos aprender muito sobre o fundamentalismo em geral a partir de uma crise enfrentada por um dos primeiros movimentos, que ocorreu nos Estados Unidos durante e logo após a Primeira Guerra Mundial. O próprio termo foi cunhado na década de 1920 pelos protestantes americanos que resolveram voltar aos "fundamentos" do cristianismo. A saída deles da vida pública depois da Guerra Civil tinha limitado e, talvez, deformado sua visão. Em vez de se envolver como antes em questões como desigualdades racial e econômica, eles se concentraram no literalismo bíblico, convencidos de que cada afirmação das escrituras era literalmente verdade. Dessa forma, o inimigo não era mais a injustiça social mas a Crítica Maior alemã da Bíblia, adotada pelos cristãos americanos mais liberais que ainda buscavam no evangelho algo sobre os problemas sociais. Apesar das alegações fundamentalistas de retorno aos princípios básicos, esses movimentos são altamente inovadores. Antes do século xvi, por exemplo, os cristãos sempre foram incentivados a ler as escrituras de maneira alegórica; nem Calvino acreditava que o primeiro capítulo do Gênesis era um relato factual da origem da vida, e ele reprimia com severidade "os desvairados" que acreditavam nisso.[2] A nova perspectiva fundamentalista exigia uma negação completa de discrepâncias flagrantes na própria escritura. Fechada a qualquer alternativa e coerente apenas com os próprios termos, a infalibilidade bíblica era uma mentalidade enclausurada fruto de um grande temor. "A religião precisa lutar para sobreviver contra uma imensa categoria de homens científicos", alertou Charles Hodge, com o dogma de 1874.[3] Essa preocupação combativa com o status do texto bíblico refletia uma inquietação cristã mais ampla sobre a natureza da autoridade religiosa. Apenas quatro anos antes o Concílio Vaticano I (1870) promulgara a nova — e altamente controversa — doutrina da infalibilidade papal. Em uma época em que a modernidade demolia velhas verdades e deixava questões cruciais sem resposta, havia um desejo de certeza absoluta.

Muitas vezes os fundamentalismos também se preocupam com o horror da guerra e da violência modernas. O massacre chocante na Europa durante a Primeira Guerra Mundial só podia ser o começo do fim, concluíram os evangélicos; e essa era de carnificina sem precedentes devia ser a sequência de batalhas previstas no livro do Apocalipse. Havia uma profunda ansiedade em relação à centralização da sociedade moderna e a qualquer coisa que se aproximasse de um domínio mundial. Na nova Liga das Nações, enxergavam o renascimento do Império Romano previsto no Apocalipse, a casa do Anticristo.[4] Os fundamentalistas se viam lutando contra forças satânicas que em breve destruiriam o mundo. A espiritualidade deles era defensiva e repleta de um terror paranoico, uma influência sinistra da minoria católica; eles chegavam a descrever a democracia americana como o "governo mais diabólico que esse mundo já conheceu".[5] O assustador cenário de fim dos tempos dos fundamentalistas, com suas guerras, derramamento de sangue e massacre, é sintomático de uma angústia profundamente enraizada que não pode ser atenuada pela análise racional fria. Em países menos estáveis, esse mal-estar, desespero e medo facilmente irromperiam em violência física.

O recuo horrorizado dos fundamentalistas americanos em relação à violência da Primeira Guerra Mundial também os levou a vetar a ciência moderna. Eles se tornaram obcecados pela teoria da evolução. Havia uma crença difundida de que as atrocidades alemãs da época da guerra eram resultado da devoção do país à teoria social darwinista, segundo a qual a existência era uma luta cruel, ímpia, em que só os mais fortes sobreviveriam. Sem dúvida isso era uma distorção vulgar da hipótese de Darwin, mas, em uma época em que as pessoas tentavam dar sentido à mais sangrenta guerra da história humana, a evolução parecia simbolizar tudo o que havia de mais implacável na vida moderna. Essas ideias eram particularmente perturbadoras para americanos de cidades pequenas, que sentiam ter sua cultura controlada pela elite secularista — quase como se estivessem sendo colonizados por uma potência estrangeira. Essa inquietação veio à tona no famoso julgamento de Scopes em Dayton, no Tennessee, quando os fundamentalistas, representados pelo político democrata William Jennings Bryan, tentaram defender a lei estadual que proibia o ensino da evolução nas escolas públicas. Eles se opunham ao ativista racionalista Clarence Darrow, apoiado pela recém-fundada União Americana pelas Liberdades Civis.[6] Embora a lei estadual tenha sido mantida, o desempenho desastrado de Bryan durante o interrogatório sagaz de Darrow desacreditou completamente a causa fundamentalista.

A resposta deles a essa humilhação foi reveladora. A imprensa montou uma campanha virulenta expondo as ideias de Bryan e seus apoiadores fundamentalistas como anacronismos incorrigíveis. Os fundamentalistas não tinham lugar na sociedade moderna, dizia o jornalista H. L. Mencken: "Eles estão em todo lugar onde o conhecimento é um fardo pesado demais para que as mentes humanas o carreguem, até mesmo o conhecimento vago e patético disponível nas escolinhas". Ele ridicularizava Dayton como uma "aldeia insignificante do Tennessee" e seus habitantes como "primatas boquiabertos dos altos vales"[7]. No entanto, sempre que um movimento fundamentalista é atacado, seja com violência, seja com uma campanha nos meios de comunicação, quase invariavelmente ele se torna mais extremo. Isso mostra aos descontentes que o medo deles faz sentido: o mundo laico *realmente* está tentando destruí-los. Antes do julgamento de Scopes, nem mesmo Hodge acreditava que o Gênesis era cientificamente sólido em todos os detalhes, mas depois a "ciência criacionista" se tornou o grito de guerra do fundamentalismo. Antes de Dayton, alguns líderes fundamentalistas ainda participavam de trabalhos sociais junto com pessoas de esquerda; depois passaram para a extrema direita, retirando-se totalmente da vida convencional e criando as próprias igrejas, faculdades, emissoras de rádio e editoras. Depois de crescerem e se conscientizarem do considerável apoio que tinham da população, ressurgiriam da condição marginal em que estavam com a Maioria Moral de Jerry Falwell.

O fundamentalismo americano mais tarde sempre se empenharia para ser ouvido como uma voz decisiva na política americana — com notável sucesso. Ele não recorreria à violência, em grande medida porque os protestantes americanos não sofriam tanto quanto, por exemplo, os muçulmanos no Oriente Médio. Ao contrário dos governantes seculares do Egito ou do Irã, o governo dos Estados Unidos não confiscou a propriedade deles, não torturou nem assassinou seu clero, nem desmantelou cruelmente suas instituições. Nos Estados Unidos seculares a modernidade era um produto nacional que tinha evoluído organizadamente ao longo do tempo, não algo imposto militarmente de fora, assim, quando os fundamentalistas americanos chegaram à vida pública no final dos anos 1970, podiam usar canais democráticos bem estabelecidos para defender seu ponto de vista. Embora o fundamentalismo protestante americano em geral não tenha sido um agente de violência, ele foi, até certo ponto, uma resposta à violência: o trauma da guerra moderna e o ataque psicológico, o desprezo agressivo do establishment secular. Ambos são capazes de distorcer uma tradição religiosa de maneiras que reverberam muito além da comunidade de fiéis. No entanto, o fundamentalismo nos Estados Unidos compartilha com outros grupos descontentes a sensibilidade dos colonizados, em sua autoafirmação desafiadora e na determinação de recuperar a própria identidade e a própria cultura contra um Outro poderoso.

O fundamentalismo muçulmano, por outro lado, com frequência tem — embora nem sempre, vale lembrar — degenerado em agressão física. Isso não se deve ao islã ser constitutivamente mais inclinado à violência do que o cristianismo protestante, mas ao fato de os muçulmanos terem tido uma iniciação muito mais difícil na modernidade. Antes do nascimento do Estado moderno no caldeirão do colonialismo, o islã ainda operava em muitas áreas muçulmanas como o princípio organizador da sociedade. Em 1920, depois da Primeira Guerra Mundial e da derrota do Império Otomano, a Grã-Bretanha e a França dividiram os territórios otomanos em Estados-nação ao estilo ocidental e estabeleceram mandatos e protetorados na região antes de conceder a independência a esses países. Mas as contradições inerentes ao Estado-nação seriam especialmente dolorosas no mundo muçulmano, onde não havia tradição de nacionalismo. Como as fronteiras desenhadas pelos europeus eram demasiado arbitrárias, era extremamente difícil criar uma "comunidade nacional" imaginária. No Iraque, por exemplo, onde os sunitas estavam em minoria, os britânicos designaram um sunita para governar tanto a maioria xiita quanto os curdos no norte. No Líbano, 50% da população era muçulmana e naturalmente queria relações econômicas e políticas próximas com os vizinhos árabes, mas o governo cristão escolhido pelos franceses preferiu fortalecer os laços com a Europa. A repartição da Palestina e a criação do Estado judeu de Israel pelas Nações Unidas, em 1948, se mostraram igualmente perniciosas. Elas causaram o deslocamento forçado de 750 mil árabes palestinos, e quem permaneceu passou a viver em um Estado hostil à sua nação. Havia a complicação adicional de que Israel era um Estado secular fundado por fiéis de uma das religiões mais antigas do mundo. No entanto, durante os primeiros vinte anos do Estado de Israel, seus líderes foram agressivamente laicos, e a violência imposta aos palestinos, as guerras contra os vizinhos e a resposta palestina ocorreram não por motivos religiosos, mas por um nacionalismo secular.

 A repartição britânica do subcontinente na Índia hinduísta e no Paquistão muçulmano, em 1947, foi igualmente problemática, já que ambos foram estabelecidos como Estados seculares em nome da religião. O processo brutal de divisão causou o deslocamento de mais de 7 milhões de pessoas e a morte de outros milhões, que tentavam fugir de um Estado para se unir aos correligionários do outro. Tanto na Índia quanto no Paquistão, grande número de pessoas se viu incapaz de falar a língua nacional instituída. Uma situação particularmente instável foi criada na Caxemira, que, apesar de contar com maioria muçulmana, foi dada à Índia porque era governada por um marajá hindu. Essa decisão britânica ainda é contestada, e uma arbitrariedade semelhante foi apontada na separação do Paquistão ocidental e oriental por mais de mil quilômetros de território indiano.

 Enquanto lutavam pela independência antes da divisão do território, os hinduístas participaram de um debate intenso sobre a legitimidade de combater os britânicos, baseado em grande medida no *Bhagavad-Gita*, o texto que moldou profundamente a memória coletiva indiana. A *ahimsa* era um valor espiritual importante na Índia, mas o *Gita* parecia um aval à violência. Mohandas Gandhi (1869-1948), no entanto, discordava dessa interpretação. Ele nascera em uma família vaishya e tinha muitos amigos jainistas que influenciaram suas atitudes posteriores. Em 1914, depois de trabalhar por anos como advogado na África do Sul enfrentando a legislação discriminatória contra indianos, ele precisou voltar à Índia e começou a se interessar pela questão do autogoverno, fundando o Partido do Congresso Nacional Indiano e desenvolvendo seu método singular de resistência à opressão colonial por meio da não resistência. Além da tradição religiosa hindu, ele foi influenciado pelo Sermão da Montanha de Jesus, pelo *O Reino de Deus está em vós*, de Liev Tolstói, pelo *Unto This Last*, de John Ruskin, e pela *A desobediência civil*, de Henry David Thoreau.

A ideia, inicialmente desenvolvida nos Upanishads, de que todos os seres eram uma manifestação do Brama era central na visão de mundo de Gandhi. Como todos compartilhavam o mesmo cerne sagrado, a violência ia contra a tendência metafísica do universo. Essa visão profundamente espiritual da unicidade da existência contrariava diretamente o separatismo agressivo e o chauvinismo do Estado-nação. A recusa pacífica de Gandhi de obedecer ao renitente autointeresse do regime britânico se baseou em três princípios: a *ahimsa*, a *satyagraha* (a "força da alma" que vem com a percepção da profunda unidade da humanidade) e a *swaraj* ("autogoverno"). No *Gita*, afirmava Gandhi, a recusa inicial de Arjuna em combater não tinha sido uma verdadeira *ahimsa*, já que ele continuava vendo a si mesmo como diferente dos inimigos e não percebeu que todos eles, amigos ou inimigos, incorporavam o Brama. Se Arjuna tivesse compreendido que ele e Duryodana, o adversário contra o qual combatia, eram em última instância uma só pessoa, ele teria conquistado a "força da alma", que tinha o poder de transformar o ódio do inimigo em amor.

Mas, como vimos, os mesmos textos e práticas espirituais podem conduzir a ações totalmente diferentes. Outros se opunham a essa interpretação do *Gita*. O intelectual hindu Aurobindo Ghose (1871-1950) afirmava que a validação da violência por parte de Krishna na *Gita* era apenas um reconhecimento da dura realidade da vida. Sim, seria bom pairar pacificamente acima da luta, mas, até que a "força da alma" de Gandhi realmente se tornasse uma realidade no mundo, a agressividade natural inerente aos homens e às nações "pisoteia, quebra, massacra, queima, polui como a vemos fazendo hoje". Gandhi ainda descobriria que, abjurarando a violência, causara tantas mortes quanto os que recorreram ao combate.[8] Aurobindo dava voz aos críticos de Gandhi, segundo os quais ele fechava os olhos ao fato de que, na realidade, a resposta britânica a suas campanhas não violentas causava um banho de sangue hediondo. Mas Aurobindo também expressava o eterno dilema de Ashoka: a não violência é viável no inelutavelmente violento mundo da política?

No entanto, Gandhi levava essa teoria às últimas consequências. Para ele, a não violência significava não apenas amar os inimigos, como perceber que na verdade eles não eram inimigos. Ele podia odiar a crueldade sistêmica e militar do governo colonial, mas não se permitia odiar as pessoas que o implantavam:

> Meu amor não é excludente. Não posso amar muçulmanos ou hindus e odiar ingleses. Pois se eu amar meramente hindus e muçulmanos porque seus modos são no todo agradáveis a mim, logo eu vou começar a odiá-los quando seus modos me desagradarem, o que pode acontecer a qualquer momento. Um amor que se baseia na bondade daqueles que se ama é um negócio mercenário.[9]

Sem reverência pela santidade de cada ser humano e pela "equanimidade" há muito tempo vista na Índia como o pináculo da busca espiritual, "a política destituída de religião", acreditava Gandhi, era uma "armadilha mortal porque mata a alma".[10] O nacionalismo laico parece incapaz de cultivar uma ideologia igualmente universal, embora nosso mundo globalizado esteja tão globalmente interconectado. Gandhi não podia aceitar o secularismo ocidental: "Para ver face a face o universal Espírito da Verdade que tudo permeia é preciso ser capaz de amar a mais insignificante das criaturas como a si mesmo", concluiu em sua autobiografia. A dedicação a essa verdade exigia que a pessoa se engajasse em todos os campos da vida; ela o tinha levado à política, porque "aqueles que dizem que a religião não tem nada a ver com a política não sabem o que significa religião".[11] Os últimos anos de Gandhi foram obscurecidos pela violência sectária que eclodiu durante a divisão do território e depois. Em 1948, ele foi assassinado por um nacionalista radical, certo de que Gandhi fizera concessões demais aos muçulmanos e doara mais dinheiro do que devia ao Paquistão.

Enquanto forjavam suas identidades nacionais nas condições particularmente tensas da Índia, tanto muçulmanos quanto hindus foram alvos do pecado constante do nacionalismo secular: sua incapacidade de tolerar minorias.

E como a perspectiva deles continuava permeada pela espiritualidade, esse viés nacionalista distorceu suas visões religiosas tradicionais. À medida que a violência entre muçulmanos e hindus se intensificou na década de 1920, a Arya Samaj tornou-se mais combativa.[12] Formou um grupo militar, a Arya Vir Dal ("Tropa dos Soldados Arianos"), em uma conferência em 1927, e declarou que os novos heróis arianos deviam desenvolver as virtudes da *kshatriya* — coragem, força física e, especialmente, proficiência no uso de armas. Seu principal dever era defender os direitos da nação ariana contra os muçulmanos e os britânicos.[13] A Arya temia ser superada pela Rashtriya Svayamsevak Sangh ("Associação Nacional de Voluntários"), normalmente chamada de RSS, fundada na Índia central três anos antes por Keshav B. Hedgewar. Enquanto a Arya se adaptou à ideia britânica da "religião" e ao "hinduísmo", a RSS fundira ideais religiosos tradicionais com o nacionalismo ocidental. Antes de mais nada, era uma organização para a construção do caráter, cujo objetivo era desenvolver uma ética de serviço baseada na lealdade, na disciplina e no respeito pela herança hindu, e atraía especialmente as classes médias urbanas. Seu herói era o guerreiro do século XVII Shivaji, que, extraindo sua força da fidelidade ao ritual tradicional hindu e de suas capacidades de organização, liderou uma revolta bem-sucedida contra os mogóis. Ele conseguiu recrutar camponeses de diferentes castas para um exército unificado, e a RSS queria fazer o mesmo na Índia britânica.[14]

Assim nascia uma nova religiosidade na Índia, uma religiosidade que cultivava a força hindu não pela invocação da *ahimsa*, mas pelo desenvolvimento da ética guerreira tradicional. No entanto, a combinação do ideal da kshatriya com o nacionalismo secular era perigosa. Para a RSS, a Mãe Índia, além simplesmente de uma entidade territorial, era uma deusa viva. Ela sempre fora reverenciada como uma terra sagrada, com mares, rios e montanhas sagrados, mas estrangeiros que a profanaram por séculos em breve a violariam com a divisão. Tradicionalmente, a Deusa Mãe acolhera a todos, mas com essa intolerância nacionalista contra as minorias, segundo a RSS, ela não poderia mais admitir muçulmanos ou budistas do leste asiático.

Mais ativista do que intelectual, Hedgewar era profundamente influenciado por V. D. Savarkar, um brilhante radical preso pelos britânicos cujo clássico *Hindutva* ("Hinduidade") foi contrabandeado para fora da prisão e publicado em 1923. Ele definia o hindu como alguém que reconhecia a integridade da

Grande Índia (que ia dos Himalaias ao Irã e a Cingapura) e a reverenciava não só como Terra Natal, a exemplo de outros nacionalistas, mas também como Terra Santa.[15] Essa fusão entre religião e nacionalismo secular era potencialmente tóxica. Nos livros de Savarkar, o surgimento da identidade nacional hindu dependia da exclusão do islã: toda a complexa história da Índia era apresentada como uma luta até a morte contra o imperialismo muçulmano. Embora os hindus sempre tenham sido a maioria da população, séculos de domínio imperial os condicionaram a se ver como uma minoria pronta para o combate e ameaçada.[16] Como tantos povos dominados, desenvolveram uma história de mágoa e humilhação, capaz de corroer uma tradição religiosa e inclinála para a violência. Alguns viram essa longa opressão como uma desonra nacional. Na década de 1930, M. S. Golwalkar, o segundo líder da RSS, percebeu uma afinidade com os ideais do Nacional Socialismo, em parte produto da humilhação da Alemanha causada pelos Aliados depois da Primeira Guerra Mundial. Os estrangeiros na Índia só tinham duas opções, afirmava Golwalkar: "As raças estrangeiras devem abandonar sua existência independente [...] ou [elas] podem permanecer no país, totalmente subordinadas à Nação Hindu, sem reivindicar nada, sem merecer privilégios, quanto mais qualquer tratamento preferencial — nem mesmo direitos de cidadania". Golwalkar elogiava os alemães por "expurgarem o país das raças semíticas"; a Índia, ele acreditava, tinha muito a aprender com esse "orgulho de raça" ariano.[17]

O horror da divisão territorial só podia inflamar rancores do passado que perigosamente envenenavam as relações entre muçulmanos e hindus. Como o psicólogo Sudhir Kakar explicou, durante décadas centenas de milhares de crianças hindus e muçulmanas ouviram histórias sobre a violência daquela época, que "se alimentavam da ferocidade ao inimigo implacável. Esse é um primeiro meio pelo qual a inimizade histórica é transmitida de uma geração para a outra". Isso também criava uma cisão entre hindus secularistas e religiosos.[18] Os secularistas estavam convencidos de que essa violência nunca mais poderia acontecer. Muitos culpavam os britânicos pela tragédia; outros a viam somente como uma aberração aterrorizante. Jawaharlal Nehru, primeiro-ministro da Índia, acreditava que a industrialização do país e a difusão do racionalismo científico e da democracia se oporiam a essas paixões comunitárias.

Mas houve um presságio preocupante de problemas futuros. Em 1949, uma imagem de Ram, encarnação de Vishnu e principal expoente da virtude hindu, foi descoberta em um edifício no local de seu nascimento mitológico em Ayodhya, na parte oriental da planície do Gânges. No local também havia uma mesquita que se dizia ter sido construída por Babur, o primeiro imperador mogol, em 1528.[19] Hindus devotos afirmaram que a imagem de Ram fora colocada ali por Deus; os muçulmanos, naturalmente, negavam isso. Houve confrontos violentos, e o magistrado do distrito, um membro da RSS, se recusou a remover a imagem. Como as imagens hindus exigem adoração constante, daí em diante eles tiveram permissão para entrar no edifício e entoar cânticos devocionais no aniversário da chegada miraculosa da estátua de Ram. Quarenta anos depois essa geografia sagrada prevaleceria sobre o racionalismo científico previsto com tanta confiança pelos secularistas.

O fundador do Paquistão, Muhammad Ali Jinnah (1876-1948), era um secularista confesso que simplesmente queria criar um Estado onde os muçulmanos não fossem definidos ou limitados por sua afiliação religiosa. Na verdade, a nação foi definida pelo islã antes mesmo de seu começo. Isso inevitavelmente criou expectativas, e desde o início, embora o governo ainda fosse secularista declarado, houve pressão para ressacralizar a vida política. Os deobandis se tornaram particularmente poderosos no Paquistão. Eles legitimavam o sistema moderno de nacionalismo territorial e democracia secular e ofereciam educação gratuita para os pobres em suas madrassas, em uma época em que o sistema estatal de educação decompunha-se devido à falta de verbas. Os alunos deles eram isolados da vida secular convencional e educados conforme o islamismo particularmente rigoroso e intolerante dos deobandis. Para proteger o estilo de vida do islã, os deobandis também fundaram um partido político, o JUI (Associação de Ulemá do islã). No final da década de 1960, após reunir dezenas de milhares de estudantes e ex-alunos, eles estavam em excelente posição de pressionar o governo para islamizar a lei civil e o sistema bancário, criando assim empregos para seus bacharéis ultrarreligiosos.

O Jamaat-i-Islami, fundado na Índia em 1941 para se opor à criação de um Estado secular independente, era bem diferente. O Jamaat não tinha uma base de madrassas e não se agarrava ao passado, como os deobandis, e desenvolvia uma ideologia islâmica influenciada pelos ideais modernos de liberdade e independência. Abul Ala Maududi (1903-79), seu fundador, afirmava que, como somente Deus governava os assuntos humanos, nada mais — "seja um ser humano, uma família, uma classe, um grupo de pessoas ou mesmo a raça humana como um todo" — podia reivindicar soberania.[20] Portanto, ninguém devia obediência a qualquer autoridade mortal. Cada geração precisava lutar a *jahiliyyah* de sua época, como o Profeta havia feito, já que a violência jahili, a ganância e a impiedade eram um perigo constante. O secularismo ocidental era o epítome da moderna *jahiliyyah* porque equivalia a uma rebelião contra o domínio divino.[21] O islã, insistia Maududi, não era uma religião ao "estilo ocidental", separada da política; aqui ele concordava inteiramente com Gandhi. Em vez disso, o islã era uma *din*, um modo de vida completo que precisava incluir as atividades econômicas, sociais e políticas e não só as ritualizadas:[22]

> O uso da palavra [*din*] rejeita categoricamente as visões daqueles que acreditam que a mensagem de um profeta tem como principal objetivo garantir a adoração de um Deus, a adesão a um conjunto de crenças e a prática de alguns poucos rituais. Também rejeita as visões daqueles que pensam que a *din* não tem nada a ver com questões culturais, políticas, econômicas, legais, judiciais e outras que pertencem a esse mundo.[23]

Os muçulmanos tinham sido encarregados de rejeitar a violência estrutural do Estado jahili e de implantar a justiça econômica, a harmonia social e a igualdade política tanto na vida pública quanto na privada, tudo com base em uma profunda consciência de Deus (*taqwah*).

Antes da partição territorial da Índia, o Jamaat se concentrou em treinar seus membros para transformar a própria vida em uma Jihad Maior; somente vivendo de forma autenticamente corânica eles podiam ter esperanças de inspirar os demais a desejar um governo islâmico. Mas, depois da partição, o movimento rachou. De seus 625 membros, 240 continuaram no país. Como apenas 11% da população da Índia era muçulmana, o Jamaat indiano não tinha como aspirar ao Estado islâmico; por isso, seus membros passaram a admirar com restrições o secularismo moderado (diferente do secularismo ateu) do novo Estado da Índia, que proibia a discriminação com base em credo religioso. Isso, eles declaravam, era uma "bênção" e uma "garantia para um futuro seguro para o islã na Índia".[24] Mas no Paquistão, onde havia a possibilidade de um Estado islâmico, Maududi e seus 385 discípulos do Jamaat não sofreram essas limitações. Eles se tornaram o mais organizado partido político paquistanês, conquistaram o apoio das classes urbanas esclarecidas e fizeram campanha declarada contra a ditadura de Ayub Khan (r. 1958-69), que confiscou toda a propriedade do clero, e o regime socialista de Zulfiqar Ali Bhutto (r. 1970-7), que usou símbolos e slogans islâmicos para ganhar aprovação popular, mas na verdade sentia desprezo pela religião.

Portanto, apesar de ainda comprometido com a luta (jihad) contra o secularismo jahili, Maududi sempre interpretou a jihad da maneira ampla tradicional, não apenas como "guerra santa"; era possível "lutar" para conquistar a soberania de Deus por meio de atividades políticas pacíficas, como a escrita de livros e o trabalho na educação.[25] É um erro, portanto, rotular o Jamaat paquistanês como fanaticamente inclinado à violência; o fato de o partido ter seguido duas direções tão diferentes depois da partição territorial mostra que ele tinha flexibilidade para se adaptar às circunstâncias. Maududi não queria realizar golpes revolucionários, assassinatos ou políticas que gerassem ódio e conflito, pelo contrário, ele insistia que um Estado islâmico só criaria raízes firmes se os fins e os meios fossem "limpos e louváveis".[26] A transição de um Estado-nação secular para uma sociedade verdadeiramente islâmica devia, ele reafirmava, ser "natural, gradativa e pacífica".[27]

Mas no Paquistão a força física tinha se tornado um dos principais meios de fazer política.[28] Os líderes frequentemente chegavam ao poder com golpes militares e com uma repressão implacável da oposição política, nem Khan nem Bhutto podiam ser vistos como exemplos de um secularismo benigno e pacífico. O conflito armado era tão recorrente na sociedade paquistanesa que se um grupo abdicasse da violência teria poucas chances de obter êxito. Em um esforço para conquistar apoio popular para o Jamaat, em 1953, Maududi concordou em liderar uma campanha contra a seita Ahmadi, tida como herética, e escreveu um panfleto inflamado, que fez eclodir motins e o levou à prisão.[29] Isso, no entanto, era uma aberração. Maududi continuou a denunciar a violência da política paquistanesa e a condenar as atividades agressivas da IJT (Islami Jamiat-i-Taliban), a Sociedade dos Estudantes Islâmicos, afiliada ao Jamaat, que organizava greves e protestos contra Bhutto, paralisava os sistemas de comunicação, interrompia o comércio urbano e os estabelecimentos de ensino e liderava confrontos de militantes com a polícia. Embora outros membros do Jamaat tenham sucumbido à violência endêmica do Paquistão, Maududi continuou comprometido com o ideal de conquistar um Estado islâmico de maneira democrática. Ele sempre insistiu que um Estado islâmico não podia ser uma teocracia, já que nenhum grupo ou indivíduo tinha o direito de governar em nome de Deus. Um governante islâmico devia ser eleito pelas pessoas para um mandato fixo; devia haver direito universal ao voto, eleições regulares, multipartidarismo, um Judiciário independente e direitos humanos e liberdades civis garantidos — um sistema não muito diferente da democracia parlamentar de Westminster.[30]

Quando Zia al-Haqq conquistou o poder em um golpe, em 1977, estabeleceu uma ditadura e anunciou que o Paquistão seguiria a lei da Charia, e baseou seus discursos profundamente nos escritos de Maududi. Ele também levou vários funcionários graduados do Jamaat para seu gabinete e empregou milhares de ativistas do Jamaat no serviço civil, na educação e no Exército. Estabeleceram-se tribunais da Charia e as punições islâmicas tradicionais para álcool, roubo, prostituição e adultério. Nessa época, Maududi estava com problemas de saúde, e os líderes em atividade do Jamaat apoiaram o regime militar de Zia, vendo-o como promissor. Mas Maududi tinha dúvidas profundas. Como uma ditadura, que usurpou a soberania divina e governava por meio de violência militar e estrutural, podia ser verdadeiramente islâmica? Pouco antes de morrer, ele escreveu uma nota breve sobre isso:

> A mera implantação de leis islâmicas não tem como gerar os resultados positivos que o islã pretende [...]. Pois simplesmente por força desse anúncio [das leis islâmicas] não é possível iluminar o coração das pessoas com a luz da fé, esclarecer suas mentes com os ensinamentos do islã e moldar seus hábitos e maneiras para que correspondam às virtudes do islã.[31]

Gerações futuras de ativistas muçulmanos fizeram bem em aprender essa lição.

Nos lugares em que tinha sido inicialmente concebida, a modernidade ocidental gerou duas bênçãos: independência política e inovação técnica. Mas no Oriente Médio, a modernidade chegou na forma de subjugação colonial, e, como houve poucas oportunidades para inovação, restou aos muçulmanos imitar o Ocidente tão desenvolvido.[32] As mudanças que não eram bem-vindas, impostas como importações estrangeiras, de forma desagradavelmente abrupta. Um processo que levara séculos na Europa precisava ser efetivado em questão de décadas, de maneira superficial e muitas vezes violenta. Os problemas quase insuperáveis enfrentados pelos modernizadores já eram óbvios para Muhammad Ali (1769-1849). Ele se tornou governador do Egito depois da invasão de Napoleão e conseguiu a façanha monumental de levar essa atrasada província otomana à modernidade em meros quarenta anos. No entanto, ele só conseguiu fazer isso por meio de uma coerção implacável. Vinte e três mil camponeses morreram em grupos de trabalhos forçados que melhoraram a irrigação e as comunicações do Egito. Outros milhares foram convocados para o Exército; alguns amputaram os dedos e até cegaram a si mesmos para escapar do serviço militar. Nunca haveria meios de se chegar à autossuficiência, já que Muhammad Ali precisava comprar todo o seu maquinário, as armas e os bens manufaturados da Europa.[33] E a independência também era impossível: apesar de ele ter conquistado certa autonomia em relação aos otomanos, a modernização por fim levou o Egito a se tornar praticamente uma colônia britânica. Ismail Pasha (1830-95), neto de Muhammad Ali, tornou o país muito atraente para os europeus: encarregou engenheiros franceses de construir o Canal de Suez, construiu 1500 quilômetros de rodovias, irrigando mais de 1 milhão de acres de terras antes incultiváveis, e transformou Cairo em uma elegante cidade moderna. No processo, ele levou o país à falência e, com isso, deu aos britânicos o pretexto necessário para estabelecer uma ocupação militar, em 1882, a fim de proteger os interesses de acionistas.

    Mesmo quando um certo grau de modernização foi conquistado, as potências coloniais europeias conseguiram anulá-lo. Talvez a maior conquista de Muhammad Ali tenha sido a criação da indústria de algodão, que prometia dar ao Egito uma base econômica confiável, até que Lord Cromer, o primeiro cônsul-geral do Egito, freou a produção, pois o algodão do Egito prejudicava os interesses britânicos. Contrário à emancipação das mulheres — ele era membro fundador da Liga Contra o Voto Feminino em Londres —, Cromer também desfez programas criados por Ismail para educar as mulheres e as impediu de se profissionalizar. Nenhum benefício era tão grande quanto parecia. Em 1922, os britânicos permitiram uma independência mínima ao Egito, com um novo rei, um corpo parlamentar e uma constituição liberal ao estilo ocidental, mas mantiveram o controle das Forças Armadas e da política estrangeira. Entre

1923 e 1930, houve três eleições gerais, todas vencidas pelo partido Wafd, que defendia a presença reduzida dos britânicos no Egito; mas todas as vezes os britânicos forçaram o governo eleito a renunciar.[34] Do mesmo modo, os europeus obstruíram o desenvolvimento da democracia no Irã, onde um clero modernizador aliado a intelectuais tinha liderado uma revolta bem-sucedida contra o xá Qajar, em 1906, exigindo um modelo constitucional e um governo representativo. Mas quase imediatamente os russos ajudaram o xá a fechar o novo Parlamento (*majlis*) e, na década de 1920, como sempre os britânicos fraudaram as eleições para impedir que os *majlis* nacionalizassem o petróleo do Irã, que abastecia a Marinha inglesa.[35]

Os muçulmanos do Oriente Médio portanto entenderam o governo secular das potências coloniais como sistemicamente violento e militar. E, depois que conquistaram a independência no século XX, as coisas não melhoraram. À medida que os europeus desmantelavam seus impérios e abandonavam a região, cediam o poder para as classes dominantes pré-coloniais, que de tão imbuídas do éthos aristocrático anacrônico eram incapazes de promover a modernização. Em geral, elas eram depostas em golpes organizados por oficiais do Exército de mentalidade reformista, praticamente os únicos plebeus a receber uma educação no estilo ocidental: Reza Khan, no Irã (1821), o coronel Adib Shissak, na Síria (1949), e Gemal Abd al-Nasser, no Egito (1952). Como Muhammad Ali, esses reformistas modernizaram de forma rápida, superficial e ainda mais violenta do que os europeus. Acostumados à vida na caserna e a seguir ordens sem questionar, eles assassinavam a oposição impiedosamente e subestimavam as complexidades da modernização.[36] O secularismo não chegou aos súditos como algo liberador e pacífico. Pelo contrário, os governantes secularizadores de fato aterrorizaram os súditos ao desmantelar instituições familiares, de modo que o mundo deles se tornou irreconhecível.

Mais uma vez, era possível tirar a religião do Estado, mas não da nação. Os oficiais do Exército queriam secularizar, mas se viram governando nações de devotos para quem um islã laico era uma contradição.[37] Perseverantes, esses governantes declararam guerra ao establishment religioso. Seguindo os métodos agressivos dos revolucionários franceses, Muhammad Ali cortou os recursos financeiros do clero, suspendeu a isenção fiscal, confiscou as doações religiosas (*awqaf*), que eram sua principal fonte de receitas, e sistematicamente retirou deles qualquer fiapo de poder.[38] Para os ulemás egípcios, a modernidade foi maculada para sempre por esse ataque implacável, e eles se tornaram amedrontados e reacionários. Nasser mudou o rumo e os nomeou para cargos estatais. Por séculos, o conhecimento dos ulemás guiara as pessoas nas intrincadas leis islâmicas, mas eles também funcionavam como uma proteção entre o povo e a violência sistêmica do Estado. Mas a população passou a desprezá-los, vendo-os como lacaios do governo. Isso os privou de sua função como autoridades religiosas cientes da complexidade da tradição islâmica. Líderes religiosos autodesignados e radicais de mentalidade mais simplista ocupariam esse lugar, muitas vezes com resultados desastrosos.[39]

Em todo o mundo muçulmano, Mustafa Kemal Atatürk (1881-1938), fundador da moderna república da Turquia, parecia personificar a violência do secularismo. Depois da Primeira Guerra Mundial, ele manteve britânicos e franceses fora da Anatólia, o coração do império otomano, e com isso a Turquia vantajosamente evitou a colonização. Determinado a tirar qualquer influência do islã do direito, política e economia, muitas vezes Atatürk é admirado no Ocidente como um líder muçulmano esclarecido.[40] Na verdade, era um ditador que odiava o islã, que o descrevia como um "cadáver putrefato".[41] Ele procedeu da maneira beligerante costumeira, desautorizando as ordens sufis, confiscando suas propriedades, fechando as madrassas e se apropriando das *awqaf*. E, sobretudo, aboliu a lei da Charia, substituindo-a por um código legal essencialmente copiado da Suíça que não significava nada para a maior parte da população.[42] Por fim, em 1925, Atatürk declarou o califado nulo e inválido. Apesar de há muito tempo letra morta politicamente, o califado fora símbolo da unidade da *ummah* e sua ligação com o Profeta; neste momento sombrio de sua história, muçulmanos sunitas de todas as partes experimentaram essa perda como um trauma espiritual e cultural. A aprovação ocidental de Atatürk levou muitos a acreditar que o Ocidente queria destruir o próprio islã.

Para controlar a classe mercante em ascensão, os últimos sultões otomanos tinham sistematicamente deportado ou assassinado seus súditos gregos e armênios, que constituíam cerca de 90% da burguesia. Em 1908, os Jovens Turcos, um partido de modernizadores, depuseram o sultão Abdul-Hamid II em um golpe. Eles absorveram o positivismo antirreligioso de pensadores ocidentais como Auguste Comte (1798-1857) e o novo racismo "científico", uma excrescência da Era da Razão que foi muito útil na Era dos Impérios. Durante a Primeira Guerra Mundial, para criar um Estado puramente turco, os Jovens

Turcos ordenaram a deportação e o "reassentamento" de cristãos armênios do império sob o pretexto de que eram coniventes com o inimigo. Isso levou ao primeiro genocídio do século xx, cometido não por fanáticos religiosos, mas por secularistas confessos. Mais de 1 milhão de armênios foram massacrados: homens e jovens eram assassinados onde estivessem, enquanto mulheres, crianças e velhos eram levados para o deserto, onde eram estuprados, baleados, passavam fome, eram envenenados, sufocados ou queimados até morrer.[43] "Vim a esse mundo como um turco", declarou o médico Mehmet Resid, o "Governador Carrasco". "Traidores armênios descobriram um nicho para eles no seio da terra natal; eles eram micróbios perigosos. Não é dever de um médico destruir esses micróbios?"[44]

Quando Atatürk assumiu o poder, completou esse expurgo racial. Por séculos gregos e turcos conviveram dos dois lados do Egeu. Atatürk dividiu a região e organizou um intercâmbio populacional de grande escala. Cristãos falantes de grego que viviam onde hoje é a Turquia foram deportados para o que se tornaria a Grécia, enquanto muçulmanos falantes de turco na Grécia foram enviados no caminho contrário. Para muitos no mundo muçulmano, portanto, o secularismo ocidental e o nacionalismo seriam eternamente associados com a limpeza étnica, a intolerância religiosa virulenta e uma destruição violenta de preciosas instituições islâmicas.

No Irã, Reza Khan cortejou as classes altas e médias mas ignorou as massas camponesas, que assim confiavam mais do que nunca nos ulemás. Duas nações se desenvolviam no país, uma modernizada, a outra excluída dos benefícios da modernidade e cruelmente privada das tradições religiosas que davam sentido à sua vida. Determinado a basear a identidade do Estado mais na antiga cultura persa do que no islã, Reza desautorizou sumariamente os rituais de lamentação ashura por Hussein, proibiu os iranianos de fazer a haji e diminuiu de forma drástica as atribuições dos tribunais da Charia. Quando o aiatolá Modarris objetou, foi preso e executado.[45] Em 1928, Reza emitiu as Leis da Uniformidade de Vestuário, e com baionetas seus soldados rasgaram o véu das mulheres e os retalharam nas ruas.[46] No dia da Ashura de 1929, a polícia cercou a prestigiada madrassa Fayziyah, em Qum, e quando os estudantes saíram, depois da aula, foram forçados a tirar as roupas tradicionais e usar vestimentas ocidentais. Em 1935, a polícia recebeu ordens de abrir fogo contra uma multidão que protestara pacificamente contra as leis de vestuário no templo sagrado do 18º Imã em Mashhad, e matou centenas de iranianos desarmados.[47] No Ocidente, o estabelecimento do Estado-nação secular visava frear a violência da religião, mas, para milhares de pessoas no Oriente Médio, o nacionalismo secular parecia uma força sangrenta e destrutiva privando-os do apoio espiritual que tinha sido seu esteio.

Dessa forma, o Oriente Médio fora brutalmente iniciado no novo sistema de opressão e violência nascido durante o período colonial. Os colonizadores reduziram quase que do dia para a noite antigas províncias do poderoso Império Otomano a um bloco dependente, e suas leis foram substituídas por códigos estrangeiros, seus antigos rituais abolidos, e seu clero, executado, empobrecido e publicamente humilhado. Cercada por edifícios, instituições e traçados de ruas ao estilo ocidental moderno, a população não se sentia mais em casa nos próprios países. O efeito dessa transformação é comparável a acompanhar um amigo querido ser desfigurado por uma doença mortal diante de seus olhos. O Egito, sempre uma potência no mundo árabe, teve uma transição particularmente difícil para a modernidade, com um período muito mais longo sob o governo Ocidental do que a maioria dos países no Oriente Médio. Essa presença estrangeira constante e a falta de liderança moral e espiritual criaram um mal-estar perigoso no país e um senso de humilhação corrosivo, que nem os britânicos nem o novo governo egípcio pareciam dispostos a enfrentar. Alguns reformistas da tradicional elite egípcia tentaram se opor a essa crescente alienação. Muhammad Abdu (1849-1905), xeique de Al-Azhar, sugeriu que mecanismos legais e constitucionais modernos deviam ser associados a normas islâmicas tradicionais para se tornarem mais compreensíveis. Como sempre, as pessoas estavam tão aturdidas com o sistema legal secular que o Egito efetivamente caminhava para se transformar em um país sem lei.[48] Lord Cromer, no entanto, que via o sistema social do islã como "política e socialmente moribundo", não comprava essa ideia.[49] No mesmo sentido, Rashid Rida (1865-1935), biógrafo de Abdu, desejou criar uma faculdade em que os estudantes seriam apresentados a jurisprudência, sociologia e ciência modernas ao mesmo tempo que estudariam a lei islâmica. O objetivo era modernizar a Charia no futuro, mas sem a atenuar, formulando leis baseadas em autênticas tradições islâmicas, e não em uma ideologia estrangeira.[50]

Mas esses reformistas fracassaram em inspirar discípulos para levar suas ideias adiante. Muito mais bem-sucedido foi Hassan al-Banna (1906-49), líder da Irmandade Muçulmana e um dos "agentes independentes" mais confiantes, que ocuparia a lacuna de liderança espiritual criada pelos modernizadores.[51] Como um professor que tinha estudado a ciência moderna, Banna sabia que a modernização era essencial, mas, uma vez que os egípcios eram profundamente religiosos, ela só seria bem-sucedida se conjugada a uma reforma espiritual. As próprias tradições culturais do Egito serviriam melhor do que ideologias estrangeiras de que nunca se apropriariam integralmente. Banna e seus amigos ficaram chocados e entristecidos com a confusão política e social do Egito e com o forte contraste entre as casas luxuosas dos britânicos e os casebres dos trabalhadores na Zona do Canal. Numa noite de março de 1928, seis de seus alunos imploraram a Banna para que ele agisse, articulando de maneira eloquente a aflição que tantas pessoas experimentavam e que ainda se apresentava em um formato rudimentar:

> Não sabemos qual é o meio prático de atingir a glória do islã e de servir ao bem-estar dos muçulmanos. Estamos cansados dessa vida de humilhações e restrições. Vemos que os árabes e os muçulmanos não têm status nem dignidade. Eles não são mais do que meros mercenários, propriedade de estrangeiros [...]. Somos incapazes de perceber o caminho para a ação como o senhor o percebe, ou de saber o meio de servir a terra natal, a religião e a *ummah*.[52]

Naquela mesma noite, Banna criou a Sociedade dos Irmãos Muçulmanos, que inaugurou uma reforma popular da sociedade egípcia.

A Sociedade sem dúvida respondia a uma necessidade urgente, já que se tornaria um dos agentes mais poderosos da política egípcia. Quando Banna foi assassinado, em 1949, eles contavam com mil ramificações em todo o Egito e eram a única organização egípcia que representava todos os grupos sociais — funcionários públicos, estudantes, trabalhadores urbanos e camponeses.[53] A Sociedade não era militar, queria apenas levar instituições modernas ao povo egípcio dentro de um ambiente familiar islâmico. Os Irmãos construíram escolas para meninas e meninos ao lado da mesquita e fundaram os Andarilhos, um movimento escoteiro que se tornou o grupo juvenil mais popular do país; criaram colégios noturnos para trabalhadores e cursos preparatórios para concursos públicos; construíram clínicas e hospitais nas áreas rurais; e fizeram com que os Itinerantes participassem da implantação de melhorias e educação sanitárias nos distritos mais pobres. Além disso, criaram sindicatos para familiarizar os trabalhadores de seus direitos; nas fábricas em que a Irmandade estava presente, eles recebiam salários justos, tinham plano de saúde, feriados remunerados e podiam orar na mesquita da empresa. A contracultura de Banna mostrara que o islã, longe de ser um vestígio obsoleto de outra época, podia se tornar uma força modernizadora eficiente e promover vitalidade espiritual. Mas o sucesso da organização se mostraria uma faca de dois gumes, pois ao chamar a atenção para a negligência do governo quanto à educação e às condições de trabalho, a Sociedade dos Irmãos Muçulmanos de Banna passou a ser percebida não como uma ajuda, mas como uma grave ameaça ao regime.

A Sociedade não era perfeita: ela tendia a ser anti-intelectual, fazia pronunciamentos normalmente defensivos e farisaicos, via o Ocidente de forma distorcida em função da experiência colonial, e seus líderes não toleravam dissidências. Pior ainda, a organização desenvolveu uma ala terrorista. Depois da criação do Estado de Israel, a má situação dos refugiados palestinos se tornou um símbolo perturbador da impotência dos muçulmanos no mundo moderno. Para alguns, a violência parecia o único jeito de ir adiante. Anwar Sadat, futuro presidente do Egito, fundou uma "sociedade assassina" para atacar os britânicos na Zona do Canal.[54] Outros grupos paramilitares eram ligados ao palácio e à Wafd, e com isso talvez fosse inevitável que alguns Irmãos aderissem ao "Aparato Secreto" (*al-jihaz al-sirri*). Com cerca de mil integrantes apenas, o Aparato era tão clandestino que a maior parte dos Irmãos nem sequer tinha ouvido falar dele. Banna denunciou o Aparato, mas não conseguiu controlá-lo e mais tarde ele iria tanto macular a Sociedade quanto pô-la em risco.[55] Quando o Aparato assassinou o primeiro-ministro Muhammad al-Nuqrashi, em 28 de dezembro de 1948, a Sociedade condenou a atrocidade nos termos mais duros. Mas o governo aproveitou essa oportunidade para reprimi-la. Em 12 de fevereiro de 1949, provavelmente por ordem do novo primeiro-ministro, Banna foi assassinado a tiros na rua.

Quando Nasser conquistou o poder, em 1952, a Sociedade tinha se reorganizado mas estava profundamente dividida. No passado, enquanto ainda era impopular, Nasser flertou com a Irmandade, embora fosse um secularista convicto e aliado da União Soviética. Porém, ao ficar claro que ele não tinha intenção alguma de criar um Estado islâmico, um membro do Aparato atirou nele durante um comício. Nasser sobreviveu, e, graças à coragem com que enfrentou o ataque, sua popularidade aumentou consideravelmente. Agora ele se sentia capaz de ir contra a Sociedade e, no final de 1954, mais de mil Irmãos foram levados a julgamento, e incontáveis outros, muitos dos quais não tinham cometido nenhum outro delito além de distribuir panfletos, não foram ao tribunal nem por um dia, mas definharam na prisão sem nenhuma acusação por quinze anos. Depois de Nasser ter se tornado um herói no mundo árabe sobretudo por desafiar o Ocidente durante a Crise de Suez de 1956, ele intensificou seus esforços para secularizar o país. Mas esse estado de violência simplesmente gerou uma forma mais extrema de islã que incitava a criação de uma oposição armada ao regime.

O extremismo religioso frequentemente se desenvolve em uma relação simbiótica com um secularismo causticamente agressivo. Um dos Irmãos detido em 1954 era Sayyd Qutb (1906-66), o principal relações-públicas da Sociedade.[56] Quando jovem, Qutb não notou qualquer conflito entre sua fé e a política secular, mas tinha sido alienado pelas políticas cruéis dos britânicos e chocou-se com o preconceito racial que sofreu durante uma visita aos Estados Unidos. Mesmo assim, os pontos de vista dele continuaram sendo moderados e hesitantes; o que o radicalizou foi a violência da prisão de Nasser. Qutb foi ele próprio torturado e ficou horrorizado ao ver vinte prisioneiros serem assassinados em uma única ocasião. Outras dezenas foram torturados e executados — e não por estrangeiros, mas por seu próprio povo. O secularismo já não parecia benigno e sim cruel, agressivo e imoral. Na prisão, Qutb levou as ideias de Maududi um passo adiante. Quando ouviu Nasser prometer que tornaria o islã uma prática privada, como as religiões do Ocidente, e perceber o horror de sua vida na prisão, Qutb passou a acreditar que até mesmo um autoproclamado governante islâmico podia ser tão violentamente *jahili* quanto qualquer potência ocidental. Como tantos outros aterrorizados pela violência e pela injustiça, Qutb desenvolveu uma ideologia dualista que dividia o mundo nitidamente em dois campos: um aceitava a soberania de Deus, e o outro, não. Na trajetória de Maomé, Deus tinha revelado um programa prático para a criação de uma sociedade ordenada. Em primeiro lugar, agindo sob ordens divinas, o Profeta criou uma *jamaat*, um "partido" comprometido com a justiça e com a equidade que se afastasse do establishment pagão. Em segundo, na hégira, separou completamente o pio do ímpio. Em terceiro, estabeleceu o Estado islâmico em Medina; e, em quarto lugar, começou a sua jihad contra a *jahili* de Meca, que finalmente se curvou à soberania de Deus.

Qutb formulou essas ideias no livro *Os marcos*, contrabandeado para fora da prisão e lido com avidez. Ele era um homem erudito, mas esse não é o livro de uma autoridade oficial islâmica; é um protesto de um homem pressionado até não poder mais. O programa de Qutb distorcia a história islâmica, já que não fazia menção à política de não violência de Maomé em Hudaybiyya, o ponto de virada do conflito com Meca. A humilhação, a ocupação estrangeira e a agressão secularizadora criaram um histórico de rancor islâmico. Qutb agora tinha uma visão paranoica do passado, só enxergava uma sucessão incansável de inimigos *jahili* — pagãos, judeus, cristãos, cruzados, mongóis, comunistas, capitalistas, colonizadores e sionistas — que pretendiam destruir o islã.[57] Executado em 1966, ele não viveu o suficiente para desenvolver a parte prática de seu programa. No entanto, ao contrário de seus seguidores no futuro, ele parece ter percebido que os muçulmanos passariam por uma longa preparação espiritual, social e política antes de estarem prontos para a luta armada. Depois de sua morte, porém, a situação política no Oriente Médio se deteriorou, a violência cresceu e a alienação proveniente disso fez com que a obra de Qutb ecoasse na juventude insatisfeita, especialmente entre os Irmãos, igualmente embrutecidos em cadeias egípcias e convictos de que não havia tempo para esse processo de amadurecimento. Quando foram soltos, no início da década de 1970, eles levaram as ideias de Qutb para a sociedade e tentaram implantá-las na prática.

Depois da Guerra dos Seis Dias entre Israel e seus vizinhos árabes em junho de 1967, tanto os países muçulmanos da região como Israel passaram por uma renovação religiosa. O sionismo, como vimos, começara como um movimento desafiadoramente secular, e as campanhas militares do Estado judeu não tinham tido conteúdo religioso; a repressão violenta ao povo palestino foi resultado mais de um racionalismo secular do que de um imperativo religioso. Antes da guerra, ao ouvir Nasser prometer jogar todos eles no mar, muitos israelenses tinham se convencido de que ocorreria uma nova tentativa de exterminá-los. Eles responderam à velocidade da luz, obtendo uma vitória espetacular em que tomaram as Colinas de Golã na Síria, a Península do Sinai no Egito, e a Cisjordânia e a Cidade Antiga de Jerusalém na Jordânia.

Embora a religião não tenha sido o motivo da ação, para muitos israelenses essa mudança dramática da sorte seria comparável ao milagre da travessia do mar Vermelho.[58] Acima de tudo, a conquista da Cidade Antiga de Jerusalém, fechada para os israelenses desde 1948, era uma experiência transcendente. Quando em 1898 o ideólogo sionista Theodor Herzl visitou o Muro das Lamentações, a última relíquia do templo de Herodes, ficou indignado com a visão de devotos judeus se agarrando covardemente às pedras.[59] Mas, em junho de 1967, soldados paraquedistas durões com os rostos pintados de preto e seus superiores ateus se apoiaram no Muro e choraram, e a sua ética secular momentaneamente foi transformada pela geografia sagrada. O nacionalismo, como vimos, facilmente se transforma em um fervor quase religioso, especialmente em momentos de alta tensão e emoção. A devoção a Jerusalém fora central para a identidade dos judeus por milênios. Muito antes de mapear seu território cientificamente, eles já tinham definido seu lugar no mundo emocional e espiritualmente, atraídos de maneira irresistível por localidades que consideravam radicalmente diferentes de todas as outras. A experiência israelense de 1967 mostra que ainda não dessacralizamos totalmente o mundo.[60] As "crenças" dos soldados não tinham mudado, mas o Muro evocou algo neles semelhante ao que outros veem como sagrado — "algo grande e terrível e de outro mundo", mas além disso "um velho amigo, impossível de ser confundido". Tendo escapado por pouco à destruição, para eles, o Muro, assim como eles mesmos, era um sobrevivente. "Não haverá mais destruição", um soldado disse enquanto beijava as pedras, "e o Muro nunca mais ficará desamparado."[61]

"Nunca mais" era uma palavra de ordem dos judeus desde o Holocausto, e agora generais e soldados a usavam novamente. Pela primeira vez, também, a palavra "cidade sagrada" entrou na retórica sionista. De acordo com a antiga geografia sagrada do Oriente Médio, o sentido de uma "cidade sagrada" era que ninguém podia ser dono dela porque pertencia ao deus — a Marduk, Baal ou Iahweh. A "Cidade de David" tinha sido governada por Iahweh a partir do seu trono no templo, com o rei agindo apenas na condição de seu ungido representante. Em vez de se tornar propriedade pessoal do governante, Jerusalém era "sagrada" (*qaddosh*) precisamente porque era "deixada à parte" para Iahweh. Mas, quando as emoções despertadas pela geografia sagrada se fundiram com o nacionalismo secular dos israelenses, em que a integridade territorial era imprescindível, os políticos não tiveram dúvida de que Jerusalém pertencia absolutamente ao Estado israelense. "Nós voltamos a nossos lugares mais sagrados", disse o declarado secularista Moshe Dayan, "voltamos e não iremos mais embora."[62] Jerusalém tinha se tornado absolutamente inegociável e transcendia todas as demais reivindicações. Embora a lei internacional proibisse a ocupação permanente de território conquistado durante um conflito, Abba Eban, representante de Israel nas Nações Unidas, afirmou que Jerusalém "está além e acima, antes e depois, de todas as considerações políticas e seculares".[63]

A geografia sagrada de Israel também tinha uma forte dimensão moral e política. Embora os israelenses louvassem Jerusalém como a cidade do *shalom* ("paz", "unidade"), os Salmos insistiam que em Jerusalém não haveria *shalom* sem justiça (*tzeddek*). O rei, segundo a atribuição de Iahweh, "julgará os aflitos do povo, salvará os filhos do necessitado e quebrantará o opressor". No Sião de Iahweh não podia haver opressão e violência; pelo contrário, a cidade devia ser um abrigo para os pobres (*evionim*). Mas depois que a "santidade" de Jerusalém se fundiu com o Estado-nação secular, seus habitantes palestinos se tornaram uma minoria vulnerável e sua presença, uma contaminação. Na noite de 10 de junho de 1967, após assinar o armistício, os 619 habitantes palestinos do bairro Maghribi vizinho ao Muro receberam um prazo de três horas para evacuar suas casas. Depois, em uma infração da lei internacional, as escavadeiras vieram e reduziram o histórico distrito — uma das primeiras *awqaf* de Jerusalém — a caliça. Em 28 de junho, o Knesset israelense anexou formalmente a Cidade Antiga e Jerusalém Oriental, declarando-as parte do Estado de Israel.

O nacionalismo secular explorara e distorcera um ideal religioso; mas uma adoção do Estado-nação moderno pela religião podia ser igualmente perigosa. Bem antes de 1967, judeus ortodoxos sacralizaram o Estado secular de Israel e o tornaram um valor supremo. Sempre houve uma versão religiosa algo desprezada do sionismo ao lado do nacionalismo secular da maioria dos israelenses.[64] A partir da década de 1950, essa versão passou a ter um destaque ligeiramente maior quando um grupo de ortodoxos, entre os quais Moshe Levinger, Shlomo Aviner, Yaakov Ariel e Eliezer Waldman, se rendeu ao fascínio do velho rabino Zvi Yehuda Kook, para quem o Estado secular de Israel era uma "entidade divina", o Reino de Deus na terra. Como no exílio fora impossível respeitar os mandamentos associados à Terra, agora havia um desejo de unidade. Em vez de excluir o sagrado da vida política, os kookistas, como ficaram conhecidos os seguidores do rabino, pretendiam que ela voltasse a permear toda a existência — "o tempo todo em todos os aspectos". O engajamento político, portanto, tinha se tornado uma "ascensão aos pináculos da santidade". Os kookistas transformaram a Terra em um ídolo, um objeto terreno com status absoluto e que exigia uma veneração não questionada e um compromisso tradicionalmente exclusivo à transcendência que chamamos de Deus. "O sionismo é um assunto divino", insistia Kook. "O Estado de Israel é uma entidade divina, nosso Estado santo e elevado."[65] Para Kook, cada torrão do solo de Israel era sagrado; suas instituições eram divinas; e as armas dos soldados israelenses eram tão sagradas quanto os xales de oração. Mas Israel, como qualquer Estado, estava longe de ser ideal e era culpado de violência estrutural e militar. No passado, os profetas desafiaram a injustiça sistêmica do Estado, e os sacerdotes criticaram até mesmo suas guerras santas. Para os kookistas, porém, o Israel secular estava acima de críticas e era essencial para a salvação do mundo. Com a criação de Israel, a redenção messiânica já tinha começado: "Todo judeu que vem a Eretz Yisrael, toda árvore que é plantada no solo de Israel, todo soldado que integra o Exército de Israel, constitui um novo estágio espiritual; de fato, um novo estágio no processo de redenção".[66]

Como vimos, o antigo Israel foi o primeiro a olhar com desconfiança para a violência estatal; agora os kookistas davam a ela uma sanção suprema. Quando o Estado-nação se torna o valor mais alto, no entanto, como Lord Acton previra, não há limites para o que ele pode fazer — literalmente, vale tudo. Ao elevar o Estado ao nível divino, os kookistas também sacralizaram o lado perverso do nacionalismo: sua intolerância com as minorias.[67] A não ser que os judeus ocupassem toda a Terra, Israel permaneceria tragicamente incompleto, e por isso anexar território árabe era um dever religioso maior.[68] Poucos dias depois da Guerra dos Seis Dias, o governo trabalhista propôs a devolução de parte dos territórios ocupados — incluindo alguns dos sítios bíblicos mais importantes da Cisjordânia — aos árabes em troca de paz e reconhecimento. Os kookistas se opuseram veementemente ao plano e, para surpresa deles, descobriram que pela primeira vez tinham aliados seculares. Um grupo de poetas, filósofos e oficiais do Exército israelense, inflamados pela vitória, se uniu para impedir essa entrega e deu apoio moral e financeiro aos kookistas. Os nacionalistas seculares se aliaram aos até então desprezados sionistas religiosos

Entusiasmado com esse apoio, em abril de 1968 Moshe Levinger liderou um pequeno número de famílias para celebrar a Páscoa em Hebron, na Cisjordânia. Eles se hospedaram no Park Hotel e, para constrangimento do governo trabalhista, se recusaram a ir embora. Mas a audácia deles tocou profundamente os trabalhistas porque lembrava a ousadia do chalutzismo, que antes do Estado tinha desafiado os britânicos permanecendo de maneira agressiva em território árabe.[69] No entanto, novamente, os entusiasmos secular e religioso se fundiram de maneira perigosa. Para os kookistas, Hebron, o lugar onde estavam enterrados Abraão, Isaac e Jacó, estava contaminado pela presença dos palestinos, que também reverenciavam esses profetas. Eles então se recusavam a sair do Túmulo dos Patriarcas para a oração comunitária muçulmana, bloqueando de maneira barulhenta as entradas e hasteando a bandeira israelense no templo no Dia da Independência.[70] Quando um palestino por fim jogou uma granada de mão, o governo de Israel relutantemente estabeleceu um enclave para os assentados nas proximidades de Hebron, sob vigilância das Forças Armadas do país; em 1972 Kiryat Arba tinha 5 mil habitantes. Para os kookistas, era um posto avançado empurrando as fronteiras do mundo demoníaco que ficava "do Outro Lado".

No entanto, mesmo assim o governo trabalhista se recusou a anexar os territórios. Depois da Guerra do Yom Kippur, em 1973, quando o Egito e a Síria invadiram o Sinai e as Colinas de Golã e só foram expulsos com muita dificuldade, um grupo de kookistas, rabinos e secularistas agressivos formou a Gush Emunim, o "Bloco dos Fiéis". O objetivo do organismo, mais um grupo de pressão do que um partido político, era nada menos do que "a completa redenção de Israel e do mundo todo".[71] Sendo um "povo sagrado", Israel não precisava obedecer às resoluções da ONU ou à lei internacional. O plano do Gush, em última instância, era colonizar toda a Cisjordânia e transplantar centenas de milhares de judeus para os territórios ocupados. Para mostrar que falavam a sério, organizaram caminhadas e comícios na Cisjordânia, e no Dia da Independência de 1975, perto de 20 mil judeus armados foram a um "piquenique" na Cisjordânia, marchando de maneira agressiva de um lugar para o outro.[72]

Para o Gush, as marchas, batalhas militares e ocupações eram rituais de êxtase e libertação.[73] O fato de atraírem tanto apoio secular mostrava que mexiam com as paixões nacionalistas sentidas de maneira igualmente forte por israelenses que não tinham tempo para a religião. Eles também podiam se apoiar na tradição ocidental dos direitos humanos que havia muito tempo declarara que um povo ameaçado — e depois da Guerra do Yom Kippur, quem, eles perguntavam, podia negar que os israelenses *estavam* ameaçados? — tinha direito de se estabelecer em uma área "desocupada". A tarefa sagrada deles era garantir que essa terra ficasse realmente "vazia". Na eleição de 1977, quando o partido Likud liderado por Menachem Begin derrotou os trabalhistas e declarou seu compromisso com o assentamento de israelenses em ambos os lados do Jordão, os kookistas acreditaram que Deus estava agindo. Mas a lua de mel durou pouco. Em 20 de novembro de 1977, o presidente do Egito, Anwar Sadat, fez sua histórica viagem a Jerusalém para iniciar um processo de paz, e no ano seguinte Begin e Sadat, dois ex-terroristas, assinaram os Acordos de Camp David: Israel devolveria a Península do Sinai para o Egito em troca do reconhecimento formal do Estado de Israel. Diante desse acontecimento inesperado, muitos ocidentais concluíram que, no final das contas, o pragmatismo prevaleceria.

A Revolução Iraniana acabou com essa esperança. Os políticos ocidentais viram o xá Muhammad Reza Pahlavi como um líder progressista e apoiaram seu regime, apesar da sua falta de legitimidade com o povo. Os iranianos na verdade viviam a violência estrutural do "Ocidente e o Resto" de forma aguda. Independência, democracia, direitos humanos e autodeterminação nacional cabiam ao "Ocidente"; mas, para os iranianos, violência, dominação, exploração e tirania eram a ordem do dia. Em 1953, um golpe organizado pela CIA e pela Inteligência Britânica derrubou o nacionalista secular Muhammad Musaddiq (que tentara nacionalizar o indústria petrolífera iraniana) e restituiu o xá. Esse evento mostrou como os iranianos tinham pouca influência sobre seu próprio destino. Depois de 1953, assim como os britânicos anteriormente, os Estados Unidos controlariam o monarca e as reservas de petróleo do Irã, exigindo privilégios diplomáticos e concessões comerciais. Choviam empresários e consultores americanos no país, e, embora uns poucos iranianos se beneficiassem desse boom, a maioria ficou de fora. Em 1962, o xá começou a Revolução Branca: fechou a legislatura Majli e forçou a aprovação de suas reformas impopulares com o apoio da Savak, a temida polícia secreta treinada pela CIA e pelo Mossad israelense. Essas reformas foram aplaudidas no Ocidente, já que estabeleciam o capitalismo, minavam as propriedades feudais e promoviam a alfabetização e os direitos das mulheres, mas na verdade favoreciam os ricos e se concentravam nos habitantes das cidades em detrimento dos camponeses.[74] Houve os sintomas comuns de uma economia que se modernizava rápido demais: agricultura em declínio e grande quantidade de migrantes rurais indo para cidades, vivendo uma existência miserável em favelas desoladas, trabalhando como porteiros ou ambulantes.[75] A Savak fazia com que os iranianos se sentissem prisioneiros no próprio país, e grupos guerrilheiros marxistas e islâmicos foram formados em oposição a um governo secular que reprimia de maneira violenta toda a oposição.

Um clérigo pouco conhecido teve a coragem de falar em público contra esse regime opressivo. Em 1963, o aiatolá Ruhollah Khomeini (1902-89), professor de ética na madrassa Fayziyah, em Qum, iniciou um ataque contínuo ao xá, condenando o uso da tortura, o fechamento do Majlis, a subserviência covarde aos Estados Unidos e o apoio a Israel, que negava direitos fundamentais aos palestinos. Em uma ocasião ele ficou com o Alcorão em uma mão e a Constituição de 1906 na outra, e acusou o xá de trair ambos.[76] Em 22 de março de 1963, o aniversário do martírio do Sexto Imã, a Savak atacou a madrassa, prendeu Khomeini e matou parte dos alunos. Depois de ser solto, Khomeini retomou a ofensiva. Durante os rituais da Ashura, em sua eulogia a Hussein, ele comparou o xá ao califa Yazid, o vilão da tragédia da Karbala.[77] Quando Khomeini foi preso pela segunda vez, milhares de iranianos foram às ruas, leigos e mulás protestaram lado a lado. A Savak recebeu ordens de atirar para matar, e os clérigos desafiaram as armas vestindo a mortalha branca do martírio, demonstrando sua disposição de morrer como Hussein na luta contra a tirania. Quando a paz finalmente foi restabelecida, centenas de civis tinham morrido.[78]

O regime, protestava Khomeini, atacava o próprio povo. Ele sempre defendia os pobres, as principais vítimas da injustiça sistêmica, mandando que o xá saísse do palácio e visse as condições deploráveis nas favelas. O Irã, ele afirmou em 27 de outubro de 1964, era praticamente uma colônia americana. Em um país rico era uma desonra as pessoas dormirem nas ruas. Os estrangeiros vinham roubando o petróleo deles havia décadas, e por isso a extração não beneficiava o povo iraniano. "Estou profundamente preocupado com as condições dos pobres no próximo inverno, e imagino que muitos vão morrer, que Deus não permita, de frio e de fome", concluiu. "Os ulemás deviam pensar nos pobres e agir agora para impedir as atrocidades do inverno passado."[79] Depois de seu discurso Khomeini foi deportado para o exílio no Iraque. Do dia para a noite, ele se tornou um herói no Irã, um símbolo da oposição determinada dos xiitas à opressão. A ideologia marxista ou liberal só falaria a uns poucos iranianos, mas todos, especialmente os mais pobres das cidades, compreendiam a imagem da Karbala. No Ocidente estamos acostumados a políticos extrovertidos que gostam de agradar às multidões, e por isso é difícil entender o apelo de Khomeini, mas os iranianos viam o comportamento reservado, o olhar circunspecto e o tom monótono do discurso como sinais de um místico "sóbrio" com pleno controle sobre os sentidos.[80] No exílio em Najaf, perto do túmulo do Imã Ali, Khomeini também passaria a ser intimamente associado aos Doze Imãs, e, graças aos meios de comunicação modernos, ele continuaria a comandar os acontecimentos à distância — de modo semelhante ao do Imã Oculto.

No Ocidente, Khomeini seria amplamente visto como um fanático e seu sucesso, como um triunfo da superstição sobre a racionalidade. No entanto, sua oposição por princípio à violência sistêmica e a exigência de uma justiça global estavam em total harmonia com os acontecimentos religiosos do Ocidente contemporâneo. A mensagem dele não era diferente da do papa João XXIII (r. 1958-63), cuja encíclica *Mater et Magistra* (1961) insistia que o capitalismo sem restrições era imoral e insustentável; em vez disso, todas as formas de atividade econômica "devem considerar regras supremas [...] a justiça e a caridade social". O papa também pedia igualdade global. A prosperidade nacional não era suficiente: o objetivo do homem precisava ser "a criação de uma ordem jurídica, nacional e internacional, dotada de instituições estáveis, públicas e privadas, que se inspire na justiça social e à qual se conforme a economia; assim tornar-se-á menos difícil aos economistas exercer a própria atividade em harmonia com as exigências da justiça e atendendo ao bem comum".[81] Na *Pacem in Terris* (1963), o papa insistia que os direitos humanos, e não o lucro econômico, deviam ser a base das relações internacionais — um apelo claramente crítico às políticas exploratórias do Ocidente em países subdesenvolvidos.

Por volta do período em que Khomeini denunciava ferozmente as injustiças do xá, a Igreja católica na América Latina se envolvia na Teologia da Libertação. Padres e freiras incentivavam pequenas comunidades de pobres a estudarem a Bíblia para corrigir a violência sistêmica da sociedade brasileira. Em 1968, os bispos latino-americanos se encontraram em Medellín, na Colômbia, para apoiar temas emergentes do novo movimento, segundo o qual Jesus estava do lado dos pobres e oprimidos e os cristãos deviam lutar por justiça e igualdade. Na América Latina, como no Irã, esse tipo de ideologia era profundamente ameaçador para elites políticas e econômicas. Padres da Teologia da Libertação eram chamados de "comunistas" e, como os clérigos iranianos, foram presos, torturados e executados por deixarem claro que a ordem econômica imposta ao "Terceiro Mundo" era inerentemente violenta:

> Por séculos, a América Latina tem sido uma região violenta. Estamos falando de violência que uma minoria privilegiada tem usado, desde o período colonial, para explorar a vasta maioria da população. Estamos falando da violência da fome, do desamparo, do subdesenvolvimento [...] da escravidão que é ilegal mas existe, da discriminação social, intelectual e econômica.[82]

Eles insistiam que, como o mundo agora era economicamente interdependente, uma pessoa na América do Norte era capaz de levar uma vida confortável apenas porque outras pessoas, vivendo talvez em uma favela brasileira, eram pobres; podiam comprar mercadorias a preços baixos porque outros foram explorados em sua produção.[83]

Também nos Estados Unidos a religião ganhou ares revolucionários e pela primeira vez no século XX se opôs às políticas do governo americano. Embora os presidentes John F. Kennedy e Lyndon B. Johnson tenham sido cuidadosos em deixar a religião de fora da política, católicos liberais, protestantes e judeus faziam campanha em nome de sua fé contra a violência estrutural e militar dos Estados Unidos. Como os muçulmanos xiitas iranianos, foram às ruas para protestar contra a Guerra do Vietnã e se uniram ao movimento dos direitos civis de Martin Luther King contra a discriminação racial no país. Em 1962, o Conselho Nacional de Igrejas pediu a Kennedy que levasse a nação a "um esforço absoluto para abolir [a pobreza], tanto dentro do país quanto fora".[84]

Khomeini, frequentemente visto no Ocidente como um agitador, não defendia a violência. As multidões que protestavam nas ruas estavam desarmadas, e suas mortes desnudaram a ferocidade implacável do regime secular do xá. O assassinato de Martin Luther King, para quem uma resposta não violenta à ofensa era "algo absolutamente necessário à nossa sobrevivência [...] a chave para a solução do problema de nosso mundo",[85] também revelou a violência latente da sociedade norte-americana. King teria concordado com a exigência de Khomeini de justiça global. Ele lamentou a desastrada aventura colonial na Baía dos Porcos (1961), e, embora Johnson tenha feito mais pelos afro-americanos do que qualquer outro presidente anterior, King se recusou a apoiar sua guerra no Vietnã. Mas no final da década de 1970, quando a Revolução Iraniana eclodiu, o espírito no Ocidente mudou. Em 1978, o bispo conservador da Cracóvia, Karol Wojtyla, um feroz opositor da Teologia da Libertação, foi eleito para o papado, adotando o nome de João Paulo II. A fundamentalista Maioria Moral passou para o primeiro plano da vida religiosa norte-americana, e o presidente democrata Jimmy Carter, um cristão "renascido" defensor vigoroso dos direitos humanos, era um leal apoiador da ditadura do xá.

Visto do Ocidente, nos anos 1970, o Irã parecia viver um período de expansão econômica, mas o Estado tinha se tornado rico às custas da nação; havia 1 milhão de desempregados, mercadores locais foram arruinados pela entrada de mercadorias estrangeiras e os prósperos expatriados americanos causavam um ressentimento geral.[86] Com a partida de Khomeini, o xá tinha se tornado ainda mais autocrático e começou a secularizar o país de maneira mais agressiva, confiscando as *awqaf* e colocando as madrassas sob rigoroso controle burocrático.[87] Quando o aiatolá Riza Saidi denunciou o regime, foi torturado até a morte, e milhares de manifestantes foram às ruas de Qum.[88] O carismático filósofo leigo Ali Shariati (1933-77), ex-aluno da Sorbonne, manteve acesa a chama revolucionária entre os jovens iranianos ocidentalizados.[89] Segundo Shariati, se eles tentassem se adaptar demais aos ideais ocidentais e abandonassem os xiitas, se perderiam; o exemplo de Ali e Hussein levava os muçulmanos a se levantar contra a injustiça, a coerção e a tirania. Shariati também foi torturado, preso e morreu no exílio, provavelmente vítima de agentes da Savak. No ano de 1971, Khomeini publicou o livro *Hukumat-e Islami*, em Najaf, afirmando que os ulemás deviam administrar o Estado. A doutrina dele de *velayat-e faqih* ("o governo de um jurista [muçulmano]") ia contra a modernidade ocidental e era chocante para a maioria dos xiitas, já que o clero rejeitara cargos oficiais por séculos — com exceção do Imã Oculto, para eles todos os governos eram corruptos. Mas o pensamento de Khomeini estava claramente alinhado com o dos intelectuais do Terceiro Mundo que desafiavam a violência estrutural global. O islã, ele diria sempre, era "a religião de indivíduos militantes que são comprometidos com a religião e com a justiça. É a religião dos que desejam a liberdade e a independência. É a escola dos que lutam contra o imperialismo".[90]

Nessa época ninguém, incluindo Khomeini, acreditava na possibilidade de derrubar o xá, mas os fatos aconteciam mais rápido do que o previsto. Em novembro de 1977, seu filho Mustafa foi assassinado no Iraque, novamente quase com certeza por agentes da Savak,[91] e o xá proibiu que fossem realizadas cerimônias fúnebres. Isso apenas assossiou Khomeini ainda mais com os Imãs xiitas, já que, como Hussein, ele teve um filho assassinado por um governante injusto, de novo o xá era comparado a Yazid. E, nesse momento crucial, o presidente norte-americano Jimmy Carter ocupou o papel do "Grande Satã". Em novembro de 1977, enquanto o Irã chorava por Mustafa Khomeini, o xá visitou Washington, e Carter falou com grande emoção sobre o "relacionamento especial" dos Estados Unidos com o Irã, "uma ilha de estabilidade em uma região turbulenta do mundo".[92] E com isso ele entrou no drama da Karbala em curso como o *shaytan*, o "tentador", que seduzia o xá a seguir os Estados Unidos em detrimento do próprio povo.

A revolução começou em 8 de janeiro de 1978, quando o jornal semioficial *Ettelaat* publicou um ataque absurdo a Khomeini.[93] No dia seguinte, 4 mil estudantes desarmados em Qum exigiram a retomada da Constituição de 1906, liberdade de expressão, libertação de prisioneiros políticos e o retorno de Khomeini. Durante todo o tempo, os iranianos mostraram que tinham absorvido completamente o éthos da modernidade, exigindo a independência, a liberdade e o governo constitucional que lhes foi continuamente negado pelo regime secular do xá e pela comunidade internacional. Setenta estudantes foram mortos e essa foi a gota d'água. Um padrão estava surgindo. Quarenta dias depois do massacre de Qum, multidões se reuniram para a tradicional cerimônia em homenagem aos mortos, e mais pessoas foram baleadas. Quarenta dias depois, houve mais manifestações ritualizadas em homenagem aos novos mártires. Marxistas, secularistas e liberais que se opunham ao xá mas, conscientes de sua falta de apelo popular, somaram forças com os revolucionários de mentalidade religiosa. No entanto, essa não era uma revolta violenta. Cinemas, bancos e lojas de bebidas — símbolos do "grande *shatyan*" — eram atacados, mas não pessoas.[94] A essa altura as cadeias estavam lotadas de prisioneiros políticos, e a quantidade crescente de mortos mostrava ao mundo que o regime secular do xá, louvado no Ocidente como progressista e pacífico, massacrava o próprio povo.

A revolução foi vista como um evento tanto religioso quanto político. Os manifestantes carregavam cartazes dizendo "Todos os lugares são Karbala, e todo dia é Ashura", convencidos de que seguiam Hussein em sua luta contra a opressão.[95] Eles falavam da revolução como uma experiência transformadora e purificadora, como se estivessem se purgando de um veneno debilitador e reconquistando sua autenticidade.[96] Muitos sentiam que o próprio Hussein era seu líder e que Khomeini, assim como o Imã Oculto, guiava-os à distância.[97] Na última noite do Ramadã, 4 de setembro, multidões se prostraram em orações nas ruas, mas — uma mudança importante — dessa vez o Exército não abriu fogo. Ainda mais significativa foi a adesão das classes médias aos protestos, marchando com cartazes que diziam: "Independência, liberdade e governo islâmico!".[98] Às seis da manhã de 8 de setembro, foi decretada lei marcial, mas os 20 mil manifestantes que já se reuniam na Praça Jaleh não sabiam disso; e, quando se recusaram a se dispersar, os soldados abriram fogo. Estima-se que cerca de novecentas pessoas morreram naquele dia.[99]

Na mesma noite Carter ligou para o xá de Camp David para garantir seu apoio, e a Casa Branca, embora lamentando a perda de vidas, reafirmou seu relacionamento especial com o Irã. A liberdade e a independência pelas quais os revolucionários americanos lutaram claramente não eram para todos. Nas primeiras três noites do Muharram, homens vestiram as mortalhas brancas dos mártires e correram pelas ruas desafiando o toque de recolher, enquanto outros gritavam slogans anti-xá dos telhados das casas. A BBC estimou que só nesses poucos dias setecentas pessoas foram mortas pelo Exército iraniano e pela polícia.[100] No entanto, da parte da multidão ainda não havia violência. Em 9 de dezembro, durante seis horas, uma gigantesca procissão — em momentos diferentes contando entre 300 mil e 1,5 milhão de pessoas — andou pelas ruas de Teerã silenciosamente em filas de quatro. Outros 2 milhões marcharam no próprio dia da Ashura, carregando bandeiras verdes, vermelhas e pretas, representando o islã, o martírio e o xiismo.[101]

Um mês depois tudo estava acabado. O xá e a família real fugiram para o

Egito e, em 1º de fevereiro de 1979, Khomeini voltou para Teerã. A chegada dele foi um desses eventos, como a queda da Bastilha, que pareceram mudar o mundo para sempre. Para secularistas liberais convictos, foi um momento sombrio, o triunfo das forças da insensatez sobre a racionalidade. Mas para muitos muçulmanos, tanto sunitas quanto xiitas, era uma inversão luminosa. Enquanto ele seguia de carro pelas ruas de Teerã, as multidões o saudavam como se fosse a volta do Imã Oculto, confiantes de que começava uma nova era. Taha Hejazi publicou um poema de celebração, uma tímida esperança de justiça, que tinha sido negada aos iranianos pelo xá e pela comunidade internacional:

> *Quando o Imã retornar,*
> *O Irã — essa mãe cansada, ferida —*
> *Será libertada para sempre*
> *Dos grilhões da tirania e da ignorância*
> *E das algemas do saque, da tortura e da prisão.*[102]

Khomeini gostava de citar o *hadith* do anúncio do Profeta depois de uma batalha de que voltavam da "Jihad Menor" para a "Jihad Maior", a implantação de valores verdadeiramente islâmicos na sociedade, uma luta bem mais exigente do que a batalha militar, que era "menor". Ao olhar para as multidões em êxtase naquele dia, ele certamente deve ter temido a jihad mais difícil que estava por começar.

Realmente foi uma luta: logo em seguida, o que talvez fosse previsível, a frágil coalizão de marxistas, liberais e religiosos pareceu desmoronar. Houve oposição à nova Constituição, em 1980 foram descobertas quatro novas conspirações contra o regime, e nas ruas houve batalhas constantes entre guerrilhas secularistas e a Guarda Revolucionária de Khomeini. Quando os chamados conselhos revolucionários, que o governo não conseguia controlar, executaram centenas de pessoas por "comportamento não islâmico", seguiu-se um reino de terror, não muito diferente daquele das revoluções francesa e russa. Como golpe final, em 20 de setembro de 1980, o sudoeste do país foi invadido pelas forças de Saddam Hussein, do Iraque. Durante esse período turbulento, a crise dos reféns americanos se mostrou uma dádiva para Khomeini. Em 4 de novembro de 1979, 3 mil estudantes iranianos invadiram a embaixada norte-americana em Teerã e fizeram noventa prisioneiros. Não era claro o que Khomeini sabia dos planos deles, e todos esperavam que ele libertasse os reféns imediatamente. Mas embora tenha autorizado as mulheres e os marines que faziam a segurança da embaixada a voltar para os Estados Unidos, os outros 52 diplomatas foram retidos por 444 dias. No Ocidente, esse incidente vergonhoso parecia ser o epítome do radicalismo islâmico.

No entanto, a decisão de Khomeini de reter os reféns foi simplesmente motivada pela política e não por um imperativo islâmico. Ele percebeu que o foco no Grande Satã uniria os iranianos em torno dele nesse momento difícil. Como explicou a seu primeiro-ministro Bani Sadr:

> Essa ação teve muitos benefícios. Os americanos não queriam ver a República Islâmica criar raízes. Nós mantemos os reféns, completamos nosso trabalho interno, e depois os liberamos. Isso uniu nosso povo. Nossos opositores não ousam agir contra nós. Podemos colocar a Constituição em votação popular sem dificuldade, e fazer as eleições presidenciais e parlamentares. Quando terminarmos essas tarefas, podemos deixar os reféns ir embora.[103]

Assim que deixaram de ser úteis, os reféns foram liberados em 20 de janeiro de 1981, dia da posse do novo presidente norte-americano Ronald Reagan e da saída do "satânico" antecessor Jimmy Carter. Inevitavelmente a crise dos reféns manchou a imagem e o idealismo da Revolução Islâmica. Apesar de gostarem do simbolismo, muitos iranianos ficaram insatisfeitos com a situação. A embaixada de um país é vista como terreno soberano em solo estrangeiro, e alguns achavam adequado que cidadãos americanos fossem mantidos ali, da mesma forma que os iranianos tinham se sentido aprisionados por décadas no próprio país com a convivência com os Estados Unidos. Como isso era uma simples revanche política, o tratamento cruel dispensado aos reféns violou princípios cardeais de todas as tradições religiosas, inclusive os do islã. Independentemente do que o regime tenha ganhado ao fazer o tempo parar enquanto conquistava uma certa estabilidade, ele pagaria por muitos anos na contabilidade do privilegiado mundo livre.

A genialidade dos xiitas era a percepção trágica de que é impossível implantar na íntegra os ideais da religião no domínio invariavelmente violento da política. Ashoka tinha descoberto isso ainda antes dos Imãs xiitas quando promoveu seu dharma de compaixão, mas não pôde desmantelar seu Exército. Na melhor das hipóteses, ou os religiosos dão testemunho desses valores, como Khomeini quando denunciou a injustiça do regime de Pahlavi na década de 1960, ou oferecem uma alternativa que desafie ou atenue a violência estatal. Mas como vimos ao longo dessa história, caso se identifiquem com uma ideologia estatal que inevitavelmente depende da força, até as tradições mais humanitárias são incapazes de implantar seus ideais. Khomeini acreditava que a revolução fora uma rebelião contra o pragmatismo racional do mundo moderno. Sua teoria de *velayat-e faqih* desejava institucionalizar os valores xiitas: o supremo jurista (*faqih*) e os ulemás do Conselho dos Guardiões teriam poder de veto contra qualquer legislação que violasse os princípios da justiça islâmica.[104] Mas, na prática, Khomeini frequentemente teria de censurar os guardiões por participar de jogos egoístas de poder, assim como ele mesmo se sentiu levado a agir de acordo com uma cínica *Realpolitik* durante a crise dos reféns.

Vimos que a revolução pode durar muito, e, como a Revolução Francesa, a Revolução Iraniana passou por diversas fases e ainda está em andamento. E também como na França, os iranianos temeram que poderosos inimigos externos destruíssem o regime islâmico. No verão de 1983, os iraquianos atacaram soldados iranianos com gás mostarda e no ano seguinte com gás asfixiante.[105] Khomeini estava convencido de que os Estados Unidos organizariam um golpe semelhante ao que depôs Musadiqq em 1953. Uma vez que o Irã se contrapôs ao Ocidente, o país perdeu equipamento essencial, peças sobressalentes e assessoria técnica; a inflação estava alta e em 1982 o desemprego subira para 30% da população geral e para 50% nas cidades.[106] Os pobres, que Khomeini defendera, não se saíram muito melhor durante a revolução. No entanto, observadores ocidentais precisaram admitir que, apesar da crescente oposição dos iranianos ocidentalizados, Khomeini nunca perdeu o amor das massas, especialmente dos *bazaaris*, dos estudantes das madrassas, dos ulemás menos conhecidos e dos pobres.[107] Essas pessoas, ignoradas pelo programa de modernização do xá, ainda pensavam e falavam de uma maneira tradicionalmente religiosa, pré-moderna, que muitos ocidentais nem sequer compreendiam.

Depois da Revolução Iraniana, uma exasperada autoridade dos Estados Unidos foi ouvida dizendo: "Quem levou religião a sério?".[108] Desde o Iluminismo, entendia-se que as revoluções ocorriam quando o *saeculum* alcançava a maturidade e estava forte o suficiente para declarar sua independência ante a religião.[109] A ideia de um levante popular que gerasse um Estado de orientação religiosa era quase constrangedora porque ia contra o que era aceito; muitos ocidentais lamentaram a revolução como atávica e perversa. Mas eles pareciam incapazes de ver que, ao perseguir seus próprios interesses políticos e econômicos abusivos ao povo iraniano, os governos ocidentais criaram uma nova espécie de religião. Eles ignoraram os problemas do Estado pós-colonial e as armadilhas de uma modernização imposta de fora e não efetuada organicamente de dentro.[110] E ao deplorar a nova teocracia deixaram de perceber essa ironia fundamental. Embora os ideais ocidentais de liberdade inflamassem a imaginação dos iranianos e inspirassem a população a exigir liberdades básicas, a ideologia secular ocidental ficara irremediavelmente manchada para os iranianos pelo egoísmo e pela crueldade com que tinha sido perseguida. Os Estados Unidos declararam que tinham a missão divina de espalhar a liberdade pelo mundo, mas isso evidentemente não incluía o povo do Irã. "Não esperávamos que Carter defendesse o xá, pois ele é um homem religioso que defendeu a bandeira dos direitos humanos", explicou um aiatolá a um entrevistador depois da revolução. "Como pode Carter, o cristão devoto, defender o xá?"[111] Essa perplexidade revela quanto a sensibilidade pré-moderna pode estranhar a ideia da religião como uma questão privada.

    A Revolução Iraniana mudou drasticamente o status quo no Golfo Pérsico. Como um dos principais pilares da política norte-americana no Irã, o xá tinha permitido que o Ocidente acessasse suas vastas reservas de petróleo a um preço viável. Em dezembro de 1979, a União Soviética tentou capitalizar a perda da influência americana na região invadindo o Afeganistão, vizinho do Irã. A Guerra Fria entre as superpotências ajudou a inspirar uma jihad global que um dia teria como alvo os Estados Unidos e seus aliados. Mas levaria algum tempo para o Ocidente reconhecer esse perigo, já que nas décadas de 1980 e 1990 estava mais preocupado com atrocidades terroristas e violência no Oriente Médio e no subcontinente indiano que pareciam totalmente inspiradas pela "religião".

12. Terror sagrado

Em 18 de novembro de 1978, 913 cidadãos norte-americanos se suicidaram com cianeto na colônia agrícola de Jonestown, na Guiana.[1] Até aquele momento, foi a maior perda de vidas civis em um único incidente na história dos Estados Unidos. Os homens, mulheres e crianças mortos eram membros do Templo dos Povos fundado na década de 1950 em Indianápolis, Indiana, pelo carismático pastor James Warren Jones (1938-78). O compromisso dele com a igualdade racial e social tinha atraído principalmente americanos brancos pobres da classe trabalhadora e afro-americanos. Os membros levavam uma vida estritamente comunitária baseada no que Jones chamava de "socialismo apostólico", dos Atos dos Apóstolos. Em 1965, depois de ter uma visão sobre uma bomba nuclear destruindo Chicago, Jones convenceu seus seguidores a se transferir com ele e sua família para a Califórnia, em busca de segurança. O Templo abriu sedes em San Francisco e em Los Angeles e ganhou a reputação de ser politicamente progressista, porque oferecia serviços jurídicos, creches, abrigo e reabilitação para drogas e álcool. O número de membros chegou a cerca de mil, e em 1976, para escapar da violência sistêmica e da injustiça que ele acreditava ser inerente aos Estados Unidos, o Templo se mudou para a Guiana.

O incidente de Jonestown muitas vezes é mencionado pelos que afirmam que a religião tem sido responsável por mais mortes do que qualquer outra atividade humana. No entanto, embora Jones fosse um pastor metodista ordenado que frequentemente citava os evangelhos e que usava a religião para recrutar pessoas, era um ateu e comunista confesso que frequentemente zombava do cristianismo convencional. As histórias sobre a violência do Templo começaram a circular em 1972: desertores falavam em espancamentos, abuso verbal e emocional. Se fisessem comentários racistas ou sexistas, reclamassem dos arranjos da vida comunitária ou desperdiçassem comida os membros eram cruelmente castigados. Os acusados eram expostos a punições físicas brutais e a outras humilhações públicas, e a comunidade era mantida em um estado de terror constante. Jones os aterrorizava com descrições gráficas de métodos de tortura da CIA, de campos de concentração nazistas e de linchamentos da Ku Klux Klan. Em 1972, ainda na Califórnia, ele afirmou que o governo dos Estados Unidos

> mandaria as pessoas desse país para campos de concentração. Eles vão colocar as pessoas em câmaras de gás, assim como fizeram com os judeus [...]. Eles vão colocar você em campos de concentração que já existem no Lago Tule, na Califórnia, em Allentown, na Pensilvânia, perto de Birmingham, na periferia de El Reno, Oklahoma. Eles já têm os campos prontos [...]. Eles ainda têm os campos de concentração, eles construíram para os japoneses, e eles vão fazer isso conosco.[2]

"Estou dizendo a vocês: corremos o risco de uma ditadura corporativa", insistia Jones, "um grande Estado fascista, um grande Estado comunista."[3]

O último nível do terror começou em 1978, com os ensaios para o suicídio coletivo. Nas "noites brancas" eles eram acordados subitamente e informados de que estavam prestes a ser assassinados por agentes norte-americanos; dizia-se que se matar era a única opção viável. Eles recebiam uma bebida que imaginavam estar envenenada e esperavam morrer. Em 18 de novembro de 1978, a comunidade foi visitada pelo deputado Leo Ryan, que investigava relatos sobre abusos de direitos humanos. Depois que Ryan saiu, Jones enviou membros do Templo para atirar nele na pista do aeroporto e convocou toda a comunidade para o pavilhão de Jonestown. Lá, membros da equipe médica puseram cianeto de potássio em uma batelada do refrigerante Flavor-Aid, que os pais deram a seus filhos antes de eles mesmos tomarem. Parece que a maioria morreu por vontade própria, embora as duzentas crianças certamente tenham sido assassinadas e cerca de cem homens mais velhos podem ter tido o líquido injetado contra sua vontade.

Eles registraram suas últimas mensagens em áudio. Jones tinha emprestado o conceito de "suicídio revolucionário" do líder dos Panteras Negras Huey Newton.[4] "Tomei a decisão de cometer suicídio revolucionário. Minha decisão foi bem pensada", disse um residente de Jonestown. "Espero que minha morte seja um instrumento de liberação para outros." "Foi um prazer caminhar com vocês nessa luta revolucionária", uma mulher afirmou. "Para mim nada seria melhor [do que] dar a minha vida pelo socialismo, pelo comunismo." As pessoas, convencidas de que não tinham voz na própria sociedade, passaram a acreditar que seriam ouvidas no espetáculo chocante de suas mortes. Jones foi o último a tomar o veneno: "Nós dissemos — mil pessoas que disseram, nós não gostamos do mundo do jeito que ele é. Nós não cometemos suicídio. Nós cometemos um ato de suicídio revolucionário, protestando contra as condições de um mundo desumano".[5]

A dinâmica da comunidade de Jonestown era, obviamente, complexa e imponderável. Embora a religião com certeza não tenha sido a causa dessa tragédia, ela tem muito em comum com os casos de "suicídio revolucionário" articulados em termos religiosos. O Templo foi um protesto contra a violência estrutural da sociedade americana; ele suscitou rancores profundos e sofrimento que, afirmavam seus membros, a sociedade convencional escolheu ignorar. Jonestown era um ataque e um protesto: os membros do Templo colocavam suas mortes nas portas dos Estados Unidos, numa demonstração de que sua injustiça sistêmica tornara a vida deles tão intolerável que preferiam a morte. Jones se acreditava claramente, embora de maneira psicótica, envolvido em uma luta assimétrica com uma superpotência que dava todas as cartas. Todos esses elementos viriam à tona de novo nos anos 1980, com a eclosão de uma onda de terrorismo de inspiração religiosa.

O drama de Jonestown é muito perturbador, sobretudo porque revela o germe de niilismo da cultura moderna. Sem dúvida o Templo era assombrado por dois ícones sombrios da modernidade: os campos de concentração e a nuvem de cogumelo. Sigmund Freud (1856-1939) descobriu que os seres humanos eram fortemente motivados por uma desejo de morte, assim como pelo de se procriar. O existencialista francês Jean-Paul Sartre (1905-80) falou sobre um vazio deixado por Deus na consciência humana, a principal lacuna da cultura moderna. Em meados do século xx, esse vazio psicológico foi preenchido por uma realidade terrível. Entre 1914 e 1945, 70 milhões de pessoas na Europa e na União Soviética tinham tido mortes violentas.[6] Algumas das piores atrocidades foram cometidas pelos alemães que viviam em uma das sociedades mais cultas da Europa. O Holocausto abalou o otimismo iluminista de que a educação eliminaria a barbárie, pois mostrou que um campo de concentração podia existir nas proximidades de uma grande universidade. Até mesmo a escala do genocídio nazista revela sua dívida com a modernidade; nenhuma sociedade anterior poderia ter implantado esse esquema de extermínio monumental. Os nazistas usaram muitas das ferramentas e conquistas da era industrial — fábricas, ferrovias e química industrial avançada — para matar, confiando no planejamento científico e racional, em que tudo é subordinado a um único objetivo delimitado e definido.[7] Nascido do racismo científico moderno, o Holocausto era o passo definitivo da engenharia social e a demonstração mais extrema da incapacidade da nação em tolerar minorias. Ele mostrou o que pode acontecer quando a noção de que todo ser humano é sagrado — uma convicção central nas tradições religiosas que os sistemas quase-religiosos parecem incapazes ou pouco dispostos a recriar — se perde.

Em 6 de agosto de 1945, uma bomba atômica de 3,6 toneladas foi jogada sobre Hiroshima, matando cerca de 140 mil pessoas instantaneamente. Três dias depois uma bomba de plutônio foi jogada sobre Nagasaki, matando perto de 24 mil pessoas.[8] Durante séculos sonhou-se com um apocalipse final forjado por Deus; agora, com armas de destruição em massa, parecia que os seres humanos não precisavam mais de Deus para produzir efeitos apocalípticos. A nação tinha se tornado um valor supremo, e a comunidade internacional reconheceu a legitimidade de um ataque nuclear para protegê-la, apesar da perspectiva de aniquilação total que esses meios sugeriam. Não podia haver um indício mais poderoso da pulsão de morte descrita por Freud. No entanto, talvez isso sugira também uma falha no ideal puramente secular que elimina o "sagrado" da política — a convicção de que algumas pessoas ou coisas devem ser "postas à parte" de nossos interesses pessoais. O cultivo dessa transcendência — seja de Deus, Dao, Brama ou o Nirvana — tinha, em seus melhores momentos, ajudado as pessoas a reconhecer a finitude humana. Mas, se a nação se torna um valor absoluto (em termos religiosos, um "ídolo"), não há nada que nos impeça de liquidar aqueles que parecem ameaçá-la.

Essa pulsão de morte, porém, não estava presente apenas na violência impiedosa do nacionalismo secular, também era evidente na violência articulada religiosamente do final do século xx. Os ocidentais tinham razão de ficar horrorizados com as crianças-mártires iranianas morrendo nos campos de batalha da guerra Irã-Iraque. Assim que a guerra foi declarada, adolescentes dos bairros pobres e das favelas se aglomeraram nas mesquitas, implorando para serem mandados ao front. Radicalizados pela empolgação da revolução, eles tinham esperança de escapar do tédio de sua dura vida. E, assim como nas sociedades tradicionais de outros tempos, o potencial de êxtase e de intensidade da guerra exerceu seu apelo. O governo emitiu um édito permitindo que crianças do sexo masculino a partir de doze anos se alistassem no front sem a permissão dos pais. Eles se tornaram guardas do Imã e receberam a promessa de um lugar no paraíso. Dezenas de milhares de adolescentes foram para a zona de combate com uma bandana vermelha, a insígnia dos mártires. Alguns, tentando ativar terrenos minados, corriam diante dos soldados e eram despedaçados. Outros faziam ataques suicidas com bombas, uma tática que tem sido usada em vários contextos de guerras assimétricas desde o século xi. Escribas foram enviados para o front para escrever o testamento dos mártires, muitos dos quais eram cartas para o Imã e falavam da alegria em lutar "junto com amigos no caminho para o Paraíso".[9] As crianças-mártires restauraram a fé de Khomeini na revolução; assim como o Imã Hussein, ele dizia, morriam para testemunhar o primado do Oculto. Mas estes também foram explorados para servir aos interesses da nação.

No entanto, o militarismo articulado religiosamente não se restringiu a culturas com uma perspectiva religiosa pré-moderna. No Ocidente secularizado ele veio à tona como uma resposta aos horrores da modernidade, particularmente aos da guerra industrializada moderna. No início da década de 1980, grupos de protestantes americanos descontentes, temendo um ataque nuclear soviético durante um período particularmente tenso da Guerra Fria, estabeleceram fortalezas em áreas remotas do nordeste. Esses sobrevivencialistas, que faziam treinamento militar e estocavam munição e outros suprimentos, se sentiam ameaçados não só pelo bloco soviético ateu como também pelo governo norte-americano. Associados de maneira não muito organizada sob o nome de

Identidade Cristã, esses grupos tinham pouco em comum com as igrejas ortodoxas cristãs.[10] Reivindicando uma descendência direta das Doze Tribos de Israel (por meio de uma etnografia absurda conhecida como "Israelismo britânico"), eram adeptos de uma espécie de supremacia branca que via o governo federal e seu pluralismo pernicioso como uma ameaça mortal. É difícil estimar o número de adeptos, já que a Identidade era e continua sendo apenas uma rede de organizações, mas provavelmente contava com mais de 100 mil membros.[11] E nem todos compartilhavam as mesmas preocupações: alguns eram sobrevivencialistas estritamente seculares simplesmente fugindo da ameaça de uma catástrofe nuclear.[12] No entanto, há uma fachada religiosa sobre alguns desses grupos extremistas, que usam a linguagem da religião para expressar medos, ansiedades e entusiasmos muito difundidos, embora não expressos abertamente, na sociedade convencional.

O alcance da mensagem pode ser dramático. Ideologias como a da Identidade Cristã inspiraria Timothy McVeigh a bombardear o edifício Alfred P. Murrah, do governo federal, em Oklahoma City, em 19 de abril de 1995. Contudo, McVeigh se declarava agnóstico. Como muitos líderes da Identidade, ele serviu no Exército dos Estados Unidos e tinha uma atração patológica pela violência. Durante a Guerra do Golfo de 1991 ajudara a massacrar um grupo de soldados iraquianos encurralados e tirou fotografias dos cadáveres para sua coleção pessoal. Apesar de não ser um membro oficial da Identidade Cristã, lia seu boletim, conversava pelo telefone com os organizadores e visitara a sede da instituição na divisa entre Oklahoma e Arkansas.[13]

De que forma, então, podemos tentar entender o terrorismo como uma espécie particular de violência?

Assim como a palavra "religião", o termo "terrorismo" é celebremente difícil de definir. Há tantas fórmulas diferentes e contraditórias que, de acordo com um estudioso, hoje a palavra está "envolta em uma confusão terminológica".[14] Parte do problema reside no fato de ser um vocábulo tão emotivo, uma das designações mais poderosas para abuso na língua inglesa, e a maneira mais dura de caracterizar um ato de violência.[15] Assim, nunca usamos a palavra para definir algo que nós mesmos fazemos, exceto talvez em alguma confissão repulsivamente penitencial. A palavra, que mais conota do que denota, teima em revelar pouco, especialmente quando os dois lados de um conflito fazem a mesma acusação um contra o outro e com a igual paixão. Seu efeito é acusar um adversário muito mais do que esclarecer a natureza do conflito subjacente.[16]

Uma tentativa de definição descreve o fenômeno como "o uso deliberado de violência, ou a ameaça de, contra inocentes, com o objetivo de intimidar especificamente essas ou outras pessoas a fazer algo que nunca fariam". No entanto, isso também pode ser dito sobre algumas formas de guerra convencional.[17] Na verdade, há um consenso entre acadêmicos de que se aplica a alguns atos de larga escala de violência aterrorizadora contra civis realizados por Estados, e não por grupos independentes.[18] Nas guerras nacionais do século XX, centenas de milhares de civis foram vítimas de bombas incendiárias, de napalm ou foram pulverizados. Durante a Segunda Guerra Mundial, cientistas aliados calcularam a mistura de explosivos e os padrões de vento para criar tempestades de fogo devastadoras em áreas superpovoadas da Alemanha e em cidades do Japão, precisamente para aterrorizar a população.[19]

Existe, no entanto, um ponto em que todos concordam: o terrorismo é fundamental e inerentemente político, mesmo quando outros motivos — religiosos, econômicos ou sociais — estão envolvidos.[20] O terrorismo trata *sempre* de "poder — conquistá-lo ou mantê-lo".[21] E assim, de acordo com um dos primeiros especialistas no assunto, "todas as organizações terroristas, independente de seu objetivo de longo prazo ser a revolução, a autodeterminação nacional, a preservação ou a restauração de um status quo, e a reforma, travam uma luta pelo poder político contra um governo que elas querem influenciar e substituir".[22] A afirmação de que a principal motivação de um ato terrorista é política pode parecer óbvia — mas não para aqueles que insistem em ver esses atos de violência atroz como meramente "insensatos". Muitos dos que pensam assim, o que não chega a ser uma surpresa, acreditam que a religião, para eles um eufemismo de irracionalidade, seja a causa final. Um dos mais famosos é Richard Dawkins. Segundo ele, "apenas a crença religiosa é uma força grande o suficiente para motivar esse tipo de insanidade completa nas pessoas, que, se não fosse por isso, seriam sãs e decentes".[23] Esse simplismo perigoso nasce de uma compreensão equivocada tanto da religião quanto do terrorismo. Trata-se, claro, de uma expressão bastante familiar ao viés secularista da modernidade, que classifica a "religião" como uma forma violenta e irracional que deve ser excluída da política dos países civilizados.[24] De certa maneira, essa visão ignora o fato de que todas as grandes tradições religiosas do mundo compartilham como um de seus dogmas fundamentais: o imperativo de tratar os outros como se deseja ser tratado. Isso, é claro, não significa negar que muitas vezes a religião tem acarretado atrocidades terroristas, mas é fácil demais transformá-la em um bode expiatório em vez de constatar o que realmente acontece no mundo.

O primeiro ato de terrorismo islâmico com projeção internacional foi o assassinato do presidente Anwar Sadat, vencedor do Prêmio Nobel da Paz, herói dos Acordos de Camp David, conhecido no Ocidente como um líder muçulmano progressista. Os povos ocidentais ficaram horrorizados com a ferocidade do ataque. Em 6 de outubro de 1981, durante uma parada celebrando as vitórias do Egito na Guerra do Yom Kippur, o primeiro-tenente Khaled Islambouli pulou de seu caminhão, correu até o palanque presidencial e abriu fogo com uma metralhadora, atirando várias vezes contra Sadat e matando sete pessoas próximas ao presidente e ferindo outras 28. A motivação política dele claramente era a mudança de regime, mas o ardor revolucionário estava amalgamado com o sentimento islâmico. No julgamento, Islambouli deu três razões para o assassinato de Sadat: o sofrimento dos muçulmanos egípcios sob seu governo tirânico; os Acordos de Camp David; e o fato de Sadat ter prendido islamistas um mês antes.

Uma enxurrada de príncipes, políticos e celebridades ocidentais participou do funeral de Sadat, mas nenhum líder árabe esteve presente, e as ruas do Cairo estavam estranhamente silenciosas — uma cena muito diferente das lamentações tumultuadas no funeral de Nasser. Os políticos do Ocidente admiraram a iniciativa de Sadat de promover os acordos de paz, mas muitas pessoas no Egito interpretaram a ação dele como oportunista e egoísta, especialmente porque, três anos depois de Camp David, as condições dos palestinos não melhoraram. Sadat também tinha conquistado o aval ocidental ao escolher o lado "certo" na Guerra Fria, demitindo os 1500 conselheiros soviéticos contratados por Nasser, em 1972, e anunciando uma política de "portas abertas" planejada para levar o Egito ao capitalismo de livre mercado.[25] Mas, assim como no Irã, enquanto poucos empresários prosperavam, os negociantes locais eram arruinados pelas importações que inundavam os mercados. Apenas 4% dos jovens conseguiam empregos decentes, e a habitação era tão cara que casais precisavam esperar anos para se casar. Incapazes de arcar com o custo de vida no próprio país, milhares de egípcios se mudaram para a Arábia Saudita ou para países do Golfo, e mandavam dinheiro para suas famílias em casa.[26] O deslocamento social causado pela ocidentalização abrupta do Egito por Sadat também era perturbador. Como um observador tentou explicar, para um camponês egípcio era impossível manter sua dignidade como "um portador de cultura em sua própria cultura" quando, depois de um dia de trabalho pesado sob sol forte, precisava entrar na fila para comprar um frango congelado americano e passava a noite em frente a um aparelho de TV comprado com dinheiro enviado pelo filho da Arábia Saudita, assistindo às excentricidades de J. R. Ewing e Sue Ellen em *Dallas*.[27]

A ala religiosa da sociedade egípcia se sentiu especialmente traída por Sadat. De início, ansioso por criar uma identidade para seu regime diferente da de Nasser, ele flertou com os religiosos, libertando os Irmãos Muçulmanos da prisão, incentivando associações de estudantes muçulmanos a tomar os campi dos socialistas e dos seguidores de Nasser, e se autodenominando O Presidente Religioso. Muitas mesquitas foram construídas e as TVs dedicaram grande parte de seu tempo à religião. Mas não havia nada de islâmico na política de Portas Abertas. Tratava-se, na verdade, de uma violência estrutural descarada, e isso revelava quanto a postura beata de Sadat era oca, já que criara condições de desigualdade explicitamente condenadas pelo Alcorão. O presidente descobriu que sem querer seu ataque econômico e político ao povo do Egito tinha gerado movimentos políticos islamistas perigosamente hostis a seu governo.

Um deles era a Sociedade dos Muçulmanos, fundada em 1971 por Shukri Mustafa, um membro da Irmandade Muçulmana, depois de sair da prisão.[28] Ele se tornaria um dos mais equivocados "independentes" a ocupar a lacuna criada pela marginalização dos ulemás. Em 1976, a Sociedade tinha cerca de 2 mil membros, homens e mulheres convencidos de que tinham a missão divina de construir uma *ummah* pura sobre as ruínas da *jahiliyyah* de Sadat. Levando ao limite o programa estabelecido por Qutb em *Os marcos*, Shukri declarou que, além do governo, toda a população do Egito era apóstata, e ele e seus seguidores se retiraram da sociedade convencional, vivendo em cavernas no deserto nos arredores do Cairo ou nos bairros mais pobres da cidade. O experimento deles terminou em violência e em imoralidade fatal quando membros da organização mataram desertores do grupo e Shukri assassinou um juiz respeitado, que condenara a Sociedade. Independente do quanto a Sociedade de Shukri tenha se equivocado, ela ajudou a revelar o lado mais sombrio do regime de Sadat. Excomungar o Egito fora algo extremo, mas, em termos corânicos, a violência sistêmica de Sadat realmente era *jahili*. A hégira para os bairros mais desesperados do Cairo refletia a condição de muitos jovens egípcios que sentiam que não havia lugar para eles em seu país. As comunas da sociedade eram sustentadas por jovens que, como muitos outros, tinham sido enviados para trabalhar nos países do Golfo. A Sociedade condenava todo o conhecimento secular como uma perda de tempo, e havia verdade nisso, já que a empregada de uma madame em um país estrangeiro frequentemente ganhava mais do que um professor universitário em início de carreira.

Muito mais úteis do que a Sociedade dos Muçulmanos, no entanto, eram as *jamaat al-islamiyyah*, organizações estudantis que dominavam os campi universitários durante a presidência de Sadat. Nelas, os próprios jovens procuravam se ajudar, já que a sociedade ignorava as necessidades deles. Em 1973, eles organizaram acampamentos de verão em quase todas as grandes universidades, onde os estudantes desfrutavam de um ambiente islâmico, estudando o Alcorão, fazendo vigílias, ouvindo sermões sobre o Profeta e assistindo a aulas de esportes e de defesa pessoal — uma alternativa islâmica para as imperfeições do Estado secular.[29] Nos campi lamentavelmente mal equipados, eles segregavam os sexos durante as aulas, em que vários estudantes frequentemente eram obrigados a compartilhar um único banco, para proteger as mulheres do assédio, e organizavam horas de estudo na mesquita, mais silenciosa do que os dormitórios superlotados. Aqueles que vinham do campo e viviam sua primeira experiência na cidade moderna agora eram capazes de caminhar rumo à modernidade em um ambiente islâmico familiar.

Os protestos de estudantes ficaram mais agressivos à medida que Sadat se aproximava do Ocidente e se tornava mais autocrático. Em 1978, ele outorgou a Lei da Vergonha: qualquer pensamento, palavra ou ação fora da ideologia dominante seria punido com a perda de direitos civis e com o confisco de passaporte e de propriedade. Os cidadãos foram proibidos de participar de grupos sociais e de transmissões de TV e rádio, de publicar algo que ameaçasse "a unidade nacional ou a paz social". Até mesmo um comentário corriqueiro, feito na privacidade da própria casa, seria punido.[30] Como resposta à opressão do governo, na Universidade de Mina, os estudantes começaram a vandalizar igrejas cristãs — associadas ao imperialismo ocidental — e a atacar quem se vestia de maneira ocidentalizada. Sadat fechou a *jamaat*, mas quase sempre a repressão leva esses movimentos à jihad armada. Khaled Islambouli, ex-aluno da Universidade de Mina, se juntou a uma dessas células. Em setembro de 1981, pouco antes de ser assassinado, Sadat prendera mais de 1500 membros da oposição, incluindo ministros do governo, políticos, intelectuais, jornalistas e ulemás, além de islamistas. Entre os últimos estava Muhammad, irmão de Khaled.[31]

A ideologia dos assassinos de Sadat fora profundamente moldada por Abd al-Salam Faraj, guia espiritual da Jihad Network, executado com Khaled em 1982. Depois do assassinato, publicaram seu tratado, *O dever negligenciado*, que tinha circulado apenas entre os membros da organização. Esse documento moroso, desajeitado e mal fundamentado é uma prova do quanto os reformistas laicos tinham se equivocado ao privar as pessoas de orientação religiosa adequada. Faraj era outro "independente": formado em engenharia elétrica, ele não tinha experiência alguma com a lei islâmica. Mas nos anos 1980 essas ideias pouco ortodoxas haviam se difundido, sem ser contestadas pelos ulemás marginalizados, até se tornaram amplamente aceitas pela sociedade. O "dever negligenciado" do título era a jihad agressiva. Os muçulmanos, afirmava Faraj, tinham sido convencidos por pessoas estúpidas de que só era legítimo lutar para se defender. Por isso os muçulmanos viviam em situação de sujeição e de humilhação e só poderiam recuperar sua dignidade recorrendo às armas. Sadat não passava de um infiel pois governava de acordo com as "leis da descrença" impostas pelos colonizadores à *ummah*.[32] Apesar da aparente ortodoxia, Sadat e seu governo eram um bando de apóstatas que mereciam a morte. Faraj citava a *fatwa* de Ibn Taymiyyah contra os governantes mongóis, que, assim como Sadat, foram muçulmanos apenas de fachada. Na época de Al-Shafii, os muçulmanos só temiam um ataque externo; agora os infiéis de fato governavam a *ummah*. Para criar um verdadeiro Estado islâmico, portanto, a jihad era *fard ayn*, dever de todos os muçulmanos fisicamente capazes.

Faraj revela a "idolatria" presente em algumas formas de islamismo político tanto quanto no discurso secularista, já que transforma a *ummah* em um valor supremo. "É obrigatório para todo muçulmano lutar de maneira séria pelo retorno do califado", afirmava Faraj; quem se eximir dessa função "não morre como um muçulmano".[33] No passado o islã fora uma religião validada por seu sucesso. Até o período moderno, a posição decisiva da *ummah* parecia confirmar o ensinamento do Alcorão: uma comunidade orientada corretamente prosperaria por estar em harmonia com o modo como as coisas devem ser. O súbito rebaixamento da *ummah* foi um choque teológico para alguns muçulmanos, assim como o evolucionismo darwinista para alguns cristãos. A sensação de vergonha e humilhação foi exacerbada pela ideia de um passado magnífico. Grande parte do islamismo moderno representa uma luta desesperada para pôr a história de volta nos trilhos. Mas esse sonho de uma *ummah* gloriosamente restabelecida se tornou um valor absoluto, um fim em si mesmo, logo, uma justificativa para os meios usados em uma jihad agressiva — nesse caso, um assassinato. Em termos islâmicos, isso constitui o pecado primordial da *shirk* uma idolatria que coloca o ideal político no mesmo patamar de Alá. Como observou um comentador, longe de desculpar a violência desregrada, o ideal da jihad originalmente expressava a ideia basilar de que "a verdade final do homem não está em alguma utopia remota e imaculada, mas na tensão e na luta por aplicar seus ideais à matéria-prima recalcitrante e cheia de obstáculos da tristeza humana".[34]

A teologia primitiva de Faraj é evidente quando ele explica por que era mais importante combater Sadat do que os israelenses: se um verdadeiro Estado islâmico fosse estabelecido no Egito, ele acreditava, automaticamente Jerusalém voltaria para o domínio muçulmano. No Alcorão, Deus prometeu que ajudaria os muçulmanos e causaria a desgraça de seus inimigos. Em um abandono niilista não apenas de seu treinamento científico moderno, mas também da insistência do Alcorão para que os muçulmanos usem sua inteligência natural, Faraj voltou a uma forma particularmente ingênua da filosofia perene, quase equivalente ao pensamento mágico: se os muçulmanos tomassem a iniciativa, Deus "interviria nas leis da natureza [e as mudaria]". Os ativistas podiam esperar um milagre? Faraj respondia que sim. Os observadores ficaram intrigados pela ausência de um levante planejado na sequência do assassinato. Faraj acreditava que Deus agiria e faria o resto.[35] Isso não aconteceu. Hosni Mubarak se tornou presidente quase sem nenhuma agitação, e a ditadura secular dele permaneceu no poder por trinta anos.

O terrorismo frequentemente brotou no mundo muçulmano quando as fronteiras da nação não estavam de acordo com as definidas pelas potências coloniais para o Estado.[36] O Líbano tinha sido organizado de maneira particularmente inepta pelos colonizadores. O país também herdara um padrão de disparidade econômica e tinha problemas singulares e trágicos. A população xiita habitava o campo infértil entre Tiro e Sídon, que até a década de 1920 pertencera à Grande Síria e não tinha laços históricos com os muçulmanos sunitas nem com os cristãos maronitas do norte; além disso, eles não participaram do processo de modernização, a partir do qual uma burguesia próspera transformou Beirute na capital intelectual do Oriente Médio. O sul do Líbano continuou subdesenvolvido, já que a Constituição tornava cada comunidade religiosa responsável pelo próprio bem-estar e pelas instituições sociais. Os xiitas eram tão pobres que a maior parte de suas trezentas aldeias não tinha nem hospitais nem irrigação, e, como tendiam a ter pouca educação formal, eram mal representados pelo governo do país. Na década de 1950, incapazes de viver da terra, milhares migraram para Beirute e se estabeleceram nas favelas de Maslakh e Karantina, conhecidas na região como "cinturão da miséria". Eles nunca foram assimilados, e sofriam preconceito da população mais sofisticada.

Em 1959, porém, Musa al-Sadr, um clérigo brilhante, iraniano e cosmopolita, chegou de Najaf, onde um círculo de ulemás criara uma forma revisionista do xiismo. Usando as ideias xiitas para ajudar as pessoas a pensar sobre sua situação política e social, Sadr começou a transformar essa comunidade atrasada em uma das principais facções do Líbano. Sadr atribuía parte do problema da marginalização ao tradicional quietismo dos xiitas. O Sexto Imã tinha adotado essa política de secularismo sagrado para proteger os xiitas contra a violência dos abássidas. Mas as condições do mundo moderno exigiam que os xiitas voltassem para o espírito do Imã Hussein e tomassem as rédeas do próprio destino. Em Hussein eles encontrariam um modelo de coragem e escolha política.[37] Sadr criticou os ulemás e os senhores feudais por não orientarem adequadamente suas comunidades. Junto com o aiatolá Muhammad Fadl Allah, também membro do círculo de Najaf, ele ofereceu à comunidade serviços fundamentais e começou a construir uma cultura xiita de independência e de resistência à injustiça sistêmica no Líbano.[38]

Dessa forma, todos os elementos da violência estrutural que normalmente contribuem para o desenvolvimento do movimento islamista estavam presentes no Líbano. Um abismo separava a elite ocidentalizada e privilegiada das massas não modernizadas; a urbanização ocorrera rápido demais; havia um sistema social desigual e um desajuste físico e social. A situação do Líbano era ainda mais complicada em função do problemático conflito árabe-israelense. Depois do Acordo do Cairo de 1969, a Organização para Libertação da Palestina (OLP) teve permissão para instalar bases no sul do Líbano a partir das quais podia atacar Israel, e, com a expulsão da OLP da Jordânia, em 1970, o Líbano se tornou sua sede. No sul do Líbano, portanto, os xiitas sofriam pesadas baixas em decorrência de bombardeios retaliatórios de Israel. A demografia do país também mudou. A taxa de nascimento dos xiitas aumentou drasticamente, com a população passando de 100 mil, em 1921, para 750 mil, em 1975. Como as taxas de nascimento de sunitas e de maronitas diminuíram, em meados dos anos 1970, os xiitas representavam 30% da população e eram a maior comunidade religiosa do Líbano.[39] Quando os sunitas e os xiitas solicitaram uma reestruturação das instituições políticas que refletisse essa mudança, uma guerra civil catastrófica eclodiu (1975-8). O Líbano se tornou um lugar perigosamente violento, onde combater não era mais uma opção, e sim algo fundamental para sobreviver.

Em razão da guerra onipresente e da opressão sistêmica da sociedade libanesa, os xiitas se tornaram agressivos. Sadr já tinha criado campos de treinamento para ensinar técnicas de defesa pessoal a jovens xiitas e, depois da eclosão da guerra civil, fundou o Amal (Batalhão da Resistência Libanesa), reunindo as classes baixas e os "novos homens" — empresários e profissionais xiitas que tinham conseguido subir na pirâmide social. Eles combatiam a supremacia maronita junto com os drusos, uma seita xiita pequena e esotérica. Os xiitas provavelmente foram os que mais sofreram durante a guerra civil. As favelas deles foram destruídas pelas milícias cristãs, milhares ficaram desabrigados e outros milhares precisaram fugir do sul do país durante a luta interminável entre os israelenses e a OLP. Em 1978, quando Israel invadiu o Líbano para expulsar a OLP, casas de xiitas foram destruídas e centenas de milhares foram forçados a se refugiar em Beirute.

Nesse momento crucial, Musa al-Sadr fez uma visita à Líbia e desapareceu, talvez assassinado por Qaddafi, se tornando assim o "Imã Oculto" libanês. Essa perda dividiu o Amal: alguns seguiram o secularista Nabih Berri, educado nos Estados Unidos e defensor da ação pacífica, mas os "novos homens" mais letrados seguiram Fadl Allah, um estudioso cujos pontos de vista de tornariam muito controversos na comunidade dos eruditos. O seu *islã e o uso da força*

(1976), escrito em uma sociedade dividida por um conflito violento, afirmava que os muçulmanos deviam estar prontos para lutar e, se necessário, morrer como Hussein em busca de justiça e igualdade. O martírio não era apenas uma ação pia, era também um ato político revolucionário, uma recusa de se submeter à opressão e à crueldade. Usada da maneira correta, a força permitia a um indivíduo assumir o controle de sua vida e era a única forma de sobreviver com dignidade em um mundo violento:

> A força significa que o mundo dá recursos e riqueza para você; contraditoriamente, em situação de fraqueza, a vida de um homem se degenera, suas energias são desperdiçadas, ele se torna sujeito a algo que parece sufocamento e paralisia. A história, a história da guerra e da paz, da ciência e da riqueza, é a história dos fortes.[40]

Os muçulmanos não deviam evitar o sucesso econômico e a tecnologia moderna, e sim usá-los para resistir à injustiça e à marginalização. Com isso, eles não imitavam o Ocidente, porque, em vez de fazer do Estado-nação um instrumento da economia de mercado, os xiitas construiriam um Estado humano baseado nos valores da comunidade e no autorrespeito. Os fins eram islâmicos, mas os meios eram novos.

Em 1979, inspirado pela Revolução Iraniana e com recursos e treinamento cedidos por Teerã, Fadl Allah fundou o Hizbollah, o "Partido de Deus". Os ocidentais não entendiam por que a revolução não se espalhou pelas comunidades xiitas mais próximas no Irã, no Golfo ou na Arábia Saudita, mas imediatamente criara raízes no distante Líbano.[41] Na verdade, Irã e Líbano tinham um longo relacionamento. No século XVI, quando os safávidas fundaram o império xiita no Irã, na época um país majoritariamente sunita, eles pediram aos intelectuais xiitas no Líbano que os instruíssem e orientassem; pois era comum libaneses xiitas participarem da rede revolucionária iraniana. A primeira vez que o Hizbollah chamou a atenção do mundo foi com a invasão israelense (1982) e, logo depois, com a intervenção militar dos Estados Unidos (1983-4), quando, em 25 de outubro de 1983, homens-bomba do Hizbollah mataram 241 americanos e 58 franceses, todos soldados das forças de manutenção de paz do complexo militar próximo ao aeroporto de Beirute. Essa operação de martírio foi seguida de outros ataques na embaixada dos Estados Unidos e nos acampamentos de americanos.

Para justificar a ação violenta, os comunicados do Hizbollah citavam a oposição dos Estados Unidos a Khomeini e seu apoio a Saddam Hussein, a Israel e aos cristãos maronitas. Fadl Allah falou do "silêncio arrogante" das potências ocidentais diante do sofrimento do Terceiro Mundo.[42] Essas operações, além da inspiração religiosa, tinham um claro objetivo político: forçar os estrangeiros responsáveis pela ocupação a sair do Líbano. Isso era "suicídio revolucionário". Quanto aos métodos, Fadl Allah ressaltou que os xiitas enfrentavam uma luta assimétrica:

> As nações oprimidas não têm a tecnologia e as armas destrutivas que os Estados Unidos e a Europa têm. Eles precisam lutar com os próprios meios especiais [...]. Nós [...] não vemos como terrorismo o que os muçulmanos oprimidos do mundo fazem com meios primitivos e não convencionais para confrontar as potências agressivas. Vemos isso como uma guerra justa contra as potências imperiais do mundo.[43]

Não eram atos aleatórios, intolerantes e irracionais, mas "obrigações legais determinadas por regras" que os muçulmanos deviam respeitar.[44] Uma dessas regras proibia que civis fossem deliberadamente escolhidos como alvo, o que é proibido pela lei islâmica — embora o Hizbollah realmente tenha tomado civis americanos, britânicos, franceses e alemães como reféns para garantir a libertação de xiitas mantidos presos em outros lugares. No Ocidente, o ataque suicida imediatamente fez lembrar os Assassinos, símbolo do fanatismo há muito tempo atribuído pelos ocidentais ao islã. Mas, embora o Hizbollah realmente tenha sido pioneiro no uso desse método controverso no Oriente Médio, na década de 1980 a maior parte dos ataques suicidas a bomba no Líbano seria causada por secularistas. De acordo com uma pesquisa, o Hizbollah foi responsável por sete operações suicidas; o secular Partido Nacionalista Sírio por 22, e o socialista Baath por dez.[45]

Em 1986, porém, os líderes da resistência decidiram que o Hizbollah precisava mudar de rumo, pois suas operações muitas vezes eram irresponsáveis e contraprodutivas; a organização sofria pesadas baixas e dividia a comunidade xiita. Houve tensão entre o Hizbollah e o Amal, e as aldeias resistiram às tentativas do Hizbollah de impor leis islâmicas.[46] A essa altura, Fadl Allah tinha concluído que a violência, no final das contas, não trazia resultados: qual ato terrorista da OLP tinha conseguido chocar o mundo? Os xiitas libaneses precisavam mudar de foco, ele afirmava, trabalhando "de dentro as circunstâncias objetivas e verdadeiras" em que se encontravam.[47] Fadl Allah sabia que era impossível estabelecer um Estado islâmico no Líbano e, em 1989, chegou a sugerir que estava na hora de os iranianos começarem "a normalização das relações com o resto do mundo", já que, como qualquer movimento político, as revoluções passam por muitas fases e se transformam com as mudanças do mundo:

> Como todas as revoluções, incluindo a Revolução Francesa, de início a Revolução Islâmica não tinha uma linha realista. Na época ela serviu para criar um Estado, anunciou um movimento, uma nova maneira religiosa de pensar e de viver, com o objetivo de conquistar a autonomia muçulmana e a independência em relação às superpotências.[48]

O Hizbollah, portanto, renunciou ao terrorismo e se tornou um partido político comprometido com o eleitorado, concentrado no ativismo social e em uma transformação vinda do povo.

Ao desenvolver uma estrutura oculta de células a organização passou a evitar brigas entre milícias xiitas e organizou um processo espiritual para substituir o que Khomeini chamou de "cérebro colonizado" por outro que pensaria fora dos parâmetros impostos pelo Ocidente. Todos os líderes do Hizbollah continuavam a frequentar aulas de filosofia para desenvolver seu pensamento crítico e independente. Como os ativistas dos direitos civis americanos, eles trabalham com grupos pequenos nas aldeias para descobrir a melhor forma de cada um contribuir para a comunidade: eles podem montar uma loja para uma pessoa ou treinar outra para uma milícia de elite. O objetivo, que lembra o ideal de Confúcio, é desenvolver uma comunidade xiita em que todo mundo receba e dê respeito e se sinta valorizado e necessário. Desde a guerra de 2006 com Israel, o Hizbollah se concentrou sobretudo no controle da raiva: "Queremos que essa raiva deixe de ser usada para algo destrutivo e se torne politicamente útil — talvez para aumentar a resistência — ou que sirva a alguma atividade construtiva para a sociedade".[49]

Durante este conflito, o Hizbollah propôs uma solução alternativa para o problema da guerra assimétrica.⁵⁰ Na preparação para essa contingência, a organização construiu túneis e bunkers subterrâneos profundos, a cerca de doze metros da superfície, onde suas milícias se protegem dos ataques aéreos israelenses, para voltar à superfície e organizar um prolongado ataque com foguetes e mísseis. O Hizbollah sabia que isso não causaria danos sérios à poderosa máquina de guerra israelense, mas a longa duração e o caráter incessante dessa artilharia de mísseis afetavam o moral israelense. O objetivo do Hizbollah era forçar Israel a invadir por terra, situação em que as bem treinadas forças de guerrilha da organização, conhecendo intimamente o terreno, podiam atacar de maneira eficaz os tanques blindados de Israel com seus lança-mísseis portáteis. Eles também atingiram um domínio admirável da inteligência e das relações públicas, de modo que muitos jornalistas israelenses admitiram com franqueza que preferiam os comunicados do Hizbollah aos das Forças Armadas israelenses. A vitória deles em forçar o recuo israelense demonstrou que o terrorismo não precisa ser o único modo de repelir um inimigo militarmente superior.

Como inspiração para o terrorismo, porém, o nacionalismo tem sido mais produtivo do que a religião. Os especialistas em terrorismo concordam que a negação do direito de autodeterminação nacional de uma população e a ocupação de seu território por forças estrangeiras historicamente são o mais poderoso agente de recrutamento de organizações terroristas, seja sua ideologia religiosa (os xiitas libaneses) ou secular (a OLP).⁵¹ Em Israel, porém, o nacionalismo secular incitou uma tradição religiosa a agressividade em uma dinâmica diferente: a tendência de transformar o Estado-nação em um valor supremo a ponto de sua preservação e integridade legitimarem qualquer forma de ação, independentemente da radicalidade. Em maio de 1980, depois do assassinato de seis estudantes yeshivar em Hebron, Menachem Livni e Yehuda Etzion, do assentamento Gush, puseram bombas em carros de cinco prefeitos árabes, com a intenção não de matá-los, mas de mutilá-los, para que se tornassem lembretes vivos das consequências de qualquer oposição a Israel.⁵² Mas essa operação foi apenas uma ação secundária. Em abril de 1984, o governo israelense revelou a existência de um movimento judaico secreto que planejara a explosão da Cúpula da Rocha para forçar o encerramento das negociações de Camp David.

Para diminuir a agressividade judaica que podia pôr em risco a sobrevivência do país, os rabinos talmúdicos insistiram que o Templo só podia ser reconstruído pelo Messias, e ao longo dos séculos isso tinha se transformado em um tabu. Mas os judeus extremistas ficavam profundamente perturbados com a Cúpula da Rocha, o terceiro lugar mais sagrado do mundo muçulmano, localizado onde se dizia ter existido o templo de Salomão. Esse templo magnífico, que domina o horizonte de Jerusalém Oriental e está em tão perfeita harmonia com o ambiente natural, é um lembrete permanente dos séculos de domínio islâmico na Terra Santa. Para os Gush, esse símbolo da minoria muçulmana se tornou demoníaco. Livni e Etzion o descreveram como uma "abominação" e a "raiz de todos os erros espirituais de nossa geração". Segundo Yeshua ben Shoshan, o conselheiro espiritual alternativo, a Cúpula era o fantasma das forças do mal que inspiraram as negociações de Camp David.[53] Todos os três tinham certeza de que, de acordo com a filosofia perene da Cabala, suas ações aqui na terra iriam ativar eventos nos céus, forçando Deus, por assim dizer, a realizar a redenção messiânica.[54] Especialista em explosivos das Forças Armadas israelenses, Livni fabricou 28 bombas de precisão que destruiriam a Cúpula, mas não seu entorno.[55] O único motivo de não seguir em frente foi não terem encontrado um rabino que abençoasse a operação. Esse caso foi outra demonstração da pulsão de morte moderna. A destruição da icônica Cúpula provavelmente teria causado uma guerra em que, pela primeira vez, todo o mundo muçulmano se uniria para lutar contra Israel. Estrategistas em Washington acreditavam que durante a Guerra Fria, quando os soviéticos apoiavam os árabes e os Estados Unidos apoiavam Israel, isso poderia ter detonado uma Terceira Guerra Mundial.[56] A sobrevivência e a integridade territorial do Estado de Israel eram tão cruciais para os militantes que chegavam a justificar o risco de destruição da raça humana.

No entanto, a convicção dos militantes, longe de ser inspirada pelas tradições religiosas, violava ensinamentos fundamentais do judaísmo rabínico. Os rabinos insistiram repetidas vezes que a violência contra outros seres humanos era equivalente a negar Deus, que tinha feito os homens e as mulheres à sua semelhança; o assassinato, portanto, era um sacrilégio. Deus criara *Adão*, um único homem, para nos ensinar que quem quer que destruísse uma única vida humana seria punido como se tivesse destruído o mundo inteiro.[57]

A Cúpula, considerada um símbolo de humilhação, subjugação e obliteração dos judeus, alimentava perigosamente o histórico de lamentações e de sofrimento dos judeus, um fenômeno que, como vimos, pode se degenerar rapidamente e inspirar uma resposta violenta. Os judeus tinham reagido e atingido um status de superpotência no Oriente Médio, o que em outros tempos seria inconcebível. Para os Gush, o processo de paz ameaçava esse status conseguido a duras penas, e assim como os monges que eliminaram os icônicos templos pagãos depois da tentativa de Juliano de suprimir o cristianismo, eles instintivamente responderam: "Nunca mais". Por isso os judeus radicais, com ou sem a aprovação dos rabinos, continuaram a flertar com a ideia perigosa de Livni, convencidos de que seu plano político de alguma forma se baseava na verdade eterna. Os Fiéis do Monte do Templo esboçaram planos para o templo judeu que um dia substituiria a Cúpula, e o exibiram em um museu provocadoramente perto do Haram al-Sharif com os utensílios rituais e vestes cerimoniais que prepararam para o culto. Para muitos, a Jerusalém judaica renascida como uma fênix das cinzas de Auschwitz tinha um valor simbólico inegociável.

A história de Jerusalém mostra que um lugar sagrado sempre se torna mais precioso para um povo depois de ter sido perdido ou se acharem que sua posse está ameaçada. O caso de Livni ajudou a tornar o Haram al-Sharif ainda mais sagrado para os palestinos. Quando o islã era uma grande potência mundial, os muçulmanos tinham a confiança para ser inclusivos na devoção a esse lugar sagrado. Chamando Jerusalém de Al-Quds ("a Sagrada"), eles entendiam que um lugar sagrado pertencia a Deus e nunca podia ser privilégio de um Estado. Quando Omar conquistou Jerusalém, deixou os templos cristãos intactos e convidou os judeus a voltarem à cidade de que tinham sido excluídos por séculos. Mas, ao perceber que perdiam sua cidade, os muçulmanos palestinos se tornaram mais possessivos. Por isso a tensão entre muçulmanos e judeus nesse lugar sagrado frequentemente irrompe em violência: em 2000, a visita provocadora do agressivo político israelense Ariel Sharon com sua comitiva de direita fez eclodir um levante palestino conhecido como Segunda Intifada.

O rabino Meir Kahane também planejou destruir o que chamou de "abominação dos gentios no Monte do Templo". A maior parte dos israelenses ficou horrorizada quando ele foi eleito para o Knesset em 1984 com 1,2% dos votos.[58] Para Kahane, atacar qualquer gentio que representasse a menor ameaça à nação judaica era um dever sagrado. Em Nova York, ele fundou a Liga de Defesa Judaica para vingar ataques contra judeus cometidos por jovens negros, mas ao chegar a Israel e entrar para o assentamento de Kiryat Arba, mudou seu nome para Kach ("Assim é!"), com o intuito de forçar os palestinos a deixar a Terra Santa. A ideologia de Kahane simboliza a "miniaturização" da identidade que é um dos catalisadores da violência.[59] O "fundamentalismo" dele era tão extremo que reduzia o judaísmo a um único preceito. "Não há muitas mensagens no judaísmo", insistia. "Há apenas uma": Deus simplesmente queria que os judeus "viessem a esse país para criar um Estado judaico". Israel tinha a missão de ser uma nação "sagrada", separada de todas as outras, por isso "Deus quer que nós vivamos em um país nosso, isolado, para que tenhamos o menor contato possível com o exterior".[60] Na Bíblia o culto do sagrado levara os autores eclesiásticos a honrar a "alteridade" fundamental de cada ser humano; inspirara os judeus a amarem o estrangeiro que vivesse em sua terra, usando as memórias de sofrimentos passados não para justificar perseguição, mas para ter empatia com a aflição que essas pessoas deslocadas sentiam. Kahane, porém, incorporava uma versão extrema do nacionalismo secular cuja incapacidade de tolerar minorias causara tanto sofrimento ao seu povo. Na visão dele, a "santidade" significava o isolamento dos judeus, que devem ser "postos à parte" em sua própria terra, e os palestinos devem ser expulsos.

Alguns judeus afirmam que o Holocausto "convoca a todos para preservar a democracia, combater o racismo e defender os direitos humanos", mas muitos israelenses concluíram que o fracasso do mundo em salvar o povo judeu exige um Israel militarmente forte, por isso eles relutam em participar de negociações de paz.[61] Kahane, no entanto, foi muito além. Segundo ele, a redenção messiânica começou depois da Guerra dos Seis Dias. Se Israel tivesse anexado os territórios, expulsado os árabes e demolido a Cúpula, a redenção teria vindo sem sofrimento. Mas, como o governo israelense quis acalmar a comunidade internacional e evitou essa violência, isso só seria possível com uma calamidade antissemita bem pior do que o Holocausto, que forçaria todos os judeus a abandonar a diáspora.[62] O Holocausto ofuscava a ideologia de Kahane. O Estado de Israel, ele acreditava, não era uma bênção para os judeus, mas uma vingança de Deus contra os gentios: "Ele não podia mais tolerar a profanação de seu Nome e o riso, a desonra e a perseguição do povo que ele batizou em Sua homenagem". Todo ataque a um judeu, portanto, equivalia a blasfêmia, e qualquer ato de retaliação judaica era *Kiddush ha-Shem*, uma santificação do nome do Senhor: "o punho de um judeu no rosto do aturdido mundo gentio que nunca o viu durante dois milênios".[63] Essa ideologia foi a que inspirou Baruch Goldstein, do assentamento de Kiryat Arba, a atirar em 29 devotos palestinos no Túmulo dos Patriarcas em Hebron no festival do Purim, em 25 de fevereiro de 1994. O massacre era uma vingança pelo assassinato de 29 judeus em Hebron, em 24 de agosto de 1929. Goldstein morreu no ataque e é reverenciado pela extrema direita israelense como um mártir. A ação dele inspirou a primeira onda de homens-bomba muçulmanos em Israel e na Palestina.

A memória coletiva de humilhação e dominação imperial também inspirou um desejo de um caráter nacional forte na Índia.[64] Quando olham para a história, os hindus se dividem. Alguns lembram de um paraíso de convivência, uma cultura em que as tradições hindus e muçulmanas cooperavam. Mas os nacionalistas hindus veem o período de domínio muçulmano como um choque de civilizações: um islã combativo que obrigou a maioria oprimida de hindus a adotar sua cultura.[65] A violência estrutural do império sempre é objeto de ressentimento dos povos subjugados e pode persistir por muito tempo depois de os imperialistas terem ido embora. Fundado no início da década de 1980, o partido Bharatiya Janata (BJP), o "Partido Nacional Indiano", afiliado à RSS (o partido nacionalista religioso de Hedgewar), se alimenta desse ressentimento e o incentiva. O partido fez campanha por uma Índia militarmente forte, por um arsenal nuclear (cujas ogivas são batizadas em homenagem a deuses hindus) e por uma distinção nacional. De início, no entanto, não foi bem nas urnas, mas sua sorte mudou radicalmente em 1989, quando a questão da mesquita Babri voltou às manchetes dos jornais.[66] Na Índia, assim como em Israel, a geografia sagrada tornou-se um emblema da desonra da nação. O espetáculo de um templo muçulmano construído sobre as ruínas de um templo demolido também inflamava paixões imensas, por simbolizar de maneira tão gráfica a memória coletiva hindu do domínio imperial islâmico. Em fevereiro de 1989, ativistas resolveram construir um novo templo em homenagem a Ram no local da mesquita e coletaram doações entre as castas mais pobres de toda a Índia; nas aldeias menores, coletaram e consagraram os tijolos para o novo templo. Não surpreende que as tensões entre muçulmanos e hindus no norte tenham crescido, e Rajiv Gandhi, que tentou mediar a questão, perdeu a eleição.

O BJP, no entanto, teve ganhos importantes nas urnas, e no ano seguinte seu presidente, L. K. Advani, começou uma *rath yatra* ("peregrinação em carruagem"), uma jornada de trinta dias da costa Oeste até Ayodhya, que culminaria na reconstrução do templo Rama. A van Toyota dele foi decorada para lembrar a carruagem de Arjuna na última batalha do *Mahabharata* e era saudada alegremente por multidões ardorosas ao longo do caminho.[67] A peregrinação começou, de maneira significativa, em Somnath, onde, segundo a lenda, o sultão Mahmud do reino de Ghazni na Ásia Central massacrara milhares de hindus no século XI, demolindo o antigo templo de Shiva e saqueando seu tesouro. Advani nunca chegou a Ayodhya, pois foi preso em 23 de outubro de 1990, mas milhares de nacionalistas hindus de todas as regiões da Índia já tinham se reunido no local para começar a demolição da mesquita. Dezenas deles foram assassinados pela polícia e saudados como mártires e motins hindu-muçulmanos explodiram em todo o país. Por fim, a mesquita de Babri foi desmantelada em dezembro de 1992, enquanto a imprensa e o Exército observavam nas proximidades. Para os muçulmanos, a destruição brutal da mesquita evocou o aterrorizante espectro da aniquilação do islã no subcontinente. Houve outros motins, o mais célebre deles foi um ataque muçulmano a um trem transportando peregrinos hindus para Ayodhya, que foi vingado por um massacre de muçulmanos em Gujarat.

Como os islamistas, os nacionalistas hindus são seduzidos pela perspectiva de reconstruir uma civilização gloriosa, que revivá os esplendores da Índia antes da chegada dos muçulmanos. Eles estão convencidos de que seu caminho até essa utopia futura está bloqueado pelas relíquias da civilização mogol, que feriu o corpo da Mãe Índia. Inúmeros hindus viram a demolição da mesquita de Babri como uma libertação da "escravidão"; mas outros afirmam que o processo está longe de terminar e sonham em eliminar as grandes mesquitas de Mathura e Varanasi.[68] Vários outros hindus, porém, ficaram religiosamente consternados com a tragédia de Ayodhya. Assim, essa iconoclastia não pode ser ligada a uma violência inerente ao "hinduísmo", que, é claro, não tem uma essência única, a favor ou contra a violência. Em vez disso, a mitologia e a devoção hindus se misturaram com as paixões do nacionalismo secular — especialmente em sua incapacidade de aceitar minorias.

Tudo isso significava que o novo templo a Ram se tornara um símbolo da Índia liberta. Em abril de 1991, as emoções sentidas foram expressas de maneira memorável em um discurso da reverenciada renunciante Rithambra, em

Hyderabad, usando os dísticos hipnotizantes da poesia épica indiana. O templo não seria apenas um edifício; e Ayodhya não era importante simplesmente por ser o lugar de nascimento de Ram: "O templo de Ram é nossa honra. É nossa autoestima. É a imagem da unidade hindu [...]. Devemos construir o templo!". Ram era "a representação da consciência das massas"; ele era o deus das castas mais baixas — dos pescadores, sapateiros e lavadeiros.[69] Os hindus estavam de luto pela dignidade, pela autoestima e pela Hindutva, a identidade hindu, que tinham perdido. Mas essa nova identidade hindu só podia ser reconstruída pela destruição do "outro", sua antítese. Os muçulmanos eram o oposto dos hindus tolerantes e benignos: fanaticamente intolerantes, destruidores de templos e tiranos. Durante todo o tempo, Rithambra pontuou seu discurso com imagens de cadáveres mutilados, de braços amputados, de peitos abertos como o de sapos dissecados e de corpos cortados, queimados, estuprados e violados, todos evocando a Mãe-Índia, profanada e devastada pelo islã. Os 800 milhões de hindus da Índia dificilmente podem alegar ser oprimidos econômica ou socialmente, por isso os nacionalistas hindus os alimentam com essas imagens de perseguição e insistem que uma identidade hindu forte só pode ser restaurada por meio de ação decidida e violenta.

Até a década de 1980, os palestinos tinham se mantido isolados do renascimento religioso do resto do Oriente Médio. A OLP de Yasser Arafat era uma organização nacionalista secular. A maioria dos palestinos o admirava, mas o secularismo da OLP atraía sobretudo a elite ocidentalizada, e os muçulmanos praticantes quase não desempenhavam nenhum papel nas ações terroristas.[70] Quando a OLP foi suprimida na Faixa de Gaza, em 1971, o xeique Ahmed Yassin fundou a Mujama ("Congresso"), uma dissidência da Irmandade Muçulmana, concentrada em assistência social. Em 1987, a Mujama criou clínicas, centros de reabilitação para dependentes químicos, clubes para a juventude, instalações esportivas e aulas de Alcorão em toda a Faixa de Gaza, com apoio não só de esmolas (*zakat*) dos muçulmanos como também do governo israelense em uma tentativa de minar a OLP. Nessa época Yassin não tinha interesse pela luta armada. Quando a OLP o acusou de ser uma marionete de Israel, ele respondeu que, na verdade, era o éthos secular da OLP que estava destruindo a identidade palestina. O Mujama era muito mais popular do que a Jihad Islâmica (JI), formada nos anos 1980 com o objetivo de aplicar as ideias de Qutb à tragédia palestina e autoproclamada vanguarda de uma luta global maior "contra as forças da arrogância [*jahiliyyah*], o inimigo colonial, em todo o mundo".[71] A JI se envolveu em ataques terroristas contra as Forças Armadas israelenses, mas raramente citava o Alcorão; sua retórica era abertamente secular. Ironicamente, a única coisa religiosa nessa organização era seu nome — e isso talvez explique a falta de apoio popular.[72]

O início da Primeira Intifada (1987-93), liderada por jovens secularistas palestinos, mudou tudo. Impacientes com a corrupção e com a ineficiência da Fatah, a principal facção da OLP, eles exortaram a população inteira a se levantar contra o jugo da ocupação israelense. Mulheres e crianças jogavam pedras em soldados de Israel, e quem fosse baleado pelas Forças Armadas israelenses era saudado como mártir. A Intifada causou uma forte impressão na comunidade internacional: Israel havia muito tempo se apresentava como o valente Davi enfrentando o Golias árabe, mas agora o mundo assistia a soldados israelenses com blindagem pesada perseguindo crianças desarmadas. Como militar, Yitzhak Rabin percebia que molestar mulheres e crianças arruinaria o moral das Forças Armadas, e quando se tornou primeiro-ministro, em 1992, estava preparado para negociar com Arafat. No ano seguinte, Israel e a OLP assinaram os Acordos de Oslo. A OLP reconhecia a existência de Israel dentro das fronteiras de 1948 e prometia pôr fim à insurreição; em troca, os palestinos receberam a oferta de autonomia limitada na Cisjordânia e em Gaza por um período de cinco anos, depois dos quais seriam iniciadas as negociações da situação final dos assentamentos israelenses, das compensações para refugiados palestinos e do futuro de Jerusalém.

Evidentemente, os kookistas consideraram isso um ato criminoso. Em julho de 1995 quinze rabinos Gushj ordenaram que soldados desobedecessem aos superiores quando as Forças Armadas israelenses começaram a evacuar os territórios — um ato equivalente a uma guerra civil. Outros rabinos Gush determinaram que Rabin era um *rodef* ("perseguidor"), que, de acordo com a lei judaica, merecia morrer por colocar a vida de judeus em risco. Em 4 de novembro de 1995, Yigal Amir, um veterano do Exército e estudante da Universidade Bar Ilan, levou essa ordem a sério, atirando no primeiro-ministro durante um comício pela paz em Tel Aviv.[73]

O sucesso da Intifada fez com que muitos membros mais jovens do Mujama percebessem que seu programa de assistência social não lidava com o real problema dos palestinos, e por isso eles saíram da organização para formar o Hamas, um acrônimo de Haqamat al-Muqamah al-Islamiyya ("Movimento de Resistência Islâmica") que significava "fervor". Eles lutariam tanto contra a OLP quanto contra a ocupação israelense. Jovens do sexo masculino correram para se filiar, achando que o éthos igualitário do Alcorão era mais palatável do que o secularismo da elite palestina. Muitos recrutas vieram da intelectualidade de classe média baixa, que agora era educada nas universidades palestinas e não estava mais disposta a se prostrar diante das autoridades tradicionais.[74] O xeique Yassin concedeu seu apoio, e alguns de seus colaboradores mais próximos entraram para a ala política do Hamas. Em vez de se basear na ideologia ocidental, o Hamas encontrou inspiração na história da resistência secular palestina e na história islâmica; a religião e a política eram inseparáveis e interconectadas.[75] Em seus comunicados, o Hamas celebrava a vitória do Profeta sobre tribos judaicas na Batalha de Khaybar,[76] o êxito de Saladino contra os cruzados e o caráter espiritual de Jerusalém no islã.[77] O estatuto do Hamas evocava a venerável tradição do "voluntariado" ao estimular os palestinos a se tornar *murabitun* ("guardiões das fronteiras"),[78] defendendo a luta deles como uma jihad de defesa clássica: "Quando nossos inimigos usurpam terras, a jihad se torna um dever de todo muçulmano [*fard ayn*]".[79]

No início, porém, a luta era uma preocupação secundária; o estatuto não citava qualquer versículo do Alcorão sobre a jihad.[80] A primeira prioridade era a Jihad Maior, a luta para se tornar um muçulmano melhor. Os palestinos, acreditava o Hamas, foram enfraquecidos pela adoção inautêntica do secularismo ocidental sob o comando da OLP, quando, explicava o estatuto, "o islã desapareceu da vida. Assim, regras foram quebradas, conceitos foram vilipendiados, valores mudaram [...] nossas terras foram invadidas, as pessoas, subjugadas".[81] O Hamas não recorreu à violência até 1993, o ano dos Acordos de Oslo, quando dezessete palestinos foram mortos no Haram al-Sharif, e ativistas do Hamas retaliaram com uma série de operações contra alvos militares israelenses e contra colaboradores palestinos. Depois de Oslo, o apoio a grupos islamistas agressivos entre a população palestina caiu para 13%, mas subiu para ⅓ quando os palestinos descobriram que estavam sujeitos a regulações duras e excepcionais e que Israel manteria soberania indefinida sobre Gaza e a Cisjordânia.[82]

O massacre de Hebron foi um divisor de águas. Depois de um período de luto de quarenta dias, um homem-bomba do Hamas matou sete cidadãos israelenses em Afula, no território de Israel, e a isso se seguiram quatro operações em Jerusalém e Tel Aviv. Dessas, a que causou mais mortes foi o bombardeiro de um ônibus em Tel Aviv em 19 de outubro de 1994, que matou 23 pessoas e feriu cerca de cinquenta. O assassinato de civis inocentes e a exploração de adolescentes para essas ações eram moralmente repugnantes, prejudicaram a causa palestina no estrangeiro e dividiram o movimento. Alguns líderes do Hamas afirmavam que, ao perder a superioridade moral, o Hamas tinha fortalecido a posição israelense.[83] Outros respondiam que o Hamas apenas pagava na mesma moeda as agressões de Israel contra civis palestinos, que de fato aumentaram a partir da eclosão da Segunda Intifada, quando houve mais bombardeios, ataques com mísseis e assassinatos de líderes palestinos. Os ulemás no estrangeiro estavam igualmente divididos. O xeique Tantawi, grão-mufti do Egito, defendia o uso de homens-bomba como o único método para os palestinos enfrentarem o poderio militar de Israel, e o xeique Al-Qaradawi no Iêmen afirmou que se tratava de legítima defesa.[84] Mas o xeique Al-Sheikh, grão-mufti da Arábia Saudita, protestou que o Alcorão proibia terminantemente o suicídio e, a lei islâmica, o assassinato de civis. Em 2005, o Hamas abandonou os ataques suicidas e se concentrou em criar um aparato militar convencional em Gaza.

Alguns analistas ocidentais afirmaram que os atentados suicidas estão profundamente enraizados na tradição islâmica.[85] Mas, se fosse assim, por que o "suicídio revolucionário" era desconhecido no islã sunita até o final do século XX? Por que mais movimentos combativos islâmicos não adotaram essa tática? E por que tanto o Hamas quanto o Hizbollah a abandonaram?[86] O Hamas certamente se baseou no Alcorão e nos *ahadith* para motivar os homens-bomba com fantasias sobre o Paraíso. Mas o atentado suicida, na verdade, foi inventado pelos Tigres Tâmeis de Sri Lanka, um grupo nacionalista separatista que não se dedica à religião e que reivindicou a responsabilidade por mais de 260 operações suicidas em duas décadas.[87] Robert Pape da Universidade de Chicago investigou todos os atentados suicidas ocorridos no mundo entre 1980 e 2004 e concluiu que "há pouca ligação entre o terrorismo suicida e o fundamentalismo islâmico, ou com qualquer outra religião". Por exemplo, dos 38 atentados suicidas no Líbano na década de 1980, oito foram cometidos por muçulmanos, três por cristãos e 27 por secularistas e socialistas.[88] O que todos os ataques suicidas têm em comum, no entanto, é o objetivo estratégico: "obrigar as democracias liberais a retirar forças armadas do território que os terroristas consideram ser sua pátria". O atentado suicida, portanto, é essencialmente uma resposta política a uma ocupação militar.[89] As estatísticas das Forças Armadas israelenses mostram que, de todos os ataques suicidas do Hamas, apenas 4% tinham como alvos civis em território israelense, o restante se dirigia contra assentamentos da Cisjordânia e contra o Exército israelense.[90]

Mas isso não quer dizer que o Hamas é um movimento tanto religioso quanto nacional, apenas que a fusão dos dois é uma inovação moderna. O amor exaltado pela pátria, sem raízes na cultura islâmica, agora está impregnado de fervor muçulmano.[91] Os temas islâmicos e nacionalistas se alternaram de maneira imperceptível nas mensagens finais gravadas pelos mártires do Hamas. Abu Surah, de 22 anos, por exemplo, começou com uma invocação muçulmana tradicional: "É o dia de encontrar o Senhor dos Mundos e de dar testemunho do Mensageiro". Ele então recorreu a "todos os santos e todos os mujahidim da Palestina e de todas as partes do mundo", passando sem perceber dos homens santos para os nacionalistas da Palestina até alcançar uma perspectiva global. Os mártires davam seu sangue "por Alá e por amor dessa pátria e pela honra desse povo para que a Palestina permaneça islâmica, e o Hamas permaneça como uma tocha iluminando o caminho de todas as pessoas perplexas e de todas as atormentadas e oprimidas, e que a Palestina seja libertada".[92]

Assim como os iranianos, os palestinos veem sua jihad contra a ocupação israelense como parte da luta do Terceiro Mundo contra o imperialismo. Além disso, embora tenham lutado contra a Autoridade Palestina secular, ambos compartilham as mesmas paixões nacionalistas: ambos veem a morte pela Palestina como um grande privilégio e odeiam o inimigo com a violência de todo ultranacionalista quando seu país está em guerra.[93]

Apesar dos vídeos altamente estilizados, não é possível saber o que se passa pela cabeça dos homens-bomba no momento em que dirigem caminhões, entram em um prédio ou detonam bombas dentro de um mercado lotado. Imaginar que façam isso inteiramente por Deus ou que são movidos apenas pelo ensinamento islâmico é ignorar a complexidade natural de todas as motivações humanas. Psiquiatras forenses entrevistaram sobreviventes e descobriram que o desejo de se tornar um herói e atingir a imortalidade póstuma também são um fator determinante. Outros que desejaram ser mártires citaram o êxtase da batalha que dá sentido e propósito à vida, como vimos, um sentimento próximo ao arroubo religioso. Na verdade, diz-se que os soldados do Hamas viviam "não pela política, nem pela ideologia, nem pela religião [...] mas por uma camaradagem arrebatada diante da morte 'rumo a Alá'".[94] Para a maioria dos voluntários, viver sob a ocupação tinha poucos atrativos; o cotidiano vazio nos campos de refugiados em Gaza tornava a possibilidade de uma vida feliz após a morte e de uma reputação gloriosa aqui na terra tremendamente sedutora. E de fato todas as comunidades ao longo da história glorificaram o guerreiro que dá a vida por seu povo. Os palestinos também homenageiam os que são mortos involuntariamente no conflito com Israel; eles também são *shahid* pois, como os *ahadith* deixam claro, qualquer morte precoce era um "testemunho" tanto da finitude humana quanto dos problemas da nação.[95]

O fato de que o assassino suicida também é reverenciado como herói em outras tradições religiosas complica ainda mais o problema da religião e do terrorismo. Na história de Sansão, o autor bíblico celebra a coragem do juiz que morreu derrubando o Templo do Dragão sobre os chefes filisteus, mas não se preocupa com os motivos.[96] Sansão "heroicamente encerrou uma vida heroica", concluiu de maneira semelhante o devoto puritano John Milton em *Sansão agonista*:[97]

Não há razão para chorar, nem lamentar,
desesperar; não há fraqueza nem desonra,
censura ou culpa; só beleza e retidão,
e o que em tão honrada morte nos acalme.[98]

Longe de causar horror, quem testemunhara o fim de Sansão teve uma sensação de "tranquilidade e conforto [...] e paz no coração, exauridas todas as paixões".[99] Não por acaso Israel chama seu poder nuclear de "Opção Sansão", vendo um ataque que inevitavelmente resultaria na destruição do país como um dever honroso e uma escolha livre do Estado judeu.[100] O antropólogo Talal Asad sugeriu que o homem-bomba simplesmente reproduz esse cenário em menor escala e, portanto, pode "ser visto como pertencendo à tradição ocidental moderna de conflito armado pela defesa da comunidade política livre. Para preservar a tradição (ou fundar um Estado para ela) ao confrontar um inimigo perigoso, pode ser necessário agir sem se subordinar a restrições morais comuns".[101]

Sem dúvida estamos certos em condenar os atentados suicidas contra civis inocentes e em chorar suas vítimas. Mas, como vimos, na guerra, o Estado também tem o mesmo alvo; no século xx, a taxa de mortalidade civil aumentou consideravelmente e está hoje em 90%.[102] No Ocidente damos ares solenes às mortes de nossos soldados e prestamos homenagens cuidadosas e recorrentes à memória do militar que morre por seu país. No entanto, as mortes de civis que causamos raramente são mencionadas, e não houve nenhum protesto prolongado contra essas mortes no Ocidente. Os atentados suicidas nos chocam profundamente; mas deveriam nos chocar mais do que as mortes de milhares de crianças em suas pátrias todos os anos causadas por minas? Ou do que os danos colaterais de um ataque de drones? "Lançar bombas de fragmentação não só é menos repugnante: é considerado, pelas pessoas do Ocidente pelo menos, como moralmente superior", diz a psicóloga britânica Jacqueline Rose. "Não fica claro por que morrer junto com a vítima é considerado um pecado maior do que salvar a si mesmo."[103] O Ocidente colonizador criou uma hierarquia de dois níveis com a qual se favoreceu em detrimento do "resto". O Iluminismo pregou a igualdade de todos os seres humanos, mas a política ocidental no mundo atual frequentemente tem adotado dois pesos e duas medidas, de modo que fracassamos em tratar os outros da maneira como gostaríamos de ser tratados. Ao focarmos na nação parece ter sido mais difícil cultivar a perspectiva global de que precisamos em um mundo cada vez mais inter-relacionado. Devemos deplorar qualquer ação que derrame sangue inocente ou que espalhe o terror pelo terror. Mas também devemos reconhecer e lamentar sinceramente o sangue derramado na busca de nossos interesses nacionais. Caso contrário, dificilmente poderemos nos defender da acusação de manter um "silêncio arrogante" diante da dor alheia e de criar uma ordem mundial em que a vida de algumas pessoas é vista como mais valiosas do que a de outras.

13. Jihad global

No início da década de 1980, um fluxo contínuo de jovens do sexo masculino saiu do mundo árabe rumo ao norte do Paquistão, perto da fronteira com o Afeganistão, para se unir à jihad contra a União Soviética. O carismático intelectual jordaniano-palestino Abdullah Azzam convocara os muçulmanos a lutar ao lado dos irmãos afegãos.[1] Como os "intelectuais combativos", que foram para a fronteira no período clássico, Azzam tinha certeza de que repelir a ocupação soviética era um dever de todos os muçulmanos com condições físicas para participar. "Acredito que a *ummah* muçulmana é responsável pela honra de toda mulher muçulmana violada no Afeganistão e por cada gota de sangue muçulmano derramado de maneira injusta", ele declarou.[2] Os sermões e as palestras de Azzam eletrizaram uma geração aflita pelo sofrimento dos irmãos muçulmanos, frustrada pela incapacidade de ajudar e com disposição juvenil para fazer algo a respeito disso. Em 1984, os recrutas chegavam em quantidades ainda maiores da Arábia Saudita, vindo de países do Golfo, Iêmen, Egito, Argélia, Sudão, Indonésia, Filipinas, Malásia e Iraque.[3] Um desses voluntários era o filho de uma família de grande fortuna, Osama bin Laden, que se tornou o principal patrocinador do Departamento de Serviços estabelecido em Peshawar para apoiar seus camaradas, organizar o recrutamento e a arrecadação de fundos e fornecer tratamento médico, alimentação e abrigo para órfãos e refugiados afegãos.

O presidente Ronald Reagan também tratou a guerra no Afeganistão como uma guerra santa. Em 1983, em discurso para a Associação Nacional de Evangélicos, ele rotulou a União Soviética como um "império do mal". "Há pecado e maldade no mundo", disse a uma plateia altamente receptiva, "e somos intimados pelas escrituras e pelo Senhor a nos opor com toda a nossa força."[4] Parecia totalmente adequado que Reagan e o diretor da CIA, William Casey, um devoto católico, apoiassem os muhajidin muçulmanos contra os ateus comunistas. O enorme pacote de auxílio de 600 milhões de dólares (renovado anualmente e com igual contrapartida da Arábia Saudita e dos países do Golfo) transformou as forças de guerrilha do Afeganistão em um rolo compressor que lutava contra os russos com a mesma ferocidade com que seus antepassados tinham lutado contra os britânicos no século XIX. Alguns dos combatentes afegãos estudaram no Egito e foram influenciados por Qutb e Maududi, mas a maior parte vinha de sociedades rurais, onde a devoção sufi aos santos e templos tinha sido deixada totalmente intocada pelo pensamento islâmico moderno.

Os americanos também deram aos "árabes-afegãos" (como os voluntários afegãos eram chamados) todo o incentivo possível. Apoiados por financiamentos de empreendedores árabes como Bin Laden, eles eram armados por americanos e treinados por soldados paquistaneses.[5] Nos campos de treinamento ao redor de Peshawar, lutavam ao lado de guerrilheiros afegãos, mas a contribuição deles não deve ser superestimada. Poucos na verdade participaram do combate; muitos atuaram apenas em trabalhos humanitários, sem sair de Peshawar, e alguns ficaram lá somente por poucas semanas. Raramente havia mais de 3 mil combatentes árabes na região ao mesmo tempo. Alguns meramente passavam parte das férias de verão nas "excursões de jihad", que incluíam uma viagem ao Passo Khyber, onde podiam tirar fotos. Conhecidos como "Brigada dos Estrangeiros", os árabes-afegãos em geral não se misturavam; e para paquistaneses e afegãos, eles eram um tanto bizarros.

Alguns dos mais importantes ulemás muçulmanos viam Azzam com desconfiança, mas a integridade dele atraía os jovens árabes-afegãos desiludidos com a hipocrisia de seus líderes em casa. Eles sabiam que Azzam sempre praticara o que pregava, combinando durante toda a vida o estudo acadêmico e o ativismo político. Ele tinha se afiliado à Irmandade Muçulmana aos dezoito anos, enquanto estudava a Charia na Síria, lutou na Guerra dos Seis Dias e, como estudante no Azhar, supervisionou a Juventude da Irmandade. Enquanto lecionava na Universidade Abd al-Aziz em Jeddah, na Arábia Sudita, um de seus alunos foi o jovem Bin Laden. "A vida dos muçulmanos na *ummah*", declarou Azzam, "depende unicamente da tinta de seus intelectuais e do sangue de seus mártires."[6] A atividade intelectual era fundamental para aprofundar a espiritualidade da *ummah*, mas o autossacrifício dos guerreiros era igualmente imprescindível, já que nenhuma nação jamais obteve notoriedade sem uma força militar significativa. "A história não se escreve senão com sangue", insistia Azzam. "A honra e o respeito não podem ser estabelecidos a não ser com base em mutilações e cadáveres."

> Impérios, povos notáveis e sociedades não podem ser estabelecidos senão por exemplos. Na verdade, os que pensam que podem mudar a realidade ou mudar as sociedades sem sangue, sacrifícios e inválidos — sem almas puras e inocentes — não compreendem a essência desse *din* [o islã] e não conhecem o método do melhor dos Mensageiros.[7]

Outros líderes muçulmanos tinham louvado a glória do martírio, mas nenhum se alongou de maneira tão visual sobre sua realidade violenta. Uma comunidade que não pode se defender, insistia Azzam, inevitavelmente será dominada pelo poder militar. O objetivo dele era criar um grupo de intelectuais-guerreiros, cujo sacrifício inspiraria o resto da *ummah*.[8] A jihad, ele acreditava, era o Sexto Pilar, em pé de igualdade com a *shehadah*, a oração, as esmolas, o jejum do Ramadã e a haji. Um muçulmano que negligenciasse a jihad teria de se haver com Deus no Dia do Julgamento.[9]

Azzam não inventou sua teoria do nada. Ele seguia Al-Shafii, o intelectual do século XVIII, segundo o qual quando o Dar al-Islam fosse invadido por uma potência estrangeira, a jihad podia se tornar *fard ayn*, responsabilidade de todos os muçulmanos capazes que vivessem perto da fronteira. Como os transportes modernos permitiam que *todos* os muçulmanos chegassem à fronteira do Afeganistão, a jihad, raciocinava Azzam, era "compulsória para todos e cada um dos muçulmanos do planeta". Quando tivessem libertado o Afeganistão, os árabes-afegãos deviam ir em frente e recuperar todas as outras terras retiradas da *ummah* por não muçulmanos — Palestina, Líbano, Bucara, Chade, Eritreia, Somália, Filipinas, Myanmar, Iêmen do Sul, Tashkent e Espanha.[10]

Em palestras e escritos, Azzam retratava os afegãos de modo um tanto idealizado, como se eles não tivessem sido tocados pela mecanização da *jahiliyyah* moderna; eles representavam a humanidade primordial. Ao lutar contra o Golias soviético, lembravam para Azzam Davi quando ele não era mais do que um menino pastor. As histórias que Azzam contou sobre afegãos e árabes mortos como mártires nessa guerra inspiraram plateias muçulmanas no mundo inteiro. Mas esses mártires não eram homens-bomba ou terroristas de qualquer tipo. Eles não causavam a própria morte nem matavam civis: eram soldados comuns mortos em batalha pelas tropas soviéticas. A oposição de Azzam ao terrorismo era inflexível, e por causa disso romperia com Bin Laden e com o radical egípcio Ayman al-Zawahiri no futuro. Azzam perseverava com a visão ortodoxa de que matar não combatentes ou irmãos muçulmanos como Sadat violava ensinamentos islâmicos fundamentais. De fato, para ele um mártir podia dar "testemunho" da verdade divina mesmo que morresse pacificamente na cama.[11] O jihadismo clássico de Azzam era condenado por alguns intelectuais, mas tinha forte apelo entre os jovens sunitas, constrangidos com o sucesso da revolução xiita no Irã. No entanto, nem todos os voluntários eram devotos; alguns nem sequer eram praticantes, embora em Peshawar muitos tenham sido influenciados por islamistas linha-dura como Zawahiri, que fora detido, torturado e mantido preso no Egito por suposto envolvimento com o assassinato de Sadat. Dessa forma, o Afeganistão se tornou o novo centro dos islamistas. Jovens militantes do leste da Ásia e do norte da África eram mandados para o front com o intuito de aumentar seu engajamento, e o governo da Arábia Saudita inclusive incentivava os jovens do país a se voluntariar.[12]

Para entender a influência saudita, é preciso considerar uma aparente contradição. Por um lado, depois da Revolução Iraniana, o reino se tornara um dos principais aliados dos Estados Unidos na região. Por outro, o país subscrevia uma forma de islã extremamente simplificadora, desenvolvida no século XVIII pelo reformista árabe Muhammad ibn Abd al-Wahhab (1703-92). Ibn Abd al--Wahhab pregava um retorno ao islã primitivo do Profeta e repudiou evoluções posteriores como o xiismo, o sufismo, a falsafah e a jurisprudência (*fiqh*), a que todos os outros ulemás muçulmanos se subordinavam. Ele ficava particularmente aflito com a veneração popular dos homens santos e de seus túmulos, que condenava como idolatria. Mesmo assim, o wahhabismo não era inerentemente violento; na verdade, Ibn Abd al-Wahhab se recusara a legitimar as guerras de seu patrono, Ibn Saud de Najd, porque ele combatia simplesmente por riqueza e glória.[13] Foi só depois da aposentadoria de Ibn Abd al-Wahhab que os wahhabis se tornaram mais agressivos, chegando ao ponto de destruir o templo do Imã Hussein na cidade de Karbala, em 1802, e monumentos na Arábia ligados a Maomé e seus companheiros. Também nesse período, a seita declarou que os muçulmanos que não aceitassem as doutrinas deles eram infiéis (*kufar*).[14] No início do século XIX, os wahhabis incorporaram os escritos de Ibn Taymiyyah a seu cânone, e a *takfir*, ato de declarar outro muçulmano como um descrente, que o próprio Ibn Abd al-Wahhab rejeitara, se tornou central em sua prática.[15]

O embargo de petróleo imposto pelos países do Golfo durante a Guerra do Yom Kippur fez o preço explodir, e o reino agora tinha todos os petrodólares necessários para descobrir meios efetivos de impor o wahhabismo a toda a *ummah*.[16] Profundamente desconcertados com o sucesso da revolução xiita no Irã, uma ameaça a sua liderança no mundo muçulmano, os sauditas aumentaram esforços para enfrentar a influência iraniana e substituí-los como principal aliado dos Estados Unidos na região. A Liga Mundial Islâmica, com sede na Arábia Saudita, abriu escritórios em todas as regiões habitadas por muçulmanos, e o ministro saudita da religião imprimiu e distribuiu traduções do Alcorão, dos tratados doutrinários wahhabis e das obras de Ibn Taymiyyah, de Qutb e de Maududi para comunidades muçulmanas no Oriente Médio, África, Indonésia, Estados Unidos e Europa. Em todos esses lugares, eles financiaram a construção de mesquitas no estilo saudita, criando uma estética internacional que rompia com tradições arquitetônicas locais, e estabeleceram madrassas para fornecer educação gratuita aos pobres, com um currículo wahhabi, é claro. Ao mesmo tempo, os jovens do sexo masculino dos países muçulmanos mais atrasados, como Egito e Paquistão, que iam trabalhar no Golfo, associaram sua recente prosperidade ao wahhabismo. Quando voltaram para casa, escolheram viver em bairros novos com mesquitas sauditas e shopping centers que segregavam os sexos. Como contrapartida por sua munificência, os sauditas exigiam uma adaptação à sua religiosidade. A rejeição wahhabi a todas as demais formas de islamismo e a outras tradições religiosas chegaria até mesmo a Bradford, na Inglaterra, e a Buffalo, em Nova York, assim como ao Paquistão, Jordânia, Síria e a todo lugar, comprometendo seriamente o tradicional pluralismo do islã. O Ocidente desempenhou um papel involuntário nesse aumento da intolerância, já que os Estados Unidos consideravam bem-vinda a oposição dos sauditas ao Irã, e a sobrevivência do reino dependia das Forças Armadas americanas.[17]

A experiência saudita da modernidade foi muito diferente da de egípcios, paquistaneses e palestinos. A Península Arábica não foi colonizada; era rica e nunca fora forçada a se secularizar. Em vez de combater a tirania e a corrupção em casa, portanto, os islamistas sauditas se concentraram no sofrimento dos muçulmanos em todo o mundo, e o espírito do pan-islamismo deles era semelhante ao da jihad global de Azzam. O Alcorão dizia aos muçulmanos para assumir responsabilidade uns pelos outros; o rei Feisal sempre colocou seu apoio aos palestinos nesse contexto, e a Liga Mundial Islâmica e a Conferência das Organizações Islâmicas, com base na Arábia Saudita, frequentemente expressaram solidariedade a Estados-membros em conflito com regimes não muçulmanos. Com a televisão, imagens de muçulmanos sofrendo na Palestina e no Líbano chegavam a confortáveis lares sauditas. Eles viram fotos de israelenses demolindo casas de palestinos e, em setembro de 1982, testemunharam o massacre dos cristãos maronitas, com a aprovação tácita das Forças Armadas israelenses, de 2 mil palestinos nos campos de refugiados de Sabra e Chatila. Com tanto sofrimento desse tipo no mundo muçulmano, o sentimento do pan-islamismo cresceu durante a década de 1980, e o governo explorou isso como uma forma de distrair seus súditos dos problemas internos do reino.[18] Foi por esse motivo que os sauditas incentivaram os jovens a se alistar na jihad afegã, oferecendo descontos nas passagens aéreas, enquanto a imprensa estatal celebrava suas proezas na fronteira. O establishment do clero wahhabi, no entanto, reprovava as práticas sufis dos afegãos e insistia que a jihad não era um dever individual dos civis, continuava sendo do governante. No entanto, o governo civil do rei saudita apoiou os ensinamentos de Azzam em função de suas próprias razões seculares.

Um estudo dos sauditas volutários no Afeganistão, que depois lutaram na Bósnia e na Chechênia, mostra que a principal motivação da maioria era o desejo de ajudar os irmãos e irmãs muçulmanos.[19] Nasir al-Bahri, que se tornaria guarda-costas de Bin Laden, deu a justificativa mais completa e perspicaz dessa preocupação:

> Somos imensamente afetados pelas tragédias e pelos eventos que testemunhamos: crianças chorando, mulheres ficando viúvas e o alto número de casos de estupro. Quando fomos para a jihad, vivemos uma realidade amarga. Vimos coisas que eram mais horrendas do que tudo que esperávamos ou tínhamos ouvido ou visto na mídia. Era como se fôssemos "um gato de olhos fechados" que abrisse os olhos para essas aflições.[20]

Segundo ele, isso foi um despertar político, e os voluntários começaram a ter uma noção global da *ummah* que transcendia as fronteiras nacionais: "A ideia da *ummah* começou a evoluir na nossa cabeça. Percebemos que éramos uma nação [*ummah*] que tinha um lugar significativo entre as nações [...]. A questão do nacionalismo saiu do nosso pensamento, e passamos a ter uma visão mais ampla, a questão da *ummah*". O bem-estar da *ummah* sempre foi uma preocupação profundamente espiritual, além de política, no islã, e por isso a situação terrível dos irmãos muçulmanos atingia o cerne da identidade muçulmana. Muitos ficaram envergonhados pelo fato de os líderes muçulmanos terem respondido de maneira tão inadequada a esses desastres. "Depois de todos esses anos de humilhação, eles podiam finalmente fazer algo para ajudar seus irmãos muçulmanos", respondeu um dos entrevistados. Outro disse que "acompanhava as notícias sobre seus irmãos com a maior empatia, e queria fazer algo, qualquer coisa, para ajudá-los". O amigo de um voluntário lembrou que "muitas vezes sentávamos e falávamos sobre o massacre a que os muçulmanos estão sujeitos, e os olhos dele se enchiam de lágrimas".[21]

A pesquisa também descobriu que, em quase todos os casos, havia mais simpatia pelas vítimas do que ódio pelos opressores. E, apesar do apoio dos Estados Unidos a Israel, ainda não havia muito antiamericanismo. "Nós não fomos por causa dos americanos", insistiu Nasir al-Bahri. Apesar de alguns recrutas desejarem o glamour de um martírio glorioso, muitos também eram seduzidos pela pura empolgação da guerra, a possibilidade do heroísmo e a camaradagem dos irmãos de armas. Como sempre, a transcendência do guerreiro em relação às circunstâncias mundanas parecia muito semelhante à transcendência espiritual do devoto. Nasir al-Bahri lembrou quanto eles idolatravam os voluntários: "Quando víamos os uniformes afegãos dos mujahidin que voltavam do Afeganistão usavam nas ruas de Jidda, Meca ou Medina, achávamos que estávamos vivendo com a geração de companheiros triunfantes do Profeta, e por isso olhávamos para eles como se fossem um exemplo".[22]

Quando os soviéticos finalmente foram forçados a se retirar do Afeganistão, em fevereiro de 1989, e a própria União Soviética entrou em colapso, em 1991, os árabes-afegãos saborearam uma sensação inebriante, embora imprecisa, de ter derrotado uma grande potência mundial. Eles agora planejavam realizar o sonho de Azzam de reconquistar todas as terras perdidas dos muçulmanos. Nessa época, o islã parecia em ascensão política no mundo inteiro. O Hamas tornou-se um sério desafio à Fatah. Na Argélia, a Frente Islâmica de Salvação (FIS) obteve uma vitória decisiva sobre a Frente de Libertação Nacional (FNL) nas eleições municipais de 1990, e o ideólogo islamista Hassan al--Turabi chegou ao poder no Sudão. Depois da retirada soviética, Bin Laden fundou a Al-Qaeda, a princípio uma humilde organização estudantil para os árabes-afegãos que quisessem levar a jihad adiante. A essa altura a entidade, cujo nome significa simplesmente "a base", não tinha uma ideologia coerente ou um objetivo claro. E alguns de seus membros voltaram para casa como agentes independentes com o objetivo de depor regimes secularistas corruptos e de substituí-los por governos islâmicos. Outros, ainda comprometidos com o jihadismo clássico de Azzam, se uniram a muçulmanos locais em sua luta contra os russos na Chechênia e no Tajiquistão e contra os sérvios na Bósnia. No entanto, para desalento deles, descobriram que eram incapazes de transformar esses conflitos nacionais no que eles consideravam uma verdadeira jihad. Na verdade, na Bósnia, não só eles não foram bem recebidos como se tornaram um fardo.

A Guerra da Bósnia (1992-5) viu um dos últimos genocídios do século XX. Ao contrário dos dois anteriores, o genocídio armênio e o Holocausto, esse assassinato em massa foi conduzido com base em identidade religiosa e não étnica. Apesar da crença muito difundida no Ocidente de que as divisões dos Bálcãs eram antigas e arraigadas e que seria impossível erradicar a violência em função de seu forte elemento "religioso", essa intolerância comunitária era relativamente nova. Durante o domínio otomano, judeus, cristãos e muçulmanos conviveram pacificamente por quinhentos anos e continuaram assim até depois da queda do Império Otomano, em 1918, quando sérvios, eslovenos, muçulmanos eslavos e croatas formaram a federação multirreligiosa da Iugoslávia, a "terra dos eslavos do sul". A Iugoslávia foi desmantelada pela Alemanha nazista em 1941, mas foi revivida depois da Segunda Guerra Mundial pelo líder comunista Josip Broz Tito (r. 1945-80) sob o slogan "Fraternidade e Unidade". Depois da morte dele, no entanto, o nacionalismo radical sérvio de Slobodan Milošević e o igualmente assertivo nacionalismo croata de Franjo Tudjman dividiram o país, com a Bósnia no fogo cruzado. O nacionalismo eslavo tinha um forte sabor cristão — os sérvios eram ortodoxos e os croatas eram católicos romanos —, mas a Bósnia, com maioria muçulmana e comunidades de sérvios, croatas, judeus e ciganos, optou por um Estado secular que respeitava todas as religiões. Sem ter capacidade militar para se defender, os muçulmanos bósnios sabiam que seriam perseguidos se continuassem como parte da Sérvia, por isso declararam independência em abril de 1992. Os Estados Unidos e a União Europeia reconheceram a Bósnia e Herzegovina como um Estado soberano.

Milošević retratou a Sérvia como "uma fortaleza defendendo a cultura e a religião europeias" do mundo muçulmano, e os sacerdotes e acadêmicos sérvios, de modo semelhante, descreveram sua nação como um baluarte contra as hordas asiáticas. Outro nacionalista radical sérvio, Radovan Karadžić, tinha alertado o Congresso Bósnio de que, se declarassem independência, isso levaria a nação deles "para o inferno" e "faria o povo muçulmano desaparecer". Mas a origem desse ódio latente contra o islã era recente, do século XIX, quando os nacionalistas sérvios criaram um mito misturando o cristianismo com um sentimento nacional baseado na etnia: esse mito punha o príncipe Lazlo, derrotado pelos otomanos em 1389, como figura de Cristo; o sultão turco como o assassino de Cristo; e os eslavos que se converteram ao islã como "turquificados" (*isturciti*). Ao adotar uma religião não cristã, eles tinham renunciado à sua etnia eslava e se tornado orientais; a nação sérvia só se reergueria depois que esses estrangeiros fossem eliminados. No entanto, os hábitos de coexistência estavam tão profundamente enraizados que foram necessários três anos de propaganda incansável de Milošević para convencer os sérvios a reviver essa mistura letal de nacionalismo secular, religião e racismo. A guerra começou, de modo significativo, com uma tentativa frenética de expurgar os documentos que provavam a rica convivência desfrutada por judeus, cristãos e muçulmanos por séculos. Um mês depois da declaração de independência da Bósnia, milícias sérvias destruíram o Instituto Oriental em Sarajevo, que abrigava a maior coleção de manuscritos islâmicos e judeus dos Bálcãs, queimaram a Biblioteca Nacional e o Museu Nacional e se determinaram a destruir todas essas coleções de manuscritos. Somados, os nacionalistas sérvios e croatas também destruíram perto de 1400 mesquitas, transformando os lugares em parques e estacionamentos para apagar toda a memória do passado inconveniente.[23]

Enquanto os museus eram queimados, as milícias sérvias e o fortemente armado Exército Nacional Iugoslavo invadiram a Bósnia, e no outono de 1992 o processo que Karadžić chamou de "limpeza étnica" começou.[24] Milošević tinha aberto prisões e recrutado gângsteres menores para as milícias, deixando que pilhassem, estuprassem, queimassem e matassem impunemente.[25] Nenhum muçulmano devia ser poupado, e todo sérvio bósnio que se recusasse a cooperar também devia morrer. Os muçulmanos foram amontoados em campos de concentração, sem banheiros ou outro tipo de instalação sanitária. Sujos, fracos e traumatizados, eles mal pareciam humanos, fosse do ponto de vista deles ou do de seus algozes. Líderes de milícias embotavam as inibições de seus soldados com álcool, forçando-os a cometer estupros coletivos, assassinatos e tortura. Quando Srebrenica, uma "área protegida" da ONU, foi repassada para o Exército sérvio, no verão de 1991, pelo menos 8 mil homens e meninos foram massacrados e, no outono, mataram ou expulsaram os últimos muçulmanos da região de Banja Luka.[26]

A comunidade internacional ficou horrorizada mas não fez nenhuma exigência urgente de que a matança parasse; na verdade, o sentimento que prevaleceu foi de que todos os lados eram igualmente culpados.[27] "Não dou a mínima para a Bósnia. A mínima", disse o colunista do *New York Times* Thomas Friedman. "As pessoas criaram seus próprios problemas. Deixe que se matem entre eles e o problema estará resolvido."[28] Para não faltar com a justiça, os árabes-afegãos foram o único povo a oferecer ajuda militar, mas os muçulmanos da Bósnia os consideraram intolerantes, ficaram perplexos com o jihadismo global deles e recusaram terminantemente a ideia de criar um Estado islâmico. Infelizmente, a presença dos árabes-afegãos deu a impressão no estrangeiro de que os bósnios muçulmanos também eram fundamentalistas, apesar de que para a maioria o islamismo não era uma questão tão importante. Além disso, visões estereotipadas sobre o islã e temores de um Estado islâmico na porta de entrada da Europa talvez não tenham contribuído para a relutância ocidental em intervir; e a retórica sérvia sobre uma muralha defensiva provavelmente não pareceu uma ideia muito ruim para alguns europeus e americanos. No entanto, em agosto de 1995, a Otan interveio com uma série de ataques aéreos contra posições dos sérvios bósnios, o que finalmente levou ao encerramento do conflito. Um acordo de paz foi assinado em Dayton, Ohio, em 21 de novembro de 1995. Mas o mundo ficou com uma memória perturbadora. Mais uma vez tinha havido campos de concentração na Europa, agora com muçulmanos do lado de dentro. Depois do Holocausto, a palavra de ordem foi "Nunca mais", mas isso não parecia se aplicar à população muçulmana da Europa.

Ao voltar para casa, outros veteranos árabes-afegãos descobriram que eram muito radicais para os muçulmanos locais, que não tinham passado pela mesma experiência que eles no Afeganistão. A imensa maioria rejeitava veementemente a beligerância implacável deles. Na Argélia, veteranos afegãos tinham grandes esperanças de criar um Estado islâmico, já que havia grande probabilidade de a Frente Islâmica de Salvação (FIS) conquistar maioria nas eleições nacionais de 1992. Mas, no último momento, os militares deram um golpe, e o presidente secularista liberal da FLN, Benjedid, que tinha prometido reformas democráticas, eliminou a FIS e prendeu seus líderes. Se um processo democrático fosse interrompido dessa forma tão inconstitucional no Irã ou no Paquistão, teria havido uma indignação mundial. Porém, como o que tinha sido evitado com o golpe era um governo islâmico, houve júbilo em alguns setores da imprensa ocidental, o que parecia sugerir que de alguma forma misteriosa essa ação antidemocrática garantira a democracia na Argélia. O governo francês apoiou o novo presidente linha-dura da FLN Liamine Zeroual e reforçou sua determinação de não dialogar mais com a FIS.

Como vimos anteriormente, ao serem reprimidos, quase que invariavelmente esses movimentos tendem a se tornar mais extremos. Os membros mais radicais saíram para formar uma organização guerrilheira, o Grupo Islâmico Armado (GIA), ao qual aos árabes-afegãos recém-chegados se uniram. De início o treinamento militar dos veteranos foi bem recebido, mas logo os métodos impiedosos chocaram os argelinos. Eles deram início a uma campanha de terror nas montanhas ao sul de Argel, assassinando monges, jornalistas e intelectuais laicos e religiosos, assim como os habitantes de aldeias inteiras. Há indícios, porém, de que os militares não só foram coniventes como até mesmo participaram dessa violência para eliminar populações simpáticas à FIS e desacreditar o GIA. Em pouco tempo houve uma série de eventos assustadores, quando o GIA sequestrou um avião que voava para a França com intenção de jogá-lo sobre Paris para impedir que o governo francês apoiasse o regime argelino. Felizmente, o avião foi retomado por soldados em Marselha.[29]

Os árabes-afegãos egípcios, ao voltar, também descobriram que tinham se tornado radicais demais para seus compatriotas. Zawahiri fundou a Jihad Islâmica (JI) com a intenção de assassinar todos os integrantes do governo de Mubarak e de estabelecer um Estado islâmico. Em junho de 1995, a JI tentou matar o presidente, mas fracassou. Em abril de 1996, matou trinta turistas gregos que lotavam um ônibus de turismo — o alvo pretendido eram israelenses que trocaram de ônibus na última hora. E, por fim, para enfraquecer a economia, danificando toda a indústria do turismo essencial para o país, massacrou sessenta pessoas, a maior parte visitantes estrangeiros, na cidade de Luxor em novembro de 1997. A JI descobriu, no entanto, que tinha julgado muito mal o espírito do país. Os egípcios viram essa obsessão violenta pelo Estado islâmico como uma idolatria flagrante que violava valores centrais dos muçulmanos; eles ficaram tão chocados com a atrocidade de Luxor que só restou a Zawahiri voltar a se unir com Bin Laden no Afeganistão e fundir sua Jihad Islâmica com a Al-Qaeda.

Ao voltar para a Arábia Saudita, Bin Laden não tinha se saído melhor do que os outros veteranos.[30] Quando Saddam Hussein invadiu o Kwait, em 1990, ele ofereceu à família real os serviços dos árabes-afegãos para proteger os campos de petróleo do reino, mas o rei recusou a proposta e preferiu o Exército norte-americano, o que causou a fúria dele. Isso acarretou o afastamento de Bin Laden em relação ao regime saudita. Quando, em 1994, o governo saudita reprimiu a Sahwa ("Despertar"), um partido reformista não violento que como Bin Laden desaprovava o fato de haver tropas dos Estados Unidos instaladas na Arábia, o afastamento foi completo. Convencido de que a resistência pacífica era inútil, Bin Laden passou quatro anos no Sudão reunindo apoio financeiro para os projetos dos árabes-afegãos. Em 1996, quando os Estados Unidos e os sauditas pressionaram o governo de Turabi para que o expulsasse, ele voltou ao Afeganistão, onde o Talibã tinha acabado de chegar ao poder.

Após a retirada dos soviéticos, o Ocidente perdeu o interesse pela região, mas tanto o Afeganistão quanto o Paquistão saíram gravemente dos trilhos depois do longo conflito. Uma torrente de dinheiro e de armas provenientes dos Estados Unidos e do Golfo Pérsico inundou o Paquistão, dando a grupos extremistas acesso a armamentos avançados, que simplesmente eram roubados durante o descarregamento. Esses extremistas fortemente armados tinham portanto quebrado o monopólio estatal da violência e daí em diante podiam operar fora da lei. Para se defender, quase todos os grupos do país, religiosos e seculares, criaram alas paramilitares. Além disso, depois da Revolução Iraniana, a Arábia Saudita, sabendo da existência de uma comunidade xiita significativa no Paquistão, aumentou o financiamento às madrassas deobandis para tentar fazer frente à influência xiita. Isso permitiu que os deobandis educassem mais estudantes de famílias pobres, e eles abrigaram os filhos de camponeses empobrecidos que eram arrendatários de proprietários de terras xiitas. Essas crianças, portanto, já entravam nas madrassas com um viés antixiita, que era imensamente ampliado pela educação que recebiam lá.

Isolados do restante da sociedade paquistanesa, esses "estudantes" (*taliban*) criaram vínculos fortes com os 3 milhões de crianças afegãs que tinham ficado órfãs durante a guerra e que foram levadas para o Paquistão como refugiadas. Todas voltaram traumatizadas pela guerra e pela pobreza e entraram em contato com uma forma de islã sujeita a regras, limitada e altamente intolerante. Elas não tinham treinamento em pensamento crítico, protegeram-se da influência externa e se tornaram raivosamente antixiitas.[31] Em 1985, os deobandis fundaram a Soldados dos Companheiros do Profeta no Paquistão (SCPP) especificamente para perseguir os xiitas e, em meados dos anos 1990, surgiram dois movimentos deobandis ainda mais violentos: o Exército de Jhangvi, que se especializou no assassinato de xiitas, e o Movimento Partisan pela liberação da Caxemira. Como resultado desse ataque, os xiitas formaram a Soldados do Profeta no Paquistão (SPP), que matou vários sunitas. Durante séculos xiitas e sunitas conviveram pacificamente na região. Graças à luta da Guerra Fria norte-americana no Afeganistão e à rivalidade entre sauditas e iranianos, agora eles dividiam o país em uma guerra civil.

O Talibã afegão somou seu chauvinismo tribal pashtun com o rigor deobandi, uma forma de islamismo profanamente híbrida e pouco ortodoxa que se expressava por meio de uma oposição violenta a qualquer ideologia rival. Depois da retirada soviética, o Afeganistão ficou caótico, por isso, quando o Talibã conseguiu assumir o controle, eles pareceram, tanto para os paquistaneses quanto para os americanos, uma alternativa aceitável à anarquia. O líder deles, mulá Omar, acreditava que os seres humanos eram naturalmente virtuosos e que, se postos no caminho certo, não precisavam de coerção governamental, de serviços públicos ou de saúde. Portanto, não havia governo centralizado, e a população era governada pelos *komitehs* locais do Talibã, que aplicavam punições tão draconianas até mesmo para infrações menores da lei islâmica, que, de fato, restabeleceram certa ordem. Ferozmente contrário à modernidade, que tinha, afinal de contas, chegado na forma de armas e ataques aéreos soviéticos, o Talibã governava por meio de código tribal tradicional, que eles identificavam com o governo de Deus. O foco deles era meramente local, e eles não simpatizavam com a visão global de Bin Laden. Mas o mulá Omar era grato aos árabes-afegãos pelo apoio durante a guerra, e, quando Bin Laden foi expulso do Sudão, ele o recebeu no Afeganistão. Como compensação, Bin Laden ajudou a melhorar a infraestrutura do país.[32]

Outros radicais que tinham perdido suas raízes se reuniram em torno de Bin Laden no Afeganistão — especialmente Zawahiri e seus radicais egípcios.[33] No entanto, a Al-Qaeda ainda era um agente menor na política islâmica. Um ex-militante disse à emissora ABC que, apesar de ter passado dez meses em campos de treinamento dirigidos por auxiliares de Bin Laden, nunca ouvira falar da organização.[34] Parece que, embora tenha manifestado aprovação por ambas as operações, Bin Laden não participou do bombardeiro de 1993 do World Trade Center em Nova York cometido pelo veterano árabe-afegão Ramzi Youssef nem do bombardeio com um caminhão em Riad que matou cinco americanos em 1995. No entanto, é provável que a Al-Qaeda tenha fornecido um foco ideológico para os militantes no Afeganistão, que se sentiam cada vez mais desanimados.[35] Eles não apenas tinham fracassado em levar adiante seus três principais fronts na Bósnia, na Argélia e no Egito como, no fim da década de 1990, o próprio islã político parecia em declínio terminal.[36]

Em uma virada dramática, Hojjat ol-Islam Seyyed Muhammad Khatami, concorrendo por uma chapa democrática, venceu de lavada nas eleições de 1997 no Irã. Ele imediatamente indicou que desejava ter uma relação mais positiva com o Ocidente e dissociou seu governo da *fatwa* de Khomeini contra Salman Rushdie. Na Argélia, o governo do presidente Abdul-Aziz Bouteflika incluía secularistas agressivos e islamistas moderados e, no Paquistão, o coronel Pervez Musharraf derrubou Nawaz Sharif, patrono dos partidos islamistas. Na Turquia, o primeiro-ministro islamista Necmettin Erkbakan precisou renunciar depois de apenas um ano no cargo, e Turabi foi deposto em um golpe militar no Sudão. Para Bin Laden, parecia cada vez mais urgente reacender a jihad por meio de uma operação espetacular que chamasse a atenção do mundo inteiro.

Em agosto de 1996 ele emitiu a *Declaração de guerra* em oposição aos Estados Unidos e a Israel, a "Aliança Cruzado-Sionista", que ele acusava de "agressão, iniquidade e injustiça" contra muçulmanos.[37] Condenou a presença militar americana na Península Arábica, comparando-a à ocupação israelense da Palestina, e censurou o apoio americano a governos corruptos no mundo muçulmano e as sanções impostas por Israel e pelos Estados Unidos ao Iraque, que, segundo ele, causaram a morte de 1 milhão de iraquianos. Em fevereiro de 1998, anunciou a Frente Mundial Islâmica contra Sionistas e Cruzados, afirmando que todo muçulmano tinha a obrigação religiosa de atacar os Estados Unidos e seus aliados "em qualquer país em que for possível fazê-lo" e expulsar os soldados americanos da Arábia.[38] Com isso, surgiam três temas totalmente novos na ideologia de Bin Laden.[39] O primeiro era a identificação dos Estados Unidos como principal inimigo, em vez dos russos, sérvios ou governantes muçulmanos "apóstatas". O segundo consistia na sua exortação a ataques contra os Estados Unidos e aliados em qualquer parte do mundo, até mesmo na própria América do Norte — um passo incomum, já que terroristas normalmente evitavam operações fora dos próprios países porque lhes custava apoio internacional. E terceiro: embora Bin Laden jamais tenha abandonado por completo a terminologia de Qutb, ele se baseava sobretudo em temas pan-islâmicos e se concentrava especialmente no sofrimento dos muçulmanos em todo o mundo.

Este último ponto era o cerne da mensagem de Bin Laden e lhe permitiu afirmar que sua jihad era defensiva.[40] Em sua *Declaração de guerra* ele explorou a cultura de rancor em desenvolvimento no mundo muçulmano, insistindo que durante séculos "os povos do islã vinham sofrendo com a agressão, a iniquidade e a injustiça impostas pela aliança cruzado-sionista".[41] Em vídeos de propaganda da Al-Qaeda essa mensagem oral é transmitida sobre uma montagem de imagens de dor. Elas mostram ataques de soldados israelenses a crianças palestinas; montanhas de cadáveres no Líbano, na Bósnia e na Chechênia; outra criança palestina sendo baleada em Gaza; bombardeios e demolições de casas; e pacientes cegos, mutilados, deitados inertes em leitos de hospitais. Uma pesquisa feita com homens recrutados pela Al-Qaeda depois de 1999 revelou que a principal motivação da maioria deles ainda é o desejo de aliviar esse sofrimento. "Eu não sabia exatamente de que maneira ajudaria", disse um prisioneiro saudita em Guatánamo, "mas fui socorrer as pessoas, não combater." Feisal al-Dukhayyil, que não era muçulmano praticante, ficou tão aflito com um programa de TV sobre o sofrimento de mulheres e crianças chechenas que se alistou imediatamente.[42] Apesar da retórica antiamericana de Bin Laden, o ódio aos Estados Unidos não era uma grande preocupação entre os recrutas; isso parece ter se desenvolvido apenas durante a doutrinação deles nos campos da Al-Qaeda no Paquistão, onde todos, inclusive os que pretendiam combater na Chechênia, mudavam de rumo. Muçulmanos de Buffalo, em Nova York, conhecidos como os "Seis de Lackawanna", explicaram mais tarde que tinham abandonado o campo de treinamento em 2001 porque ficaram chocados com o antiamericanismo.[43]

O modelo de "Aliança Cruzado-Sionista" de Bin Laden explorava os temores conspiratórios muito difundidos nos países muçulmanos, onde a falta de transparência dos governos faz com que seja difícil obter informações precisas.[44] Isso explica uma concatenação de desastres que de outra forma seria incompreensível. Os islamistas com frequência citam um *hadith* raramente citado no período clássico, mas que se tornou muito popular durante as Cruzadas e a invasão dos mongóis:[45] "As nações estão prestes a se unirem contra vós em todos os horizontes", o Profeta disse a seus companheiros, e os muçulmanos estariam desamparados porque "a fraqueza [*wahn*] será posta em vossos corações". O que significava *whan*? "O amor por este mundo e o medo da morte", respondeu Maomé.[46] Os muçulmanos tinham se abrandado e abandonado a jihad por medo da morte. A única esperança deles era recuperar a coragem no coração do islã. Daí a importância de uma imensa operação de martírio que mostraria ao mundo que os muçulmanos não tinham mais medo. A situação deles era tão desesperadora que deviam lutar ou ser mortos. Os radicais também adoram a história corânica de Davi e Golias que termina assim: "Quantas vezes um pequeno grupo venceu outro mais numeroso!".[47] Quanto mais poderoso o inimigo, portanto, mais heroica a luta. Matar civis é lamentável mas, argumentam os combatentes, os cruzados-sionistas também derramaram sangue inocente, e o Alcorão exige retaliação.[48] Por isso o mártir deve atuar como um soldado corajoso, reprimindo com firmeza a piedade e a ojeriza moral pelos atos terríveis que está tragicamente obrigado a cometer.[49]

A liderança da Al-Qaeda planejava o ataque "espetacular" de Onze de Setembro de 2001 havia algum tempo, mas não tinha como agir antes de encontrar os recrutas certos. Eles precisavam de homens que tivessem competência tecnológica, se sentissem em casa na sociedade ocidental e que fossem capazes de trabalhar sozinhos.[50] Em novembro de 1999, Muhammad Ata, Ramzi bin al-Shibh, Marwan al-Shehhi e Ziad Jarrah, a caminho (ou pelo menos era o que pensavam) da Chechênia, foram transferidos para um abrigo da Al-Qaeda em Kandahar. Eles vinham de famílias privilegiadas, estudaram engenharia e tecnologia na Europa — Jarrah e Al-Shehhi eram engenheiros, e Ata era arquiteto — e se misturariam com facilidade na sociedade americana enquanto eram treinados como pilotos. Eles eram membros de um grupo hoje conhecido como Célula de Hamburgo. Dos quatro, apenas Bin al-Shibh tinha um conhecimento profundo do Alcorão. Nenhum passou pelo treinamento da madrassa que frequentemente é visto como culpado pelo terrorismo muçulmano, mas eles haviam frequentado escolas seculares; até conhecer o grupo, Jarrah nem mesmo era praticante.[51] Desacostumados ao pensamento alegórico e simbólico, eles tinham uma tendência, em função de sua educação científica, não ao ceticismo, mas a uma leitura mais literal do Alcorão, que divergia radicalmente da exegese tradicional muçulmana. Além disso, eles não receberam nenhum treinamento na *fiqh* tradicional, por isso o conhecimento que tinham da lei muçulmana convencional, na melhor das hipóteses, era superficial.

Em seu estudo sobre os terroristas do Onze de Setembro e sobre os que trabalharam próximo a eles — ao todo quinhentas pessoas —, o psiquiatra forense Marc Sageman descobriu que apenas 25% receberam uma criação islâmica tradicional; que dois terços tinham uma mentalidade secular até encontrarem a Al-Qaeda; e que o restante era de recém-convertidos. O conhecimento deles sobre o islã, portanto, era limitado. Muitos eram autodidatas, e alguns só estudaram cuidadosamente o Alcorão na prisão. Talvez, conclui Sageman, o problema não fosse o islã, mas a ignorância sobre o islã.[52] Os sauditas que integraram a operação de Onze de Setembro tiveram uma educação wahhabi, mas eram mais influenciados pelos ideais de pan-islamismo, frequentemente alvo de ataques dos ulemás wahhabi, do que pelo wahhabismo. Os vídeos de martírio de Ahmed al-Haznawi, morto no avião que caiu na Pensilvânia, e de Abdul-Aziz al-Omari, que estava no primeiro avião a atingir o World Trade Center, falam longa e intensamente sobre o sofrimento dos muçulmanos em todo o mundo. No entanto, embora o Alcorão de fato exija que os muçulmanos saiam em defesa dos irmãos, a lei da Charia proíbe a violência contra civis, o uso de fogo na guerra e qualquer ataque a um país onde os muçulmanos possam praticar livremente sua religião.

Muhammad Ata, líder da Célula de Hamburgo, foi motivado pela visão global de Azzam, segundo a qual todo muçulmano fisicamente capaz era obrigado a defender seus irmãos e irmãs na Chechênia ou no Tajiquistão.[53] Azzam, no entanto, deploraria a atividade terrorista que seria adotada pelo grupo. À medida que membros moderados abandonavam a célula, eram substituídos por outros que compartilhavam dos pontos de vista de Ata. Em grupos fechados como esse, isolados de qualquer opinião divergente, Sageman acredita, "a causa" se torna o ambiente em que vivem e respiram.[54] Os membros se tornaram profundamente ligados uns aos outros, compartilhavam apartamentos, comiam e rezavam juntos, e assistiam a incontáveis vídeos de batalhas na Chechênia.[55] E sobretudo eles se identificavam intimamente com essas lutas distantes. A mídia moderna permite que pessoas em uma parte do mundo sejam influenciadas por eventos que acontecem muito longe — algo impossível antes dos tempos modernos — e que apliquem essas narrativas estrangeiras aos próprios problemas.[56] Trata-se de um estado de consciência altamente artificial.

Atualmente a história dos terroristas do Onze de Setembro é bem conhecida. Mas anos depois dessa tragédia os eventos daquele dia continuam aterrorizantes. A tarefa deste livro é avaliar o papel da religião nessa atrocidade. No Ocidente, houve uma convicção muito difundida de que o islã, como uma religião inerentemente violenta, era o principal culpado. Poucas semanas depois do Onze de Setembro, em um artigo intitulado "Isso *é* uma guerra religiosa", o jornalista norte-americano Andrew Sullivan citou a *Declaração de guerra* de Bin Laden:

A exortação a que se declarasse guerra contra os Estados Unidos foi feita porque os americanos eram o ponta de lança da Cruzada contra a nação islâmica, enviando milhares de soldados para a Terra das Duas Mesquitas Sagradas, além de se intrometer nos assuntos e na política sauditas, por exemplo, o apoio dos Estados Unidos ao regime opressor, corrupto e tirânico que controla o país.[57]

Sullivan alertou os leitores sobre o uso da palavra "Cruzada", "um termo explicitamente religioso", e ressaltou que "a reclamação de Bin Laden se devia ao fato de os soldados americanos conspurcarem a terra da Arábia Saudita, 'a terra das Duas Mesquitas Sagradas' em Meca e em Medina".[58] As palavras "Cruzada" e "mesquitas sagradas" foram o suficiente para convencer Sullivan de que isso realmente *era* uma guerra religiosa, e assim ele se sentiu livre para embarcar em uma ode à tradição liberal ocidental. Desde o século XVII, o Ocidente compreendeu quanto era perigoso misturar religião e política, raciocinou Sullivan, mas o mundo muçulmano, infelizmente, ainda precisava aprender essa importante lição. Entretanto, Sullivan não discutia nem mesmo mencionava os dois aspectos superespecíficos e claramente políticos da ação internacional americana mencionados por Bin Laden no trecho citado: a interferência nos assuntos internos da Arábia Saudita e o apoio ao despótico regime saudita.[59]

Inclusive os termos "explicitamente religiosos" — *Cruzada* e *mesquitas sagradas* — também tinham conotações políticas e econômicas. Desde o início do século XX, a expressão árabe "al-salibiyyah" ("cruzada") se tornou um termo explicitamente *político*, aplicado rotineiramente ao colonialismo e ao imperialismo ocidentais.[60] O fato de haver tropas americanas instaladas na Arábia Saudita não só era uma violação de um local sagrado como também uma demonstração humilhante da dependência do reino em relação aos Estados Unidos e do domínio americano na região. Os soldados americanos envolviam o reino em dispendiosas negociações de armamentos; a base dava aos Estados Unidos acesso fácil ao petróleo saudita e permitiu que as Forças Armadas norte-americanas lançassem ataques aéreos contra muçulmanos sunitas durante a Guerra do Golfo.[61]

Com certeza os próprios sequestradores viam as atrocidades do Onze de Setembro como um ato religioso, mas que tinha pouca semelhança com as normas do islã. Um documento encontrado na pasta de Ata esboçava um programa de orações e de reflexão para ajudá-los a enfrentar a provação.[62] Se a psicose é "uma incapacidade de ver relações", esse é um documento profundamente psicótico. O principal imperativo da espiritualidade islâmica é a *tawhid* ("unicidade"): os muçulmanos só conseguirão realmente compreender a unidade de Deus se integrarem todas as suas atividades e pensamentos. Mas esse documento atomiza a missão, dividindo-a em segmentos — a "última noite", a viagem para o aeroporto, o embarque nos aviões etc. — para evitar pensar no todo insuportável. Os terroristas foram instruídos a olhar adiante em direção ao Paraíso ou para trás até a época do Profeta —, na verdade, deviam contemplar qualquer coisa além da atrocidade que cometiam no presente.[63] Vivendo de momento em momento, as mentes deles seriam desviadas do final assustador. Até mesmo as orações são chocantes. Como todo discurso muçulmano, o documento começa com a *bismallah* — "Em nome de Deus, o Clemente e Misericordioso" —, mas isso inicia uma ação que não é nem clemente nem misericordiosa. O documento, então, passa a um comentário que a maioria dos muçulmanos, acredito, consideraria idólatra: "Em nome de Deus, de mim mesmo e de minha família".[64] O sequestrador é instruído a eliminar todo sentimento de piedade pelos outros passageiros, assim como o temor pela própria vida, e a fazer um tremendo esforço para se colocar nessa disposição mental anômala. Ele deve "resistir" a esses impulsos, "domar", "purificar" e "convencer" sua alma, "incitá-la" e "fazer com que ela compreendesse".[65]

A imitação de Maomé é central na fé islâmica; ao reproduzir o comportamento exterior do Profeta, os muçulmanos esperam conquistar a atitude interior dele de total entrega a Deus. Mas o documento de Ata conduz determinantemente os terroristas para fora de sua interioridade, por meio de uma ênfase perversa no mundo exterior. Como resultado, as orações parecem primitivas e supersticiosas. Enquanto estivessem fazendo as malas, eles deviam sussurrar versículos com o Alcorão nas mãos e esfregar essa santidade na bagagem, nos estiletes, nos canivetes, nos documentos de identificação e nos passaportes. As roupas deles deviam ser confortáveis como as vestes do Profeta e de seus companheiros. Quando começassem a combater os passageiros e a tripulação, como sinal de determinação, cada um deles devia "cerrar os dentes como os pios antepassados faziam antes de ir para a batalha" e "bater como heróis que não têm desejo de voltar a esse mundo e gritar *Allahu akbar!*, pois esse grito causa medo nos corações dos descrentes". Eles não devem "ficar tristes" e devem recitar versos do Alcorão enquanto lutarem, "assim como os pios ancestrais compunham versos em meio à batalha para acalmar seus irmãos e para levar a tranquilidade e a alegria para dentro de suas almas".[66] Imaginar que uma possibilidade de serenidade e de alegria seria viável em circunstâncias como essa é um indício de uma forma verdadeiramente psicótica de relacionar sua fé com a realidade do que estavam prestes a fazer.

Vemos aqui o tipo de pensamento mágico que percebemos em *O dever negligenciado* de Faraj. Enquanto passavam pelos portões de segurança do aeroporto, os sequestradores eram instruídos a recitar um versículo que praticamente era "uma declaração de credo" para os radicais.[67] Ele é encontrado em uma passagem do Alcorão sobre a Batalha de Uhud, quando os "hipócritas" incitaram os muçulmanos mais intrépidos a "ficar em casa", mas eles tinham simplesmente respondido: "Deus nos é suficiente. Que excelente Guardião!",[68] e por causa da fé deles, "pela mercê e pela graça de Deus, retornaram ilesos". Se repetissem essas palavras, o documento assegurava aos sequestradores: "Vocês verão como as coisas ficarão em ordem; e a proteção [de Deus] vai estar ao redor de vocês; nenhum poder consegue penetrar nessa proteção". A recitação desse versículo não só manteria o medo à distância como também faria com que superassem qualquer obstáculo: "Todos os instrumentos deles, os portões [de segurança] e a tecnologia deles não vão salvá-los [os americanos]".[69] A mera repetição da primeira parte da *shehadah*, "Não há outro deus além de Deus", seria suficiente para garantir a entrada deles no Paraíso. Os sequestradores são instruídos a pensar na "grandiosidade dessa afirmação enquanto estiverem lutando contra os americanos", lembrando que na escrita arábica esse versículo não tinha "diacríticos — um sinal de perfeição e de completude, já que palavras ou letras com diacríticos têm menos força".[70]

Apenas um ano depois do Onze de Setembro, Louis Atiyat Allah escreveu um ensaio para um site de jihad após assistir ao vídeo de martírio de Al-Omari. Há um disparate na eulogia extravagante de Allah, que imagina os sequestradores — "montanhas de coragem, astros de masculinidade e galáxias de mérito" — chorando de alegria quando os aviões atingem os alvos. No entanto, isso obviamente foi escrito para refutar a ampla crítica feita aos perpetradores do Onze de Setembro. Não foram apenas os "moderados" que deploraram a atrocidade; mesmo em círculos radicais, os muçulmanos aparentemente objetavam a proibição do suicídio pelo Alcorão; eles achavam que os sequestradores agiram de maneira irresponsável. Além disso, a ação deles também foi contraprodutiva: a atrocidade não só tinha gerado uma simpatia global pelos Estados Unidos como também enfraquecera a causa palestina ao estreitar os laços de Israel com os Estados Unidos. Em seu artigo que rebatia essas queixas, Allah respondia que os sequestradores não tinham "cometido suicídio"; nem eram simplesmente "malucos que acharam aviões para sequestrar". Não, eles tinham um objetivo político bem definido: "esmagar as bases do tirano e demolir o ídolo de nossa era, os Estados Unidos". Eles também desferiram um golpe contra a violência estrutural do Oriente Médio dominado pelos americanos, rejeitando os "[governantes] tolos como Ibn Saud e Husni [Mubarak], e todos os outros retardados que falsamente se chamam de 'autoridades'",[71] mas que na verdade "não eram nada mais do que tentáculos do polvo que está sobre você, sendo a cabeça do [polvo] Nova York e Washington DC". O objetivo dessa operação era dar "um salto histórico assustador que irá [...] com um só golpe tirar os muçulmanos da humilhação, da dependência e do servilismo".[72]

Com certeza esses objetivos políticos também predominavam na cabeça de Bin Laden logo depois do Onze de Setembro, embora ele ainda invocasse a vontade divina. No vídeo divulgado em 7 de outubro de 2001, ele se vangloriava: "Eis os Estados Unidos atingidos por Deus em um de seus órgãos vitais, pois seus maiores edifícios foram destruídos",[73] edifícios que tinham sido cuidadosamente escolhidos como "ícones do poder militar e econômico dos Estados Unidos".[74] Cinco vezes Bin Laden usou a palavra "kafir" ("infiel") para os Estados Unidos, embora em todas as ocasiões ela se referisse não às crenças religiosas do país, mas à violação da soberania muçulmana na Arábia e na Palestina.[75] No mesmo dia, o presidente George W. Bush anunciou a Operação Liberdade Duradoura, uma guerra liderada pelos Estados Unidos contra o Talibã no Afeganistão. Como a Primeira Cruzada contra o islã, essa ofensiva militar foi justificada com a linguagem da liberdade: "Defendemos não só nossa liberdade preciosa como também a liberdade das pessoas em todos os lugares".[76] O presidente americano afirmou para os afegãos que os Estados Unidos não tinham nenhum problema com eles, e que atacariam apenas alvos militares, e prometeu que aviões jogariam alimentos, remédios e suprimentos. Além disso, apenas uma semana depois dos ataques, Bush deixou claro que o problema dos Estados Unidos não era com o islã: "O rosto do terror não é o verdadeiro rosto do islã. O islã não é assim. O islã é a paz. Esses terroristas não representam a paz. Eles representam o mal e a guerra".[77] Como Bin Laden, Bush, nesta apresentação cuidadosamente secular, também viu o mundo nitidamente dividido em dois campos, um bom, o outro mau: "Neste conflito não há terreno neutro. Se algum governo patrocina criminosos e assassinos de inocentes, ele também se tornou criminoso e assassino de inocentes".[78]

A visão do mundo maniqueísta de Bush refletia o pensamento dos neoconservadores, com destaque em seu governo, que acreditavam de forma quase mística que nada poderia impedir a missão histórica singular dos Estados Unidos no século XXI. A "Guerra ao Terror" seria combatida contra quaisquer forças que ameaçassem a liderança global dos Estados Unidos. Na verdade, o neoconservadorismo tem sido descrito como "um sistema baseado na fé", já que exigia uma fidelidade absoluta a sua doutrina, não permitindo desvio algum em relação a suas crenças.[79] E assim os políticos da nação secular estavam imbuídos de um ardor e de uma convicção semirreligiosos. A missão dos Estados Unidos era promover o livre mercado global, a Única Verdadeira Economia, em toda parte. Apesar de não se tratar de uma mensagem religiosa, era assim que ela soava à base de 100 milhões de cristãos evangélicos de Bush, para quem os Estados Unidos continuavam sendo uma "cidade na colina".

Os primeiros três meses da guerra contra o Afeganistão, onde o Talibã abrigava a Al-Qaeda, pareceram impressionantemente bem-sucedidos. O Talibã foi derrotado, os quadros da Al-Qaeda se dispersaram e os Estados Unidos estabeleceram duas grandes bases militares, em Bagram e em Kandahar. Mas houve dois acontecimentos sinistros. Embora Bush tenha dado instruções para que os prisioneiros fossem tratados de maneira humana conforme a Convenção de Genebra, na prática os soldados receberam instruções de que podiam "fugir um pouco das regras" já que as leis relativas a prisioneiros de guerra não se aplicavam aos terroristas. Bush fora cuidadoso em insistir que não se tratava de uma guerra contra o islã, mas não foi isso que transpareceu no campo de batalha, onde houve pouco escrúpulo em relação às sensibilidades religiosas. Em 26 de setembro de 2002, um comboio de mujahidin foi capturado cm Takhar. De acordo com um relato muçulmano, os soldados americanos "deixaram um mujahid pendurado pelos braços por seis dias, interrogando-o sobre Bin Laden". Por fim desistiram e perguntaram qual era a religião dele: ele respondeu que ele confiava em Alá, no Profeta Maomé e no sagrado Alcorão. Ao receber essa resposta, os soldados norte-americanos responderam que "Seu Alá e seu Maomé não estão aqui, mas o Alcorão está, então vamos ver o que ele vai fazer com a gente". Depois disso, um soldado americano trouxe um Alcorão sagrado e começou a urinar nele, no que foi seguido por outros soldados dos Estados Unidos e da Aliança do Norte, que fizeram o mesmo.[80]

Apesar do desprezo visível pelo islã, os soldados americanos não se consideravam em uma guerra especificamente contra o islã. Em vez disso, a natureza não convencional da campanha, definida como uma "Guerra ao Terror", um "tipo diferente de guerra", tinha mudado as regras de batalha. Com essa terminologia os Estados Unidos se liberaram das normas do conflito convencional.[81] As tropas terrestres parecem ter absorvido a visão de que os terroristas não tinham direito à mesma proteção que os combatentes comuns.

Desde o Onze de Setembro, os Estados Unidos — que ainda se veem como uma hegemonia puramente benigna —, com o apoio de aliados, têm mantido presas indefinidamente pessoas que negam qualquer envolvimento em conflitos, conduziram interrogatórios violentos e humilhantes e mandaram prisioneiros para países conhecidos pela prática de tortura. Já em dezembro de 2001, centenas de prisioneiros — por meio de uma "rendição extraordinária" — estavam detidos na Baía de Guantánamo e em Diego Garcia sem o devido processo legal e expostos a "estresse e coação" (ou seja, tortura).[82] Os relatos frequentes, quase rotineiros, de abuso nessas prisões americanas sugerem que as autoridades militares e políticas toleraram uma política de brutalidade sistemática.[83] O segundo acontecimento perturbador na Guerra ao Terror foi o grande número de baixas civis. Cerca de 3 mil civis foram mortos nos primeiros três meses — grosso modo o mesmo número de Nova York, Pensilvânia e Washington no Onze de Setembro. Milhares de outros afegãos deslocados morreram mais tarde em campos de refugiados.[84] À medida que a guerra se prolongava, o número de baixas se tornou catastrófico: estima-se que 16 179 civis afegãos tenham morrido entre 2006 e 2012.[85]

Houve uma segunda onda de incidentes terroristas dirigida pela "segunda geração" da Al-Qaeda, que incluiu o malogrado caso do "sapato-bomba" do britânico Richard Reid (dezembro de 2001), o bombardeio de Djerba na Tunísia (abril de 2002), e o ataque à boate de Bali (outubro de 2002), que matou mais de duzentas pessoas. Depois da conspiração fracassada de Iyman Faris para destruir a Ponte do Brooklyn, no entanto, a maior parte do comando central da Al-Qaeda tinha sido morta ou capturada, e não houve outros grandes incidentes.[86] Mas justo quando a situação parecia melhorar, em março de 2003, os Estados Unidos, a Grã-Bretanha e seus aliados invadiram o Iraque, apesar de uma oposição considerável da comunidade internacional e de fortes protestos em todo o mundo muçulmano. Os motivos dessa invasão eram alegações de que Saddam Hussein possuía armas de destruição em massa e que tinha apoiado a Al-Qaeda, duas coisas que se mostraram falsas.

Novamente os Estados Unidos se apresentaram como os portadores da liberdade. "Se devemos usar a força", Bush prometeu ao povo americano, "os Estados Unidos e nossa coalizão estão prontos para ajudar os cidadãos de um Iraque livre."[87] "Não queremos um império", ele insistiu em outra ocasião. "Nossa nação está comprometida com a liberdade para nós mesmos e para os outros."[88] Aplaudido por intelectuais neoimperialistas como Niall Ferguson, o regime de Bush acreditava que podia usar métodos coloniais de invasão e ocupação para alcançar a libertação do país.[89] Os Estados Unidos forçariam o Iraque a entrar na livre economia global e mudariam a política do Oriente Médio criando um Estado árabe liberal, democrático e pró-Ocidente, que também apoiaria Israel, adotaria o capitalismo de mercado e, ao mesmo tempo, concederia uma base militar para os Estados Unidos e acesso a vastas reservas de petróleo.

Em 1º de maio de 2003, o jato S-3B Viking de Bush aterrissou no deque do porta-avião *USS Abraham Lincoln*, onde o presidente anunciou um final vitorioso para a Guerra do Iraque.[90] "Lutamos pela causa da liberdade e pela paz no mundo", ele disse aos soldados reunidos. "Por causa de vocês, o tirano caiu e o Iraque está livre." Nessa mensagem política também se ouviam as notas de uma guerra santa. Essa guerra da nação americana era orientada pelo próprio Deus. "Todos vocês — todos dessa geração de nossas Forças Armadas — atenderam ao chamado mais alto da história", ele anunciou, citando o profeta Isaías: "E aonde vocês forem, carregarão uma mensagem de paz — uma mensagem que é antiga e sempre nova. Para os presos, 'saiam' — e para os que estão na escuridão, 'sejam livres'".[91] O uso desse versículo bíblico, que Jesus citou para descrever a própria missão,[92] revelava o caráter messiânico da administração Bush.

Foi irônico que Bush tenha anunciado a libertação dos cativos. Em outubro de 2003, a mídia publicou fotografias de policiais militares americanos cometendo abusos contra prisioneiros iraquianos em Abu Ghraib, a famosa prisão de Saddam; mais tarde, mostrou-se que ocorrera crueldade equivalente nas prisões administradas pelos britânicos. Essas fotografias eram uma visão mais crua da Guerra do Iraque do que a apresentada pela mídia oficial norte-americana. Encapuzados, nus, contorcendo-se no chão, os iraquianos eram mostrados como desumanizados, medrosos, bestiais e totalmente dominados pela força superior dos Estados Unidos. A postura arrogante dos militares de baixa patente é significava: "Nós somos altos, eles são baixos; somos limpos, eles são sujos; somos fortes e corajosos, eles são fracos e covardes; somos nobres, eles são praticamente animais; somos escolhidos de Deus, eles são alheios a tudo o que é divino".[93] "As fotos somos nós", declarou a falecida Susan Sontag. Os nazistas não foram as únicos a cometer atrocidades; os americanos também o fazem, "quando são levados a acreditar que as pessoas que estão torturando pertencem a uma raça ou a uma religião inferior, desprezível".[94] Claramente os soldados não viam nenhum problema em seu comportamento e não tinham medo de punição. "Foi só por diversão", disse a soldado Lynndie England, que aparecia nas fotografias andando com um prisioneiro numa coleira como se fosse um cão. Eles se comportavam assim, concluiu a investigação oficial, "simplesmente porque podiam".[95]

Um mês depois do discurso de Bush no porta-aviões, o Iraque ficou caótico. A maior parte dos iraquianos não deu crédito à retórica exaltada de Bush; em vez disso, tinham certeza de que os Estados Unidos simplesmente queriam o petróleo deles e que pretendiam usar o país como base militar para defender Israel. Eles podem ter ficado felizes de se livrar de Saddam, mas não viam as tropas americanas e britânicas como libertadoras. "Eles estão pisando no meu coração", disse um morador de Bagdá. "Nos libertar do quê?", perguntou outro. "Temos tradições, moral, costumes."[96] O xeique iraquiano Muhammad Bashir reclamou que, se os americanos tivessem levado liberdade para o país, não era para os iraquianos:

> É a liberdade que os soldados da ocupação têm para fazer o que quiserem [...]. Ninguém pode perguntar o que estão fazendo, porque estão protegidos pela liberdade deles [...]. Ninguém pode puni-los, seja em nosso país ou no deles. Eles

expressaram essa liberdade de estuprar, a liberdade da nudez e a liberdade da humilhação.[97]

O ataque impressionante dos Estados Unidos em 2004 a Fallujah, a icônica "cidade das mesquitas", tem sido chamado de Onze de Setembro árabe: centenas de civis foram mortos e 200 mil ficaram desabrigados. No ano seguinte, 24 mil civis foram mortos no Iraque e 70 mil ficaram feridos.[98] Em vez de levar paz para a região, a ocupação causou uma insurgência de iraquianos e de mujahidin da Arábia Saudita, Síria e Jordânia, que responderam a essa invasão estrangeira com a técnica outrora incomum dos atentados suicidas, por fim quebrando o antigo recorde dos Tigres Tâmeis.[99]

Quanto ao terrorismo global, a situação só se tornou mais perigosa do que era antes da Guerra do Iraque.[100] Depois do assassinato de Bin Laden, em 2011, a Al-Qaeda continua crescendo. Sua força sempre foi mais conceitual do que organizacional — ardor revolucionário global combinado com uma intensa militância política e uma reivindicação duvidosa de aprovação divina. Suas afiliadas, entre as quais aquela fundada no Iraque (no momento em que escrevo isso cada vez mais ativa nesse país e também na guerra civil síria), e as da Somália e do Iêmen, continuam a promover a restauração do califado como objetivo último de suas intervenções na política local. Em outros lugares, na ausência de um grupo mais organizado, há milhares de aspirantes independentes ao terrorismo mundial — radicalizados por meio de fóruns na internet. Treinados por conta própria, com baixo nível de instrução e sem nenhum objetivo prático definido. Esse foi o caso de Michael Adebolajo e de Michael Adebolawe, dois britânicos de nascimento convertidos ao islã, que assassinaram o soldado britânico Lee Rigby, em 2013, no sudeste de Londres. Assim como Muhammad Bouyeri, que matou o cineasta holandês Theo Van Gogh em 2004, e os autores do bombardeiro no trem em Madri, que no mesmo ano eliminaram 191 pessoas, eles não eram diretamente ligados à Al-Qaeda.[101] Alguns dos que começam de forma autônoma procuram os líderes da Al-Qaeda para se credenciar, na esperança de ser enviados para uma operação importante, mas ao invés disso os treinadores no Paquistão parecem preferir mandá-los de volta para casa com o intuito de desestabilizar os países ocidentais — como aconteceu com os bombardeios de 7 de julho em Londres (2005), com o plano de bombardeio na Austrália (novembro de 2005), a conspiração de Toronto (junho de 2006) e o fracassado projeto britânico de explodir vários aviões sobre o Atlântico (agosto de 2006).

Esses terroristas independentes têm pouquíssimo conhecimento do Alcorão, de modo que não faz sentido iniciar um debate sobre sua interpretação das escrituras ou culpar "o islã" pelos seus crimes.[102] Na verdade, Marc Sageman, que falou com vários deles, acredita que uma educação religiosa regular podia ter impedido que cometessem essa violência desmedida. Eles são, segundo Sageman descobriu, motivados principalmente pelo desejo de escapar de uma sufocante sensação de insignificância e de falta de sentido nos Estados-nação seculares que lutam para assimilar minorias estrangeiras. Eles buscam realizar o antigo sonho da glória militar e acreditam que darão sentido à sua vida com uma morte heroica, morrendo como heróis locais.[103] Nesses casos, basta dizer: o que chamamos de "terrorismo islâmico" se transformou de uma causa política — inflamada por exortações religiosas contrárias ao ensinamento islâmico — em uma expressão violenta de raiva juvenil. Eles podem dizer que agem em nome do islã, mas, quando um principiante sem talento afirma tocar uma sonata de Beethoven, só se ouve uma cacofonia.

Um dos objetivos de Bin Laden foi atrair muçulmanos do mundo inteiro para sua visão da jihad. Embora ele tenha se tornado um herói popular carismático para alguns — uma espécie de Che saudita —, nessa missão central, em última instância, ele fracassou. Entre 2001 e 2007, uma pesquisa Gallup feita em 35 países predominantemente muçulmanos descobriu que apenas 7% dos entrevistados achavam que os ataques de Onze de Setembro eram "totalmente justificados"; para essas pessoas, os motivos eram completamente políticos. Os 93% que condenavam os ataques, por sua vez, citaram versículos do Alcorão para mostrar que o assassinato de inocentes não é permitido no islã.[104] É possível imaginar quanto o mundo muçulmano teria se voltado de maneira mais unânime contra o terror se não fosse pela política dos Estados Unidos e aliados implantada depois do Onze de Setembro. Em uma época em que até mesmo em Teerã houve demonstrações de solidariedade aos Estados Unidos, a coalizão de Bush e Blair atacou em sua resposta violenta um movimento que culminaria na tragicamente mal concebida invasão do Iraque em 2003. O resultado mais decisivo dessa ação foi mostrar ao mundo um novo conjunto de imagens de muçulmanos sofrendo. Dessa vez, o Ocidente não só era cúmplice disso, mas diretamente responsável. Ao considerar a tenacidade da Al-Qaeda, é bom lembrar que essas imagens de sofrimento muçulmano, mais do que qualquer extensa teoria da jihad, foram o que levou tantos jovens muçulmanos para os campos de Peshawar desde o início.

Em geral e com razão condenamos o terrorismo, que mata civis em nome de Deus, mas não podemos reivindicar superioridade moral se desconsideramos o sofrimento e os milhares de civis que morrem em nossas guerras como "danos colaterais". Mitologias religiosas antigas ajudaram as pessoas a enfrentar o dilema da violência do Estado, mas nossas ideologias nacionalistas atuais, em vez disso, parecem promover um recuo para a negação ou um embrutecimento de nosso coração. A respeito disso, nada é mais revelador do que um comentário de Madeleine Albright, quando embaixadora de Bill Clinton nas Nações Unidas. Depois ela se retratou, mas no mundo inteiro a declaração nunca foi esquecida. Em 1996, no programa *60 minutes* da CBS, Lesley Stahl perguntou se o custo das sanções internacionais aplicadas ao Iraque se justificava: "Ouvimos que meio milhão de crianças morreram. Digo, é mais do que as pessoas que morreram em Hiroshima… Vale a pena?". "Acho que é uma decisão muito difícil", Albright respondeu, "mas achamos que vale a pena."[105]

Em 24 de outubro de 2012, Mamana Bibi, uma mulher de 65 anos que colhia legumes no amplo terreno de sua família no Waziristão, Paquistão, foi morta por um drone dos Estados Unidos. Ela não era terrorista, era uma parteira casada com um professor aposentado, mas foi destroçada em frente aos nove netos pequenos. Algumas das crianças passaram por múltiplas cirurgias, que a família mal conseguia pagar porque tinha perdido todo o gado; as crianças menores ainda gritam apavoradas a noite toda. Não sabemos quem eram os verdadeiros alvos. No entanto, embora o governo norte-americano afirme que faça avaliações detalhadas depois dos ataques, nunca houve um pedido de desculpas, nunca houve uma oferta de indenização à família, nem mesmo se admitiu o que aconteceu para o povo americano. O diretor da CIA, John O. Brennan, afirmara anteriormente que os ataques de drones não causavam absolutamente nenhuma baixa de civis; mais recentemente admitiu que não é bem assim, embora ainda afirme que essas mortes são extremamente raras. Desde então, a Anistia Internacional analisou cerca de 45 ataques na região, encontrando indícios de mortes civis ilegais, e relatou vários casos que mataram civis fora dos limites da lei.[106] "Bombas só criam ódio no coração das pessoas. E esse ódio e essa raiva geram mais terrorismo", disse o filho de Bibi.

"Ninguém *nos* perguntou quem foi morto ou ferido naquele dia. Nem os Estados Unidos nem o meu próprio governo. Ninguém veio investigar ou foi responsabilizado. Simplesmente, ninguém parece se importar."[107]

"Acaso sou guarda de meu irmão?", Caim perguntou depois de ter matado seu irmão, Abel. Atualmente vivemos em um mundo tão interconectado que estamos todos implicados nas histórias e nas tragédias uns dos outros. Assim como — com muitas ressalvas — condenamos os terroristas que matam inocentes, também precisamos encontrar um modo de reconhecer nosso relacionamento com Mamana Bibi e nossa responsabilidade por ela, pela sua família e pelas centenas de milhares de civis que morreram ou foram mutilados em nossas guerras modernas simplesmente por estarem no lugar errado na hora errada.

Agradecimentos

Este livro é dedicado a Jane Garrett, minha amiga e editora na Knopf por vinte anos. Desde o início, o seu incentivo e entusiasmo me deram forças para perseverar com a jihad diária da escrita; foi um privilégio e uma alegria trabalhar com você.

Também sou abençoada por ter como editores George Andreou e Jorg Hensgen, cujo trabalho rigoroso e meticuloso com o manuscrito me ajudou a levar o livro a outro patamar, o que me fez ser sinceramente grata. Meus agradecimentos também a todas as pessoas que trabalharam no livro com tanta habilidade e conhecimento — na The Bodley Head: Stuart Williams (editor), Beth Humphries (editora de texto), Joe Pickering (relações-públicas), James Jones (capista), Mary Chamberlain (revisora) e Katherine Ailes (editora assistente); na Knopf: Roméo Enriquez (gerente de produção), Ellen Feldman (editora de produção), Kim Thornton (relações-públicas), Oliver Munday (capista), Cassandra Pappas (diagramadora), Janet Biehl (editora de texto) e Terezia Cicelova (assistente editorial); e na Knopf do Canadá: Louise Dennys (editora) e Sheila Kaye (relações-públicas). Muitos de vocês eu nunca encontrei, mas estejam certos de que agradeço por tudo o que fizeram por mim.

Como sempre, gostaria de agradecer a meus agentes Felicity Bryan, Peter

Ginsberg e Andrew Nurnberg, pelo apoio incansável, pela lealdade e, acima de tudo, pela confiança permanente em mim; desta vez eu realmente não teria conseguido sem vocês. Agradeço também a Michele Topham, Jackie Head e Carole Robinson do escritório de Felicity Brian, por me ajudar com tanta alegria nas crises cotidianas da vida de uma escritora, que vão desde a contabilidade até problemas com o computador. E minha sincera gratidão a Nancy Roberts, minha assistente, por lidar de maneira tão paciente com minha correspondência e pela firmeza inquebrantável em garantir que eu tenha tempo e espaço para escrever.

Um grande agradecimento a Sally Cockburn, cujas pinturas me ajudaram a entender do que meu livro, em parte, tratava. E, por fim, agradeço a Eve, Gary, Stacey e Amy Mott, e a Michelle Stevenson da My Ideal Dog, por cuidar de Poppy com tanta dedicação durante os últimos anos dela, permitindo que eu fizesse meu trabalho. Este livro também é dedicado carinhosamente em memória de Gary, que sempre viu o âmago das coisas e, acredito, teria aprovado seu conteúdo.

Posfácio

Vimos que, assim como o clima, a religião "faz muitas coisas diferentes". Afirmar que ela tem uma essência única, imutável e inerentemente violenta não é correto. Crenças e práticas religiosas idênticas inspiraram caminhos diametralmente opostos. Na Bíblia hebraica, os deuteronomistas e os autores eclesiásticos discorreram sobre as mesmas histórias, mas os primeiros se voltaram de forma violenta contra povos estrangeiros, enquanto os últimos buscaram a reconciliação. Daoístas, legalistas e estrategistas militares chineses compartilharam um conjunto de ideias e disciplinas meditativas, mas as usaram de maneiras completamente diversas. São Lucas e os autores joaninos refletiram sobre a mensagem de amor de Jesus, mas Lucas se abriu para os membros marginalizados da sociedade, enquanto os joaninos limitaram seu amor ao próprio grupo. Tanto Antônio quanto os *Boskoi* sírios decidiram praticar a "liberdade de cuidado", mas Antônio passou a vida tentando libertar sua mente da raiva e do ódio, e os monges sírios, por sua vez, se renderam aos impulsos agressivos do cérebro reptiliano. Ibn Taymiyyah e Rumi foram ambos vítimas das invasões mongóis, todavia usaram os ensinamentos do islã para chegar a conclusões divergentes. Durante séculos a história da morte trágica do Imã Hussein inspirou os xiitas a se retirar da vida política em um protesto fundamentado contra a injustiça sistêmica; mais recentemente, inspirou-os a agir politicamente e a dizer não para a tirania.

Até o período moderno, a religião permeava todos os aspectos da vida, incluindo a política e a guerra, não porque os eclesiásticos ambiciosos "misturaram" duas atividades essencialmente distintas, mas porque as pessoas queriam dar sentido a tudo o que faziam. Todas as ideologias estatais eram religiosas. Os reis da Europa que lutaram para se libertar do controle papal não eram "secularistas"e eram reverenciados como semidivinos. Todos os impérios bem-sucedidos afirmaram ter uma missão divina; consideraram os inimigos maus, perdidos ou tirânicos; tinham certeza de que beneficiariam a humanidade. E como esses Estados e impérios sempre foram criados e mantidos pela força, a religião esteve implicada nessa violência. Foi só nos séculos XVII e XVIII que a religião foi expulsa da vida política no Ocidente. Portanto, quando as pessoas afirmam que a religião foi responsável por *mais* guerras, opressão e sofrimento do que qualquer outra instituição humana, é preciso perguntar: "Mais do que *qual*?". Até as revoluções americana e francesa, não havia sociedades "seculares". Nosso impulso de "santificar" nossas atividades políticas é tão arraigado que, assim que os revolucionários franceses tiveram êxito em marginalizar a Igreja católica, eles criaram uma nova religião nacional. Nos Estados Unidos, a primeira república secular, o Estado sempre teve uma aura religiosa, um destino manifesto e uma missão aprovada por Deus.

John Locke acreditava que a separação entre Igreja e Estado era a chave para a paz, mas o Estado-nação passou longe de ter aversão à guerra. O problema não está em uma atividade multifacetada que chamamos de "religião", mas na violência incrustada em nossa natureza humana e na natureza do Estado, que desde o início exigiu uma submissão à força de pelo menos 90% da população. Como Ashoka descobriu, mesmo se um governante evitasse a agressão estatal, era impossível desmantelar o Exército. O *Mahabharata* lamentou o dilema do rei-guerreiro fadado a uma vida de guerra. Os chineses perceberam muito cedo que certa quantidade de força era essencial para a vida civilizada. O antigo Israel tentou inicialmente escapar do Estado agrário, mas logo os israelitas descobriram que, por mais que odiassem a exploração e a crueldade da civilização urbana, não conseguiam viver sem ela; eles também se tornaram "como todas as nações". Jesus pregou um reino inclusivo e de compaixão que desafiava o éthos imperial, e recebeu como paga a crucificação. A *ummah* muçulmana começou como uma alternativa à injustiça jahili da Meca comercial, mas inevitavelmente acabou se tornando um império, já que uma monarquia absoluta era o melhor modo, e talvez o único, de manter a paz. Historiadores militares modernos concordam que sem Exércitos profissionais e responsáveis a sociedade humana ou teria permanecido em um estado primitivo ou degenerado em hordas que guerreariam incessantemente.

Antes da criação do Estado-nação, as pessoas pensavam sobre política de um modo religioso. O império de Constantino mostrou o que aconteceria quando uma tradição originalmente pacífica se tornava muito próxima do governo; os imperadores garantiram a Pax Christiana tão violentamente quanto seus antecessores pagãos impuseram a Pax Romana. As Cruzadas foram inspiradas por uma paixão religiosa mas também foram profundamente políticas: o papa Urbano II deixou os cavaleiros da cristandade à solta no mundo muçulmano para ampliar o poder da Igreja no Oriente e para criar uma monarquia papal que controlaria a Europa cristã. A Inquisição foi uma tentativa profundamente equivocada de garantir a ordem interna na Espanha depois de uma guerra civil que dividiu o país. As Guerras de Religião e a Guerra dos Trinta Anos foram permeadas por disputas sectárias da Reforma, mas também se tratava das dores do parto do Estado-nação moderno.

Quando lutamos, precisamos nos distanciar do adversário, e como a religião era tão central para o Estado, seus ritos e mitos retratavam os inimigos como monstros malignos que ameaçavam a ordem cósmica e política. Durante a Idade Média, os cristãos denunciaram os judeus como assassinos de crianças, os muçulmanos como "uma raça má e desprezível" e os cátaros como um tumor canceroso no corpo da cristandade. De novo, esse ódio com certeza tinha motivação religiosa, mas além disso era uma resposta à angústia social que acompanhava o início da modernização. Os cristãos fizeram dos judeus um bode expiatório para sua preocupação excessiva com a economia monetária, e os papas culparam os cátaros por sua própria incapacidade de viver conforme o evangelho. No processo, eles criaram inimigos imaginários que eram imagens distorcidas de si mesmos vistas num espelho. No entanto, retirar a capa da religião não pôs fim ao preconceito. Com base nos antigos padrões religiosos de ódio, surgiu no período moderno um "racismo científico" que inspirou o genocídio armênio e os campos de extermínio de Hitler. O nacionalismo secular, imposto tão sem-cerimônia pelos colonizadores, frequentemente se fundiria com tradições religiosas de lugares onde as pessoas ainda não tinham abstraído a "religião" da política; como resultado, essas crenças muitas vezes foram deturpadas e geraram correntes agressivas.

Os ódios sectários que se desenvolvem dentro de uma tradição religiosa muitas vezes são citados como prova de que a "religião" é cronicamente intolerante. Essas disputas internas realmente foram amargas e violentas, mas quase sempre também tiveram uma dimensão política. Os "hereges" cristãos foram perseguidos por usar o evangelho para expor sua rejeição à injustiça e à violência sistêmicas do Estado agrário. Mesmo os debates herméticos sobre a natureza do Cristo na Igreja Oriental foram motivados pelas ambições políticas dos "bispos-tiranos". Os hereges foram perseguidos sempre que a nação temia um ataque externo. A teologia xenofóbica dos deuteronomistas se desenvolveu quando o Reino de Judá enfrentou a aniquilação política. Ibn Taymiyyah introduziu a prática do *takfir* quando os muçulmanos do Oriente Próximo estavam ameaçados pelos cruzados, no Ocidente, e pelos mongóis, no Oriente. A Inquisição ocorreu sobre o pano de fundo da ameaça otomana e das Guerras de Religião, assim como os Massacres de Setembro e o Reino do Terror na França Revolucionária foram motivados por temores de invasão estrangeira.

Lord Acton previu corretamente que o Estado-nação liberal perseguiria "minorias" étnicas e culturais, que na verdade tomaram o lugar dos "hereges". No Iraque, no Paquistão e no Líbano a tradicional animosidade sunita/xiita foi agravada pelo nacionalismo e por problemas do Estado pós-colonial. No passado, os muçulmanos sunitas sempre relutaram em chamar seus correligionários de "apóstatas", já que acreditavam que só Deus poderia afirmar o que se passava no coração de alguém. Mas a prática da *takfir* se tornou comum em nossa época, quando os muçulmanos novamente temem inimigos estrangeiros. Ao atacar igrejas e sinagogas hoje, os muçulmanos não são motivados pelo islã. O Alcorão determina que eles respeitem a fé dos "povos do livro".[1] Um dos versículos sobre a jihad mais citado justifica a guerra afirmando: "E se Deus não tivesse refreado os instintos malignos de uns em relação aos outros, teriam sido destruídos mosteiros, igrejas, sinagogas e mesquitas, onde o nome de Deus é frequentemente celebrado".[2] Essa nova agressão contra minorias religiosas no Estado-nação em grande medida é resultado de tensões políticas acarretadas pelo imperialismo ocidental (associado ao cristianismo) e ao problema palestino.[3]

Simplesmente não é verdade que a "religião" é sempre agressiva. Às vezes, pelo contrário, ela põe um freio na violência. No século IX a.C., ritualistas indianos extraíram da liturgia toda a violência e criaram o ideal da *ahimsa*, "não violência". As medievais Paz e Trégua de Deus forçaram os cavaleiros a parar de aterrorizar os pobres e proibiram a violência de quarta-feira a domingo em todas as semanas. De maneira mais dramática, depois da guerra de Bar Kokhba, os rabinos reinterpretaram as escrituras de modo tão eficiente que os judeus se abstiveram de agressão política por um milênio. Esses êxitos foram raros. Dada a violência inerente aos Estados em que vivemos, o melhor que profetas e sábios têm sido capazes de fazer é apresentar uma alternativa. Apesar de sem poder político, a sangha budista se tornou uma presença vibrante na Índia antiga e chegou até a influenciar imperadores. Ashoka publicou os ideais da *ahimsa*, da tolerância, gentileza e respeito nas inscrições extraordinárias que levou a todo o império. Confúcio manteve o ideal da humanidade (*ren*) vivo no governo da China imperial até a revolução. Por séculos, o código igualitário da Charia foi um desafio contracultural à aristocracia abássida; os califas reconheciam que aquela era a vontade de Deus, embora não pudessem governar daquele modo.

Outros sábios e místicos desenvolveram práticas espirituais para ajudar as pessoas a controlar sua agressividade e a desenvolver uma reverência por todos os seres humanos. Na Índia, os renunciantes praticaram as disciplinas da ioga e da *ahimsa* para erradicar o machismo egoísta. Outros cultivaram os ideais da *anatta* ("não eu") e da *kenosis* ("autoesvaziamento") para controlar os impulsos de "eu primeiro" que tão frequentemente levaram à violência; eles buscavam uma "equanimidade" a partir da qual seria impossível que qualquer pessoa se visse como superior a outra, ensinavam que todos tinham um potencial sagrado e afirmavam que os homens deviam até mesmo amar seus inimigos. Profetas e salmistas insistiam que uma cidade não podia ser "sagrada" se a classe dominante não se importasse com os pobres e despossuídos. Sacerdotes exortaram seus compatriotas a se basear na memória dos próprios sofrimentos passados para aliviar a dor dos outros, em vez de usá-la para justificar o assédio e a perseguição. Todos eles insistiam, de um modo ou de outro, que se as pessoas não tratassem as demais como gostariam de ser tratadas e não desenvolvessem uma "preocupação por todos", a sociedade estava condenada.

Se as potências coloniais tivessem respeitado a Regra de Ouro em suas colônias, não enfrentaríamos tantos problemas políticos hoje.

Uma das práticas religiosas mais onipresentes era o culto da comunidade. No mundo pré-moderno, a religião era uma atividade de busca comunitária, mais do que algo pessoal. Os indivíduos chegavam à iluminação e à salvação aprendendo a viver juntos em harmonia. Ao invés de se distanciar dos outros seres humanos, como faziam os guerreiros, sábios, profetas e místicos ajudavam as pessoas a cultivar um relacionamento com quem normalmente não gostavam e a ter responsabilidade por essas pessoas. Eles inventaram meditações que deliberadamente estendiam sua benevolência aos confins da terra, desejavam felicidade a todos os homens, ensinavam seus compatriotas a reverenciar a santidade de todas as pessoas e se determinaram a encontrar meios práticos de amenizar o sofrimento do mundo. Neurocientistas descobriram que monges budistas, praticantes assíduos dessa meditação compassiva, aumentaram fisicamente os centros do cérebro que despertam a empatia. Os jainistas cultivaram uma visão excepcional da comunidade e de todas as criaturas. Os muçulmanos chegaram à submissão do *islam* ao assumir a responsabilidade uns pelos outros e compartilhar o que tinham com os necessitados. Nas igrejas de Paulo, os ricos e os pobres eram instruídos a se sentar à mesma mesa e a comer os mesmos alimentos. Monges cluníacos faziam com que os cristãos leigos vivessem juntos como monges durante as peregrinações, com os ricos e os pobres compartilhando as mesmas dificuldades. A Eucaristia não era uma comunhão solitária com Cristo mas um rito que unia a comunidade política.

Desde muito cedo, profetas e poetas ajudaram os homens a contemplar a tragédia da vida e a enfrentar os danos que causavam aos outros. Na antiga Suméria a *Atrahasis* não pôde encontrar uma solução para a injustiça social de que a civilização dependia, mas essa lenda popular tornou as pessoas conscientes dela. Gilgamesh teve de ficar face a face com o horror da morte, que retirava o falso glamour e a nobreza da batalha. Os profetas de Israel obrigavam os governantes a assumir responsabilidade pelo sofrimento que impunham aos pobres e os condenavam por seus crimes de guerra. Os autores eclesiásticos da Bíblia hebraica viviam em uma sociedade violenta e não podiam renunciar a ela, mas acreditavam que a violência maculava os guerreiros, mesmo se a guerra tivesse o aval divino. Foi por isso que Davi não teve permissão para construir o templo de Iahweh. Os arianos adoravam a guerra e reverenciavam seus guerreiros; lutar e saquear eram elementos fundamentais para uma economia pastoril; mas o guerreiro sempre carregava uma mancha. Os estrategistas chineses admitiam que o estilo de vida marcial era "enganoso", portanto devia ser isolado da vida civil. Eles chamaram a atenção para o fato desconfortável de que até mesmo um Estado ideal nutria em seu coração uma instituição dedicada a matar, mentir e enganar.

No Ocidente, hoje o secularismo é parte de nossa identidade. Ele tem sido benéfico — entre outras coisas — porque uma ligação íntima com o governo pode comprometer terrivelmente uma tradição religiosa. Mas ele teve a própria violência. A França Revolucionária se tornou laica por meio de coerção, extorsão e derramamento de sangue; pela primeira vez o país mobilizou a sociedade inteira para a guerra; o seu secularismo parecia motivado por uma agressividade em relação à religião que ainda hoje é compartilhada por muitos europeus. Os Estados Unidos não estigmatizaram a religião dessa maneira, e a religião prosperou por lá. Houve uma agressividade no princípio do pensamento moderno, que falhou em aplicar o conceito de direitos humanos a povos indígenas das Américas ou a escravos africanos. No mundo em desenvolvimento a secularização tem sido vista como letal, hostil e invasiva. Houve massacres em templos sagrados; sacerdotes foram torturados, presos e assassinados; alunos de madrassas foram mortos e humilhados; e o clero foi sistematicamente privado de recursos, dignidade e status.

Dessa forma a secularização às vezes causou prejuízos à religião. Mesmo na atmosfera relativamente benigna dos Estados Unidos, fundamentalistas protestantes se tornaram xenofóbicos e temeram a modernidade. Os horrores da prisão de Nasser polarizaram a interpretação de Sayyd Qutb; seu antigo liberalismo se transformou em uma paranoia que via inimigos em toda parte. Do mesmo modo Khomeini falava frequentemente sobre conspirações de judeus, cristãos e imperialistas. Os deobandis, feridos pela abolição do Império Mogol, criaram uma forma de islã rigorosa, cheia de regras, e nos deram a caricatura do Talibã, uma nociva combinação do rigor dos deobandis, do chauvinismo tribal e da agressividade dos órfãos traumatizados pela guerra. No subcontinente indiano e no Oriente Médio, a ideologia importada do nacionalismo transformou símbolos e mitos religiosos tradicionais e deu a eles uma dimensão violenta. Mas o relacionamento entre modernidade e religião nem sempre foi de completo antagonismo. Alguns movimentos, como os dois Grandes Despertares e a Irmandade Muçulmana, realmente ajudaram as pessoas a adotar ideais e instituições modernos em uma linguagem mais familiar.

A violência religiosa moderna não é um problema externo, é parte do cenário de seu tempo. Criamos um planeta interconectado. Apesar de perigosamente polarizados, estamos mais unidos do que em qualquer momento anterior. Quando as ações caem em um lugar, os mercados despencam em todo o mundo. O que acontece na Palestina ou no Iraque hoje pode ter repercussões amanhã em Nova York, Londres ou Madri. Estamos conectados eletronicamente de modo que imagens do sofrimento e da devastação em uma remota aldeia síria ou em uma prisão iraquiana instantaneamente têm alcance global. Todos enfrentamos a possibilidade de uma catástrofe ambiental ou nuclear. Mas nossas percepções não estão à altura das realidades de nossa situação, de modo que no Primeiro Mundo ainda tendemos a nos colocar em uma categoria privilegiada, especial. Nossas políticas ajudaram a criar uma raiva e uma frustração amplamente difundidas, e no Ocidente temos determinada responsabilidade pelo sofrimento no mundo muçulmano que Bin Laden conseguiu explorar. "Acaso sou guarda de meu irmão?" A resposta sem dúvida deve ser sim.

A guerra, segundo se diz, é causada "por nossa incapacidade de compreender relações. Nossa relação com a situação econômica e histórica. Com os outros homens. E acima de tudo nossa relação com o fim. Com a morte".[4] Precisamos de ideologias hoje, religiosas ou seculares, que ajudem as pessoas a enfrentar os difíceis dilemas de nossa "situação econômica e histórica", como os profetas fizeram no passado. Embora já não lutemos contra a injustiça opressiva do Estado agrário, existe uma enorme desigualdade e uma desigualdade de forças. Os despossuídos, no entanto, não são mais camponeses desamparados; eles acharam modos de revidar. Se queremos um mundo viável, precisamos assumir responsabilidade pela dor dos outros e aprender a ouvir narrativas que questionem a ideia que fazemos de nós mesmos. Tudo isso exige a "submissão", o altruísmo e a compaixão que foram tão importantes na história da religião quanto as Cruzadas e as jihads.

Todos nós enfrentamos — de formas seculares ou religiosas — a ideia do "fim", o vazio que está no centro da cultura moderna. Desde Zoroastro, os movimentos religiosos que tentaram lidar com a violência de sua época absorveram parte de sua agressividade. O fundamentalismo protestante surgiu nos Estados Unidos quando cristãos evangélicos pensaram sobre o massacre sem precedentes da Primeira Guerra Mundial. A visão apocalíptica deles era simplesmente uma versão religiosa da "guerra futura" secular que tinha se desenvolvido na Europa. Os fundamentalistas e os extremistas religiosos usaram a linguagem da religião para expressar temores que também afligiam secularistas. Vimos que alguns dos movimentos mais cruéis e autodestrutivos foram em parte uma resposta ao Holocausto ou à ameaça nuclear. Grupos como a Sociedade de Shukri Mustafa, no Egito de Sadat, podem ter exibido uma imagem distorcida da violência estrutural da cultura contemporânea. Tanto secularistas quanto religiosos recorreram ao atentado suicida, que de certo modo reflete a pulsão de morte do pensamento moderno; além disso, ambos compartilharam os mesmos entusiasmos. O kookismo era claramente uma forma religiosa de nacionalismo secular e foi capaz de trabalhar ao lado da direita laica israelense. Os muçulmanos que se reuniram para participar a jihad contra a União Soviética certamente reviviam a prática clássica islâmica do "voluntariado", mas também experimentavam o impulso que levou centenas de europeus a deixar a segurança de seus lares e a lutar na Guerra Civil Espanhola (1936-9) e os judeus a sair apressadamente da diáspora para apoiar Israel às vésperas da Guerra dos Seis Dias.

Quando deparamos com a violência do nosso tempo, é natural que embruteçamos nosso coração em relação à dor e à privação globais que nos deixam desconfortáveis, deprimidos e frustrados. No entanto, precisamos encontrar meios de contemplar esses fatos angustiantes da vida moderna, ou perderemos o melhor de nossa humanidade. De algum modo precisamos achar maneiras de fazer o que a religião — em seus melhores momentos — fez por séculos: construir uma noção de comunidade global, cultivar uma ideia de reverência e de "equanimidade" em relação a todos e assumir responsabilidade pelo sofrimento do mundo. Somos todos, tanto religiosos quanto secularistas, responsáveis pelos problemas atuais do planeta. Não há Estado, independentemente de seu grau de idealismo e do quão grandes sejam suas conquistas, que não tenha incorrido na mácula do guerreiro. O fato de o filho de Mamana Bibi dizer: "Simplesmente, ninguém parece se importar" é uma mancha na comunidade internacional. O bode expiatório ritual era uma tentativa de eximir a comunidade de seus pecados; esta não pode ser uma solução para nós hoje.

Notas

INTRODUÇÃO [pp. 11-26]

1. Lv 16,22. As citações tanto do Antigo quanto do Novo Testamento são da *Bíblia de Jerusalém*.
2. René Girard, *Violence and the Sacred*. Londres, 1966.
3. Stanislav Andreski, *Military Organization in Society*. Berkeley; Los Angeles; Londres, 1968; Robert L. O'Connel, *Ride of the Second Horseman: The Birth and Death of War*. Nova York; Oxford, 1995, pp. 6-13, 106-10, 128-9; id., *Of Arms and Men: A History of War, Weapons and Aggression*. Nova York; Oxford, 1989, pp. 22-5; John Keegan, *A History of Warfare*. Londres; Nova York, 1993, pp. 223-9; Bruce Lincoln, "War and Warriors: An Overview". In: *Death, War, and Sacrifice: Studies in Ideolology and Practice*. Chicago; Londres, 1991, pp. 138-40; Johan Huizinga, *Homo Ludens: A Study of the Play Element in Culture* Boston, ed. 1955, pp. 89-104; Mark Juergensmeyer, *Terror in the Mind of God: The Global Rise of Religious Violence*. Berkeley; Los Angeles; Londres, 2001, p. 80; Malise Ruthven, *A Fury for God: The Islamist Attack on America*. Londres, 2002, p. 101; James A. Aho, *Religious Mithology and the Art of War: Comparative Religious Symbolisms of Military Violence*. Westport, CT, 1981, pp. XI-XIII, 4-35; Richard English, *Terrorism: How to Respond*. Oxford; Nova York, 2009, pp. 27-35.
4. Thomas A. Idinopoulos e Brian C. Wilson (Orgs.), *What Is Religion?: Origins, Definition, and Explanations*. Leiden, 1998; Wilfred Cantwell Smith, *The Meaning and End of Religion: A New Approach to the Religious Traditions of Mankind*. Nova York, 1962; Talal Assad, "The Construction of Religion as an Anthropological Category". In: *Genealogies of Religion: Discipline and Reasons of Power in Christianity and Islam*. Baltimore; Londres, 1993; Derek Peterson e Darren Walhof (Orgs.), *The Invention of Religion: Rethinking Belief in Politics and History*. New

Brunswick, NJ; Londres, 2002; Timothy Fitzgerald (Org.), *Religion and the Secular: Historical and Colonial Formations*. Londres; Oakville, CT, 2007; Arthur L. Greil e David G. Bromley (Orgs.), *Defining Religion: Investigating the Boundaries Between the Sacred and Secular*. Oxford, 2003; Daniel Dubuisson, *The Western Construction of Religion: Myths, Knowledge and Ideology*. Trad. de William Sayers. Baltimore, 2003; William T. Cavanaugh, *The Myth of Religious Violence*. Oxford, 2009.

5. Daniel Dubuisson, op. cit., p. 168.

6. H. J. Rose, "Religion, Terms Relating to". In: M. Carey (Org.), *The Oxford Classical Dictionary*. Oxford, 1949.

7. Wilfred Cantwell Smith, *Meaning and End of Religion*, op. cit., pp. 50-68.

8. Louis Jacobs (Org.), *The Jewish Religion: A Companion*. Oxford, 1995, p. 418.

9. Wilfred Cantwell Smith, *Meaning and End of Religion*, op. cit., pp. 23-5, 29-31, 33.

10. William T. Cavanaugh, *The Myth of Religious Violence*, op. cit., pp. 72-85.

11. Mircea Eliade, *The Myth of Eternal Return, or, Cosmos and History*. Princeton, NJ, 1991, pp. 1-34.

12. Ibid., pp. 32-4; Karls Jaspers, *The Origin and Goals of History*. Trad. de Michal Bullock. Londres, 1953, p. 40.

13. Paul Gilbert, *The Compassionate Mind: A New Approach to Life's Challenges*. Londres, 2009.

14. P. Broca, "Anatomie comparée des circunvolutions cérébrales: Le Grand Lobe limbique". *Revue d'Anthropologie*, 1868.

15. Paul Gilbert, op. cit., pp. 170-1.

16. Mêncio, *The Book of Mencius*, 2A:6.

17. Walter Burkert, *Homo Necans: The Anthropology of Greek Sacrificial Ritual*. Trad. de Peter Bing. Berkeley; Los Angeles; Londres, 1983, pp. 16-22.

18. Mircea Eliade, *A History of Religious Ideas*. Chicago; Londres, 1978, 1982, 1985, v. 1, pp. 7-8, 24. 3 v.; Joseph Campbell, *Historical Atlas of World Mythologies*. Nova York, 1988, v. 1, pp. 48-9. 2 v.; Joseph Campbell e Bill Moyers, *The Power of Myth*. Nova York, 1988, pp. 70-2, 85-7.

19. André LeRoi-Gourhan, *Treasures of Prehistoric Art*. Trad. de Norbert Guterman. Nova York, 1967, p. 112.

20. Jill Cook, *The Swimming Reindeer*. Londres, 2010.

21. Neil McGregor, *A History of the World in 100 Objects*. Londres; Nova York, 2001, pp. 22, 24.

22. J. Ortega Y Gasset, *Meditations on Hunting*. Nova York, 1985, p. 3.

23. Walter Burkert, *Structure and History in Greek Mithology and Ritual*. Berkeley; Los Angeles; Londres, 1980, pp. 54-6; Walter Burkert, *Homo Necans*, op. cit., pp. 42-5.

24. Robert L. O'Connel, op. cit., p. 33.

25. Chris Hedges, *War Is a Force That Gives Us Meaning*. Nova York, 2003, p. 10.

26. Theodore Nadelson, *Trained to Kill: Soldiers at War*. Baltimore, 2005.

27. Chris Hedges, op. cit., p. 3.

28. Irenöus Eibl-Eibesfeldt, *Human Ethology*. Nova York, 1989, p. 405.

29. Tenente-coronel Dave Grossman, *On Killing: The Psychological Cost of Learning to Kill in War and Society*, ed. rev. Nova York, 2009, pp. 3-4.

30. Joanna Bourke, *An Intimate History of Killing: Face to Face Killing in Twentieh-Century Warfare*. Nova York, 1999, p. 67.

31. Peter Jay, *Road to Riches, or The Wealth of Man*. Londres, 2000, pp. 35-6.

32. K. J. Wenke, *Patterns of Prehistory: Humankind's First Three Million Years*. Nova York, 1961, p. 130; John Keegan, op. cit., pp. 120-1; Robert L. O'Connell, op. cit., p. 35.

33. M. H. Fried, *The Evolution of Political Society: An Essay in Political Anthropology*. Nova York, 1967, pp. 101-2; Clark McCauley, "Conference Overview". In: Jonathan Haas (Org.), *The Anthropolgy of War*. Cambridge, 1990, p. 11.

34. Gehrard E. Lenski, *Power and Privilege: A Theory of Social Stratification*. Chapel Hill, NC; Londres, 1966, pp. 189-90.

35. Robert L. O'Connel, op. cit., pp. 57-8.

36. J. L. Angel, "Paleoecology, Pleodeography and Health". In: S. Polgar (Org.), *Population, Ecology, and Social Evolution*. The Hague, 1975; David Rindos, *The Origins of Agriculture: An Evolutionary Perspective*. Orlando, FL, 1984, pp. 186-7.

37. E. O James, *The Ancient Gods: The History and Diffusion of Religion in the Ancient Near East and the Eastern Mediterranean*. Londres, 1960, p. 89; S. H. Hooke, *Middle Eastern Mythology: From the Assyrians to the Hebrews*. Harmondsworth, GB, 1965, p. 83.

38. Kathleen Kenyon, *Digging Up Jericho: The Results of the Jericho Excavations, 1953-1956*. Nova York, 1957.

39. Jacob Bronowski, *The Ascent of Man*. Boston, 1973, pp. 86-8; James Mellaart, "Early Urban Communities in the Near East, 9000 to 3400 BCE". In: P. R. S. Moorey (Org.), *The Origins of Civilisation*. Oxford, 1979, pp. 22-5; P. Dorell, "The Uniquenes of Jericho". In: P. R. S. Moorey e P. J. Parr (Orgs.), *Archaeology in the Levant: Essays for Kathleen Kenyon*. Warminster, 1978.

40. Robert Eisen, *The Peace and Violence of Judaism: From the Bible to Modern Zionism*. Oxford, 2011, p. 12.

41. World Council of Churches, *Violence, Nonviolence and the Struggle for Social Justice*. Genebra, 1972, p. 6.

42. Gehrard E. Lenski, op. cit., pp. 105-14; Robert L. O'Connell, op. cit., p. 28; E. O. Wilson, *On Human Nature*. Cambridge, MA, 1978, p. 140; Margaret Ehrenberg, *Women in Prehistory*. Londres, 1989, p. 38.

43. A. R. Radcliffe, *The Andaman Islanders*. Nova York, 1948, pp. 43-177.

44. John H. Kautsky, *The Politics of Aristocratics Empires*. 2. ed. New Brunswick, NJ; Londres, 1997, pp. 374, 177.

45. John Keegan, op. cit., pp. 384-6; John Haldon, *Warfare, State and Society in the Byzantine World, 565-1204*. Londres; Nova York, 2005, pp. 10-1.

46. Bruce Lincoln, "The Role of Religion in Achaemenian Imperialism". In: Nicole Brisch (Org.), *Religion and Power: Divine Kingship in the Ancient World and Beyond*. Chicago, 2008.

47. William T. Cavanaugh, op. cit.

PARTE I: PRINCÍPIOS

1. FAZENDEIROS E PASTORES [pp. 29-55]

1. *The Epic of Gilgamesh*, versão padrão, tábua 1:38 (citado, daqui em diante, como *Gilgamesh*). A não ser que se diga o contrário, todas as citações são de *Gilgamesh: A New English Version*. Trad. de Stephen Mitchell. Nova York; Londres; Toronto; Sidney, 2004.
2. Ibid., 1:18-20.
3. Ibid., 1:29-34; grifo de Mitchell.
4. Os textos mais antigos que sobreviveram datam do final do terceiro milênio; a Antiga Epopeia Babilônia combinava esses trechos em uma única obra (*c*. 1700 a.C.). O poema de Sin-Leqi (*c*. 1200 a.C.) é a versão padrão em que a maior parte das traduções modernas se baseia.
5. *Gilgamesh*, versão padrão, tábua 1:67-9; *The Epic of Gilgamesh: The Babylonian Epic Poem in Akkadian and Sumerian*. Trad. de Andrew George. Londres, 1999 (citado, daqui em diante, como *Epic of Gilgamesh*).
6. *Epic of Gilgamesh*, op. cit. p. XLVI.
7. John Keegan, *A History of Warfare*. Londres; Nova York, 1993, pp. 126-30; Robert L. O'Connell, *Ride of Second Horseman: The Birth and Death of War*. Nova York; Oxford, 1995, pp. 88-9.
8. R. M. Adams, *Heartlands of Cities: Surveys of Ancient Settlements and Land Use on the Central Floodplains of the Euphrates*. Chicago, 1981, pp. 60, 244; William H. McNeill, *Plagues and People*. Londres, 1994, p. 47.
9. William H. McNeill, *Plagues and People*, op. cit., pp. 54-5.
10. Gehrard E. Lenski, *Power and Privilege: A Theory os Social Stratification*. Chapel Hill, NC; Londres, 1966, p. 228.
11. A. L. Oppenheim, *Ancient Mesopotamia: Portrait of a Dead Civilization*. Chicago, 1977, pp. 82-3; Robert L. O'Connell, *Ride of Second Horseman*, op. cit., pp. 93-5.
12. Samuel N. Kramer, *Sumerian Mythology: A Study of the Spiritual and Literary Achievement of the Third Millenium BC*. Filadélfia, 1944, pp. 118-9.
13. Norman K. Gottwald, *The Politics of Ancient Israel*. Louisville, KY, 2001, pp. 118-9.
14. Robert L. O'Connell, *Ride of Second Horseman*, op. cit., pp. 91-2.
15. Georges Dumézil, *The Destiny of the Warrior*. Trad. de Alf Hiltebeitel. Chicago; Londres, 1969, p. 3.
16. Thorkild Jacobsen, "The Cosmos as State". In: H. e H. A. Frankfort (Orgs.), *The Intellectual Adventure of Ancient Man: An Essay on Speculative Thought in the Ancient Near East*. Chicago, 1946, pp. 148-51.
17. *Gilgamesh*, versão padrão, tábua 1:48.
18. Discuti isso de maneira mais completa em *Uma breve história do mito*. São Paulo: Companhia das Letras, 2005.
19. Thorkild Jacobsen, "Cosmos as State", op. cit., pp. 145-8; *Epic of Gilgamesh*, op. cit., pp. XXXVII-XXXVIII.
20. Thorkild Jacobsen, "Cosmos as State", op. cit., pp. 186-91; Tammi J. Schneider, *An*

Introduction to Ancient Mesopotamian Religion. Grand Rapids, MI; Cambridge, 2011, pp. 66-79; *Epic of Gilgamesh*, op. cit., pp. XXXVIII-XIX.

21. Tammi J. Schneider, op. cit., p. 5; Thorkild Jacobsen, "Cosmos as State", op. cit., p. 203.
22. John H. Kautsky, *The Politics of Aristocratic Empires*. 2. ed. New Brunswick, NJ; Londres, 1997, pp. 15-6, 107.
23. Thomas Merton, *Faith and Violence*. Notre Dame, IN, 1968, pp. 7-8.
24. Walter Benjamin, "Theses on the Philosophy of History". In: _____ *Illuminations*. Londres, 1999, p. 248.
25. Max Weber, *The Theory of Social and Economic Organization*. Nova York, 1947, pp. 341-8.
26. *Gilgamesh*, versão padrão, tábua 1:80, 82-90.
27. *Atrahasis* 1:I, em *Myths from Mesopotamia: Creation, the Flood, Gilgamesh, and Others*. Oxford; Nova York, 1989, p. 10.
28. Ibid., 1:III, p. 12.
29. Ibid., p. 14.
30. Ibid., 2:III, p. 23.
31. Ibid., 3:VII, p. 28.
32. W. G. Lambert e A. R. Millard, *Atra-Hasis: The Babylonian Story of the Flood*. Oxford, 1969, pp. 31-9.
33. Tammi J. Schneider, op. cit., p. 45.
34. John Keegan, op. cit., p. 128.
35. *Epic of Gilgamesh*, versão padrão, tábua 2:109-10.
36. Ibid., tábua 1:220-3.
37. Ibid., tábua de Yale.
38. Robert L. O'Connell, *Ride of Second Horseman*, op. cit., pp. 96-7.
39. A. L. Oppenheim, "Trade in the Ancient Near East". *International Congress of Economic History*, v. 5, 1976.
40. John H. Kautsky, *Politics of Aristocratics Empires*, op. cit., p. 178.
41. Thorstein Veblen, *The Theory of the Leisure Class: An Economic Study of Institutions*. Boston, 1973, pp. 41, 45, 30; grifo meu.
42. *Gilgamesh*, tábua de Tale, 97; versão padrão, tábua, 149-50.
43. Tammi J. Kautsky, *Politics of Aristocratic Empires*, op. cit., pp. 170-2, 346.
44. *Gilgamesh*, versão padrão, tábua 2:233, tábua de Yale, 149-50.
45. Ibid., 185-7; grifo de Mitchell.
46. Ibid., tábua 3:44.
47. Chris Hedges, *War Is a Force That Give Us Meaning*. Nova York, 2003, p. 21.
48. *Gilgamesh*, tábua de Yale, verso 269.
49. Ibid., tábua 11: 322-6.
50. R. L. D. Cribb, *Nomads and Archaeology*. Cambridge, 1999, pp. 18, 136, 215.
51. Robert L. O'Connell, *Ride of Second Horseman*, op. cit., pp. 67-8.
52. K. C. Chang, *The Archaeology of Ancient China*. New Haven, CT, 1968, pp. 152-4.
53. Robert L. O'Connell, *Ride of Second Horseman*, op. cit., pp. 77-8.
54. Ibid.

55. Tácito, *Germania*, 14, citado em Tammi J. Kautsky, *Politics of Aristocratic Empires*, op. cit., p. 178.

56. Thorstein Veblen, op. cit., p. 45.

57. Bruce Lincoln, "Indo-European Religions: An Introduction". In: id., *Death, War, and Sacrifice: Studies in Ideology and Practice*. Chicago; Londres, 1991, pp. 1-10.

58. Mary Boyce, "Priests, Cattle and Men". *Bulletin of the School of Oriental and African Studies*, v. 50, n. 3, 1998.

59. Por exemplo, *Yasna*, 30.7c, 32, 49:4b, 50:7a, 30:106, 44:4d, 51:96; Bruce Lincoln, "Warriors and Non-Herdsman; A Response to Mary Boyce". In: _____, *Death, War, and Sacrifice*, op. cit., pp. 147-60.

60. Bruce Lincoln, "Indo-European Religions", op. cit., pp. 10-3.

61. Ibid., p. 12.

62. Id., "War and Warriors: An Overview". In: _____, *Death, War, and Sacrifice*, op. cit., pp. 138-40.

63. Homero, *Ilíada*, canto 12, versos 310-5, em *The Iliad of Homer*. Chicago; Londres, 1951.

64. Bruce Lincoln, "War and Warriors", op. cit., p. 143.

65. Georges Dumézil, *The Destiny of the Warrior*. Trad. Alf Hiltebeitel. Chicago; Londres, 1969, pp. 64-74.

66. *Ilíada*, canto 20, versos 490-4. Trad. de Frederico Lourenço. São Paulo: Companhia das Letras, 2013.

67. Ibid., canto 20, versos, 495-503; Seth L. Schein, *The Mortal Hero: An Introduction to Homer's Iliad*. Berkeley; Los Angeles; Londres, 1984, pp. 145-6.

68. Bruce Lincoln, "Indo-European Religions", op. cit., p. 4.

69. Georges Dumézil, op. cit., pp. 106-7.

70. *Ilíada*, 4:482-8.

71. Homero, *Odisseia*, 11:500, em *Homer: The Odyssey*. Trad. de Walter Shewring. Oxford; Nova York, 1980.

72. James Mellaart, *Neolithic of the Near East*. Nova York, 1976, pp. 119, 167, 206-7; Robert L. O'Connell, *Ride of Second Horseman*, op. cit., pp. 74-81.

73. J. N. Postgate, *Early Mesopotamia: Society and Economy at the Dawn os History*. Londres, 1992, p. 251.

74. Robert L. O'Connell, *Ride of Second Horseman*, op. cit., pp. 132-2.

75. John Keegan, op. cit., pp. 130-1.

76. John Romer, *People of the Nile: Everyday Life in Ancient Egypt*. Nova York, 1982, p. 115.

77. John Keegan, op. cit., pp. 133-5.

78. Yigal Yadin, *The Art of Warfare in Biblical Lands*. Nova York, 1963, v. 1, pp. 134-5. 2 v.; Robert McAdams, *The Evolution of Urban Society: Early Mesopotamia and Prehispanic Mexico*. Nova York, 1973, p. 149.

79. Samuel N. Kramer, *Sumerian Mythology*, op. cit., pp. 123, 120.

80. John H. Kautsky, op. cit., p. 108. Ver Carlo M. Cipolla, *Before the Industrial Revolution: European Society and Economy, 1000-1700*. Nova York, 1976, pp. 129-30, 151.

81. Robert L. O'Connell, *Of Arms and Men: A History of War, Weapons, and Agression*. Nova York; Oxford, 1989, p. 38; id., *Ride of Second Horseman*, op. cit., pp. 100-1; William H. McNeilll, *The Pursuit of Power: Technology, Armed Force, and Society Since A.D. 1000*. Chicago, 1982, pp. 2-3; Tammi J. Schneider, op. cit., pp. 22-3; A. L. Oppenheim, *Ancient Mesopotamia*, op. cit., pp. 253-4; Gwendolyn Leick, *Mesopotamia: The Invention of the City*. Londres, 2001, pp. 85-108.

82. Joseph A. Schumpeter, *Imperialism and Social Classes: Two Essays*. Nova York, 1955, p. 25; Perry Anderson, *Lineages of the Absolutist State*. Londres, 1974, p. 32.

83. Anderson, *Lineages*, p. 31; grifo de Anderson.

84. John H. Kautsky, op. cit., pp. 148-52.

85. Marc Bloch, *Feudal Society*. Chicago, 1961, p. 298.

86. Gwendolyn Leick, op. cit., pp. 95, 100. Os mares "inferior" e "superior" eram, respectivamente, o Golfo Pérsico e o Mediterrâneo.

87. J. B. Pritchard (Org.), *Ancient Near Eastern Texts Relating to Old Testament*. Princeton, NJ, 1969, p. 164.

88. F. C. Fencham, "Widowns, Orphans and the Poor in Ancient Eastern Legal and Wisdom Literature". *Journal of Near Eastern Studies*, v. 21, 1962.

89. J. B. Pritchard (Org.), op. cit., p. 178; grifo meu.

90. Marshall G. S. Hodgson, *The Venture of Islam: Conscience and History in a World Civilization*. Chicago e Londres, 1974, v. 1, pp. 108-10.

91. Tammi J. Schneider, op. cit., pp. 105-6. O sentido e a derivação de *akitu* são desconhecidos; ver Thorkild Jacobsen, "Cosmos as State", op. cit., p. 169.

92. Nancy K. Sandars (Org. e trad.), "The Babylonian Creation Hymn". In: _____, *Poems of Heaven and Hell from Ancient Mesopotamia*. Londres, 1971, pp. 44-60.

93. Jonathan Z. Smith, "A Pearl of Great Price and a Cargo of Yams: A Study in Situational Incongruity". In: *Imagining Religion: From Babylon to Jonestown*. Chicago; Londres, 1982, pp. 90-6; Mircea Eliade, *A History of Religious Ideas*. Chicago, 1978, v. 1, pp. 72-6. 3 v.; Nancy K. Sandars, op. cit., pp. 47-51.

94. Jonathan Z. Smith, "A Pearl of Great Price", op. cit., p. 91.

95. Nancy K. Sandars, op. cit., seção 1, p. 73.

96. Ibid., pp. 73-9.

97. Robert L. O'Connell, *Ride of Second Horseman*, op. cit., pp. 141-2.

98. Gwendolyn Leick, op. cit., pp. 198-216.

99. A. K. Grayson, *Assyrian Royal Inscriptions*. Wiesbaden, 1972, 1976, v. 1, pp. 80-1. 2 v.

100. H. W. F. Saggs, *The Might That Was Assyria*. Londres, 1984, pp. 48-9; I. M. Diakonoff, *Ancient Mesopotamia:Socio-Economic History*. Moscou, 1969, pp. 221-2.

101. A. K. Grayson, op. cit., pp. 123-4.

102. H. W. F. Saggs, op. cit., pp. 62, 61.

103. *Ludlul Bel Nemeqi*. In: Thorkild Jacobsen, "Cosmos as State", op. cit., pp. 212-4.

104. Yasna, 46. Norman Cohn, *Cosmos, Chaos and the World to Come: The Ancient Roots of Apocalyptic Faith*. New Haven, CT; Londres, 1993, p. 77; Mary Boyce, *Zoroastrian: Their Religious Beliefs and Practices*. 2. ed. Londres; Nova York, p. XLIII; Peter Clark, *Zoroastrians: An Introduction to an Ancient Faith*. Brighton; Portland, OR, 1998, p. 19.

105. Yasna, 30.
106. Mary Boyce, *Zoroastrians*, op. cit., pp. 23-4.
107. Bruce Lincoln, "Warriors and Non-Herdsmen", op. cit., p. 153.
108. Yasna 44.
109. Bruce Lincoln, "Warriors and Non-Herdsmen", op. cit., p. 158.

2. ÍNDIA: O NOBRE CAMINHO [pp. 56-87]

1. Jarrod L. Whitaker, *Strong Arms and Drinking Strength: Masculinity, Violence, and the Body in Ancient India*. Oxford, 2011, pp. 152-3.
2. Rig Veda 3:32:1-4, 9-11.
3. Edwin Bryant, *The Quest for the Origins of Vedic Culture: The Indo-Aryan Debate*. Oxford; Nova York, 2001; Colin Renfrew, *The Puzzle of Indo-European Origins*. Londres, 1987; Romila Thapar, *Early India: From the Origins to AD 1300*. Berkeley; Los Angeles, 2002, pp. 105-7.
4. Jarrod L. Whitaker, *Strong Arms*, op. cit., pp. 3-5; Wendy Doniger, *The Hindus: An Alternative History*. Oxford, 2009, pp. 111-3.
5. Louis Renou, *Religions of Ancient India*. Londres, 1953, p. 20; Michael Witzel, "Vedas and Upanisads". In: Gavin Flood (Org.), *The Bliackwell Companion in Hinduism*. Oxford, 2003, pp. 70-1; J. C. Heesterman, "Ritual, Revelation, and the Axial Age". In: S. N. Eisenstadt (Org.), *The Origins and Diversity of Axial Age Civilization*. Albany, NY, 1986, p. 398.
6. J. C. Heesterman, "Ritual, Revelation", op. cit., pp. 396-8; *The Inner Conflict of Tradition: Essays on Indian Ritual, Kingship and Society*. Chicago; Londres, 1985, p. 206; John Keay, *India: A History*. Londres, 2000, pp. 31-3; Romila Thapar, *Early India*, op. cit., pp. 126-30.
7. Rig Veda 1:32:5, *The Rig Veda*. Trad. de Ralph T. H. Griffith. Londres, 1992.
8. Shatapatha Brahmana (citado, daqui em diante, como *SB*), 6.8.1.1, em J. C. Heesterman, *The Broken World of Sacrifice: An Essay in Ancient Indian Religion*. Chicago; Londres, 1993, p. 123.
9. Rig Veda 8:16:1, 8:95:6, 10:38:4.
10. Jarrod L. Whitaker, *Strong Arms*, op. cit., pp. 3-5, 16-23; Catherine Bell, *Ritual Theory, Ritual Practice*. Nova York, 1992, pp. 180-1, 221.
11. Louis Renou, *Religions of Ancient India*, op. cit., p. 6; Michael Witzel, "Vedas and Upanisads", op. cit., p. 73.
12. Jarrod L. Whitaker, *Strong Arms*, op. cit., pp. 115-7.
13. Rig Veda 2:22:4.
14. Rig Veda 3:31, 10:62:2.
15. Michael Witzel, "Vedas and Upanisads", op. cit., p. 72.
16. Wendy Doniger, *The Hindus*, op. cit., p. 114.
17. J. C. Heesterman, "Ritual, Revelation", op. cit., p. 403.
18. *SB* 7:1:1:1-4, in Mircea Eliade, *The Myth of the Eternal Return: Cosmos and History*. Princeton, NJ, 1974, pp. 10-1.
19. Maitrayani Samhita 4:2:1:23:2, em J. C. Heesterman, *Broken World*, op. cit., pp. 23-4, 134-7.
20. SB 2:2:2:8-10; J. C. Heesterman, *Broken World*, op. cit., p. 24.

21. Georges Dumézil, *The Destiny of the Warrior*. Trad. de Alf Hiteilbeitel. Chicago; Londres, 1970, pp. 76-8.

22. John H. Kaustky, *The Political Consequences of Modernization*. New Brunswick, NJ; Londres, 1997, pp. 25-6.

23. Jarrod L. Whitaker, *Strong Arms*, op. cit., p. 158.

24. Louis Renou, "Sur la Notion de 'brahman'". *Journal Asiatique*, v. 237, 1949; Jan Gonda, *Change and Continuity in Indian Religion*. The Hague, 1965, p. 18.

25. Rig Veda 1:164:46. Garatman era o sol.

26. Rig Veda 10:129:6-7.

27. Jan Gonda, *The Vision of the Vedic Poets*. The Hague, 1963, p. 18.

28. Louis Renou, *Religions of Ancient India*, op. cit., pp. 220-5; R. C. Zaehner, *Hinduism*. Londres; Nova York; Toronto, 1962, pp. 219-25.

29. Rig Veda 10:90.

30. Rig Veda 10:90:11-14. Trad. de Griffiths, modificada.

31. Bruce Lincoln, "Indo-European Religions: An Introduction". In:____, *Death, War, and Sacrifice: Studies in Ideology and Practice*. Chicago; Londres, 1991, p. 8.

32. Id., "Sacrificial Ideology and Indo-European Society". In: ibid., p. 173.

33. Romila Thapar, *Early India*, op. cit., p. 123.

34. Bruce Lincoln, "Sacrificial Ideology", op. cit., pp. 174-5.

35. Wendy Doniger, *The Hindus*, op. cit., pp. 143-7.

36. Reinard Bendix, *Kings or People: Power and the Mandate to Rule*. Berkeley, CA, 1977, p. 228.

37. Max Weber, *The Religion of India: The Sociology of Hinduism and Buddhism*. Org. e trad. de Hand H. Gerth e Don Martindale. Glencoe, IL, 1951, p. 65.

38. Alfred Vagts, *History of Militarism: Civilian and Military*, ed. rev. Nova York, 1959, p. 42.

39. Pancavimsha Brahmana (citado, daqui em diante, como *PB*) 7:7:9-10 citado em Max Weber, *The Religion of India*, op. cit., p. 62.

40. *SB* 6:8:14; J. C. Heesterman "Ritual, Revelation", op. cit., p. 402.

41. J. C. Heesterman, *Inner Conflict of Tradition*, op. cit., pp. 68, 84-5.

42. Rig Veda I.132:20-21.

43. Taittiriya Samhita (citado, daqui em diante, como *TS*) 6.4.8.1, em J. C. Heesterman, *Inner Conflict of Tradition*, op. cit., p. 209.

44. Taittiriya Brahmana (citado, daqui em diante, como *TB*) 3:7:7:14, em J. C. Heesterman, *Broken World*, op. cit., p. 34.

45. Michael Witzel, "Vedas and Upanisads", op. cit., p. 82.

46. *TB* 10:6:5:8, em J. C. Heesterman, *Broken World*, op. cit., p. 34.

47. R. C. Zaehner, *Hinduism*, op. cit., pp. 59-60; Louis Renou, *Religions of Ancient India*, op. cit., p. 18; Michael Witzel, "Vedas and Upanisads", op. cit., p. 81; Brian K., Smith, *Reflections on Resemblance, Ritual, and Religion*. Oxford; Nova York, 1989, pp. 30-4, 72-81.

48. Jonathan Z. Smith, "The Bare Facts of Ritual". In: id., *Imagining Religion: From Babylon to Jonestown*. Chicago; Londres, 1982, p. 63.

49. Wendy Doniger, *The Hindus*, op. cit., pp. 137-42; Gavin Flood, *An Introduction to Hinduism*. Oxford, 2003, pp. 80-1.

50. Romila Thapar, *Early India*, op. cit., pp. 150-2.
51. *The Laws of Manu*, 7:16-22. Nova Deli, 1962.
52. Romila Thapar, *Early India*, op. cit., pp. 147-9; Wendy Doniger, *The Hindus*, op. cit., pp. 165-6.
53. Romila Thapar, *Early India*, op. cit., p. 138.
54. Hermann Kulke, "The Historical Background of India's Axial Age". In: S. N. Eisenstadt (Org.). *Origins and Diversity*, op. cit., p. 385.
55. Romila Thapar, *Early India*, op. cit., p. 154.
56. Gautama Dharmasutra 16:46; Richard Gombrich, *Theravada Buddhism: A Social History from Ancient Benares to Modern Colombo*. Londres; Nova York, 1988, p. 55.
57. Richard Gombrich, *Theravada Buddhism*, op. cit., pp. 58-9; William McNeill, *Plagues and Peoples*. Garden City, NY, 1976, p. 60; Patrick Olivelle (Org. e trad.), *Samnyasa Upanisads: Hindu Scriptures on Asceticism and Renunciation*. Nova York; Oxford, 1992, p. 34; Wendy Doniger, *The Hindus*, op. cit., p. 171.
58. Thomas J. Hopkins, *The Hindu Religious Tradition*. Belmont, CA, 1971, pp. 50-1; Wendt Doniger, *The Hindus*, op. cit., p. 165.
59. Chandogya Upanishad (citado, daqui em diante, como *CU*) 5:10:7. Citações dos Upanishads vêm da tradução e organização de Patrick Olivelle, *Upanisads* (Oxford; Nova York, 1996). Brhadaranyaka Upanishad (citado, daqui em diante, como *BU*) 4:4:23-35; Romila Thapur, *Early India*, op. cit., p. 130.
60. Patrick Olivelle (Org. e trad.), *Samnyasa Upanisads*, op. cit., pp. 37-8.
61. Ibid., p. XXIX; Michael Witzel, "Vedas and Upanisads", op. cit., pp. 85-6.
62. *BU* 1:4:6.
63. *BU* 1:4:10.
64. *BU* 4:4:5-7.
65. *BU* 4:4:23-35.
66. *CU* 8:7-12.
67. *CU* 6:11.
68. *CU* 6:12.
69. *CU* 6:13.
70. *CU* 6:10.
71. Romila Thapar, *Early India*, op. cit., p. 132.
72. Gavin Flood, *An Introduction to Hindusim*, op. cit., p. 91; Patreick Olivelle, "The Renouncer Tradition". In: Gavin Flood, *Blackwell Companion to Hinduism*, op. cit., p. 271.
73. Steve Collins, *Selfless Persons: Imagery and Thought in Theravada Buddhism*. Cambridge, GB, 1982, p. 64; Paul Dundas, *The Jains*. 2. ed. Londres; Nova York, 2002, p. 64.
74. Manara Gryha Sutra 1:1:6, em J. C. Heesterman, *Broken World*, op. cit., pp. 164-74; Jan Gonda, *Change and Continuity*, op. cit., pp. 228-35, 285-94.
75. Jan Gonda, *Change and Continuity*, op. cit., pp. 380-84; Patrick Olivelle, "Renouncer Tradition", op. cit., pp. 281-2.
76. Digha Nikaya em *Samnyasa Upanisads*, op. cit., p. 43.
77. Naradaparivrajaka Upanisad 143, ibid., pp. 108-85.

78. A. Ghosh, *The City in Early Historical India*. Simla, 1973, p. 55; *Samnyasa Upanisads*, pp. 45-46. Trad. de Patrick Olivelle.
79. Mircea Eliade, *Yoga: Immortality and Freedom*. Londres, 1958, pp. 59-62.
80. Patanjali, *Yoga Sutras* 2:42, ibid., p. 52.
81. Paul Dundas, *Jains*, op. cit., pp. 28-30.
82. Ibid., pp. 106-7.
83. Acaranga Sutra (citado, daqui em diante, como *AS*) 1.1.1.1-2, ibid., pp. 41-2.
84. *AS* 1:2:3, ibid.
85. Avashyaksutra 32, ibid., p. 171.
86. Acadêmicos ocidentais pensavam que o Buda tinha nascido em c. 563 a.C., mas estudos recentes indicam que ele viveu cerca de um século mais tarde. Heinz Berchant, "The Date of the Buddha Reconsidered". *Indologia Taurinensin*, v. 10, s.d.
87. Majjhima Nikaya (citado, daqui em diante, como *MN*) 38. A não ser que se especifique o contrário, todas as citações das escrituras budistas são minha própria versão dos textos citados.
88. Descrevi o método espiritual do Buda de modo mais completo em *Buddha* (Nova York, 2005). Ver também Richard F. Gombrich, *Hor Buddhism Began: The Conditioned Genesis of the Early Teachings* (Londres; Atlantic Highlands, NJ, 1996); Michael Carrithers, *The Buddha*. Oxford; Nova York, 1993; Karl Jaspers, *The Great Philosophers: The Foundations*. Org. de Hannah Arendt. Trad. de Ralph Manheim. Londres, 1962, pp. 99-105; Trevor Ling, *The Buddha: Buddhist Civilization in India and Ceylon*. Londres, 1973.
89. Edward Conze, *Buddhism: Its Essence and Development*. Oxford, 1951, p. 102; Hermann Oldenberg, *Buddha: His Life, His Doctrine, His Order*. Trad. de Wiliam Hoeg. Londres, 1882, pp. 299-302.
90. Sutta Nipata (citado, daqui em diante, como *SN*) 118; tradução minha.
91. Vinaya, *Mahavagga* 1:11, em Trevor Ling, *The Buddha*, p. 134.
92. Ibid., 1:2:11.
93. *AG* 1:27, *SN* 700, em Bhikkhu Nanamoli (Org.), *The Life of the Buddha, According to the Pali Canin*. Kandy, Sri Lanka, 1992, p. 282.
94. *MN* 89, ibid.
95. Romila Thapar, *Early India*, op. cit., pp. 174-98.
96. Patrick Olivelle (Org.), *Asoka: In History and Historical Memory*. Nova Deli, 2009, p. 1.
97. Édito 13 da Pedra Principal, em ibid., p. 1.
98. Ibid., p. 1.
99. Ibid., p. 1.
100. Édito VII do Pilar, em ibid., p. 255.
101. Édito 12 da Pedra Principal, em ibid., p. 255.
102. Édito 11 da Pedra Principal, em ibid., p. 254.
103. Ananda K. Coomaraswamy e Irmã Nivedita, *Myths of the Hindus and Buddhists*. Nova York, 1967, p. 118.
104. Shruti Kapila e Faisal Dejvi (Orgs.), *Political Thought in Action: The Bhagavad Gita and Modern India*. Cambridge, GB, 2013.
105. Wendy Doniger, *The Hindus*, op. cit., pp. 262-4
106. Romila Thapar, *Early India*, op. cit., p. 207.

107. *Mahabharata* 7:70:44 em *The Mahabharata*, v. 3, livro 4: *The Book of Virata*; livro 5: *The Book of the Effort*. Org. e trad. de J. A. B. van Buitenen. Chicago; Londres, 1978.

108. *Mahabharata* 5:70:46-66, ibid.

109. *Mahabharata* 7:165:63, ibid.

110. *Mahabharata* 9:60:59-63, em *The Mahabharata: An Abridged Translation*. Org. e trad. de John D. Smith. Londres, 2009.

111. *Mahabharata* 10:8:39, ibid.

112. *Mahabharata*10:10:14, ibid.

113. *Mahabharata* 12:15, em Wendy Doniger, *The Hindus*, op. cit, p. 270.

114. *Mahabharata* 17:3, ibid.

115. *Bhagavad-Gita* 1:33-34, 36-37. Todas as citações são de *The Bhagavad-Gita: Krishna's Counsel in Time of War*. Trad. de Barbara Stroller Miller. Nova York; Toronto; Londres, 1986.

116. *Bhagavad-Gita* 2:9.

117. *Bhagavad-Gita* 4:20.

118. *Bhagavad-Gita* 9:9.

119. *Bhagavad-Gita* 11:32-33.

120. *Bhagavad-Gita* 11:55.

3. CHINA: GUERREIROS E CAVALHEIROS [pp. 88-114]

1. *Liezi jishi* 2, em Mark Edward Lewis, *Sanctioned Violence in Early China*. Albany, NY, 1990, pp. 200, 167-72.

2. Ibid., pp. 176-9.

3. Marcel Granet, *Chinese Civilization*. Londres; Nova York, 1951, pp. 11-2; id., *The Religion of the Chinese People*. Org. e trad. de Maurice Freeman. Oxford, 1975, pp. 66-8.

4. *Taijong yulan* 79, em Mark Edward Lewis, *Sanctioned Violence*, op. cit., p. 203.

5. Ibid., pp. 203, 211.

6. Marcel Granet, *Chinese Civilization*, op. cit., pp. 11-6; Henri Maspero, *China in Antiquity*. 2. ed. Folkestone, 1978, pp. 66-8.

7. John King Fairbank e Merle Goldman, *China: A New History*. 2. ed. Cambridge, MA; Londres, 2006, p. 34.

8. Jacques Gernet, *A History of Chinese Civilization*. Trad. de J. R. Foster e Charles Hartman. 2. ed. Cambridge, GB; Nova York, 1996, pp. 39-40.

9. Ibid., pp. 41-50; Jacques Gernet, *Ancient China: From the Begginings to the Empire*. Londres, 1968, pp. 37-65; William Theodore de Bary e Irene Bloom (Orgs. e trads.), *Sources of Chinese Tradition: From Earliest Times to 1600*. 2. ed. Nova York, 1999, pp. 3-25; D. Howard Smith, *Chinese Religions*. Londres, 1968, pp. 1-11.

10. Jacques Gernet, *A History of Chinese Civilization*, op. cit., pp. 45-46; id., *Ancient China*, op. cit., pp. 50-3; Marcel Granet, *Religion of the Chinese People*, op. cit., pp. 37-54.

11. *O Livro dos Cânticos*, 35, 167, 185.

12. Sima Qian, *Records of a Master Historian*, 1:56:79, citado em Marcel Granet, *Chinese Civilization*, op. cit., p. 12.

13. Jacques Gernet, *History of Chinese Civilization*, op. cit., p. 49.

14. Marshall G. S. Hodgson, *The Venture of Islam: Conscience and History in a World Civilization*. Chicago; Londres, 1974, v. 1, pp. 281-2. 3 v.

15. Mark Edward Lewis, *Sanctioned Violence*, op. cit., pp. 15-27; John King Fairbank e Merle Goldman, *China*, op. cit., pp. 49-50.

16. Ibid., p. 45.

17. K. C. Chang, *Art, Myth, and Ritual: The Path to Political Authority in Ancient China*. Cambridge, MA, 1985, p. 47.

18. Walter Burkert, *Homo Necans: The Anthropology of Ancient Greek Sacrificial Ritual and Myth*. Berkeley, CA, 1983, p. 47.

19. David N. Keightley, "The Late Shang State: When, Where, What?". In: _____ (Org.), *The Origins of Chinese Civilization*. Berkeley, CA, 1983, pp. 256-9.

20. Michael J. Puett, *To Become a God: Cosmology, Sacrifice, and Self-Divinization in Early China*. Cambridge, MA; Londres, 2002, pp. 32-76.

21. Oráculo 23. In: William Theodore de Bary e Irene Bloom (Orgs. e trads.), *Sources of Chinese Tradition*, p. 12.

22. Mark Edward Lewis, *Sanctioned Violence*, op. cit., pp. 26-7.

23. *The Book of Mozi*, 3-25, citado em Jacques Gernet, *Ancient China*, op. cit., p. 65.

24. *Classic of Documents*, "The Shao Announcement". In: William Theodore de Bary e Irene Bloom (Orgs. e trads.), op. cit., pp. 35-7.

25. H. G. Creel, *Confucius: The Man and the Myth*. Londres, 1951, pp. 19-25; Benjamin I. Schwartz, *The World of Thought in Ancient China*. Cambridge, MA; Londres, 1985, pp. 57-9; comentários feitos por Jacques Gernet em Jean-Pierre Vernant, *Myth and Society in Ancient Greece*. Trad. de Janet Lloyd. 3. ed. Nova York, 1996, pp. 80-90.

26. Jacques Gernet, *Ancient China*, op. cit., pp. 71-5.

27. Marcel Granet, *Chinese Civilization*, op. cit., pp. 97-100.

28. Fung Yu-Lan, *A Short History of Chinese Philosophy*. Trad. de Derk Bodde. Nova York, 1978, pp. 32-7.

29. *Classic of Documents*, "The Canon of Yao and the Canon of Shun". In: William Theodore de Bary e Irene Bloom (Orgs. e trads.), op. cit., p. 29.

30. *Record of Rites* 2.263, em *The Li Ki*. Trad. de James Legge. Oxford, 1885.

31. Ibid. 2.359.

32. Marcel Granet, *Chinese Civilization*, op. cit., pp. 297-308.

33. *Record of Rites* 1:215.

34. Marcel Granet, *Chinese Civilization*, op. cit., pp. 310-43.

35. Id., *Ancient China*, op. cit., p. 75.

36. Id., *Chinese Civilization*, op. cit., pp. 261-84; Jacques Gernet, *History of Chinese Civilization*, op. cit., pp. 271-9; id., *Ancient China*, op. cit., p. 75; Holmes Welch, *The Parting of the Way: Lao Tzu and the Taoist Movement*. Londres, 1958, p. 18.

37. *Zuozhuan* ("O Comentário do sr. Zhuo") 1:320, em *The Ch'um Ts'ew and the Tso Chuen*. 2. ed. Hong Kong, 1960.

38. *Zuozhuan* 1:635.

39. *Zuozhuan* 2:234.

40. *Zuozhuan* 1:627.

41. James A Aho, *Religious Mythology and the Art of War: Comparative Religious Symbolism of Military Violence*. Westport, CT, 1981, pp. 110-1.

42. *Spring and Autumn Annals*, 10:17:4.

43. *Spring and Autumn Annals*, 1:9:6.

44. Herbert Fingarette, *Confucius: The Secular as Sacred*. Nova York, 1972.

45. Benjamin Schwartz, *The World of Thought*, op. cit., p. 62; Fung Yu-Lan, *Short History*, op. cit., p. 12.

46. William Theodore de Bary, *The Trouble with Confucionism*. Cambridge, MA; Londres, 1996, pp. 24-33.

47. *Analectos* 12:3 em *The Analects of Confucius*. Org. e trad. de Arthur Waley. Nova York, 1992.

48. *Analectos* 15:24.

49. *Analectos* 4:15, 15:23.

50. *Analectos* 6:30, em trad. de Edward Slingerland, *Confucius: Analects, with Selections from Traditional Commentaries*. Indianapolis, IN; Cambridge, GB, 2003.

51. Ibid.

52. William Theodore de Bary, *Trouble with Confucianism*, op. cit., p. 30.

53. Benjamin Schwartz, *The World of Thought*, op. cit., pp. 155, 157-8.

54. *Analectos* 12:1, tradução sugerida por Schartz (ibid., p. 77).

55. Ibid., p. 77.

56. *Analectos* 5:4.

57. Herbert Fingarette, *Confucius*, op. cit., pp. 1-17, 46-79.

58. *Analectos* 7:30.

59. *Analectos* 12-3.

60. Tu Wei-ming, *Confucian Thought: Selfhood as Creative Transformation*. Albany, NY, 1985, pp. 115-6.

61. Ibid., pp. 57-8; Huston Smith, *The World's Religion: Our Great Wisdom Traditions*. San Francisco, 1991, pp. 180-1.

62. *Analectos* 13:30.

63. Don J. Wyatt, "Confucian Ethical Action and the Boundaries of Peace and War". In: Andrew R. Murphy (Org.), *The Blackwell Companion to Religion and Violence*. Chichester, GB, 2011.

64. *Analectos* 12:7.

65. *Analectos* 12:7.

66. *Analectos* 16:2.

67. *Analectos* 2:3.

68. *The Book of Mencius* 3:A:4, em *Mencius*. Londres, 1975 (citado, daqui em diante, como *Mencius*).

69. Xinzhong Yao, *An Introduction to Confucianism*. Cambridge, GB, 2000, p. 28.

70. *Mencius* 7:B:4.

71. *Mencius* 7:B:4.

72. *Mencius* 7:B:2; Don J. Wyatt, "Confucian Ethical Action", op. cit., pp. 240-4.

73. *Mencius* 2:A:1.
74. A. C. Graham, *Mater Mohist Logic, Ethics, and Science*. Honk Kong, 1978, p. 4; Jacques Gernet, *Ancient China*, op. cit., pp. 116-7.
75. *The Book of Mozi* 3:16, citado em Fung Yu-Lan, *Short History*, op. cit., p. 35.
76. *Mozi* 15:11-15, em *Mo-Tzu: Basic Writings*. Org. e trad. de B. Watson. Nova York, 1963.
77. A. C. Graham, *Disputers of the Tao: Philosophical Argument in Ancient China*. La Salle, IL, 1989, p. 41.
78. *Mozi*, 15.
79. A. C. Graham, *Later Mohist Logic*, op. cit., p. 250.
80. Mark Edward Lewis, *Sanctioned Violence*, op. cit., pp. 56-61.
81. *Zhuozan*, 2:30.
82. *Zhuozan*, p. 254.
83. *Zhuozan*, p. 243.
84. *Zhuozan*, pp. 97-118; John Keegan, *A History of Warfare*. Londres; Nova York, 1993, pp. 202-8; Robert L. O'Connell, *Ride of Second Horseman: The Birth and Death of War*. Nova York; Oxford, 1989, pp. 171-3; R. D. Sawyer, *The Military Classics of Ancient China*. Boulder, CO, 1993.
85. Sun Tzu, *The Art of War: Complete Texts and Commentaries*. Trad. de Thomas Cleary. Boston; Londres, 1988, p. 56.
86. Id., *Art of War* 3.
87. Excertos de Sunzi, em William Theodore de Bary e Irene Bloom (Orgs. e trads.), *Sources of Chinese Tradition*, op. cit., p. 217.
88. Sun Tzu, *The Art of War*. Trad. de Thomas Cleary, op. cit., pp. 81-3.
89. Ibid., p. 86.
90. Sunzi, 5, em William Theodore de Bary e Irene Bloom (Orgs. e trads.), *Sources of Chinese Tradition*, op. cit.
91. John King Fairbank e Merle Goldman, *China*, op. cit., pp. 53-4.
92. A. C. Graham, *Disputers of the Tao*, op. cit., pp. 172-203; Benjamin Schwartz, *World of Thought*, op. cit., pp. 215-36; Fung Yu-Lan, *Short History*, op. cit., pp. 104-17.
93. A. C. Graham, *Disputers of the Tao*, op. cit., pp. 170-213; Benjamin Schwartz, *World of Thought*, op. cit., pp. 186-215; Max Kaltenmark, *Lao Tzu and Taoism*. Stanford, CA, 1969, pp. 93-103.
94. *Daodejing* 37, em *Lao Tzu: Tao Te Ching*. Londres, 1963.
95. *Daodejing* 16.
96. *Daodejing* 76.
97. *Daodejing* 6.
98. *Daodejing* 31, em *Lao Tzu*, op. cit., p, 56.
99. *Daodejing* 68, em ibid., p. 56.
100. *Daodejing* 22, em William Theodore de Bary e Irene Bloom (Orgs. e trads.), *Sources of Chinese Tradition*, op. cit.
101. *Shang Jun Shu*, citado em Mark Edward Lewis, *Sanctioned Violence*, op. cit., p. 64.
102. Schwartz, *World of Thought*, pp. 321-23.

103. Mark Edward Lewis, *Sanctioned Violence*, op. cit., pp. 61-5.

104. A. C. Graham, *Disputers of the Tao*, op. cit., pp. 207-76; Benjamin Schwartz, *World of Thought*, op. cit., pp. 321-43; Fung Yu-Lan, *Short History*, op. cit., pp. 155-65; Julia Ching, *Mysticism and Kingship in China: The Heart of Chinese Wisdom*. Cambridge, GB, 1997, pp. 236-41.

105. *Shang Jun Shu*, citado em Mark Elvin, "Was There a Transcendental Breakthrough in China?". In: S. N. Eisenstadt (Org.), *Origins and Diversity of the Axial Civilizations*, op. cit., p. 352.

106. *Shang Jun Shu*, citado em A. C. Graham, *Disputers of the Tao*, op. cit., p. 290.

107. *Shang Jun Shu* 15:72, em *Hsun-Tzu: Basic Writings*. Org. e trad. de Burton Watson. Nova York, 1963.

108. *Shang Jun Shu* 15:72.

109. *The Book of Xunzi* 10, citado em A. C. Graham, *Disputers of the Tao*, op. cit., p. 238.

110. *Hanfeizi* 5, in *Han Fei Tzu: Basic Writings*. Org. e trad. de Burton Watson. Nova York, 1964.

111. *Hanfeizi* 5.

112. Julia Ching, *Mysticism and Kingship*, op. cit., p. 171.

113. *Xunzi* 21:34-8, in *Xunzi: Basic Writings*. Trad. de Burton Watson. Nova York, 2003.

114. John King Fairbank e Merle Goldman, *China*, op. cit., p. 56; Derk Bodde, "Feudalism in China". In: Rushton Coulbourn (Org.), *Feudalism in History*. Hamden, CT, 1965, p. 69.

115. Sima Qian, *Records of the Grand Historian* 6:239.

116. Ibid. 6:87, citado em Fung Yu-Lan, *Short History*, op. cit., p. 204.

117. Mark Edward Lewis, *Sanctioned Violence*, op. cit., pp. 99-101.

118. Sima Qian, *Records of the Grand Historian*, op. cit., p. 141.

119. Benjamin Schwartz, *World of Thought*, op. cit., pp. 237-53.

120. Mark Edward Lewis, *Sanctioned Violence*, op. cit., pp. 145-57; Derk Bodde, *Festivals in Classical China: New Year and Other Annual Observances During the Han Dynasty*, 206 B.C.--A.D. 220. Princeton, NJ, 1975.

121. Citado em Mark Edward Lewis, *Sanctioned Violence*, op. cit., p. 147.

122. Sima Qian, *Records of the Grand Historian* 8.1, citado em Fung Yu-Lan, *Short History*, op. cit., p. 215.

123. Fung Yu-Lan, *Short History*, op. cit., pp. 205-16; A. C. Graham, *Disputers of the Tao*, op. cit., pp. 313-77; Benjamin Schwartz, *World of Thought*, op. cit., pp. 383-406.

124. John King Fairbank e Merle Goldman, *China*, op. cit., pp. 67-71.

125. Joseph R. Levenson e Franz Schurmann, *China: An Interpretive History: From the Beginnings to the Fall of Han*. Berkeley; Los Angeles; Londres, 1969, p. 94.

126. William Theodore de Bary, *Trouble with Confucianism*, op. cit., pp. 48-9.

127. *Yan tie lun* 19, em William Theodore de Bary e Irene Bloom (Orgs. e trads.), *Sources of Chinese Tradition*, op. cit., p. 223.

128. Hu Shih, "Confucianism". *Encyclopaedia of Social Science*, 1930-5, v. 4, pp. 198-201; Julia Ching, *Mysticism and Kingship*, op. cit., p. 85.

129. William Theodore de Bary, *Trouble with Confucianism*, op. cit., p. 49; John King Fairbank e Merle Goldman, *China*, op. cit., p. 63.

4. O DILEMA HEBRAICO [pp. 115-40]

1. Gn 2,5; 3,24. A não ser quando mencionado, todas as citações bíblicas são da *Bíblia de Jerusalém*.
2. Gn 3,17-9.
3. Gn 4,11, em *The Five Books of Moses* (Nova York, 1990).
4. Gn 4,17-22.
5. Gn 4,9.
6. Gn 12,1-3.
7. Israel Finkelstein e Neil Asher, *The Bible Unearthed: Archaeology's New Vision of Ancient Israel and the Origins of Its Sacred Texts*. Nova York; Londres, 2001, pp. 103-7; William G. Dever, *What Did the Biblical Writers Know and When Did They Know It? What Archaeology Can Tell Us About the Reality of Ancient Israel*. Grand Rapids, MI; Cambridge, GB, 2001, pp. 110-8.
8. George W. Mendenhall, *The Tenth Generation: The Origins of Biblical Tradition*. Baltimore; Londres, 1973; P. M. Lemche, *Early Israel: Anthropological and Historical Studies on the Israelite Society Before the Monarchy*. Leiden, 1985; D. C. Hopkins, *The Highlands of Canaan*. Sheffield, GB, 1985; James D. Martin, "Israel as a Tribal Society", in R. E. Clements (Org.). *The World of Ancient Israel: Sociological, Anthropological and Political Perspectives*. Cambridge, GB, 1989; H. G. M. Williamson, "The Concept of Israel in Transition", in R. E. Clements (Org.), op. cit., pp. 94-114.
9. Israel Finkelstein e Neil Asher, op. cit., pp. 89-92.
10. John H. Kautsky, *The Politics of Aristocratic Empires*. 2. ed. New Brunswick, NJ; Londres, 1997, p. 275; Karl A. Wittfogel, *Oriental Despotism: A Comparative Study of Total Power*. New Haven, CT, 1957, pp. 331-2.
11. Js 9,15; Ex 6,15; Jz 1,16; 4,11; 1Sm 27,10. Frank Moore Cross, *Canaanite Myth and Hebrew Epic: Essays in the History of the Religion of Israel*. Cambridge, MA; Londres, 1973, pp. 49-50.
12. Ibid., p. 69; Peter Machinist, "Distinctiveness in Ancient Israel". In: Mordechai Cogan e Israel Ephal (Orgs.). *Studies in Assyrian History and Ancient Near Eastern Historiography*. Jerusalém, 1991.
13. Este tema foi explorado com mais detalhes por Yoram Hazony, *The Philosophy of Hebrew Scripture* (Cambridge, GB, 2012, pp. 103-60).
14. Norman Gottwald, *The Hebrew Bible in Its Social World and in Ours*. Atlanta, 1993, pp. 115, 163.
15. Lv 25,23-8.35-55; Dt 24,19-22; Norman Gottwald, *Hebrew Bible*, op. cit., p. 162.
16. Descrevi este processo em *Uma história de Deus: Quatro milênios de busca do judaísmo, cristianismo e islamismo* (São Paulo: Companhia das Letras, 2008).
17. Sl 73,3.8; 82,8; 95,3; 96,4ff; 97,7; Is 51,9ff; Jó 26,12; 40,25-31.
18. Gn 11,1-9.
19. Gn 11,9.
20. Gn 12,3. A rigor, Iahweh chamou Abraão em Harran no atual Iraque; mas o pai dele, Terá, tinha saído de Ur, porém só chegou até Harran. O próprio Iahweh antecipa a data do

chamado de Abraão, assumindo a responsabilidade por toda a migração, dizendo a Abraão: "Eu [...] que te fez sair de Ur dos caldeus [...]". (Gn 15,7).
21. Yoram Hazony, op. cit., p. 121.
22. Ibid., pp. 122-6.
23. Gn 12,10.
24. Gn 26,16-22; cf. 36,6-8.
25. Gn 41,57; 42,3.
26. Gn 37,5-7.
27. Gn 37,8.
28. Gn 37,10.
29. Gn 41,51.
30. Gn 41,48-9.
31. Gn 47,13-4; 47,20-1.
32. Gn 50,4-9. Depois da morte de Jacó, os irmãos tiveram permissão para levar seu corpo de volta a Canaã, acompanhado de "cortejo muito imponente" de carruagens e de cavalos, enquanto seus filhos e seus bens eram mantidos como reféns no Egito.
33. Gn 12,15; 20,2; 26,17-8; 14,11-2; 34,1-2; Hazony, *Philosophy of Hebrew Scripture*, pp. 111-3, 143.
34. Gn 14,21-5.
35. Gn 18,1-8, 19,1-9.
36. Gn 18,22-32.
37. Gn 49,7.
38. Gn 49,8-12; 44,18-34.
39. Ex 1,11.14.
40. Ex 2,11.
41. Yoram Hazony, op. cit., pp. 143-4.
42. Ex 24,9-11.
43. Ex 31,18.
44. Ex 24,9; 31,18; William M. Schniedewind, *How the Bible Became a Book: The Textualization of Ancient Israel*. Cambridge, GB, 2004, pp. 121-34.
45. Por exemplo, Jz 1; 3,1-6; Esd 9,1-2.
46. Regina Schwartz, *The Curse of Cain: The Violent Legacy of Monotheism*. Chicago, 1997; Hector Avalos, *Fighting Words: The Origins of Religious Violence*. Amherst, NY, 2005.
47. Mark S. Smith, *The Early History of God: Yahweh and the Other Deities in Ancient Israel*. Nova York; Londres, 1990; Smith, *The Origins of Biblical Monotheism: Israel's Polytheistic Background and the Ugaritic Texts*. Nova York; Londres, 2001.
48. Js 24; S. David Sperling, "Joshua 24 Re-examined". *Hebrew Union College Annual*, v. 58, 1987; S. David Sperling, *The Original Torah: The Political Intent of the Bible's Writers*. Nova York; Londres, 1998, pp. 68-72; John Bowker, *The Religious Imagination and the Sense of God*. Oxford, 1978, pp. 58-68.
49. Ex 20,3.
50. Susan Niditch, *War in the Hebrew Bible: A Study of the Ethics of Violence*. Nova York; Oxford, 1993, pp. 28-36, 41-62, 152.

51. Comparar a um acordo semelhante em Nm 21,2.
52. Js 6,20.
53. Js 8,25.
54. Js 8,28.
55. Lauren A. Monroe, *Josiah's Reform and the Dynamics of Defilement; Israelite Rites of Violence and the Making of a Biblical Text*. Oxford, 2011, pp. 45-76.
56. *Pedra Moabita* 15-17, citado em Kent P. Jackson, "The Language of the Mesha Inscription". In: Andrew Dearman (Org.). *Studies in the Mesha Inscription and Moab*. Atlanta, 1989, p. 98; Norman K. Gottwald, *The Politics of Ancient Israel*. Louisville, KY, 2001, p. 194; cf. 2Rs 3,4-27.
57. *Pedra Moabita* 17.
58. H. Hoffner, "History and the Historians of the Ancient Near East: The Hittites". *Orientalia*, v. 49, 1980; Susan Niditch, op. cit., p. 51.
59. Jz 21,25.
60. Jz 11,29-40.
61. Jz 18.
62. Jz 19.
63. Jz 20-1.
64. Sm 8,5.
65. Sm 8, 11-8.
66. Norman K. Gottwald, op. cit., pp. 177-9.
67. Susan Niditch, op. cit., pp. 90-105.
68. Sm 17,1-13; Quincy Wright, *A Study of Warfare*, 2 v. Chicago, 1942, v. 1, pp. 401-15.
69. Sm 2,23.
70. Sm 5,6.
71. Cr 22,8-9.
72. Gosta W. Ahlstrom, *The History of Ancient Palestine*. Minneapolis, 1993, pp. 504-5.
73. Rs 7,15-26.
74. Richard J. Clifford, *The Cosmic Mountain in Canaan and the Old Testament*. Cambridge, MA, 1972, passim; Ben C. Ollenburger, *Zion, City of the Great King: A Theological Symbol of the Jerusalem Cult*. Sheffield, GB, 1987, pp. 14-6; Margaret Barker, *The Gate of Heaven: The History and Symbolism of the Temple in Jerusalem*. Londres, 1991, p. 64; Hans-Joachim Kraus, *Worship in Israel: A Cultic History of the Old Testament*. Oxford, 1966, pp. 201-4.
75. Rs 9,3; David Ussishkin, "King Solomon's Palaces". *Biblical Archaeologist*, v. 36, 1973.
76. Rs 10,26-9.
77. Rs 5,5.
78. Rs 4,1; 5,1.
79. Rs 5,27-32, o que contradiz 1Rs 9,20-1. Em função da reforma, os autores deuteronomistas queriam culpar a idolatria de Salomão pela catástrofe.
80. Rs 11,1-13.
81. Rs 12,4.
82. Rs 12,17-9.
83. Sl 2,7-8; 110,12-4.
84. Sl 110,5-6.

85. Andrew Mein, *Ezekiel and the Ethics of Exile*. Oxford; Nova York, 2001, pp. 20-38.
86. Am 2,7.
87. Am 3,10.
88. Am 7,17; 9,7-8.
89. Am 3,11-5.
90. Am 1,2; 2,5.
91. Is 1,16-7.
92. Norman K. Gottwald, op. cit., pp. 210-2.
93. Israel Finkelstein e Neil Asher, op. cit., pp. 263-4.
94. Ibid., pp. 264-73.
95. Rs 21,2-7; 23,10-1.
96. Sl 68,17; Gosta W. Ahlstrom, op. cit., p. 734.
97. William M. Schniedewind, op. cit., pp. 91-117; Calum M. Carmichael, *The Laws of Deuteronomy*. Eugene, OR, 1974; Bernard M. Levinson, *Deuteronomy and the Hermeneutics of Legal Innovation*. Oxford, 1997; Moshe Weinfeld, *Deuteronomy and the Deuteronomic School*. Oxford, 1972; Joshua Berman, *Biblical Revolutions: The Transformation of Social and Political Thought in the Ancient Near East*. Nova York; Oxford, 2008.
98. Rs 22,8.
99. Ex 24,3.7; William M. Schniedewind, op. cit., pp. 121-6.
100. Ex 24,4-8. Esta passagem foi inserida nas tradições mais antigas pelos reformistas: é o único lugar na Bíblia em que a Sêfar Torá é mencionada.
101. Dt 6,4.
102. Dt 7,2-5.
103. Dt 28,64.67.
104. Rs 22,11-3.
105. Rs 23,5.
106. Jr 44,15-9; Ez 8,10
107. Rs 23,4-20
108. Bernard M. Levinson, op. cit., pp. 148-9.
109. Dt 7,22-6.
110. Dt 13,9-10.
111. Susan Niditch, op. cit., pp. 65, 77.
112. Rs 13,1-2; 2Rs 23,15-8; 2Rs 23,25.
113. Rs 24,16. Esses números são contestados.
114. Ez 3,15; William M. Schniedewind, op. cit., p. 152.
115. Andrew Mein, op. cit., pp. 66-74.
116. Anshan é chamado de Elam nas fontes hebraicas.
117. Garth Fowden, *Empire to Commonwealth: Consequences of Monotheism in Late Antiquity*. Princeton, NJ, 1993, p. 19.
118. Cilindro de Ciro 18. As citações do Cilindro de Ciro são de John Curtis, *The Cyrus Cylinder and Ancient Persia: A New Beginning for the Middle East* (Londres, 2013, p. 42).
119. Bruce Lincoln, *Religion, Empire, and Torture: The Case of Achaemenian Persia, with a Postscript on Abu Graib*. Chicago; Londres, 2007, pp. 36-40.

120. Cilindro de Ciro 12, 15, 17, p. 42. Shuanna é outro nome usado para a Babilônia.
121. Is 45,1.
122. Is 45,1.2.4.
123. Is 40,4.
124. Flávio Josefo, *The Antiquities of the Jews*. Trad. de William Whiston. Marston Gale, GB, s.d., 11.8.
125. Cilindro de Ciro 16, p. 42.
126. Ibid., 28-30, p. 43.
127. Bruce Lincoln, *Religion, Empire, and Torture*, op. cit., p. IX.
128. Ibid., pp. 16, 95.
129. Bruce Lincoln, "The Role of Religion in Achaemenian Imperialism". In: Nicole Brisch (Org.). *Religion and Power: Divine Kingship in the Ancient World and Beyond*. Chicago, 2008, p. 223.
130. Clarisse Herrenschmidt, "Désignations de l'Empire et concepts politiques de Darius Ier d'après inscriptions en vieux perse". *Studia Iranica*, v. 5, 1976; Marijan Molé, *Culte, mythe, et cosmologie dans l'Iran ancient*. Paris, 1963.
131. Dario, Primeira Inscrição em Naqsh-i Rustum (DNa) 1, citado em Bruce Lincoln, *Religion, Empire, and Torture*, op. cit., p. 52.
132. Ibid., pp. 55-6.
133. DNa 4, citado em ibid., p. 71.
134. Dario, Quarta Inscrição em Persépolis, citado em ibid., p. 10.
135. Ibid., pp. 26-8.
136. Ibid., pp. 73-81; Dario, Inscrição 19 em Susa, citado em ibid., p. 73.
137. Frank Moore Cross, op. cit., pp. 293-323; Mary Douglas, *Leviticus as Literature*. Oxford; Nova York, 1999; Mary Douglas, *In the Wilderness: The Doctrine of Defilement in the Book of Numbers*. Oxford; Nova York, 2001, pp. 58-100; Susan Niditch, op. cit., pp. 78-89, 97-9, 132-53.
138. Lv 25.
139. Lv 19,33-4.
140. Mary Douglas, op. cit., pp. 42-4.
141. Gn 32,33.
142. Nm 20,14.
143. Gn 1,31.
144. Ne 4,11-2.
145. Nm 31.
146. Nm 31,19-20.
147. Cr 28,9-11.
148. Cr 28,15.
149. Is 46,9
150. Zc 14:12.
151. Zc 14,16. Ver também Mq 4,1-5; 5; Ag 1,6.9.
152. Is 60,1-10.
153. Is 60,11-4.

PARTE II: MANTENDO A PAZ

5. JESUS: DE FORA DESTE MUNDO? [pp. 143-67]

1. Lc 2,1.

2. Robert L. O'Connell, *Of Arms and Men: A History of War, Weapons, and Aggression*. Nova York; Oxford, 1989, p. 81.

3. E. N. Luttwak, *The Grand Strategy of the Roman Empire*. Baltimore, 1976, pp. 25-6, 41-2, 46-7; Susan P. Mattern, *Rome and the Enemy: Imperial Strategy in the Principate*. Berkeley, CA, 1999, pp. XII, 222.

4. Robert O'Connell, op. cit., pp. 69-81; John Keegan, *A History of Warfare*. Londres; Nova York, 1993, pp. 263-71.

5. W. Harris, *War and Imperialism in Republican Rome*. Oxford, 1979, pp. 56, 51.

6. Tácito, *Agricola*, 30. Trad. de Loeb Classical Library.

7. W. Harris, op. cit., p. 51.

8. Martin Hengel, *Judaism and Hellenism: Studies in Their Encounter in Palestine During the Early Hellenistic Period*. Trad. de John Bowden. 2 v. Londres, 1974, v. 1, pp. 294-300; Elias J. Bickerman, *From Ezra to the Last of the Maccabees*. Nova York, 1962, pp. 286-9; *The Jews in the Greek Age*. Cambridge, MA; Londres, 1990, pp. 294-6; Reuven Firestone, *Holy War in Judaism: The Rise and Fall of a Controversial Idea*. Oxford; Nova York, 2012, pp. 26-40.

9. Dn10-2.

10. Dn 7,13-4.

11. Richard A. Horsley, "The Historical Context of Q". In: Richard A. Horsley e Jonathan A. Draper (Orgs.), *Whoever Hears You Hears Me: Prophets, Performance, and Tradition in Q*. Harrisburg, PA, 1999, pp. 51-4.

12. Gerhard E. Lenski, *Power and Privilege: A Theory of Social Stratification*. Chapel Hill, NC; Londres, 1966, pp. 243-8.

13. John H. Kautsky, *The Politics of Aristocratic Empires*. 2. ed. New Brunswick, NJ; Londres, 1997, p. 81.

14. Richard A. Horsley, "The Historical Context of Q", op. cit., p. 154.

15. Josefo, *The Life*, 10-12 Trad. de H. St. J. Thackeray. Cambridge, MA, 1926; Alan Mason, "Was Josephus a Pharisee?: A Re-Examination of *Life* 10-12". *Journal of Jewish Studies*, v. 40, 1989; Alan F. Segal, *Paul the Convert: The Apostolate and Apostasy of Saul the Pharisee*. New Haven, CT; Londres, 1990, pp. 81-2.

16. Josefo, *The Jewish War*. Trad. de G. A. Williamson. Harmondsworth, GB, 1967, cap. 6, pp. 51-5. (Citado, daqui em diante, como *JW*.)

17. Josefo, *The Antiquities of the Jews*, cap. 17, p. 157 (citado, daqui em diante, como *AJ*), citado em Richard A. Horsley, *Jesus and the Spiral of Violence: Popular Jewish Resistance in Roman Palestine* (Nova York, 1987), p. 76.

18. Josefo, *JW* 1:650.

19. Ibid., 2:3.

20. Ibid., 2:11-3.

21. Ibid., 2:57, citado em Richard A. Horsley, *Spiral of Violence*, op. cit., p. 53.

22. Ibid., 2:3. 2:66-75.

23. John Dominic Crossan, *God and Empire: Jesus Against Rome, Then and Now*. San Francisco, 2007, pp. 91-4.

24. Josefo, *AJ* 18:4-9, citado em Richard A. Horsley, *Spiral of Violence*, op. cit., p. 81; Id., *JW* 2:117.

25. Id., *JW* 2:3. 2:169-74.

26. Philo, *On the Embassy to Gaius*. Trad. de E. H. Colson. Cambridge, MA, 1962, pp. 223-4.

27. Josefo, *AJ* 18:292, citado emRichard. A. Horsley, *Spiral of Violence*, op. cit., p. 111.

28. Ibid., 18:284, citado em ibid.

29. Id., *JW* 2.260.

30. Ibid., 261-2.

31. Id., *AJ* 18:36-8, citado em Richard A. Horsley, "Historical Context of Q", op. cit., p. 58.

32. John Dominic Crossan, *Jesus: A Revolutionary Biography*. Nova York, 1994, pp. 26-8.

33. A. N. Sherwin-White, *Roman Law and Roman Society in the New Testament*. Oxford, 1963, p. 139. Mt 18,22-33; 20,1-15; Lc 16,1-13; Mc 12,1-9.

34. Mt 2,16.

35. Mt 14,3-12.

36. Mt 10,17-8.

37. Marcus Borg, *Jesus: Uncovering the Life, Teachings, and Relevance of a Religious Revolutionary*. San Francisco, 2006, pp. 67-8.

38. Mt 4,1-11; Mc 12,13; Lc 4,1-13.

39. Lc 10,18.

40. M. Lewis, E*cstatic Religion: An Anthropological Study of Spirit Possession and Shamanism*. Baltimore, 1971, pp. 31, 32, 35, 127.

41. Mc 5,1-17; John Dominic Crossan, op. cit., pp. 99-106.

42. Lc 13,31-3.

43. Mt 21,1-11; Mc 11,1-11; Lc 19,28-38.

44. Mt 21,12-3.

45. Richard A. Horsley, *Spiral of Violence*, op. cit., pp. 286-9; Sean Frayne, *Galilee: From Alexander the Great to Hadrian, 323 BCE to 135 CE: A Study of Second Temple Judaism*. Notre--Dame, IN, 1980, pp. 283-6.

46. Mt 5,39.44.

47. Mt 26,63.

48. Lc 6,20-4.

49. Mt 12,1-23.

50. Lc 13,13.

51. Lc 9,23-4.

52. Lc 1,51-4.

53. Mc 12,13-7; Richard A. Horsley, *Spiral of Violence*, op. cit., pp. 306-16.

54. F. F. Bruce, "Render to Caesar". In: F. Bammel e C. F. D. Moule (Orgs.), *Jesus and the Politics of His Day*. Cambridge, GB, 1981, p. 258.

55. Mc 12,38-40.

56. Richard A. Horsley, *Spiral of Violence*, op. cit., pp. 167-8.

57. A. E. Harvey, *Strenuous Commands: The Ethic of Jesus*. Londres; Filadélfia, 1990, pp. 162, 209.

58. Lc 14,14.21-4; John Dominic Crossan, op. cit., pp. 74-82.

59. Lc 6,20. O evangelho não usa o grego *penes* ("poor"), que descreve pessoas com uma vida difícil, mas *ptochos*, "indigentes, mendigos".

60. John Dominic Crossan, op. cit., pp. 68-70.

61. Lc 6,24-5.

62. Mt 20,16.

63. Mt 6,11-3.

64. Gerd Theissen, *The First Followers of Jesus: A Sociological Analysis of the Earliest Christians*. Trad. de John Bowden. Londres, 1978, pp. 8-14.

65. Mc 1,14-5.

66. Mt 9,36.

67. Warren Carter, "Construction of Violence and Identities in Matthew's Gospel". In: Shelly Matthews e E. Leigh Gibson (Orgs.), *Violence in the New Testament*. Nova York; Londres, 2005, pp. 93-4.

68. John Pairman Brown, "Techniques of Imperial Control: The Background of the Gospel Event". In: Norman Gottwald (Org.). *The Bible of Liberation: Political and Social Hermeneutics*. Maryknoll, NY, 1983, pp. 357-77; Gerd Theissen, *The Miracle Stories: Early Christian Tradition*. Filadélfia, 1982, pp. 231-44; Warren Carter, *Matthew and the Margins: A Socio-Political and Religious Reading*. Sheffield, GB, 2000), pp. 17-29, 36-43, 123-7, 196-8.

69. Mt 6,10.

70. Lc 6,28-30.

71. Lc 6,31-8.

72. At 2,23.32-5; Fl 2,9.

73. Mt 10,5-6.

74. James B. Rives, *Religion in the Roman Empire*. Oxford, 2007, pp. 13-20, 104-4.

75. Jonathan Z. Smith, "Fences and Neighbours: Some Contours of Early Judaism". In: _____, *Imagining Religion: From Babylon to Jonestown*. Chicago; Londres, 1982, pp. 1-18; John W. Marshall, "Collateral Damage: Jesus and Jezebel in the Jewish War". In: Shelly Matthews e E. Leigh Gibson (Orgs.), op. cit., pp. 38-9; Julia Galambush, *The Reluctant Parting: How the New Testament's Jewish Writers Created a Christian Book*. San Francisco, 2005, pp. 291-2.

76. At 5,54-42.

77. At 13,44; 14,19; 17,10-5.

78. Cor 11,2-15.

79. Cor 14,21-5.

80. Rm 13,1-2.4.

81. Rm 13,6.

82. Cor 7,31.

83. At 4,32.34.

84. Cor 12,12-27.

85. Lc 24,13-32.

86. Fl 2,3-5.

87. Fl 2,6-11, em *The English Revised Bible*. Oxford; Cambridge, GB, 1989.

88. Fl 2,3-5.

89. Jo 1.

90. Jo 7,42-7.

91. Jo 2,18-9.

92. Tácito, *História*, 1:11, apud John W. Marshall, "Collateral Damage", op. cit., pp. 37-8.

93. Reuven Firestone, *Holy War in Judaism: The Fall and Rise of a Controversial Idea*. Oxford; Nova York, 2012, pp. 46-7.

94. Michael S. Berger, "Taming the Beast: Rabbinic Pacification of Second Century Jewish Nationalism". In: James K. Wellman Jr. (Org.), *Belief and Bloodshed: Religion and Violence Across Time and Tradition*. Lanham, MD, 2007, pp. 54-5.

95. Talmud Jerusalém (J), Taanit 4.5 e Lamentations Rabbah 2.4, citado em C. G. Montefiore e H. Loewe (Orgs.), *A Rabbinic Anthology*. Nova York, 1974.

96. Dio Cassius, *History* 69.12; Mireille Hadas-Lebel, *Jerusalem Against Rome*. Trad. de Robyn Freshat. Leuven, 2006, pp. 398-409.

97. Michael S. Berger, op. cit., pp. 50-2.

98. B. Brachot 58a; Shabbat 34a; Baba Batra 75a; Sinédrio 100a; Reuven Firestone, op. cit., p. 73.

99. Reuven Firestone, op. cit., pp. 52-61.

100. Michael S. Berger, op. cit., p. 48.

101. Avot de Rabbi Nathan B.31, citado em Robert Eisen, *The Peace and Violence of Judaism: From the Bible to Modern Zionism*. Oxford, 2011, p. 86.

102. B. Pesahim 118a, citado em ibid.

103. Ibid.; Mireille Hadas-Lebel, op. cit., pp. 265-95.

104. Mekhilta de Rabbi Yishmael 13; B. Avodah Zarah 18a, em C. G. Montefiore e H. Loewe (Orgs.), *A Rabbinic Anthology*, op. cit.

105. B. Shabbat 336b; B. Berakhot 58a, ibid..

106. Wilfred Cantwell Smith, *What Is Scripture? A Comparative Approach*. Londres, 1993, p. 290; Gerald L. Bruns, "Midrash and Allegory: The Beginnings of Scriptural Interpretation". In: Robert Alter e Frank Kermode (Orgs.), *A Literary Guide to the Bible*. Londres, 1987, pp. 629-30; Nahum S. Glatzer, "The Concept of Peace in Classical Judaism". In: *Essays on Jewish Thought*, University, AL, 1978, pp. 37-8; Robert Eisen, op. cit., p. 90.

107. Michael Fishbane, *Garments of Torah: Essays in Biblical Hermeneutics*. Bloomington; Indianapolis, 1989, pp. 22-32.

108. B. Shabbat 63a; B. Sinédrio 82a; B. Shabbat 133b; Tanhuman 10; Robert Eisen, op. cit., pp. 88-9; Reuven Kimelman, "Non-Violence in the Talmud". *Judaism*, v. 17, 1968.

109. Avot de Rabbi Nathan A. 23, citado em Robert Eisen, op. cit., p. 88.

110. Mishnah (M), Avot 4:1, em C. G. Montefiore e H. Loewe, (Orgs.), *A Rabbinic Anthology*, op. cit.

111. Robert Eisen, op. cit., p. 89.

112. B. Berakhot 4a; Megillah 3a; Tamua 16a.

113. Ex 14; B. Megillah 10b, em C. G. Montefiore e H. Loewe (Orgs.), *A Rabbinic Anthology*, op. cit.

114. M. Sotah 8:7; M. Yadayin 4:4; Tosefta Kiddushim 5:4; Reuven Firestone, op. cit., p. 74.
115. J. Sotah 8.1.
116. Ct 2,7; 3,5; 8,4; B. Ketubot 110b-111a; Agadat-Hazita 2:7.
117. Reuven Firestone, op. cit., pp. 74-5.
118. Aviezer Ravitsky, *Messianism, Zionism, and Jewish Religious Radicalism*. Trad. de Michael Swirsky e Jonathan Chapman. Chicago, 1997, pp. 211-34.
119. Peter Brown, *The World of Late Antiquity, AD 150-750*. Londres, 1989, pp. 20-4; id., *The Rise of Western Christendom: Triumph and Diversity, AD 200-1000*. Oxford; Malden, MA, 1996, pp. 18-9.
120. Id., *World of Late Antiquity*, op. cit., pp. 24-7.
121. Id., *The Making of Late Antiquity*. Cambridge, MA; Londres, 1978, p. 48; id., *The Rise of Western Christendom*, op. cit., pp. 19-20.
122. Ap 3,21; Tácito, Anais 15:44. Tácito, porém, estava escrevendo décadas depois do evento, e parece improvável que já naquela época os cristãos fossem reconhecidos como um corpo distinto. Candida R. Moss, *The Myth of Persecution: How Early Christians Invented a Story of Martyrdom*. Nova York, 2013, pp. 138-9.
123. Tertuliano, Apologia 20, citado em Candida Moss, *The Myth of Persecution*, op. cit., p. 128.
124. W. H. C. Frend, *Martyrdom and Persecution in the Early Church: A Study of the Conflict from the Maccabees to Donatus*. Oxford, 1965, p. 331.
125. Jonathan Z. Smith, "The Temple and the Magician". In: id., *Map Is Not Territory: Studies in the History of Religions*. Chicago; Londres, 1978, p. 187; Peter Brown, "The Rise of the Holy Man in Late Antiquity". *Journal of Roman Studies*, v. 61, 1971.
126. James B. Rives, *Religion in the Roman Empire*, op. cit., pp. 207-8.
127. Ibid., pp. 68, 82.
128. Candida Moss, *The Myth of Persecution*, op. cit., pp. 127-62; G. E. M. de Ste. Croix, "Why Were the Early Christians Persecuted?". In: _____, *Christian Persecution, Martyrdom, and Orthodoxy*. Org de Michael Whitby e Joseph Streeter. Oxford, 2006.
129. James B. Rives, "The Decree of Decius and the Religion of Empire". *Journal of Roman Studies*, v. 89, 1999; Robin Lane Fox, *Pagans and Christians*. Nova York, 1987, pp. 455-6.
130. B. Baba Metziah 59b, em C. G. Montefiore e H. Loewe (Orgs.), *A Rabbinic Anthology*, op. cit.
131. *Collatio Legum Romanarum et Mosaicarum* 15:3, citado em Peter Brown, *The Rise of Western Christendom*, op. cit., p. 22.
132. Ramsay MacMullen, *The Second Church: Popular Christianity A.D. 200-400*. Atlanta, 2009. Os cristãos tradicionalmente tinham feito sua adoração em casas privadas. Igrejas como a basílica atacada eram uma inovação recente.
133. Candida Moss, *Myth of Persecution*, op. cit., pp. 154-8.
134. Id., *The Other Christs: Imitating Jesus in Ancient Christian Ideologies of Martyrdom*. Oxford, 2010.
135. Victricius, *De Laude Sanctorum* 10:452 B, citado em Peter Brown, *The Cult of the Saints: Its Rise and Function in Latin Christianity*. Chicago, 1981, p. 79.
136. Id., *Decretum Gelasianum*, citado em ibid.

137. *The Martyrs of Lyons* 1:4, em *The Acts of the Christian Martyrs*. Trad. de H. Musurillo. Oxford, 1972.

138. Perpétua, *Passio*, 9, em Peter Dronke (Org. e trad.), *Women Writers of the Middle Ages: A Critical Study of Texts from Perpetua († 203) to Marguerite Porete (†1310)*. Cambridge, GB, 1984, p. 4.

139. Perpétua, *Passio*, 10, op. cit.

140. W. H. C. Frend, *Martyrdom and Persecution*, op. cit., p. 15.

141. Peter Brown, *World of Late Antiquity*, op. cit., pp. 82-4.

142. Orígenes, *Contra Celsum* 2:30. Cambridge, GB, 1980.

143. Cipriano, *Cartas* 40:1, 48:4.

144. Id., *Cartas* 30:2; Peter Brown, *Making of Late Antiquity*, pp. 79-80.

145. Lactâncio, *Divine Institutions*, em *Lactantius: Works*. Trad. de William Fletcher. Edimburgo, 1971, p. 366.

146. Ibid., p. 427.

147. Ibid., p. 328.

6. BIZÂNCIO: A TRAGÉDIA DO IMPÉRIO [pp. 168-91]

1. Garth Fowden, *Empire to Commonwealth: Consequences of Monotheism in Late Antiquity*. Princeton, NJ, 1993), pp. 13-6, 34.

2. Eusébio, *In Praise of Constantine: A Historical Study and New Translation of Eusebius' Tricennial Orations*. Trad. de H. A. Drake. Berkeley; Los Angeles, 1976, p. 89.

3. Aziz Al-Azmeh, *Muslim Kingship: Power and the Sacred in Muslim, Christian, and Pagan Polities*. Londres; Nova York, 1997, pp. 27-33.

4. Michael Gaddis, *There Is No Crime for Those Who Have Christ: Religious Violence in the Christian Roman Empire*. Berkeley; Los Angeles; Londres, 2005, p. 88.

5. Eusébio, *Life of Constantine* 1:5, 1:24, 2:19. Org. e trad. de Averil e Stuart G. Hall. Oxford, 1999.

6. Ibid., 4:8-13; Gath Fowden, op. cit., pp. 93-4.

7. Aziz Al-Azmeh, op. cit., pp. 43-6.

8. Mt 28,19.

9. John Haldon, *Warfare, State, and Society in the Byzantine World, 565-1204*. Londres; Nova York, 2005, pp. 16-9.

10. Gath Fowden, op. cit., pp. 93-4; Michael Gaddis, op. cit., pp. 62-3.

11. Eusébio, *Life of Constantine* 4:61, op. cit.

12. Ibid., 4:62, citado em Michael Gaddis, op. cit., pp. 63-4.

13. Michael Gaddis, op. cit., pp. 51-9.

14. Eusébio, *Life of Constantine* 4:24, op. cit.

15. Constantino, "Letter to Aelafius, Vicor of Africa". In: *Optatus: Against the Donatists*. Trad. de Mark Edwards. Liverpool, GB, 1988, apêncide 3.

16. Os donatistas afirmavam que Ceciliano tinha sido ordenado por Félix de Apthungi,

apostasiado durante a perseguição de Diocleciano. O protesto deles foi um ato de piedade em memória dos mártires.

17. Michael Gaddis, op. cit., pp. 51-8.
18. Constantine, em *Optatus*, op. cit., apêndice 9, citado em Michael Gaddis, op. cit., p. 57.
19. Richard Lim, *Public Disputation, Power, and Social Order in Late Antiquity*. Berkeley, CA, 1995.
20. Peter Brown, *The World of Late Antiquity, AD 150-750*. Londres, 1989, pp. 86-9.
21. James B. Rives, *Religion in the Roman Empire*. Oxford, 2007, pp. 13-20.
22. Gn 18,1-17; Ex 33,18-23; 34,6-9; Js 5,13-5.
23. Jaroslav Pelikan, *The Christian Tradition: A History of the Development of Doctrine*, v. 1: *The Emergence of the Catholic Tradition*. Chicago; Londres, 1971, p. 145.
24. Eusébio, *Demonstratio Evangelium (Proof of the Gospel)*. Kindle, 2010, 5-6; prefácio 1-2.
25. Peter Brown, *The Body and Society: Men, Women, and Sexual Renunciation in Early Christianity*. Londres; Boston, 1988, p. 236.
26. Atanásio, *On the Incarnation*, citado em Andrew Louth, *The Origins of the Christian Mystical Tradition: From Plato to Denys*. Oxford, 1981, p. 78.
27. John Meyndorff, *Byzantine Theology: Historical Trends and Doctrinal Themes*. Nova York; Londres, 1975, p. 78.
28. Peter Brown, *The World of Late Antiquity*, op. cit., p. 90.
29. Evelyne Patlagean, *Pauvreté économique et pauvreté sociale à Byzance, 4e-7e siècles*. Paris, 1977, pp. 78-84.
30. Mt 6,25.
31. Mt 4,20; At 4,35.
32. Mt 19,21.
33. Atanásio, "Vita Antonii", 3.2. In: *The Life of Antony and the Letter to Marcellinus*. Trad. de R. C. Gregg. Nova York, 1980.
34. Daniel Caner, *Wandering, Begging Monks: Spiritual Authority and the Promotion of Monasticism in Late Antiquity*. Berkeley; Los Angeles; Londres, 2002, p. 25.
35. Ts 3,6-12.
36. Atanásio, *Vita*, op. cit., 50:4-6.
37. H. I. Bell, V. Martin, E. G. Turner e D. van Berchem, *The Abinnaeus Archive*. Oxford, 1962, pp. 77, 108.
38. A. E. Boak e H. C. Harvey, *The Archive of Aurelius Isidore*. Ann Arbor, MI, 1960, pp. 295-6.
39. Peter Brown, *The Making of Late Antiquity*. Cambridge, MA; Londres, pp. 82-6.
40. Mt 6,34.
41. Peter Brown, *The Body and Society*, op. cit. pp. 218-21.
42. Evágrio do Ponto, "Praktikos", 9. In: *Evagrius Ponticus: The Praktikos and Chapters on Prayer* Kalamazoo, MI, 1978.
43. Olympios 2, 313d-316a, *Sayings of the Desert Fathers*. Org. de J. P. Migne, Patrologia Gracca. Paris, 1800-75 (citado, daqui em diante, como *PG*).
44. Peter Brown, *The Making of Late Antiquity*, op. cit., pp. 88-90.
45. Poemen 78, *PG* 65. 352cd, in *Sayings of the Desert Fathers*.

46. Ibid., 60; *PG* 65:332a.

47. Douglas Burton-Christie, *The Word in the Desert: Scripture and the Quest for Holiness in Early Christian Monasticism*. Nova York; Oxford, 1993, pp. 261-83.

48. Peter Brown, *The Body and Society*, op. cit., p. 215; id. *World of Late Antiquity*, op. cit., p. 98.

49. Atanásio, *Vita*, op. cit., pp. 92-3.

50. Macário 32; *PG* 65:273d, em *Sayings of the Desert Fathers*.

51. Peter Brown, *The World of Late Antiquity*, op. cit., pp. 93-4.

52. Michael Gaddis, op. cit., p. 278.

53. Hilário de Poitiers, "Against Valerius and Ursacius", 1:2:6. In: *Hilary of Poitiers: Conflicts of Conscience and Law in the Fourth-Century Church*. Leiverpool, GB, 1997.

54. Atanásio, "History of the Arians", 81. In: *Nicene and Post Nicene Fathers*. Edimburgo, 1885. 14 v. (citado, daqui em diante, como *NPNF*).

55. Id., "Apology Before Constantius", 33. In: ibid.

56. Gn 14,18-20.

57. Michael Gaddis, op. cit., pp. 89-97.

58. Ibid., p. 93.

59. Sócrates, "History of the Church", 3:15. In: *NPNF*.

60. Michael Gaddis, op. cit., pp. 93-4; cf. Mark Juergensmeyer, *Terror in the Mind of God: The Global Rise of Religious Violence*. Berkeley, CA, 2000, pp. 190-218.

61. Harold A. Drake, *Constantine and the Bishops: The Politics of Intolerance*. Baltimore, 2000, pp. 431-6.

62. Peter Brown, *Power and Persuasion in Late Antiquity: Towards a Christian Empire*. Madison, WI; Londres, 1992, pp. 34-70.

63. G. W. Bowerstock, *Hellenism in Late Antiquity*. Ann Arbor, MI, 1990, pp. 2-5, 35-40, 72-81; Peter Brown, *Power and Persuasion*, op. cit., pp. 134-45.

64. Gregório de Nazianzo, "Oration", 6.6, *PG* 35:728, citado em Peter Brown, *Power and Persuasion*, op. cit., p. 50.

65. Peter Brown, *Power and Persuasion*, pp. 123-6.

66. Raimundo Panikkar, *The Trinity and the Religious Experience of Man*. Maryknoll, NY, 1973, pp. 46-67.

67. Michael Gaddis, op. cit., pp. 251-82.

68. Eusébio, *The History of the Church*, op. cit., 6:43, 5-10.

69. Paládio, *Dialogue on the Life of John Chrysostom*, 20.561-71. Trad. de Robert T. Meyer. Nova York, 1985.

70. Michael Gaddis, op. cit., p. 16.

71. Hilário de Poitiers, *Against Valerius and Ursacius*, op. cit., 1:2:6.

72. Evelyne Patlagean, op. cit., pp. 178-81, 301-40.

73. Peter Garnsey, *Famine and Food Shortage in the Greco-Roman World*. Cambridge, GB, 1988, pp. 257-68.

74. E. W. Brooks, *The Sixth Book of the Select Letter of Severus, Patriarch of Antioch*, 1.9. Londres, 1903, citado em Peter Brown, *Power and Persuasion*, op. cit., p. 148; id., *The World of Late Antiquity*, op. cit., p. 110.

75. Sozomen, "History of the Church", 6:33:2. In: *NPNF*.
76. Michael Gaddis, op. cit., pp. 242-50.
77. Daniel Caner, op. cit., pp. 125-49. Cf. 1Ts 5,17.
78. Michael Gaddis, op. cit., pp. 94-7.
79. Libânio, "Oration", 30:8-9. In: *Libanius: Select Orations*. Org. e trad. de A. F. Norman. Cambridge, MA, 1969, 1977. 2 v.
80. Michael Gaddis, op. cit., p. 249.
81. Ambrósio, "Epístola 41", citada em ibid., pp. 191-6.
82. Ramsay MacMullen, *Christianizing the Roman Empire, AD 100-400*. New Haven, CT; Londres, 1984, p. 99.
83. Rufino, "History of the Church" 11.22. In: *The Church History of Rufinus of Aquileia*. Oxford, 1997.
84. Michael Gaddis, op. cit., p. 250.
85. Ibid., pp. 99-100.
86. Ramsay MacMullen, *Christianizing the Roman Empire*, op. cit., p. 119.
87. Agostinho, "Letters", 93:5:17, *NPNF*.
88. Id., "The City of God", 18:54. In: Ramsay MacMullen, *Christianizing the Roman Empire*, op. cit., p. 100.
89. Peter Brown, "Religious Dissent in the Later Roman Empire: The Case of North Africa". *History*, v. 46, 1961; id., "Religious Coercion in the Later Roman Empire: The Case of North Africa". *History*, v. 48, 1963; Michael Gaddis, op. cit., p. 133.
90. Agostinho, "Letter", 47:5. In: *NPNF*.
91. Id., *Against Festus*, 22:74. In: *NPNF*.
92. Id., "Lettter", 93:6. In: *NPNF*.
93. Id., *One the Free Choice of the Will*, 9:1:5. Trad. de Thomas Williams. Indianápolis, 1993.
94. Peter Brown, *The Rise of Western Christendom*, op. cit., pp. 7-8.
95. Michael Gaddis, op. cit., pp. 283-9.
96. Nestório, *Bazaar of Heracleides*. Oxford, 1925, pp. 199-200.
97. Sócrates, "Historia Ecclesiastica" 7:32. In: *NPNF*.
98. Paládio, op. cit., 20:579.
99. Michael Gaddis, op. cit., pp. 292-310.
100. Carta de Teodósio para Bausama, 14 maio 449, citado em ibid., p. 298.
101. Atos do Concílio de Calcedônia, citado em ibid., p. 156n.
102. Nestório, op. cit., pp. 482-3.
103. Michael Gaddis, op. cit., pp. 310-27.
104. John Meyendorff, "The Role of Christ, I: Christ as Saviour in the East". In: Jill Raitt, Bernard McGinn e John Meyendorff (Orgs.), *Christian Spirituality: High Middle Ages and Reformation*. Nova York, 1987, pp. 236-7.
105. Id., *Byzantine Theology*, op. cit., pp. 213-5.
106. Peter Brown, *The World of Late Antiquity*, op. cit., pp. 166-8.
107. Cosroes I, citado em ibid., p. 166.
108. Peter Brown, *The World of Late Antiquity*, op. cit., pp. 160-5; id., *The Rise of Western Christendom*, op. cit., pp. 173-4.

109. Máximo, "Ambigua" 42, citado em John Meyendorff, *Byzantine Theology*, op. cit., p. 164.
110. Id., *Letter 2: On Love*, 401D.
111. Id., *Centuries on Love* 1:61, citado em Andrew Lowth, *Maximus the Confessor*. Londres, 1996, pp. 39-40; Mt 5,44; 1Tm 2,4.
112. John Meyndorff, *Byzantine Theology*, op. cit., pp. 212-22.

7. O DILEMA MUÇULMANO [pp. 192-216]

1. Discuti a vida de Maomé e a história da Arábia com mais detalhes em *Maomé — Uma biografia do Profeta* (São Paulo: Companhia das Letras, 2009).
2. Mohammed A. Bamyeh, *The Social Origins of Islam: Mind, Economy, Discourse*. Mineápolis, 1999, pp. 11-2.
3. Toshihiko Izutsu, *Ethico-Religious Concepts in the Qur'an*. Montreal; Kingston, ON, 2002, pp. 29, 46.
4. R. A. Nicholson, *A Literary History of the Arabs*. Cambridge, GB, 1953, pp. 83, 28-45.
5. Bamyeh, *The Social Origins of Islam*, op. cit., p. 38.
6. Gn 16; 17,25; 21,8-21.
7. Alcorão 5,69; 88,17-20.
8. Alcorão 3,84-5.
9. W. Montgomery Watt, *Muhammad at Mecca*. Oxford, 1953, p. 68.
10. Alcorão 90,13-7.
11. Toshihiko Izutsu, op. cit., p. 28.
12. Ibid., pp. 68-9; Alcorão 14,47; 39,37; 15,79; 30,47; 44,16.
13. Alcorão 25,63, em *The Message of the Quran*. Gibraltar, 1980.
14. W. Montgomery Watt, *Muhammad's Mecca: History of the Quran*. Edimburgo, 1988, p. 25.
15. Id., *Muhammad at Medina*. Oxford, 1956, pp. 173-231.
16. Ibn Ishaq, *Sirat Rasul Allah*, em *The Life of Muhammad*. Londres, 1955, p. 232.
17. W. Montgomery Watt, *Muhammad at Medina*, op. cit., pp. 6-8; Mohammed A. Bamyeh, *Social Origins of Islam*, pp. 198-9; Marshall G. S. Hodgson, *The Venture of Islam: Conscience and History in a World Civilization*, 3 v. (Chicago e Londres, 1974), pp. 1:75-76.
18. Alcorão 29:46.
19. Michael Bonner, *Jihad in Islamic History*. Princeton, NJ; Oxford, 2006, p. 193.
20. Martin Lings, *Muhammad: His Life Based on the Earliest Sources*. Londres, 1983, pp. 247-55; Tor Andrae, *Muhammad: The Man and His Faith*. Londres, 1936, p. 215; W. Montgomery Watt, *Muhammad at Medina*, op. cit., pp. 46-59; Mohammed A. Bamyeh, *Social Origins of Islam*, op. cit., pp. 222-7.
21. Alcorão 48,26, citado em Toshihiko Izutsu, op. cit., p. 31.
22. Ibn Ishaq, *Sirat Rasul Allah*, 751, citado em Guillaume (Org. e trad.), *The Life of Muhammad: A Translation of Ishaq's Sirat Rasul Allah*. Londres, 1955. Cf. Alcorão 110.

23. Paul L. Heck, "Jihad Revisited". *Journal of Religious Ethics*, v. 32, n. 1, 2004; Michael Bonner, *Jihad in Islamic History*, op. cit., pp. 21-2.

24. Michael Bonner, *Jihad in Islamic History*, op. cit., p. 25; Reuven Firestone, *Jihad: The Origin of Holy War in Islam*. Oxford; Nova York, 1999, pp. 42-5.

25. Alcorão 16,135-8.

26. Alcorão 22,39-41; 2,194.197.

27. Alcorão 9,5.

28. Alcorão 8,61.

29. Alcorão 9,29.

30. Reuven Firestone, op. cit., pp. 49-50.

31. Alcorão 15,94-5; 16,135.

32. Alcorão 2,190; 22,39-45.

33. Alcorão 2,191; 2,217.

34. Alcorão 2,191; 9,5.29.

35. Reuven Firestone, op. cit., pp. 50-65.

36. Alcorão 2,216.

37. Alcorão 9,38-9, em *The Qur'an: A New Translation*. Oxford, 2004.

38. Alcorão 9, 43, ibid.

39. Alcorão 9,73-4; 63,1-3.

40. Alcorão 2,109; cf. 50,59.

41. Alcorão 5,18, ibid.

42. Reuven Firestone, op. cit., pp. 73, 157.

43. Alcorão 9,5.

44. Alcorão 2,193, em Reuven Firestone, op. cit., p. 85.

45. Garth Fowden, *Empire to Commonwealth: Consequences of Monotheism in Late Antiquity*. Princeton, NJ, 1993, pp. 140-2.

46. John Keegan, *A History of Warfare*. Londres; Nova York, 1993, pp. 195-6.

47. Peter Brown, *The World of Late Antiquity, AD 150-750*. Londres, 1989, p. 193.

48. *Hadith* relatado por Muthir al Ghiram, Shams ad-Din Suyuti e al Walid ibn Muslim, citado em Guy Le Strange, *Palestine Under the Moslems: A Description of Syria and the Holy Land from AD 650 to 1500*. Londres, 1890, pp. 139-43; *Tabari, Tarikh ar-Rasul wa'l Muluk*, 1:2405; Moshe Gil, *A History of Palestine, 634-1099*. Cambridge, GB, 1992, pp. 70-2, 143-8, 636-8.

49. "Book of Commandments", citado em Moshe Gil, op. cit., p. 71.

50. Miguel o Sírio, *History* 3.226, citado em Joshua Prawer, *The Latin Kingdom in Jerusalem: European Colonialism in the Middle Ages*. Londres, 1972, p. 216.

51. Peter Brown, *The Rise of Western Christendom: Triumph and Diversity, AD 200-1000*. Oxford; Malden, MA, 1996, p. 185; Bonner, *Jihad in Islamic History*, p. 56.

52. Michael Bonner, *Jihad in Islamic History*, op. cit., pp. 64-89, 168-69.

53. David Cook, *Understanding Jihad*. Berkeley; Los Angeles; Londres, 2005, pp. 22-4.

54. Ibid., pp. 13-9; Michael Bonner, *Jihad in Islamic History*, op. cit., pp. 46-54; Reuven Firestone, op. cit., pp. 93-9.

55. Jan Wensinck, *Concordance et indices de la tradition musulmane*. Leiden, 1992, v. 1, p. 994, v. 5, p. 298. 5 v.

56. Al-Hindi, *Kanz*. Beirute, 1989, 4:P:282 n. 10, p. 500; David Cook, *Understanding Jihad*, op. cit., p. 18.

57. Ibn Abi Asim, *Jihad*. Medina, 1986, v. 1, n. 11, pp. 140-1.

58. Jan Wensinck, op. cit., v. 2, p. 212; Suliman Bashear, "Apocalyptic and Other Materials on Early Muslim — Byzantine Wars". *Journal of the Royal Asiatic Society*, 3ª série, v. 1, n. 2, 1991.

59. Jan Wensinck, op. cit., v. 4, p. 344; Michael Bonner, *Jihad in Islamic History*, op. cit., p. 51.

60. Jan Wensinck, op. cit., v. 2, p. 312.

61. David Cook, op. cit., pp. 23-5.

62. Ibn al-Mubarak, *Kitab al-Jihad*. Beirute, 1971, pp. 89-90, n. 105; David Cook, op. cit., p. 23.

63. Abu Daud, *Sunan* III, p. 4, n. 2484, em David Cook, op. cit..

64. Alcorão 3,157.167.

65. Muhammad b. Isa al-Tirmidhi, *Al-jami al-sahih*. Org. de Abd al-Wahhab Abd al-Latif. 5 v. Beirute, s.d., v. 3, p. 106, citado em David Cook, "Jihad and Martyrdom in Islamic History". In: Andrew R. Murphy (Org.), *The Blackwell Companion to Religion and Violence*. Chichester, GB, 2011, pp. 283-4.

66. Ibn al-Mubarak, *Jihad*, op. cit., pp. 63-4, n. 64, citado em David Cook, op. cit., p. 26.

67. Michael Bonner, *Jihad in Islamic History*, op. cit., pp. 119-20.

68. Ibid., pp. 125-6; Marshall G. S. Hodgson, *The Venture of Islam*, op. cit., v. 1, p. 216; John L. Esposito, *Unholy War: Terror in the Name of Islam*. Oxford, 2002, pp. 41-2.

69. Aziz Al-Azmeh, op. cit., pp. 68-9. Os omíadas aprenderam isso com a dinastia árabe lacmida, que foi cliente da Pérsia. Timothy H. Parsons, *The Rule of Empires: Those Who Built Them, Those Who Endured Them, and Why They Always Fail*. Oxford, 2010, pp. 79-80.

70. Peter Brown, *World of Late Antiquity*, op. cit. pp. 201-2.

71. Michael Bonner, *Aristocratic Violence and Holy War: Studies in the Jihad and the Arab-Byzantine Frontier*. New Haven, CT, 1996, pp. 99-106.

72. Abu Nuwas, *Diwan*, 452, 641, citado em Michael Bonner, *Jihad in Islamic History*, op. cit., p. 129.

73. Ibid., pp. 127-31.

74. Ibid., pp. 99-110.

75. Peter Partner, *God of Battles: Holy Wars of Christianity and Islam*. Londres, 1997, p. 51.

76. Ibn al-Mubarak, *Jihad*, op. cit., p. 143, n. 141; Al Bayhagi, *Zuhd*. Beirute, s.d., p. 165, n. 273, citado em David Cook, op. cit., p. 35.

77. Timothy H. Parsons, op. cit., p. 77; Michael Bonner, *Jihad in Islamic History*, op. cit., p. 89; Hodgson, *Venture of Islam*, 1:305.

78. Al-Azmeh, *Muslim Kingship*, p. 239; Marshall G. S. Hodgson, op. cit., pp. 444 5.

79. Marshall G. S. Hodgson, op. cit., pp. 315-54.

80. Ibid., p. 317; Michael Bonner, *Jihad in Islamic History*, op. cit., pp. 92-3; David Cook, op. cit., p. 21.

81. Marshall G. S. Hodgson, op. cit., p. 323.

82. Os muçulmanos sunitas são a maioria, baseando sua vida na suna, ou "caminho trilhado" pelo Profeta.

83. O império era chamado de Fatímida porque, como todos os xiitas, os Ismaelita reverenciavam Fátima, filha do Profeta, casada com Ali, e mãe de Hussein.

84. Bernard Lewis, *The Assassins*. Londres, 1967; Edwin Burman, *The Assassins: Holy Killers of Islam*. Londres, 1987.

8. CRUZADA E JIHAD [pp. 217-47]

1. H. E. J. Cowdrey, "Pope Gregory VII's 'Crusading' Plans of 1074". In: B. Z. Kedar, H. E. Mayer e R. C. Smail (Orgs.), *Outremer*. Jerusalém, 1982.

2. Jonathan Riley-Smith, *The First Crusade and the Idea of Crusading*. Londres, 1986, pp. 17-22.

3. Joseph R. Strager, "Feudalism in Western Europe". In: Rushton Coulborn (Org.), *Feudalism in History*. Hamden, CT, 1965, p. 21; Michael Gaddis, *There Is No Crime for Those Who Have Christ: Religious Violence in the Christian Roman Empire*. Berkeley; Los Angeles; Londres, 2005, pp. 334-5; John Keegan, *A History of Warfare*. Londres; Nova York, 1993, pp. 283, 289.

4. Peter Brown, *The World of Late Antiquity, AD 150-750*. Londres, 1989, p. 134.

5. J. M. Wallace-Hadrill, *The Frankish Church*. Oxford, 1983, pp. 187, 245.

6. Peter Brown, *The Rise of Western Christendom: Triumph and Diversity, AD 200-1000*. Oxford; Malden, MA, 1996, pp. 254-7.

7. Ibid., pp. 276-302.

8. Einard, "Life of Charlemagne", em *Two Lives of Charlemagne*. Harmondsworth, GB, 1969, p. 67.

9. Karl F. Morrison, *Tradition and Authority in the Western Church, 300-1140*. Princeton, NJ, 1969, p. 378.

10. Rosamund McKitterick, *The Frankish Kingdoms Under the Carolingians, 751-987*. Londres; Nova York. 1983, p. 62.

11. Peter Brown, *World of Late Antiquity*, op. cit., pp. 134-5.

12. Alcuíno, Letter 174, citado em R. W. Southern, *Western Society and the Church in the Middle Ages*. Nova York, 1990, v. 2, p. 32.

13. Na verdade, ele recebeu esta carta de Alcuíno. Epístola 93 em J. M. Wallace-Hadrill, *Frankish Church*, op. cit., p. 186.

14. Peter Brown, *Rise of Western Christendom*, op. cit., p. 281.

15. Talal Asad, "On Discipline and Humility in Medieval Christian Monasticism". In: id., *Genealogies of Religion, Discipline and Reasons of Power in Christianity and Islam*. Baltimore; Londres, 1993, p. 148.

16. Ibid., pp. 130-4.

17. R. W. Southern, *Western Society and the Church*, op. cit., pp. 217-24.

18. Georges Duby, "The Origins of a System of Social Classification". In: _____, *The Chivalrous Society*. Londres, 1977, p. 91.

19. Id., "The Origins of Knighthood", em ibid., p. 165.

20. Documento de fundação de New Minster pelo rei Edward, Winchester, em R. W. Southern, *Western Society and the Church*, op. cit., pp. 224-5.

21. Ordericus Vitalis, *Historia Ecclesiastica*, em R. W. Southern, *Western Society and the Church*, op. cit., p. 225.

22. Peter Brown, *Rise of Western Christendom*, op. cit., p. 301.

23. Georges Duby, *The Three Orders: Feudal Society Imagined*. Londres, 1980, p. 151; Jonathan Riley-Smith, *The First Crusade*, op. cit., p. 3.

24. Marc Bloch, *Feudal Society*. Londres, 1961, pp. 296, 298.

25. Georges Duby, *The Early Growth of the European Economy: Warriors and Peasants from the Seventh to the Twelfth Century*. Ithaca, NY, 1974, p. 49.

26. Id., "Origins of System of Social Classification", op. cit., pp. 91-2.

27. As primeiras formulações desse Sistema que chegaram até nós foram encontradas em um poema de Adalberão de Laon (c. 1028-30) e na *Gesta episcoporum cameracensium* do Bispo Gérard de Cambrai, c. 1025; mas pode ter havido versões anteriores. George Duby, "Origins of Knighthood", op. cit., p. 165.

28. Bispo Merbad de Rennes, citado em J. P. Migne (org.), *Patrologia Latina*. Paris 1844-64, v. 1971, pp. 1483-4; Baldric of Bol, em *Patrologia Latina*, v. 162, pp. 1058-9: R. I. Moore, *The Formation of a Persecuting Society: Power and Deviance in Western Europe, 950-1250*. Oxford, 1987, p. 102.

29. Maurice Keen, *Chivalry*. New Haven, CT; Londres, 1984, pp. 46-7.

30. Thomas Head e Richard Landes (Orgs.), *The Peace of God: Social Justice and Religious Response in France Around the Year 1000*. Ithaca, NY, 1992; Tomaz Mastnak, *Crusading Peace: Christendom, the Muslim World, and Western Political Order*. Berkeley; Los Angeles; Londres, 2002, pp. 1-18; Georges Duby, *Chivalrous Society*, op. cit., pp. 126-31; H. E. J. Cowdrey, "The Peace and the Truce of God in the Eleventh Century". *Past and Present*, v. 46, 1970.

31. James Westfall Thompson, *Economic and Social History of the Middle Ages*. Nova York, 1928, p. 668.

32. O Concílio de Narbona (1054), em Georges Duby, *Chivalrous Society*, op. cit., p. 132.

33. Raoul Glaber, *Historiarum* V:I:25, citado em Tomaz Mastnak, *Crusading Peace*, op. cit., p. 11.

34. Georges Duby, "Origins of Knighthood", op. cit., p. 169.

35. P. A. Sigal, "Et les Marcheurs de Dieu prirent leurs armes". *L'Histoire*, v. 47, 1982; Louise Riley-Smith, *First Crusade*, op. cit., p. 10.

36. Ibid., pp. 7-8.

37. Ibid., pp. 17-27.

38. Urbano, Carta aos Condes da Catalunha, citada em ibid., p. 20.

39. Mt 19,29.

40. Tomaz Mastnak, *Crusading Peace*, op. cit., pp. 130-6.

41. P. A. Sigal, "Et les Marcheurs de Dieu", op. cit., p. 23; Louise Riley-Smith, *First Crusade*, op. cit., p. 23.

42. Ibid., pp. 48-9.

43. "Chronicle of Rabbi Eliezer bar Nathan", em *The Jews and the Crusaders: The Hebrew Chronicles of the First and Second Crusades*. Org. e trad. de Shlomo Eidelberg. Londres, 1977, p. 80.

44. Guiberto de Nogent, *De Vita Sua* II:1, citado em *Monodies and On the Relics of the*

Saints: The Autobiography and a Manifesto of a French Monk from the Time of the Crusades. Org. e trad. de Joseph McAlhany e Jay Rubinstein. Londres, 2011, p. 97.

45. Henri Pirenne, *Economic and Social History of Medieval Europe*. Nova York, 1956, pp. 7, 10-2.

46. John H. Kautzky, *The Political Consequences of Modernization*. Nova York; Londres; Sydney; Toronto, 1972, p. 48.

47. Georges Duby, "The Transformation of the Aristocracy". In: _____, *Chivalrous Society*, op. cit., p. 82.

48. Norman Cohn, *Pursuit of the Millennium: Revolutionary Millenarians and Mystical Anarchists of the Middle Ages*. Londres, 1984, pp. 68-70.

49. Georges Duby, "The Juventus" In: _____, *Chivalrous Society*, op. cit., pp. 112-21.

50. Norman Cohn, *Pursuit of the Millennium*, op. cit., p. 63.

51. Louise Riley-Smith, *First Crusade*, op. cit., p. 46.

52. Rudolfo de Caen, *Gesta Tancredi, Recueil des historiens des croisades*. Org. de Académie des Inscriptions et Belles-Lettres (1841-1900) [citado, daqui em diante, como *RHC*], 3, citada em Louise Riley-Smith, *First Crusade*, op. cit., p. 36.

53. E. O. Blake, "The Formation of the 'Crusade Idea'". *Journal of Ecclesiastical History*, v. 21, n. 1, 1970; Tomaz Mastnak, *Crusading Peace*, op. cit., pp. 56-7.

54. *The Deeds of the Franks and the Other Pilgrims to Jerusalem*. Trad. de Rosalind Hill. Londres, 1962, p. 27.

55. Fulquério de Chartres, *A History of the Expedition to Jerusalem, 1098-1127*. Org. e trad. de Frances Rita Ryan. Knoxville, TN, 1969, p. 96.

56. Louise Riley-Smith, *First Crusade*, op. cit., p. 91.

57. Ibid., pp. 84-5, 117.

58. John Fowles, *The Magus*, ed. rev. Londres, 1997, p. 413.

59. Tomaz Mastnak, *Crusading Peace*, op. cit., p. 66.

60. *Deeds of the Franks*, op. cit., p. 91.

61. Raimundo em *The First Crusade: The Accounts of Eyewitnesses and Participants*. Org. e trad. de August C. Krey. Princeton, NJ; Londres, 1921, p. 266.

62. Fulquério de Chartres, *History of the Expedition*, op. cit., p. 102.

63. Raimundo em C. Krey, *First Crusade*, op. cit., p. 266.

64. Fulquério de Chartres, *Historia Iherosolimitana*, *RHC*, 3, p. 741.

65. Fulquério de Chartres, *History of the Expedition*, op. cit., pp. 66-7; id., *Historia*, op. cit., p. 725; Louise Riley-Smith, *First Crusade*, op. cit., p. 143.

66. John Keegan, *A History of Warfare*, op. cit., p. 295.

67. Bernardo, *In Praise of the New Knighthood*, v. 2-3, pp. 2, 1, citado em *In Praise of the New Knighthood: A Treatise on the Knights Templar and the Holy Places of Jerusalem*, OCSO. Collegeville, MN, 2008.

68. Ibid., v. 3, p. 5.

69. Amin Maalouf, *The Crusades Through Arab Eyes*. Londres, 1984, pp. 38-9. Os números mencionados por Ibn al-Ahir são evidentemente exagerados, pois a população da cidade nessa época não passava de 10 mil pessoas.

70. Michael Bonner, *Jihad in Islamic History*. Princeton, NJ; Oxford, 2006, pp. 137-8.

71. Izz ad-Din ibn al-Athir, *The Perfect History* X.92, em *Arab Historians of the Crusades*. Org. e trad. de Francesco Gabrieli. Londres; Melbourne; Henley, 1978.

72. Carole Hillenbrand, *The Crusades: Islamic Perspectives*. Edimburgo, 1999, pp. 75-81.

73. Amin Maalouf, *Crusades Through Arab Eyes*, op. cit., pp. 2-3.

74. Michael Bonner, *Jihad in Islamic History*, op. cit., pp. 139-40; Emmanuel Sivan, "Genèse de contre-croisade: Un Traité damasquin de début du xiie siècle". *Journal Asiatique*, v. 254, 1966.

75. R. A. Nicholson, *The Mystics of Islam*. Londres, 1963, p. 105.

76. Ibn al-Qalanisi, *History of Damascus* 173, citado em Francesco Gabrieli (Org. e trad.), *Arab Historians of the Crusades*, op. cit.

77. Kamal ad-Din, *The Cream of the Milk in the History of Aleppo*, v. 2, pp. 187-90, citado em ibid.

78. Amin Maalouf, *Crusades Through Arab Eyes*, op. cit., p. 147.

79. Imad ad-Din al-Isfahani, *Zubat al-nuores*, citado em Hillebrand, *Crusades*, op. cit., p. 113.

80. Todas as citações são de Ibn al-Athir, *Perfect History*, v. 11, pp. 264-7, citado em Francesco Gabrieli (Org. e trad.), *Arab Historians of the Crusades*, op. cit.

81. Baha ad-Din, *Sultanly Anecdotes*, citado em ibid., p. 100.

82. Ibn al-Athir, *Perfect History*, citado em ibid., pp. 141-2.

83. Ibid., citado em Amin Maalouf, *Crusades Through Arab Eyes*, op. cit., pp. 205-6.

84. Christopher J. Tyerman, "Sed nihil fecit? The Last Capetians and the Recovery of the Holy Land". In: J. Gillingham e J. C. Holt (Orgs.), *War and Government in the Middle Ages: Essays in Honor of J. O. Prestwich*. Totowa, NJ, 1984; Norman Housley, *The Later Crusades, 1274-1580: From Lyons to Alcazar*. Oxford, 1992, pp. 12-30; Tomaz Mastnak, *Crusading Peace*, op. cit., pp. 139-40.

85. Duas visões contrastantes podem ser encontradas em R. W. Southern, *The Making of the Middle Ages* (New Haven, CT; Londres, 1953), pp. 56-62; e Steven Runciman, *A History of the Crusades*. 3 v. (Cambridge, GB, 1954), v. 2, pp. 474-7.

86. Carole Hillenbrand, *Crusades*, op. cit., pp. 249-50.

87. David Abulafia, *Frederick II: A Medieval Emperor*. Nova York; Oxford, 1992, pp. 197-8.

88. John Esposito, *Unholy War: Terror in the Name of Islam*. Oxford, 2002, pp. 43-6; David Cook, *Understanding Jihad*. Berkeley; Los Angeles; Londres, 2005, pp. 63-6; Michael Bonner, *Jihad in Islamic History*, op. cit., pp. 143-4; Marshall G. S. Hodgson, *The Venture of Islam, Conscience and History in a World Civilization*. 3 v. Chicago; Londres, 1974, v. 2, pp. 468-71; Natana J. Delong-Bas, *Wahhabi Islam: From Revival and Reform to Global Jihad*. Cairo, 2005, pp. 247-55; Carole Hillenbrand, *Crusades*, pp. 241-3.

89. R. I. Moore, *The Formation of Persecuting Society*, op. cit., pp. 26-43.

90. H. G. Richardson, *The English Jewry Under the Angevin Kings*. Londres, 1960, p. 8; John H. Mundy, *Liberty and Political Power in Toulouse*. Nova York, 1954, p. 325.

91. Moshe Gil, *A History of Palestine, 634-1099*. Cambridge, GB, 1992, pp. 370-80; F. E. Peters, *The Distant Shrine: The Islamic Centuries in Jerusalem*. Nova York, 1993, pp. 73-4, 92-6. Os gregos chamavam o Anastasis onde fica o túmulo de Cristo de Igreja da Ressurreição: os Cruzados mudaram o nome para Igreja do Santo Sepulcro.

92. Norman Cohn, *Pursuit of the Millennium*, op. cit., pp. 76-8, 80, 86-7.

93. Ibid., pp. 87-8.

94. R. I. Moore, *The Formation of Persecuting Society*, op. cit., pp. 105-6.

95. Ibid., pp. 84-5; H. G. Richardson, *English Jewry*, op. cit., pp. 50-63.

96. Pedro Abelardo, *Dialogus* 51. In: _____, *A Dialogue of a Philosopher with a Jew and a Christian*. Toronto, 1979, p. 33.

97. M. Montgomery Watt, *The Influence of Islam on Medieval Europe*. Edimburgo, 1972, pp. 74-86.

98. Georges Duby, "Introduction". In: _____, *Chivalrous Society*, op. cit., pp. 9-11.

99. Jonathan e Louise Riley-Smith, *The Crusades: Idea and Reality, 1095-1274*. Londres, 1981, pp. 78-9.

100. Ibid., pp. 83, 85.

101. Zoé Oldenbourg, *Le Bûcher de Montségur*. Paris, 1959, pp. 115-6.

102. Ibid., p. 89.

103. G. D. Mansi, *Sacrorum Consiliorum nova et amplissima collection*. Paris; Leipzig, 1903, 21:843, citado em R. I. Moore, *The Formation of Persecuting Society*, op. cit., p. 111.

104. Norman Cohn, *Warrant for Genocide*. Londres, 1967, p. 12.

105. Pedro, o Venerável, *Summary of the Whole Heresy of the Diabolic Sect of the Saracens*, em Norman Daniel, *Islam and the West: The Making of an Image*. Edimburgo, 1960, p. 124.

106. Benjamin Kedar, *Crusade and Mission: European Approaches to the Muslims*. Princeton, NJ, 1984, p. 101.

107. R. I. Moore, *The Formation of Persecuting Society*, op. cit., pp. 60-7.

108. Ibid., pp. 102, 110-1.

109. Carl Erdmann, *The Origin of the Idea of Crusade*. Trad. de Marshall W. Baldwin e Walter Goffart. Princeton, NJ, 1977, p. 19.

110. *King Arthur's Death: The Middle English Stanzaic Morte d'Arthur and the Alliterative Morte d'Arthur*. Org. e trad. de Larry Benson. Kalamazoo, MI, 1994, verso 247.

111. *The Song of Roland*, verso 2196. Trad. de Dorothy L. Sayers. Harmondsworth, UK, 1957.

112. Ibid., versos 2240, 2361.

113. Ibid., versos 1881-2.

114. Maurice Keen, *Chivalry*, op. cit., pp. 60-3.

115. *The Quest of the Holy Grail*. Org. e trad. de P. M. Matarasso. Harmondsworth, GB, 1969, pp. 119-20.

116. Franco Cardini, "The Warrior and Knight". In: Jacques LeGoff (Org.), *The Medieval World: The History of European Society*. Londres, 1987, p. 95.

117. Raoul de Hodenc, *"Le Roman des eles" and Anonymous, "ordene de chevalerie": Two Early Old French Didactic Poems*. Org. de Keith Busby. Filadélfia, 1983, p. 175.

118. Richard W. Kaeuper, *Holy Warriors: The Religious Ideology of Chivalry*. Filadélfia, 2009, pp. 53-7.

119. *History of William Marshal*. Org. e trad. de A. T. Holden, S. Gregory e David Crouch. 2 v. Londres, 2002-6, versos 16, pp. 853-63.

120. Richard W. Kaeuper, *Holy Warriors*, op. cit., pp. 38-49.

121. Henrique de Lancaster, "Book of Holy Remedies". In: E. J. Arnould (Org.), *Le Livre de Seyntz Medicines: The Unpublished Devotional Treatises of Henry of Lancaster*. Oxford, 1940, p. 4.

122. Richard W. Kaeuper, *Holy Warriors*, op. cit., p. 194.

123. Ibid., pp. 176-7.

124. Tomaz Mastnak, *Crusading Peace*, op. cit., pp. 233-9.

125. Malcolm Barber, *The New Knighthood: A History of the Order of the Temple*. Cambridge, GB, 1994, pp. 280-313; Norman Cohn, *Europe's Inner Demons; The Demonization of Christians in Medieval Christendom*. Londres, 1975, pp. 79-101.

126. Brian Tierney, *The Crisis of Church and State, 1050-1300*. Toronto, 1988, p. 172; J. H. Shennon, *The Origins of the Modern European State 1450-1725*. Londres, 1974; Quentin Skinner, *The Foundations of Modern Political Thought*. 2 v. Cambridge, GB, 1978, v. 1, p. XXIII; A. Fall, *Medieval and Renaissance Origins: Historiographical Debates and Demonstrations*. Londres, 1991, p. 120.

127. Tomaz Mastnak, *Crusading Peace*, op. cit., pp. 244-6.

128. J. N. Hillgarth, *Ramon Lull and Lullism in Fourteenth-Century France*. Oxford, 1971, pp. 107-11, 120.

129. Christopher J. Tyerman, *England and the Crusades, 1095-1588*. Chicago, 1988, pp. 324-43; William T. Cavanaugh, *Migrations of the Holy: God, State, and the Political Meanings of the Church*. Grand Rapids, MI, 2011.

130. John Barnie, *War in Medieval English Society: Social Values in the Hundred Years War, 1337-99*. Ithaca, NY, 1974, pp. 102-3.

131. Tomaz Mastnak, *Crusading Peace*, op. cit., pp. 248-51; Thomas J. Renna, "Kingship in the Disputatio inter clericum et militem". *Speculum*, v. 48, 1973.

132. Ernst K. Kantorowicz, "Pro Patria Mori in Medieval Political Thought". *American Historical Review*, v. 56, n. 3, 1951, pp. 244, 256.

PARTE III: MODERNIDADE

9. A CHEGADA DA "RELIGIÃO" [pp. 251-81]

1. Felipe Fernández-Armesto, *1492: The Year the Four Corners of the Earth Collided*. Nova York, 2009, pp. 9-11, 52.

2. Marshall G. S. Hodgson, *The Venture of Islam: Conscience and History in a World Civilization*. 3 v. Chicago; Londres, 1974, v. 3, pp. 14-5, v. 2, pp. 334-60.

3. John H. Kautsky, *The Politics of the Aristocratic Empires*. 2. ed. New Brunswick, NJ; Londres, 1997, p. 146.

4. Perry Anderson, *Lineages of the Absolutist State*. Londres, 1974, p. 505.

5. Felipe Fernández-Armesto, op. cit., pp. 2-4.

6. Timothy H. Parsons, *The Rule of Empires: Those Who Built Them, Those Who Endured Them, and Why They Always Fail*. Oxford, 2010, p. 117; Peter Jay, *Road to Riches, or The Wealth of Man*. Londres, 2000, p. 147.

7. Ibid., pp. 151-3.

8. Henry Kamen, *Empire: How Spain Became a World Power, 1492-1763*. Nova York, 2003, p. 83.

9. Howard Zinn, *A People's History of the United States: From 1492 to the Present*. 2. ed. Londres; Nova York, 1996, p. 11.

10. Massimo Livi Bacci, *A Concise History of World Population*. Oxford, 1997, pp. 56-9.

11. Timothy H. Parsons, op. cit., pp. 121, 117.

12. Peter Jay, *Road to Riches*, op. cit., p. 150.

13. Mark Levene, *Genocide in the Age of the Nation-State: The Rise of the West and the Coming of Genocide*. Londres; Nova York, 2005, pp. 15-29.

14. Cajetan, *On Aquinas' Secunda Scundae*, q. 66, art. 8, citado em Richard Tuck, *The Rights of War and Peace: Political Thought and the International Order from Grotius to Kant*. Oxford, 1999, p. 70.

15. Francisco de Vitoria, *Political Writings*. Org. de Anthony Pagden e Jeremy Lawrence. Cambridge, GB, 1991, pp. 225-6.

16. Thomas More, *Utopia*. Org. de George M. Logan e Robert M. Adams. Cambridge, GB, 1989, pp. 89-90, 58.

17. Richard Tuck, op. cit., p. 15. Max Weber defendeu a mesma coisa em 1906; cf. *From Max Weber*. Org. e trad. de H. H. Gerth e C. Wright Mills. Londres, 1948, pp. 71-2.

18. A passagem de Tácito é citada por Grócio em *The Rights of War and Peace, in Three Books*. Londres, 1738, 2:2:17, e em Richard Tuck, op. cit., pp. 47-8.

19. Aristóteles, *Politics* 1256.b.22, citado em *The Basic Works of Aristotle*. Org. de Richard McKeon. Nova York, 1941.

20. Henry Kamen, *The Spanish Inquisition: An Historical Revision*. Londres, 1997, pp. 45, 68, 137.

21. Paul Johnson, *A History of the Jews*. Londres, 1987, pp. 225-9.

22. Haim Beinart, *Conversos on Trial: The Inquisition in Ciudad Real*. Jerusalém, 1981, pp. 3-6.

23. Norman Roth, *Conversos, Inquisition, and the Expulsion of Jews from Spain*. Madison, WI, 1995, pp. 283-4, 19.

24. Felipe Fernández-Armesto, op. cit., pp. 94-6.

25. Paul Johnson, op. cit., p. 229; Yirmiyahu Yovel, *Spinoza and Other Heretics*, v. 1: *The Marrano of Reason*. Princeton, NJ, 1989, pp. 17-8.

26. Paul Johnson, op. cit., pp. 225-9.

27. Henry Kamen, *The Spanish Inquisition*, op. cit., pp. 57-9; E. William Monter, *Frontiers of Heresy: The Spanish Inquisition from the Basque Lands to Sicily*. Cambridge, GB, 1990, p. 53.

28. Henry Kamen, *The Spanish Inquisition*, op. cit., p. 69.

29. Robin Briggs, "Embattled Faiths: Religion and Natural Philosophy". In: Euan Cameron (Org.), *Early Modern Europe: An Oxford History*. Oxford, 1999, pp. 197-205.

30. Peter Jay, *Road to Riches*, op. cit., pp. 160-3.

31. Henri Pirenne, *Medieval Cities: Their Origins and the Revival of Trade*. Princeton, NJ, 1946, pp. 168-212; Bert F. Hoselitz, *Sociological Aspects of Economic Growth*. Nova York, 1960, pp. 163-72.

32. Norman Cohn, *Pursuit of the Millennium: Revolutionary Millenarians and Mystical Anarchists of the Middle Ages*. Londres, 1984, pp. 107-16.

33. Euan Cameron, "The Power of the Word: Renaissance and Reformation", em Euan Cameron (Org.), *Early Modern Europe*, op. cit., pp. 87-90.

34. Richard Marius, *Martin Luther: The Christian Between God and Death*. Cambridge, MA; Londres, 1999, pp. 73-4, 214-5, 486-7.

35. Joshua Mitchell, *Not by Reason Alone: History and Identity in Early Modern Political Thought*. Chicago, 1993, pp. 23-30.

36. Martinho Lutero, "Temporal Authority: To What Extent It Should Be Obeyed". In: J. M. Porter (Org.), *Luther: Selected Political Writings* (citado, daqui em diante, como *SPW*). Eugene, OR, 2003, pp. 54-6.

37. Martinho Lutero, "Whether Soldiers, Too, Can Be Saved", citado em *SPW*, p. 108.

38. J. W. Allen, *A History of Political Thought in the Sixteenth Century*. Londres, 1928, p.16; Sheldon S. Wolin, *Politics and Vision: Continuity and Innovation in Western Political Thought*. Boston, 1960, p. 164.

39. Norman Cohn, *Pursuit of Millennium*, op. cit., pp. 245-50.

40. Martinho Lutero, "Admonition to Peace: A Reply to the Twelve Articles of the Peasants in Swabia" (1525), citado em *SPW*, pp. 72, 78, 82.

41. Id., "Against the Robbing and Murdering Hordes of Peasants" (1525), citado em *SPW*, p. 86.

42. Steven Ozment, *The Reformation of the Cities: The Appeal of Protestantism to Sixteenth-Century Germany and Switzerland*. New Haven, CT, 1975, pp. 10-1, 123-5, 148-50.

43. Charles A. McDaniel Jr., "Violent Yearnings for the Kingdom of God: Münster's Militant Anabaptism". In: James K. Wellman (Org.), *Belief and Bloodshed: Religion and Violence Across Time and Tradition*. Lanham, MD, 2007, p. 74. O risco social persistia, embora nos últimos dias do anabatismo em Münster seu líder Jan de Leyden tenha se coroado rei e dado início a uma corte pseudoimperial e a um reino de terror.

44. Norman Cohn, *Pursuit of Millennium*, op. cit., pp. 255-79.

45. Discuti isso mais a fundo em meu *Em defesa de Deus* (São Paulo: Companhia das Letras, 2011). Ver também Wilfred Cantwell Smith, *The Meaning and End of Religion: A New Approach to the Religious Traditions of Mankind* (Nova York, 1962); William Cantwell Smith, *Belief in History*. Charlottesville, VA, 1985; id., *Faith and Belief*. Princeton, NJ, 1987.

46. William T. Cavanaugh, *The Myth of Religious Violence*. Oxford, 2009, pp. 72-4.

47. Thomas More, *A Dialogue Concerning Heresies*. Org. de Thomas M. C. Lawlor. New Haven, CT, 1981, p. 416.

48. François André Isambert (Org.), *Recueil Général des Anciennes Lois françaises depuis l'an 420 jusqu'à la Révolution de 1789*. Paris, 1821-33, v.12, p. 819.

49. Brad S. Gregory, *Salvation at Stake: Christian Martyrdom in Early Modern Europe*. Cambridge, MA; Londres, 1999, p. 201.

50. Raymond A. Mentzer, *Heresy Proceedings in Languedoc, 1500-1560*. Filadélfia, 1984, p. 172.

51. Philip Spierenberg, *The Spectacle of Suffering: Executions and the Evolution of Repres-*

sion: *From a Pre-Industrial Metropolis to the European Experience.* Cambridge, GB, 1984; Lionello Puppi, *Torment in Art: Pain, Violence, and Martyrdom.* Nova York, 1991, pp. 11-69.

52. Brad S. Gregory, op. cit., pp. 77-9.

53. David Nicholls, "The Theatre of Martyrdom in the French Reformation". *Past and Present,* n. 121, 1998; Susan Brigdon, *London and the Reformation.* Oxford, 1989, p. 607; Raymond A. Mentzer, *Heresy Proceedings,* op. cit., p. 71.

54. Brad S. Gregory, op. cit., pp. 80-1.

55. Dt 13,1-3; 5,6-11, citado por Johannes Eck, *Handbook of Commonplaces* (1525), e por Calvino para justificar a execução de Miguel Servet, que negava a doutrina da Trindade.

56. Brad S. Gregory, op. cit., pp. 84-7, 111, 154, 261-9.

57. William Allen, *Apologie of the English College.* Douai, 1581; Brad S. Gregory, op. cit., p. 283.

58. Id., pp. 285-6.

59. Henry Kamen, *The Spanish Inquisition,* pp. 204-13, 203, 98.

60. Ibid., pp. 223-45.

61. William T. Cavanaugh, *Myth of Religious Violence,* op. cit., p. 122.

62. J. V. Poliskensky, *War and Society in Europe, 1618-1848.* Cambridge, UK, 1978, pp. 77, 154, 217.

63. William T. Cavanaugh, *Myth of Religious Violence,* op. cit., pp. 142-55.

64. Richard S. Dunn, *The Age of Religious Wars, 1559-1689.* Nova York, 1970, p. 6; James D. Tracy, *Charles V, Impresario of War: Campaign Strategy, International Finance, and Domestic Politics.* Cambridge, GB, 2002, pp. 45-7, 306.

65. Wim Blockmans, *Emperor Charles V, 1500-1558.* Londres; Nova York, 2002, pp. 95, 110; William Maltby, *The Reign of Charles V.* Nova York, 2002, pp. 112-3.

66. James D. Tracy, *Charles V,* op. cit., p. 307; Wim Blockmans, *Emperor Charles V,* op. cit., p. 47.

67. Klaus Jaitner, "The Pope and the Struggle for Power during the Sixteenth and Seventeenth Centuries". In: Klaus Bussman e Heinz Schilling (Orgs.), *War and Peace in Europe.* 3 v. Münster, 1998, v. 1, p. 62.

68. William Maltby, *Reign of Charles V,* op. cit., p. 62; James D. Tracy, *Charles V,* op. cit., pp. 209-15.

69. Ibid., pp. 32-4, 46.

70. William Maltby, *Reign of Charles V,* op. cit., p. 62.

71. William T. Cavanaugh, *Myth of Religious Violence,* op. cit., p. 164.

72. Richard S. Dunn, op. cit., pp. 49, 50-1.

73. Steven Gunn, "War, Religion, and the State", citado em Euan Cameron (Org.), *Early Modern Europe,* op. cit., p. 244.

74. William T. Cavanaugh, *Myth of Religious Violence,* op. cit., pp. 145-7, 153-8.

75. James Westfall Thompson, *The Wars of Religion in France, 1559-1576: The Huguenots, Catherine de Medici, Philip II.* 2. ed. Nova York, 1957; Lucien Romier, "A Dissident Nobility Under the Cloak of Religion". In: J. H. M. Salmon (Org.), *The French Wars of Religion: How Important Were Religious Factors?.* Lexington, MA, 1967; Henri Hauser, "Political Anarchy and Social Discontent", citado em J. H. M. Salmon (Org.), *French Wars,* op. cit.

76. Natalie Zemon Davis, "The Rites of Violence: Religious Riot in Sixteenth-Century France". *Past and Present*, v. 59, 1973.

77. Mack P. Holt, "Putting Religion Back into the Wars of Religion". *French Historical Studies*, v. 18, n. 2, outono de 1993; John Bossy, "Unrethinking the Sixteenth-Century Wars of Religion". In: Thomas Kselman (Org.), *Belief in History: Innovative Approaches in European and American Religion*. Notre Dame, IN, 1991; Denis Crouzet, *Les Guerriers de Dieu: La violence au temps des troubles de religion*. Seyssel, 1990; Barbara Diefendorf, *Beneath the Cross: Catholics and Huguenots in Sixteenth-Century Paris*. Nova York, 1991. Alguns acadêmicos têm defendido a tese de que a própria Davis estava incorreta ao descrever o conflito como sendo "essencialmente" religioso, já que a religião ainda permeava todas as atividades humanas; ver William T. Cavanaugh, *Myth of Religious Violence*, op. cit., pp. 159-60.

78. Mack P. Holt, *The French Wars of Religion, 1562-1629*. Cambridge, UK, 1995, pp. 17-8.

79. John Bossy, "Unrethinking the Sixteenth-Century Wars of Religion", op. cit., pp. 278-80.

80. Virginia Reinberg, "Liturgy and Laity in Late Medieval and Reformation France". *Sixteenth Century Journal*, v. 23, outono de 1992.

81. Mack P. Holt, *French Wars of Religion*, op. cit., pp. 18-21.

82. Ibid., pp. 50-1.

83. J. H. M. Salmon, *Society in Crisis: France in the Sixteenth Century*. Nova York, 1975, p. 198; Henry Heller, *Iron and Blood: Civil Wars in Sixteenth-Century France*. Montreal, 1991, p. 63.

84. Mack P. Holt, *French Wars of Religion*, op. cit., p. 99; J. H. M. Salmon, *Society in Crisis*, op. cit., pp. 176, 197.

85. Ibid., pp. 204-5.

86. Mack P. Holt, *French Wars of Religion*, op. cit., pp. 50-1.

87. Henry Heller, *Iron and Blood*, op. cit., pp. 209-11, 126.

88. Mack P. Holt, *French Wars of Religion*, pp. 156-7; J. H. M. Salmon, *Society in Crisis*, op. cit., pp. 282-91.

89. Mack P. Holt, *French Wars of Religion*, op. cit., pp. 3-4, 126, 168-9; William T. Cavanaugh, *Myth of Religious Violence*, op. cit., pp. 173-4.

90. Ibid., pp. 147-50.

91. Geoffrey Parker, *The Thirty Years' War*. Londres, 1984, pp. 29-33, 59-64.

92. Ibid., p. 195.

93. Richard S. Dunn, op. cit., pp. 71-2.

94. William H. McNeill, *Pursuit of Power: Technology, Armed Force, and Society Since AD 1000*. Chicago, 1982, pp. 120-3; Robert L. O'Connell, *Of Arms and Men: A History of War, Weapons, and Aggression*. Nova York; Oxford, 1999, pp. 143-4.

95. Ibid., pp. 121-3.

96. Geoffrey Parker, op. cit., pp. 127-8.

97. Jeremy Black, "Warfare, Crisis and Absolutism". In: Euan Cameron (Org.), *Early Modern Europe*, op. cit., p. 211.

98. Geoffrey Parker, op. cit., pp. 142, 216-7.

99. William T. Cavanaugh, *Myth of Religious Violence*, op. cit., p. 159; John Bossy, *Christianity in the West, 1400-1700*. Oxford, 1985, pp. 170-1.

100. Andrew R. Murphy, "Cromwell, Mather and the Rhetoric of Puritan Violence". In: Andrew R. Murphy, (Org.), *The Blackwell Companion to Religion and Violence*. Chichester, GB, 2011, pp. 528-34.

101. Thomas Carlyle (Org.), *Oliver Cromwell's Letters and Speeches*. 3 v. Nova York, 1871, v. 1, p. 154, v. 2, pp. 153-4.

102. William T. Cavanaugh, *Myth of Religious Violence*, op. cit., p. 172.

103. Ann Hughes, *The Causes of the English Civil War*. Londres, 1998, pp. 25, 10-25, 58-9, 90-7, 89, 85.

104. William T. Cavanaugh, *Myth of Religious Violence*, op. cit., pp. 160-72.

105. Geoffrey Parker, op. cit., p. 172.

106. Jan N. Brenner, "Secularization: Notes Toward the Genealogy". In: Henk de Vries (Org.), *Religion: Beyond a Concept*. Nova York, 2008, p. 433.

107. Heinz Schilling, "War and Peace at the Emergence of Modernity: Europe Between State Belligerence, Religious Wars, and the Desire for Peace in 1648". In: Klaus Bussman e Heinz Schilling (Orgs.), *War and Peace in Europe*, op. cit., p. 14.

108. Thomas Ertman, *Birth of the Leviathan: Building States and Regimes in Early Modern Europe*. Cambridge, GB, 1997, p. 4.

109. J. H. M. Salmon, *Society in Crisis*, op. cit., p. 13.

110. William T. Cavanaugh, *Myth of Religious Violence*, op. cit., pp. 72-85; Russell T. McCutcheon, "The Category 'Religion' and the Politics of Tolerance". In: Arthur L. Greil e David G. Bromley (Orgs.), *Defining Religion: Investigating the Boundaries Between the Sacred and the Secular*. Oxford, 2003, pp. 146-52; Derek Peterson e Darren Walhof, "Rethinking Religion". In: id., *The Invention of Religion*, op. cit., pp. 3-9; David E. Gunn, "Religion, Law and Violence". In: Andrew Murphy, *Blackwell Companion*, op. cit., pp. 105-7.

111. Edward, Lord Herbert, *De Veritate*. Trad. de Meyrick H. Carre. Bristol, GB, 1937, pp. 303, 298.

112. Id., *De Religio Laici*. Org. e trad. de Harold L. Hutcheson. New Haven, CT, 1944, p. 127.

113. Thomas Hobbes, *Behemoth; or, The Long Parliament*. Org. de Frederick Tönnies. Chicago, 1990, pp. 55, 95.

114. Id., *On the Citizen*. Org. de Richard Tuck e Michael Silverthorne. Cambridge, GB, 1998, 3.26; id., Hobbes, *Leviathan*. Org. de Richard Tuck. Cambridge, GB, 1991, p. 223.

115. Ibid., pp. 315, 431-4.

116. John Locke, "Carta acerca da tolerância". In: *John Locke*. Trad. de Anoar Aiex. São Paulo: Abril Cultural, 1973, p. 16 (col. Os Pensadores).

117. Ibid., p. 11.

118. Ibid., p. 10.

119. Id., "Second Treatise", cap. 5, §24, 120-1, 3, citado em *Two Treatises of Government*. Org. de Peter Laslett. Cambridge, GB, 1988 [ed. bras.: "Segundo tratado sobre o governo". In: *John Locke*. Trad. de Anoar Aiex. São Paulo: Abril Cultural, 1973, cap. 5, pp. 51-ss. (col. Os Pensadores)].

120. Hugo Grócio, *Rights of War and Peace, in Three Books* 2:2:17; 2:20:40 (Londres, 1738), citado em Richard Tuck (Org.), *Rights of War and Peace*, op. cit., pp. 103-4.

121. Thomas Hobbes, *On the Citizen*, op. cit., p. 30.

122. John Donne, *Sermons of John Donne*. Org. de George R. Potter e Evelyn M. Simpson. Berkeley, 1959, 4:274.

10. O TRIUNFO DO SECULAR [pp. 282-322]

1. Thomas Morton, "New English Canaan" (1634-5), e John Cotton, "God's Promise to His Plantations" (1630), em Alan Heimert e Andrew Delbanco (Orgs.), *The Puritans in America: A Narrative Anthology* (Cambridge, MA, 1985), pp. 49-50.

2. Kevin Phillips, *The Cousins' Wars: Religious Politics and the Triumph of Anglo-America*. Nova York, 1999, pp. 3-32; Carla Garden Pesteria, *Protestant Empire: Religion and the Making of the British Atlantic World*. Filadélfia, 2004, pp. 503-15; Clement Fatoric, "The Anti-Catholic Roots of Liberal and Republican Conception of Freedom in English Political Thought". *Journal of the History of Ideas*, v. 66, jan. 2005.

3. John Winthrop, "A Model of Christian Charity". In: Alan Heimert e Andrew Delbanco (Orgs.), *Puritans in America*, op. cit., p. 91.

4. John Winthrop, "Reasons to Be Considered for... the Intended Plantation in New England" (1629), em ibid., p. 71.

5. Id., "A Model of Christian Charity", op. cit., p. 82.

6. John Cotton, "God's Promise to His Plantations", op. cit., p. 77.

7. Robert Cushman, "Reasons and Considerations Touching the Lawfulness of Removing out of England into the Parts of America". In: Alan Heimert e Andrew Delbanco (Orgs.), *Puritans in America*, op. cit., pp. 43-4.

8. Perry Miller, "The Puritan State and Puritan Society". In: *Errand into the Wilderness*. Cambridge, MA; Londres, 1956, pp. 148-9.

9. John Smith, "A True Relation". In: Edwin Arber e A. C. Bradley (Orgs.), *John Smith: Works*. Edimburgo, 1910, p. 957.

10. Perry Miller, "Religion and Society in the Early Literature of Virginia". In: *Errand*, op. cit., pp. 104-5.

11. William Crashaw, *A Sermon Preached in London Before the Right Honourable Lord Werre, Lord Gouernour and Captaine Generall of Virginea*. Londres, 1610, citado em Peter Miller, *Errand*, op. cit., pp. 111, 138, 101.

12. David S. Lovejoy, *Religious Enthusiasm in the New World: Heresy to Revolution*. Cambridge, MA; Londres, 1985, pp. 11-3; Louis B. Wright, *Religion and Empire: The Alliance Between Piety and Commerce in English Expansion, 1558-1625*. Chapel Hill, NC, 1943; Peter Miller, "Religion and Society", op. cit., pp. 105-8.

13. Samuel Purchas, *Hakluytus Posthumous, or Purchas His Pilgrim*. 3 v. Glasgow, 1905-6, v. 1, pp. 1-45.

14. "A True Declaration of the Estate of the Colonie in Virginia" (1610). In: Peter Force (Org.), *Tracts*. Nova York, 1844, v. 3, pp. 5-6.

15. Peter Miller, "Religion and Society", op. cit., pp. 116-7.

16. Howard Zinn, *A People's History of the United States: From 1492 to the Present*. 2. ed. Londres; Nova York, 1996, pp. 12-3.

17. Andrew Preston, *Sword of the Spirit, Shield of Faith: Religion in American War and Diplomacy*. Nova York; Toronto, 2012, pp. 15-7.

18. Samuel Purchas, *Hakluytus Posthumous*, op. cit., v. 1, pp. 41-5, 138-9.

19. Andrew Preston, *Sword of the Spirit*, op. cit., pp. 31-8.

20. Bradford, *History of the Plymouth Plantation*, citado em Howard Zinn, *People's History*, op. cit., p. 15.

21. Ronald Dale Kerr, "Why Should You Be So Furious? The Violence of the Pequot War". *Journal of American History*, v. 85, dez. 1998.

22. Andrew Preston, *Sword of the Spirit*, op. cit., pp. 41-5; Andrew R. Murphy, "Cromwell, Mather and the Rhetoric of Puritan Violence". In: id. (Org.), *The Blackwell Companion to Religion and Violence*. Chichester, GB, 2011, pp. 525-35.

23. Peter Miller, "Puritan State", op. cit., pp. 150-1.

24. Sherwood Eliot Wirt (Org.), *Spiritual Awakening: Classic Writings of the Eighteenth- -Century Devotios to Inspire and Help the Twentieth-Century Reader*. Tring, GB, 1988, p. 110.

25. Alan Heimert, *Religion and the American Mind: From the Great Awakening to Revolution*. Cambridge, MA, 1968, p. 43.

26. Peter Miller, "Puritan State", op. cit., p. 150.

27. Solomon Stoddard, "An Examination of the Power of the Fraternity" (1715). In: Alan Heimert e Andrew Delbanco (Orgs.), *Puritans in America*, op. cit., p. 388.

28. Perry Miller, "Jonathan Edwards and the Great Awakening". In: *Errand*, op. cit., pp. 162-6.

29. Ibid., p. 165.

30. Ruth H. Bloch, *Visionary Republic: Millennial Themes in American Thought, 1756-1800*. Cambridge, GB, 1985, pp. 14-5.

31. O esboço original da Declaração listava como direitos autoevidentes "vida, Liberdade e propriedade"; só mais tarde foi incluída "a busca da felicidade".

32. Jon Butler, *Awash in a Sea of Faith: Christianizing the American People*. Cambridge, MA, 1990, p. 198.

33. Ruth H. Bloch, *Visionary Republic*, op. cit., pp. 81-8.

34. Timothy Dwight, *A Valedictory Address to the Young Gentlemen Who Commenced Bachelors of Arts*, 27 jul. 1776. New Haven, CT, 1776, p. 14.

35. David S. Lovejoy, *Religious Enthusiasm in New World*, op. cit., p. 226.

36. Thomas Paine, *Common Sense and the Crisis*. Nova York, 1975, p. 59.

37. Ruth H. Bloch, *Visionary Republic*, op. cit., pp. 55, 60-3, 29, 31.

38. Edwin S. Gaustad, *Faith of Our Fathers: Religion and the New Nation*. San Francisco, 1987, p. 38.

39. James Madison para William Bradford, 1º abr. 1774, em William T. Hutchinson e William M. E. Rachal (Orgs.), *The Papers of James Madison*. 17 v. Chicago, 1962-91, v. 1, pp. 212-3.

40. James Madison, "Memorial and Remonstrance" (1785), citado em Edwin S. Gaustad, *Faith of Our Fathers*, op. cit., p. 145.

41. Jefferson, *Statute for Establishing Religious Freedom* (1786), em Edwin S. Gaustad, *Faith of Our Fathers*, op. cit., p. 150.

42. Henry S. Stout, "Rhetoric and Reality in the Early Republic: The Case of the Federalist Clergy". In: Mark A. Noll (Org.), *Religion and American Politics: From the Colonial Period to the 1980s*. Oxford; Nova York, 1990, pp. 65-6, 75.

43. Nathan O. Hatch, *The Democratization of American Christianity*. New Haven, CT; Londres, 1989, pp. 22, 25-129.

44. John F. Wilson, "Religion, Government and Power in the New American Nation", citado em Mark A. Noll (Org.), *Religion and American Politics*, op. cit.

45. Edwin S. Gaustad, *Faith of Our Fathers*, op. cit., p. 44.

46. Perry Miller, *Roger Williams: His Contribution to the American Tradition*. 2. ed. Nova York, 1962, p. 192.

47. Id., "Puritan State", op. cit., p. 146.

48. Thomas Jefferson para William Baldwin, 19 jan. 1810, em Dickenson W. Adams (Org.), *Jefferson's Extracts from the Gospels*. Princeton, NJ, 1983, p. 345; Jefferson para Charles Clay, 29 jan. 1816, em ibid., p. 364.

49. Nathan Hatch, *Democratization of American Christianity*, op. cit., pp. 68-157.

50. Daniel Walker Howe, "Religion and Politics in the Antebellum North", em Mark A. Noll, *Religion and American Politics*, op. cit., pp. 132-3; George M. Marsden, "Religion, Politics, and the Search for an American Consensus", em ibid., pp. 382-3.

51. Mark A. Noll, "The Rise and Long Life of the Protestant Enlightenment in America". In: William M. Shea e Peter A. Huff (Orgs.), *Knowledge and Belief in America: Enlightenment Traditions and Modern Religious Thought*. Nova York, 1995; cf. D. W. Bebbington, *Evangelicalism in Modern Britain: A History from the 1730 s to the 1980s*. Londres, 1989, p. 74; Michael Gauvreau, *The Evangelical Century: College and Creed in English Canada from the Great Revival to the Great Depression*. Kingston, ON; Montreal, 1991, pp. 13-56.

52. Alexis de Tocqueville, *Democracy in America*. Org. e trad. de Harvey Claflin Mansfield e Delba Winthrop. Chicago, 2000, p. 43; grifo de Tocqueville.

53. Henry F. May, *The Enlightenment in America*. Nova York, 1976; Mark A. Noll, *America's God: From Jonathan Edwards to Abraham Lincoln*. Oxford; Nova York, 2002, pp. 93-5.

54. Id., *The Civil War as a Theological Crisis*. Chapel Hill, NC, 2006, pp. 24-5.

55. John M. Murrin, "A Roof Without Walls: The Dilemma of American National Identity". In: Richard Beeman, Stephen Botein e Edward E. Carter II (Orgs.), *Beyond Confederation: Origins of the Constitution and American Identity*. Chapel Hill, NC, 1987, pp. 344-7.

56. Mark A. Noll, *Civil War*, op. cit., pp. 25-8.

57. Claude E. Welch, Jr., *Political Modernization*. Belmont, CA, 1971, pp. 2-6.

58. John H. Kautsky, *The Political Consequences of Modernization*. Nova York; Londres; Sydney; Toronto, 1972, pp. 45-7.

59. T. C. W. Blanning, "Epilogue: The Old Order Transformed". In: Euan Cameron, *Early Modern Europe: An Oxford History*. Oxford, 1999, pp. 345-60; Michael Burleigh, *Earthly Powers: The Clash of Religion and Politics from the French Revolution to the Great War*. Nova York, 1995, pp. 48-66.

60. M. G. Hutt, "The Role of the Cures in the Estates General of 1789". *Journal of Ecclesiastical History*, v. 6, 1955.

61. George Lefebvre, *The Great Fear of 1789*. Princeton, NJ, 1973.

62. Philip G. Dwyer, *Talleyrand*. Londres, 2002, p. 24.

63. Ibid., pp. 61-2.

64. Mark A. Noll, *The Old Religion in a New World: The History of North American Christianity*. Grand Rapids, MI, 2002, pp. 82-3; Gertrude Himmelfarb, *The Roads to Modernity*. Nova York, 2004, pp. 18-9.

65. Michael Burleigh, *Earthly Powers*, pp. 96-101; Claude Petitfrère, "The Origins of the Civil War in the Vendée". *French History*, v. 2, 1988, pp. 99-100.

66. Instruções do Comitê de Segurança Pública (1794), citado em Michael Burleigh, *Earthly Powers*, op. cit., p. 100.

67. Reynald Secher, *Le Génocide franco-français: La Vendée-vengée*. Paris, 1986, pp. 158-9.

68. Jonathan North, "General Hocte and Counterinsurgency". *Journal of Military History*, v. 67, 2003.

69. Mircea Eliade, *Patterns in Comparative Religion*. Londres, 1958, p. 11.

70. Michael Burleigh, *Earthly Powers*, op. cit., pp. 79-80, 76.

71. Jules Michelet, *Historical View of the French Revolution from Its Earliest Indications to the Flight of the King in 1791*. Londres, 1888, p. 393.

72. Michael Burleigh, *Earthly Powers*, op. cit., p. 81.

73. Boyd C. Schafer, *Nationalism, Myth and Reality*. Nova York, 1952, p. 142.

74. Alexis de Tocqueville, *The Old Regime and the French Revolution*. Org. de François Furet e Françoise Melonio. Chicago, 1998, cap. 1 p. 101.

75. Jean-Jacques Rousseau, *Politics and the Arts, Letter to M. D'Alembert on the Theatre*. Ithaca, NY, 1960, p. 126.

76. Id., *The Social Contract and Other Later Political Writings*. Org. de Victor Gourevitch. Cambridge, GB, 1997, pp. 150-1.

77. Donald Greer, *The Incidence of Terror in the French Revolution*. Gloucester, MA, 1935.

78. John Keegan, *A History of Warfare*. Londres; Nova York, 1993, pp. 348-59; Robert L. O'Connell, *Of Arms and Men: A History of Weapons and Aggression*. Nova York; Oxford, 1989, pp. 174-88; William H. McNeill, *The Pursuit of Power: Technology, Armed Force, and Society Since AD 1000*. Chicago, 1984, pp. 185-215.

79. Russell Weigley, *The Age of Battles: The Quest for Decisive Warfare from Breitenfeld to Waterloo*. Bloomington, IN,1991; Robert L. O'Connell, *Of Arms and Men*, op. cit., pp. 148-50.

80. John U. Neff, *War and Human Progress: An Essay on the Rise of Industrial Civilization*. Nova York, 1950, pp. 204-5; Theodore Ropp, *War in the Modern World*. Durham, NC, 1959, pp. 25-6.

81. John Keegan, *History of Warfare*, p. 344; Robert L. O'Connell, *Arms and Men*, op. cit., pp. 157-66; William H. McNeill, *Pursuit of Power*, op. cit., p. 172.

82. Citado em ibid., p. 192.

83. John Keegan, *History of Warfare*, op. cit., pp. 350-2.

84. Robert L. O' Connell, *Arms and Men*, op. cit., p. 185.

85. George Annesley, *The Rise of Modern Egypt: A Century and a Half of Egyptian History*. Durham, GB, 1997, p. 7.

86. Nicholas Turc: *Chronique d'Égypte, 1798-1804*. Org. e trad. de Gaston Wait. Cairo, 1950, p. 78.

87. Peter Jay, *Road to Riches, or The Wealth of Man*. Londres, 2000, pp. 205-36; Gerhard E. Lenski, *Power and Privilege: A Theory of Social Stratification*. Chapel Hill, NC; Londres, 1966, pp. 297-392; Marshall G. S. Hodgson, *The Venture of Islam, Conscience and History in a World Civilization*. 3 v. Chicago; Londres, 1974, v. 3, pp. 195-201.

88. Ibid., v. 3, p. 194.

89. John H. Kautsky, *The Politics of Aristocratic Empires*. 2. ed. New Brunswick, NJ; Londres, 1997, p. 349. Até governos fascistas eram coalizões.

90. Marshall G. S. Hodgson, *The Venture of Islam*, op. cit., v. 3, pp. 199-201; G. W. F. Hegel, *Elements of the Philosophy of Right*. Org. de Allen W. Wood. Cambridge, GB, 1991, § 246, 248.

91. John H. Kautsky, *The Political Consequences of Modernization*. Nova York; Londres; Sydney; Toronto, 1972, pp. 60-1.

92. Marshall G. S. Hodgson, *The Venture of Islam*, op. cit., v. 3, p. 208; Bassam Tibi, *The Crisis of Political Islam: A Pre-Industrial Culture in the Scientific-Technological Age*. Salt Lake City, UT, 1988, pp. 1-25.

93. The Hodgson, *The Venture of Islam*, op. cit., v. 3, pp. 210-2.

94. Robert L. O'Connell, *Of Arms and Men*, op. cit., p. 235; Percival Spear, *India*. Ann Arbor, MI, 1961, p. 270.

95. Daniel Gold, "Organized Hinduisms: From Vedic Truth to Hindu Nation". In: Martin E. Marty e R. Scott Appleby (Orgs.), *Fundamentalisms Observed*. Chicago; Londres, 1991, pp. 534-7.

96. Wilfred Cantwell Smith, *The Meaning and End of Religion: A New Approach to the Religious Traditions of Mankind*. Nova York, 1964, pp. 61-2.

97. Patwant Singh, *The Sikhs*. Nova York, 1999.

98. Guru Garth Sahib, 1136, citado em ibid., p. 18.

99. John Clark Archer, *The Sikhs in Relation to Hindus, Christians, and Ahmadiyas*. Princeton, NJ, 1946, p. 170.

100. T. N. Madan, "Fundamentalism and the Sikh Religious Tradition". In: Martin E. Marty e R. Scott Appleby (Orgs.), *Fundamentalisms*, op. cit., p. 602.

101. Kenneth W. Jones, "The Arya Samaj in British India, 1875-1947". In: Robert D. Baird (Org.). *Religion in Modern India*. Deli, 1981, pp. 50-2.

102. T. N. Madan, "Fundamentalism and the Sikh Religious Tradition", op. cit., p. 605.

103. Ibid., pp. 603-6.

104. Harjot S. Oberoi, "From Ritual to Counter Ritual: Rethinking the Hindu-Sikh Question, 1884-1015," in Joseph T. O'Connell (Org.), *Sikh History and Religion in the Twentieth Century*. Toronto, 1988, pp. 136-40.

105. N. Gould Barrier, "Sikhs and Punjab Politics", ibid.

106. T. N. Madan, "Fundamentalism and the Sikh Religious Tradition", op. cit., p. 617.

107. Mumtaz Ahmad, "Islamic Fundamentalism in South Asia: The Jama'at-i-Islami and

the Tablighi Jamaat". In: Martin E. Marty e R. Scott Appleby (Orgs.), em Marty e Appleby, *Fundamentalisms*, op. cit., p. 460.

108. Robert L. O'Connell, *Arms and Men*, op. cit., pp. 231-5, 191, 233.

109. G. W. Stevans, *With Kitchener to Khartoum*. Londres, 1898, p. 300.

110. Sir John Ardagh, discurso, 22 jun. 1899, em *The Proceedings of the Hague Peace Conference*. Londres, 1920, pp. 286-7.

111. Elbridge Colby, "How to Fight Savage Tribes". *American Journal of International Law* 21, n. 2, 1927; grifo do autor.

112. Ernest Gellner, *Nations and Nationalism: New Perspectives on the Past*. Oxford, 1983, passim.

113. Anthony Giddens, *The Nation-State and Violence*. Berkeley, CA, 1987, p. 89.

114. Ibid., pp. 85-9; William T. Cavanaugh, *Migrations of the Holy: God, State, and the Political Meaning of the Church*. Grand Rapids, MI, 2011, pp. 18-9.

115. Benedict Anderson, *Imagined Communities: Reflections on the Origin and Spread of Nationalism*. Londres; Nova York, 2003.

116. Mark Levene, *Genocide in the Age of the Nation-State*, v. 3: *The Rise of the West and the Coming of Genocide*. Londres; Nova York, 2005, pp. 26-7, 112-20; David Stannard, *American Holocaust: The Conquest of the New World*. Nova York; Oxford, 1992, p. 120; Ward Churchill, *A Little Matter of Genocide, Holocaust, and Denial in the Americas, 1492 to the Present*. San Francisco, 1997, p. 150; Anthony F. C. Wallace, *Jefferson and the Indians: The Tragic Fate of the First Americans*. Cambridge, MA, 1999.

117. Norman Cantor, *The Sacred Chain: A History of the Jews*. Londres, 1995, pp. 236-7.

118. John Stuart Mill, *Utilitarianism, Liberty, and Representational Government*. Londres, 1910, pp. 363-4.

119. Citado em Antony Smith, *Myths and Memories of the Nation* (Oxford, 1999), p. 33.

120. Citado em Mark Levene, *Genocide*, op. cit., pp. 150-1. Cf. C. A. Macartney, *National States and National Minorities*. Londres, 1934, p. 17.

121. Bruce Lincoln, *Holy Terrors: Thinking About Religion After September 11*. 2. ed. Chicago; Londres, 2006, pp. 62-3.

122. Johann Gottlieb Fichte, "What a People Is, and What Is Love of Fatherland". In: id., *Addresses to the German Nation*. Org. e trad. de Gregory Moore. Cambridge, GB, 2008, p. 105.

123. Howard Zinn, *People's History*, op. cit., pp. 23-58; Basil Davidson, *The African Slave Trade*. Boston, 1961; Stanley Elkins, *Slavery: A Problem of American Institutional and Intellectual Life*. Chicago, 1796; Edmund S. Morgan, *American Slavery, American Freedom: The Ordeal of Colonial Virginia*. Nova York, 1975.

124. Lv 25,45-6; Gn 9,25-7; 17,12; Dt 20,10-1; 1Co 7,21; Rm 13,1.7; Cl 3,22; 4,1; 1Tm 6,1-2; Fm.

125. Rev. J. H. Thornwell, "Our National Sins", em *Fast Day Sermons or The Pulpit on the State of the Country*, ed. anônima (1890; reimpressão Charleston, SC, 2009), p. 48.

126. Rev. Henry Ward Beecher, "Peace, Be Still", em ibid., p. 276.

127. Rev. Henry J. Van Dyke, "The Character and Influence of Abolitionism", em ibid., p. 137.

128. Tayler Lewis, "Patriarchal and Jewish Servitude: No Argument for American Slavery", em ibid., p. 180.

129. Mark A. Noll, *Civil War*, op. cit., pp. 1-8.

130. Ibid., pp. 19-22; id., "The Rise and Long Life of the Protestant Enlightenment in America". In: William M. Shea e Peter A. Huff (Orgs.), *Knowledge and Belief in America: Enlightenment Trends and Modern Thought*. Nova York, 1995, pp. 84-124; Henry F. May, *The Enlightenment in America*. Nova York, 1976, passim.

131. James M. McPherson, *For Cause and Comrades: Why Men Fought in the Civil War*. Nova York, 1997, p. 63; McPherson, "Afterword". In: Randall M. Miller, Harry S. Stout e Charles Reagan Wilson (Orgs.), *Religion and the American Civil War*. Nova York, 1998, p. 412.

132. James M. McPherson, *For Cause and Comrades*, op. cit., pp. 52-79.

133. Henry Ward Beecher, "Abraham Lincoln", em Beecher, *Patriotic Addresses in America and England, from 1850 to 1885...* Nova York, 1887, p. 711.

134. Horace Bushnell, "Our Obligations to the Dead". In: id., *Building Eras in Religion*. Nova York, 1881, pp. 328-9.

135. Robert L. O'Connell, *Arms and Men*, pp. 189-96.

136. Grady McWhiney e Perry D. Jamieson, *Attack and Die: The Civil War, Military Tactics, and Southern Heritage*. Montgomery, AL, 1982, pp. 4-7.

137. Bruce Cotton, *Grant Takes Command*. Boston, 1968, p. 262.

138. Robert L. O'Connell, *Arms and Men*, op. cit., pp. 198-9.

139. Mark A. Noll, *Civil War*, op. cit., pp. 90-2.

140. Alister McGrath, *The Twilight of Atheism: The Rise and Fall of Disbelief in the Modern World*. Londres e Nova York, 2006, pp. 52-5, 60-6.

141. James R. Moore, "Geologists and Interpreters of Genesis in the Nineteenth Century". In: David C. Lindberg e Ronald L. Numbers (Orgs.), *God and Nature: Historical Essays on the Encounter Between Christianity and Science*. Nova York, 1986, pp. 341-3.

142. Mark A. Noll, *Civil War*, op. cit., pp. 159-62.

143. Richard Maxwell Brown, *Strain of Violence: Historical Studies of American Violence and Vigilantism*. Nova York, 1975, pp. 217-8.

144. Robert L. O'Connell, *Arms and Men*, op. cit., pp. 202-10; William H. McNeill, *Pursuit of Power*, op. cit., pp. 242-55.

145. I. F. Clarke, *Voices Prophesying War: Future Wars 1763-3749*, rev. ed. Oxford; Nova York, 1992, pp. 37-88.

146. Paul Johnson, *A History of the Jews*. Londres, 1987, p. 365.

147. Zygmunt Bauman, *Modernity and the Holocaust*. Ithaca, NY, 1989, pp. 40-77.

148. Amos Elon, *The Israelis: Founders and Sons*. 2. ed. Londres, 1981, pp. 112, 338.

149. Eric J. Leed, *No Man's Land: Combat and Identity in World War I*. Cambridge, GB, 1979, pp. 39-72.

150. Stefan Zweig, *The World of Yesterday*. Nova York, 1945, p. 224.

151. Eric J. Leed, *No Man's Land*, op. cit., p. 55.

152. Ibid., p. 47; Stefan Zweig, *World of Yesterday*, op. cit., p. 24.

153. Citado em H. Hafkesbrink, *Unknown Germany: An Inner Chronicle of the First World War Based on Letters and Diaries*. New Haven, CT, 1948, p. 37.

154. Rudolf G. Binding, *Erlebtes Leben*. Frankfurt, 1928, p. 237, citado em Eric J. Leed, *No Man's Land*, op. cit., p. 43.

155. Carl Zuckmayer, *Pro Domo*. Estocolmo, 1938, pp. 34-5.

156. Franz Schauwecker, *The Fiery Way*. Londres; Toronto, 1929, p. 29.

157. Citado em Carl E. Schorske, *German Social Democracy, 1905-1917: The Development of the Great Schism*. Cambridge, MA, 1955, p. 390.

158. Eric J. Leed, *No Man's Land*, op. cit., p. 29.

159. Philipp. Witkop (Org.), *Kriegsbriefe gefallener Studenten*. Munique, 1936, p. 100, citado em ibid.

160. T. E. Lawrence, *The Mint*. Nova York, 1963, p. 32.

161. Simone de Beauvoir, *Memoirs of a Dutiful Daughter*. Nova York, 1974, p. 180.

162. Emilio Lussu, *Sardinian Brigade*. Nova York, 1939, p. 167.

11. A RELIGIÃO CONTRA-ATACA [pp. 323-60]

1. Expliquei isso mais longamente em *Em nome de Deus: O fundamentalismo no judaísmo, no cristianismo e no islamismo* (São Paulo: Companhia das Letras, 2001).

2. João Calvino, *Commentary on Genesis 1:6*, em *The Commentaries of John Calvin on the Old Testament*. 30 v. Westminster, GB, 1643-8, v. 1, p. 86. Para um relato da interpretação tradicional não literal das escrituras tanto no judaísmo quanto no cristianismo, ver meu *The Bible: The Biography* (Londres; Nova York, 2007).

3. Charles Hodge, *What Is Darwinism?* Princeton, NJ, 1874, p. 142.

4. Ts 2,3-12; Ap 16,15; Paul Boyer, *When Time Shall Be No More: Prophecy Belief in American Culture*. Cambridge, MA, 1992, p. 192; George M. Marsden, *Fundamentalism and American Culture*. Oxford, 2006, pp. 154-5.

5. Ibid., pp. 90-2; Robert C. Fuller, *Naming the Antichrist: The History of an American Obsession*. Oxford, 1995, p. 119.

6. George M. Marsden, *Fundamentalism and American Culture*, op. cit., pp. 184-9; R. Laurence Moore, *Religious Outsiders and the Making of Americans*. Oxford; Nova York, 1986, pp. 160-3; Ronald L. Numbers, *The Creationists: The Evolution of Scientific Creationism*. Berkeley; Los Angeles; Londres, 1992, pp. 41-4, 48-50; Ferenc Morton Szasz, *The Divided Mind of Protestant America, 1880-1930*. University, AL, 1982, pp. 117-35.

7. George M. Marsden, *Fundamentalism and American Culture*, op. cit., pp. 187-8.

8. Aurobindo Ghose, *Essays on the Gita*. Pondicherry, 1972, p. 39.

9. Louis Fischer (Org.), *The Essential Gandhi*. Nova York, 1962, p. 193.

10. Mahatma Gandhi, "My Mission". *Young India*, 3 abr. 1924. In: Judith M. Brown (Org.), *Mahatma Gandhi: Essential Writings*. Oxford; Nova York, 2008, p. 5.

11. Mahatma Gandhi, "Farewell", *An Autobiography*, em ibid., p. 65.

12. Kenneth W. Jones, "The Arya Samaj in British India, 1875-1947". In: Robert D. Baird (Org.), *Religion in Modern India*. Deli, 1981, pp. 44-5.

13. Radhey Shyam Pareek, *Contribution of Arya Samaj in the Making of Modern India, 1875-1947*. Nova Deli, 1973, pp. 325-6.

14. Daniel Gold, "Organized Hinduisms: From Vedic Truth to Hindu Nation". In: Mar-

tin E. Marty e R. Scott Appleby (Orgs.), *Fundamentalisms Observed*. Chicago; Londres, 1991, pp. 533-42.

15. Vinayak Damdar Savarkar, *Hindutva*. Mumbai, 1969, p. 1.

16. Daniel Gold, "Organized Hinduisms", op. cit., pp. 575-80.

17. M. S. Golwalkar, *We or Our Nationhood Defined*. Nagpur, 1939, pp. 47-8, 35.

18. Sudhir Kakar, *The Colors of Violence: Cultural Identities, Religion, and Conflict*. Chicago; Londres, 1996, pp. 31, 38.

19. Daniel Gold, "Organized Hinduisms", op. cit., pp. 531-2; Sushil Srivastava, "The Ayodhya Controversy: A Third Dimension". *Probe India*, jan. 1988.

20. Sayyid Abul Ala Mawdudi, *The Islamic Way of Life*. Lahore, 1979, p. 37.

21. Charles T. Adams, "Mawdudi and the Islamic State". In: John Esposito (Org.), *Voices of Resurgent Islam*. Nova York; Oxford, 1983; Youssef M. Choueiri, *Islamic Fundamentalism: The Story of Islamist Movements*. Londres; Nova York, 2010, pp. 94-139.

22. Mumtaz Ahmad, "Islamic Fundamentalism in South Asia". In: Martin E. Marty e R. Scott Appleby (Orgs.), *Fundamentalisms*, op. cit., pp. 487-500.

23. Abul Ala Mawdudi, *Tafhim-al-Qur'an*, em Mustansire Mir, "Some Features of Mawdudi's Tafhim al-Quran". *American Journal of Islamic Social Sciences*, v. 2, n. 2, 1985, p. 242.

24. *Introducing the Jamaat-e Islami Hind*, em Mumtaz Ahmad, "Islamic Fundamentalism in South Asia", op. cit., pp. 505-6.

25. Ibid., pp. 500-1.

26. Khurshid Ahmad e Zafar Ushaq Ansari, *Islamic Perspectives*. Leicester, GB, 1979, pp. 378-81.

27. Abul Ala Mawdudi, "Islamic Government". *Asia*, v. 20, set. 1981, p. 9.

28. Rafiuddin Ahmed, "Redefining Muslim Identity in South Asia: The Transformation of the Jama'at-i-Islami". In: Martin E. Marty e R. Scott Appleby (Orgs.), *Accounting for Fundamentalisms: The Dynamic Character of Movements*. Chicago; Londres, 1994, p. 683.

29. Dizia-se que os *ahmadis* eram hereges porque seu fundador, M. G. Ahmad (m. 1908), tinha dito que era um profeta.

30. Mumtaz Ahmad, "Islamic Fundamentalism in South Asia", op. cit., pp. 587-9.

31. Abul Ala Mawdudi, "How to Establish Islamic Order in the Country". *Universal Message*, maio 1983, pp. 9-10.

32. Marshall G. S. Hodgson, *The Venture of Islam: Conscience and History in a World Civilization*. 3 v. Chicago; Londres, 1974, v. 3, pp. 218-9.

33. George Annesley, T*he Rise of Modern Egypt: A Century and a Half of Egyptian History*. Durham, GB, 1997, pp. 62, 51-6.

34. Marshall G. S. Hodgson, *Venture of Islam*, op. cit., v. 3, p. 71.

35. Nikki R. Keddie, *Roots of Revolution: An Interpretive History of Modern Iran*. New Haven, CT; Londres, 1981, pp. 72-3, 82.

36. John H. Kautsky, *The Political Consequences of Modernization*. Nova York; Londres; Sydney; Toronto, 1972, pp. 146-7.

37. Bruce Lincoln, *Holy Terrors: Thinking About Religion After September 11*. 2. ed. Chicago; Londres, 2006, pp. 63-5.

38. Daniel Crecelius, "Non-Ideological Responses of the Ulema to Modernization". In:

Nikki R. Keddie (Org.), *Scholars, Saints, and Sufis: Muslim Religious Institutions in the Middle East Since 1500*. Berkeley; Los Angeles; Londres, 1972, pp. 181-2.

39. Gilles Kepel, *Jihad: The Trail of Political Islam*. 4. ed. Londres, 2009, p. 53.

40. Alastair Crooke, *Resistance: The Essence of the Islamist Revolution*. Londres, 2009, pp. 54-8.

41. Bobby Sayyid, *A Fundamental Fear: Eurocentrism and the Emergence of Islamism*. Londres, 1997, p. 57.

42. Marshall G. S. Hodgson, *Venture of Islam*, op. cit., v. 3, p. 262.

43. Donald Bloxham, *The Great Game of Genocide: Imperialism, Nationalism, and the Destruction of the Ottoman Armenians*. Oxford, 2007, p. 59.

44. Citado em Joanna Bourke, "Barbarisation vs. Civilisation in Time of War". In: George Kassimeris (Org.), *The Barbarisation of Warfare*. Londres, 2006, p. 29.

45. Moojan Momen, *An Introduction to Shii Islam: The History and Doctrines of Twelver Shiism*. New Haven, CT; Londres, 1985, p. 251; Nikki R. Keddie, *Roots of Revolution*, op. cit., pp. 93-4.

46. Azar Tabari, "The Role of Shii Clergy in Modern Iranian Politics". In: Nikki R. Keddie (Org.), *Religion and Politics in Iran: Shiism from Quietism to Revolution*. New Haven, CT; Londres, 1983, p. 63.

47. Shahrough Akhavi, *Religion and Politics in Contemporary Islam: Clergy-State Relations in the Pahlavi Period*. Albany, NY, 1980, pp. 58-9.

48. Majid Fakhry, *History of Islamic Philosophy*. Nova York, 1970, pp. 376-81; Bassam Tibi, *Arab Nationalism: A Critical Inquiry*. 2. ed. Londres, 1990, pp. 90-3; Albert Hourani, *Arabic Thought in the Liberal Age, 1798-1939*. Cambridge, GB, 1983, pp. 130-61; Marshall G. S. Hodgson, *Venture of Islam*, op. cit., v. 3, pp. 274-6.

49. Evelyn Baring, Lord Cromer, *Modern Egypt*. 2 v. Nova York, 1908, v. 2, p. 184.

50. Albert Hourani, *Arabic Thought in the Liberal Age*, op. cit., pp. 224, 230, 240-3.

51. John Esposito, "Islam and Muslim Politics". In: id., *Voices of Resurgent Islam*, op. cit., p. 10; Richard P. Mitchell, *The Society of Muslim Brothers*. Nova York; Oxford, 1969, passim.

52. Ibid., p. 8. A história e o discurso podem ser apócrifos, mas expressam o espírito dos primeiros tempos da Irmandade.

53. Ibid., pp. 9-13, 328.

54. Anwar Sadat, *Revolt on the Nile*. Nova York, 1957, pp. 142-3.

55. Stephen Mitchell, *Society of Muslim Brothers*, op. cit., pp. 205-6, 302.

56. John O. Voll, "Fundamentalisms in the Sunni Arab World: Egypt and the Sudan". In: Martin E. Marty e R. Scott Appleby (Orgs.), *Fundamentalisms*, op. cit., pp. 369-74; Yvonne Haddad, "Sayyid Qutb", citado em John L. Esposito (Org.), *Voices of Resurgent Islam*, op. cit.; Youssef M. Choueiri, *Islamic Fundamentalism*, pp. 96-151.

57. Qutb, *Fi Zilal al-Quran*, 2:924-5.

58. Harold Fisch, *The Zionist Revolution: A New Perspective*. Tel Aviv; Londres, 1968, pp. 77, 87.

59. Theodor Herzl, *The Complete Diaries of Theodor Herzl*. Org. de R. Patai. 2 v. Londres; Nova York, 1960, v. 2, pp. 793-4.

60. Mircea Eliade, *The Sacred and the Profane*. Nova York, 1959, p. 21.

61. Meir Ben Dov, *The Western Wall*. Jerusalém, 1983, pp. 146, 148, 146.

62. Meron Benvenisti, *Jerusalem: The Torn City*. Jerusalém, 1975, p. 84.

63. Ibid., p. 119.

64. Sl 72,4.

65. Michael Rosenak, "Jewish Fundamentalism in Israeli Education". In: Martin E. Marty e R. Scott Appleby (Orgs.), *Fundamentalisms and Society*. Chicago; Londres, 1993, p. 392.

66. Gideon Aran, "The Father, the Son and the Holy Land". In: Martin E. Marty e R. Scott Appleby (Orgs.), *Spokesmen for the Despised: Fundamentalist Leaders of the Middle East*. Chicago, 1997, pp. 310, 311.

67. Entrevista com Maariv (14 Nisan 572 [1963]), citado em Aviezer Ravitzky, *Messianism, Zionism, and Jewish Religious Radicalism*. Chicago; Londres, 1993, p. 85.

68. Ian S. Lustick, *For the Land and the Lord: Jewish Fundamentalism in Israel*. Nova York, 1988, p. 85; Gideon Aran, "Father, Son, and Holy Land", op. cit., p. 310.

69. Samuel C. Heilman, "Guides of the Faithful, Contemporary Religious Zionist Rabbis". In: Martin E. Marty e R. Scott Appleby (Orgs.), *Spokesmen for the Despised*, op. cit., p. 357.

70. Ehud Sprinzak, "Three Models of Religious Violence: The Case of Jewish Fundamentalism in Israel". In: Martin E. Marty e R. Scott Appleby (Orgs.), *Fundamentalism and the State*. Chicago; Londres, 1993, p. 472.

71. Gideon Aran, "Jewish Zionist Fundamentalism: The Bloc of the Faithful in Israel", em ibid., p. 472.

72. Ibid., p. 280.

73. Ibid., p. 308.

74. Nikki R. Keddie, *Roots of Revolution*, op. cit., pp. 160-80.

75. Mehrzad Borujerdi, *Iranian Intellectuals and the West: The Tormented Triumph of Nativism*. Syracuse, NY, 1996, p. 26; Youssef M. Choueiri, *Islamic Fundamentalism*, op. cit., p. 156.

76. Michael J. Fischer, "Imā Khomeini: Four Levels of Understanding". In: John L. Esposito (Org.), *Voices of Resurgent Islam*, op. cit., p. 157.

77. Nikki R. Keddie, *Roots of Revolution*, op. cit., pp. 154-6.

78. Ibid., pp. 158-9; Moojan Momen, op. cit., p. 254; Hamid Algar, "The Oppositional Role of the Ulema em Twentieth Century Iran". In: Nikki R. Keddie (Org.), *Scholars, Saints and Sufis*, op. cit., p. 248.

79. Willem M. Floor, "The Revolutionary Character of the Ulama: Wishful Thinking or Reality", em Nikki R. Keddie (Org.), *Religion and Politics in Iran: Shiism from Quietism to Revolution*. New Haven, CT; Londres, 1983, apêndice, p. 97.

80. Hamid Algar, "The Fusion of the Mystical and the Political in the Personality and Life of Imā Khomeini", palestra realizada na School of Oriental and African Studies, Londres, 9 jun. 1998.

81. João XXIII, *Mater et Magistra*, "Christianity and Social Progress" em Claudia Carlen (Org.), *The Papal Encyclicals, 1740-1981*. 5 v. Falls Church, VA, 1981, v. 5, pp. 63-4.

82. Camilo Torres, "Latin America: Lands of Violence". In: J. Gerassi (Org.), *Revolutionary Priest: The Complete Writings and Messages of Camilo Torres*. Nova York, 1971, pp. 422-3.

83. Thia Cooper, "Liberation Theology and the Spiral of Violence". In: Andrew R. Murphy (Org.), *The Blackwell Companion to Religion and Violence*. Chichester, GB, 2011, pp. 543-55.

84. Andrew Preston, *Sword of the Spirit, Shield of Faith: Religion in American War and Diplomacy*. Nova York, 2012, pp. 502-25.

85. Martin Luther King Jr., *Strength to Love*. Filadélfia, 1963, p. 50.

86. Nikki R. Keddie, *Roots of Revolution*, op. cit., pp. 282-3; Mehntad Borujerdi, *Islamic Intellectuals and the West: The Tormented Triumph of Nativism*. Syracuse, NY, 1996, pp. 29-42.

87. Shahrough Akhavi, *Religion and Politics in Contemporary Iran*, op. cit., pp. 129-31.

88. Hamid Algar, "Oppositional Role of the Ulema", op. cit., p. 251.

89. Nikki R. Keddie, *Roots of Revolution*, op. cit., pp. 215-59; Sharough Akhavi, "Shariati's Social Thought", em Nikki R. Keddie (Org.), *Religion and Politics in Iran*, op. cit.; Abdulaziz Sachedina, "Ali Shariati, Ideologue of the Islamic Revolution", em John L. Esposito (Org.), *Voices of Resurgent Islam*, op. cit.; Michael J. Fischer, *Iran: From Religious Dispute to Revolution*. Cambridge, MA; Londres, 1980, pp. 154-67; Mehntad Borujerdi, *Iranian Intellectuals*, op. cit., pp. 106-15.

90. Sayeed Ruhollah Khomeini, *Islam and Revolution*. Org. e trad. de Hamid Algar. Berkeley, CA, 1981, p. 28.

91. Nikki R. Keddie, *Roots of Revolution*, op. cit., p. 242; Michael J. Fischer, op. cit., p. 193.

92. Gary Sick, *All Fall Down: America's Fateful Encounter with Iran*. Londres, 1985, p. 30.

93. Nikki R. Keddie, *Roots of Revolution*, op. cit., p. 243.

94. Michael J. Fischer, op. cit., p. 195.

95. Moojan Momen, op. cit., p. 288.

96. Michael J. Fischer, op. cit., p. 184.

97. Moojan Momen, op. cit., p. 288.

98. Michael J. Fischer, op. cit., pp. 198-9.

99. Ibid., p. 199; Gary Sick, op. cit., p. 51; Nikki K. Keddie, *Roots of Revolution*, op. cit., p. 250. O governo afirmou que apenas 120 manifestantes morreram e 2 mil ficaram feridos; outros afirmaram que morreram entre quinhentas e mil pessoas.

100. Michael J. Fischer, op. cit., p. 204.

101. Ibid., p. 205. Nikki K. Keddie, *Roots of Revolution*, op. cit., pp. 252-3, acredita que somente 1 milhão de pessoas participaram.

102. Amir Taheri, *The Spirit of Allah: Khomeini and the Islamic Revolution*. Londres, 1985, p. 227.

103. Baqir Moin, *Khomeini: Life of the Ayatollah*. Londres, 1999, pp. 227-8.

104. Daniel Brumberg, "Khomeini's Legacy: Islamic Rule and Islamic Social Justice". In: Martin E. Marty e R. Scott Appleby (Orgs.), *Spokesmen for the Despised*, op. cit.

105. Joos R. Hiltermann, *A Poisonous Affair: America, Iraq and the Gassing of Halabja*. Cambridge, GB, 2007, pp. 22-36.

106. Homa Katouzian, "Shiism and Islamic Economics: Sadr and Bani Sadr". In: Nikki K. Keddie (Org.), *Religion and Politics in Iran*, op. cit., pp. 161-2.

107. Michael J. Fischer, "Imã Khomeini: Four Levels of Understanding". In: John L. Esposito (Org.), *Voices of Resurgent Islam*, op. cit., p. 171.

108. Gary Sick, op. cit., p. 165.

109. Hannah Arendt, *On Revolution*. New York, 1963, p. 18.

110. John H. Kautsky, *Political Consequences of Modernization*, op. cit., pp. 60-127.

111. William O. Beeman, "Images of the Great Satan: Representations of the United States in the Iranian Revolution". In: Nikki K. Keddie (Org.), *Religion and Politics in Iran*, op. cit., p. 215.

12. TERROR SAGRADO [pp. 361-90]

1. Rebecca Moore, "Narratives of Persecution, Suffering, and Martyrdom: Violence in the People's Temple and Jonestown". In: James R. Lewis (Org.), *Violence and New Religious Movements*. Oxford, 2011; Rebecca Moore, "American as Cherry Pie: The People's Temple and Violence". In: Catherine Wessinger (Org.), *Millennialism, Persecution, and Violence: Historical Circumstances*. Syracuse, NY, 1986; Catherine Wessinger, *How the Millennium Comes Violently: Jonestown to Heaven's Gate*. Nova York, 2000; Mary Maaga, *Hearing the Voices of Jonestown*. Syracuse, NY, 1998.
2. Rebecca Moore, "Narratives of Persecution", op. cit., p. 102.
3. Ibid., p. 103.
4. Huey Newton, *Revolutionary Suicide*. Nova York, 1973.
5. Rebecca Moore, "Narratives of Persecution", op. cit., pp. 106, 108, 110.
6. George Steiner, *In Bluebeard's Castle: Some Notes Towards the Redefinition of Culture*. New Haven, CT 1971, p. 32.
7. Zygmunt Bauman, *Modernity and the Holocaust*. Ithaca, NY, 1989, pp. 77-92.
8. Joanna Bourke, "Barbarisation vs. Civilisation in Time of War". In: George Kassimeris (Org.), *The Barbarisation of Warfare*. Londres, 2006, p. 26.
9. Amir Taheri, *The Spirit of Allah: Khomeini and the Islamic Revolution*. Londres, 1985, p. 85.
10. Michael Barkun, *Religion and the Racist Right: The Origins of the Christian Identity Movement*. Chapel Hill, NC, 1994.
11. Ibid., pp. 107, 109. Podem ter sido só 50 mil membros.
12. Michael Barkun, *Religion and the Racist Right*, op. cit., p. 213.
13. William T. Cavanaugh, *The Myth of Religious Violence*. Oxford, 2009, pp. 34-5.
14. C. Gearty, "Introduction". In: C. Gearty (Org.), *Terrorism*. Aldershot, GB, 1996, p. XI.
15. Id., "What Is Terror?", em ibid., p. 495; A. Guelke, *The Age of Terrorism and the International Political System*. Londres, 2008, p. 7.
16. Richard English, *Terrorism: How to Respond*. Oxford, 2009, pp. 19-20.
17. A. H. Kydd e B. F. Walter, "The Stratagems of Terrorism". *International Security*, v. 31, n. 1, verão de 2006.
18. P. Wilkinson, *Terrorism Versus Democracy: The Liberal State Response*. Londres, 2001, pp. 19, 41; Mark Juergensmeyer, *Terror in the Mind of God: The Global Rise of Religious Violence*. Berkeley, CA, 2001, p. 5; J. Horgan, *The Psychology of Terrorism*. Londres, 2005, p. 12; Richard English, *Terrorism*, op. cit., p. 6.
19. Hugo Slim, "Why Protect Civilians? Innocence, Immunity and Enmity in War". *International Affairs*, v. 79, n. 3, 2003.
20. B. Hoffman, *Inside Terrorism*. Londres, 1998, p. 14; C. C. Harmon, *Terrorism Today*. Londres, 2008, p. 7; D. J. Whittaker (Org.), *The Terrorist Reader*. Londres, 2001, p. 9.

21. C. C. Harmon, *Terrorism Today*, op. cit., p. 160.

22. Martha Crenshaw, "Reflections on the Effects of Terrorism". In: id. (Org.), *Terrorism, Legitimacy, and Power: The Consequences of Political Violence*. Middletown, CT, 1983, p. 25.

23. Richard Dawkins, *The God Delusion*. Londres, 2007, p. 132.

24. William T. Cavanaugh, *Myth of Religious Violence*, op. cit., pp. 24-54.

25. Mohamed Heikal, *Autumn of Fury: The Assassination of Sadat*. Londres, 1984, pp. 94-6.

26. Gilles Kepel, *The Prophet and Pharaoh: Muslim Extremism in Egypt*. Londres, 1985, p. 85.

27. Fedwa El-Guindy, "The Killing of Sadat and After: A Current Assessment of Egypt's Islamic Movement". *Middle East Insight*, v. 2, jan.-fev. 1982.

28. Gilles Kepel, *Prophet and Pharaoh*, op. cit., pp. 70-102.

29. Ibid., pp. 152-9.

30. Mohamed Heikal, *Autumn of Fury*, op. cit., pp. 118-9.

31. Patrick D. Gaffney, *The Prophet's Pulpit: Islamic Preaching in Contemporary Egypt*. Berkeley; Los Angeles; Londres, 1994, pp. 97-101, 141-2.

32. Johannes J. G. Jansen, *The Neglected Duty: The Creed of Sadat's Assassins and Islamic Resurgence in the Middle East*. Nova York; Londres, 1988, pp. 49-88, 169.

33. Ibid., p. 166.

34. Wilfred Cantwell Smith, *Islam in Modern History*. Princeton, NJ; Londres, 1957, p. 241.

35. Ibid., pp. 90, 198, 201-2.

36. Richard English, *Terrorism*, op. cit., p. 51.

37. Abdulaziz A. Sachedina, "Activist Shi'ism in Iran, Iraq and Lebanon". In: Martin E. Marty e R. Scott Appleby (Orgs.), *Fundamentalisms Observed*. Chicago; Londres, 1991, pp. 404-5.

38. Alastair Crooke, *Resistance: The Essence of the Islamist Revolution*. Londres, 2009, p. 173.

39. Martin Kramer, "Hizbullah: The Calculus of Jihad". In: Martin E. Marty e R. Scott Appleby (Orgs.), *Fundamentalisms and the State*. Chicago; Londres, 1993, pp. 540-1.

40. Sheikh Muhammad Fadl Allah, *Al-Islam wa Muntiq al Quwwa*. Beirute, 1976, citado em Alastair Crooke, *Resistance*, op. cit., p. 173.

41. Martin Kramer, "Hizbullah", op. cit., p. 542.

42. Abdulaziz A. Sachedina, "Activist Shi'ism", op. cit., p. 448.

43. Entrevista com Fadl Allah, Kayhan, 14 nov. 1985; Martin Kramer, "Hizbullah", op. cit., p. 551.

44. Fadl Allah, discurso, *Al-Nahar*, 14 maio 1985; Martin Kramer, "Hizbullah", op. cit., p. 550.

45. Martin Kramer, "Hizbullah", op. cit., pp. 548-9; Ariel Meroni, "The Readiness to Kill or Die: Suicide Terrorism in the Middle East". In: Walter Reich (Org.), *The Origins of Terrorism*. Cambridge, GB, 1990, pp. 204-5.

46. Alastair Crooke, *Resistance*, op. cit., pp. 175-6.

47. Fadl Allah, entrevista, *Al-Shira*, 18 mar. 1985; Martin Kramer, "Hizbullah", op. cit., pp. 552-3.

48. Fadl Allah, entrevista, *La Repubblica*, 28 ago. 1989; Martin Kramer, "Hizbullah", op. cit., p. 552.

49. Alastair Crooke, *Resistance*, pp. 175-82.

50. Ibid., pp. 183-7.

51. Robert Pape, *Dying to Win: The Strategic Logic of Suicide Terrorism*. Nova York, 2005, pp. XIII, 22.

52. Ehud Sprinzak, *The Ascendance of Israel's Far Right*. Oxford; Nova York, 1991, p. 97. Na ocasião, apenas dois dos prefeitos que eram alvos ficaram feridos.

53. Ibid., pp. 94-5.

54. Ibid., p. 96; Aviezar Ravitsky, *Messianism, Zionism, and Jewish Religious Radicalism*. Chicago; Londres, 1993, pp. 133-4.

55. Ehud Sprinzak, *Ascendance*, pp. 97-8.

56. Gideon Aran, "Jewish Zionist Fundamentalism". In: Martin E. Marty e R. Scott Appleby (Orgs.), *Fundamentalisms Observed*, op. cit., pp. 267-8.

57. Mekhilta no Ex 20,13; M. Pirke Aboth 6:6; B. Horayot 13a; B. Sinédrio 4:5.

58. Ehud Sprinzak, *Ascendance*, op. cit., pp. 121, 220.

59. Amartya Sen, *Identity and Violence: The Illusion of Destiny*. Londres; Nova York, 2006.

60. Raphael Mergui e Philippe Simonnot, *Israel's Ayatollahs: Meir Kahane and the Far Right in Israel*. Londres, 1987, p. 45.

61. Tom Segev, *The Seventh Million: The Israelis and the Holocaust*. Nova York, 1991, pp. 515-7.

62. Ehud Sprinzak, *Ascendance*, op. cit., p. 221.

63. Id., "Three Models of Religious Violence: The Case of Jewish Fundamentalism in Israel". In: Martin E. Marty e R. Scott Appleby (Orgs.), *Fundamentalisms and the State*, op. cit., pp. 479, 480.

64. Ellen Posman, "History, Humiliation, and Religious Violence". In: Andrew R. Murphy (Org.), *The Blackwell Companion to Religion and Violence*. Chichester, GB, 2011, pp. 336-7, 339.

65. Sudhir Kakar, *The Colors of Violence: Cultural Identities, Religion, and Conflict*. Chicago; Londres, 1996, p. 15.

66. Daniel Gold, "Organized Hinduisms: From Vedic Truth to Hindu Nation". In: Martin E. Marty e R. Scott Appleby (Orgs.), *Fundamentalisms Observed*, op. cit., pp. 532, 572-3.

67. Sudhir Kakar, *Colors of Violence*, op. cit., pp. 48-51.

68. Paul R. Brass, *Communal Riots in Post-Independence India*. Seattle, 2003, pp. 66-7.

69. Sudhir Kakar, *Colors of Violence*, op. cit., pp. 154-8.

70. David Cook, *Understanding Jihad*. Berkeley; Los Angeles; Londres, 2005, p. 114.

71. Beverley Milton-Edwards, *Islamic Politics in Palestine*. Londres; Nova York, 1996, pp. 73-116, 118.

72. David Cook, *Understanding Jihad*, op. cit., p. 114.

73. Samuel C. Heilman, "Guides of the Faithful: Contemporary Religious Zionist Rabbis". In: R. Scott Appleby (Org.), *Spokesmen for the Despised: Fundamentalist Leaders in the Middle East*. Chicago, 1997, pp. 352-4.

74. Glenn E. Robinson, *Building a Palestinian State: The Incomplete Revolution*. Bloomington, IN, 1997; Jeroen Gunning, "Rethinking Religion and Violence in the Middle East". In: Andrew R. Murphy (Org.), *Blackwell Companion*, op. cit., p. 519.

75. Jeroen Gunning, "Rethinking Religion and Violence", op. cit., pp. 518-9.

76. Beverley Milton-Edwards, *Islamic Politics*, op. cit., p. 148.
77. Anne Marie Oliver e Paul F. Steinberg, *The Road to Martyrs' Square: A Journey to the World of the Suicide Bomber*. Oxford, 2005, p. 71.
78. David Cook, *Understanding Jihad*, op. cit., p. 116.
79. Pacto do Movimento de Resistência Islâmica, seção 1, citado em John L. Esposito, *Unholy War: Terror in the Name of Islam*. Oxford, 2002, p. 96.
80. David Cook, *Understanding Jihad*, op. cit., p. 116.
81. Pacto, seção 1, em John L. Esposito, *Unholy War*, op. cit., p. 96.
82. Talal Asad, *On Suicide Bombing: The Wellek Lectures*. Nova York, 2007, pp. 46-7.
83. Dr. Abdul Aziz Reutizi, em Anthony Shehad, *Legacy of the Prophet: Despots, Democrats, and the New Politics of Islam*. Boulder, CO, 2001, p. 124.
84. John L. Esposito, *Unholy War*, op. cit., pp. 97-8.
85. Bernard Lewis, "The Roots of Muslim Rage", *Atlantic Monthly* (2 set. 1990); Bruce Hoffman, *Inside Terrorism*. Nova York, 2006.
86. Jeroen Gunning, "Rethinking Religion and Violence", op. cit., p. 516.
87. Talal Asad, *Suicide Bombing*, op. cit., p. 50.
88. Robert Pape, *Dying to Win*, op. cit., p. 130. Esses números diferem ligeiramente dos citados anteriormente de outra pesquisa, mas ambos chegam às mesmas conclusões.
89. Robert Pape, "Dying to Kill Us". *The New York Times*, 22 set. 2003.
90. May Jayyusi, "Subjectivity and Public Witness: An Analysis of Islamic Militance in Palestine", artigo não publicado (2004), citado em Talal Asad, *Suicide Bombing*, op. cit.
91. Jeroen Gunning, "Rethinking Religion and Violence", op. cit., pp. 518-9.
92. Anne Marie Oliver e Paul F. Steinberg, *Road to Martyr's Square*, op. cit., p. 120.
93. Ibid., pp. 101-2; Jeroen Gunning, "Rethinking Religion and Violence", op. cit., pp. 518-9.
94. Anne Marie Oliver e Paul F. Steinberg, *Road to Martyr's Square*, op. cit., p. 31.
95. Roxanne Euben, "Killing (for) Politics: Jihad, Martyrdom, Political Action". *Political Theory*, v. 30, 2002, n. 9, p. 49.
96. Jz 16,23-31.
97. John Milton, *Samson Agonistes*, versos 1710-1.
98. Ibid., versos 1721-4.
99. Ibid., versos 1754-5.
100. Talal Asad, *Suicide Bombing*, op. cit., pp. 74-5.
101. Ibid., p. 63.
102. Joanna Bourke, "Barbarisation vs. Civilisation", op. cit., p. 21.
103. Jacqueline Rose, "Deadly Embrace". *London Review of Books* 26, n. 21, 4 nov. 2004.

13. JIHAD GLOBAL [pp. 391-420]

1. Jason Burke, *Al-Qaeda*. Londres, 2003, pp. 72-5; Thomas Hegghammer, *Jihad in Saudi Arabia: Violence and Pan-Islamism Since 1979*. Cambridge, GB, 2010, pp. 7-8, 40-2; Gilles Kepel, *Jihad: The Trail of Political Islam*. 4. ed. Londres, 2009, pp. 144-7; Lawrence Wright, *The Looming*

Tower: Al-Qaeda's Road to 9/11. Nova York, 2006, pp. 95-101; David Cook, *Understanding Jihad*. Berkeley; Los Angeles; Londres; 2005, pp. 128-31.

2. Abdullah Azzam, "The Last Will of 'Abdallah Yusuf Azzam, Who Is Poor unto His Lord", ditada em 20 de abril de 1986, em <www.alribat.com>, 27 set. 2001; tradução corrigida por David Cook, *Understanding Jihad*, op. cit., p. 130.

3. Jason Burke, *Al-Qaeda*, op. cit., p. 75.

4. Andrew Preston, *Sword of the Spirit, Shield of Faith: Religion in American War and Diplomacy*. Nova York e Toronto, 2012, p. 585.

5. Gilles Kepel, *Jihad*, op. cit., pp. 137-40, 147-9; Gilles Burke, *Al-Qaeda*, op. cit., pp. 58-62; Thomas Hegghammer, *Jihad in Saudi Arabia*, op. cit., pp. 58-60.

6. Abdullah Azzam, "Martyrs: The Building Blocks of Nations", em David Cook, *Understanding Jihad*, op. cit., p. 129.

7. Id., ibid.

8. Id., ibid.

9. Abdullah Azzam, "Last Will of 'Abdullah Yusuf Azzam", op. cit., p. 130.

10. Abdullah Yusuf Azzam, *Join the Caravan*. Birmingham, GB, s.d.

11. Lawrence Wright, *Looming Tower*, op. cit., pp. 96, 130.

12. Thomas Hegghammer, *Jihad in Saudi Arabia*, op. cit., pp. 8-37, 229-33.

13. Natana J. DeLong-Bas, *Wahhabi Islam: From Revival and Reform to Global Jihad*. Cairo, 2005, pp. 35, 194-6, 203-11, 221-4.

14. Hamid Algar, *Wahhabism: A Critical Essay*. Oneonta, NY, 2002.

15. Natana J. DeLong-Bas, *Wahhabi Islam*, op. cit., pp. 247-56; David Cook, *Understanding Jihad*, op. cit., p. 74.

16. Gilles Kepel, *Jihad*, op. cit., pp. 57-9, 69-86; Gilles Burke, *Al-Qaeda*, pp. 56-60; John L. Esposito, *Unholy War: Terror in the Name of Islam*. Oxford, 2002, pp. 106-10.

17. Gilles Kepel, *Jihad*, op. cit., pp. 71, 70.

18. Thomas Hegghammer, *Jihad in Saudi Arabia*, op. cit., pp. 19-24.

19. Ibid., pp. 60-4.

20. *Al-Quds al-Arabi*, 20 mar. 2005, citado em ibid., p. 61.

21. Ibid., pp. 61-2.

22. Ibid., p. 64.

23. Michael A. Sells, *The Bridge Betrayed: Religion and Genocide in Bosnia*. Berkeley; Los Angeles, 1996, pp. 154, 9, 29-52, 1-3.

24. Ibid., pp. 72-9, 117.

25. Chris Hedges, *War Is a Force That Gives Us Meaning*. Nova York, 2003, p. 9.

26. *The New York Times*, 18 out. 1995; Michael Sells, *Bridge Betrayed*, op. cit., p. 10.

27. S. Burg, "The International Community and the Yugoslav Crisis". In: Milton Eshman e Shibley Telhami, (Orgs.), *International Organization of Ethnic Conflict*. Ithaca, NY, 1994; David Rieff, *Slaughterhouse: Bosnia and the Failure of the West*. Nova York, 1995.

28. Thomas L. Friedman, "Allies", *The New York Times*, 7 set. 1995.

29. David Cook, *Understanding Jihad*, op. cit., pp. 119-21.

30. Mahmoun Fandy, *Saudi Arabia and the Politics of Dissent*. Nova York, 1999, p. 183.

31. Gilles Kepel, *Jihad*, op. cit., pp. 223-6.

32. David Cook, *Understanding Islam*, op. cit., pp. 135-6; Marc Sageman, *Leaderless Jihad:*

Terror Networks in the Twenty-First Century. Filadélfia, 2008, pp. 44-6; Gilles Burke, *Al-Qaeda*, op. cit., pp. 118-35.

33. Thomas Hegghammer, *Jihad in Saudi Arabia*, op. cit., pp. 229-30.
34. Gilles Burke, *Al-Qaeda*, op. cit., pp. 7-8.
35. John L. Esposito, *Unholy War*, op. cit., pp. 14, 6, 8.
36. Gilles Kepel, *Jihad*, op. cit., pp. 13-4.
37. Gilles Burke, *Al-Qaeda*, op. cit., pp. 161-64; Natana J. DeLong-Bas, *Wahhabi Islam*, op. cit., pp. 276-7.
38. John L. Esposito, *Unholy War*, op. cit., pp. 21-2; Gilles Burke, *Al-Qaeda*, op. cit., pp. 175-6.
39. Thomas Hegghammer, *Jihad in Saudi Arabia*, op. cit., pp. 102-3.
40. Osama bin Laden, "Hunting the Enemy", citado em John L. Esposito, *Unholy War*, op. cit., p. 24.
41. Gilles Burke, *Al-Qaeda*, op. cit., p. 163.
42. Thomas Hegghammer, *Jihad in Saudi Arabia*, op. cit., pp. 133-41.
43. Matthew Purdy e Lowell Bergman, "Where the Trail Led: Between Evidence and Suspicion; Unclear Danger: Inside the Lackawanna Terror Case". *The New York Times*, 12 out. 2003.
44. David Cook, *Understanding Jihad*, op. cit., p. 150; Marc Sageman, *Leaderless Jihad*, op. cit., p. 81.
45. David Cook, *Understanding Jihad*, op. cit., pp. 136-41.
46. Abu Daud, *Sunan*. Beirute, 1988, 4:108, n. 4297, ibid., p. 137.
47. Alcorão 2:249; Gilles Burke, *Al-Qaeda*, op. cit., pp. 24-5.
48. Alcorão 2:194; comunicado de Qaidat al-Jihad, 24 abr. 2002; David Cook, *Understanding Jihad*, op. cit., p. 178.
49. Marc Sageman, *Leaderless Jihad*, op. cit., p. 812.
50. Id., *Understanding Terror Networks*. Filadélfia, 2004, pp. 103-8.
51. Id., *Leaderless Jihad*, op. cit., pp. 59-60.
52. Ibid., pp. 28, 57.
53. Timothy McDermott, *Perfect Soldiers: The 9/11 Hijackers: Who They Were, Why They Did It*. Nova York, 2005, p. 65.
54. Fraser Egerton, *Jihad in the West: The Rise of Militant Salafism*. Cambridge, GB, 2011, pp. 155-6.
55. Marc Sageman, *Understanding Terror Networks*, op. cit., p. 105.
56. Anthony Giddens, *The Consequences of Modernity*. Cambridge, GB, 1991, p. 53.
57. Bin Laden, "Hunting the Enemy", op. cit., p. 23.
58. Andrew Sullivan, "This Is a Religious War". *The New York Times Magazine*, 07 out. 2001.
59. William T. Cavanaugh, *Myth of Religious Violence*, op. cit., p. 204.
60. Emmanuel Sivan, "The Crusades Described by Modern Arab Historiography". *Asian and African Studies*, v. 8, 1972.
61. Thomas Hegghammer, *Jihad in Saudi Arabia*, op. cit., pp. 104-5.
62. Duas outras cópias foram encontradas; uma no carro usado por um dos sequestradores antes de ele entrar no voo 77 da American Airlines em Washington, a outra no local da queda do voo 93 da United Airlines na Pensilvânia.
63. O texto traduzido é encontrado em Bruce Lincoln, Apêndice A, "Final Instructions to the Hijackers of September, 11, Found in the Luggage of Muhammad Atta and Two Other Cop-

ies", em *Holy Terrors: Thinking About Religion After September 11*. 2. ed. Chicago, 2006. Ver, por exemplo, para. 10, p. 98; para. 24, p. 100; para. 30, p. 101.

64. "Final Instructions", para. 1, p. 97.

65. Em David Cook, *Understanding Jihad*, op. cit., 6, p. 196; Bruce Lincoln, *Holy Terrors*, op. cit., p. 97.

66. Ibid., pp. 98, 200, 201.

67. David Cook, *Understanding Jihad*, op. cit., p. 234, n. 37.

68. Alcorão 3:173-4. Oxford, 2004.

69. David Cook, *Understanding Jihad*, op. cit., p. 198.

70. Ibid., p. 201.

71. Alcorão 4,59.

72. Louis Atiyat Allah, "Moments Before the Crash, by the Lord of the 19" (22 jan. 2003), em David Cook, *Understanding Jihad*, op. cit., pp. 203, 207.

73. "Osama bin Laden, Videotaped Address, October 7, 2001", apêndice C em Bruce Lincoln, *Holy Terrors*, p.106.

74. Hamid Mir, "Osama Claims He Has Nukes. If US Uses N. Arms It Will Get the Same Response", *Dawn*, ed. Internet, 10 nov. 2001.

75. Bruce Lincoln, *Holy Terrors*, op. cit., pp. 106-7.

76. "George W. Bush, Address to the Nation, October 7, 2001", Apêndice B, ibid., p. 104.

77. Comentários feitos pelo president no Centro Islâmico de Washington, DC, 17 set. de 2001, <http://usinfo.state.gov/islam/s091701b.htm>.

78. Bruce Lincoln, *Holy Terrors*, op. cit., p. 104.

79. Paul Rogers, "The Global War on Terror and Its Impact on the Conduct of War". In: George Kassimeris, (Org.), *The Barbarisation of Warfare*. Londres, 2006, p. 188.

80. David Cook, *Understanding Jihad*, op. cit., p. 157. Cook comenta: "Infelizmente, à luz das revelações da prisão de Abu Ghraib na primavera de 2004, não é tão implausível quanto deveria ter sido".

81. Anthony Dworkin, "The Laws of War in the Age of Asymmetric Conflict". In: George Kassimeris (Org.), *Barbarisation of Warfare*, op. cit., pp. 220, 233.

82. Joanna Bourke, "Barbarisation vs. Civilisation in Time of War". In: George Kassimeris (Org.), *Barbarisation of Warfare*, op. cit., p. 37.

83. Anthony Dworkin, "Laws of War", op. cit., p. 220.

84. Paul Rogers, "Global War on Terror", op. cit., p. 192.

85. *The Guardian*, datablog, 12 abr. 2013. A ONU começou a divulgar estatísticas de mortes de civis em 2007.

86. Marc Sageman, *Leaderless Jihad*, op. cit., pp. 136-7.

87. Press Release da Casa Branca "President Discusses the Future of Iraq", 26 fev. 2003.

88. Press Release da Casa Branca, "President Bush Saluting Veterans at White House Ceremony", 11 nov. 2002.

89. Timothy H. Parsons, *The Rule of Empires: Those Who Built Them, Those Who Endured Them, and Why They Always Fail*. Oxford, 2010, pp. 423-50.

90. Bruce Lincoln, *Religion, Empire, and Torture: The Case of Achaemenian Persia, with a Postscript on Abu Ghraib*. Chicago e Londres, 2007, pp. 97-9.

91. Ibid., pp. 97-8.

92. Lc 4,18-9.

93. Bruce Lincoln, *Religion, Empire, and Torture*, op. cit., pp. 101-7.
94. Susan Sontag, "What Have We Done?", *The Guardian*, 24 maio 2005.
95. Bruno Lincoln, *Religion, Empire and Torture*, op. cit., pp. 101-2.
96. Timothy H. Parsons, *Rule of Empires*, op. cit., pp. 423-34.
97. Bashir, Friday Prayers, Umm al-Oura, Bagdá, 11 jun. 2004, citado em Edward Coy, "Iraqis Put Contempt for Troops on Display". *The Washington Post*, 12 jun. 2004; George Kassimeris (Org.), Kassimeris, "Barbarisation of Warfare". In: id. (Org.), *Barbarisation of Warfare*, op. cit., p. 16.
98. Paul Rogers, "Global War on Terror", op. cit., pp. 193-4.
99. Anthony Dworkin, "Laws of War", op. cit., p. 253.
100. Marc Sageman, *Leaderless Jihad*, op. cit., pp. 139-42.
101. Ibid., pp. 31-2.
102. Michael Bonner, *Jihad in Islamic History*. Princeton, NJ; Oxford, 2006, p. 164.
103. Marc Sageman, *Leaderless Jihad*, op. cit., pp. 156-7, 159.
104. John L. Esposito e Dahlia Mogahed, *Who Speaks for Islam? What a Billion Muslims Really Think; Based on Gallup's World Poll—The Largest Study of Its Kind*. Nova York, 2007, pp. 69-70.
105. Citado em Joos R. Hiltermann, *A Poisonous Affair: America, Iraq, and the Gassing of Halabja*. Cambridge, GB, 2007, p. 243.
106. Naureen Shah, "Time for the Truth About 'Targeted Killings'". *The Guardian*, 22 out. 2013.
107. Rafiq ur Rehman, "Please Tell Me, Mr President, Why a US Drone Assassinated My Mother". *The Guardian*, 25 out. 2013.

POSFÁCIO [pp. 423-31]

1. Alcorão 29:46, para citar só um exemplo.
2. Alcorão 22:40. Oxford, 2004.
3. Também se deve a uma prevalência das ideias Wahhabi que foram promovidas em todo o mundo muçulmano com a tácita aprovação dos Estados Unidos.
4. John Fowles, *The Magus*, ed. rev. Londres, 1987, p. 413.

Referências bibliográficas

ABDEL HALEEM, M. A. S. (Trad.). *The Qur'an: A New Translation*. Oxford; Nova York, 2004.
ABELARDO, Pedro. *A Dialogue of a Philosopher with a Jew and a Christian*. Trad. de P. J. Payer. Toronto, 1979.
ABULAFIA, David. *Frederick II: A Medieval Emperor*. Nova York; Oxford, 1992.
ADAMS, Charles. "Mawdudi and the Islamic State". In: ESPOSITO, John L. (Org.). *Voices of Resurgent Islam*. Nova York; Oxford, 1983.
ADAMS, Dickenson W. (Org.). *Jefferson's Extracts from the Gospels*. Princeton, NJ, 1983.
ADAMS, R. M. *Heartlands of Cities: Surveys on Ancient Settlements and Land Use on the Central Floodplains of the Euphrates*. Chicago, 1981.
AGAMBEN, Giorgio. *The Kingdom and the Glory: For a Theological Genealogy of Economy and Government*. Trad. de Lorenzo Chiesa with Matteo Mandarini. Stanford, CA, 2011.
_____. *State of Exception*. Trad. de Kevin Attell. Chicago; Londres, 2005.
AHLSTROM, Gosta W. *The History of Ancient Palestine*. Mineápolis, 1993.
AHMAD, Kharshid; USHAQ, Zafar. *Islamic Perspectives*. Leicester, GB, 1979.
AHMAD, Mumtaz. "Islamic Fundamentalism in South Asia: The Jamaat-i-Islami and the Tablighi Jamaat". In: MARTY, Martin E.; APPLEBY, R. Scott (Orgs.). *Fundamentalisms Observed*. Chicago; Londres, 1991.
AHMED, Rafiuddin. "Redefining Muslim Identity in South Asia: The Transformation of the Jamaat-i-Islami". In: MARTY, Martin E.; APPLEBY, R. Scott (Orgs.). *Accounting for Fundamentalisms: The Dynamic Character of Movements*. Chicago; Londres, 1994.
AHO, James A. *Religious Mythology and the Art of War: Comparative Religious Symbolisms of Military Violence*. Westport, CT, 1981.

AKHAVI, Shahrough. *Religion and Politics in Contemporary Iran: Clergy-State Relations in the Pahlavi Period*. Albany, NY, 1980.

_____. "Shariati's Social Thought". In: KEDDIE, Nikki R. (Org.). *Religion and Politics in Iran: Shiism from Quietism to Revolution*. New Haven, CT; Londres, 1983.

AL-AZMEH, Aziz. *Islams and Modernities*. 3. ed. Londres; Nova York, 2009.

_____. *Muslim Kingship: Power and the Sacred in Muslim Christian and Pagan Politics*. Londres; Nova York, 1997.

ALGAR, Hamid. "The Oppositional Role of the Ulema in Twentieth-Century Iran". In: KEDDIE, Nikki R. (Org.). *Scholars, Saints and Sufis: Muslim Religious Institutions in the Middle East Since 1500*. Berkeley; Los Angeles; Londres, 1972.

_____. *Religion and State in Iran, 1785-1906*. Berkeley, CA, 1984.

_____. *Wahhabism: A Critical Essay*. Oneonta, NY, 2002.

ALLAH, Louis Atiyat. "Moments Before the Crash, By the Lord of the 19". In: COOK, David, *Understanding Jihad*. Berkeley; Los Angeles; Londres, 2005.

ALLEN, J. W. *A History of Political Thought in the Sixteenth Century*. Londres, 1928.

ALLEN, William. *Apologie of the English College*. Douai, 1581.

ALTER, Robert; KERMODE, Frank (Orgs.). *A Literary Guide to the Bible*. Londres, 1987.

ANDERSON, Benedict. *Imagined Communities: Reflections on the Origin and Spread of Nationalism*. Londres; Nova York, 2003.

ANDERSON, Perry. *Lineages of the Absolutist State*. Londres, 1974.

_____. *Passages from Antiquity to Feudalism*. Londres, 1974.

ANDRAE, Tor. *Muhammad: The Man and His Faith*. Trad. de Theophil Menzel. Londres, 1936.

ANDRESKI, Stanislav. *Military Organization and Society*. Berkeley; Los Angeles; Londres, 1968.

ANGEL, J. L. "Paleoecology, Paleogeography and Health". In: POLGAR, S. (Org.). *Population, Ecology, and Social Evolution*. Haia, 1975.

ANNESLEY, George. *The Rise of Modern Egypt: A Century and a Half of Egyptian History*. Durham, GB, 1997.

ANÔNIMO. "Final Instructions to the Hijackers of September 11". In: LINCOLN, Bruce, *Holy Terrors: Thinking About Religion After September 11*. 2. ed. Chicago; Londres, 2006.

ANÔNIMO (Org.). *Fast Day Sermons, or The Pulpit on the State of the Country*. Charleston, SC, 2009.

APPLEBY, R. Scott. *The Ambivalence of the Sacred: Religion, Violence and Reconciliation*. Lanham, MD, 2000.

_____ (Org.). *Spokesmen of the Despised: Fundamentalist Leaders of the Middle East*. Chicago, 1997.

ARAN, Gideon. "The Father, the Son and the Holy Land: The Spiritual Authorities of Jewish-Zionist Fundamentalism in Israel". In: APPLEBY, R. Scott (Org.). *Spokesmen of the Despised: Fundamentalist Leaders of the Middle East*. Chicago, 1997.

_____. "Jewish Zionist Fundamentalism". In: MARTY, E. Marty; APPLEBY, R. Scott (Orgs.). *Fundamentalisms Observed*. Chicago; Londres, 1991.

_____. "The Roots of Gush Emunim". *Studies in Contemporary Jewry*, v. 2, 1986.

ARDAGH, Sir John. Discurso em *The Proceedings of the Hague Peace Conference*. Londres, 1920.

ARENDT, Hannah. *On Revolution*. Londres, 1963.

ARENDT, Hannah. *On Violence*. San Diego, 1970.

_____. *The Origins of Totalitarianism*. San Diego, 1979.

ARISTÓTELES. *The Basic Works of Aristotle*. Org. de Richard McKeon. Nova York, 1941.

ASAD, Muhammad (Trad.). *The Message of the Qur'an*. Gibraltar, 1980.

ASAD, Talal. *Formations of the Secular: Christianity, Islam, Modernity*. Stanford, CA, 2003.

_____. *Genealogies of Religion: Discipline and Reasons of Power in Christianity and Islam*. Baltimore; Londres, 1993.

_____. *On Suicide Bombing: The Wellek Lectures*. Nova York, 2007.

ATANÁSIO. "Life of Antony". In: GREGG, R. C. (Trad.). *The Life of Anthony and the Letter to Marcellinus*. Nova York, 1980.

AGOSTINHO. *On the Free Choice of the Will*. Trad. de Thomas Williams. Indianápolis, 1993.

AVALOS, Hector. *Fighting Words: The Origins of Religious Violence*. Amherst, NY, 2005.

AZZAM, Abdullah Yusuf. *The Defence of Muslim Lands*. Birmingham, GB, s.d.

_____. *Join the Caravan*. Birmingham, GB, s.d.

_____. "The Last Will of Abdullah Yusuf Azzam, Who Is Poor Unto His Lord". Birmingham, GB, s.d.

BACHRACH, David S. *Religion and the Conduct of War, c. 300-1215*. Woodbridge, GB, 2003.

BAER, Yitzhak. *A History of the Jews in Christian Spain*. Filadélfia, 1966. 2 v.

BAINTON, Ronald H. *Christian Attitudes Toward War and Peace*. Nashville; Nova York, 1960.

BAIRD, Robert D. (Org.). *Religion in Modern India*. Deli, 1981.

BAMMEL, F.; MOULE, C. F. D. (Orgs.). *Jesus and the Politics of His Day*. Cambridge, GB, 1981.

BAMYEH, Mohammed A. *The Social Origins of Islam: Mind, Economy, Discourse*. Mineápolis, 1999.

BARBER, Malcolm. *The New Knighthood: A History of the Order of the Templars*. Cambridge, GB, 1995.

BARBER, Richard. *The Knight and Chivalry*. Nova York, 1970.

BARING, Evelyn; CROMER, Lord. *Modern Egypt*. Nova York, 1908. 2 v.

BARKER, Margaret. *The Gate of Heaven: The History and Symbolism of the Temple in Jerusalem*. Londres, 1991.

BARKUN, Michael. *Religion and the Racist Right: The Origins of the Christian Identity Movement*. Chapel Hill, NC, 1996.

BARNIE, John. *War in Medieval English Society: Social Values and the Hundred Years War, 1337-99*. Ithaca, NY, 1974.

BARY, Wm. Theodore de. *The Trouble with Confucianism*. Cambridge, MA; Londres, 1996.

_____; BLOOM, Irene (Orgs.). *Sources of Chinese Tradition, from Earliest Times to 1600*. 2. ed. Nova York, 1999.

BASHEAR, Suliman, "Apocalyptic and Other Materials on Early Muslim-Byzantine Wars." *Journal of the Royal Asiatic Society*, 3. ser., v. 1, n. 2, 1991.

BAUMAN, Zygmunt. *Modernity and the Holocaust*. Cambridge, GB, 1992.

BEAUVOIR, Simone de. *Memoirs of a Dutiful Daughter*. Nova York, 1974.

BEBBINGTON, D. W. *Evangelicalism in Modern Britain: A History from the 1730s to the 1980s*. Londres, 1989.

BEECHER, Henry W. *Patriotic Addresses*. Nova York, 1887.

BEEMAN, Richard; BOTEIN, Stephen; CARTER III, Edward E. (Orgs.). *Beyond Confederation: Origins of the Constitution in American Identity*. Chapel Hill, NC, 1987.

BEEMAN, William. "Images of the Great Satan: Representations of the United States in the Iranian Revolution". In: KEDDIE, Nikki R. (Org.). *Religion and Politics in Iran: Shiism from Quietism to Revolution*. New Haven, CT; Londres, 1983.

BEHR, John. *Irenaeus of Lyons: Identifying Christianity*. Oxford, 2013.

BEINART, Haim. *Conversos on Trial: The Inquisition in Ciudad Real*. Jerusalém, 1981.

BELL, Catherine. *Ritual Theory, Ritual Practice*. Nova York, 1992.

BELL, H. I.; MARTIN, V.; TURNER, E. G.; VAN BURCHEM, D. *The Abinnaeus Archive*. Oxford, 1962.

BENDIX, Reinard. *Kings or People: Power and the Mandate to Rule*. Berkeley, CA, 1977.

BEN DOV, Meir. *The Western Wall*. Jerusalém, 1983.

BENSON, Larry (Org. e trad.). *King Arthur's Death: The Middle English Stanzaic Morte d'Arthur and the Alliterative Morte d'Arthur*. Kalamazoo, MI, 1994.

BENVENISTI, Meron. *Jerusalem: The Torn City*. Jerusalém, 1975.

BERCHANT, Heinz. "The Date of the Buddha Reconsidered". *Indologia Taurinensen*, v. 10, s.d.

BERGER, Michael S. "Taming the Beast: Rabbinic Pacification of Second-Century Jewish Nationalism". In: WELLMAN JR., James K. (Org.). *Belief and Bloodshed: Religion and Violence Across Time and Tradition*. Lanham, MD, 2007.

BERGER, Peter. *The Sacred Canopy: Elements of Sociological Theory*. Nova York, 1967.

BERMAN, Joshua. *Biblical Revolutions: The Transformation of Social and Political Thought in the Ancient Near East*. Nova York; Oxford, 2008.

BERMAN, Paul. *Terror and Liberalism*. Nova York, 2003.

BERNARDO DE CLAIRVAUX. *In Praise of the New Knighthood: A Treatise on the Knights Templar and the Holy Places of Jerusalem*. Trad. de M. Conrad Greenia OCSO. Introdução de Malcolm Barber. Collegeville, MN, 2008.

BLACK, Jeremy. "Warfare, Crisis and Absolutism". In: CAMERON, Euan (Org.). *Early Modern Europe: An Oxford History*. Oxford, 1999.

BLAKE, E. O. "The Formation of the Crusade Idea". *Journal of Ecclesiastical History*, v. 21, n. 1, 1970.

BLANNING, T. C. "Epilogue: The Old Order Transformed". In: CAMERON, Euan (Org.). *Early Modern Europe: An Oxford History*. Oxford, 1999.

BLOCH, Marc. *Feudal Society*. Trad. de L. A. Manyon. Londres, 1961.

BLOCH, Ruth H. *Visionary Republic: Millennial Themes in American Thought, 1756-1800*. Cambridge, GB, 1985.

BLOXHAM, David. *The Great Game of Genocide: Imperialism, Nationalism and the Destruction of the Ottoman Armenians*. Oxford, 2007.

BICKERMAN, Elias J. *From Ezra to the Last of the Maccabees*. Nova York, 1962.

BLOCKMANS, Wim. *Emperor Charles V, 1500-1558*. Londres; Nova York, 2002.

BOAK, A. E.; HARVEY, H. C. *The Archive of Aurelius Isidore*. Ann Arbor, MI, 1960.

BODDE, Derk. *Festivals in Classical China and Other Annual Observances During the Han Dynasty, 206 B.C.-A.D. 220*. Princeton, NJ, 1975.

_____. "Feudalism in China". In: COULBORN, Rushton (Org.). *Feudalism in History*. Hamden, CT, 1965.

BONNER, Michael. *Aristocratic Violence and the Holy War: Studies in Jihad and the Arab-Byzantine Frontier*. New Haven, CT, 1996.

_____. *Jihad in Islamic History*. Princeton, NJ; Oxford, 2006.

BONNEY, Richard. *Jihad: From Qur'an to Bin Laden*. Nova York, 2004.

BORG, Marcus. *Jesus: Uncovering the Life, Teachings, and Relevance of a Religious Revolutionary*. Nova York, 2006.

BOROWITZ, Albert. *Terrorism for Self-Glorification: The Herostratos Syndrome*. Kent, OH, 2005.

BORUJERDI, Mehrzad. *Iranian Intellectuals and the West: The Tormented Triumph of Nativism*. Syracuse, NY, 1996.

BOSSY, John. *Christianity in the West, 1400-1700*. Oxford, 1985.

_____. "Unrethinking the Wars of Religion". In: KSELMAN, Thomas (Org.). *Belief in History: Innovative Approaches to European and American Religion*. Notre Dame, IN, 1991.

BOURKE, Joanna. "Barbarisation vs. Civilisation in Time of War". In: KASSIMERIS, George (Org.). *The Barbarisation of Warfare*. Londres, 2006.

_____. *An Intimate History of Killing: Face to Face Killing in Twentieth-Century Warfare*. Nova York, 1999.

BOUSTAN, Ra'anau S.; JASSEN, Alex P.; ROETZAL, Calvin J. (Orgs.). *Violence, Scripture and Textual Practice in Early Judaism and Christianity*. Leiden, 2010.

BOWERSTOCK, G. W. *Hellenism in Late Antiquity*. Ann Arbor, MI, 1990.

BOWKER, John. *The Religious Imagination and the Sense of God*. Oxford, 1978.

BOYCE, Mary. "Priests, Cattle and Men". *Bulletin of the School of Oriental and African Studies*, v. 50, n. 3, 1998.

_____. *Zoroastrians: Their Religious Beliefs and Practices*. 2. ed. Londres; Nova York, 2001.

BOYER, Paul. *When Time Shall Be No More: Prophecy Belief in Modern American Culture*. Cambridge, MA, 1992.

BRACE, F. F. "Render to Caesar". In: BAMMEL, F.; MOULE, C. F. D. (Orgs.). *Jesus and the Politics of His Day*. Cambridge, GB, 1981.

BRASS, Paul R. *Communal Riots in Post-Independence India*. Seattle, 2003.

BRENNER, Jan N. "Secularization: Notes Toward the Genealogy". In: DE VRIES, Henk (Org.). *Religion Beyond a Concept*. Nova York, 2008.

BRIGDON, Susan. *London and the Reformation*. Oxford, 1989.

BRIGGS, Robin. "Embattled Faiths: Religion and Natural Philosophy". In: CAMERON, Euan (Org.). *Early Modern Europe: An Oxford History*. Oxford, 1999.

BRISCH, Nicole (Org.). *Religion and Power: Divine Kingship in the Ancient World and Beyond*. Chicago, 2008.

BRODIE, Bernard; BRODIE, Fawn. *From Crossbow to H-Bomb*. Bloomington, IN, 1972.

BRONOWSKI, Jacob. *The Ascent of Man*. Boston, 1973.

BROOKS, E. W. (Trad.). *The Sixth Book of the Select Letter of Severus, Patriarch of Antioch*. Londres, 1903.

BROWN, John Pairman. "Techniques of Imperial Control: Background of the Gospel Event". In: GOTTWALD, Normal (Org.). *The Bible of Liberation: Political and Social Hermeneutics*. Maryknoll, NY, 1985.

BROWN, Judith M. (Org.). *Mahatma Gandhi: Essential Writings*. Londres; Nova York, 2008.

BROWN, Peter. *Authority and the Sacred: Aspects of the Christianization of the Roman World.* Cambridge, GB, 1995.

_____. *The Body and Society: Men, Women and Sexual Renunciation in Early Christianity.* Londres; Boston, 1988.

_____. *The Cult of the Saints: Its Rise and Function in Latin Christianity.* Chicago; Londres, 1981.

_____. *The Making of Late Antiquity.* Cambridge, MA; Londres, 1973.

_____. *Poverty and Leadership in the Later Roman Empire.* Hanover, NH; Londres, 2002.

_____. *Power and Persuasion in Late Antiquity: Towards a Christian Empire.* Madison, WI; Londres, 1992.

_____. "Religious Coercion in the Later Roman Empire: The Case of North Africa". *History,* v. 48, 1961.

_____. "Religious Dissent in the Later Roman Empire: The Case of North Africa". *History,* v. 46, 1961.

_____. "The Rise of the Holy Man in Late Antiquity". *Journal of Roman Studies,* v. 61, 1971.

_____. *The Rise of Western Christendom: Triumph and Diversity, AD 200-1000.* Oxford; Malden, MA, 1996.

_____. *Society and the Holy in Late Antiquity.* Berkeley; Los Angeles; Londres, 1982.

_____. *The World of Late Antiquity, AD 150-750.* Londres, 1971, 1989.

BROWN, Richard Maxwell. *Strains of Violence: Historical Studies of American Violence and Vigilantism.* Nova York, 1975.

BRUMBERG, Daniel. "Khomeini's Legacy: Islamic Rule and Islamic Social Justice". In: APPLEBY, R. Scott (Org.). *Spokesmen for the Despised: Fundamentalist Leaders of the Middle East.* Chicago, 1997.

BRUNS, Gerald L. "Midrash and Allegory: The Beginnings of Scriptural Interpretation". In: ALTER, Robert; KERMODE, Frank (Orgs.). *A Literary Guide to the Bible.* Londres, 1987.

BRYANT, Edwin. *The Quest for the Origins of Vedic Culture: The Indo-Aryan Debate.* Oxford; Nova York, 2001.

BRYCE, T. *The Kingdom of the Hittites.* Oxford, 1998.

BURG, S. "The International Community and the Yugoslav Crisis". In: ESHMAN, Milton; TELHAMI, Shibley (Orgs.). *International Organization of Ethnic Conflict.* Ithaca, NY, 1994.

BURKE, Jason. *Al-Qaeda.* Londres, 2003.

BURKE, Victor Lee. *The Clash of Civilizations: War-Making & State Formation in Europe.* Cambridge, GB, 1997.

BURKERT, Walter. *Homo Necans: The Anthropology of Ancient Greek Sacrificial Ritual and Myth.* Trad. de Walter Bing. Berkeley; Los Angeles; Londres, 1983.

_____. *Structure and History in Greek Mythology and Ritual.* Berkeley; Los Angeles; Londres, 1980.

BURLEIGH, Michael. *Earthly Powers: Religion and Politics in Europe from the Enlightenment to the Great War.* Londres; Nova York; Toronto; Sydney, 2005.

BURMAN, Edward. *The Assassins: Holy Killers of Islam.* Londres, 1987.

BURTON-CHRISTIE, Douglas. *The Word in the Desert: Scripture and the Quest for Holiness in Early Christian Monasticism.* Nova York; Oxford, 1993.

BUSBY, Keith. (Trad.). *Raoul de Hodence: Le Roman des eles: The Anonymous Ordere de Cevalerie*. Filadélfia, 1983.

BUSHNELL, Howard. *Building Eras in Religion*. Nova York, 1981.

BUSSMANN, Klaus; SCHILLING, Heinz (Orgs.). *War and Peace in Europe*. Münster, 1998. 3 v.

BUTLER, Jon. *Awash in a Sea of Faith: Christianizing the American People*. Cambridge, MA; Londres, 1990.

BUTZER, Karl W. *Early Hydraulic Civilization in Egypt: A Study in Cultural Ecology*. Chicago, 1976.

_____. *Environment and Archaeology: An Ecological Approach to Prehistory*. Chicago, 1971.

CALVIN, John. *The Commentaries of John Calvin on the Old Testament*. Westminster, GB, 1643-8. 30 v.

CAMERON, Euan (Org.). *Early Modern Europe: An Oxford History*. Oxford, 1999.

_____. "The Power of the Word: Renaissance and Reformation". In: CAMERON, Euan. *Early Modern Europe. An Oxford History*. Oxford, 1999.

CAMPBELL, Joseph. *Historical Atlas of World Mythologies*. Nova York, 1988. 2 v.

_____; MOYERS, Bill. *The Power of Myth*. Nova York, 1988.

CANER, Daniel. *Wandering, Begging Monks: Spiritual Authority and the Promotion of Monasticism in Late Antiquity*. Berkeley; Los Angeles; Londres, 2002.

CANTOR, Norman. *The Sacred Chain: A History of the Jews*. Nova York, 1994; Londres, 1995.

CARDINI, Franco. "The Warrior and the Knight". In: LE GOFF, Jacques (Org.). *The Medieval World*. Trad. de Lydia C. Cochrane. Londres, 1990.

CARLEN, Claudia (Org.). *The Papal Encyclicals, 1740-1981*. Falls Church, VA, 1981. 5 v.

CARLYLE, Thomas (Org.). *Oliver Cromwell's Letters and Speeches*. Nova York, 1871. 3 v.

CARMICHAEL, Calum M. *The Laws of Deuteronomy*. Eugene, OR, 1974.

_____. *The Spirit of Biblical Law*. Athens, GA, 1996.

CARRASCO, David. *City of Sacrifice: The Aztec Empire and the Role of Violence in Civilization*. Boston, 1999.

CARRITHERS, Michael. *The Buddha*. Oxford; Nova York, 1983.

CARTER, Warren. "Construction of Violence and Identities in Matthew's Gospel". In: MATTHEWS, Shelly; GIBSON, E. Leigh (Orgs.). *Violence in the New Testament*. Nova York; Londres, 2005.

_____. *Matthew and the Margins: A Socio-Political and Religious Reading*. Sheffield, GB, 2000.

CAVANAUGH, William T. *Migrations of the Holy: God, State and the Political Meaning of the Church*. Grand Rapids, MI, 2011.

_____. *The Myth of Religious Violence*. Oxford, 2009.

CHANG, Kwang-chih. *Archaeology of Ancient China*. New Haven, CT, 1968.

_____. *Art, Myth und Ritual: The Path to Political Authority in Ancient China*. Cambridge, MA, 1985.

_____. *Shang Civilization*. New Haven, CT, 1980.

CHILDS, John. *Armies and Warfare in Europe, 1648-1789*. Manchester, GB, 1985.

CHING, Julia. *Mysticism and Kingship in China: The Heart of Chinese Wisdom*. Cambridge, GB, 1997.

CHOUEIRI, Youssef M. *Islamic Fundamentalism*. Londres, 1970.

CHURCHILL, Ward. *A Little Matter of Genocide: Holocaust and Denial in the Americas, 1492 to the Present*. San Francisco, 1997.

CIPOLLA, Carlo M. *Before the Industrial Revolution: European Society and Economy, 1000-1700*. Nova York, 1976.

CLARK, Peter. *Zoroastrianism: An Introduction to an Ancient Faith*. Brighton, GB; Portland, OR, 1998.

CLARKE, I. F. *Voices Prophesying War: Future Wars, 1763-3749*. 2. ed. Oxford; Nova York, 1992.

CLEMENTS, R. E. (Org.). *The World of Ancient Israel: Sociological, Anthropological and Political Perspectives*. Cambridge, GB, 1989.

CLIFFORD, Richard J. *The Cosmic Mountain in Canaan and the Old Testament*. Cambridge, MA, 1972.

COGAN, Mordechai; EPHAL, Israel (Orgs.). *Studies in Assyrian History and Ancient Near Eastern Historiography*. Jerusalém, 1991.

COHEN, Mark Nathan. *The Food Crisis in Prehistory*. New Haven, CT, 1978.

COHN, Norman. *Cosmos, Chaos and the World to Come: The Ancient Roots of Apocalyptic Faith*. New Haven, CT; Londres, 1993.

_____. *Europe's Inner Demons: The Demonization of Christians in the Middle Ages*. Londres, 1975.

_____. *The Pursuit of the Millennium: Revolutionary Millenarians and Mystical Anarchists in the Middle Ages*. Londres, 1984.

_____. *Warrant for Genocide*. Londres, 1967.

COLBY, Elbridge. "How to Fight Savage Tribes". *American Journal of International Law*, v. 21, n. 2, 1927.

COLLINS, Steven. *Selfless Persons: Imagery and Thought in Theravada Buddhism*. Cambridge, GB, 1982.

CONTAMINE, Philippe. *War in the Middle Ages*. Trad. de Michael Jones. Oxford, 1984.

CONZE, Edward. *Buddhism: Its Essence and Development*. Oxford, 1981.

_____. *Buddhist Meditation*. Londres, 1956.

COOK, David. "Jihad and Martyrdom in Islamic History". In: MURPHY, Andrew R. (Org.). *The Blackwell Companion to Religion and Violence*. Chichester, GB, 2011.

_____. *Understanding Jihad*. Berkeley; Los Angeles; Londres, 2005.

COOK, Jill. *The Swimming Reindeer*. Londres, 2010.

COOMARASWAMY, Ananda; NIVEDITA, Sister. *Myths of the Hindus and Buddhists*. Londres, 1967.

COOPER, Thia. "Liberation Theology and the Spiral of Violence". In: MURPHY, Andrew R. (Org.). *The Blackwell Companion to Religion and Violence*. Chichester, GB, 2011.

COOTE, Robert; WHITELAM, Keith E.. *The Emergence of Early Israel in Historical Perspective*. Sheffield, 1987.

COTTON, Bruce. *Grant Takes Command*. Boston, 1968.

COULBORN, Rushton (Org.). *Feudalism in History*. Hamden, CT, 1965.

COWDREY. H. E. J. "The Peace and Truce of God in the Eleventh Century". *Past and Present*, v. 46, 1970.

_____. "Pope Gregory VII's 'Crusading' Plans of 1074". In: KEDAR, B. Z.; MAYER, H. E.; SMAIL, R. C. (Orgs). *Outremer*. Jerusalém, 1982.

CRECELIUS, Daniel. "Nonideological Responses of the Egyptian Ulema to Modernization". In: KEDDIE, Nikki R. (Org.). *Scholars, Saints and Sufis: Muslim Religious Institutions in the Middle East Since 1500*. Berkeley; Los Angeles; Londres, 1972.

CREEL, H. G. *Confucius: The Man and the Myth*. Londres, 1951.

CRENSHAW, Martha (Org.). "Reflections on the Effects of Terrorism". In: _____. *Terrorism, Legitimacy, and Power. The Consequences of Political Violence*. Middletown, CT, 1983.

_____. *Terrorism, Legitimacy, and Power: The Consequences of Political Violence*. Middletown, CT, 1983.

CRIBB, Roger. *Nomads and Archaeology*. Cambridge, GB, 1999.

CROOKE, Alastair. *Resistance: The Essence of the Islamist Revolution*. Londres, 2009.

CROSS, Frank Moore. *Canaanite Myth and Hebrew Epic: Essays in the History of the Religion of Israel*. Cambridge, MA; Londres, 1973.

CROSSAN, John Dominic. *God and Empire: Jesus Against Rome, Then and Now*. Nova York, 2007.

_____. *Jesus: A Revolutionary Biography*. Nova York, 1994.

CROUZET, Denis. *Les Guerriers de Dieu: La Violence au temps des troubles de religion*. Seyssel, 1990.

CRUSEMANN, Frank. *The Torah: Theology and Social History of Old Testament Law*. Trad. de Allen W. Mahnke. Mineápolis, 1996.

CURTIS, John. *The Cyrus Cylinder and Ancient Persia: A New Beginning for the Middle East*. Londres, 2013.

DALLEY, Stephanie (Org. e trad.). *Myths from Mesopotamia: Creation, The Flood, Gilgamesh, and Others*. Oxford; Nova York, 1989.

DANIEL, Norman. *The Arabs and Medieval Europe*. Londres; Beirute, 1975.

_____. *Islam and the West: The Making of an Image*. 2. ed. Oxford, 1993.

DAVIDSON, Basil. *The African Slave Trade*. Boston, 1961.

DAVIS, Natalie Zemon. "The Rites of Violence: Religious Riot in Sixteenth-Century France". *Past and Present*, v. 59, 1973.

DAWKINS, Richard. *The God Delusion*. Londres, 2007.

DEARMAN, Andrew (Org). *Studies in the Mesha Inscription and Moab*. Atlanta, 1989.

DELONG-BAS, Natana J. *Wahhabi Islam: From Revival and Reform to Global Jihad*. Cairo, 2005.

DEVER, William G. *What Did the Biblical Writers Know and When Did They Know It? What Archaeology Can Tell Us About the Reality of Ancient Israel*. Grand Rapids, MI; Cambridge, GB, 2001.

DIAKONOFF, I. M. *Ancient Mesopotamia: Socio-Economic History*. Moscou, 1969.

DIEFENDORT, Barbara. *Beneath the Cross: Catholics and Huguenots in Sixteenth-Century Paris*. Nova York, 1991.

DONIGER, Wendy. *The Hindus: An Alternative History*. Oxford, 2009.

DONNE, John. *Sermons of John Donne*. Org. de George R. Potter e Evelyn M. Simpson. Berkeley, CA, 1959.

DONNER, F. *The Early Islamic Conquests*. Princeton, NJ, 1980.

_____. "The Origins of the Islamic State". *Journal of the American Oriental Society*, v. 106, 1986.

DORRELL, P. "The Uniqueness of Jericho". In: MOOREY, P. R. S.; PARR, P. J. (Orgs.). *Archaeology in the Levant: Essays for Kathleen Kenyon*. Warminster, GB, 1978.

DOUGLAS, Mary. *In the Wilderness: The Doctrine of Defilement in the Book of Numbers*. Oxford; Nova York, 2001.

_____. *Leviticus as Literature*. Oxford; Nova York, 1999.

DRAKE, Harold A. *Constantine and the Bishops: The Politics of Intolerance*. Baltimore, 2000.

_____. *In Praise of Constantine: A Historical Study and New Translation of Eusebius' Tricennial Orations*. Londres; Nova York, 1997.

DRONKE, Peter (Org. e trad.). *Women Writers of the Middle Ages: A Critical Study of Texts from Perpetua († 203) to Marguerite Porete († 1310)*. Cambridge, MA, 1984.

DUBUISSON, Daniel. *The Western Construction of Religion: Myths, Knowledge, and Ideology*. Trad. de William Sayers. Baltimore, 2003.

DUBY, Georges. *The Chivalrous Society*. Londres, 1977.

_____. *The Early Growth of the European Economy: Warriors and Peasants from the Seventh to the Twelfth Century*. Trad. de H. B. Clarke. Ithaca, NY, 1974.

_____. *The Knight, the Lady and the Priest*. Harmondsworth, GB, 1983.

_____. *The Three Orders: Feudal Society Imagined*. Londres, 1980.

DUMEZIL, Georges. *The Destiny of the Warrior*. Trad. de Alf Hiltebeitel. Chicago e Londres, 1969.

DUMONT, Louis. "World Renunciation in Indian Religions". *Contributions to Indian Sociology*, v. 4, 1960.

DUNDAS, Paul. *The Jains*. Londres; Nova York, 2002.

DUNN, Richard. *The Age of Religious Wars, 1559-1689*. Nova York, 1970.

DURKHEIM, Émile. *The Elementary Forms of the Religious Life*. Trad. de Joseph Swain. Glencoe, IL, 1915.

DUTTON, P. E. *Carolingian Civilization*. Peterborough, ON, 1993.

DWIGHT, Timothy. *A Valedictory Address to the Young Gentlemen Who Commenced Bachelor of Arts, July 27, 1776*. New Haven, CT, 1776.

DWORKIN, Anthony. "The Laws of War in the Age of Asymmetric Conflict". In: KASSIMERIS, George (Org.). *The Barbarization of Warfare*. Londres, 2006.

DWYER, Philip G. *Talleyrand*. Londres, 2002.

EBERHARD, W. *A History of China*. Londres, 1977.

EDBURY, Peter W. (Org.). *Crusade and Settlement*. Cardiff, 1985.

EDWARDS, Mark. (Trad.). *Optatus: Against the Donatists*. Liverpool, GB, 1997.

EGERTON, Frazer. *Jihad in the West: The Rise of Militant Salafism*. Cambridge, GB, 2011.

EHRENBERG, Margaret. *Women in Prehistory*. Londres, 1989.

EHRENREICH, Barbara. *Blood Rites: Origins and History of the Passions of War*. Nova York, 1997.

EIBL-EIBESFELDT, Irenöus. *The Biology of Peace and War: Man, Animals and Aggression*. Nova York, 1979.

_____. *Human Ethology*. Nova York, 1989.

EIDELBERG, Shlomo (Org. e trad.). *The Jews and the Crusaders: The Hebrew Chronicles of the First and Second Crusades*. Londres, 1977.

EISEN, Robert. *The Peace and Violence of Judaism: From the Bible to Modern Zionism*. Oxford, 2011.

EISENSTADT, S. N. (Org.). *The Origins and Diversity of Axial Age Civilizations*. Albany, NY, 1986.

EL-GUINDY, Fedwa. "The Killing of Sadat and After: A Current Assessment of Egypt's Islamist Movement". *Middle East Insight*, v. 2, jan.-fev. 1982.

ELIADE, Mircea. *A History of Religious Ideas*. Trad. de Willard R. Trask. Chicago; Londres, 1978, 1982, 1985. 3 v.

_____. *The Myth of the Eternal Return, or, Cosmos and History*. Trad. de Willard R. Trask. Princeton, NJ, 1991.

_____. *Patterns in Comparative Religion*. Trad. de Rosemary Sheed. Londres, 1958.

_____. *The Sacred and the Profane: The Nature of Religion*. Trad. de Willard R. Trask. San Diego; Nova York; Londres, 1957.

_____. *Yoga: Immortality and Freedom*. Trad. de Willard R. Trask. Londres, 1958.

ELISSEEFF, N. *Nur al-Din: Un grand prince musulman de Syrie au temps des Croisades*. Damasco, 1967. 3 v.

ELKINS, Stanley. *Slavery: A Problem of American Institutional and Intellectual Life*. Chicago, 1976.

ELON, Amos. *The Israelis: Founders and Sons*. 2. ed. Londres, 1981.

ELVIN, Mark. "Was There a Transcendental Breakthrough in China?". In: EISENSTADT, S. N. (Org.). *The Origins and Diversity of Axial Age Civilizations*. Albany, NY, 1986.

ENGLISH, Richard. *Terrorism: How to Respond*. Oxford; Nova York, 2009.

EPSZTEIN, Léon. *Social Justice in the Ancient Near East and the People of the Bible*. Trad. de John Bowden. Londres, 1986.

ERDMANN, Carl. *The Origin of the Idea of Crusade*. Trad. de Marshall W. Baldwin e Walter Goffart. Princeton, NJ, 1977.

ERTMAN, Thomas. *Birth of the Leviathan: Building States and Regimes in Early Modern Europe*. Cambridge, GB, 1997.

ESHMAN, Milton; TELHAMI, Shibley (Orgs.). *International Organization of Ethnic Conflict*. Ithaca, NY, 1994.

ESPOSITO, John L. "Islam and Muslim Politics". In: _____. *Voices of Resurgent Islam*. Nova York; Oxford, 1983.

_____. *Unholy War: Terror in the Name of Islam*. Nova York; Oxford, 2002.

_____ (Org.). *Voices of Resurgent Islam*. Nova York; Oxford, 1983.

_____; DONOHUE, John J. (Orgs.). *Islam in Transition: Muslim Perspectives*. Nova York, 1982.

_____; MOGAHED, Dahlia. *Who Speaks for Islam? What a Billion Muslims Really Think*. Nova York, 2007.

EUBEN, Roxanne. "Killing (for) Politics: Jihad, Martyrdom, Political Action". *Political Theory*, v. 30, 2002.

EUSEBIUS, *Life of Constantine*. Trad. de Averil Cameron e Stuart G. Hall. Oxford, 1999.

FAKHRY, Majid. *A History of Islamic Philosophy*. Nova York; Londres, 1970.

FAIRBANK, John King; GOLDMAN, Merle. *China: A New History*. 2. ed. Cambridge, MA; Londres, 2006.

FALL, A. *Medieval and Renaissance Origins: Historiographical Debates and Demonstrations*. Londres, 1991.

FANDY, Mahmoun. *Saudi Arabia and the Politics of Dissent*. Nova York, 1999.

FATORIC, Clement. "The Anti-Catholic Roots of Liberal and Republican Conception of Freedom in English Political Thought". *Journal of the History of Ideas*, v. 66, jan. 2005.

FENSHAM, F. C. "Widows, Orphans and the Poor in Ancient Eastern Legal and Wisdom Literature". *Journal of Near Eastern Studies*, v. 21, 1962.

FERGUSON, Niall. *Colossus: The Price of America's Empire*. Nova York, 2004.

_____. *Empire: How Britain Made the Modern World*. Londres, 2003.

_____. "An Empire in Denial: The Limits of U.S. Imperialism". *Harvard International Review*, v. 25, outono 2003.

FERNÁNDEZ-ARMESTO, Felipe. *1492: The Year the Four Corners of the Earth Collided*. Nova York, 2009.

FICHTE, Johann Gottlieb. *Addresses to the German Nation*. Org. e trad. de Gregory Moore. Cambridge, GB, 2008.

FINGARETTE, Herbert. *Confucius: The Secular as Sacred*. Nova York, 1972.

FINKELSTEIN, Israel; Silberman, Neil Asher. *The Bible Unearthed: Archaeology's New Vision of Ancient Israel and the Origin of Its Sacred Texts*. Nova York, 2001.

FINLEY, M. I. (Org.). *Studies in Ancient Society*. Londres; Boston, 1974.

FINN, Melissa. *Al-Qaeda and Sacrifice: Martyrdom, War and Politics*. Londres, 2012.

FIRESTONE, Reuven. *Holy War in Judaism: The Fall and Rise of a Controversial Idea*. Oxford; Nova York, 2012.

_____. *Jihad: The Origin of the Holy War in Islam*. Oxford; Nova York, 1999.

FISCH, Harold. *The Zionist Revolution: A New Perspective*. Tel Aviv; Londres, 1978.

FISCHER, Louis (Org.). *The Essential Gandhi*. Nova York, 1962.

FISCHER, Michael J. "Imã Khomeini: Four Levels of Understanding". In: Esposito, John L. (Org.). *Voices of Resurgent Islam*. Nova York; Oxford, 1980.

_____. *Iran: From Religious Dispute to Revolution*. Cambridge, MA; Londres, 1980.

FISHBANE, Michael. *The Garments of Torah: Essays in Biblical Hermeneutics*. Bloomington; Indianapolis, 1989.

FITZGERALD, Timothy. *The Ideology of Religious Studies*. Oxford, 2000.

_____ (Org.). *Religion and the Secular: Historical and Colonial Formations*. Londres; Oakville, CT, 2007.

FLOOD, Gavin. *An Introduction to Hinduism*. Cambridge, GB; Nova York, 1996.

_____ (Org.). *The Blackwell Companion to Hinduism*. Oxford, 2003.

FLOOR, Willem M. "The Revolutionary Character of the Ulema: Wishful Thinking or Reality?". In: KEDDIE, Nikki R. (Org.). *Religion and Politics in Islam: Shiism from Quietism to Revolution*. New Haven, CT; Londres, 1983.

FORCE, Peter. *Tracts*. Nova York, 1844.

FOSSIER, Robert (Org.). *The Middle Ages*. Trad. de Janet Sondheimer. Cambridge, GB, 1989. 2 v.

FOWDEN, Garth. *Empire to Commonwealth: Consequences of Monotheism in Late Antiquity*. Princeton, NJ, 1993.

FOWLES, John. *The Magus, Revised Edition*. Londres, 1997.

FOX, Everett. (Trad.). *The Five Books of Moses*. Nova York, 1990.

FRANCISCO DE VITORIA. *Political Writings*. Org. de Anthony Pagden e Jeremy Lawrence. Cambridge, GB, 1991.

FRANKFORT, H.; FRANKFORT, H. A. (Orgs.). *The Intellectual Adventure of Ancient Man: An Essay on Speculative Thought in the Ancient Near East*. Chicago, 1946.

FRAYNE, Sean. *Galilee: From Alexander the Great to Hadrian, 323 BCE-135 CE: A Study of Second Temple Judaism*. Notre Dame, IN, 1980.

FREND, W. H. C. *Martyrdom and Persecution in the Early Church: A Study of a Conflict from the Maccabees to Donatus*. Oxford, 1965.

FRIED, M. H. *The Evolution of Political Society: An Essay in Political Anthropology*. Nova York, 1967.

FULCHER DE CHARTRES. *A History of the Expedition to Jerusalem, 1098-1127*. Org. e trad. de Frances Rita Ryan. Knoxville, TN, 1969.

FULLER, Robert C. *Naming the Antichrist: The History of an American Obsession*. Oxford; Nova York, 1995.

FUNG, Yu-Lan. *A Short History of Chinese Philosophy*. Org. e trad. de Derk Bodde. Nova York, 1976.

GABRIELI, Francesco (Org. e trad.). *Arab Historians of the Crusades*. Trad. do italiano de E. J. Costello. Londres, 1969.

GADDIS, Michael. *There Is No Crime for Those Who Have Christ: Religious Violence in the Christian Roman Empire*. Berkeley; Los Angeles; Londres, 2005.

GAFFNEY, Patrick D. *The Prophet's Pulpit: Islamic Preaching in Contemporary Egypt*. Berkeley; Los Angeles; Londres, 1994.

GALAMBUSH, Julia. *The Reluctant Parting: How the New Testament Jewish Writers Created a Christian Book*. San Francisco, 2005.

GARLAN, Yvon. *War in the Ancient World: A Social History*. Londres, 1975.

GARNSEY, Peter. *Famine and Food Shortage in the Greco-Roman World*. Cambridge, GB, 1988.

GAUSTAD, Edwin S. *Faith of Our Fathers: Religion and the New Nation*. San Francisco, 1987.

GAUVREAU, Michael. "Between Awakening and Enlightenment". In: *The Evangelical Century: College and Creed in English Canada from the Great Revival to the Great Depression*. Kingston, ON, e Montreal, 1991.

GEARTY, C. *Terrorism*. Aldershot, GB, 1996.

GELLNER, Ernst. *Nations and Nationalism (New Perspectives on the Past)*. 2. ed. Intr. de John Breuilly. Oxford, 2006.

GENTILI, Alberico. *The Rights of War and Peace, in Three Books*. Londres, 1738.

GEOFFROI DE CHARNY. *The Book of Chivalry of Geoffroi de Charny: Text, Context and Translation*. Trad. de Richard W. Kaeuper e Elspeth Huxley. Filadélfia, 1996.

GEORGE, Andrew. *The Epic of Gilgamesh: The Babylonian Epic Poem and Other Texts in Akkadian and Sumerian*. Londres; Nova York, 1999.

GERASSI, J. (Org.). *Revolutionary Priest: The Complete Writings and Messages of Camilo Torres*. Nova York, 1971.

GERNET, Jacques. *Ancient China: From the Beginnings to the Empire*. Trad. de Raymond Rudorff. Londres, 1968.

_____. *A History of Chinese Civilization*. 2. ed. Org. e trad. de J. R. Foster e Charles Hartman. Cambridge, GB; Nova York, 1996.

GERTH, H. H.; MILLS, C. Wright (Orgs.). *From Max Weber*. Londres, 1948.

GHOSE, Aurobindo. *Essays on the Gita*. Pondichery, 1972.

GHOSH, A. *The City in Early Historical India*. Simla, 1973.

GIDDENS, Anthony. *The Consequences of Modernity*. Cambridge, GB, 1991.
_____. *The Nation-State and Violence*. Berkeley, CA, 1987.
GIL, Moshe. *A History of Palestine, 634-1099*. Trad. de Ethel Broido. Cambridge, GB, 1992.
GILBERT, Paul. *The Compassionate Mind: A New Approach to Life's Challenges*. Londres, 2009.
GILLINGHAM, J.; HOLT, J. C. (Orgs.). *War and Government in the Middle Ages: Essays in Honour of J. O. Prestwich*. Woodbridge, GB; Totowa, NJ, 1984.
GIRARD, Rene. *Violence and the Sacred*. Trad. de Patrick Gregory. Baltimore, 1977.
GLATZER, Nahum. "The Concept of Peace in Classical Judaism". In: *Essays on Jewish Thought*. University, AL, 1978.
GOLD, Daniel. "Organized Hinduisms: From Vedic Truth to Hindu Nation". In: MARTY, Martin E.; APPLEBY, R. Scott (Orgs.). *Fundamentalisms Observed*. Chicago; Londres, 1991.
GOLWALKAR, M. S. *We or Our Nationhood Defined*. Nagpur, 1939.
GOMBRICH, Richard F. *How Buddhism Began: The Conditioned Genesis of the Early Teachings*. Londres; Atlantic Highlands, NJ, 1996.
_____. *Theravada Buddhism: A Social History from Ancient Benares to Modern Colombo*. Londres; Nova York, 1988.
GONDA, Jan. *Change and Continuity in Indian Tradition*. Haia, 1965.
_____. *The Vision of the Vedic Poets*. Haia, 1963.
GOTTWALD, Norman K. *The Hebrew Bible: A Brief Socio-Literary Introduction*. Mineápolis, 2009.
_____. *The Hebrew Bible in Its Social World and in Ours*. Atlanta, 1993.
_____. *The Politics of Ancient Israel*. Louisville, KY, 2001.
_____. *The Tribes of Yahweh*. Maryknoll, NY, 1979.
_____ (Org.). *The Bible of Liberation: Political and Social Hermeneutics*. Maryknoll, NY, 1983.
GRAHAM, A. C. *Disputers of the Tao: Philosophical Argument in Ancient China*. La Salle, IL, 1989.
_____. *Early Mohist Logic, Ethics and Science*. Hong Kong, 1978.
GRANET, Marcel. *Chinese Civilization*. Trad. de Kathleen Innes e Mabel Brailsford. Londres; Nova York, 1951.
_____. *Festivals and Songs of Ancient China*. Trad. de E. D. Edwards. Londres, 1932.
_____. *The Religion of the Chinese People*. Org. e trad. de Maurice Freedman. Oxford, 1975.
GRAYSON, A. K. *Assyrian Royal Inscriptions*. Wiesbaden, 1972. 2 v.
GREGORY, Brad S. *Salvation at Stake: Christian Martyrdom in Early Modern Europe*. Cambridge, MA, e Londres, 1999.
GREER, Donald. *The Incidence of Terror in the French Revolution*. Gloucester, MA, 1935.
GREIL, Arthur L.; BROMLEY, David G. (Orgs.). *Defining Religion: Investigating the Boundaries Between the Sacred and the Secular*. Oxford, 2003.
GRIFFITH, Ralph T. H. (Trad.). *The Rig Veda*. Reimp. Nova York, 1992.
GROSSMAN, Lt. Col. David. *On Killing: The Psychological Cost of Learning to Kill in War and Society*. Ed. rev. Nova York, 2009.
GROTIUS, Hugo. *Rights of War and Peace: In Ten Books*. Londres, 1738.
GUELKE, A. *The Age of Terrorism and the International Political System*. Londres, 2008.
GUIBERTO DE NOGENT. *Monodies and On the Relics of Saints: The Autobiography and a Manifesto of a French Monk from the Time of the Crusades*. Org. e trad. de Joseph McAlhany e Jay Rubenstein. Londres; Nova York, 2011.

GUILLAUME, A. (Org. e trad.). *The Life of Muhammad: A Translation of Ishaq's Sirat Rasul Allah*. Londres, 1955.

GUNN, David E. "Religion, Law and Violence". In: MURPHY, Andrew R. (Org.). *The Blackwell Companion to Religion and Violence*. Chichester, GB, 2011.

GUNN, Steven. "War, Religion and the State". In: Cameron, Euan (Org.). *Early Modern Europe: An Oxford History*. Oxford, 1999.

GUNNING, Jeroen. "Rethinking Religion and Violence in the Middle East". In: MURPHY, Andrew R. (Org.). *The Blackwell Companion to Religion and Violence*. Chichester, GB, 2011.

HADAS-LEBEL, Mireille. *Jerusalem Against Rome*. Trad. de Robyn Freshunt. Leuven, 2006.

HADDAD, Yvonne K. "Sayyid Qutb: Ideologue of Islamic Revival". In: ESPOSITO, John L. (Org.). *Voices of Resurgent Islam*. Nova York; Oxford, 1980.

HAFKESBRINK, Hanna. *Unknown Germany: An Inner Chronicle of the First World War Based on Letters and Diaries*. New Haven, CT, 1948.

HALDON, John. *Warfare, State and Society in the Byzantine World, 565-1204*. Londres; Nova York, 2005.

HARMON, C. C. *Terrorism Today*. Londres, 2008.

HARRIS, J. (Org.). *The Anthropology of War*. Cambridge, GB, 1990.

HARRIS, Marvin. *Cannibals and Kings: The Origins of Cultures*. Nova York, 1977.

_____. *Our Kind: Who We Are, Where We Come From, and Where We Are Going*. Nova York, 1989.

HARRIS, William. *War and Imperialism in Republican Rome*. Oxford, 1979.

HARVEY, A. E. *Strenuous Commands: The Ethic of Jesus*. Londres; Filadélfia, 1990.

HASSIG, Ross. *War and Society in Ancient Mesopotamia*. Berkeley, CA, 1992.

HATCH, Nathan O. *The Democratization of American Christianity*. New Haven, CT, 1989.

_____. *The Sacred Cause of Liberty: Republican Thought and the Millennium in Revolutionary New England*. New Haven, CT, 1977.

HAUSER, Henri. "Political Anarchy and Social Discontent". In: SALMON, J. H. M. (Org.). *The French Wars of Religion: How Important Were Religious Factors?* Lexington, MA, 1967.

HAYES, Carlton J. H. *Essays on Nationalism*. Nova York, 1926.

_____. *Nationalism: A Religion*. Nova York, 1960.

HAZONY, Yoram. *The Philosophy of Hebrew Scripture*. Cambridge, GB, 2012.

HEAD, Thomas; LANDES, Richard (Orgs.). *The Peace of God: Social Violence and Religious Response in France Around the Year 1000*. Ithaca, NY, 1992.

HECK, Paul, L. "Jihad Revisited". *Journal of Religious Ethics*, v. 32, n. 1, 2004.

HEDGES, Chris. *War Is a Force That Gives Us Meaning*. Nova York, 2003.

HEESTERMAN, J. C. *The Broken World of Sacrifice: An Essay in Ancient Indian Religion*. Chicago; Londres, 1993.

_____. *The Inner Conflict of Tradition: Essays on Indian Ritual, Kingship and Society*. Chicago; Londres, 1985.

_____. "Ritual, Revelation and the Axial Age". In: Eisenstadt, S. N. (Org.). *The Origins and Diversity of Axial Age Civilizations*. Albany, NY, 1986.

HEGEL, G. W. F. *Elements of the Philosophy of Right*. Org. de Allen W. Wood. Trad. de H. B. Nisbet. Cambridge, GB, 1991.

HEGGHAMMER, Thomas. *Jihad in Saudi Arabia: Violence and Pan-Islamism Since 1979*. Cambridge, GB, 2010.

HEIKAL, Mohamed. *Autumn of Fury: The Assassination of Sadat*. Londres, 1984.

HEILMAN, Samuel. "Guides of the Faithful: Contemporary Religious Zionist Rabbis". In: APPLEBY, R. Scott (Org.). *Spokesmen for the Despised: Fundamentalist Leaders of the Middle East*. Chicago, 1997.

HEIMART, Alan. *Religion and the American Mind: From the Great Awakening to the Revolution*. Cambridge, MA, 1968.

_____; DELBANCO, Andrew (Orgs.). *The Puritans in America: A Narrative Anthology*. Cambridge, MA; Londres, 1985.

HELLER, Henry. *Iron and Blood: Civil Wars in Sixteenth-Century France*. Montreal, 1991.

HENGEL, Martin. *Judaism and Hellenism: Studies in Their Encounter in Palestine During the Early Hellenistic Period*. Trad. de John Bowden. Londres, 1974. 2 v.

HENRY DE LANCASTER. *Le Livre de Seyntz Medicines: The Unpublished Treatises of Henry of Lancaster*. Trad. de A. J. Arnold. Oxford, 1940.

HERBERT, Edward, Lord. *De Religio Laici*. Org. e trad. de Harold L. Hutcheson. New Haven, CT, 1944.

_____. *De Veritate*. Trad. de Mayrick H. Carre. Bristol, GB, 1937.

HERRENSCHMIDT, Clarisse. "Designations de l'empire et concepts politiques de Darius Ier d'après inscriptions en vieux perse". *Studia Iranica*, v. 5, 1976.

HERZL, Theodor. *The Complete Diaries of Theodor Herzl*. Org. de R. Patai. Londres; Nova York, 1960. 2 v.

HILL, Rosalind. (Trad.). *The Deeds of the Franks and Other Pilgrims to Jerusalem*. Londres, 1962.

HILLENBRAND, Carole. *The Crusades: Islamic Perspectives*. Edimburgo, 1999.

HILLGARTH, J. N. *Ramon Lull and Lullism in Fourteenth-Century France*. Oxford, 1971.

HILTEBEITEL, Alf. *The Ritual of Battle: Krishna in the Mahabharata*. Ithaca; Londres, 1976.

HILTERMANN, Joos R. *A Poisonous Affair: America, Iraq and the Gassing of Halabja*. Cambridge, GB, 2007.

HIMMELFARB, Gertrude. *The Roads to Modernity*. Nova York, 2001.

HOBBES, Thomas. *Behemoth; or, The Long Parliament*. Org. de Frederick Tönnies. Chicago, 1990.

_____. *Leviathan*. Org. de Richard Tuck. Cambridge, GB, 1991.

_____. *On the Citizen*. Org. de Richard Tuck e Michael Silverthorne. Cambridge, GB, 1998.

HOBSBAUM, E. J. *Bandits*. Ed. rev. Nova York, 1985.

_____. *Primitive Rebels*. Nova York, 1965.

HODGE, Charles. *What Is Darwinism?* Princeton, NJ, 1874.

HODGSON, Marshall G. S. *The Venture of Islam: Conscience and History in a World Civilization*. Chicago; Londres, 1974. 3 v.

HOFFMAN, Bruce. *Inside Terrorism*. Londres, 1998.

HOFFNER, H. "History and the Historians of the Ancient Near East: The Hittites". *Orientalia*, v. 49, 1980.

HOLT, Mack P. *The French Wars of Religion, 1562-1629*. Cambridge, GB, 1995.

_____. "Putting Religion Back into the Wars of Religion". *French Historical Studies*, v. 18, n. 2, outono 1973.

HOLT, P. M. *The Age of the Crusades*. Londres, 1986.
HOMERO. *The Iliad of Homer*. Trad. de Richard Lattimore. Chicago; Londres, 1951.
_____. *The Odyssey*. Trad. de Walter Shewring. Introdução de G. S. Kirk. Oxford, 1980.
HOOKE, S. H. *Middle Eastern Mythology: From the Assyrians to the Hebrews*. Harmondsworth, GB, 1963.
HOPKINS, D. C. *The Highlands of Canaan*. Sheffield, GB, 1985.
HOPKINS, Thomas J. *The Hindu Religious Traditions*. Belmont, CA, 1971.
HORGAN, J. *The Psychology of Terrorism*. Londres, 2005.
HORSLEY, Richard A. "The Historical Context of Q". In: _____; Draper, Jonathan A. *Whoever Hears You Hears Me. Prophets, Performance, and Tradition in Q*. Harrisburg, PA, 1999.
_____. *Jesus and the Spiral of Violence: Popular Jewish Resistance in Roman Palestine*. Mineápolis, 1993.
_____; Draper, Jonathan A. *Whoever Hears You Hears Me: Prophets, Performance, and Tradition in Q*. Harrisburg, PA, 1999.
HOSELITZ, Bert F. *Sociological Aspects of Economic Growth*. Nova York, 1960.
HOURANI, Albert. *Arabic Thought in the Liberal Age, 1798-1939*. Oxford, 1962.
HOUSELY, Norman. "Crusades Against Christians: Their Origin and Early Development". In: EDBURY, Peter W. (Org.). *Crusade and Settlement*. Cardiff, 1985.
_____. *The Later Crusades, 1274-1558: From Lyons to Alcazar*. Oxford, 1992.
HOWARD, Michael. *The Invention of Peace: Reflections on War and International Order*. New Haven, CT, 2000.
HOWE, Daniel Walker. "Religion and Politics in the Antebellum North". In: Noll, Mark A. (Org.). *Religion and American Politics: From the Colonial Period to the 1980s*. Oxford; Nova York, 1990.
HSU, C. Y.; LINDOFF, K. M.. *Western Chou Civilization*. New Haven, CT, 1988.
HUBERT, Henry; MAUSS, Marcel. *Sacrifice: Its Nature and Functions*. Trad. de D. Halls. Chicago, 1964.
HUGHES, Anne. *The Causes of the English Civil War*. Londres, 1998.
HUIZINGA, Johan. *Homo Ludens: A Study of the Play Element in Culture*. Boston, 1955.
HUMBLE, Richard. *Warfare in the Ancient World*. Londres, 1980.
HUTCHINSON, William T.; RAPHAEL, William M. E. (Orgs.). *The Papers of James Madison*. Chicago, 1962-91. 17 v.
HUTT, M. G. "The Role of the Cures in the Estates General of 1789". *Journal of Ecclesiastical History*, v. 6, 1955.
IBRAHIM, Raymond (Org. e trad.) *The Al-Qaeda Reader*. Nova York, 2007.
IDINOPULOS, Thomas A.; WILSON, Brian C. (Orgs.). *What Is Religion? Origins, Definitions, and Explanations*. Leiden, 1998.
ISAMBERT, François André (Org.). *Recueil Général des Anciennes Lois françaises depuis l'na 420 jusqu'à la Révolution de 1789*, v. 12. Paris, s.d.
IZUTSU, Toshihiko. *Ethico-Religious Concepts in the Qur'an*. Montreal; Kingston, ON, 2002.
JACKSON, Kent P. "The Language of the Mesha Inscription". In: DEARMAN, Andrew (Org.). *Studies in the Mesha Inscription and Moab*. Atlanta, NY, 1989.
JACOBI, Hermann. (Trad.). *Jaina Sutras*. Nova York, 1968.

JACOBS, Louis (Org.). *The Jewish Religion: A Companion*. Oxford, 1995.

JACOBSEN, Thorkild. "The Cosmic State". In: FRANKFORT, H.; FRANKFORT, H. A. (Orgs.). *The Intellectual Adventure of Ancient Man: An Essay on Speculative Thought in the Near East*. Chicago, 1946.

JAITNER, J. "The Pope and the Struggle for Power During the Sixteenth and Seventeenth Centuries". In: BUSSMAN, Klaus; SCHILLING, Heinz (Orgs.). *War and Peace in Europe*. Münster, 1998. 3 v.

JAMES, E. O. *The Ancient Gods: The History and Diffusion of Religion in the Ancient Near East and the Eastern Mediterranean*. Londres, 1960.

JANSEN, Johannes J. G. (Org. e trad.). *The Neglected Duty*. Nova York, 1986.

JASPERS, Karl. *The Great Philosophers: The Foundations*. Org. de Hannah Arendt. Trad. de Ralph Manheim. Londres, 1962.

_____. *The Origin and Goal of History*. Trad. de Michael Bullock. Londres, 1953.

JAY, Peter. *Road to Riches, or The Wealth of Man*. Londres, 2000.

JAYUSSI, May. "Subjectivity and Public Witness: An Analysis of Islamic Militance in Palestine". Artigo não publicado, 2004.

JEREMIAS, J. *Jerusalem in the Time of Jesus*. Londres; Filadélfia, 1969.

_____. *The Lord's Prayer*. Filadélfia, 1973.

JOÃO XXIII, papa (Angelo Giuseppe Roncalli). "Mater et Magistra and Pacem in Terris". In: CARLEN, Claudia (Org.). *The Papal Encyclicals, 1740-1981*. Falls Church, VA, 1981. 5 v.

JOHNSON, Paul. *A History of the Jews*. Londres, 1987.

JONES, A. H. M. *The Later Roman Empire*. Oxford, 1964. 2 v.

JONES, Kenneth W. "The Arya Samaj in British India". In: BAIRD, Robert D. (Org.). *Religion in Modern India*. Deli, 1981.

JOSEFO, Flávio. *The Antiquities of the Jews*. Trad. de William Whiston. Marston Gale, GB, s.d.

_____. *The Jewish War*. Trad. de G. A. Williamson. Harmondsworth, GB, 1967.

JUERGENSMEYER, Mark. *Global Rebellion: Religious Challenges to the Secular State from Christian Militias to Al-Qaeda*. Berkeley, CA, 2008.

_____. *The New Cold War? Religious Nationalism Confronts the Secular State*. Berkeley, CA, 1993.

_____. *Terror in the Mind of God: The Global Rise of Religious Violence*. Berkeley; Los Angeles; Londres, 2001.

_____ (Org.). *Violence and the Sacred in the Modern World*. Londres, 1992.

KAEUPER, Richard W. *Holy Warrior: The Religious Ideology of Chivalry*. Filadélfia, 2009.

KAHANE, Meir. *Listen World, Listen Jew*. Tucson, 1978.

KAKAR, Sudhir. *The Colors of Violence: Cultural Identities, Religion, and Conflict*. Chicago; Londres, 1996.

KALTENMARK, Max. *Lao-Tzu and Taoism*. Trad. de Roger Greaves. Stanford, CA, 1969.

KAMEN, Henry. *Empire: How Spain Became a World Power, 1492-1763*. Nova York, 2003.

_____. *The Spanish Inquisition: An Historical Revision*. Londres, 1997.

KANT, Immanuel. *Critique of Pure Reason*. Trad. de Norman Kemp Smith. Londres, 1993.

_____. *Lectures on Ethics*. Trad. de Lewis Infield. Org. de Lewis White Beck. Nova York, 1963.

KANTOROWICZ, K. "Pro Patria Mori in Medieval Political Thought". *American Historical Review*, v. 56, n. 3, 1951.

KAPILA, Shruti; DEVJI, Faisal (Orgs.). *Political Thought in Action: The Bhagavad Gita and Modern India*. Cambridge, GB, 2013.

KASSIMERIS, George (Org.). *The Barbarisation of Warfare*. Londres, 2006.

KAUTSKY, John H. *The Political Consequences of Modernization*. Nova York; Londres; Sydney; Toronto, 1972.

_____. *The Politics of Aristocratic Empires*. 2. ed. New Brunswick, NJ; Londres, 1997.

KEAY, John. *India: A History*. Londres, 2000.

KEDAR, Benjamin Z. *Crusade and Mission: European Approaches Toward Muslims*. Princeton, NJ, 1984.

_____; MAYER, H. E.; SMAIL, R. C. (Orgs.). *Outremer: Studies in the History of the Crusading Kingdom of Jerusalem*. Jerusalém, 1982.

KEDDIE, Nikki R. *Roots of Revolution: An Interpretive History of Modern Iran*. New Haven, CT; Londres, 1981.

_____ (Org.). *Religion and Politics in Iran: Shiism from Quietism to Revolution*. New Haven, CT; Londres, 1983.

_____. *Scholars, Saints and Sufis: Muslim Religious Institutions in the Middle East Since 1500*. Berkeley; Los Angeles; Londres, 1972.

KEEGAN, John. *The Face of Battle*. Londres, 1976.

_____. *A History of Warfare*. Londres; Nova York, 1993.

KEEN, Maurice. *Chivalry*. New Haven, CT; Londres, 1984.

KEIGHTLEY, David N. (Org.). *The Origins of Chinese Civilization*. Berkeley, CA, 1983.

KENYON, Kathleen. *Digging Up Jericho: The Results of the Jericho Excavations, 1953-56*. Nova York, 1957.

KEPEL, Gilles. *Beyond Terror and Martyrdom: The Future of the Middle East*. Trad. de Pascale Ghazaleh. Cambridge, MA; Londres, 2008.

_____. *Jihad: The Trail of Political Islam*. Trad. de Anthony F. Roberts. 4. ed. Londres, 2009.

_____. *The Prophet and Pharaoh: Muslim Extremism in Egypt*. Trad. de Jon Rothschild. Londres, 1985.

_____; MILLELI, Jean-Pierre (Orgs.). *Al-Qaeda in Its Own Words*. Trad. de Pascale Ghazaleh. Cambridge, MA, 2008.

KERR, Ronald Dale. "'Why Should You Be So Furious?': The Violence of the Pequot War". *Journal of American History*, v. 85, n. 3, dez. 1998.

KERTZER, David I. *Ritual, Politics and Power*. New Haven, CT; Londres, 1988.

KHOMEINI, Sayeed Ruhollah. *Islam and Revolution*. Org. e trad. de Hamid Algar. Berkeley, CA, 1981.

KHROSROKHAVAR, Farhad. *Suicide Bombers: Allah's New Martyrs*. Trad. de David Maccy. Londres, 2005.

KIERMAN JR., Frank A.; GAIRBANK, John K. (Orgs.). *Chinese Ways in Warfare*. Cambridge, MA, 1974.

KIMBALL, Charles. *When Religion Becomes Evil*. San Francisco, 2002.

KIMELMAN, K. "Non-violence in the Talmud". *Judaism*, v. 17, 1968.

KING JR., Martin Luther. *Strength to Love*. Filadélfia, 1963.

KRAMER, Martin. "Hizbullah: The Calculus of Jihad". In: MARTY, Martin E.; APPLEBY, R. Scott

(Orgs.). *Fundamentalisms and the State: Rethinking Polities, Economies and Militance*. Chicago; Londres, 1993.

KRAMER, Samuel N. *History Begins at Sumer*. Filadélfia, 1981.

_____. *Sumerian Mythology: A Study of the Spiritual and Literary Achievement of the Third Millennium BC*. Filadélfia, 1944.

KRAUSS, Hans-Joachim. *Worship in Israel: A Cultic History of the Old Testament*. Oxford, 1966.

KREISTER, Fritz. *Four Weeks in the Trenches: The War Story of a Violinist*. Boston; Nova York, 1915.

KREY, August C. (Org. e trad.). *The First Crusade: The Accounts of Eye-Witnesses and Participants*. Princeton, NJ, e Londres, 1921.

KRITZECK, James. *Peter the Venerable and Islam*. Princeton, NJ, 1964.

KSELMAN, Thomas (Org.). *Belief in History: Innovative Approaches to European and American Religion*. Notre Dame, IN, 1991.

KULKE, Hermann. "The Historical Background of India's Axial Age". In: EISENSTADT, S. N. (Org.). *The Origins and Diversity of Axial Age Civilizations*. Albany, NY, 1986.

KYDD, A. H.; WALTER, B. F. "The Stratagems of Terrorism". *International Security*, v. 31, n. 1, verão 2006.

LACTÂNCIO. *Lactantius: Works*. Trad. de William Fletcher. Edimburgo, 1971.

LAL, Deepak. *In Praise of Empires: Globalization and Order*. Nova York, 2004.

LAMBERT, W. G.; MILLARD, A. R. (Orgs. e trad.). *The Atra-Hasis: The Babylonian Story of the Flood*. Oxford, 1969.

LANE FOX, Robin. *Pagans and Christians*. Londres, 1986.

LAO TZI.. Org. e trad. de Mencius. Londres, 1970.

_____. *Tao Te Ching*. Londres, 1963.

LAWRENCE, T. E. *The Mint*. Nova York, 1963.

LEA, H. C. *A History of the Inquisition of the Middle Ages*. Filadélfia, 1866.

LEED, Eric J. *No Man's Land: Combat and Identity in World War I*. Cambridge, GB, 1979.

LEFEBUREM, Leo D. *Revelation, the Religions and Violence*. Maryknoll, NY, 2000.

LEFEBVRE, Genge. *The Great Fear of 1789*. Trad. de R. R. Farmer e Joan White. Princeton, NJ, 1973.

LEGGE, J. (Trad.). *The Ch'un Ts'ew and the Tso Chuen*. 2. ed. Hong Kong, 1960.

_____. *The Li Ki*. Oxford, 1885.

LE GOFF, Jacques (Org.). *The Medieval World*. Trad. de Lydia C. Cochrane. Londres, 1990.

LEICK, Gwendolyn. *Mesopotamia: The Invention of the City*. Londres, 2001.

LEMCHE, Niels P. *Early Israel: Anthropological and Historical Studies on the Israelite Society Before the Monarchy*. Leiden, 1985.

LENSKI, Gerhard E. *Power and Privilege: A Theory of Social Stratification*. Chapel Hill, NC; Londres, 1966.

LEROI-GOURHAN, Andre. *Treasures of Prehistoric Art*. Trad. de Norbert Guterman. Nova York, 1967.

LE STRANGE, Guy. *Palestine Under the Moslems: A Description of Syria and the Holy Land from AD 650 to 1500*. Londres, 1890.

LEVINE, Lee I. (Org.). *The Galilee in Late Antiquity*. Nova York; Jerusalém, 1992.

LEVENE, Mark. *Genocide in the Age of the Nation-State: The Rise of the West and the Coming of Genocide*. Londres; Nova York, 2005.
LEVENSON, Joseph R.; SCHURMANN, Franz. *China: An Interpretive History: From the Beginnings to the Fall of Han*. Berkeley; Los Angeles; Londres, 1969.
LEVINSON, Bernard M. *Deuteronomy and the Hermeneutics of Legal Innovation*. Oxford; Nova York, 1998.
LEWIS, Bernard. *The Assassins*. Londres, 1967.
_____. "The Roots of Muslim Rage". *Atlantic Monthly*, 01/09/1990.
LEWIS, James R. (Org.). *Violence and New Religious Movements*. Oxford, 2011.
LEWIS, M. *Ecstatic Religion: An Anthropological Study of Spirit Possession and Shamanism*. Baltimore, 1971.
LEWIS, Mark Edward. *Sanctioned Violence in Early China*. Albany, NY, 1990.
LIBANIUS. *Select Orations*. Trad. de A. F. Norman. Cambridge, MA, 1969, 1970. 2 v.
LIM, Richard. *Public Disputation, Power, and Social Order in Late Antiquity*. Berkeley, CA, 1995.
LINCOLN, Bruce. *Death, War, and Sacrifice: Studies in Ideology and Practice*. Chicago; Londres, 1991.
_____. *Holy Terrors: Thinking About Religion After September 11*. 2. ed. Chicago; Londres, 2006.
_____. *Religion, Empire, and Torture: The Case of Achaemenian Persia, with a Postscript on Abu Graib*. Chicago; Londres, 2007.
_____. "The Role of Religion in Achmenean Inscriptions". In: BRISCH, Nicole (Org.). *Religion and Power: Divine Kingship in the Ancient World and Beyond*. Chicago, 2008.
LINDBERG, David; NUMBERS, Ronald L. (Orgs.). *God and Nature: Historical Essays on the Encounter Between Christianity and Science*. Berkeley; Los Angeles; Londres, 1986.
LING, Trevor. *The Buddha: Buddhist Civilization in India and Ceylon*. Londres, 1973.
LINGS, Martin. *Muhammad: His Life Based on the Earliest Sources*. Londres, 1983.
LIVVI-BACCI, Massimo. *A Concise History of World Population*. Oxford, 1997.
LOCKE, John. *Essays on the Law of Nature*. Org. de W. van Leyden. Oxford, 1970.
_____. *A Letter Concerning Toleration*. Indianápolis, 1955.
_____. *Political Writings*. Org. de David Wootton. Londres, 1993.
_____. *Two Treatises of Government*. Org. de Peter Laslett. Cambridge, GB, 1988.
LOVEJOY, David S. *Religious Enthusiasm in the New World: Heresy to Revolution*. Cambridge, MA; Londres, 1985.
LOWTH, Andrew. *Maximus the Confessor*. Londres, 1996.
_____. *The Origins of Christian Mysticism: From Plato to Denys*. Londres, 1975.
LUSSU, Emilio. *Sardinian Brigade*. Nova York, 1939.
LUTERO, Martinho. *Luther: Selected Political Writings*. Org. de J. M. Porter. Filadélfia, 1974.
LUTTWAK, Edward N. *The Grand Strategy of the Roman Empire*. Baltimore, 1976.
LYONS, M. C.; Jackson, D. E. P. *Saladin: The Politics of the Holy War*. Cambridge, GB, 1982.
MAAGA, Mary. *Hearing the Voices of Jonestown*. Syracuse, NY, 1958.
MAALOUF, Amin. *The Crusades Through Arab Eyes*. Trad. de Jon Rothschild. Londres, 1984.
MACARTNEY, C. A. *National States and National Minorities*. Londres, 1934.
MACGREGOR, Neil. *A History of the World in 100 Objects*. Londres; Nova York, 2010.
MACHINIST, Peter. "Distinctiveness in Ancient Israel". In: COGAN, Mordechai; EPHAL, Israel

(Orgs). *Studies in Assyrian History and Ancient Near Eastern Historiography*. Jerusalém, 1991.

MACMULLEN, Ramsey. *Christianity and Paganism in the Fourth to Eighth Centuries*. New Haven, CT, 1997.

_____. *Christianizing the Roman Empire, AD 100-400*. New Haven, CT, 1984.

_____. *The Second Church: Popular Christianity AD 200-400*. Atlanta, 2009.

MALTBY, William. *The Reign of Charles v*. Nova York, 2002.

MARIUS, Richard. *Martin Luther: The Christian Between God and Death*. Cambridge, MA; Londres, 1999.

MARSDEN, George. "Afterword". In: NOLL, Mark A. (Org.). *Religion and American Politics: From the Colonial Period to the 1980s*. Oxford; Nova York, 1990.

_____. *Fundamentalism and American Culture: The Shaping of Twentieth-Century Evangelicalism, 1870-1925*. Nova York; Oxford, 1980.

MARSHALL, John W. "Collateral Damage: Jesus and Jezebel in the Jewish War". In: MATTHEWS, Shelly; GIBSON, E. Leigh (Orgs.). *Violence in the New Testament*. Nova York; Londres, 2005.

MARTIN, James D. "Israel as a Tribal Society". In: CLEMENTS, R. E. (Org.). *The World of Ancient Israel: Sociological, Anthropological and Political Perspectives*. Cambridge, GB, 1989.

MARTY, Martin E.; APPLEBY, R. Scott (Orgs.). *Accounting for Fundamentalisms: The Dynamic Character of Movements*. Chicago; Londres, 1994.

_____. *Fundamentalisms and Society: Reclaiming the Sciences, the Family, and Education*. Chicago; Londres, 1993.

_____. *Fundamentalisms and the State: Remaking Politics, Economies, and Militance*. Chicago; Londres, 1993.

_____. *Fundamentalisms Comprehended*. Chicago; Londres, 1995.

_____. *Fundamentalisms Observed*. Chicago; Londres, 1991.

MASON, S. N. "Was Josephus a Pharisee? A Re-Examination of Life 10-12". *Journal of Jewish Studies*, v. 40, 1989.

MASPARO, Henri. *China in Antiquity*. 2. ed. Trad. de Frank A. Kiermann Jr. Folkestone, GB, 1978.

MASSELMAN, George. *The Cradle of Colonialism*. New Haven, CT, 1963.

MASTNAK, Tomaz. *Crusading Peace: Christendom, the Muslim World, and Western Political Order*. Berkeley; Los Angeles; Londres, 2002.

MATARASSO, P. M. (Trad.). *The Quest of the Holy Grail*. Harmondsworth, GB, 1969.

MATTERN, Susan. *Rome and the Enemy: Imperial Strategy in the Principate*. Berkeley, CA, 1999.

MATTHEWS, Shelly; GIBSON, E. Leigh (Orgs.). *Violence in the New Testament*. Nova York; Londres, 2005.

MAWDUDI, Abul Ala. "How to Establish Islamic Order in the Country". *Universal Message*, maio 1983.

_____. "Islamic Government". *Asia*, v. 20, set. 1981.

_____. *The Islamic Way of Life*. Lahore, 1979.

MAY, Henry F. *The Enlightenment in America*. Nova York, 1976.

MAYER, Hans Eberhard. *The Crusades*. Trad. de J. Gillingham. 2. ed. Oxford, 1993.

MCCAULEY, Clark. "Conference Overview". In: HAAS, Jonathan (Org.). *The Anthropology of War*. Cambridge, GB, 1990.

MCCUTCHEON, Russell. "The Category 'Religion' and the Politics of Tolerance". In: GREIL, Arthur L.; BROMLEY, David G. (Orgs.). *Defining Religion: Investigating the Boundaries Between the Sacred and the Secular*. Oxford, 2003.

_____. *Manufacturing Religion: The Discourse on Sui Generis Religion and the Politics of Nostalgia*. Nova York, 1997.

MCDANIEL, Charles A. "Violent Yearnings for the Kingdom of God: Munster's Militant Anabaptism". In: WELLMAN JR., James K. (Org.). *Belief and Bloodshed: Religion and Violence Across Time and Tradition*. Lanham, MD, 2007.

MCDERMOTT, Timothy. *Perfect Soldiers: The 9/11 Hijackers: Who They Were, Why They Did It*. Nova York, 2005.

MCGINN, Bernard; MEYENDORFF John, (Orgs.). *Christian Spirituality I: Origins to the Twelfth Century*. Londres, 1985.

MCGRATH, Alister. *The Twilight of Atheism: The Rise and Fall of Disbelief in the Modern World*. Londres; Nova York, 2006.

MCKITTERICK, Rosamund. *The Frankish Kingdoms Under the Carolingians, 751-987*. Londres; Nova York, 1983.

MCNEILL, William H. *Plagues and People*. Londres, 1994.

_____. *The Pursuit of Power: Technology, Armed Force and Society Since A.D. 1000*. Chicago, 1982.

MCPHERSON, James M. *For Cause and Comrades: Why Men Fought in the Civil War*. Nova York, 1997.

MCWHINEY, Grady; JAMIESON, Perry D. *Attack or Die: The Civil War, Military Tactics and Southern Heritage*. Montgomery, AL, 1982.

MEIN, Andrew. *Ezekiel and the Ethics of Exile*. Oxford; Nova York, 2001.

MELLAART, James. *Catal Huyuk: A Neolithic Town in Anatolia*. Nova York, 1967.

_____. "Early Urban Communities in the Near East, 9000-3400 BCE". In: MOOREY, P. R. S. (Org.). *The Origins of Civilisation*. Oxford, 1979.

_____. *The Neolithic of the Near East*. Londres, 1975.

MENDENHALL, George W. *The Tenth Generation: The Origins of Biblical Tradition*. Baltimore, 1973.

MENTZER, Raymond A. *Heresy Proceedings in Languedoc, 1500-1560*. Filadélfia, 1984.

MERGUI, Raphael; SIMONNOT, Philippe. *Israel's Ayatollahs: Meir Kahane and the Far Right in Israel*. Londres, 1987.

MERONI, Ariel. "The Readiness to Kill or Die: Suicide Terrorism in the Middle East". In: REICH, Walter (Org.). *The Origins of Terrorism*. Cambridge, GB, 1990.

MICHELET, Jules. *Historical View of the French Revolution from Its Earliest Indications to the Flight of the King in 1791*. Trad. de C. Cooks. Londres, 1888.

MIGNE, J. P. (Org.). *Patrologia Latina*. Paris, 1844-67.

MILL, John Stuart. *Utilitarianism, Liberty, Representational Government*. Londres, 1990.

MILLER, Perry. *Errand into the Wilderness*. Cambridge, MA; Londres, 1956.

_____. *Roger Williams: His Contribution to the American Tradition*. 2. ed. Nova York, 1962.

MILTON, John. *Major Works*. Org. de Stephen Orgel e Jonathan Goldberg. Oxford, 2008.

MILTON-EDWARDS, Beverley. *Islamic Politics in Palestine*. Londres; Nova York, 1996.

MIR, Mustansire. "Some Features of Mawdudi's Tafhim al-Quran". *American Journal of Islamic Social Sciences*, v. 2, n. 2, 1985.

MITCHELL, Joshua. *Not by Reason Alone: Religion, History, and Identity in Early Modern Political Thought*. Chicago, 1993.

MITCHELL, Richard P. *The Society of Muslim Brothers*. Londres, 1969.

MITCHELL, Stephen. *Gilgamesh: A New English Version*. Nova York; Londres; Toronto; Sydney, 2004.

MOHAMEDOU, M. M. Ould. *Understanding Al-Qaeda: The Transformation of War*. Londres, 2007.

MOIN, Baqer. *Khomeini: Life of the Ayatollah*. Londres, 1999.

MOLÉ, Marijan. *Culte, mythe, et cosmologie dans l'Iran ancien*. Paris, 1963.

MOMEN, Moojan. *An Introduction to Shii Islam: The History and Doctrines of Twelver Shiism*. New Haven, CT; Londres, 1985.

MONROE, Lauren A. *Josiah's Reform and the Dynamics of Defilement: Israelite Rites of Violence and the Making of the Biblical Text*. Oxford, 2011.

MONTAGU, Ashley (Org.). *Man and Aggression*. Nova York, 1973.

MONTEFIORE, C. G.; LOEWE, H. (Orgs.). *A Rabbinic Anthology*. Nova York, 1974.

MONTER, William. *Frontiers of Heresy: The Spanish Inquisition from the Basque Lands to Sicily*. Cambridge, GB, 1990.

MOORE, James R. "Geologists and the Interpreters of Genesis in the Nineteenth Century". In: LINDBERG, David; NUMBERS, Ronald L. (Orgs.). *God and Nature: Historical Essays on the Encounter Between Christianity and Science*. Berkeley; Los Angeles; Londres, 1986.

MOORE, R. I. *The Formation of a Persecuting Society: Power and Deviance in Western Europe, 950-1250*. Oxford, 1987.

MOORE, R. Laurence. *Religious Outsiders and the Making of Americans*. Oxford; Nova York, 1986.

MOORE, Rebecca. "American as Cherry Pie: The People's Temple and Violence". In: WESSINGER, Catherine (Org.). *Millennialism, Persecution, and Violence: Historical Circumstances*. Syracuse, NY, 1986.

_____. "Narratives of Persecution, Suffering, and Martyrdom in the People's Temple and Jonestown". In: LEWIS, James R. (Org.). *Violence and the New Religious Movements*. Oxford, 2011.

MOOREY, P. R. S. (Org.). *The Origins of Civilisation*. Oxford, 1979.

_____; PARR, P. J. (Orgs.). *Archaeology in the Levant: Essays for Kathleen Kenyon*. Warminster, GB, 1978.

MORE, Thomas. *A Dialogue Concerning Heresies*. Org. de Thomas M. C. Lawlor. New Haven, CT, 1981.

_____. *Utopia*. Org. de George M. Logan e Robert M. Adams. Cambridge, GB, 1989.

MORGAN, Edmund S. *American Slavery, American Freedom: The Ordeal of Colonial Virginia*. Nova York, 1975.

MORRIS, Christopher. *The Papal Monarchy: The Western Church from 1050 to 1250*. Oxford, 1991.

MORRISON, Karl F. *Tradition and Authority in the Western Church, 300-1140*. Princeton, NJ, 1969.

MOSS, Candida R. *The Myth of Persecution: How Early Christians Invented a Story of Martyrdom*. Nova York, 2013.

_____. *The Other Christs: Imitating Jesus in Ancient Christian Ideologies of Martyrdom*. Oxford, 2010.

MURPHY, Andrew R. (Org.). *The Blackwell Companion to Religion and Violence*. Chichester, GB, 2011.

_____. "Cromwell, Mather and the Rhetoric of Puritan Violence". In: _____. *The Blackwell Companion to Religion and Violence*. Chichester, GB, 2011.

MURRIN, John M. "A Roof Without Walls: The Dilemma of National Identity". In: BEEMAN, Richard; BOTEIN, Stephen; CARTER III, Edward E. (Orgs.). *Beyond Confederation: Origins of the Constitution in American Identity*. Chapel Hill, NC, 1987.

MUSURILLO, H. (Trad.). *The Acts of the Christian Martyrs*. Oxford, 1972.

NADELSON, Theodore. *Trained to Kill: Soldiers at War*. Baltimore, 2005.

NĀNAMOLI, Bhikku (Org.). *The Life of the Buddha, According to the Pali Canon*. Kandy, Sri Lanka, 1992.

NEFF, John U. *War and Human Progress: An Essay on the Rise of Industrial Civilization*. Nova York, 1950.

NESTÓRIO. *Bazaar of Heracleides*. Trad. de G. R. Driver e Leonard Hodgson. Oxford, 1925.

NETANYAHU, Benzion. *The Origins of the Inquisition in Fifteenth-Century Spain*. Nova York, 1995.

NEUSNER, Jacob. *From Politics to Piety*. Englewood Cliffs, NJ, 1973.

NEWTON, Huey. *Revolutionary Suicide*. Nova York, 1973.

NICHOLLS, David. "The Theatre of Martyrdom in the French Reformation". *Past and Present*, v. 121, 1998.

NICHOLSON, R. A. *A Literary History of the Arabs*. Cambridge, GB, 1953.

_____. *The Mystics of Islam*. Londres, 1963.

NIDITCH, Susan. *War in the Hebrew Bible: A Study in the Ethics of Violence*. Nova York; Oxford, 1993.

NOLL, Mark A., *America's God: From Jonathan Edwards to Abraham Lincoln*. Oxford; Nova York, 2002.

_____. *The Civil War as a Theological Crisis*. Chapel Hill, NC, 2006.

_____. *The Old Religion in a New World: The History of American Christianity*. Grand Rapids, MI, 2002.

_____. *Religion and American Politics: From the Colonial Period to the 1980s*. Oxford; Nova York, 1990.

_____. "The Rise and Long Life of the Protestant Enlightenment in America". In: SHEA, William M.; HUFF, Peter A. (Orgs.). *Knowledge and Belief in America: Enlightenment Traditions and Modern Religious Thought*. Nova York, 1995.

NORTH, Jonathan. "General Hochte and Counterinsurgency". *Journal of Military History*, v. 62, 2003.

NUMBERS, Ronald L. *The Creationists: The Evolution of Scientific Creationism*. Berkeley; Los Angeles; Londres, 1992.

O'CONNELL, Robert L. *Of Arms and Men: A History of War, Weapons and Aggression*. Nova York; Oxford, 1989.

_____. *Ride of the Second Horseman: The Birth and Death of War*. Nova York; Oxford, 1995.

OLDENBOURG, Zoé. *Le Bûcher de Montségur*. Paris, 1959.

OLDENBURG, Hermann. *Buddha: His Life, His Doctrine, His Order*. Trad. de William Hoey. Londres, 1982.

OLIVELLE, Patrick. "The Renouncer Tradition". In: FLOOD, Gavin (Org.). *The Blackwell Companion to Hinduism*. Oxford, 2003.

_____ (Org. e trad.). *Samnyasa Upanisads: Hindu Scriptures on Asceticism and Renunciation*. Nova York; Oxford, 1992.

_____. *Upanisads*. Nova York; Oxford, 1996.

OLIVER, Anne Marie; STEINBERG, Paul F.. *The Road to Martyrs' Square: A Journey to the World of the Suicide Bomber*. Oxford, 2005.

OLLENBURGER, Ben C. *Zion, the City of the Great King: A Theological Symbol of the Jerusalem Cult*. Sheffield, GB, 1987.

OLMSTEAD, A. T. *History of Assyria*. Nova York, 1923.

OPPENHEIM, A. L. *Ancient Mesopotamia: Portrait of a Dead Civilization*. Chicago, 1977.

_____. "Trade in the Ancient Near East". *International Congress of Economic History*, v. 5, 1976.

ORGENÉS. *Against Celsus*. Trad. de Henry Chadwick. Cambridge, GB, 1980.

ORTEGA Y GASSET, J. *Meditations on Hunting*. Nova York, 1985.

OZMENT, Steven. *The Reformation of the Cities: The Appeal of Protestantism to Sixteenth-Century Germany and Switzerland*. New Haven, CT, 1975.

PAINE, Thomas. *Common Sense and the Crisis*. Nova York, 1975.

PALLADIUS, *Dialogue on the Life of John Chrysostom*. Trad. de Robert T. Meyer. Nova York, 1985.

PANNIKKAR, Raimundo. *The Trinity and the Religious Experience of Man*. Londres; Nova York, 1973.

PAPE, Robert. "Dying to Kill Us". *The New York Times*, 22/09/2003.

_____. *Dying to Win: The Strategic Logic of Suicide Terrorism*. Nova York, 2005.

_____. "The Logic of Suicide Terrorism". Entrevista de Scott McConnell. *The American Conservative*, 18/07/2007.

PAREEK, Radhey Shyam. *Contribution of Arya Samaj in the Making of Modern India, 1975-1947*. Nova Deli, 1973.

PARKER, Geoffrey (Org.). *The Thirty Years' War*. Londres, 1984.

PARSONS, Timothy H. *The Rule of Empires: Those Who Built Them, Those Who Endured Them, and Why They Always Fail*. Oxford, 2010.

PARTNER, Peter. *God of Battles: Holy Wars of Christianity and Islam*. Londres, 1997.

PATLAGEAN, Evelyne. *Pauvreté économique et pauvreté sociale à Byzance, 4e-7e*. Paris, 1977.

PELIKAN, Jaroslav. *The Christian Tradition: A History of the Development of Doctrine*, v. 1: *The Emergence of the Catholic Tradition*. Chicago; Londres, 1971.

PERRIN, Norman. *Jesus and the Language of the Kingdom*. Filadélfia, 1976.

_____. *Rediscovering the Teachings of Jesus*. Nova York, 1967.

PESTERIA, Carla Garden. *Protestant Empire: Religion and the Making of the British Atlantic World*. Filadélfia, 2004.

PETERS, F. E. *The Distant Shore: The Islamic Centuries in Jerusalem*. Nova York, 1993.

PETERSON, Derek; WALHOF, Darren (Orgs). *The Invention of Religion: Rethinking Belief in Politics and History*. New Brunswick, NJ; Londres, 2002.

PETITFRÈRE, Claude. "The Origins of the Civil War in the Vendée". *French History*, v. 2, 1998.
PHILLIPS, Keith. *The Cousins' Wars: Religious Politics and the Triumph of Anglo-America*. Nova York, 1999.
PIRENNE, Henri. *Ecclesiastical and Social History of Europe*. Nova York, 1956.
_____. *Medieval Cities: Their Origins and the Revival of Trade*. Princeton, NJ, 1946.
POLGAR, S. (Org.). *Population, Ecology and Social Evolution*. The Hague, 1975.
POLISKENSKY, J. V. *War and Society in Europe, 1618-1848*. Cambridge, GB, 1978.
POSMAN, Ellen. "History, Humiliation and Religious Violence". In: MURPHY, Andrew R. (Org.). *The Blackwell Companion to Religion and Violence*. Chichester, GB, 2011.
POSTGATE, J. N. *Mesopotamian Society and Economics at the Dawn of History*. Londres, 1992.
POTTER, David. *A History of France, 1460-1560: The Emergence of a Nation State*. Londres, 1995.
PRAWER, Joshua. *The Latin Kingdom of Jerusalem: European Colonialism in the Middle Ages*. Londres, 1972.
PRESCOTT, William H. *History of the Conquest of Mexico and Peru*. Nova York, 1936.
PRESTON, Andrew. *Sword of the Spirit, Shield of Faith: Religion in American War and Diplomacy*. Nova York; Toronto, 2012.
PRITCHARD, J. B. (Org.). *Ancient Near Eastern Texts Relating to the Old Testament*. Princeton, NJ, 1950.
PUETT, Michael J. *To Become a God: Cosmology, Sacrifice and Self-Divination in Early China*. Cambridge, MA; Londres, 2002.
PURCHAS, Samuel. *Hakluytus Posthumous or Purchas His Pilgrimes*. Glasgow, 1905-6.
PUPPI, Lionello. *Torment in Art: Pain, Violence and Martyrdom*. Nova York, 1991.
QUTB, Sayed. *Milestones (Ma'alim fi'l-tareeq)*. Org. e trad. de A. B. al-Mehri. Birmingham, GB, 2006.
RADCLIFFE, A. R. *The Andaman Islanders*. Nova York, 1948.
RAVITSKY, Aviezer. *Messianism, Zionism and Jewish Religious Radicalism*. Trad. de Michael Swirsky e Jonathan Chapman. Chicago, 1996.
_____. *The Roots of Kahanism: Consciousness and Political Reality*. Trad. de Moshe Auman. Jerusalém, 1986.
REDFIELD, Robert. *Peasant Society and Culture: An Anthropological Approach to Civilization*. Chicago, 1956.
REICH, Walter (Org.). *The Origins of Terrorism*. Cambridge, GB, 1990.
REINBERG, Virginia. "Liturgy and Laity in Late Medieval and Reformation France". *Sixteenth Century Journal*, v. 23, outono 1992.
RENFREW, Colin. *The Puzzle of Indo-European Origins*. Londres, 1987.
RENNA, Thomas J. "Kingship in the Disputatio inter clericum et militem". *Speculum*, v. 48, 1973.
RENOU, Louis. *Religions of Ancient India*. Londres, 1953.
_____. "Sur la Notion de brahman". *Journal Asiatique*, v. 23, 1949.
RICHARDSON, H. G. *The English Jewry Under the Angevin Kings*. Londres, 1960.
RICHARDSON, Louise. *What Terrorists Want: Understanding the Terrorist Threat*. Londres, 2006.
RIEFF, David. *Slaughterhouse: Bosnia and the Failure of the West*. Nova York, 1995.
RILEY-SMITH, Jonathan. "Crusading as an Act of Love". *History*, v. 65, 1980.
_____. *The First Crusade and the Idea of Crusading*. Londres, 1986.

_____. *The First Crusaders, 1095-1131*. Cambridge, GB, 1997.

_____; RILEY-SMITH, Louise. *The Crusades: Idea and Reality, 1095-1274*. Londres, 1981.

RINDOS, David. *The Origins of Agriculture: An Evolutionary Perspective*. Orlando, FL, 1984.

RIVES, James B. "The Decree of Decius and the Religion of Empire". *Journal of Roman Studies*, v. 89, 1999.

_____. *Religion in the Roman Empire*. Oxford, 2007.

ROBERTS, Alexander; DONALDSON, James. (Trad.). *The Nicene and Post-Nicene Fathers*. Edimburgo, 1885. 14 v.

ROBERTO DE RHEIMS. *Historia Iherosolimitana*. Paris, 1846.

ROBINSON, Glenn E. *Building a Palestinian State: The Incomplete Revolution*. Bloomington, IN, 1997.

ROBINSON, I. S. "Gregory VII and the Soldiers of Christ". *Historia*, v. 58, 1978.

ROGERS, Paul. "The Global War on Terror and Its Impact on the Conduct of War". In: KASSIMERIS, George (Org.). *The Barbarisation of Warfare*. Londres, 2006.

ROMIER, Lucien. "A Dissident Nobility Under the Cloak of Religion". In: SALMON, J. H. H. (Org.). *The French Wars of Religion: How Important Were Religious Factors?* Lexington, MA, 1967.

ROPP, Theodore. *War in the Modern World*. Durham, NC, 1959.

ROSE, Jacqueline. "Deadly Embrace". *Londres Review of Books*, v. 26, n. 21, 4 nov. 2004.

ROSENAK, Michael. "Jewish Fundamentalism in Israeli Education". In: MARTY, Martin E.; APPLEBY, R. Scott (Orgs.). *Fundamentalisms and Society: Reclaiming the Sciences, the Family and Education*. Chicago; Londres, 1993.

ROTH, Norman. *Conversos, Inquisition and the Expulsion of Jews from Spain*. Madison, WI, 1995.

ROUSSEAU, Jean-Jacques. *Political Writings*. Org. de C. E. Vaughan. Cambridge, GB, 1915.

_____. *Politics and the Arts: Letter to M. D'Alembert on the Theatre*. Trad. de Alan Bloom. Ithaca, NY, 1960.

_____. *The Social Contract*. Trad. de Willmoore Kendall. South Bend, IN, 1954.

_____. *The Social Contract and Discourses*. Org. e trad. de G. D. H. Cole. Rev. de J. H. Brumfitt e John C. Hall. Londres, 1973.

_____. *The Social Contract and Other Later Political Writings*. Org. de Victor Gourevitch. Cambridge, GB, 1997.

ROUTLEDGE, Bruce. *Moab in the Iron Age: Hegemony, Polity, Archaeology*. Filadélfia, 2004.

_____. "The Politics of Mesha: Segmented Identities and State Formation in Iron Age Moab". *Journal of the Economic and Social History of the Orient*, v. 43, 2000.

RUFINO. *The Church History of Rufinus of Aquileia*. Trad. de Philip R. Amidon. Oxford, 1997.

RUNCIMAN, Steven. *A History of the Crusades*. Londres, 1965. 3 v.

RUTHVEN, Malise. *A Fury for God: The Islamist Attack on America*. Londres, 2003.

SACHEDINA, Abdulaziz Abdulhussein. "Activist Shi'ism in Iran, Iraq and Lebanon". In: MARTY, Martin E.; APPLEBY, R. Scott (Orgs). *Fundamentalisms Observed*. Chicago; Londres, 1991.

_____. "Ali Shariati: Ideologue of the Iranian Revolution". In: ESPOSITO, John L. (Org.). *Voices of Resurgent Islam*. Nova York; Oxford, 1980.

SADAT, Anwar. *Revolt on the Nile*. Nova York, 1957.

SAGEMAN, Marc. *Leaderless Jihad: Terror Networks in the Twenty-First Century*. Filadélfia, 2008.

_____. *Understanding Terror Networks*. Filadélfia, 2004.

SAGGS, H. W. F. "Assyrian Warfare in the Sargonid Period". *Iraq*, v. 25, 1963.
_____. *The Might That Was Assyria*. Londres, 1984.
SAGI, Avi. "The Punishment of Amalek in Jewish Tradition: Coping with the Moral Problem". *Harvard Theological Review*, v. 87, n. 3, 1994.
SALMON, J. H. M. *Society in Crisis: France in the Sixteenth Century*. Nova York, 1975.
_____ (Org.). *The French Wars of Religion: How Important Were Religious Factors?*. Lexington, MA, 1967.
SANDERS, N. K. (Org. e trad.). *Poems of Heaven and Hell from Ancient Mesopotamia*. Londres, 1971.
SAVARKAR, Vinayak Damdas. *Hindutva*. Mumbai, 1969.
SAWYER, R. D., ed. *The Seven Military Classics of Ancient China*. Boulder, CO, 1993.
SAYERS, Dorothy L. (Trad.). *The Song of Roland*. Harmondsworth, GB, 1957.
SAYYID, Bobby. *A Fundamental Fear: Eurocentrism and the Emergence of Islamism*. Londres, 1997.
SCHAFER, Boyd C. *Nationalism: Myth and Reality*. Nova York, 1952.
SCHAUWECKER, Franz. *The Fiery Way*. Londres; Toronto, 1921.
SCHEIN, Seth, L. *The Mortal Hero: An Introduction to Homer's Iliad*. Berkeley; Los Angeles; Londres, 1984.
SCHILLING, Heinz. "War and Peace at the Emergence of Modernity: Europe Between State Belligerence, Religious Wars and the Desire for Peace in 1648". In: BUSSMAN, Klaus; SCHILLING, Heinz (Orgs.). *War and Peace in Europe*. Münster, 1998. 3 v.
SCHNEIDER, Tammi J. *An Introduction to Ancient Mesopotamian Religion*. Grand Rapids, MI; Cambridge, GB, 2011.
SCHNIEDEWIND, William M. *How the Bible Became a Book: The Textualization of Ancient Israel*. Cambridge, GB, 2004.
SCHORSKE, Carl E. *German Social Democracy, 1905-1917: The Development of the Great Schism*. Cambridge, MA, 1955.
SCHUMPETER, Joseph A. *Imperialism and Social Classes: Two Essays*. Nova York, 1955.
SCHWARTZ, Benjamin I. *The World of Thought in Ancient China*. Cambridge, MA, 1985.
SCHWARTZ, Regina. *The Curse of Cain: The Violent Legacy of Monotheism*. Chicago, 1997.
SECHER, Reynauld. *La Génocide franco-français: La Vendée-vengee*. Paris, 1986.
SEGEV, Tom. *The Seventh Million: The Israelis and the Holocaust*. Trad. de Haim Watzman. Nova York, 1991.
SEGAL, Alan F. *Paul the Convert: The Apostolate and Apostasy of Saul the Pharisee*. New Haven, CT; Londres, 1990.
SELENGUT, Charles. *Sacred Fury: Understanding Religious Violence*. Walnut Creek, CA, 2003.
SELLS, Michael A. *The Bridge Betrayed: Religion and Genocide in Bosnia*. Berkeley; Los Angele; Londres, 1996.
SEN, Amartya. *Identity and Violence: The Illusion of Destiny*. Londres, 2007.
SHEA, William M.; HUFF, Peter A. (Orgs.). *Knowledge and Belief in America: Enlightenment Traditions and Modern Religious Thought*. Nova York, 1995.
SHEHAD, Anthony. *Legacy of the Prophet: Despots, Democrats and the New Politics of Islam*. Boulder, CO, 2011.

SHENNON, J. H. *The Origins of the Modern European State*. Londres, 1974.

SHERWIN-WHITE, A. N. *Roman Law and Roman Society in the New Testament*. Oxford, 1963.

SICK, Gary. *All Fall Down: America's Fateful Encounter with Iran*. Londres, 1985.

SIGAL, P. A. "Et les Marcheurs de Dieu prierent leurs armes". *L'Histoire*, v. 47, 1982.

SIVAN, Emmanuel. "The Crusades Described by Modern Arab Historiography". *Asian and African Studies*, v. 8, 1972.

_____. "Genèse de contre-croisade: Un Traité damasquin de début du XIIe siècle". *Journal Asiatique*, v. 254, 1966.

_____. *L'Islam et la Croisade*. Paris, 1968.

SKINNER, Quentin. *The Foundations of Modern Political Thought*. Cambridge, GB, 1978. 2 v.

SLIM, Hugo. "Why Protect Civilians? Innocence, Immunity and Enmity in War". *International Affairs*, v. 79, n. 3, 2003.

SLINGERLAND, Edward. (Trad.). *Confucius: Analects, with Selections from Traditional Commentaries*. Indianápolis; Cambridge, GB, 2003.

SMITH, Brian K. *Reflections on Resemblance, Ritual, and Religion*. Oxford; Nova York, 1989.

SMITH, Howard D. *Chinese Religions*. Londres, 1968.

SMITH, Huston. *The World's Religions: Our Great Wisdom Traditions*. San Francisco, 1991.

SMITH, John. *John Smith: Works*. Org. de Edwin Arber e A. C. Bradley. Edimburgo, 1910.

SMITH, John D. (Org. e trad.). *The Mahabharata: An Abridged Translation*. Londres, 2009.

SMITH, Jonathan Z. *Imagining Religion: From Babylon to Jonestown*. Chicago; Londres, 1982.

_____. *Map Is Not Territory: Studies in the History of Religions*. Chicago; Londres, 1978.

SMITH, Mark S. *The Early History of God: Yahweh and the Other Deities in Ancient Israel*. Nova York; Londres, 1990.

_____. *The Origins of Biblical Monotheism: Israel's Polytheistic Background and the Ugaritic Texts*. Nova York; Londres, 2001.

SMITH, William Cantwell. *Belief in History*. Charlottesville, VA, 1985.

_____. *Faith and Belief*. Princeton, NJ, 1987.

_____. *Islam in Modern History*. Princeton, NJ; Londres, 1957.

_____. *The Meaning and End of Religion: A New Approach to the Religious Traditions of Mankind*. Nova York, 1962.

_____. *What Is Scripture?: A Comparative Approach*. Londres, 1993.

SONTAG, Susan. "What Have We Done?". *The Guardian*, 24 maio 2005.

SOUTHERN, R. W. *The Making of the Middle Ages*. Londres, 1967.

_____. *Western Society and the Church in the Middle Ages*. Harmondsworth, GB, 1970.

_____. *Western Views of Islam in the Middle Ages*. Cambridge, MA, 1962.

SOZOMEN. *The Ecclesiastical History of Sozomen*. Trad. de Chester D. Harnaft. Grand Rapids, MI, 1989.

SPEAR, Percival. *India*. Ann Arbor, MI, 1961.

SPERLING, S. David. "Joshua 24 Re-examined". *Hebrew Union College Annual*, v. 58, 1987.

_____. *The Original Torah: The Political Intent of the Bible's Writers*. Nova York; Londres, 1998.

SPIERENBERG, Peter. *The Spectacle of Suffering: Executions and the Evolution of Repression: From a Pre-Industrial Metropolis to the European Experience*. Cambridge, GB, 1984.

SPRINZAK, Ehud. *The Ascendance of Israel's Radical Right*. Nova York, 1991.

SPRINZAK, Ehud. "Three Models of Religious Violence: The Case of Jewish Fundamentalism in Israel". In: MARTY, Martin E.; APPLEBY, R. Scott (Orgs). *Fundamentalisms and the State: Remaking Polities, Economies and Militance*. Chicago; Londres, 1993.

SRIVASTA, Sushil. "The Ayodhya Controversy: A Third Dimension". *Probe India*, jan. 1998.

STANNARD, David. *American Holocaust: The Conquest of the New World*. Nova York; Oxford, 1992.

STE. CROIX, G. E. M. de. "Why Were the Early Christians Persecuted?". In: WHITBY, Michael; STREET, Joseph (Orgs.). *Martyrdom and Orthodoxy*. Nova York, 1987.

STEINER, George. *In Bluebeard's Castle: Some Notes Towards the Redefinition of Culture*. New Haven, CT, 1971.

STEVANS, G. W. *With Kitchener to Khartoum*. Londres, 1898.

STOUT, Henry S. "Rhetoric and Reality in the Early Republic; the Case of the Federalist Clergy". In: NOLL, Mark A. (Org.). *Religion and American Politics: From the Colonial Period to the 1980's*. Oxford; Nova York, 1980.

STRAYER, Joseph R. "Feudalism in Western Europe". In: COULBORN, Rushton (Org.). *Feudalism in History*. Hamden, CT, 1965.

_____. *Medieval Statecraft and the Perspectives of History*. Princeton, NJ, 1971.

_____. *On the Medieval Origin of the Modern State*. Princeton, NJ, 1970.

STROZIER, Charles B.; TERMAN, David M.; JONES, James W. (Orgs.). *The Fundamentalist Mindset*. Oxford, 2010.

STUART, Henry S.; WOLFSON, Charles Reagan (Orgs.). *Religion and the American Civil War*. Nova York, 1998.

SULLIVAN, Andrew. "This Is a Religious War". *The New York Times Magazine*, 7 out. 2001.

SUN TZU. *The Art of War: Complete Texts and Commentaries*. Trad. de Thomas Cleary. Boston; Londres, 1988.

SZASZ, Ferenc. *The Divided Mind of Protestant America, 1880-1930*. University, AL, 1982.

TABARI, Azar. "The Role of the Shii Clergy in Modern Iranian Politics". In: KEDDIE, Nikki R. (Org.). *Religion and Politics in Iran: Shiism from Quietism to Revolution*. New Haven, CT; Londres, 1983.

TÁCITO, Cornélio. *Agricola, Gemania, Dialogus*. Trad. de M. Hutton e W. Peterson. Cambridge, MA, 1989.

TAHERI, Amir. *The Spirit of Allah: Khomeini and the Islamic Revolution*. Londres, 1985.

THAPAR, Romila. *Asoka and the Decline of the Mauryas*. Oxford, 1961.

_____. *Early India: From the Origins to AD 1300*. Berkeley; Los Angeles, 2002.

THEISSEN, Gerd. *The First Followers of Jesus: A Sociological Analysis of the Earliest Christianity*. Trad. de John Bowden. Londres, 1978.

_____. *The Miracle Stories: Early Christian Tradition*. Filadélfia, 1982.

_____. *The Social Setting of Pauline Christianity: Essays on Corinth*. Org. e trad. de John H. Schutz. Eugene, OR, 2004.

THOMPSON, James Westfall. *Economic and Social History of the Middle Ages*. Nova York, 1928.

_____. *The Wars of Religion in France, 1559-1576: Huguenots, Catherine de Medici, Philip II*. 2. ed. Nova York, 1957.

TIBI, Bassam. *The Crisis of Political Islam: A Pre-Industrial Culture in the Scientific- Technological Age.* Salt Lake City, 1988.

TIERNY, Brian. *The Crisis of Church and State, 1050-1300.* Toronto, 1988.

TILLY, Charles (Org.). *The Formation of National States in Western Europe.* Princeton, NJ, 1975.

TOCQUEVILLE, Alexis de. *Democracy in America.* Org. e trad. de Harvey Claflin Mansfield e Delba Winthrop. Chicago, 2000.

_____. *The Old Regime and the French Revolution.* Org. e trad. de François Furet e Françoise Melonio. Chicago, 1988. 2 v.

TRACY, James D. *Emperor Charles V, Impresario of War: Campaign Strategy, International Finance and Domestic Politics.* Cambridge, GB, 2002.

_____ (Org.). *Luther and the Modern State in Germany.* Kirbville, MO, 1986.

TU WEI-MING. *Confucian Thought: Selfhood as Creative Transformation.* Albany, NY, 1985.

TUCK, Richard. *The Rights of War and Peace: Political Thought and the International Order from Grotius to Kant.* Oxford, 1999.

TYERMAN, Christopher J. *England and the Crusades, 1095-1588.* Chicago, 1988.

_____. "Sed nihil fecit? The Last Captians and the Recovery of the Holy Land". In: GILLINGHAM, J.; OLT, J. C. (Orgs.). *War and Government in the Middle Ages: Essays in Honour of J. D. Prestwich.* Woodbridge, GB; Totowa, NJ, 1980.

UR REHMAN, Rafiq. "Please Tell Me, Mr President, Why a US Drone Assassinated My Mother". *The Guardian,* 25 out. 2013.

USISHKIN, David. "King Solomon's Palaces". *Biblical Archaeologist,* v. 36, 1973.

VAN BUITENEN, J. A. B. (Org. e trad.). *The Mahabharata.* Chicago; Londres, 1973, 1975, 1978. 3 v.

VEBLEN, Thorstein. *The Theory of the Leisure Class: An Economic Study of Institutions.* Boston, 1973.

VERNANT, Jean-Pierre. *Myth and Society in Ancient Greece.* Trad. de Janet Lloyd. 3. ed. Nova York, 1996.

VOGTS, Alfred. *A History of Militarism, Civilian and Military.* Ed. rev. Nova York, 1959.

VOLL, John O. "Fundamentalism in the Sunni Arab World: Egypt and the Sudan". In: MARTY, Martin E.; APPLEBY, R. Scott (Orgs.). *Fundamentalisms Observed.* Chicago; Londres, 1991.

VRIES, Hent de (Org.). *Religion Beyond a Concept.* Nova York, 2008.

WAIT, Gaston (Org. e trad.). *Nicholas Turc: Chronique d'Egypte, 1798-1804.* Cairo, 1950.

WALEY, Arthur (Org. e trad.). *The Analects of Confucius.* Nova York, 1992.

WALLACE, Anthony F. C. *Jefferson and the Indians: The Tragic Fate of the First Americans.* Cambridge, MA, 1999.

WALLACE-HADRILL, J. M. *The Barbarian West: The Early Middle Ages, AD 400-1000.* Nova York, 1962.

_____. *Early Medieval History.* Oxford, 1975.

_____. *The Frankish Church.* Oxford, 1983.

WATSON, B. (Org. e trad.). *Han Fei Tzu: Basic Writings.* Nova York, 1964.

_____. *Mo-Tzu: Basic Writings.* Nova York, 1963.

_____. *Records of the Grand Historian of China.* Nova York, 1961

_____. *Xunzi: Basic Writings.* Nova York, 2003.

WATT, W. Montgomery. *The Influence of Islam in Medieval Europe*. Edimburgo, 1972.
_____. *Muhammad at Mecca*. Oxford, 1953.
_____. *Muhammad at Medina*. Oxford, 1956.
_____. *Muhammad's Mecca: History in the Qur'an*. Edimburgo, 1988.
WEBER, Max. *The Protestant Ethic and the Spirit of Capitalism*. Trad. de Talcott Parsons. Nova York, 1958.
_____. *The Religion of China: Confucianism and Taoism*. Trad. de Hans H. Gerth. Glencoe, IL, 1949.
_____. *The Religion of India: The Sociology of Hinduism and Buddhism*. Trad. de Hans H. Gerth e Don Martindale. Glencoe, IL, 1958.
_____. *The Theory of Social and Economic Organization*. Trad. de A. M. Henderson e Talcott Parsons. Nova York, 1947.
WEDGWOOD, C. W. *The Thirty Years War*. New Haven, CT, 1939.
WEIGLEY, Russell F. *The Age of Battles: The Quest for Decisive Warfare from Breitenfeld to Waterloo*. Bloomington, IN, 1991.
WEINFELD, Moshe. *Deuteronomy and the Deuteronomic School*. Oxford, 1972.
WELCH, Claude E., Jr. *Political Modernization*. Belmont, CA, 1967.
WELCH, Holmes. *The Parting of the Way: Lao Tzu and the Taoist Movement*. Londres, 1958.
WELLMAN, James K., Jr. (Org.). *Belief and Bloodshed: Religion and Violence Across Time and Tradition*. Lanham, MD, 2007.
WENKE, K. J. *The Origins of Civilizations*. Oxford, 1979.
_____. *Patterns of Prehistory: Humankind's First Three Million Years*. Nova York, 1961.
WENSINCK, Jan. *Concordance et indices de la tradition musulmane*. Leiden, 1992. 5 v.
WESSINGER, Catherine. *How the Millennium Comes Violently: Jonestown to Heaven's Gate*. Nova York, 2000.
_____ (Org.). *Millennialism, Persecution and Violence: Historical Circumstances*. Syracuse, NY, 1986.
WHITAKER, Jarrod L. *Strong Arms and Drinking Strength: Masculinity, Violence and the Body in Ancient India*. Oxford, 2011.
WHITTAKER, D. H. (Org.). *The Terrorist Reader*. Londres, 2001.
WHITBY, Michael; STREET, Joseph (Orgs.). *Martyrdom and Orthodoxy*. Nova York, 1987.
WICKHAM, Lionel R. *Hilary of Poitiers: Conflicts of Conscience and Law in the Fourth Century*. Liverpool, 1997.
WILKINSON, P. *Terrorism Versus Democracy: The Liberal State Response*. Londres, 2001.
WILLIAMSON, H. G. M. "The Concept of Israel in Transition". In: Clements, E. E. (Org.). *The World of Ancient Israel: Sociological, Anthropological and Political Perspectives*. Cambridge, GB, 1989.
WILSON, E. O. *On Human Nature*. Cambridge, MA, 1978.
WILSON, John F. "Religion, Government and Power in the New American Nation". In: NOLL, Mark A. (Org.). *Religion and American Politics, from the Colonial Period to the 1980s*. Oxford; Nova York, 1990.
WIRT, Sherwood Eliot (Org.). *Spiritual Awakening: Classic Writings of the Eighteenth-Century Devotions to Inspire and Help the Twentieth-Century Reader*. Tring, GB, 1988.

WITTFOGEL, Karl A. *Oriental Despotism: A Comparative Study of Total Power*. New Haven, CT, 1957.
WITZEL, Michael. "Vedas and Upanisads". In: FLOOD, Gavin (Org.). *The Blackwell Companion to Hinduism*. Oxford, 2003.
WORLD COUNCIL OF CHURCHES. *Violence, Nonviolence and the Struggle for Social Justice*. Genebra, 1972.
WRIGHT, Lawrence. *The Looming Tower: Al-Qaeda's Road to 9/11*. Nova York, 2006.
WRIGHT, Louis B. *Religion and Empire: The Alliance Between Piety and Commerce in the English Expansion, 1558-1625*. Chapel Hill, NC, 1943.
WRIGHT, Quincy. *A Study of War*. 2. ed. Chicago, 1965.
WYATT, Don J. "Confucian Ethical Action and the Boundaries of Peace and War". In: Murphy, Andre R. (Org.). *The Blackwell Companion to Religion and Violence*. Chichester, GB, 2011.
YADIN, Yigal. *The Art of Warfare in Biblical Lands: In Light of Archaeological Study*. Nova York, 1963. 2 v.
YAO, Xinzhong. *An Introduction to Confucianism*. Cambridge, GB, 2000.
YOVEL, Yirmanyahu. *Spinoza and Other Heretics*. 2 v.: I. *The Marrano of Reason*; II. *Adventures of Immanence*. Princeton, NJ, 1989.
ZAEHNER, R. C. *Hinduism*. Londres; Nova York; Toronto, 1962.
ZINN, Howard. *A People's History of the United States, from 1492 to the Present*. 2. ed. Londres; Nova York, 1996.
ZUCKMAYER, Carl. *Pro Domo*. Estocolmo, 1938.
ZWEIG, Stefan. *The World of Yesterday: An Autobiography*. Trad. de Anthea Bell. Nova York, 1945.

Índice remissivo

abássidas, 209-10, 212-5, 237, 373, 427
Abd al-Malik, 209
Abd al-Nasser, Gemal, 338
Abdu, Muhammad, 341
Abel, 7, 116, 420
abolicionistas, 315-6
abraâmicas, religiões, 25, 242; *ver também* cristianismo; islã; judaísmo
Abraão, 116, 119-20, 171, 194, 349, 449-50
absolutismo, 213, 262, 314; real, 276; religioso, 54, 73, 119, 136, 181, 207, 261, 283; *ver também* fundamentalismo; monarquias absolutas
Abu Bakr (primeiro califa), 201
Abu Ghraib, prisão de, 416, 495
Academia Imperial (China), 112
Acádia, 46-7, 133
Acordo do Cairo (1969), 374
Acordos de Camp David (1978), 350, 368, 378-9
Acordos de Oslo (1993), 38-6
Acre (Israel), 236

Acton, John Emerich Edward Dalberg, Lord, 314, 320, 348, 426
Adadnirari I, rei da Assíria, 51
Adalberão, bispo de Laon, 467
Adams, John, 290-1, 293
Adams, Sam, 291
Adão, 115-6, 138, 283-4
Adebolajo, Michael, 417
Adebolawe, Michael, 417
Adriano, imperador romano, 158
Advani, L. K., 383
Aelia Capitolina (Jerusalém), 158
Afeganistão, 360, 391-8, 401-4, 413; Al-Qaeda no, 404-5, 407; antigo, 37, 51, 80, 133; apoiadores islamitas árabes do *ver* árabes-afegãos; controle do Talebã no, 403; guerra dos Estados Unidos contra, 412-3; invasão e ocupação soviética do, 391-4, 398
África, 183, 192, 238, 312, 329; comércio de escravos para a América saindo da, 254, 315, 429; islã na, 395; norte da, 34, 161,

170, 183, 189-90, 209, 211, 215, 251, 258, 394; Oriental, 192, 254
África do Sul, 329
afroamericanos, 319, 354, 361
Afula (Israel), 387
Agni (fogo sagrado), 58, 60-2, 72
Agnicayana, ritual do, 60, 65
Agostinho, Santo, 13, 115, 183, 184, 462
agricultura, 16, 21-3, 31, 33, 35, 51, 61, 64, 69, 79, 89-90, 92, 108, 115, 120, 188, 305, 351; *ver também* civilizações agrárias
ahadith (literatura islâmica), 204-5, 232, 234-5, 387, 389
ahimsa (não violência hinduísta), 57, 74, 86, 328-9, 331, 427
Ahmadi (seita islâmica), 335, 485
Ahura Mazda ("Senhor Sabedoria" no zoroastrismo), 41, 53-4, 135
Ain Jalut, Batalha de, 237
Ajatashatru, rei de Magadha, 79
Ájax, 43
Ajivaka, 80
Akbar, imperador mogol, 308
Akitu (festival sumério), 48-9, 52, 133
Akiva, rabino, 158
Alá (árabe: "Deus"), 194-5, 372, 388-9, 414
Al-Aqsa, Mesquita de (Jerusalém), 231
al-Arabi, Muid ad-Din ibn, 233, 493
Alarico, 184
al-Bahri, Nasir, 396-7
al-Banna, Hassan, 342-3
Albright, Madeleine, 419
Alcorão, 194-201, 204-6, 208, 211, 213, 215, 233, 235, 351, 370, 372, 385-7, 396, 407-8, 410-1, 414, 418, 426, 496; conspurcado por soldados norte-americanos, 414; construção do império muçulmano e, 199, 211; ensino do, 384, 395; princípio de justiça no, 204, 207, 213, 369; suicídio proibido pelo, 386, 411; terroristas e, 407, 410, 418; violência sistêmica condenada pelo, 208, 369
Alcuíno, 219, 466
al-Dukhayyil, Feisal, 406

Alemanha, 260, 263-4, 269-70, 303, 317, 320, 367, 399; Guerra dos Camponeses na, 263-4; industrialização da, 304; judeus assassinados na, 226, *ver também* Holocausto; na Primeira Guerra Mundial, 322, 326, 332; na Segunda Guerra Mundial, 399; protestantes na, 268, 273; Sacro Império Romano na, 221, 236, 264, 275; unificação da (no séc. XIX), 314, 319
Alepo (Síria), 233, 237
Alexandre VI, papa, 253
Alexandre, o Grande, 144
Alexandre, o Insone, 180
Alexandria, 171, 173, 182, 185-6, 202
al-Farazi, Abu Ishaq, 211
al-Hakim, Abu Ali Mansur Tariqu, califa fatímida, 239
al-Haqq, Zia, 336
al-Harawi, Abu Said, 232
al-Haznawi, Ahmed, 408
Ali, quarto califa, 206-8, 214, 352, 354, 466
al-Kamil, Sultão, 236
Allah, Louis Atiyat, 411, 495
al-Mutasim, califa abássida, 211
al-Nuqrashi, Muhammad, 343
al-Omari, Abdul-Aziz, 408, 411
Alp Arslan, 216
Al-Qaeda, 398, 402, 404, 406-7, 413-4, 417-8, 492-4
al-Qaradawi, xeique, 387
al-Rashid, Harun, imperador abássida, 210
Alsácia, 275, 299
al-Sadiq, Jafar (sexto imã xiita), 214
al-Sadr, Musa, 373-4
al-Shafii, Muhammad Idris, 212, 371, 393
al-Shehhi, Marwan, 407
al-Sulami, Ali ibn Tahir, 232
Alto Biterrois (França), 272
al-Turabi, Hassan, 398
al-Zawahiri, Ayman, 394
Amal (Batalhão da Resistência Libanesa), 374-5
Ambrósio, bispo de Milão, 182, 462
americanos nativos *ver* índios

Américas, 253-5, 259, 280, 429; América do Norte, 58, 281-3, 315, 353, 405; América Latina, 352-3; descoberta e colonização das, 253-5
Amir, Yigal, 385
Amorion (Frígia), 177
amoritas, 243
Amós, profeta, 127-8
Amri, rei de Israel, 123
Amritsar, Templo Dourado em, 308
Amsterdam, 260
Amurru, 135
anabatistas, 264, 266
Anagni, 246
Anat (deusa síria), 22
Anatólia, 47, 51, 132, 216-7, 237-8, 251, 339
Anderson, Perry, 46, 439, 471
Ânglia Oriental, 239
anglo-saxões, 40, 184
Angra Mainyu ("Espírito Hostil" no zoroastrismo), 54
Anistia Internacional, 419
Anjou, 222, 299
Anshan, 132-3, 452
Anticristo, 226, 282, 291, 325
Antigo Regime, 298, 318
Antíoco IV, imperador selêucida, 144
Antióquia, 154, 180, 182, 189, 215, 228, 231, 233; cerco de, 228-9
Antipas, Herodes (filho de Herodes, o Grande), 147, 149-50
antissemitismo, 227, 257, 320, 381
Antitauro, maciço de, 228
Antônio, monge egípcio, 173-4, 180, 423
Anu (Céu; deus mesopotâmico), 32-3, 35, 37
Anunnaki (aristocracia divina da Mesopotâmia), 32, 35-6, 47, 50
Apadama, relevo de, 136
"Aparato Secreto" (*al-jihaz al-sirri*), 343
Apocalipse, livro do, 157, 161, 166, 325
apocalípticas, crenças, 144, 149, 364; cristãs, 226, 431; zoroastristas, 54, 129, 136
Apúlia (Itália), 217
Aquemênida, dinastia, 132

Aquiles, 42-3
árabes, 188, 191-4, 196-7, 202-3, 328, 342, 379, 381, 392-4, 398, 400-2, 404; conflitos com os israelenses, 345, 348-9, 374, 378-81; no império otomano, 251; palestinos *ver* palestinos
árabes-afegãos, 392-3, 398, 401-2, 404; na Guerra da Bósnia, 400; volta ao Oriente Médio dos, 400-2
Arábia Saudita, 369, 375, 387, 391-6, 402-3, 409, 417
Arad (Israel), fortaleza de, 126
Arafat, Yasser, 384-5
Aragão, 251, 257, 260
Arcádio, imperador bizantino, 183
Argélia, 391, 398, 401, 404-5
arianos (heresia ariana), 173, 176, 178, 180
arianos, povos, 40-2, 55-61, 63-4, 67-70, 72-3, 218, 221, 331, 428
Ariel, Yaakov, 347
Ário, presbítero de Alexandria, 171-2
aristeia, conceito de, 42
aristocracia, 31, 33, 35, 37, 45, 49-51, 64, 69, 91-2, 95, 112, 128, 137, 145, 147, 150, 155-7, 162-3, 182, 188, 208, 213, 217, 221-3, 227, 237, 240, 263, 270, 272, 289, 297, 315; chinesa, 91-6, 99, 102, 104, 108, 110; da Igreja Católica Romana, 220-4, 244; durante a Revolução Francesa, 297, 302-3; durante as guerras de religião, 270, 272, 277; e a ascensão do capitalismo, 239, 260; indiana, 57, 61, 64, 67, 69-70, 72, 78, 80, 306; israelitas e, 118-9, 121, 128, 132; mesopotâmia, 30-8, 45-52; muçulmanos e, 193, 207, 212-3, 237, 252, 427; na América colonial, 289-90, 292; no império bizantino, 169, 173, 175, 178, 182-3; persa, 55, 136, 188, 202; romana, 145, 147, 149, 155-6, 161-3, 217
Aristóteles, 256, 472
Arjan Dev, guru, 308
Arjuna, 83, 85-6, 329, 383
Armagh, John, 313
Armand-Amalric, abade de Citeux, 241

Armênia, 175, 216; genocídio armênio perpetrado pelos turcos, 340, 398, 425
Armstrong, William, 312
Arquelau (filho de Herodes, o Grande), 147
Arthur, rei da Inglaterra, 46, 244
Artigos de Lambeth (Igreja anglicana), 264
Artois (França), 299
Arya Samaj ("Sociedade dos Arianos"), 309-11, 331
Arya Vir Dal ("Tropa dos Soldados Arianos"), 331
Asad, Talal, 389, 466, 492
asceticismo, 20, 80, 86, 208, 211, 233, 245
Asherah (deusa canaanita), 128, 130-1
Ashoka, imperador máurio, 24, 26, 80-3, 86, 113, 242, 330, 359, 424, 427
Ashur (cidade assíria), 51-2
Ashur (deus assírio), 51-2, 128
Ashura, rituais islâmicos da, 215, 340, 351, 356
Ashur-uballit I, governante assírio, 51
Ashvins (divindade hindu), 83
Ashwatthaman, 84-5
Ásia, 40, 42, 168; Central, 205, 209, 211, 216, 237, 383; leste da, 34, 394; Menor, 132, 154, 157, 189, 238; sul da, 34, 307
asmoneus, 144-5
Assassinos (fanáticos islâmicos), 376
Assembleia Nacional (França), 297
Assíria, 51-2, 127, 129, 132, 144
Associação Nacional de Evangélicos (Estados Unidos), 392
astecas, 254-5
Ata, Muhammad, 407-8
Atanásio, 171-3, 176, 179-80, 460-1
Atatürk, Mustafa Kemal, 339-40
ateísmo, 293, 320, 334, 346, 362, 365, 392
Atenas, 154, 188
atentados suicidas, 387-8, 390, 417, 431; *ver também* Onze de Setembro, ataques terroristas de
Atos dos Apóstolos, 155, 361
Atrahasis (poema sumério), 35-6, 428, 437
atrocidades, 12, 26, 87, 107, 287, 300, 360, 368, 408-12, 416; baseadas na religião, 197, 228, 343, 352, 402; colonialismo e, 287, 306; durante as Guerras Mundiais, 326, 364; revoluções e, 299, 303; *ver também* genocídio; terrorismo
Augsburgo: Paz de, 269-70, 272; Tratado de, 284
Augusto, César, imperador romano, 143, 145, 150, 163, 219
Aurangzeb, imperador mogul, 308-9
Auschwitz, campo de concentração de, 380
Austrália, 417
Áustria, 259-60, 275, 303
autocracia, 69, 213, 304
Autoridade Palestina, 388
autos de fé, na Inquisição Espanhola, 267
ávaros da Hungria, 219
avéstico, idioma, 40, 53
Avignon (França), 246, 253
Aviner, Shlomo, 347
Aws, tribo árabe, 196
Ayodhya (Índia), 333, 383-4, 485
Ayub Khan, ditadura de, 335
Azhar, madrassa de, 303, 341, 393
Azzam, Abdullah, 391-4, 396, 398, 408, 493

Baal (deus canaanita), 22, 126-8, 130-1, 346
Baath, partido socialista, 376
Babel, Torre de, 119, 284
Babilônia, 48-9, 51-2, 118-9, 129, 132-4, 136-7, 139, 144, 159, 436, 453
Babri, mesquita (Ayodhya), 382-3
Babur, primeiro imperador mogul, 333
Badr, Batalha de, 202, 212
Bagdá, 46, 189, 209, 215, 232-3, 237, 416, 496
Bagram (Afeganistão), 413
Bahrein, 192
Baía dos Porcos, invasão da (1961), 354
Baibars, comandante mameluco, 237
Bálcãs, 161, 398, 400
Balduíno, 228
Baldwin, Ebenezer, 291
Bali, 414
Báltico, região do, 275

Bani Sadr, Abulhassan, 358, 488
Banja Luka (Bósnia e Herzegovina), 400
Bantu, tribos, 312
Bar Kokhba, guerra de, 158, 203, 427
bárbaros, 57, 60, 143, 218; império bizantino atacado por, 180, 184, 187; no Império Romano, 161, 163, 184, 203; povos nativos chineses vistos como, 93, 95-8, 102
Barsauma, monge, 186
Bashir, Muhammad, xeique, 416, 496
Basílica de São Pedro (Roma), 219
Basílio, bispo de Cesareia, 178
Basra (Síria), 203
Bastilha, queda da, 298, 304, 357
batistas, 293
Beauvoir, Simone de, 322, 484
beduínos, 51, 192-4, 197-8
Beecher, Henry Ward, 316-7
Beersheba (Israel), 117
Begin, Menachem, 350
Beirute, 235, 373-5, 465, 490, 494
Belém (Palestina), 149, 236
Bélgica, 303
ben Shoshan, Yeshua, 379
beneditina, ordem, 220, 223
Bengala (Índia), 80, 306
Benjamin, tribo de (Israel), 124
Benjamin, Walter, 35, 437
Benjedid, Chadli, 401
berberes, 209
Bernardo, São, 231, 244
Berri, Nabih, 374
Besta do Apocalipse, 157
Bethel (Israel), 127, 131
Betsabá, 126
Beza, Theodore, 271
Bhagavad-Gita, 82, 86-7, 328-9, 444
Bharatiya Janata Party (BJP), 382
Bhima, 83
Bhutto, Zulfiqar Ali, 335
Bibi, Mamana, 419-20, 431
Bíblia, 288, 294, 296, 316, 319, 324-5, 353, 423; Antigo Testamento *ver* Bíblia hebraica; Apocalipse, 157, 161, 166, 325; Atos dos Apóstolos, 155, 361; e Guerras Francesas de Religião (1562-98), 270; Novo Testamento, 179, 263, 433; protestantismo e interpretação individual da, 261, 264
Bíblia hebraica: Cântico dos Cânticos, 160, 333; Crônicas, 137; Daniel, 144; Deuteronômio, 129; Êxodo, 121, 131; Gênesis, 7, 325-6; Isaías, 128, 160, 415; Josué, 117, 122, 132; Juízes, 124, 132; Pentateuco, 116, 118-20, 131, 137, 317; Reis, 132; Salmos, 318, 347; Samuel, 132
Bimbisara, rei de Magadha, 79
Bin al-Shibh, Ramzi, 407
Bin Laden, Osama, 391-4, 397-8, 402, 404-6, 408-9, 412-3, 417-8, 430, 494-5
Binding, Rudolf, 321, 483
Bindusara, imperador máurio, 80
Bismarck, Otto von, 319
Bizâncio *ver* Império Bizantino
Blair, Tony, 418
Blandina, Santa, 165
Bloch, Marc, 221-2, 439, 467
Blois (França), 270
Boemundo, conde de Taranto, 228
Bonifácio VIII, papa, 246
Bonner, Edmund, 266, 463-5, 468-9, 496
Bordeaux (França), 300
Borgia, família, 253
Bósnia, 396, 398, 400, 404, 406
Bósnia e Herzegovina, 399
Bossy, John, 275, 475
Boston, 287-8
Bourbon, dinastia dos, 270
Bourke, Joanna, 20, 435, 486, 489, 492, 495
Bouteflika, Abdul-Aziz, 405
Bouyeri, Muhammad, 417
Bradford, William, 286, 396, 478
Brâman ("O Absoluto"), 62, 65, 71-3, 119
Brâmanas (escrituras), 65-6, 70-1
brâmanes, 63-5, 68-71, 73, 75, 81, 83-4
Brandemburgo, 274
Brasil, 353
Brêmen (Alemanha), 275

Brennan, John O., 419
Brhadaranyaka Upanishad, 71, 442
Bryan, William Jennings, 326
Bucara, 394
Buda, 77-80, 99, 157, 164, 443
budismo, 12, 68, 78-82, 278, 307, 310, 331, 427, 443; de Ashoka, 80-1, 427; monasticismo no, 77, 428; não violência do, 12, 77; tradição ética do, 24
Buída, dinastia turca, 215
burguesia, 260, 297, 300, 339, 373
Bury St. Edmunds (Inglaterra), 239
Bush, George W., 412-3, 415-6, 418, 495
Bushnell, Howard, 317
Bute, Lorde, 291

Caaba (Meca), 193-4, 196, 198, 205, 233
Cabala, 379
Cabo Verde, 254
Caim, 7, 116, 420
Cairo (Egito), 236, 312, 337, 368-70, 374, 469, 481, 493
Cajetan, Thomas, cardeal, 255, 472
Calábria (Itália), 217
Cálgaco, 143
Califórnia, 361-2
Calígula, Caio, imperador romano, 148-9
Callinicum, Batalha de, 182
calvinismo, 265, 275-6
Calvino, João, 261, 266-7, 271, 325, 474, 484
Cambises II, rei da Pérsia, 135
Caminho do Paraíso (China), 97
Canaã, 116-8, 122, 124, 282, 450
Canadá, 291, 417
Canal de Suez, 337
Canção de Rolando, A, 244
canibalismo, 247, 255-6
Cântico dos Cânticos, 160, 333
Capadócia, 51, 161, 178
capitalismo, 195, 240, 259, 320, 351, 368, 415; oposição ao, 322, 345, 352
Carlos I, rei da Inglaterra, 275-6
Carlos II, rei da Inglaterra, 276
Carlos IX, rei da França, 272

Carlos Magno, sacro imperador romano, 46, 218-9, 225, 239, 244
Carlos V, sacro imperador romano, 260, 265, 268
carolíngia, dinastia, 218, 221
Cárpatos, 161
Cartago, 165-6, 170, 183
Carter, Jimmy, 354-5, 358
Casey, William, 392
cassitas, tribos, 51
Castela, 251, 257, 260
cátaros, 241-3, 300, 425
catolicismo *ver* Igreja Católica Romana
Cáucaso, 40, 51, 53, 136
cavaleiros, 221-7, 231, 244-6; góticos, 184; nas Cruzadas, 217, 225-7, 231, 236, 425; "Paz e Trégua de Deus" como restrições à violência dos, 427; supremacia papal desafiada pelos, 244-6
Cavaleiros Hospitalários de São João, Ordem dos, 231, 235
Cavaleiros Templários, Ordem dos, 231, 235, 246
Cavanaugh, William T., 25, 276, 434-5, 471, 473-6, 482, 489-90, 494
Caxemira, 328, 403
Ceciliano, bispo de Cartago, 170, 459
celtas, 40
Célula de Hamburgo (grupo terrorista), 407-8
Cesareia (Israel), 145, 147-8, 168, 178
ceticismo, 71, 296, 318, 407
céu *ver* paraíso
Chade, 394
Chandragupta, imperador máurio, 80
Changa (Índia), 69
Charia (sistema legal do islã), 212-4, 216, 238, 312, 336, 339-41, 393, 408, 427
Charny, Geoffroi de, 245
Chatila, campo de refugiados (Líbano), 396
Chechênia, 396, 398, 406-8
Cheng, rei chinês, 94
Chénier, Marie-Joseph, 301
Chi You, 90-1
Chicago, Universidade de, 387

China, 87-9, 94, 99, 101-4, 109-10, 113-4, 280, 427, 437, 444-5, 447-8; antiga, 13, 23, 34, 40, 88, 99, 104, 164, 429; invasão mongol da, 237; Revolução de 1911, 99
Chu (China), 95, 97-8, 104
CIA (Central Intelligence Agency), 350-1, 362, 392, 419
ciganos, 399
Cilícia, 153, 160, 215
Cingapura, 332
Cipriano, bispo de Cartago, 166, 459
circuncisão, 144, 158
Cirilo, patriarca de Alexandria, 185
Ciro, imperador aquemênida, 132-5, 139, 168, 184, 202, 452-3
Cisjordânia, 346, 348-9, 385-6, 388
cisterciense, ordem, 244
civilizações agrárias, 23, 34, 48, 65, 119, 227, 237
civis, mortes de, 103, 159, 234, 274, 351, 387; em ataques terroristas *ver* terrorismo; nas guerras do século XX, 367, 390; nas guerras dos Estados Unidos no Afeganistão e no Iraque, 414, 417-9
Claraval (França), abadia de, 231
Clarke, I. F., 319, 483
classe mercante, 227, 339; *ver também* burguesia
Clemente V, papa, 246
Clemente VII, papa, 253
Clermont (França), Concílio de Paz em, 225
Clinton, Bill, 419
Cluny (França), abadia de, 223, 225, 228, 240, 243
Colby, Elbridge, capitão, 313, 482
Colinas de Golã (Síria), 346, 349
Colômbia, 353
Colombo, Cristóvão, 253, 259, 442
colonialismo, 254, 305, 327, 409; dos Estados Unidos, 354, 371, 409, 415; Europeu, 219, 253-5, 259, 290; luta global contra, 385; no Império Romano, 146; no Oriente Médio, 320, 336-7, 341, 343-5, 373; resposta da Índia ao, 309, 311, 329; sionismo e, 320, 345; violência estrutural do, 290, 312, 330, 338, 353; *ver também* imperialismo
comércio, 14, 38, 51, 79-80, 154, 193-4, 260, 284, 335; de escravos, 254, 315, 429; de Israel e Judá, 127; europeu, 227, 259; na Arábia, 192-4; na Índia, 69, 78, 84; no mundo pré-moderno, 14, 51, 80
Comitê de Segurança Pública (Estados Unidos), 300, 480
Commonwealth of Oceana (Harrington), 278
compaixão, 24, 78, 81, 86, 100, 109, 153, 197, 234, 285, 313, 359, 424, 430
Companhia Alemã da África Oriental, 312
comunismo, comunistas, 23, 345, 353, 362-3, 392, 399; *ver também* União Soviética
Concílio de Calcedônia, 186
Concílios de Latrão, 242, 246
Concílio de Reims (1157), 243
Concílio de Trento (1545-63), 264
Concílio Vaticano I (1870), 325
Confissão de Westminster, 264
confucianismo, 100, 112-3
Confúcio, 99-101, 103-4, 151, 156, 377, 427
Congresso Colonial (1776), 290
Congresso dos Estados Unidos, 293
Connecticut, 286, 288, 291, 293
Conselho Divino (mitologia mesopotâmica), 33
Conselho Mundial de Igrejas, 22
Conselho Nacional de Igrejas (Estados Unidos), 353
Constança (Alemanha), Concílio de, 253
Constâncio Cloro, imperador bizantino, 161
Constantino, imperador bizantino, 166-73, 175-7, 179, 190, 425, 459
Constantino II, imperador bizantino, 176
Constantinopla, 168, 182, 184-5, 187, 189-90, 202, 204, 210-1, 219, 236; cerco persa de, 189; Concílio de, 176, 182, 190; queda de, 190; *ver também* Império Bizantino
Constituição dos Estados Unidos, 293, 296, 316
Convenção de Genebra, 413

Cook, David, 464-5, 469, 491-5
Copônio, 147
coraixitas, tribo árabe dos, 193-4, 196-8, 201
corásmios, turcos, 236
Coreia, 237
Corinto (Grécia), 154
Cortés, Hernán, 254
Cosroes I, rei da Pérsia, 188, 202, 462
Cosroes II, rei da Pérsia, 189, 202
Cotton, John, 283, 286, 477, 483
Cracóvia (Polônia), 354
Credo de Niceia, 179, 185
Crescente Fértil, 44; *ver também* Mesopotâmia
Crise de Suez (1956), 344
Crispo, 167
cristãos, 13, 32, 119, 155-7, 163-6, 169-74, 176-7, 179, 181-4, 187-90, 194, 202-3, 207, 216-7, 219, 224-7, 234-6, 239-40, 242, 244-5, 251, 255, 257, 262, 267, 278, 288, 290, 294-6, 307, 315, 318, 324, 340, 345, 353, 372-3, 376, 380, 387, 396, 399, 413, 425-6, 428, 430
cristianismo, 25, 156, 161-2, 164, 166-7, 169-71, 173-4, 176, 178-9, 181-2, 184, 187-9, 223, 226, 230, 237, 243-5, 251, 257-8, 265, 272, 277-9, 287, 295, 317-8, 324, 327, 362, 380, 426, 484; antissemitismo e, 320; colonialismo e, 284, 286, 290, 307, 310; conversão forçada ao, 257; evangélico, 295-6, 316, 318, 325, 392, 413, 430; fundamentalista, 324-7, 354, 429-30; Identidade Cristã (grupo), 366; imperialismo em nome de, 254; internalização do, 279; interpretações divergentes da revelação no, 200, 207; islã e, 202, 205, 207, 210, 251, 345, 371, 429; militarismo e, 221-4, 243-5, *ver também* Cruzadas; mitos milenares do, 291; monofisista, 185-8, 202; movimento monástico, 174-5, 205, 223; na Pérsia, 55, 188; nacionalistas sérvio e, 399; no Império Otomano, 340, 398; no Líbano, 328, 373; nos Estados Unidos, 294-6, 315-9; oriental, 169-71, 173, 175-90, 217, 225-6, 425; ortodoxo, 399; primeiros tempos do, 12, 144, 154-7, 161, 458; Satã no, 243; teologia cristã, 243, 310; tradição ética, 24, 360; tribos germânicas convertidas ao, 218; *ver também* Igreja Católica Romana; protestantismo
Cristo *ver* Jesus Cristo
Cristologia, 157
Crítica Maior (Alemanha), 317, 324
croatas, 399-400
Cromer, Evelyn Baring, Lord, 337, 341, 486
Cromwell, Oliver, 275-6, 476, 478
Crônicas, Livro das, 137
Croquants (França), 272
Cruzadas, 12, 25, 225-7, 231-3, 235, 239-40, 244, 247, 406, 425, 430
Ctesifonte (Mesopotâmia), 189, 209
Cuba: invasão da Baía dos Porcos (1961), 354; prisão de Guantánamo, 414
Cufa (Iraque), 203, 208-9
Cúpula da Rocha (Jerusalém), 209, 378-9
curdos, 328

Dalmácia, 161
Damasco (Síria), 188, 202-3, 206-7, 232-3, 237
Dan (Israel), 127
Daniel, Livro de, 144
Danúbio, região do, 182
Danúbio, rio, 161
Daodejing (Lao Tsé), 106-7
daoismo, 106-11
dar al-Islam ("a terra do Islã"), 213, 232, 393
Dario I, imperador aquemênida, 135-6, 139, 169, 188, 453
Darrow, Clarence, 326
Darwin, Charles, 318, 326
darwinismo, 318, 326, 372
Davi, rei de Israel, 125-6, 132, 138, 160, 203, 318, 346, 394, 407, 428
David, Jacques-Louis, 301
Davis, Natalie Zemon, 270, 475
Dawkins, Richard, 367, 490
Dayan, Moshe, 347

Dayananda, Swami, 309-10
De Veritate (Herbert), 277
Decálogo, 130
Décio, imperador romano, 163
Declaração de Independência dos Estados Unidos (1776), 290, 478
Declaração dos Direitos do Homem e do Cidadão (1789), 298, 301
Declaração dos Direitos dos Estados Unidos (1791), 293
"Decretos Infames" (França), 314
"deificação" (*theosis*), doutrina da, 172, 189-90
deístas, 290, 293
Demanda do Santo Graal, A, 244
Demeter (deusa grega), 22
democracia, 82, 288, 295, 305, 325, 332-3, 336, 338, 350, 381, 401
deobandis, 311-2, 324, 333, 403, 429
Descartes, René, 278
Desobediência civil, A (Thoreau), 329
Deusa Mãe, 21, 36-7, 53, 331
Deuteronômio, Livro do, 129
Devanampiya ("Amado dos Deuses") *ver* Ashoka
Dever negligenciado, O (Faraj), 371, 411
Dewey, John, 317
Dez Mandamentos, 122, 131
dharma, 12, 63-5, 67, 70, 73, 75, 83, 359
Di Shang Di (deus do céu de Shang, na China), 92
Dia das Expiações (Israel), 11
Dicionário clássico de Oxford, 12
Dickens, Charles, 305
Diego Garcia (território britânico no Oceano Índico), 414
Dieta de Worms (1521), 269
Diná (filha de Jacó), 120
Diocleciano, imperador romano, 161, 164-6, 170, 183, 460
Dionísio, templo de, 182
Dióscoro, patriarca de Alexandria, 186
Djerba (Tunísia), 414
Doab (Índia), 60-1, 68, 71

dominicanos (Ordem dos Pregadores), 242, 255
donatistas, 170, 183, 459
Dong Zhongshu, 112-3
Donne, John, 281, 477
Dow, Lorenzo, 295
Doze Tribos de Israel, 117, 366
Dreyfus, Alfred, capitão, 320
Drona, general, 84-5
drones norte-americanos, 390, 419
drusos, 374
Durandus de San Poinciana, 255
Duryodhana, 83
Dwight, Timothy, 291, 478

Eannatum, rei de Lagash, 45
Easton, John, 287
Eban, Abba, 347
Edessa, 231, 233-4
Édito de Nantes (1598), 272
Edom, 137
Eduardo I, rei da Inglaterra, 246
Eduardo VI, rei da Inglaterra, 265
Edwards, Jonathan, 288-91, 293-4, 459, 478-9, 491-2
Éfeso (Grécia), 154, 186; Concílio de, 185-7, 190
Egito, 44, 117, 120, 132, 174-5, 189, 202, 215, 234, 236, 303-4, 327, 337-8, 341-3, 350, 357, 368-9, 372, 387, 391-2, 394, 404, 431, 450; antigo, 13, 22, 44, 51, 57, 117-21, 129, 137, 146, 160, 173; assassinato de Sadat no, 368-72; conquista muçulmana do, 202-3; cristianismo no, 173-5, 180, 220; invasão de Napoleão no, 303, 337; Israel e, 346, 349; modernização do, 337, 341-3; no império bizantino, 187; wahhabismo no, 395
egoísmo, 74, 78, 101, 195, 199, 207, 262, 321, 360
Einhard, 219
Eliot, John, 287
elites, 23, 59, 106, 111, 112, 116-7, 132, 264, 295, 306, 309, 318, 326, 353, 386; em ci-

vilizações agrárias, 23, 31, 48; no Oriente Médio, 205, 341, 373, 377, 384; nos Estados Unidos, 293, 318; *ver também* aristocracia
Elizabeth I, rainha da Inglaterra, 265, 267
Emicho, conde de Leningen, 226
empatia, 15-8, 75-6, 101, 103, 315, 381, 397, 428
England, Lynndie, 416
Enki (deus mesopotâmico), 33-6
Enkidu (homem primitivo na mitologia mesopotâmica), 37-9, 53
Enlil (Tempestade; deus mesopotâmico), 33, 35, 38
Enuma Elish (hino mesopotâmico), 49
epicurismo, 162
epidemias, 70, 236
Epopeia de Gilgamesh, 37, 43; *ver também* Gilgamesh
Era Heroica (na cosmovisão hindu), 83, 85
Erasmo de Roterdã, 271
eremitas, 106, 240, 245
Eritreia, 394
Erkbakan, Necmettin, 405
Esagil (templo sumério), 49
Esaú, 137
Escandinávia, 34, 41, 268
Escócia, 268, 273, 276
escravidão, 148, 254, 315-6, 319, 353, 383; árabe, 193, 195, 197; dos israelitas no Egito, 117, 120-1; na China, 93, 108; na Índia, 58, 64, 69-70, 81; nas colônias americanas, 254, 280, 286; nas colônias portuguesas, 254; no Império Bizantino, 178; nos Estados Unidos, 295, 315, 318; nos primeiros tempos do cristianismo, 156, 162, 165
escribas, 91, 95, 128, 146, 151-2
eslavos, 399
eslovenos, 399
Espanha: ataque terrorista na (2004), 417; imperialismo da, 253, 258; Inquisição na, 257-9, 267, 425-6; muçulmana, 244, 257; pinturas rupestres na, 16

Espírito Santo, 179, 251, 262
Essência do Cristianismo, A (Feuerbach), 318
Essênios, 145
Estados Gerais (França), 297
Estados Unidos, 290, 293-6, 299, 305, 318, 327, 344, 351, 355, 358-63, 375-6, 379, 394-5, 405-6, 409, 412-9, 424, 429-30; antagonismo dos islamistas em relação aos, 397, 402-3, 405, 407-8; Arábia Saudita e, 402; ataques terroristas aos, 26, 407-8, 411, 414, 418; Bósnia e, 399; Constituição dos, 293, 296, 316; drones dos, 390, 419; escravidão nos, 315; Exército dos, 313, 366, 402; fundamentalismo cristão no, 324-7, 354, 429; Guerra Civil (1861-5), 316-9; guerra do Afeganistão, 412; guerra do Iraque, 414-5, 417; industrialização dos, 304; Irã e, 350, 353, 357; Israel apoiado pelos, 397, 412; Líbano e, 374; movimentos de protestos nos, 353; muçulmanos nos, 395; Pais Fundadores dos, 290-6, 318; Paquistão e, 403
Estatuto da Virgínia para liberdade religiosa (Jefferson), 292
Estela de Abutres, 44-5
Estêvão II, papa, 218
estoicismo, 162
Etiópia, 205
Etzion, Yehuda, 378-9
Eucaristia, 189, 271, 428; transubstanciação, 271
Eufrates, rio, 30, 32, 35, 48, 126, 182, 188
Europa: medieval, 13, 217, 222; ocidental, 184, 251, 264; oriental, 237; União Europeia, 399
Eusébio, bispo de Cesareia, 168-71, 459-61
Eutiques, monge de Constantinopla, 185-7
Eva, 115-6, 138
Evágrio do Ponto, monge, 175, 179, 460
Evangelhos, 146, 149-50, 154, 164, 294-5, 362; de João, 157, 164; de Lucas, 154, 156, 423; de Marcos, 152, 154; de Mateus, 154
evangélicos *ver* cristianismo, evangélico

evolução: política e social, 88, 159, 297, 326; teoria da, 318, 325-6
excomunhão, 218, 224
Exercícios espirituais (Inácio de Loyola), 280
Êxodo, Livro do, 121, 131
êxtase, 15, 18, 42, 57, 71, 290, 295, 300, 303, 321, 349, 357, 365; da batalha, 230, 388-9

Fadl Allah, Muhammad, aiatolá, 373-7, 490
Fajia ("Escola das Leis" na China), 108, 112
Fallujah (Iraque), 417
falsafah (filosofia islâmica), 238, 252, 312, 394
Falwell, Jerry, 327
Faraj, Abd al-Salam, 371-2, 411
Faris, Iyman, 415
fariseus, 145-6, 151-2, 158
Fatah (facção da OLP), 385, 398; *ver também* Organização para a Libertação da Palestina
Fátima (filha de Maomé), 466
Fatímida, dinastia, 215, 466
fatwa ("decisão legal" islâmica), 238, 258, 311, 371, 405
Fayziyah, madrassa (Irã), 340, 351
Feisal, rei da Arábia Saudita, 396, 406
Felipe I, rei da França, 225
Felipe II, rei da Espanha, 265, 267, 269-70
Felipe II, rei da França, 235, 241
Felipe IV, rei da França, 246
Félix de Apthungi, 459
Ferguson, Niall, 415
Fernando, rei de Aragão, 251, 253, 257-60
Fernando, sacro imperador romano, 270, 273-4
feudalismo, 95, 222, 277, 351, 373; chinês, 94-5, 110; na Europa medieval, 224, 226-7, 245
Feuerbach, Ludwig, 318
Fichte, Johann Gottlieb, 314-5, 482
Fiéis do Monte do Templo (Jerusalém), 380
Filipe (filho de Herodes, o Grande), 147
Filipinas, 255, 391, 394
Filipos (Macedônia), 154, 156
filisteus, 124-5, 389
filosofia perene, 14, 33, 53, 67, 144, 372, 379

Fingarette, Herbert, 99, 446
Finney, Charles, 295
Firestone, Reuven, 200, 454, 457-8, 464
Flacila, Élia, imperatriz bizantina, 182
Flandres (Bélgica), 223, 266, 299
Flaviano, bispo de Constantinopla, 186
fome, 21, 45, 50, 119-20, 174, 193, 256, 298, 353; colonialismo e, 284, 306; israelitas atingidos pela, 117, 119; na China, 90; no Egito, 173
Fortaleza Antônia (Jerusalém), 145, 148
França, 222-5, 228, 235, 237, 241, 243, 245-6, 253, 259-60, 265, 267-71, 273-74, 290, 297-301, 303-4, 315, 320, 359, 402, 426, 429; antissemitismo na, 320; Argélia e, 401; divisão do Império Otomano pela Grã-Bretanha e, 327; imperialismo da, 315; industrialização da, 304; judeus na, 314; Líbano e, 375; monarquia absoluta na, 260; na Guerra dos Cem Anos, 245; papado na, 246, 253; pinturas rupestres na, 16; protestantes na, 265, 267, 270, 272-4; revolucionária *ver* Revolução Francesa; rivalidade entre Espanha e, 259; secularização na, 277
franciscanos (Ordem dos Frades Menores), 242
Francisco de Assis, São, 240
Francisco I, rei da França, 270
francos, 184, 209, 218, 225, 231-4; jihad contra os, 231; reino dos, 218, 221
Franklin, Benjamin, 290
Frederico I (Barba Ruiva), sacro imperador romano, 235
Frederico II, sacro imperador romano, 236, 243
Frederico V, eleitor palatino, 273
Frente de Libertação Nacional (FNL — Argélia), 398
Frente Islâmica de Salvação (FIS), 401
Frente Mundial Islâmica contra Sionistas e Cruzados, 405
Freud, Sigmund, 363-4
Friedman, Thomas, 400, 493

Frígia, 177
Fulda (Alemanha), monastério de, 220
Fulquério de Chartres, capelão, 229-30, 468
fundamentalismo, 310, 323-4, 326-7, 381, 387, 430, 484; cristão, 324-7, 354, 429-30; islâmico, 324, 327, 387, 400, 431; judaico, 324, 381; sikh, 311
Fustat (Egito), 203

Galério, imperador romano, 161
Gália, 184, 218-9
Galiano, imperador romano, 163
Galileia (Israel), 117, 144, 147, 149, 151, 153, 159, 231, 235, 237, 280
ganância, 38, 74-5, 77-8, 87, 99, 101, 176, 184, 195, 222, 232, 253, 334
Gandhi, Mohandas, 329-30, 334
Gandhi, Rajiv, 382
Gânges, rio, 60, 68-9, 73, 79, 85, 333
Garatman (deus do sol ariano), 62, 441
gassânidas, 188
Gaza, 384-7, 389, 406
Genebra (Suíça), 267; Convenção de, 413
Gênesis, Livro do, 7, 325-6
Gêngis Khan, 237-8
genocídio, 132, 304, 322, 340, 364, 398, 425; armênio, 340, 398, 425; cometido pelos nazistas *ver* Holocausto; de muçulmanos na Bósnia, 398-9; de Vendée (França revolucionária), 304
Gentili, Alberico, 256
George III, rei da Inglaterra, 291
Geraldo de Aurillac, são, 223
Germânia, 184, 221, 228
germânicas, tribos, 40, 218, 244
Gesta Francorum, 230
Ghazan Khan, 238
Ghazni, reino de (Ásia Central), 383
Ghose, Aurobindo, 329-30, 484
Gilgamesh, rei sumério, 29-30, 32, 35, 37-9, 42, 44, 53, 73, 81, 428, 436-7
Girard, René, 11, 433
Glauco (personagem homérica), 42
Gloucester (Inglaterra), 239, 480

Goa (Índia), 254
Gobind Singh, guru, 309
Godofredo de Bulhão, duque, 228
Goldstein, Baruch, 382
Golfo Pérsico, 47, 254, 360, 403, 439
Golias (gigante filisteu), 125-6, 385, 394, 407
Golwalkar, M. S., 332, 485
góticas, tribos, 161
Graber, Raoul, 226
Grã-Bretanha, 339, 376; colonialismo da, 280, 282-3, 285-8; conquista romana da Bretanha, 143; divisão do Império Otomano por França e, 327; imperialismo da, 303, 306, 308-10, 312; influência no Oriente Médio, 337, 341, 343-4, 350; Israel e, 348, 366; luta da Índia pela independência da, 82, 328-32; na Guerra do Iraque, 415, 417-8; repartição britânica do subcontinente indiano, 328, 332; Revolução Americana contra, 289-91; Revolução Industrial na, 293, 304; *ver também* Inglaterra; Escócia
Granada (Espanha), 251, 253, 258
Grande Advertência (Inglaterra — 1641), 276
Grande Despertar (Estados Unidos), 288, 290, 294-6, 429
Grande Enchente (mitologia mesopotâmica), 33
Grande Julgamento (zoroastrismo), 54
Grande Paz (China), 90, 96, 102
Grant, Ulysses S., 317
Grécia, 340; antiga, 13, 22, 34, 41, 154, 180
Gregório IX, papa, 236
Gregório VII, papa, 217, 224-5
Gregório, bispo de Nazianzo, 178
Gregório, bispo de Nissa, 178
gregos, 40, 153-4, 156, 203, 217, 236, 340, 402, 469; no império otomano, 339
Grenville, George, Lord, 291
Grócio, Hugo, 277, 280, 472, 476
Grupo Islâmico Armado (GIA), 401
Guantánamo (Cuba), prisão de, 414
"Guerra ao Terror", 413-4
Guerra Áustro-Prussiana (1866), 319

Guerra Civil Americana (1861-5), 316-9
Guerra Civil Espanhola (1936-9), 431
Guerra Civil Inglesa (1642-8), 275, 278
Guerra da Bósnia (1992-5), 398, 400
Guerra de Independência Americana *ver* Revolução Americana
Guerra de Troia, 42
Guerra Dinamarquesa (1864), 319
Guerra do Golfo (1991), 366, 409
Guerra do Vietnã (1955-75), 353
Guerra do Yom Kippur (Israel — 1973), 349-50, 368, 395
Guerra dos Camponeses (Alemanha — 1525), 263-4
Guerra dos Cem Anos (França e Inglaterra — séc. XIV), 245
Guerra dos Seis Dias (Israel — 1967), 345, 348, 381, 393, 431
Guerra dos Trinta Anos (Europa — 1618-48), 13, 26, 268, 273-6, 286, 303, 425
Guerra Franco-Prussiana (1870), 319
Guerra Fria, 360, 365, 368, 379, 403
"guerra justa", conceito de, 167, 184, 253, 376
Guerras Francesas de Religião (1562-98), 270-2
guerras napoleônicas, 303
Guise, dinastia, 270
Gujarat (Índia), 383
Gupta, período (Índia), 67
gurus: hindus, 73, 75-6; sikhs, 308-10
Gush Emunim ("Bloco dos Fiéis" — Israel), 349
Gusmão, Domingos de, 242
Gustavo Adolfo (guerreiro sueco), 274

Habsburgo, dinastia dos, 259-60, 268-9, 272-5
Haenisch, Konrad, 322
Hai (Canaã), 123
Haia, 313
hajj, mês do (no islã), 193, 196, 198, 205
Ham Hindu nahin (folheto sikh), 310
Hamas ("Movimento de Resistência Islâmica"), 386-9, 398
Hamurabi, rei da Babilônia, 48

Han Feizi, 109
Han, dinastia, 110-1
Han, reino de (China), 104
Haram al-Sharif (Jerusalém), 203, 230, 380, 386
Harrington, James, 278
Harvard, Universidade, 288, 291, 295
Hazor (Israel), 117, 126
hebraico, uso do, 188; *ver também* Bíblia hebraica
hebreus *ver* israelitas
Hebron (Cisjordânia), 349, 378, 382, 387
Hedges, Chris, 18-9, 39, 434, 437, 493
Hedgewar, Keshav B., 331, 382
Hegel, Georg Wilhelm Friedrich, 305, 481
Hehe, tribo, 312
Hejazi, Taha, 357
Hélio (deus grego), 176
Henrique de Lancaster, 245, 471
Henrique de Lausanne, 222
Henrique de Montmorency, 272
Henrique II, rei da Inglaterra, 243, 269
Henrique III, rei da França, 267, 272
Henrique IV, rei da França, 268, 272-3
Henrique IV, sacro imperador romano, 218, 225
Henrique VIII, rei da Inglaterra, 265
Heráclio, 189
Herbert de Cherbury, Edward, Lord, 277-8
Herbert, Jacques, 301
Hércules (herói mítico grego), 41, 301
hereges, 75, 190, 222, 241-3, 257, 261, 264-7, 270, 311, 313, 426, 485
Herodes, rei da Judeia, 145-7, 149, 346
Herzl, Theodor, 346, 486
Hilário de Poitiers, 186, 461
Himalaia, 69, 77, 203
hinduísmo, 307, 309-10, 331, 383
hindus, 278, 307-12, 323, 330, 332-3, 382-4; nacionalistas, 382
Hindutva (Savarkar), 331, 384, 485
Hipona (norte da África), 183-4
Hiroshima, bombardeio atômico de, 364, 419
Hisham I, califa, 209

hititas, 40, 51, 125
Hitler, Adolf, 324, 425
Hizbollah, 375-8, 387
Hobbes, Thomas, 278-80, 315, 476-7
Hodge, Charles, 325-6, 484
Holanda, 265, 267-8, 270, 272, 303
Holmes Jr., Oliver Wendell, 317
Holocausto, 324, 346, 364, 381, 398, 401, 431
Homero, 42-3, 82, 438
Honório, imperador romano, 183
Hospitalários *ver* Cavaleiros Hospitalários de São João, Ordem dos
Houte, Soetken van den, 266
Huai, vale do, 91
Huang Di *ver* Imperador Amarelo
Hudaybiyyah, Poço de (Arábia), 198
huguenotes, 268, 270-3
Hulugu, 237
Humanismo, 255-6, 271, 280, 285
Humbaba (dragão da mitologia mesopotâmica), 37-9
Hume, David, 296
Hungria, 219
Hussein (terceiro imã xiita), 208-9, 340, 351, 354-6, 365, 373, 375, 395, 423, 466
Hussein, Saddam, 357, 376, 402, 415
Hutcheson, Francis, 296
Hyderabad (Índia), 384
Hyksos, tribos de beduínos, 51

Iahweh, 7, 115-6, 118-9, 121-31, 134, 139, 145-6, 346-7, 428; acomodação ao paganismo do culto de, 126-30; Assíria e, 128; criação do Jardim do Éden por, 115-6, 137; guerras ordenadas por, 122-4, 138, 160; Moisés e, 121, 171; oposição à civilização agrária por, 119; persas e, 132, 134; sacrifícios rituais a, 116, 123
Ibn Adham, Ibrahim, 211
Ibn al-Athir, Izz ad-Din, 235, 469
Ibn al-Khattab, Umar, 201
Ibn Anas, Malik, 212
Ibn Ayyub, Yusuf *ver* Saladino
Ibn Mubarak, Abdullah, 211

Ibn Saud, 395, 412
Ibn Taymiyyah, Ahmed, 238, 311, 371, 395, 423, 426
ídiche, 239
Idumeia, 144-5, 147
Iêmen, 192, 216, 387, 391, 417
Iêmen do Sul, 394
Igigis (seres da mitologia mesopotâmica), 36
Igreja anglicana, 275
Igreja Católica Oriental, 186, 426
Igreja Católica Romana, 13, 164-6, 169, 176, 181, 184, 241, 265, 270, 272, 280, 291, 299-300, 424-5; colonialismo promovido pela, 255; Concílio Vaticano I (1870), 325; cruzadas contra o islã *ver* Cruzadas; desafio do código dos cavaleiros contra a, 245; dissidência denunciada como heresia, 222, 240; na América Latina, 352; na Croácia, 399; na Espanha, 251; na França, 246, 253; na Irlanda, 276; nos Estados Unidos, 319, 353, 392; "Paz e Trégua de Deus" inauguradas pela, 427; Regra de Fé da, 164
Igreja da Ressurreição (posteriormente Igreja do Santo Sepulcro — Jerusalém), 230, 236, 239, 469
Igreja luterana, 276, 318
igualitarismo, 23, 69, 80; cristão, 162, 173, 222, 288, 290; desvios pré-modernos do, 33, 63; islâmico, 195, 209, 386, 427; judaico, 118, 121, 128, 148
Ilíada (Homero), 42-3, 82, 438
Iluminismo, 265, 288, 290, 292-3, 295-6, 304-5, 317-8, 359, 390
Imã Oculto, 215, 352, 355-7, 374
Imãs, 214, 352, 355, 359
Imperador Amarelo (China), 89-91, 105, 111
Imperador Ardente (China), 90
imperialismo, 169, 231, 256, 273, 311, 315, 332, 355, 371, 388, 409, 426; agrário, 24, 46, 79, 81-2, 118-9, 121; chinês, 109, 112, 114; islâmico, 332, 382; israelitas e, 118, 121, 129, 131; ocidental, 231, 371, 426; *ver também* colonialismo

544

Império Acadiano, 46
Império Aiúbida, 237
Império Babilônio, 132
Império Bizantino, 168-9, 185, 189, 191-2, 195, 202, 205, 236, 251, 459; guerras persas com, 188-92, 202; invasão turca do, 215; reafirmação da autoridade católica romana no, 217; rotas comerciais para, 192
Império Britânico ver Grã-Bretanha, imperialismo da
Império Inca, 254
Império Mogol, 311, 429
Império Otomano, 238, 251, 258, 327, 341, 399
Império Persa, 135, 144
Império Ptolomaico, 144
Império Romano, 146, 154, 157, 160, 168, 180, 203, 219, 227, 242, 325; ataques bárbaros ao, 184; cristãos no, 154-7, 161, 183; exército do, 161, 169; judeus no, 143-53, 158, 160; oriental ver Império Bizantino
Império Safávida, 238
Império Selêucida, 144
Império Seljúcida, 216, 229
impostos ver taxação/impostos
Inácio de Loyola, Santo, 280
incas, 254
Índia, 56-9, 65, 71, 73-4, 78, 80, 82-3, 85, 205, 238, 251, 254, 280, 303, 306-7, 310, 312, 323, 328, 330-4, 382-3, 427, 440; antiga, 13, 23, 34, 41, 56, 101, 164; britânicos na, 306, 309-10, 312; conflitos entre hindus e muçulmanos na, 382; independência da, 83, 328, 329-32; partição da, 328, 332; rotas comerciais partindo da, 192
índios, 280, 282-7, 290, 313
individualismo, 261
indo-arianos, 56
indo-europeus, 40
Indonésia, 391, 395
Indra (deus hindu), 41, 54-6, 59-62, 65, 67, 72, 75, 83, 85, 119, 129; como Vrtrahan, 60

industrialização, 305, 313, 322, 332
infalibilidade papal, doutrina da, 325
Inglaterra, 235, 243, 245-7, 260, 265, 275, 282-6, 289-91, 294, 305, 396; cristianismo na, 184, 264, 268, 273; Guerra Civil Inglesa (1642-8), 275, 278; judeus na, 239; monarquia na, 259-60, 265; na Guerra dos Cem Anos, 245; ver também Grã-Bretanha
inglês/língua inglesa, 12, 42, 60, 216
Inocêncio III, papa, 241-3, 247, 253
Inocêncio IV, papa, 237
Inquisição Espanhola, 12, 25, 257-9, 267, 425-6
Instituto Oriental (Sarajevo), 400
Intifadas palestinas: Primeira Intifada (1987-93), 385; Segunda Intifada (2000), 380, 387
Irã, 46, 202, 238, 251, 304, 327, 332, 338, 340, 350-1, 353-7, 359-60, 365, 368, 375, 394-5, 401; antigo, 13, 40, 48, 52, 55, 71, 91, 132, 202; conquista muçulmana do, 202-3; eleições no, 405; guerra Irã-Iraque, 357, 365; Revolução Iraniana, 350, 354, 359-60, 375, 394, 403; rivalidade saudita com, 403; ver também Pérsia; Império Persa
Iraque, 29, 203, 328, 352, 355, 391, 415-9, 426, 430, 449; guerra dos Estados Unidos contra, 414-5, 417; guerra Irã-Iraque, 357, 365; sanções contra, 405
Ireneu, bispo de Lyon, 164
Irlanda, 276
Irmandade Muçulmana, 342-3, 369, 384, 393, 430
Isaac (filho de Abraão), 116, 119, 349
Isabela de Castela, rainha, 251, 253, 257-8, 260
Isaías, profeta, 128, 160, 415
Ishtar (deusa mesopotâmica), 22, 53, 131
Ísis (deusa egípcia), 22
islã, 12, 196, 198-200, 202-3, 205, 207-11, 213, 215, 234-5, 237-40, 243, 251, 258, 280, 301, 307, 310-2, 327, 332-4, 336, 338-45, 355-6, 358, 371, 376, 380, 382-4, 386-7, 393-4, 396-7, 399-400, 404, 406-9, 412-4, 417-8, 423, 426, 429; conversão

545

dos mongóis ao, 237-8; cristianismo e, 202, 205, 207, 210, 251, 345, 371, 429; doutrina de Khomeini, 353; igualitarismo no, 195, 209, 386, 427; luta no *ver* jihad; modernização e, 342-5; na Bósnia, 398-9; normas islâmicas tradicionais, 341; radical, 351, 368-70, 373, 382, 386, 394-7, 403, 405; Satã no, 243; sistema legal do *ver* Charia; wahhabista *ver* wahhabismo

Islã e o uso da força (Berri), 374

Islambouli, Khaled, 368, 371

Islami Jamiat-i-Taliban (IJT — Sociedade de Estudantes Islâmicos), 335

Ismael (filho de Abraão), 194

ismaelitas, 215-6, 466

Ismail Pasha, 337

Israel, 347-50, 375, 379, 415-6, 431; anexação de território por, 347-9; antigo, 11, 123-38, 348, 424, 428, 449; apoiado pelos Estados Unidos, 397, 412; assentamentos na Cisjordânia, 348-9; conflito árabe com, 345, 348-9, 374, 378-81; criação do Estado de Israel, 328, 343; Doze Tribos de Israel, 117, 366; palestinos oprimidos por, 343-8, 380, 396; profetas de, 127-8, 428; visão sionista de, 320; *ver também* Jerusalém

israelitas, 117-8, 121-31, 137-9, 160, 166, 424; canaanitas e, 116, 121-3, 130; depravação moral de, 124; na Babilônia, 118, 136; no deserto do Sinai, 117; no Egito, 119-21

Itália, 161, 218-9, 228, 241, 259, 269, 274; protestantes na, 267

Itinerantes (Egito), 343

Iugoslávia, 399

Jacó, 116, 119-21, 134, 137, 349, 450

Jahangir, imperador mogol, 308-9

jainismo, 76, 78-81, 307, 310, 329, 428

Jamaat-i-Islami (Índia), 333

Jamestown (Virgínia), 283, 285

Jan de Leyden, 473

Japão, 280; antigo, 13; industrialização do, 304; na Segunda Guerra Mundial, 367

Jardim do Éden, 115, 175

Jarrah, Ziad, 407

jebuseus, 125-6

Jeddah (Arábia Saudita), 393

Jefferson, Thomas, 290, 292, 479

Jericó (Israel), 22, 123, 139

Jeroboão, rei de Israel, 127

Jerusalém, 125-6, 128, 132, 134, 138-9, 145, 147, 149, 155, 158, 160, 176, 203, 217, 225-6, 229-32, 234-6, 239, 247, 346-7, 379-80, 386-7; ataques suicidas em, 387; controle israelense de, 346-8, 372; importância espiritual no islã, 209, 378-80, 385; no império bizantino, 186, 203; no Império Romano, 144-50, 158; Sadat em, 350; templo de, 11, 126, 145, 148, 177

jesuítas, 267, 272, 280, 282

Jesus Cristo, 143, 149-57, 164-9, 171-3, 175, 179, 184-7, 190, 219, 225-7, 229-30, 240-2, 244-5, 264, 271, 280, 286, 291, 295, 329, 353, 415, 423-4; apóstolos de, 156, 164, 241, 301; autoridades mundanas rejeitadas por, 168; Corpo de Cristo, 156, 262, 271; crucificação de, 150, 153, 165, 230, 424; discípulos de, 152-3, 164, 225, 295; divindade de, 171, 179, 187, 290; fé em, 155, 266; heresias baseadas nos ensinamentos de, 240, 264; imitação de Cristo, 165; missão na Galileia, 149-50, 280; monasticismo inspirado por, 174; na Última Ceia, 155, 244; nascimento de, 143; patrimônio de Cristo na Terra Santa, 226; Reino de Deus de, 152-3, 169, 187, 190, 262, 288; relatos da vida de *ver* Evangelhos; Segunda Vinda de Cristo, 169, 190; Sermão da Montanha de, 329; Túmulo de Cristo, 230, 469; *ver também* cristianismo

Jezirah (Mesopotâmia), 47

Jhangvi, Exército de, 403

jihad, 25, 199, 204, 206-7, 210-1, 213-7, 232-6, 238, 335, 345, 357, 360, 371-2, 386, 392-3, 396-8, 405-6, 411, 418, 426; contra a invasão e a ocupação soviética do Afeganistão, 391, 396, 431; contra o egoísmo,

199, 207; contra o secularismo, 335; crença islâmica em recompensas celestiais pela, 206; doutrina clássica da, 204, 213, 394, 398; global, 360, 391-2, 396; Jihad Islâmica (JI), 384-5, 402; Jihad Maior, 212, 233-5, 238, 334, 357, 386; Jihad Menor, 212, 357; Jihad Network, 371; militar, 215, 234, 238; palestina, 384, 388
Jin (China), 95, 97-8, 104
Jinnah, Muhammad Ali, 333, 337-8
Jnatra, clã, 75
Jnatraputra, Vardhamana *ver* Mahavira
joaninos, autores, 164, 423
João Batista, 149, 183, 295
João Paulo II, papa, 354
João XXIII, papa, 352, 487
João, Evangelho de, 157, 164
Johnson, Lyndon B., 353
Jones, James Warren, 361-3
Jonestown (Guiana), suicídio coletivo em, 361-3
Jordânia, 123, 346, 374, 396, 417
Jordão, rio, 22, 125, 350
Jorge, são, 223
José (filho de Jacó), 118-20
José (pai de Jesus), 149
Josefo, Flávio, 146-7, 453-5
Josias, rei de Judá, 128-32
Josué (líder israelita), 25, 117, 122, 125, 132, 138, 160, 171, 186, 243
Jovens Turcos, 339-40
Joviano, imperador romano, 177
Judá (filho de Jacó), 121
Judá, antigo reino de, 125-9, 132, 137-9, 144, 426
judaísmo, 25, 145, 154, 158-9, 177, 187, 207, 259, 320, 379, 381, 449, 484; ataques ao, 227; Espírito Santo no, 179; fundamentalista, 324, 381; igualitarismo no, 118, 121, 128, 148; início do cristianismo e, 153-6, 164, 176-7; islã e, 194, 202, 207, 212; na Pérsia, 55, 137, 188; rabínico, 159, 379; Satã no, 243; *ver também* Bíblia hebraica; judeus; Torá

Judas da Galileia, 146-7, 151-2
Judas Macabeu, 144
Judeia, 134, 138, 144, 147, 149-50, 153, 158-9, 203
judeus, 32, 55, 119, 131-2, 134, 136, 144-8, 151-2, 154, 156, 158-60, 177, 186, 188, 194, 202-3, 207, 226-7, 239-40, 243, 257-60, 278, 298, 305, 314, 320, 324, 346-9, 353, 362, 379-81, 385, 399, 425, 427, 431; antagonismo dos muçulmanos em relação a, 345, 429; antigos *ver* israelitas; asmoneus, 144; assimilados, 134, 239; durante a Inquisição Espanhola, 257-8, 267; no império bizantino, 177, 182, 188; no Império Otomano, 398; no Império Romano, 144-53, 157-8; nos Estados Unidos, 353; ortodoxos, 320, 347; perseguição e assassinato de, 226, 230, 239, 320; *ver também* antissemitismo; Holocausto
JUI (Associação de Ulemás do Islã), 333
Juízes, Livro dos, 124, 132
Juízo Final, 205
Juliano, o Apóstata, imperador romano, 176-7, 181-2, 223, 380
Júpiter (deus romano), 176
Juramento da Supremacia (Inglaterra), 265
Justiniano, imperador bizantino, 187-8, 209

Kahane, Meir, 380-1, 491; como Kach, 381
Kakar, Sudhir, 332, 485, 491
Kalahari, deserto do, 16
Kali Yuga (na cosmovisão hindu), 83
Kalinga (Índia), 81-2
Kandahar (Afeganistão), 407, 413
Kant, Immanuel, 318
Karadžić, Radovan, 399-400
Karbala (Iraque), 209, 351-2, 355-6, 395
Kashi (Índia), 79
Kauravas, 83
Kelly, James, 295
Kemosh (deus moabita), 123
Kennedy, John F., 353
kharajitas, árabes, 196, 206

Khatami, Hojjat ol-Islam Seyyed Muhammad, 405
Khaybar, Batalha de, 197, 386
Khomeini, Ruhollah, aiatolá, 351-9, 365, 376-7, 405, 429, 487-9
King, Martin Luther, 353-4, 488
Kiryat Arba (Cisjordânia), 349, 381-2
Kish (Mesopotâmia), 45
Kongfuzi *ver* Confúcio
Kook, Zvi Yehuda, rabino, 347-8
kookistas, 348-50, 431
Kosambi (Índia), 69
Koshala (Índia), 68, 78-9
Krishna, 83-6, 329, 444; *ver também* Vishnu
Ku Klux Klan, 362
Kundagrama (Índia), 75
Kuru, clã, 60-1, 65, 83

Lachish (Judá), 128
lacmida, dinastia, 465
Lactâncio, Lúcio Célio, 167, 169, 459
Lagash (Mesopotâmia), 45, 47
Languedoc (França), 241-2, 272, 299, 473
Laozi (Lao-Tzé), 107
Lascaux (França), pinturas rupestres de, 17
Laud, William, arcebispo de Cantuária, 275, 282
Lavoisier, Antoine, 302
Lawrence, T. E., 322, 484
Lázaro (discípulo de Jesus), 153
Lazlo, príncipe da Sérvia, 399
Leão III, papa, 219
Lee, Robert E., 317
Legalismo (China) *ver* Fajia ("Escola das Leis" na China)
Lei da Liberdade (dos sacerdotes israelitas), 137
Lei do Selo (Inglaterra — 1765), 291
Leighton, Alexander, 286
Levante (região do Mediterrâneo), 21, 34, 129, 238
Levi (filho de Jacó), 121
Leviatã (Hobbes), 278

Leviatã (monstro marinho de Israel), 119, 138, 278
Levinger, Moshe, 347, 349
Lewis, Taylor, 316
Li Si (primeiro-ministro de Qi), 109-10
Libânio (orador pagão), 182, 462
Líbano, 46, 216, 328, 373-7, 387, 394, 396, 406, 426
libelos de sangue, 239
libertas, conceito de, 217-9, 224-5, 236, 242
Líbia, 133, 374
Liga Contra o Voto Feminino (Londres), 337
Liga das Nações, 325
Liga de Defesa Judaica (Nova York), 380
Liga de Esmalcalda (Alemanha), 269
Liga Luterana, 269
Liga Mundial Islâmica, 395-6
Likud (partido israelense), 350
Limoges (França), 239
Lincoln (Inglaterra), 239
Lincoln, Abraham, 315-6, 415, 479, 483
Liu Bang, 110, 112
Liu Xiang, 111
Livni, Menachem, 378-80
Livro de Mozi, O, 102-3
Livro dos cânticos, O (clássico confuciano), 91, 444
Livro dos Mártires, 162, 165
Locke, John, 278-80, 284, 286, 290-1, 293, 296, 424, 476
Logos, 166, 171-2, 179; encarnação do, 187; *ver também* Jesus Cristo
Lombardia, 241
lombardos, 218
Londres, 11, 239, 266, 281, 284, 337, 417, 430
Lot (sobrinho de Abraão), 120
Louvre, Museu do (Paris), 45
Lu (principado chinês), 96; duque de, 98
Lucas, São, 154, 156, 423
Luís IX, rei da França, 237
Luís VII, rei da França, 243
Luís XVI, rei da França, 297, 304
Lupercalla (Roma), 154
luteranos, 265-6, 268-70, 274

Lutero, Martinho, 261-3, 269, 279, 309, 473
Luxor (Egito), massacre de turistas em, 402
Lyell, Charles, 318
Lyons (França), 241, 300

Macabeus, 144
Macedônia, 154
MacGregor, Neil, 17
Madison, James, 292-3, 461, 472, 478
Madri, 430; bombardeio no trem em (2004), 417
Magadha (Índia), 68, 79
Magêncio, imperador romano, 167
magiares, 221
Mahabharata, 82-3, 383, 424, 444
Mahavira, 75-7, 80
Mahdi (Sudão), 312
Mahmud, sultão, 383
Mainz (Alemanha), 226, 239
Maioria Moral (Estados Unidos), 327, 354
majlis, 338
Málaca, estreito de, 254
Malásia, 391
mamelucos, 237, 303
Mamre (Canaan), 171
Manassés, rei de Judá, 120, 128, 130-1
Mansfeld, Ernst von, 273
Manzikert, Batalha de, 216
Maomé, Profeta, 192, 194-200, 204-5, 212, 310, 344-5, 395, 406, 410, 414, 463; costumes e práticas do, 212, 465; imitação do, 211; inimigos do, 198; islã primitivo do, 238, 311, 394; morte do, 198, 201, 204; na Batalha de Khaybar, 197, 386; oposição à violência estrutural por, 280; política de não violência do, 198, 202, 344; revelação do Alcorão ao, 195, 198; reverência pelos descendentes do, 214, 466; sucessores do, 201, 206-9
Mar Vermelho, 121, 160, 174, 346
Marcos, Os (Qutb), 345, 369
Marcos, São, 152, 154
Marcourt, Antoine, 271
Mardin (Turquia), 233

Marduk (deus babilônico), 48-50, 119, 121, 133-5, 346
Maria (irmã de Lázaro), 153
Maria (mãe de Jesus), 151, 189
maronitas, cristãos, 373-4, 376, 396
Marrocos, 188, 268
Marselha (França), 300, 402
Marshall, S. L. A., general, 20
Marta (irmã de Lázaro), 153
Martel, Carlos, 209, 218, 221
Martinho v, papa, 253
mártires, 161, 163, 165-7, 176-7, 181, 229, 247, 301, 355-6, 365, 383, 388, 393-4, 460
Maruts (deuses hindu), 56
marxismo, 320, 351, 357
Mary Tudor, rainha da Inglaterra, 265-7
Mashhad (Irã), 341
Massachussetts, 282-4, 286, 288
Massacres de Setembro (França — 1792), 299, 304, 426
Mater et Magistra (papa João XXIII), 352, 487
Mateus, São, 154
Mathura (Índia), 383
Matias (professor da Torá), 146
Maududi, Abul Ala, 333-6, 344, 392, 395
Maurício, imperador bizantino, 189
máurios, imperadores, 80
Maxim, metralhadoras, 312
Maximiano, imperador romano, 161, 167
Maximiliano, sacro imperador romano, 260
Máximo (teólogo cristão medieval), 189-90
Mazda *ver* Ahura Mazda ("Senhor Sabedoria" no zoroastrismo)
McVeigh, Timothy, 366
Meca (Arábia), 192-9, 203, 206, 211, 280, 345, 398, 409, 425
Média (região do antigo Irã), 132
Medina (Arábia), 196-7, 203, 207-8, 211, 345, 398, 409, 463, 465
Megiddo (Israel), fortaleza de, 117, 126
Melquita (Igreja da Calcedônia), 187
Mêncio, 15-7, 102, 105, 114, 434
Mencken, H. L., 326
mercenários, 246, 269, 273-4, 303, 342

549

Mercúrio, são, 223
Merneptah, faraó, 117
Merton, Thomas, 35, 437
Mesa, rei de Moab, 123
Meses Sagrados (Islã), 197, 201
mesoamericanos, 256
Mesopotâmia, 13, 31, 33-4, 37, 45-9, 51, 53, 116, 119, 129, 188-9, 203, 237; aristocracia da, 35; cidades antigas na, 31, 33; clima da, 44; cristianismo na, 175; muçulmanos na, 202; religiões tradicionais da, 22, 33, 47, 131
Metacom, chefe dos Wampanoag ("rei Felipe"), 287
metodistas, 362
México, 254
Michelet, Jules, 301, 480
midianitas, reis, 138
Miguel Arcanjo, são, 144, 223
Miguel, o Sírio, 203, 464
Milícia de São Pedro, 224
Mill, John Stuart, 314, 482
Milošević, Slobodan, 399-400
Milton, John, 389, 492
Mina, Universidade de (Egito), 370
Minié, Claude, 312
Minié, rifles, 317
Minorca (Espanha), 182
Mirabeau, Honoré, 301
Mishná, 158
Mississippi, rio, 314
Mithra (divindade zoroastrista), 41, 53
Mittanis, tribo, 51
Modarris, aiatolá, 340
modernidade: colonialismo e, 305, 336; industrializada, 304, 321; respostas religiosas à, 261, 277, 288, 295, 311, 323, 325, 338, 341, 351, 354, 359, 364, 396; secularismo e, 26, 292, 309-10, 326, 338, 429; violência gerada pela, 227, 243, 327, 338, 363, 425, 429
Moisés, 11, 117, 121-2, 129-31, 137-8, 171, 243, 318
monarquias absolutas, 82, 209, 276; chinesa, 92, 110; europeia, 260, 265, 275-6, 279, 297; muçulmana, 209, 251, 425; persa, 188, 207
monges: budistas, 77, 79, 280, 428; cristãos, 174-5, 205, 223; jainistas, 79
mongóis, 236-8, 345, 371, 406, 423, 426
Mongólia, 34
monofisismo, 185-8, 202
monoteísmo, 25, 122-3, 130-1, 139, 154, 168, 195, 308; inclusão da política no, 139; intolerância e, 12, 122, 132
Montastruc (França), 17
Monte das Oliveiras (Israel), 149
Monte Hira (Arábia), 192, 280
Monte Sinai (Israel), 122, 129
Montezuma, imperador asteca, 254
More, Thomas, 255-6, 265-6, 280, 472-3
Mossad (serviço secreto israelense), 351
Mot (deus sírio), 22
mouriscos, 267, 268
Movimento Partisan pela liberação da Caxemira, 403
Mozi, 93, 102-4, 445, 447
Mubarak, Hosni, 372, 402, 412
muçulmanos, 32, 119, 194-211, 214, 216-8, 225, 227, 230-45, 257-8, 268, 278, 307-8, 310-2, 327, 330-4, 336, 338-40, 342-3, 345, 353-4, 357, 368-9, 371-3, 375-6, 380, 382-4, 387, 391-402, 405-6, 408-11, 418, 425-6, 428, 431; bósnios, 398-9; cruzadas cristãs contra ver Cruzadas; emigração de Meca dos, 195; fundamentalistas, 324, 327, 387, 400, 431; impacto do secularismo nos, 338, 343, 354-5, 370, 374, 398; na Espanha, 217, 244, 251, 256-8, 267; na Índia, 307-12, 323, 382; no Paquistão, 328, 332; palestinos, 349, 380; ver também sufis; sunitas; xiitas; wahhabismo
Muharram, mês de (Irã), 215, 356
mujahidin, 388, 398, 413, 417
Mujama ("Congresso" palestino), 384, 386
Münster (Alemanha), 264, 473-4
Musaddiq, Muhammad, 350
Museu Britânico, 17, 134

Musharraf, Pervez, 405
Mustafa, Shukri, 369, 431
Muwaya, 206-8
Myanmar, 394
Myth of Religious Violence, The (Cavanaugh), 276, 434, 473-6, 489-90, 494

Nabonido, rei da Babilônia, 133-4
Nabucodonosor, rei da Babilônia, 118, 132, 134, 139
Nacional Socialismo, 332; *ver também* nazistas
nacionalismo, 314-5, 320, 328, 330-3, 340-1, 347, 365, 378, 381, 383, 397, 399, 425-6, 429, 431; eslavo, 399; hindu, 382-4; israelense, 320, 346, 348, 381, 431; palestino, 384, 387; Primeira Guerra Mundial e, 321-2; secular, 328, 330-2, 341, 347, 365, 378, 381, 383, 399, 425, 431; terrorismo inspirado por, 377-8
Nações Unidas *ver* ONU (Organização das Nações Unidas)
Nadir, tribo, 197
Nagasaki, bombardeio atômico de, 364
Najaf (Iraque), 352, 354, 373
Nakula, 83
Nanak, Guru, 308-10
Nanda, Mahapadma, 79
não violência, 12, 75, 77, 84, 86, 330, 345, 427; budista, 12, 77; cristã, 220, 241; dos judeus no Império Romano, 147, 151; hindu, 57, 74, 427; islâmica, 202, 344; jainista, 76
Napoleão, imperador da França, 302-4, 314, 337
Naram-Sin, imperador acadiano, 47
Narragansett, índios, 287
Naruna (deus hindu), 62
Naseby, Batalha de, 276
nativos americanos *ver* índios
Nazaré (Israel), 143, 149, 171, 236; Jesus de *ver* Jesus Cristo
nazistas, 304, 362, 364, 416
Nebo (Israel), 123
Neco, faraó, 132
Neemias (líder israelita), 138

Nehru, Jawaharlal, 332
Neolítico, período, 106
Nero, imperador romano, 158, 161
nestorianismo, 185-6
Nestório, patriarca de Constantinopla, 185, 462
neuroanatomia, 15
New York Times, The, 18, 400, 492-4
Newton, Huey, 363, 489
Newton, Isaac, 290, 296, 318
Nicodemo (discípulo de Jesus), 266
Nicomédia, 164
Nilo, rio, 44, 161, 173-5, 236
Ninsun (deusa mesopotâmica), 38
nirvana, 78
Nis (Sérvia), 161
Nizam al-Mulk, vizir, 216
"Nobre Caminho" do budismo, 78
Noé, 283, 291
Nogaret, Guillaume de, 246
nórdicos, invasores, 221
Normandia (França), 299
North, Lord, 291
Northampton (Connecticut), 288-9
Norwich (Inglaterra), 239
Notre Dame, Catedral de (Paris), 301
Nova York: ataques terroristas a (2001), 26, 407-9, 411-2, 414, 417-8; muçulmanos em, 396, 406; Universidade de, 316
Novo Mundo, 253-4, 256, 280, 288-9, 296; *ver também* Américas
Novo Testamento, 179, 263, 433
Núbia, 51
Nur ad-Din, Mahmoud, 234-5
Nusaybin (Turquia), 189

Odisha (Índia), 81
Odisseia (Homero), 43, 82, 438
Odo, abade de Cluny, 223
Oklahoma City, bombardeio de edifício federal em (1995), 366
olho por olho, guerra de, 47
Omar II, califa, 209
Omar, mulá, 404
omíadas, 207, 209-11, 465

ONU (Organização das Nações Unidas), 328, 347, 349, 400, 419, 495
Onze de Setembro, ataques terroristas de (Nova York — 2001), 26, 407-9, 411-2, 414, 417-8
Operação Liberdade Duradoura, 412
Orã (norte da África), 258
Orduman, Batalha de, 312
Organização para a Libertação da Palestina (OLP), 374, 377-8, 384-6
Oriente Médio: antiga geografia sagrada do, 346; consciência mítica e cultural do, 131; cosmogonia tradicional do, 138; cruzados cristãos no ver Cruzadas; domínio ocidental do, 304; guerras islâmicas de expansão no, 209; modernidade secular no, 327, 336; monarquias absolutas no, 251; organização social do, 189; pastores nômades do, 40; período colonial no, 336; peso simbólico dos templos no, 158; tratados entre antigos inimigos no, 137; violência estrutural do, 48
Orígenes de Alexandria, 162, 166, 459
Orléans (França), 239, 270
Oseias, rei do reino de Israel, 128
Otan (Organização do Tratado do Atlântico Norte), 401
Otman, califa, 198, 204, 206
Otto, rei saxão, 221
Oxenstierna, Axel, 276
Oxford, Universidade de, 11, 256
Oxus, rio, 216

Pacem in Terris (papa João XXIII), 352
paedeia, conceito de, 178-9
paganismo, pagãos, 127, 130, 139, 171, 176-8, 181-3, 188, 219, 230-1, 345, 380, 425
Pahlavi, Muhammad Reza, xá, 350, 359, 486
Paine, Thomas, 291, 478
Pai-Nosso (Oração do Senhor), 153
Pais Fundadores (Estados Unidos), 290, 293, 318
Pais Peregrinos (Nova Inglaterra), 282
países do Golfo, 369-70, 391-2, 395

Paládio, 180, 185, 461-2
Paleolítico, período, 16
Palestina, 47, 51, 118, 145, 147, 149, 151-3, 160, 203, 320, 328, 374, 382, 388, 394, 396, 405, 412, 430; assentamentos sionistas na, 320; Autoridade Palestina, 388; conquista muçulmana da, 202; conquista persa da, 189; dinastia fatímida na, 215; no império bizantino, 186-7; no Império Romano, 144-54, 157, 160; Organização para a Libertação da Palestina (OLP), 374, 377-8, 384-6; *ver também* Israel
palestinos, 160, 320, 328, 347, 351, 368, 380-2, 384-9, 396; levantes contra Israel *ver* Intifadas palestinas; tratamento dado pelos israelenses aos, 343-48, 380, 396
Panathenaea (Atenas), 154
Panchalas, clã, 61
Pandavas, clã, 83-4
pan-islamismo, 396, 408
Panteras Negras, 363
Pape, Robert, 387, 491-2
Paquistão, 328, 330, 333-6, 391, 395, 401, 403, 405, 419, 426; Al-Qaeda no, 406, 417
paraíso: crenças sobre, 279; cristão, 153, 169, 173, 219, 244, 271; hindu, 59, 62, 83, 86; mesopotâmico, 33, 36, 46, 50, 52
Paraíso (Tian, o deus do céu de Zhou, na China), 89, 94, 97, 106-7, 111, 114
Paris, 246, 270, 278, 299-301, 402; durante a Revolução Francesa, 297; Édito de (1543), 265
Partido Democrata (Estados Unidos), 326, 354
Partido do Congresso Nacional Indiano, 329
Partido Nacional Indiano *ver* Bharatiya Janata Party (BJP)
Partido Nacionalista Sírio, 376
Páscoa: cristã, 150; judaica, 146, 349
Pasenedi, rei de Koshala, 78
pashtun, afegãos, 404
Passo Khyber (Ásia), 392
pastores, 7, 29, 40, 43-4, 47, 56-7, 80, 116,

150, 193, 211, 216, 276, 291, 436; *ver também* sociedades pastoris
patriarcas: hebreus, 119-20, 349; no cristianismo oriental, 180, 185-6
Paulo IV, papa, 269
Paulo, São (apóstolo), 153-7, 162, 164, 174-5, 181, 242, 428
pauperes Christi, séquito de, 222
Pax Christiana (Império bizantino), 171, 181, 190, 425
Pax Deorum (Império Romano), 163-4, 176
Pax Islamica, 201
Pax Pérsica, 134
Pax Romana, 143, 147, 162-3, 166, 170-1, 175, 181, 190, 425
paz, 19, 24-5, 36, 45, 47, 54, 56, 59, 82-5, 87, 92, 98, 100, 103-4, 107-8, 110, 114, 126, 128, 134-6, 139, 141, 143, 150, 160, 162-4, 170-1, 175, 199, 201, 208, 213-4, 222, 224, 244, 262, 265, 278, 302, 347-8, 350-1, 370, 375, 380-1, 385, 389, 412-3, 415, 417, 424-5, 454; acordos de, 368, 401; espírito da, 198; ética da, 57; interior, 162, 175; luta pela, 25
Paz de Praga (1635), 274
Paz de Westfália (1648), 275, 302
Paz e Trégua de Deus, ideais medievais de, 427
pecado original, doutrina do, 115, 283
Pedro, o Venerável, abade de Cluny, 240, 243, 470
Pedro, São, 185, 217
Península do Sinai (Egito), 346, 350
Pensilvânia, 362, 414; queda do voo 93 da United Airlines na (2001), 408, 494
Pentateuco, 116, 118-20, 131, 137, 317; *ver também* Torá
Pentecostes, 146
Pepino, rei dos francos, 221
Pequot, índios, 286
peregrinos, 186, 198, 223, 225-6, 231, 383
Pereia, 147
Perpétua, Víbia, 165
Persépolis, 136, 453

Pérsia, 132, 137, 144, 160, 169-70, 188, 191, 275, 465; antiga, 41, 55; conquista muçulmana da, 202, 209, 212; guerras de Bizâncio contra, 177, 188-90, 202; *ver também* Império Persa; Irã; Zoroastro; zoroastrismo
Peru, 254
Peshawar (Paquistão), 391-2, 394, 419
Petrônio, governador da Antióquia, 148
Philpot, John, 266
Pilatos, Pôncio, 148, 150
Pirâmides, Batalha das, 303
Pireneus, 203
Pizarro, Francisco, 254
Platão, 188
platonismo, 172
Plínio, governador da Bitínia, 161
pluralismo, 366, 396
Plymouth (Massachusetts), 287
pogroms, 320
Poitiers (França), 210, 461
Políbio, 143-4
Pomerânia, 275
Pompeu, chefe militar romano, 145
Ponte do Brooklyn (Nova York), 415
Portugal, 253, 258-9
Powhattan, índios, 285
Prêmio Nobel da Paz, 368
presbiterianos, 276, 278
Primeira Guerra de Esmalcalda (Alemanha — 1531), 269
Primeira Guerra Mundial, 321-2, 324-5, 327, 332, 339, 431
Proclamação de 1639 (Inglaterra), 276
Profeta, o *ver* Maomé
profetas de Israel, 127-8, 428
propaganda, 47, 399, 406
protestantismo, protestantes, 13, 261-2, 264-75, 277, 282-5, 293, 295-6, 309, 317, 324, 327, 353, 365, 429; *ver também* Reforma protestante
Provença (França), 241
Providence (Rhode Island), 294
Prússia, 275, 303, 314
Psamético, faraó, 129

Ptolemais, porto de, 148
Punjab (Índia), 57, 59, 68, 70, 74, 308-10, 481
Purchas, Samuel, 284-5, 477-8
purificação ritual, 16
Purim, festival do (Israel), 382
puritanos, 275-6, 283, 286-8, 294, 389
Purusha (a "Pessoa" primordial no hinduísmo), 62-4

Qaddafi, Muammar, 374
Qajar, xá, 338
Qaynuqa, tribo, 197
Qi (China), 95, 97-8, 104
Qin (China), 97-8, 104, 108-11, 113
Qong Rang (bárbaros chineses), 95
quacres, 287
Queda (doutrina bíblica), 284
Qum (Irã), 203, 340, 351, 354-5
Qumran, comunidade de, 145
Qurayzah, tribo, 197
Qutb, Sayyid, 344-5, 369, 385, 392, 395, 405, 429, 486

Rabin, Yitzhak, 385
rabinos, 13, 158-60, 164, 349, 379-80, 385, 427
racionalismo, 291, 332-3, 345
Raimundo de Aguilers (cronista provençal), 230
Raimundo Roger, conde de Béziers e Carcassone, 241
Raimundo VI, conde de Toulouse, 241
Rajagaha (Índia), 69
Ram (encarnação de Vishnu), 332, 382-3
Ramadã, mês sagrado do (Islã), 192, 205, 356, 393
Rashtriya Svayamsevak Sangh ("Associação Nacional de Voluntários" — RSS), 331-3, 382
Reagan, Ronald, 358, 392, 483
Reforma protestante, 13, 261, 264-5, 268, 270, 275, 282, 307, 425
refugiados, 118, 180, 232, 238, 287, 343, 385, 389, 392, 396, 403, 414

Regra de Ouro, 100, 108, 137, 140, 153, 428
Reicheneau (Alemanha), monastério de, 220
Reid, Richard, 414
Reid, Thomas, 296
Reino de Deus, 152-3, 169, 187, 190, 262, 288, 347
Reino de Deus Está em Vós, O (Tolstói), 329
reinos de terror: na França, 302, 304, 426; no Irã, 357
reis sábios (China), 88-91, 93, 96, 105, 107, 109, 111
Reis, Livro dos, 132
religião, definições de, 12-3
relíquias cristãs, 183, 219-20, 229, 244
ren, conceito confucianista de, 100-1, 103-4, 108-9, 113-4
Renânia, 226-7, 268
Renascença, 255-6, 280
renascimento, ciclo do (*samsara*), 70
Reno, vale do, 161
renunciantes, religiosos, 73-8, 85, 101, 173-4, 427
Resid, Mehmet, 340
Revolta Federalista (França), 300
Revolução Americana, 290-6, 315-6, 318, 356
Revolução Francesa, 304, 318, 321, 357, 359, 377
Revolução Industrial, 293, 304
Revolução Iraniana, 350, 354, 359-60, 375, 394, 403
Revolução Russa, 357
Reza Khan, 338, 340
Rhode Island, 287, 294
Riad (Arábia Saudita), 404
Ricardo I (Coração de Leão), rei da Inglaterra, 235, 239
Rida, Rashid, 341
Rig Veda, 58, 63, 66, 75, 440-1
Rigby, Lee, 417
Rio Amarelo (China), 90, 92, 106
ristãos-novos, 257-8, 267
Rithambra, 383
Roberto D'Arbrissel, 222
Roberto de Rheims, 230

Robespierre, Maximilien de, 302
Roboão, rei de Israel, 127
Roger, conde da Antióquia, 233
Roma, 143, 145-8, 151, 154-5, 157-9, 161-3, 165-70, 176, 182, 184, 187-90, 217-8, 253, 261, 267, 275
romanos, 143-55, 161-2, 167, 169, 178, 208, 399; ancestrais dos, 40; *ver também* Império Romano
Romme, Gilbert, 302
Rong (tribo chinesa), 98
Rose, Jacqueline, 390, 492
Rousseau, Jean-Jacques, 296, 301-2, 480
Ruão (França), 165, 239
Rumi, Jalal ad-Din, 238, 423
Rushdie, Salman, 405
Ruskin, John, 329
Rússia, 34, 40, 237; pogroms na, 320; Revolução Russa, 357; *ver também* União Soviética
Ryan, Leo, 362

sábado judaico (Sabbath), 159, 257
Sabra, campo de refugiados (Líbano), 396
sacrificiais, rituais, 18; dos astecas, 255; na China, 92-4, 111; na Índia, 41, 62-8, 71, 73, 308; no Império Romano, 156, 162-3, 165, 171, 176, 183; no judaísmo, 11, 116, 123, 130
Sacro Império Romano, 221, 236, 264, 275
Sadat, Anwar, 343, 350, 368-72, 394, 431
saduceus, 145
Sageman, Marc, 407-8, 418, 493-6
Sahadeva, 83
Sahwa ("Despertar", partido reformista árabe), 402
Saidi, Riza, aiatolá, 354
Saketa (Índia), 69
Saladino, 234-5, 237, 386
Salmos, Livros dos, 318, 347
Salomão, rei de Israel, 126-7, 129-30, 379, 451
Samaria (Israel), 127, 131, 138, 144, 147
Samuabum, rei da Babilônia, 48
Samuel (juiz de Israel), 124, 132

sangha budista, 78, 262, 427
Sansão (herói israelita), 389
Sansão agonista (Milton), 389
sânscrito, 12, 40, 53, 55, 58, 308-9
São Galo (Suíça), mostério de, 220
Sarajevo (Bósnia e Herzegovina), 400
Sardenha, 217
Sargon, imperador acadiano, 45-7
Sarpedon (personagem homérica), 42
sarracenos, 230-1
Sartre, Jean-Paul, 364
Sassânida, dinastia, 160
Satã, 150, 243, 280, 291, 355, 358
Satyart Prakash (Dayananda), 310
Saul, rei de Israel, 125
Saulo de Tarso *ver* Paulo, São
Savak (polícia secreta iraniana), 351, 354-5
Savarkar, V. D., 331-2, 485
Savatthi (Índia), 69
Saxônia, 274
Schauwecker, Franz, 322, 484
Scopes, julgamento de, 326
secularismo, 26, 105, 214-5, 334-5, 338-40, 344, 373, 384, 386, 429; da Revolução Francesa, 298; de Locke, 280; de Lutero, 261; em Israel, 347, 349; minorias impactadas por, 313; muçulmanos e, 338, 343, 354-5, 370, 374, 398; na Argélia, 401, 404; nos Estados Unidos, 326, 364; Pais Fundadores (Estados Unidos) e, 290, 293; palestino, 384; resistência indiana ao, 311, 330-4; "sagrado", 214-5, 373; sionista, 320; violência e, 339, 386, 429-30
sefer torah (Livro da Lei), 129, 452; *ver também* Torá
Séforis (Galileia), 147, 149
Segunda Guerra Mundial, 20, 367, 399
"Seis de Lackawanna" (grupo de muçulmanos norte-americanos), 406
semíticos, povos, 45, 48, 332; *ver também* árabes; judeus
Sennacherib, rei da Assíria, 128
separação entre Igreja e Estado, 187, 261, 275, 294, 298, 424

555

Serápis, templo de, 183
Sermão da Montanha (Jesus Cristo), 329
Servet, Miguel, 474
sérvios, 398-401, 405
Shalem (deidade de Jerusalém), 126
Shalmaneser I, rei da Assíria, 52
Shalmaneser III, rei da Assíria, 128
Shamash (deus sol mesopotâmico), 38
Shamhat, sacerdotisa suméria, 37
Shang, dinastia, 90-1, 93-4, 111
Shang, lorde, 108
Shantung (China), 91
Shariati, Ali, 354, 488
Sharif, Nawaz, 405
Sharon, Ariel, 380
Shavuot, festival do (Israel), 146
Shennong, o "Divino Agricultor" (rei sábio da China), 89
Shissak, Adib, coronel, 338
Shiva (deus hindu), 85, 383
Shivaji (guerreiro indiano), 331
Shrapnel, Henry, 312
Shu (China), 104
Shuanna (Babilônia), 133, 135, 453
Shun (rei sábio da China), 90, 96, 99-100, 102
Sicília, 217, 236
Siddhatta Gotama *ver* Buda
Sikh Hindu hain (panfleto da Arya), 310
sikhismo, 307-12
Sima Qian, Han, 111, 444, 448
Simão (filho de Jacó), 121
Simon bar Koseba (Bar Kokhba), rabino, 158
Sind (Paquistão), 310
Sinédrio, 160
Singh, Kahim, 310
Sin-leqi-unninni (poeta sumério), 29
sinópticos, evangelhos, 154, 157
Siomeisios, 43
sionismo, 320, 345-7, 349, 406-7
Síria, 46, 186, 193, 202-3, 206, 216, 220, 393, 417; antiga, 22, 47, 52, 147, 161; conflitos israelenses com, 346, 349; conquista muçulmana da, 202; dinastia fatímida na, 215; durante as Cruzadas, 232-3; invasão mongol da, 238; Líbano particionado da, 373; modernização da, 338; no Império Bizantino, 175, 180, 182, 187, 189, 191; Partido Nacionalista Sírio, 376; rotas comerciais para a, 192; wahhabismo na, 396
Smith, Adam, 296
Smith, William, 291
Sociedade dos Irmãos Muçulmanos *ver* Irmandade Muçulmana
Sociedade dos Muçulmanos (Sociedade de Shukri), 369-70
sociedades pastoris, 42-3, 47, 53, 56-7, 80, 119, 193, 216, 429; *ver também* pastores
Sodoma (Canaã), 121
Soldados do Profeta no Paquistão (SPP), 403
Soldados dos Companheiros do Profeta no Paquistão (SCPP), 403
Somália, 394, 417
Somnath (Índia), 383
Song (China), 98; duque de, 97
Sontag, Susan, 416, 496
Sorbonne, 354
Speyer (Alemanha), 226
Srebrenica (Bósnia e Herzegovina), 400
Sri Lanka, 387, 443
Stahl, Lesley, 419
Stewart, Dugald, 296
Stockbridge (Massachusetts), 290
Stoddard, John, coronel, 289
Stoddard, Solomon, 289, 478
Stone, Barton, 295
Sudão, 312, 391, 398, 402, 404-5
Suécia, 274, 276
suecos, 274
Suez, 303; Canal de, 337; Crise de (1956), 344
sufis, muçulmanos, 208, 233-5, 238, 308, 339, 396
Suíça, 339
Sullivan, Andrew, 408, 494
Suméria, 29-31, 36-7, 44-5, 47-8, 57, 133, 428; Assembleia Suméria, 33; militarização da, 44
sunitas, muçulmanos, 208, 214, 252, 328, 339, 357, 373-4, 394, 403, 409, 426, 465
Sunzi, 105-6, 447

supremacistas brancos, 319
Surah, Abu, 388
Susa (Pérsia), 136, 139, 453
Syr Daria, bacia do, 237

Tácito, Público Cornélio, 40, 161, 256, 438, 454, 457-8, 472
Tajiquistão, 398, 408
Takhar (Afeganistão), 413
Talebã, 403-4, 412-3, 429
Talleyrand, Charles Maurice de, 298
Talmude, 13, 212; da Babilônia, 158; de Jerusalém, 158
Tanchelm da Antuérpia, 223
Tancredo, 228
Tantawi, xeique, 387
Tao Te Ching (Lao Tsé) *ver Daodejing*
taoismo *ver* daoismo
Tarso (Cilícia), 153
Tashkent, 394
taxação/impostos, 126, 252, 270, 338; em antigos impérios agrários, 46, 80, 146; em Bizâncio, 178; na Europa medieval, 222; na França, 272, 297, 300; no Império Romano, 147, 149, 152, 155; Revolução Americana e, 291, 294; sistema persa de, 188, 202, 209
Teerã (Irã), 356-8, 375, 418
Tegh Bahadur, Guru, 309
Tel Aviv (Israel), 385, 387, 486
temores conspiratórios, 258, 406
Templários *ver* Cavaleiros Templários, Ordem dos
Templo dos Povos (Estados Unidos), 361-3, 379
Tempos difíceis (Dickens), 305
Teodósio I, imperador bizantino, 181
Teodósio II, imperador bizantino, 184-5
Teófilo, bispo de Alexandria, 182
Teologia da Libertação, 352, 354
Terá (pai de Abraão), 449
Teresa de Ávila, Santa, 279
Terra Mãe (nas mitologias da Antiguidade), 22

Terra Prometida, 117, 121-2, 130, 132, 137, 282, 320; *ver também* Canaã; Israel
Terra Santa, 225-6, 379, 381; *ver também* Israel; Palestina
terrorismo, 12, 360, 363, 366-8, 377-8, 384-5, 388-9, 394, 407-8, 410, 412-4, 417-20; adversários muçulmanos do, 394, 408; israelense, 350, 378-9; nacionalista secular, 377, 384; religioso, 12, 343, 366, 372, 376, 387, 405, 407-9, 411; supremacista branco, 319; *ver também* jihad; atentados suicidas
Tertuliano, 161, 458
Teudas, 149
Thor (deus escandinavo), 41
Thoreau, Henry David, 329
Thornhill, James Henry, 316
Tiamat (deusa mesopotâmica), 50, 52
Tibete, 237
Tibre, rio, 161
Tiglate-Pileser I, rei da Assíria, 52
Tiglate-Pileser III, rei da Assíria, 128
Tigre, rio, 30, 32, 35, 51, 237
Tigres Tâmeis (Sri Lanka), 387, 417
Tiro (Líbano), 235
Titlemaus, Pieter, 266
Tito, imperador romano, 158
Tito, Josip Broz, 399
Tocqueville, Alexis de, 296, 301, 479-80
Toledo (Espanha), 267
Tolstói, Liev, 329
Torá, 131, 146, 158-60, 233; *ver também* Pentateuco
Toronto, 417
Toscana, 241
Toulon (França), 300
Toulouse (França), 241, 300
Tours (França), 218, 270
Trajano, imperador romano, 161
Transjordânia, 147, 186
transtorno de estresse pós-traumático (TEPT), 19
transubstanciação da Eucaristia, 271
trapistas, monges, 35

Tratado de Hertford (1638), 286
tributos *ver* taxação/impostos
Trincheira, Batalha da (Medina), 197
trincheiras, guerra de, 317, 322
Trindade, doutrina da, 178-9, 474
Trinta e Nove Artigos (Igreja anglicana), 264
Trípoli (Líbano), 231
Trito (herói mítico ariano), 41-2
troianos, 42-3
Tubalcaim, 116
Tudjman, Franjo, 399
Tukulti-Ninurta I, rei da Assíria, 52
Túmulo dos Patriarcas (Hebron), 349, 382
Tunísia, 217, 304, 414
turcos, 190, 211, 215-6, 228-30, 232, 234, 236, 269, 340; otomanos, 251-2, 257, 269, 275, 303, 327, 337, 339, 399; *ver também* Império Otomano
Turíngia (Alemanha), 263
Turpin, arcebispo, 244
Turquia, 133, 339-40, 405; antiga, 34, 37
Turreau, general, 300

Ugarit (Síria), 117, 126
Uhud, Batalha de, 197, 411
Ulisses (Odisseu; personagem homérica), 43
Última Ceia, 155, 244
Últimos Dias, 205, 226
Umma (Suméria), 45, 47
ummah (comunidade muçulmana), 195-200, 203-4, 206-7, 209, 211-5, 238, 262, 311, 339, 342, 369, 371-2, 391, 393-5, 397, 424
Unam Sanctam (papa Bonifácio VIII), 246
Underhill, John, capitão, 286
União Americana pelas Liberdades Civis, 326
União Europeia, 399
União Soviética, 343, 360, 364, 392; colapso da, 398; invasão e ocupação do Afeganistão pela, 391, 398, 431; saída do Afeganistão, 403
Universidade Abd al-Aziz (Arábia Saudita), 393
Universidade Bar Ilan (Israel), 385
Unto This Last (Ruskin), 329

Upanishads, 70-3, 75-6, 329, 442
Ur (Suméria), 47-8, 119, 449, 450
urbanização, 70, 78, 373
Urbano II, papa, 225, 425
Urbano VI, papa, 253
Urbano VIII, papa, 274
Uruk (Suméria), 29-30, 37, 39, 45
Utopia (More), 255

vaishya, hindus, 63-4, 78, 84, 329
Vala (demônio da mitologia hindu), 60
valdenses, 242
Vale do Indo, 37, 57
Valeriano, imperador romano, 163-4
Van Dyke, Henry, 316
Van Gogh, Theo, 417
vândalos, 184
Varanasi (Índia), 69, 383
Varo, P. Quintílio, 147
Varuna (divindade zoroastrista), 41, 53
vassalagem, sistema de, 94, 128
Vayu (deus hindu), 83
Veblen, Thorstein, 38, 437
Vedas, 58, 73; *ver também* Rig Veda
Vendée (França), 299-300, 480
Veneza, 236, 259, 271
Verdun (França), 299
Verethragna (deus persa), 41
Versalhes (França), 297
Vespasiano, imperador romano, 158
Vida de São Geraldo de Aurillac (Odo, abade de Cluny), 223
Videha, reino de, 71
vikings, 221
violência estrutural e sistêmica, 23-4, 30-1, 34, 36, 47-8, 50, 53, 64, 69-71, 73, 76, 94, 99, 102, 112, 118, 125, 127, 136, 150, 152, 155, 166, 190, 195, 207-8, 212, 214, 222, 240, 242, 262, 280, 288, 290, 304-6, 315, 334, 339, 348, 350, 352-3, 355, 361, 363, 369-70, 373, 382, 412, 431; condenações religiosas da, 118, 124-5, 127, 207, 212, 214, 242, 262, 334-5, 352, 367-8; da industrialização, 305; de Estados agrários,

22, 31, 34, 36, 47, 50, 288; do Império Romano (oposição de Jesus a), 150, 152, 155; dos Estados Unidos, 353; imperialista, 304, 373; na América colonial, 290; na China, 94, 99; na Europa medieval, 222; na Índia, 63, 69, 73; no Oriente Médio, 339, 350, 353, 369, 412
Virgínia, 283-4, 286-7, 292; Virginia Company, 281, 284
Vishnu (Senhor do Mundo, deus hindu), 86-7, 332
Vitoria, Francisco de, 255, 472
Vitrício, bispo de Ruão, 165
Volga, região do (Rússia), 237
Voltaire, 296
Vratras, tribos, 59
Vritra (cobra da mitologia hindu), 60
Vrtrahan *ver* Indra

Wafd, partido (Egito), 338, 343
wahhabismo, 395, 408
Waldman, Eliezer, 347
Wallenstein, Albrecht von, 273
Wampanoags, índios, 287
Weber, Marianne, 321
Weber, Max, 437, 441, 472
Wei, vale do, 94
Westermann, François-Joseph, 300
White, Andrew Dixon, 317
Williams, Roger, 294
Williams, Rowan, 17
Winchester (Inglaterra), 239, 466
Winthrop, John, 282, 477
Wittenberg, castelo de (Alemanha), 261
Wojtyla, Karol (papa João Paulo II), 354
Woodman, Richard, 266
World Trade Center (Nova York): ataques terroristas (1993), 404; ataques terroristas (2001) *ver* Onze de Setembro, ataques terroristas de
Worms (Alemanha), 226; Dieta de (1521), 269
wu wei, conceito de, 106-7, 109

Wu, imperador, 112

xátrias ("os que têm o poder" na Índia antiga), 65, 67
xenofobia, 122, 426, 429
Xia, dinastia, 90
xiitas, muçulmanos, 208-9, 212, 214-5, 252, 352-5, 357-9, 373-8, 403, 423, 466
Xunzi, 108, 110, 448

Yadava, clã, 60-1, 83
Yale, Universidade, 288, 291, 317
Yam (monstro marinho canaanita), 126
Yamuna, rio, 60
Yan Hui, 101
Yao (rei sábio da China), 90, 96, 99-100, 102
Yasa (código militar mongol), 237-8
Yassin, Sheikh Ahmed, 384, 386
Yathrib (Medina), 196
Yavne (Israel), 158
Yazid, califa, 208-9, 351, 355
Yohanan ben Zakkai, rabino, 158
York (Inglaterra), 239
Young, Elizabeth, 266
Youssef, Ramzi, 404
Yudishthira, 83-5
Yusuf ibn Ayyub *ver* Saladino

Zangi, emir de Mosul, 233-4
Zara (Turquia), 236
zelotes, 158, 181, 183
Zeroual, Liamine, 401
Zeus (deus grego), 176
Zhang Liang, 110
Zhao, rei de Qin, 109, 113
Zhou, dinastia, 90, 94-6, 98, 102, 110
Zhuangzi, 106
Zigong, 100
zoroastrismo, 55, 134-5, 169, 188-9, 202, 207
Zoroastro, 53-4, 59, 129, 135-6, 430
Zuckmayer, Carl, 322, 484
Zweig, Stefan, 321, 483
Zwingli, Ulrich, 261

ESTA OBRA FOI COMPOSTA EM MINION PELO ESTÚDIO O.L.M./ FLAVIO PERALTA
E IMPRESSA EM OFSETE PELA RR DONNELLEY SOBRE PAPEL PÓLEN SOFT
DA SUZANO PAPEL E CELULOSE PARA A EDITORA SCHWARCZ EM ABRIL DE 2016

A marca FSC® é a garantia de que a madeira utilizada na fabricação do papel deste livro provém de florestas que foram gerenciadas de maneira ambientalmente correta, socialmente justa e economicamente viável, além de outras fontes de origem controlada.